ro
ro
ro

ro
ro
ro

Zu diesem Buch

Kultserien sterben nicht, sie kommen immer wieder. Im Zuge der wunderbaren Sendervermehrung ist so mancher Meilenstein der seriellen Erzählung freigelegt worden und zu neuen Ehren gelangt oder wurde sogar mit teils beträchtlicher Verspätung hierzulande überhaupt erst zugänglich gemacht. Andere laufen ohne größere Unterbrechungen immer wieder aufs neue – und finden durchweg ihr Publikum.

In diesem Kompendium werden die vortrefflichsten aller Fernsehserien und verdienstvolle Stars gewürdigt. Erfolgstitel sind darunter, ebenso Geheimtips. Die sorgfältig erarbeiteten Daten und die Texte mit Wissenswertem und Hintergründigem helfen auf amüsante Weise, die Serienreife des gewieften Kenners zu erlangen.

Harald Keller wurde im selben Jahr geboren, in dem die ARD *Stahlnetz* und *Fury* ins Programm nahm. Seine ersten romantischen Gefühle galten der hinreißenden Emma Peel. Inzwischen arbeitet er als freier Journalist und Dozent, unter anderem beobachtet er für die *tageszeitung* den Bildschirm.

A B C D E F G H I J K L M N O P Q R S T U V W X Y Z

Harald Keller

Kultserien
und ihre Stars

Nebst einer
«Vorbemerkung
eines Serienhelden»
von Harry Rowohlt

Rowohlt Taschenbuch Verlag

Präsentiert von

Ein herzliches Dankeschön für die Bereitstellung von Bildmaterial geht an die Mitarbeiterinnen und Mitarbeiter der Sendeanstalten, an Martin Compart, an Robert Fischer und Herbert Klemens (Filmbild Fundus Robert Fischer), an Klaudia Brunst, Oliver Gehrs und Barbara Häusler (taz) sowie an Hans-Joachim Neumann und Sabine Rutkowski (Zitty).
Der Autor dankt für Rat und Tat ganz besonders Barbara Häusler, Nicolas P. Hainzl, Steffi Kuper und Ariane Schulz.

Veröffentlicht im Rowohlt Taschenbuch Verlag GmbH, Reinbek bei Hamburg, Juni 1999 →→ Die Originalausgabe erschien in drei Bänden im Dieter Bertz Verlag, Berlin →→→ Copyright © 1996, 1997 und 1998 by Dieter Bertz Verlag, Berlin →→→→ Umschlaggestaltung Factor Design →→→→→ Umschlagfoto Barbara Eden und Larry Hagman in «Bezaubernde Jeannie» (ZDF) →→→→→→ Satz Swift, Formata und Antique Olive PostScript auf QuarkXPress 3.32 →→→→→→→ Innengestaltung Daniel Sauthoff →→→→→→→→ Gesamtherstellung Clausen & Bosse, Leck →→→→→→→→→ Printed in Germany →→→→→→→→→→ ISBN 3 499 16526

Inhalt**sverzeichnis**

I→

K→

L→

M→

N→

Z→

Zum Geleit

Dieses Buch soll ein nützliches sein. Um des höchstmöglichen Komforts willen und zum Frommen des Publikums nimmt es sogar den *shooting star* unter den zu erwartenden Anwürfen schon mal vorweg, der da lautet: Alles schön und gut, aber warum fehlt ausgerechnet meine Lieblingsserie …

In der Tat war eine von nicht wenigen zwingenden und zwickenden Aufgaben bei der Vorbereitung und Niederschrift dieses kleinen, ein unerhörtes Quantum an Arbeit verlangenden Vademekums die Auswahl der aufzunehmenden Titel, denn es stand naturgemäß nur eine begrenzte Seitenzahl zur Verfügung. Und überhaupt: Was darf man als Kultserie durchgehen lassen? Letztlich blieb nur eines: rigoros durchgreifen und selbstherrlich entscheiden. «Life has it's little bonusses …» (Jeremy Irons in «Stirb langsam – Jetzt erst recht»).

Zweierlei Anliegen sollen mit diesem Buch verfolgt und tunlichst dingfest gemacht werden. Natürlich gehört je ein Exemplar neben den Fernseher, in sämtliche Lesezimmer und an andere stille Örtchen, ferner ins Handschuhfach, damit es immer parat ist, wenn einem beim Kreuzworträtseln oder beim Streit mit dem Staupartner gerade dieser Schauspieler oder jener Serientitel partout nicht einfällt. Übrigens eine gute Strategie, einen Strafzettel zu vermeiden: Fragen sie Polit oder Politesse, wie der Typ hieß, der wannwardasnochmal den Dings in dieser einen Serie gespielt hat, wo der eine Kerl immerzu mit seinem Schuh telefonierte, hach, Sie wissen schon …

Außer als Nachschlagewerk soll das Büchlein aber auch zur vergnüglichen Lektüre taugen. Obschon Sie möglicherweise keinen Pfifferling auf Uschi Glas (geborene Ursula) geben, macht Ihnen der betreffende Text vielleicht einfach ein bißchen Spaß. So jedenfalls war's gedacht.

Der vorliegende Foliant versammelt drei separat erschienene Bände der Reihe KULTSERIEN UND IHRE STARS. Sämtliche Texte wurden kritisch durchgesehen, wenn nötig nachgebessert, aufgefrischt und von unnötigen Überschneidungen befreit. Gewisse Doppelungen aber blieben mit Absicht erhalten, um eine flüssige Lektüre einzelner Einträge zu gewährleisten und die lexikalische Verwendung des Buches nicht zu beeinträchtigen.

Der jedem Eintrag zugehörige Datenteil wurde nach bestem Wissen und Gewissen zusammengetragen. Keine leichte Verrichtung, denn verläßliche Quellen sind rar und nicht immer leicht zugänglich. Sollten sich also trotz aller Sorgfalt Fehler eingeschlichen haben, bitten Autor und Verleger um Nachsicht.

Ich entlasse Sie in die Lektüre mit den luziden Worten des großen Vorsitzenden Franz Josef Strauß, der dereinst schnaubte: «Daß es eine Chaotenpartei gibt, ist in erster Linie die Schuld des Fernsehens.»

Harald Keller

Vorbemerkung eines Serienhelden
von Harry Rowohlt

«Ich hab' mir diesen Scheiß noch nie angesehen, aber wenn du in der ‹Lindenstraße› kommst, mußt du mir die genauen Daten durchgeben», sagt Klaus «Smutje» Sowieso, und Gert «mit t», der bis zu seinem Lokalverbot rechts am Tresen wohnte, sagt: «Hast' nicht auch mal 'ne Rolle für mich in der ‹Lindenstraße›?», und ich frage: «Was stellst du denn für eine Randgruppe dar?», und Gert «mit t» sagt: «Wenn Zigeuner *und* Elektriker keine Randgruppe ist, dann weiß ich auch nicht mehr, was die suchen.» Und der ebenso fette wie präzise Hermes nennt ein paar Eckdaten («Am fuchzehnten Dezember hob i mi zum letztenmoj gwoschn, und am 10. Mai wer i kan Göjd mer ham»), ahnt aber, daß aus Köln-Bocklemünd die Rettung winkt: «I kannt doch im Restaurant ‹Casarotti› schaufressen und beweisen, daß alles a Schmäh ist ...?» Und Klaus (nicht der Klaus und auch nicht der andere Klaus, sondern Klaus) ruft mir als Neujahrswunsch nach: «Und laß dich nicht von Geißendörfer und den anderen Pseudointellektuellen verbiegen!» Wird nicht passieren, mein Alter, wird nicht passieren, und nur die Presse zeigt, wie dumm nur die Presse sein kann: «Planen Sie, noch größere Rollen in der ‹Lindenstraße› zu übernehmen?»

Klar, Baby, *the show must go on*; alles eine Frage der Maske; ich spiel' sie alle. Ich fange erst mal mit dem Penner an, den ich gerade abgeliefert habe; dann, wenn der gekauft ist, versuche ich mich an einer Klausi-Retrospektive: erst die Masern, dann die Witze, dann die Fascho-Phase, dann der Zopf ..., bis es dann Zeit wird für die echten Aufgaben: Gaby Zenker, Mutter Beimer, Onkel Franz.

Weiß etwa jemand nicht, worum es hier überhaupt geht? Glaub' ich nicht. Soll ich etwa erklären, worum es hier überhaupt geht? Will ich nicht. Muß ich nicht. Beim Stichwort «Lindenstraße» wissen mehr Deutsche, was gemeint ist, als bei den Stichwörtern «Richterskala», «Groove» oder «Aorta», und die brauche ich ja auch nicht zu erklären. Wer behauptet, er hätte noch nie «Lindenstraße» gesehen, der soll nachher nicht behaupten, er hätte bei «Tratschke» Richard Wagner gewußt oder Offenburg im «Planquadrat». Er wirkt nämlich unglaubwürdig, und sowieso stand schon in der '95er Aprilnummer von *essen und trinken*, wie es anfing mit meiner «Lindenstraßen»-Verstrickung, und zwar mit einer solchen Liebe zum erhellenden Detail geschildert, daß man nur kollegial mit den Ohren schlackern kann. Sowie ferner natürlich auch tausend praktische Winke für Küche und Haushalt («Suppe – selbst machen oder legieren?» – «Wo finde ich meine Rinderroulade?» – «Wenn das Soufflé reden könnte: *Bin in die Hose gegangen. Komme gleich wieder*»).

«Geile Inszenierung» soll ich einen Aufruhr auf der anderen Straßenseite kommentieren. Ich maule, das Epitheton «geil» passe in diesem Zusammenhang weder zu mir noch zur Rolle.

«Sie können jedes Adjektiv sagen, das Ihnen in den Sinn kommt», sagt Regisseur Claus Peter Witt sanft. «Sagen Sie ‹exzellente Inszenierung›, wenn Ihnen das besser gefällt», fügt er sanft hinzu.

In der Übersetzung, an der ich gerade arbeite, fällt mir ein – unsereins ist ja 24 Stunden im Dienst –, daß einer den anderen «the excellent Soandso» nennt, und ich habe lange überlegt, bis ich mich mit mir auf «den vortrefflichen Sowieso» geeinigt hatte. Viel später, in der Eisenbahn nach Köln, fand ich dann «trefflich» noch viel schöner.

«Treffliche Inszenierung?» frage ich.

«Trefflich. Meinetwegen», konzediert er sanft.

«Lindenstraße, 489. Folge, vier, die erste. Ruhe bitte!»

«Bitte», sagt Claus Peter Witt sanft.

Ich stehe vor dem Biergarten des Restaurants «Akropolis», rechts gegen den Zaunpfosten gelehnt, in der Linken eine Kornflasche, halb voll mit Leitungswasser, trage die Pennerklamotten, in denen ich mich immer wohler fühle und die bei jedem Dreh eine neue kleine Überraschung bergen. Letztesmal war es ein leeres Apfelkornfläschchen in der linken Manteltasche; diesmal sind es Flugblätter einer Kölner Nichtseßhaften-Initiative. Dafür fehlt mein schöner Wollhandschuh. In der Folge, die ich eben gerade, bevor ich dies hinschrieb, gesehen habe, schenkt Frau Kling Herrn Schiller zur Entlassung aus dem Krankenhaus einen selbstgestrickten Schal, vor dem ihm sichtlich graust. Ob ich ihm den abschnacke? Aber einen Schal (auf den ich immer trete) habe ich schon. Vielleicht hat er einen schönen Wollhandschuh zuviel. Meine Berbergarderobe ist nagelneu und wurde stundenlang liebevoll mit Schuhwichse und Terpentin bearbeitet, so daß sie jetzt riecht wie bei Kunstmalers. Schön ist das. Alle Schauspieler und Komparsen frieren, weil ringsherum Sommer sein soll; nur ich bin richtig angezogen. Ich bin sehr zufrieden. Gegenüber ist im Augenblick gar kein Aufruhr zu sehen; das werde ich also spielen müssen.

«Bitte», sagt Claus Peter Witt sanft.

«Treffliche Inschtschenierung», sage ich.

Ist gestorben, ist gekauft. In der rechten Manteltasche habe ich immer vorsichtshalber meinen Text. Komisch. Hab' ihn gar nicht gebraucht diesmal. Viel Text habe ich ja glücklicherweise nicht, aber auch wenig Text kann ich mir nicht merken. Hauptsache, es ist Text: Schon kann ich ihn mir nicht merken. Ich habe aber eine prima Methode entwickelt, eine Kombination von arglistiger Selbsttäuschung, angewandter Milchmädchenpsychologie und gesteuerter Panik, die ich allen angehenden Hängern und Schwimmern als kleines Dogma schenken möchte. *Je später man seinen Text lernt,* besagt mein kleines Dogma, *desto weniger Gelegenheiten hat man, ihn zu vergessen.*

Wenn man morgens zum Frühstück so viel Tee und Saft getrunken hat und danach so lange im kalten Wind steht, muß man plötzlich ziemlich nötig pinkeln. Ich möchte nicht ins Studiogebäude gehen, denn dann bin ich bestimmt sofort wieder dran, und alle müssen auf mich warten. Ich frage also einen Kamera-Assistenten, ob man hier in der Nähe günstig, und er sagt: «Da, hinter dem Torweg, da ist jede Menge Rasen.» Ich gehe durch den Torweg, niemand kann mich sehen, in meiner Stadtstreicherminelle, allerdings leider ungeschminkt («An dir mach' ich nix», hatte die Maskenbildnerin – die sich selbst *Gesichterverleih* nennt – gesagt, «du siehst fertig genug aus»), und schon erscheinen drei Herren, auf denen ganz groß WDR steht, und sagen: «Was soll das denn wo kommen wir denn da hin da kann ja jeder kommen.»

Ich berichte Franz Rampelmann, der sich mit mir seine Garderobe teilt und der Olaf, den Sohn von Frau Kling, spielt, von meinem beschämenden Erlebnis, und er sagt: «Jo mei, des war fei verbotene Liebe.»

«???»

Ach so. «Verbotene Liebe» ist die andere WDR-Soap, und die wird nebenan gedreht, und da herrscht natürlich eine gewisse Rivalität, und ich habe mir jetzt auch davon eine Folge angesehen, das heißt anzusehen versucht, na ja, kein Vergleich, und obwohl ich nie so weit gehen würde, zu sagen, daß das, was ich dort versehentlich auf dem Set gemacht habe, genau das ist, was der Serie bisher gefehlt hat: Geschadet hat's ihr nicht.

Doch, doch, wenn es sein muß, kann ich auch unangenehm loyal sein. Das wird einem aber auch leichtgemacht, und ganz besonders liebe ich Martin Rickelt, der den rechtsreaktionären Nöckerbruder Onkel Franz spielt und mich während einer Stellprobe bei dem Wort «Ausländergesocks» so haßerfüllt anfunkelt, daß ich mich schleunigst auf meine Straßenseite zurücktrolle, obwohl ich gar kein richtiger Ausländer bin, nur Gesocks, was mir besonders nach einer Szene deutlich wird, in deren Verlauf mir ein Zehnmarkschein zugesteckt wurde. Als der Requisiteur mich zum drittenmal fragt, ob ich den

Zehnmarkschein zurückgegeben habe, sage ich: «Ich *spiel'* hier nur den Penner.»

(Ich habe ihn wirklich zurückgegeben. Wenn es ein alter Zehnmarkschein gewesen wäre ... Ich weiß nicht. Ich kann nämlich einen Spitzenwitz mit einem alten Zehnmarkschein, und meinen offiziellen alten Zehnmarkschein habe ich aus Versehen ausgegeben. Wollen Sie ihn mal hören? Also. Da fährt ein junger Schnösel in einem roten Lamborghini mit 210 Sachen nachts durch Ostfriesland und gerät in eine Straßensperre. Sagt der Polizist: «Können Ssie mir mir mal Ihren Führerschein sseigen ...» Nein. Klappt nicht. Nicht ohne einen alten Zehnmarkschein. Schade.)

Ich habe zwar – wie alle an Serien Beteiligten – einen Revers unterschrieben, in dem ich mich verpflichte, nichts über mir eventuell bekannt werdende Handlungsstränge zu verraten, und ich habe mich ja auch leider weidlich daran gehalten, aber ein Geheimnis will ich doch verraten, etwas, was bisher selbst den luchsäugigsten Lindenstraßen-Junkies entgangen ist, den Leuten also, denen auffällt, wenn ein Teekessel – also, das ist jetzt ein hypothetischer Fall; so was würde nie wirklich geschehen –, ohne benutzt worden zu sein, plötzlich auf einer anderen Herdplatte steht, und wenn der WDR mich verklagt, soll mir das auch recht sein; das ist eben investigativer Hinterfrage-Journalismus, und wenn Sie es lieber nicht wissen wollen, weil Sie es nicht ertrügen, den wohltätig weichzeichnenden Gazeschleier der Fiktion vor der leprösen Fratze der Realität einzubüßen, hören Sie hier, an der punktierten Linie, auf zu lesen.

....

Willkommen im Reich des Borderline-Journalismus; willkommen an der Schattengrenze, wo die Lektüre aufhört und das Wagnis beginnt; willkommen hinter den Kulissen. Oder wollen Sie es sich doch lieber noch mal überlegen? Können Sie haben:

....

Und jetzt gibt es kein Zurück mehr. Eins der Badezimmer wird von zwei verschiedenen Mietparteien benutzt. *Obwohl die auf verschiedenen Etagen wohnen!* Und das ist noch nie jemandem aufgefallen. Denselben Nasen, die, wenn jemand in der Serie stirbt, schreiben: «Liebe Lindenstraße! Da wird doch jetzt eine Wohnung frei, und mein Mann und ich suchen schon so lange was Passendes, und es würde uns auch nicht stören, wenn manchmal bei uns gedreht wird», denselben Nasen fällt so was nicht auf.

Na ja. Wäre mir auch nie aufgefallen.

Einer der netten «Lindenstraßen»-Fahrer fährt Olaf, Sonja-die-Ex-Fixerin, eine Regie-Assistentin und mich zu unseren jeweiligen

Wohnungen, Hotels und Bahnhöfen zurück. Als wir an Köln-Linden-thal vorbeikommen, sage ich: «In Lindenthal habe ich mit acht Jahren mal gewohnt.» «Kölsche Jung?» fragt der Fahrer mit jäh erwachendem Interesse. «Nö. Hamburger. Ich war da nur zwischengelagert.» «Und? War's schön?» fragt er höflich, sein Desinteresse mühsam kaschierend. «Ja», sage ich. «Nachmittags haben wir immer die Braunsfelder verkloppt.» «Das sieht man den Braunsfeldern aber heute nicht mehr an», versetzt er schlagfertig. Ich überlege fieberhaft. Wenn mir jetzt nichts einfällt, steht Hamburg blamiert da, Lindenthal sowieso, und ich werde nie wieder nach Köln eingeladen.

«Ich kann Ihnen auch sagen, woran das liegt», sage ich so cool, daß es mich fast in der Mitte zerreißt. «Wir haben keine Gefangenen gemacht. Und die Braunsfelder, die wir nicht selbst fressen konnten, haben wir den Schlittenhunden vorgeworfen.»

Harry Rowohlt in der Folge 533
«Mafia gegen Mafia»

Die Abenteuer des Brisco County jr.
The Adventures of Brisco County, Jr.
USA 1993–1994

Brisco County Jr. BRUCE CAMPBELL	**Dixie Cousins** KELLY RUTHERFORD	**Pete Hutter** JOHN PYPER-FERGUSON
Lord Bowler **(James Lonefeather)** JULIUS CARRY	**John Bly** BILLY DRAGO	**Sheriff Aaron Viva** GARY HUDSON
Socrates Poole CHRISTIAN CLEMENSON	**Professor Albert Wickwire** JOHN ASTIN	**Whip Morgan** JEFF PHILLIPS
	Cartwright JAMES GREENE	

Täglich schlägt irgendwann die Stunde, da der Fernsehkritiker das Politzeugs, den anspruchsvollen Krams, die organisierte Langeweile pflichtgemäß weggeguckt hat, in der alles gewissenhaft rezensiert ist und die verglimmende Energie nicht einmal mehr für eine letzte Runde Guter-Bulle-böser-Bulle reicht. In solchen Momenten kann es vorkommen, daß der Programmbeobachter schon mal zur Konserve greift, weil es ihn nach leichter Kost gelüstet. Wohl dem, der für solche Fälle eine Kassette BRISCO COUNTY JR. herumliegen hat.

Der Vorspann hebt an, *special appearances* werden annonciert, und schon muß der verwitterte Seh-Bär im Ausguck herzlich lachen. Denn als Auftraggeber des Draufgängers Brisco County junior, der die Besitztümer einiger hochmögender Wirtschaftskapitäne vor dem Zugriff übelwollender Subjekte schützen soll, treten die Herren Paul Brinegar, Stuart Whitman, Robert Fuller und James Drury in Erscheinung, dem kundigen Tele-Veteranen allesamt noch bestens in Erinnerung aus famosen Westernserien wie TAUSEND MEILEN STAUB / COWBOYS (RAWHIDE, USA 1959–1966; → Eintrag CLINT EASTWOOD), CIMARRON STRIP (USA 1967–1971), AM FUSS DER BLAUEN BERGE (LARAMIE, USA 1959–1963) und → DIE LEUTE VON DER SHILOH RANCH (THE VIRGINIAN, USA 1962–1971). Das eifrige Studieren der Klassiker lohnt eben doch …

Brisco County jr. ist einer dieser Männer mit Hut – großmäulig, leidlich studiert und schnell mit dem Revolver. In den Fußstapfen seines legendenumwobenen, bei einem wohl unvermeidlichen Berufsunfall ums Leben gekommenen Vaters (R. Lee Ermey) jagt Brisco im allmählich zivilisierter werdenden Wilden Westen Schurken und Finsterlinge jeglichen Kalibers, wobei er es aber auch mit mysteriösen UFO-Hinterlassenschaften, raketenbetriebenen Schienenfahrzeugen, Geistererscheinungen, Zeitreisenden und geschmeidigen Ninjas zu tun bekommt. Seine Fälle löst der stoppelbärtige Schwerenöter mit deduktiver Logik und effektivem Faust-

Gaststars:
Brenda Bakke, Xander Berkeley, Paul Brinegar, Denise Crosby, Carlton Cuse, James Drury, Sheena Easton, R. Lee Ermey, Robert Fuller, Judith Hoag, Wolf Larson, Timothy Leary, Shareen Mitchell, Ken Norton, Ian Ogilvy, Andrea Parker, Bert Remsen, John P. Ryan, Casey Siemaszko, Don Stroud, Jessica Tuck, David Warner, Michael T. Weiss, Stuart Whitman, Adam Wylie

Creators:
Jeffrey Boam und Carlton Cuse
Beginn der deutschen Erstausstrahlung:
16. 11. 1994, Pro 7 (Pilotfilm)
23. 11. 1994, Pro 7 (Serienstart)

Beim Pilotfilm führte Jack N. Green die Kamera. Er ist seit HEARTBREAK RIDGE (USA 1986) Clint Eastwoods Stammkameramann.

Den schrulligen Erfinder Wickwire spielte John Astin, der bereits als Oberhaupt der → ADDAMS FAMILIE zum Kultserienhelden wurde.

Zitat:
Hauptdarsteller Bruce Campbells Antwort auf die Frage nach seiner liebsten Filmpartnerin: «Die Kettensäge. Ein bißchen zickig, aber wir haben viel zusammen durchgemacht.»
‹GONG› 2/1995

Bruce Campbell als Brisco County jr.

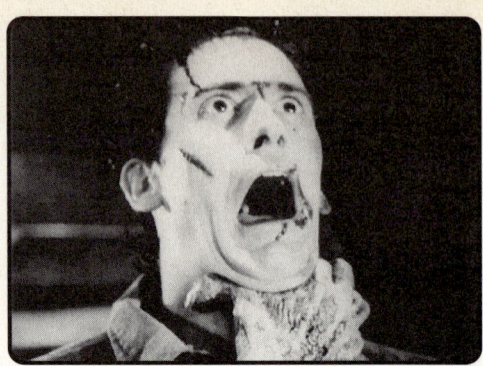

Brisco-Star Bruce Campbell in TANZ DER TEUFEL II (USA 1986)

kick und wird dabei begleitet vom bläßlichen Paragraphenreiter Socrates Pool, dem die finanziellen Angelegenheiten obliegen. Briscos Widersacher haben durchaus Stil. Vor einem gemalten Prospekt, der einen Lokführer in eine Falle locken soll, fachsimpelt ein Wegelagerer über die französischen Impressionisten; der Unterschlupf der Bande, eine heimelige Höhle, ist mit Kronleuchter und Kirchenorgel einigermaßen erlesen ausgestattet, und selbst bei spontanen Erschießungen werden alle erforderlichen Sicherheitsvorschriften beachtet. Höflichkeit und Anstand gelten auch in Augenblicken physischer und geistiger Anspannung als obligat. Mit fein abgewogenen Worten wendet sich der Bandenführer zu Beginn eines zünftigen Eisenbahnraubs an seine Komplizen und bittet sie, nunmehr mit ihrem Tagewerk zu beginnen: «Eröffnen Sie das Feuer, Gentleman.»

Die Autoren Jeffrey Boam, der Einschlägiges schon für Spielbergs INDIANA JONES UND DER LETZTE KREUZZUG (INDIANA JONES AND THE LAST CRUSADE, USA 1989) leistete, David Simkins und Carlton Cuse (→ NASH BRIDGES) bedienen sich der Erzählmuster des klassischen Kinoserials. In aberwitzigem Tempo gerät der Titelheld von einer Kalamität in die andere, jede für sich stets akkurat angekündigt durch verheißungsvolle Zwischentitel. Vor den Werbepausen sind vorbildlich ausge-

führte *cliffhanger* plaziert, so daß man für den Fall weiterer Aufführungen nur an die diesbezüglich meist recht roh operierenden deutschen Vermarkter appellieren kann, diese fein durchdachte Struktur nicht mutwillig zu zerspleißen.

Die Rolle des schneidigen Helden übernahm Bruce Campbell, ein weiterer Name, der den Beobachter die Augenbrauen lüpfen läßt, verkörperte unser Mann doch den allweil von finsteren Mächten drangsalierten Kettensägenvirtuosen in Sam Raimis EVIL DEAD-Trilogie, produzierte und inszenierte selbst allerlei Pretiosen des Schräglagenfilms und war darüber hinaus als Darsteller in HUDSUCKER – DER GROSSE SPRUNG (THE HUDSUCKER PROXY, USA 1994) und CONGO (USA 1995) präsent. Seinen ebenso verschlagenen wie kultivierten Gegenspieler gab der notorische Schurkendarsteller Billy Drago. Der von ihm verkörperte John Bly stammt, wie sich nach zahlreichen Scharmützeln herausstellt, aus dem Jahr 2506 und trachtet danach, mit Hilfe seines aus der Zukunft importierten Wissens ein Verbrecherimperium aufzubauen. Erst mit Unterstützung einer anderen Zeitreisenden, der wohlmeinenden Carina aus dem Jahr 5502, gelingt es dem Titelhelden, den Unhold zur Strecke zu bringen.

Absolutely Fabulous
GB 1992–1995

Edina Monsoon	**Saffron**	**Edinas Mutter**
JENNIFER SAUNDERS	JULIA SAWALHA	JUNE WHITFIELD
Patsy Stone	**Bubble**	**Marshall**
JOANNA LUMLEY	JANE HORROCKS	CHRISTOPHER RYAN

«**Fab**» war, wie «groovy» oder «cool», eines dieser Modewörter der sechziger Jahre. Die Beatles hießen «The Fab Four», und die Variante «F.A.B.» gehörte in der Kultserie → THUNDERBIRDS (GB 1965–1966) unverbrüchlich zum Wortschatz selbst der distinguierten Lady Penelope, deren Rolls-Royce das Kennzeichen «FAB 1» im Schilde führte. Die Serie ABSOLUTELY FABULOUS machte den Begriff wieder populär; ihre Fans nennen sie liebevoll «Ab Fab». Mit dem Bezug zu den Sechzigern hat es dabei durchaus Bewandtnis, denn die Hauptfiguren Edina und Patsy sind Geschöpfe dieser Ära.

«Ihre Teenagerzeit hat sie auf einem Sitzsack verbracht, die Zigaretten in der einen Hand, Räucherstäbchen in der anderen, und ein haariger Jüngling hatte sich an ihrem Gesicht festgesaugt», weiß die Mutter der stets farbenfroh gewandeten Edina zu berichten. Obwohl mittlerweile um die 40, haben die Freundinnen niemals abgelassen vom ausschweifenden Treiben ihrer Jugendjahre. Alkohol, Zigaretten und Drogen sind für sie unverzichtbar, und Patsy als mannstoll zu bezeichnen wäre eine schamlose Untertreibung. Zu ihren Usancen gehört es, zwischen Frühstückswodka und dem Arbeitsbeginn noch rasch einen Schwangerschaftstest zu erledigen.

Wenngleich die pharmazeutisch und chirurgisch aufgefrischten Exzentrikerinnen im gnadenvollen Zustand permanenter Konfusion durchs Leben gleiten, haben es beide doch zu beachtlichem Stand und Besitztum gebracht. Die hyperaktive Edina ist Inhaberin einer PR-Agentur, betätigt sich als Innenarchitektin und richtet Modeschauen aus. Zudem bezieht sie Alimente von ihren geschiedenen Ehemännern, die zu Beginn der Serie noch nicht wissen, daß sie beide Edinas luxuriösen Lebenswandel finanzieren.

Edinas Sohn Serge ist Wissenschaftler und ständig auf Forschungsreise; er scheint jeden Kontakt zu seiner Familie vermeiden zu wollen. Saffron Monsoon hingegen lebt bei ihrer Mutter und ist nach deren Meinung ein Problemkind, weil exakt ihr Gegenteil: eine bürgerlich brave, etwas unscheinbare Studentin, der Alkohol und Tabak so sehr zuwider sind, daß Edina Aschenbecher und Rotweinflasche bei ihrem Herannahen unter der Bettdecke verbirgt. Unter Saffrons strengen Blicken wird Edina zu einem Häufchen Elend und muß sich oftmals Sätze anhören wie: «Geh nach oben und wage nicht

Gaststars:
Kevin Allen, Naomi Campbell, Helena Bonham-Carter, Kathy Burke, Adrian Edmondson, Britt Ekland, Nickolas Grace, Richard E. Grant, Germaine Greer, Helen Lederer, Lulu, Naoko Mori, Suzi Quatro, Mandy Rice-Davies, Miranda Richardson, Peter Richardson, Harriet Thorpe, Ruby Wax

Creators:
Dawn French, Jennifer Saunders Beginn der deutschen Erstausstrahlung: 12. 11. 1994, PREMIERE

Die – selbstredend fiktive – Adresse der Monsoons lautet: 34 Claremont Avenue, London, W11 4BS.

1996 gastierten Jennifer Saunders und Joanna Lumley als Edina und Patsy in der US-Sitcom ROSEANNE. Deren Hauptdarstellerin, → Roseanne Barr, war von «Ab Fab» überaus angetan und sicherte sich laut ‹New York Times› die US-Rechte für ein Remake der Serie. Das Original war in den USA auf dem Kabelkanal Comedy Channel zu sehen.

Jennifer Saunders und Julia Sawalha

Links: Patsy (J. Lumley), Edinas (Mutter (J. Whit-field), Saffon (J. Sawalha), Edina (J. Saunders)

eher runterzukommen, bis du dich beneh-men kannst. Ich habe die Nase gestrichen voll, Mom.»

Saffrons besondere Abneigung gilt Edinas langjähriger Vertrauter Patsy, die häufig bei den Monsoons zu Gast ist, weil sich, so Saf-fron, in ihrer eigenen Wohnung selbst die Küchenschaben nicht gern aufhalten. Patsy macht sich für ein Modemagazin gehobener Güteklasse als «Executive Fashion Director» zu schaffen, ein Job, der ihr nach einer heißen Liebesnacht mit dem Herausgeber so-zusagen in den Schoß fiel und von ihr vor-rangig in Luxusrestaurants und auf Jet-set-Partys erledigt wird. Seit sie Opfer der Fern-sehsendung *Vorsicht, Kamera* wurde, hegt sie einen ausgeprägten Haß gegen den Rest der Menschheit. Ihre besonderen Kennzei-chen sind das nervöse Naserümpfen notori-scher Kokainisten und der unstillbare Hang zu Wodka und Champagner – mit gelegent-lich kuriosen Folgen: «Der letzte Moskito,

der mich gebissen hat, kam in die Betty-Ford-Klinik.» Nur einmal hat sie versucht, sich das Trinken abzugewöhnen. Resultat: «Die schlimmsten acht Stunden meines Lebens.»

ABSOLUTELY FABULOUS basiert auf dem Sketch *Modern Mother And Daughter* aus der Comedy-Serie FRENCH & SAUNDERS (GB 1987–1989). Die beiden Urheberinnen Dawn French und Jennifer Saunders kennen sich seit ihrer Zeit an der Schauspielschule und begannen ihre Karrieren im Umfeld des Lon-doner Comedy Clubs *The Comic Strip*, der eine Vielzahl von Talenten hervorbrachte und sich später zum Multimediaunterneh-men ausweitete. In den Film- und Fernseh-produktionen des *Comic Strip*, darunter die Kinokomödie THE SUPERGRASS (GB 1985) und die TV-Reihe THE COMIC STRIP PRESENTS (GB 1982–1992), waren die Freundinnen mit von der Partie. Im Verein mit Ruby Wax schrie-ben sie die Sitcom GIRLS ON TOP (GB 1985–1986) und bildeten gemeinsam mit

Im Januar 1995 enthielt die britische Ausgabe des Hochglanzmagazins ‹Marie Claire› die sechzehnseitige Sonderbeilage «The Marie Claire Ab Fab Mag». Als Herausgeberinnen zeichneten «Edina and Patsy».

Zugunsten der Spendenorganisation *Comic Relief* veröffentlichten die Pet Shop Boys 1994 eine Single mit dem Titel «Absolutely Fabulous», für die sie Originaldialoge aus der Serie colla-gierten.

Den Titelsong der Serie, Bob Dylans *This Wheel's On Fire*, interpretierten Julie Driscoll, die bereits 1968 als Sän-gerin der Brian Auger's Trinity mit ei-ner Coverversion erfolgreich war, und Jennifer Saunders' Ehemann Adrian Edmondson im Duett.

Den originellsten Gastauftritt gab es in der Episode *Hospital*: Während ihrer Narkose träumt Edina von der Serienfigur Lady Penelope aus
→ THUNDERBIRDS, die sich ihr ge-

genüber als Patsy ausgibt. Die Stim-me der Marionette gehörte Sylvia An-derson, die gemeinsam mit ihrem da-maligen Ehemann seinerzeit bei den THUNDERBIRDS die Fäden zog und ihr Alter ego Lady Penelope auch dort selbst synchronisierte.

Zitat:
«Man fragt mich immer wieder, ob mir – in Anbetracht der vielen Einfälle – beim Drehbuchschreiben nicht der Kopf zu rauchen beginne. Oder es

Jennifer Saunders

*Jennifer Saunders
und Joanna Lumley*

der unter anderem → FAWLTY TOWERS (GB 1975; 1979) und die Enid-Blyton-Parodie FIVE GO MAD IN DORSET (GB 1982) in Szene gesetzt hatte. Saunders' neue Partnerin vor der Kamera war Joanna Lumley, ehemals Model und bekannt aus Filmen wie IM GEHEIMDIENST IHRER MAJESTÄT (ON HER MAJESTY'S SECRET SERVICE, GB 1969), DER ROSAROTE PANTHER WIRD GEJAGT (TRAIL OF THE PINK PANTHER, GB 1982) oder SHIRLEY VALENTINE (US/GB 1989), außerdem als Purdey aus der Neuauflage des Serienklassikers → MIT SCHIRM, CHARME UND MELONE (THE NEW AVENGERS, GB 1976–1977). Neben ihrer Schauspieltätigkeit schrieb sie zeitweilig eine wöchentliche Kolumne für die Londoner ‹Times›.

Einem Klischee folgend häufig als kühle Schönheit besetzt, nahm Joanna Lumley in ABSOLUTELY FABULOUS ihr ungeliebtes Image gehörig auf die Schippe. Auf die Frage nach der Zielgruppe der Serie gab sie zur Antwort: «Fans, Freaks, Versager, Nichtstuer, Scheinheilige zwischen 16 und 60, die Spaß am Leben, eine Vorliebe für Alkohol, Lust an Katastrophen und noch mehr Freude am Selbstmord haben.»

Tracey Ullman das Quartett der Hauptdarstellerinnen. 1985 standen French und Saunders zudem in der BBC-Sitcom HAPPY FAMILIES (GB 1985) neben Adrian Edmondson und Stephen Fry vor der Kamera. Jennifer Saunders spielte hier gleich mehrere tragende Rollen.

Nach zwölf Jahren gemeinsamer Arbeit ging das Duo auseinander. Dawn French spielte Theater und übernahm neue Serienengagements, Jennifer Saunders konzipierte ABSOLUTELY FABULOUS und schrieb sämtliche Drehbücher. Als *script editor* fungierte Ruby Wax, Regie führte Bob Spiers, ein verdienstvoller Veteran der Fernsehkomödie,

heißt, daß ich selbst ziemlich verrückt und kaputt sein müsse, um mir so etwas einfallen zu lassen. Dabei lasse ich mir gar nichts Großartiges einfallen. Die Geschichten schreibt das Leben. Ich überspitze das, was ich auf den Straßen, in der Familie, zwischen Freunden und Bekannten sehe und fühle. Die Menschen karikieren sich permanent und gnadenlos selbst, ohne es zu wissen. Das greifen wir nur auf, gestalten es witzig, aber wahr, ohne ihnen vorsätzlich weh zu tun.» *JENNIFER SAUNDERS*

Literatur:
Jennifer Saunders: Absolutely Fabulous. London 1993
Dies.: Absolutely Fabulous 2. London 1994

Die Addams Familie The Addams Family
USA 1964–1966

Gomez Addams	Lurch	Wednesday
JOHN ASTIN	TED CASSIDY	LISA LORING
Morticia Frump Addams	Grandma Addams	Cousin Itt
CAROLYN JONES	BLOSSOM ROCK	FELIX SILLA
Uncle Fester	Pugsley	Thing (dt.: ‹Eiskaltes Händchen›)
JACKIE COOGAN	KEN WEATHERWAX	TED CASSIDY

Mit nur sechs Tagen Abstand starteten 1964 in den USA zwei neue Familien-Sitcoms, deren Personal sich von der gängigen Serienware einigermaßen unterschied. Die Autoren der CBS-Serie THE MUNSTERS (USA 1964–1966) und des ABC-Pendants DIE ADDAMS FAMILIE bedienten sich großzügig in der spinnwebverhangenen Klamottenkiste des Fantasy- und Gruselfilms und veralberten die geläufigen Klischees und Konventionen dieses altgedienten Genres mit erkennbarem Vergnügen. Serien mit phantastischen Elementen hatten in den Sechzigern ohnehin Konjunktur. Die Fernsehproduzenten experimentierten seinerzeit vermehrt mit den ständig weiterentwickelten technischen Möglichkeiten ihres Mediums und kreierten Flaschengeister (→ BEZAUBERNDE JEANNIE), fliegende Nonnen (THE FLYING NUN, USA 1967–1970) oder liebreizende Hexen (→ VERLIEBT IN EINE HEXE). Die Verkehrung bürgerlicher Familienverhältnisse war zugleich auch Kritik am pädagogischen Impetus von moralinsauren, dem neuen Selbstwertgefühl der Jugend nicht mehr angemessenen Familienkomödien wie beispielsweise

Jackie Coogan

VATER IST DER BESTE (FATHER KNOWS BEST, USA 1954–1963).

Die Figuren der ADDAMS FAMILIE stammten aus der Feder des Cartoonisten Charles Addams, der regelmäßig im ‹New Yorker› publizierte und beruflich wie privat mit besonderem Behagen dem schwarzen Humor frönte – genau wie Morticia Addams trug auch die angehende Mrs. Addams bei der Hochzeit Schwarz, und die Zeremonie fand auf einem Tierfriedhof statt. Ob die echten Ad-

Creator:
Chas Addams
Beginn der deutschen Erstausstrahlung: 30. 12. 1975, ARD (Einzelepisode)

Den Pilotfilm der Serie inszenierte der 1993 zum Präsidenten der unter anderem für die Oscar-Vergabe zuständigen Academy of Motion Picture Arts and Sciences berufene Arthur Hiller, der bekannt wurde durch Kino-

filme wie LOVE STORY (USA 1970), EIN SINGLE KOMMT SELTEN ALLEIN (THE LONELY GUY, USA 1983) und DIE AUFSÄSSIGEN (TEACHERS, USA 1984).

1977 gab sich die Familie noch einmal ein Stelldichein in dem TV-Movie HALLOWEEN WITH THE ADDAMS FAMILY. Zur Originalbesetzung stießen Henry Darrow als Gomez' Bruder Pancho und Jane Rose als Grandma.

In dem 1991 produzierten gleichnamigen Kinofilm waren, ebenso wie in dem Nachfolger DIE ADDAMS FAMILIE IN VERRÜCKTER TRADITION (ADDAMS FAMILY VALUES, USA 1993), Anjelica Huston als Morticia, Raul Julia als Gomez, Christopher Lloyd als Onkel Fester, Carel Struycken als Lurch, Christina Ricci als Wednesday und Jimmy Workman als Pugsley zu sehen.

dams ihre Flitterwochen wie Morticia und Gomez in einer Höhle im Death Valley verbrachten, ist nicht überliefert.

Die von Addams entworfenen Figuren waren wahrhaftig nicht das, was man anno 1964 von einer *prime time*-Familienserie erwarten mochte. Der Haushaltsvorstand Gomez, ein Nachfahre des berüchtigten Brandstifters Maumud Kali Pashu Addams, vergnügt sich beispielsweise damit, Spielzeugeisenbahnen in die Luft zu jagen, sofern er nicht als Anwalt dazu beiträgt, die eigenen Klienten hinter Gitter zu bringen. Obwohl als Verteidiger nur mäßig erfolgreich, ist Gomez ein gemachter Mann und besitzt neben anderem eine brasilianische Nußbaumplantage, eine Elefantenherde und, der darunterliegenden Höhlen wegen, ein Tierschutzreservat. Von allen historischen Gestalten achtet er Iwan den Schrecklichen am meisten. Die Hormone des von Natur aus heißblütigen Gomez geraten unweigerlich in Wallung, sobald sein Gespons Morticia ihn mit ihren französischen Sprachkenntnissen verwöhnt oder die Stimmen seltener Tierarten nachahmt.

Hinten: Jackie Coogan, John Astin, Blossom Rock, Ted Cassidy; vorne Lisa Loring, Carolyn Jones, Ken Weatherwax

Die stets in kleidsames Schwarz gehüllte, mehr noch als Batman einer Fledermaus gleichende Morticia stammt aus einem alten Geschlecht, das sich bis zu den Hexenverbrennungen von Salem zurückverfolgen läßt. Unergründlich lächelnd durchtrippelt sie das labyrinthische Schloß an der 000 Cemetery Lane im beschaulichen Cemetery Ridge, befreit ihre Rosen von den häßlichen Blüten und hegt ihre fleischfressende Pflanze Cleopatra. Den beiden Rangen Pugsley und Wednesday ist sie eine treusorgende Mutter und reagiert nie anders denn mit Nachsicht und Verständnis, wenn Wednesday ihre Puppe Marie Antoinette mit einer Spielzeugguillotine köpft oder Pugsley mit seinen Haustieren, einem Oktopus, einer mutierten Schildkröte und einem Jaguar, zwischen den Staubfängern umhertollt. Bringt sie die Leibspeisen ihrer beiden Wonneproppen, frittierte Molchsaugen, gebratenen Yak oder gegrillte Schildkrötenzipfel, auf den Tisch, ist der Jubel groß. Einzig als Pugsley den unziemlichen Wunsch äußert, den Pfadfindern beitreten zu wollen, hängt der Haussegen eine Zeitlang schief.

Vor seinem Mitwirken in DIE ADDAMS FAMILIE hatte Lurch-Darsteller Ted Cassidy nur eine nennenswerte Rolle gespielt – in dem nicht mehr zu datierenden Fernsehspiel THE LAST SUPPER brach er als Jesus Christus das Brot mit den Jüngern. In der ab 1973 ausgestrahlten Animationsserie THE ADDAMS FAMILY war er als Sprecher zu hören. In → BEZAUBERNDE JEANNIE gab er ein Gastspiel als Ha-

bib, dem Jeannies Schwester zu Willen war. Außerdem spielte er in den Kinofilmen MACKENNA'S GOLD (USA 1968) und DREI FREMDENLEGIONÄRE (THE LAST REMAKE OF BEAU GESTE, USA 1977; → MARTY FELDMAN), ferner in dem von Gene Roddenberry verfaßten und produzierten TV-Movie GENESIS II (USA 1973) und dessen Remake PLANET EARTH (USA 1974).

Lisa Loring blieb im Metier und wurde eine vielbeschäftigte Fernsehschauspielerin. Zeitweise gehörte sie zum Ensemble des *soap opera*-Dauerbrenners WIE DAS LEBEN SO SPIELT (AS THE WORLD TURNS, USA 1956–). Zuvor allerdings durchlebte sie eine unglückliche Jugend – ihre alleinerziehende Mutter war Alkoholikerin und starb früh. Lisa heiratete mit 15 und wurde im selben Jahr schwanger,

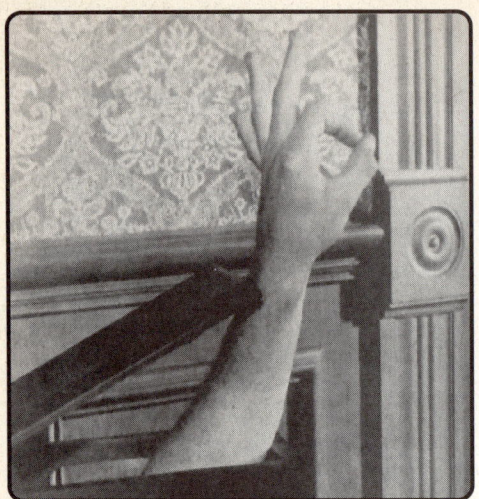

Das ‹eiskalte Händchen›

Zum Haushalt gehören des weiteren der von Kopf bis Fuß behaarte, bevorzugt im Kamin sich aufhaltende und trotz alledem bei Frauen sehr erfolgreiche Cousin Itt, das in einer reichverzierten Kiste lebende, allzeit dienstbereite Thing – ein am Gartenzaun angebrachtes Schild warnt ungebetene Besucher mit den Worten «Beware of the Thing»

vor schmerzhaften Begegnungen – und Grandma Addams, eine gelernte Hexe. Morticias Onkel Fester ist ein pures Energiebündel und bringt Glühlampen zum Leuchten, indem er sie einfach in den Mund steckt, muß allerdings beizeiten nachgeladen werden. Zu Festers größten Wonnen gehört ein gemütliches Folterstündchen im Streckbett. Eine wertvolle Stütze ist der baumlange, mit nur begrenztem Sprachvermögen ausgestattete Butler Lurch. Er spielt ausgezeichnet Cembalo und erschreckt gelegentliche Besucher durch sein lautloses Auftreten und eine meeresgrundtiefe Stimme.

Zur entfernten Verwandtschaft der Familie zählt unter anderem Morticias aquaphile Schwester Ophelia Frump (sie wurde ebenfalls von Carolyn Jones dargestellt), die sich mit besonderer Hingabe dem Abwasch und anderen mit Feuchtigkeit verbundenen Tätigkeiten widmet, ferner Aunt Phobia mit den zwei rechten Füßen, Aunt Trivia, Grandpa Slurp, Great-Grandfather Blob, Great Uncle Grizzly und Aunt Blemish.

mit 16 ließ sie sich scheiden. «Katastrophen, extremes Glück – das Leben ist wie eine *soap opera*», resümierte sie 1982.

John Astin (→ EERIE, INDIANA) betätigte sich außer als Schauspieler auch als Autor und Regisseur. 1968 debütierte er mit dem selbstproduzierten Kurzfilm PRELUDE, der ihm eine Oscar-Nominierung einbrachte.

In Deutschland wurde die Serie zunächst in Teilen von einigen dritten Programmen ausgestrahlt; die genauen Daten waren nicht zu ermitteln. Eine Einzelepisode lief am 30. 12. 1975 in der ARD. Sat.1 zeigte die kompletten Staffeln ab 6. Oktober 1989 im Vorabendprogramm jener Bundesländer, in denen keine Regionalprogramme gesendet wurden.

Literatur:
Stephen Cox: The Addams Chronicles. San Bernardino 1991
James Van Hise: Addams Family Revealed. Las Vegas 1991

Akte X The X-Files
USA 1993 –

Agent Fox Mulder DAVID DUCHOVNY	**Assistant Director** **Walter Skinner (ab 1994)** MITCH PILEGGI	**der Raucher** **(auch: der Krebskandidat)** WILLIAM B. DAVIS
Agent Dana Scully GILLIAN ANDERSON	**Mr. X (ab 1994)** STEVEN WILLIAMS	**Agent Krycek (ab 1994)** NICHOLAS LEA
Deep Throat (1993–1994) JERRY HARDIN		

«Wenn die Folgeepisoden halten, was die Erstsendung verspricht, könnte sie zum Senkrechtstarter unter den Science-fiction-Serien in diesem Herbst werden», schrieb *Variety* nach dem ersten Aufblättern der X-Akten – ein Fall für Agent Mulder, denn die hellsichtige Prophezeiung des Branchenblattes bewahrheitete sich, obwohl widrige Begleitumstände eher gegen einen Erfolg der Serie sprachen. Die Verantwortlichen des Fox Networks und selbst Hauptdarsteller David Duchovny hatten wenig Zutrauen zu Chris Carters Konzept, das sich um paranormale Phänomene rankte. «Am Anfang dachte ich: Hey, von dieser Gruselkiste drehen wir sechs Folgen und werden dann abgesetzt. Wer hätte geahnt, daß die Leute so sehr darauf anspringen?» skizzierte Duchovny in der Fernsehzeitschrift *Gong* (3/95) seine damaligen Zweifel.

Ohne die üblichen PR-Maßnahmen und trotz der ursprünglich ungünstigen Plazierung setzte sich AKTE X beim Publikum durch und vermochte eine treue Anhängerschaft auf sich zu vereinigen. Die Fans nennen sich *X-philes* und korrespondieren regelmäßig via Internet, um die Details aktueller Episoden zu diskutieren. Auf Grund dieses Erfolges wurde zeitweilig über ein *spinoff* nachgedacht, zahlreiche Nachahmerserien versuchten sich trittbrettfahrend an ähnlich gelagerten Themen, und die Merchandising-Lawine rollt – vom kompletten Buchprogramm bis hin zum Dancefloor-Remix der Titelmelodie, für die Techno-Star Moby verantwortlich zeichnet, ist alles zu haben.

In den Korridoren der FBI-Zentrale sind die sogenannten X-Akten ein unliebsames Thema, denn sie dokumentieren das Versagen der Bundesbehörde. Im entsprechend gekennzeichneten Aktenschrank werden jene Vorgänge abgelegt, die von den Kriminalisten nicht geklärt werden konnten. Viele dieser Fälle sind von mysteriösen, nicht auf Anhieb erklärbaren Umständen begleitet. Dies ist die Domäne des Agenten Fox Mulder, eines belächelten Außenseiters innerhalb des FBI, der sich selbst in bitterer Ironie als «The FBI's most unwanted» bezeichnet. Der in sich gekehrte Mulder ist durch Erlebnisse in früher Kindheit einschlägig konditioniert. Die schwierige Beziehung zum Vater, vor allem aber die mutmaßliche Entführung seiner Schwester Samantha durch außerirdi-

Gaststars:
Richard Belzer, Daniel Benzali, Xander Berkeley, Richard Beymer, Rubén Blades, Peter Boyle, Chris Carter, Veronica Cartwright, Kristen Cloke, Cliff DeYoung, Peter Donat, Brad Dourif, The Enigma, R. Lee Ermey, Martin Ferrero, Jody Foster (nur als Sprecherin), Seth Green, Jon Gries, James Hong, Michael Horse, Robert Ito, Sheila Larken, Carl Lumbly, Heather McComb, Darren McGavin, Melinda McGraw, Stephen McHattie, Justine Miceli, Zakes Mokae, John Neville, Terry O'Quinn, John Payne, Amanda Pays, CCH Pounder, Steve Railsback, Mimi Rogers, John Savage, Carrie Snodgress, Gregory Sierra, Joe Spano, Jerry Springer, Lili Taylor, Roy Thinnes, J. T. Walsh, Fritz Weaver, Morgan Weisser, Bruce Weitz, Floyd Red Crow Westerman, Dey Young

Creator:
Chris Carter
Beginn der deutschen Erstausstrahlung: 5. 9. 1994, Pro 7

Nennenswerte Kinorollen spielte David Duchovny unter anderem in den Filmen JULIA HAS TWO LOVERS (USA 1989), EIN HUND NAMENS BEETHOVEN (BEETHOVEN, USA 1992) und KALIFORNIA (USA 1993). In bester

David Duchovny, Gillian Anderson

ner ohne weiteres den Einfluß übernatürlicher oder außerirdischer Mächte in Betracht zieht. Im Verlauf der Serie nähern sich die beiden gegensätzlichen Individuen an, ohne ihre Positionen gänzlich aufzugeben. Kleine Gesten und Andeutungen lassen vermuten, daß sogar zarte Gefühle aufkeimen, dennoch bleibt die Beziehung streng platonisch. In jedem Fall sind Scully und Mulder loyale Partner. Scully setzt sich mit Nachdruck dafür ein, daß Mulder nicht von den X-Akten abgezogen wird, umgekehrt riskiert Mulder seine Karriere und sein Leben, als Scully von unbekannten Mächten entführt wird. Diese mysteriöse Geschichte – Scully wird später ohne Erinnerung an ihren zwischenzeitlichen Aufenthalt in ein Hospital eingeliefert – bildete einen eigenen Zyklus innerhalb der Reihe und hatte einen besonderen Hintergrund: Nach Ablauf des ersten Produktionsjahres zog man die Einstellung der Serie in Betracht, und in Kenntnis dessen entschied sich Gillian Anderson für eine Schwangerschaft. Als die Serie wider Erwarten fortgesetzt wurde, nahm man Rücksicht auf ihren Zustand und verkleinerte ihren Part, verzichtete sogar für zwei Episoden ganz auf Dana Scully und ließ sie eine Folge im Bett verbringen, ehe die Agentin leicht angeschlagen, aber hoch motiviert in den Dienst zurückkehrte.

sche Lebewesen haben sein weiteres Leben maßgeblich beeinflußt; die Phantome der Vergangenheit verfolgen ihn bis in die Gegenwart. In bezug auf Frauen gibt er sich unnahbar, er ist einsam, und es fällt ihm schwer, mit anderen Menschen zusammenzuarbeiten.

Mulders Vorgesetzte beobachten den Sonderling mit Mißtrauen. Seiner verstiegenen Ansichten wegen und auf Grund diverser eigenmächtiger Entscheidungen bekommt er zu Beginn der Serie eine Kollegin zugeteilt. Dana Scully ist eine ausgebildete Ärztin, die die Tätigkeit beim FBI einer medizinischen Karriere vorzog. Ihre fundierten naturwissenschaftlichen Kenntnisse und ihr daraus resultierendes unumschränktes Vertrauen in die modernen forensischen Verfahren machen sie a priori zum Gegenpart des von seinen Ideen gleichsam besessenen Mulder; sie äußert Skepsis, wo ihr unorthodoxer Partner

Außer um den Besuch außerirdischer Lebewesen kreisen die X-Fälle um seltsame Phänomene unterschiedlichster Natur, um Telepathie und -kinese, Genmutationen, Wunderheilungen, Wiedergänger und Gestaltwechsler. Wo immer es spukt, irrlicht-

Erinnerung ist er als Darsteller des sanften FBI-Agenten Dennis Bryson, der dem Kollegen Dale Cooper bei seinen Ermittlungen in → TWIN PEAKS zur Hand ging, dort zeitweise als Frau in Erscheinung trat und sich deswegen Denise nennen ließ. Zwischenzeitlich fand Duchovny ein Auskommen als Erzähler einer von Zalman King für den Abokanal Showtime produzierten anthologischen Erotik-

reihe mit dem Titel EROTISCHE TAGEBÜCHER / FOXY FANTASIES (RED SHOE DIARIES, USA 1992). Für die X-FILES-Episoden *Die Kolonie / Colony* und *Anasazi* entwickelte Duchovny gemeinsam mit Chris Carter die Story-Idee.

Für Gillian Anderson war der Part der Dana Scully die erste Fernsehrolle. Sie kann auf eine ansehnliche Theater-

karriere zurückblicken. Für ihre darstellerische Leistung in Alan Ayckbornes *Absent Friends* erhielt sie einen *Theatre World Award*. Die Episodendrehbücher liest sie niemals nach Sonnenuntergang – sie findet sie zu gruselig.

Zwei Stammautoren der AKTE X, James Wong und Glen Morgan, produzierten mit SPACE 2063 (SPACE:

David Duchovny

Gillian Anderson

tert, geistert, wo Astralschleim wabert, Leichen aufmucken oder parasitäres Gewürm von Menschen Besitz ergreift, ist Mulder nicht weit. Viele Geschichten basieren auf Zeitungsmeldungen oder Fernsehberichten, manche variieren klassische Motive des Horror-Genres. Mehrheitlich sind die zumeist spannungsgeladenen, in atmosphärischen Bildern erzählten Episoden in sich abgeschlossen. Dennoch gibt es durchlaufende Themen. Immer wieder nämlich stoßen Mulder und Scully auf Hinweise, daß übergeordnete Stellen in die X-Fälle verstrickt sind und beispielsweise genaue Kenntnisse von außerirdischen Lebensformen haben. Ein geheimnisvoller Verbindungsmann namens *Deep Throat*, der selbst an der Vernichtung eines Aliens beteiligt gewesen sein will, versorgt Mulder mit einschlägigen Informationen, manipuliert und benutzt ihn aber auch für seine eigenen undurchsichtigen Ziele. Nie

gelingt es Mulder, seine Verschwörungstheorien beweiskräftig zu untermauern. In der Episode *Das Labor*, der letzten der ersten Staffel, gelangt Scully in den Besitz eines extraterrestrischen Fötus, muß diesen aber im Tausch gegen den von Unbekannten entführten Mulder wieder abgeben. Bei dieser Aktion wird *Deep Throat* ermordet. Die innerhalb des Regierungsapparates waltenden anonymen Gegner der X-Ermittler sorgen dafür, daß das Team getrennt und anderen Aufgaben zugeteilt wird. Erst in der achten Episode der zweiten Staffel werden die X-Akten wieder geöffnet, nachdem auch Mulders Vorgesetzter Skinner kaum noch Zweifel hegt, daß geheime Organisationen des eigenen Lagers in Scullys Entführung verstrickt waren. Eine Art Zwischenbilanz nach fünf Staffeln bot der Kinofilm AKTE X: DER FILM – FIGHT THE FUTURE (THE X-FILES. THE MOVIE. USA 1998). Hier wurden die zuvor weitge-

ABOVE AND BEYOND, USA 1995) einen eigenen Serienstoff. Chris Carter brachte mit MILLENNIUM (USA 1997–) ebenfalls eine zweite Serie an den Start.

Der Bestsellerautor William Gibson (*Neuromancer*) steuerte das Drehbuch für die Episode *Kill Switch* bei. Von Stephen King stammte das Skript zu *Ein Spiel* / «Chinga»; auch

Michael Crichton (→ EMERGENCY ROOM) war als Gastautor im Gespräch.

Literatur (Auswahl):
Gil Adamson / Dawn Connolly: Mulder, It's Me. Toronto 1997
David Basson: Gillian Anderson und David Duchovny. Köln 1996
Chris Carter: Akte X: Der Film. Reinbek / Hamburg 1998

Ted Edwards: X-Files Confidential: The Unauthorised X-Philes Compendium. New York 1996
Ngaire Genge: Die Wahrheit über Akte X. München 1997
Andreas Kasprzak: Hinter den Kulissen von Akte X. München 1998
David Lavery (Ed.): Deny All Knowledge: Reading The X-Files. Syracuse 1996
Frank Lovece: The X-Files

hend anonymen Widersacher der beiden Agenten genau benannt, ihre Ziele offenbart. Auch gelang es Mulder erstmals, eines der unbekannten Raumschiffe zu betreten. Der geballte Leidensdruck führte gar zu einer innigen Umarmung zwischen Scully und Mulder, die Machenschaften der Gegenseite bewirkten jedoch sogleich, daß dieser spontane Vorstoß in die Intimität ohne Konsequenzen blieb. Nachdem Mulder anfangs von Scully getrennt werden soll und sich entgegen seiner sonstigen Art dem Alkohol hingibt, meldet *der Raucher* seinen Auftraggebern gegen Ende des Films: «Er ist wieder motiviert. Mehr als je zuvor.»

Declassified: The Unauthorized Guide. Secaucus 1996
Brian Lowry / Sarah Stegall: Die Wahrheit ist irgendwo dort draußen. Das offizielle Akte X-Kompendium, Köln 1996
Andy Meisler: Leugnen Sie alles! Das offizielle Kompendium. Köln 1998
Paul Mitchell: David Duchovny – Superstar aus Akte X. Köln 1997
Hal J. Schuster: The Unauthorized Guide To The X-Files. Rocklin 1997
Michael White: Die Wissenschaft der Akte X. München 1996

Zitat:
«*Mulder! Was ist mit der Leiche passiert?*»
DANA SCULLY

Fanclubs:
c/o Sylvia Rietdorff
Homburger Str. 49
14197 Berlin
(Jahresbeitrag DM 40,–/60,–, drei Clubmagazine / Jahr, Conventions mit Stargästen und monatliche Meetings)

Club In The Key Of X
Christian Gäng & Niko Götze
Postfach 1326
68792 Oberhausen-Rheinhausen
(Jahresbeitrag DM 50,–, vierteljähr-

liches Clubmagazin, *X-Files Academies* vier- bis sechsmal pro Jahr)

The X-Files
PO Box 3138
Nashua, NH, 03061–3138
USA

Autogrammadresse:
The X-Files
c/o Broadcasting Company
P.O. Box 900
Beverly Hills
CA 90213 USA

ALF ALF
USA 1986–1990

Willie Tanner	**Eric Tanner (1989–1990)**	**Trevor Ochmonek**
MAX WRIGHT	J.R. UND CHARLES NICKERSON	JOHN LAMOTTA
Kate Tanner	**Dorothy Halligan (1987)**	**Jake Ochmonek (1988–1989)**
ANNE SCHEDEEN	ANNE MEARA	JOSH BLAKE
Lynn Tanner	**Raquel Ochmonek**	**Neal Tanner (1989–1990)**
ANDREA ELSON	LIZ SHERIDAN	JM J. BULLOCK
Brian Tanner		
BENJI GREGORY		

Brandon Tartikoff, Programmchef der Senderkette NBC, wähnte sich ein wenig neben der Spur. Auf seinem Terminplan stand ein Treffen mit einem Produzenten, der ihm ein Konzept für eine neue Sitcom vortragen wollte. Für Tartikoff kein Anlaß zu großartigen Erwartungen – oft genug hatte er sich vollends absurde oder hinlänglich ausgereizte Ideen anhören müssen. Nun aber sah er sich unvermittelt einem dickfelligen Geschöpf gegenüber, das zunächst einmal heftig nieste und seinen faltigen langen Zinken an Tartikoffs Ärmel abschubberte. Trotz dieses rüpelhaften Benehmens markierte jene denkwürdige Begegnung den Beginn einer wunderbaren, weil enorm einträglichen Freundschaft. Es war, so der ebenfalls anwesende NBC-Redakteur Warren Littlefield, «der lustigste Vorstellungstermin, den ich je gesehen habe».

Der ruppige Rotschopf mit den blinkenden Knopfaugen und den großen Ohren trug den Namen ALF und war das zotteligste Phantasiewesen seit Vetter Itt und Chewbacca, mit einem Gehabe, so Tartikoff, wie eine

ALF *ist überzeugt, daß der neue Nachbar der «King» ist*

«Kreuzung aus Rodney Dangerfield und Groucho Marx». Dabei wurde ALF selber permanent auf den Arm genommen, handelte es sich bei ihm doch um eine Handpuppe, die der frühere Lehrer Paul Fusco 1984 für eine projektierte, aber vorzeitig gescheiterte Senderreihe entworfen hatte. Überzeugt von seiner Figur, war Fusco unter anderem bei den Disney Studios und beim Muppets-Erfinder Jim Henson vorstellig geworden, dort aber auf Ablehnung gestoßen. Der Produzent

Gaststars:
Michael Berryman, JM J. Bullock, Bill Daily, Bob Denver, Michael Des Barres, Holly Fields, Alan Hale jr., Russell Johnson, David Ogden Stiers, Hilary Thompson, Dawn Wells

Creators:
*Paul Fusco & Tom Patchett
Beginn der deutschen Erstausstrahlung: 5. 1. 1988, ZDF*

Spinoffs: ALF (*Animationsserie, USA 1987–1990*)
ALF TALES (*USA 1989–1990*)

Zu Beginn der Serie war ALF 229 Jahre alt. Seinen Geburtstag feiert er am 28. des Monats Nathinganger, der dem irdischen Oktober entspricht. Als Melmacianer unterscheidet er sich von den Menschen durch den fehlenden kleinen Finger. Eine weitere anatomi-

sche Besonderheit ist das im Ohr untergebrachte Herz. Auf Melmac arbeitete ALF unter anderem als «Orbit Guard» und Model; zeitweise war er Inhaber einer Vertretung für «Phlegm»-Sportwagen. Seine Lieblingsportart, «Bouillabaseball», weist gewisse Parallelen zum amerikanischen Baseball auf, wird aber mit einem Fisch gespielt.

ALF träumt, ein anerkannter Komiker zu sein

ALF in Halloween-Verkleidung

ALF – Alien Life Form

Bernie Brillstein nahm sich seiner an und stellte ihm den Autor Tom Patchett zur Seite. Gemeinsam verfaßten sie ein detailliertes Serienkonzept, das von den Programmchefs der NBC im Gefolge jenes eigenwilligen ersten Auftritts in Brandon Tartikoffs Büro in Produktion gegeben wurde. So hatte ALF zwar eindeutig den längeren, Tartikoff aber den richtigen Riecher, denn die Sitcom ALF wurde für NBC zur Goldgrube – zeitweise betrug allein der Erlös aus Merchandising-Produkten 250 Millionen Dollar pro Jahr.

ALFS Fernsehdebüt wurde generalstabsmäßig vorbereitet. In einem Trailer ließ sich der schnoddrige Außerirdische von den *Golden Girls* Bea Arthur und Betty White hätscheln, er trat im Frühstücksfernsehen und in diversen Unterhaltungssendungen auf und gab ein Gastspiel in der Erfolgs-Sitcom HILFE, WIR WERDEN ERWACHSEN/FAMILIENBANDE (→ Eintrag MICHAEL J. FOX). Im September 1986 endlich platzte ALF mit einem Knalleffekt nicht nur ins abendliche Fernsehprogramm, sondern zugleich ins traute Heim der Tanners, einer amerikanischen Durchschnittsfamilie, die ALF für die nächsten vier Jahre Asyl gewähren sollte.

Die unheimliche Begegnung der dritten Art begann mit einer Havarie. Gordon Shumway hatte seinen Heimatplaneten Melmac noch rechtzeitig vor dessen Explosion verlassen können. Je nach Standpunkt war sein Raumgleiter vom Modell «Phlegm 220» entweder ein Klassiker oder ein Schrotthaufen. Jedenfalls versagte er nahe der Erde endgültig seinen Dienst. Shumway stürzte ab und

In den meisten der vorwiegend vor Publikum aufgenommenen Szenen wurde ALF von Paul Fusco als Handpuppe geführt. Sollte ein laufender ALF gezeigt werden, schlüpfte der kleinwüchsige Exil-Ungar Mihaly *Michu* Meszaros in das Zottelkostüm. Paul Fusco lieh dem Milchstraßen-

lümmel auch seine Stimme. In Deutschland wurde ALF von Tommi Piper synchronisiert, der zudem als Unternehmer von der Popularität des stänkernden Rackers profitierte: Er besaß die Lizenz zur Herstellung einer ALF-Gartenzwergkollektion.

Einer der ALF-Autoren war Jerry Stahl – er schrieb unter anderem die Episode *La Cucaracha* –, der später mit dem Buch *Permanent Midnight*, der literarischen Aufarbeitung seiner Heroinabhängigkeit, hervortrat.

*ALF verfaßt Liebesbriefe für
den Nachbarjungen Jake*

ALF auf den Spuren von David Copperfield

krachte aufs Garagendach der Tanners. Er selbst trug weiter keinen Schaden davon, sein Vehikel freilich war für weitere Exkursionen nicht mehr zu gebrauchen. Also etablierte sich Shumway bei den Tanners, die sich nach dem ersten Schrecken peu à peu an den neuen Mitbewohner gewöhnten und ihm den Spitznamen ALF – kurz für «Alien Life Form» – gaben.

Allerdings blieb das Zusammenleben nicht ohne Anfechtungen, denn ALF beherrschte zwar diverse terrestrische Idiome, nicht jedoch die dazugehörigen Sitten und Verhaltensregeln. Manches war eben anders auf Melmac. So gehörte es dort zum guten Ton, mit offenem Mund zu essen, denn, so der Melmacische Kniggge, wer beim Kauen den Mund geschlossen hält, hat gewiß etwas zu verbergen. Auch bei den Eßgewohnheiten ließen sich Unterschiede ausmachen. Auf ALFS Heimatplaneten galten Katzen als besondere Delikatesse, was Lucky, dem Haustiger der Tanners, so manchen Schreckensmoment bescherte. Ähnlich befremdend wirkte auf Erdlinge ALFS Begeisterung für Schleim-

kugeln, die er als Reiseproviant mit sich führte. Umgekehrt fand Vielfraß ALF an der irdischen Küche recht schnell großen Gefallen und vertilgte mit besonderem Behagen Pizza und Donuts. Da Melmacianer naturgemäß über acht Mägen verfügen, bekam ALF bei der Verdauung seiner wenig nahrhaften Lieblingsgerichte keinerlei Probleme.

Mit ALF hatten sich die Tanners ein recht eigenwilliges Alien eingefangen. Es war nicht so niedlich wie E.T. und nicht so klug wie seinerzeit MEIN ONKEL VOM MARS (MY FAVOURITE MARTIAN, USA 1963–1966), dafür vorlaut, flegelhaft und mitunter unausstehlich. Ungeniert, zugleich mit einer gewissen Unbefangenheit, gab ALF spontan zum besten, was ihm gerade durch den Kopf schoß. Mitunter trieb er seine kühnen Spitzen bis ins Zentrum des irdischen will sagen: amerikanischen – Bewußtseins; er nahm sogar den US-Präsidenten und dessen Aufrüstungspolitik aufs Korn. Da er vor den Augen der neugierigen Nachbarn verborgen werden mußte, hatte ALF seine neue Heimat vorwiegend vermittels des Fernsehens kennenge-

Fusco ist auch Urheber der Kinderserie SPACECATS – DIE KATZENBANDE AUS DEM ALL (SPACECATS, USA 1991–1992), die in Deutschland vom ZDF ausgestrahlt wurde.

Zitat:
«Ihr habt doch diese Riesenteleskope, mit denen ihr ins All blickt. Dreht die Dinger mal um und schaut euch selbst genau an. Den Schock vergeßt ihr nicht so schnell!»
ALF

Fanclub:
ALFmiesters
c/o Val Bendel
4072 Tumbleweed Trail
Loves Park IL 61111
USA

ALF *mit der Familie Tanner: Mutter Kate (Anne Schedeen), Vater Willie (Max Wright), Lynn (Andrea Elson)*
und Brian (Benji Gregory)

lernt. Viele seiner pointierten Kommentare galten zeitgenössischen Kino- und TV-Ereignissen, eine eigentümliche Note, die in der deutschen Fassung weitgehend verlorenging.

Lange Zeit blieb der kosmische Kobold ein anstrengender Gast, so daß Willie Tanner sogar einen Psychologen zu Rate zog, dem es in der Tat gelang, das Verhältnis zwischen Familienoberhaupt und dem rostbraunen Quälgeist ein wenig zu entkrampfen. Allerdings kam der Sitcom mit fortschreitender Harmonisierung leider ihre ursprüngliche Schärfe abhanden. Gerade der krasse Gegensatz zwischen dem sanften, jeder Aufregung abholden Sozialarbeiter Willie Tanner nebst seiner Bilderbuchfamilie und dem zügellosen Hedonisten ALF bot die nötige Reibungsfläche für mehrbödige Komik. In dem Maße, wie diese Extreme ausgeglichen wurden, verloren die Geplänkel zwischen ALF und sei-

nen Wirtsleuten an Reiz. Die Quoten sanken, und die Serie ging alsbald zu Ende, allerdings mit einem *cliffhanger*: ALF verabschiedet sich von den Tanners, um mit zwei Artgenossen zu neuen Ufern zu streben. Ehe jedoch das Raumschiff abhebt, wird ALF von der «Alien Task Force» ausfindig gemacht und in Verwahrung genommen. Wie es danach weiterging, gelangte erst 1996 an die Öffentlichkeit – als Thema der in deutscher Koproduktion entstandenen Kinokomödie ALF – DER FILM (PROJECT: ALF, USA / D 1995).

Das A-Team The A-Team
USA 1983–1987

John «Hannibal» Smith	H.M. «Howling Mad» Murdock	Tawnia Baker (1984)
GEORGE PEPPARD	DWIGHT SCHULTZ	MARIA HEASLEY
Bosco «B.A.» Baracus	Amy Allen (1983)	General Hunt Stockwell
MR. T	MELINDA CULEA	(1986–1987)
Templeton «Faceman»	Colonel Lynch (1983–1984)	ROBERT VAUGHN
Peck (Pilotfilm)	WILLIAM LUCKING	Frankie Sanchez (1986–1987)
TIM DUNIGAN	Colonel Roderick Decker	EDDIE VELEZ
Templeton «Faceman» Peck	(1983–1986)	Carla (1986)
DIRK BENEDICT	LANCE LEGAULT	JUDY LEDFORD

Unablässig kaut Hannibal Smith auf seiner Zigarre herum und behält auch in heikelsten Situationen stets sein vergnügtes Grinsen bei. Er kommandiert eine ehemalige Eliteeinheit der US-Armee, der 1971 bitter Unrecht zugefügt worden war. Wie von ihrem General befohlen, hatten Smith und seine Männer einst die Bank von Hanoi ausgeraubt. Nach dem Friedensschluß freilich mochte niemand für diesen außerplanmäßigen Auftrag geradestehen und das Quartett geriet in Verdacht, das Unternehmen auf eigene Rechnung durchgeführt zu haben. Dem drohenden Militärgerichtsverfahren entzogen sie sich durch eine abenteuerliche Flucht, streunen seither vogelfrei durch die Vereinigten Staaten und verdienen ihren Lebensunterhalt, indem sie sich für Spezialaufträge moralisch einwandfreien Charakters buchen lassen und in oftmals tolldreisten Aktionen Strolchen jedweder Couleur das Handwerk legen. Erst in der letzten Staffel werden die Renegaten geschnappt und in einer Scheinverhandlung zum Tode verurteilt, erhalten aber die Chance zur Bewährung und fechten fürderhin notgedrungen in staatlichem Auftrag.

Jedes Teammitglied verfügt über spezifische, oftmals recht nutzbringend anzuwendende Fertigkeiten. Der Stratege Hannibal Smith plant und leitet die Aktionen, führt mit leichter Hand Schießwerkzeug schwersten Kalibers, schauspielert aber gern auch mal, um seine Widersacher zu bluffen. *Faceman* Peck versteht sich ebenfalls auf die Thespiskunst; in einer Episode kostümiert er sich als Putzfrau, um das gegnerische Lager auszuspionieren. *Howling Mad* Murdock ist vor allem seiner Flugkünste wegen gefragt, aber auch berüchtigt, denn seine Fähigkeit zur Risikoeinschätzung läßt stark zu wünschen übrig, weshalb er zeitweise in geschlossenen Anstalten einsitzt und bei Bedarf von seinen Kumpanen erst einmal befreit werden muß. Bosco Baracus wird B. A. gerufen, das Kürzel steht für *bad attitude*. Der jähzornige und stets grollende Kaventsmann läßt sich, wenn einmal in Fahrt, nur schwer bändigen, hat aber auch seine schwachen Seiten: er mag Kinder und er haßt das

Gaststars:
Melody Anderson, Daphne Ashbrook, Leah Ayres, Tia Carrere, Dennis Franz, Boy George, Paul Gleason, Wings Hauser, Isaac Hayes, Hulk Hogan, James Hong, Rick James, L. Q. Jones, Yaphet Kotto, Judy Landers, Michael Lerner, Charles Napier, Della Reese, John Saxon, Dean Stockwell, Don Stroud, Stuart Whitman

Creators:
Stephen J. Cannell, Frank Lupo
Beginn der deutschen Erstausstrahlung:
Pilotfilm: 10. 5. 1990, RTLplus
Serienstart: 11. 5. 1990, RTLplus

Bereits 1987 liefen einige Folgen der Serie in den ARD-Regionalprogrammen. Wegen des fortgesetzt unguten

Benehmens der Protagonisten gelangten jedoch nur eigens ausgewählte, nämlich die eher aktionsarmen Episoden zur Ausstrahlung. Die Chronologie der Ereignisse wurde dabei schnöde mißachtet.

Die nochmalige Verkürzung seines Namens zu Mr. T erwies sich für Lawrence Tero als ausnehmend

Robert Vaughn, Mr. T, Dirk Benedict (hinten),
Dwight Schultz, George Peppard, Eddie Velez

TEAM in jeder Episode nach Herzenslust krachen und scheppern lassen. Der Radau drang auch an die Ohren der Tugendwächter, die flugs mit dem Verdikt *gewalttätig* bei der Hand waren. Aber so wie die Figuren bis zur Karikatur überzeichnet waren, entsprachen auch die vermeintlichen Gewaltdarstellungen geläufigen Animationsfilmmustern. Selten wurde jemand verletzt und schon gar nicht getötet in den 128 Serienepisoden, selbst wenn sich Autos durch die Luft schraubten, Zapfpistolen Feuer spien oder prächtige Detonationen für Silvesterstimmung sorgten. Selbstredend begeisterte sich insbesondere das jugendliche Publikum für DAS A-TEAM, denn der lässige, stumpenkauende Hannibal, der Schönling Templeton, der wahnwitzige Murdock und vor allem der ruppige B. A. waren im Grunde selbst noch Kinder, eine Rasselbande spielender Lausejungs, die mit richtigen Autos schmissen statt mit Matchbox-Modellen, die furchtbar gerne lustige *gadgets* bastelten und mit geradezu ansteckendem Spaß Groß- zu Kleinholz verarbeiteten.

Zu ihrem besonderen Liebling erkoren sich die jungen Zuschauer ausgerechnet den grimmigen Rabauken B. A. Dabei war sein Äußeres reinweg furchteinflößend. Den Bildschirm füllte ein muskelgepolsterter, mit Unmengen klobiger Goldketten behängter, von einem Irokesenhaarschnitt gekrönter Hüne. Manch einer möchte so einem Sub-

Fliegen – und zwar dermaßen, daß ihn seine Mitstreiter erst einmal schlagkräftig außer Gefecht setzen müssen, wenn es daran geht, eine von Murdochs nicht unbedingt vertrauenerweckenden Maschinen zu besteigen. Dem Teufelsmechaniker Baracus ist das besondere Geschick zu eigen, aus einem Haufen Schrott und etwas Isolierband notfalls ein Arsenal abenteuerlich aussehenden, aber äußerst wirksamen Rüstzeugs basteln zu können – und das, ohne jemals seine massiven Goldringe von den Fingern zu streifen.

Dank B. A.s Kreationen konnte es das A-

effektive Maßnahme – als Mitglied des A-TEAMS erhielt der Darsteller eine Gage von einer Million Dollar pro Jahr. Weitere Einnahmen erzielte er aus dem Verkauf seiner Autobiographie *Mr. T: The Man With The Gold* und Merchandising-Objekten wie der Mr.-T-Puppe. 1983 brachte man ihn zu Papier, und er wurde Titelheld einer Zeichentrickserie, die abenteuerliches Geschehen mit pädagogisch wertvollen Subplots verband (MR. T, USA 1983–1986). Sein Vermögen und seine Popularität nutzte Mr. T., um Kindern in den Armenvierteln von Chicago und Los Angeles zu helfen. Von 1987 bis 1990 stand er

für die Detektivserie T. AND T. vor der Kamera. Danach wurde es still um ihn.

Im A-TEAM war Dirk Benedict der Charmebolzen, hätte aber auch im Pilotensessel eine gute Figur abgegeben. Einschlägige Erfahrungen sammelte er von 1978 bis 1980 als Lieutenant Starbuck in der Sciencefiction-Serie KAMPFSTERN GALACTICA (BATTLESTAR GALACTICA, USA 1978–1980) sowie als leidenschaftlicher Hobbyflieger am Steuerknüppel seiner Privatmaschine.

1982 zeigte Brandon Tartikoff einer Versammlung assoziierter Sendereigentümer einen zehnminütigen Ausschnitt aus DAS A-TEAM, um auf den bevorstehenden Sendebeginn hinzuweisen. Im Mittelpunkt des Trailers stand eine Szene mit dem chronisch wutschnaubenden Mr. T. Nach Ende der Vorführung sah sich Tartikoff einer Welle unverblümten Mißbehagens ausgesetzt, und er wurde des Saales verwiesen. Gut vier Monate später enterte DAS A-TEAM die Top ten der US-Seriencharts.

Zu den größten Fans der Serie zählte Popstar Boy George. Wiederholt be-

Dirk Benedict

Mr. T

Dwight Schultz

jekt nicht im Dunkeln und tunlichst auch nicht im Hellen begegnen. B. A. war mehr oder minder identisch mit Mr. T, einem Mann, der das Rollenspiel zur Grundlage seiner Karriere gemacht hatte.

Für den in den Armenvierteln Chicagos aufgewachsenen Lawrence Tureaud bot die Herausbildung einer markanten Physis eine der für Menschen seiner Abkunft nicht eben im Übermaß gegebenen Möglichkeiten zum sozialen Aufstieg. Er wurde Wrestler und strebte eine Karriere als Football-Profi an; eine Knieverletzung machte diese Hoffnungen jedoch zunichte. Nach seiner Dienstzeit als Militärpolizist arbeitete Tureaud, der seinen Namen zu Tero vereinfacht hatte, als Leibwächter für Zelebritäten wie Michael Jackson, Muhammad Ali und LeVar *Kunta Kinte* Burton. Mit diesen Meriten und seinem markanten Äußeren gab er die Idealbesetzung ab für die Rolle der dumpfen Kampfmaschine Clubber Lang in DAS AUGE DES TIGERS – ROCKY III (ROCKY III, USA 1982).

Denn zu diesem Zeitpunkt hatte Tureaud bereits Mr. T erschaffen, eine Kunstfigur mit dem schillernden Exterieur eines Comic-Helden. Nicht allein stellte er einen imposanten

Körperbau zur Schau, er legte sich zudem individuelle Markenzeichen zu, die ihn vom Durchschnittsmenschen abhoben. Zu seinem besonderen Habitus gehörte neben der augenfälligen Haar- und Barttracht auch die Armierung mit schwerem Goldschmuck. Sehr ähnlich hatte sich in den frühen Siebzigern schon Isaac Hayes zum Supermacho stilisiert, wenn er zu den Klängen des *Theme From Shaft* die Bühne betrat und sich von seinen Sängerinnen Hot, Buttered und Soul huldigen ließ. Mr. T übernahm Hayes' Attitüde und erweiterte sie um seine eigenen Manierismen. Prompt stahl er gleich mehreren hochkarätigen Leinwandstars die Schau, als er in Las Vegas eine im Vorfeld des Boxkampfes zwischen Larry Holmes und Gerry Cooney abgehaltene VIP-Party frequentierte. Unter den Gästen waren auch NBC-Unterhaltungschef Brandon Tartikoff und der TV-Produzent Stephen J. Cannell. Beide bereiteten gerade eine Abenteuerserie vor, die Elemente der Kinofilme DIE GLORREICHEN SIEBEN (THE MAGNIFICENT SEVEN, USA 1960) und MAD MAX II – DER VOLLSTRECKER (MAD MAX 2, AUS 1981) sowie des Serienklassikers (→ KOBRA, ÜBERNEHMEN SIE zu einem schneidigen

---

warb er sich um eine Gastrolle und zahlte schließlich 42 000 britische Pfund an die Produzenten, um mitwirken zu dürfen. In der Episode *George, der Cowboy / Cowboy George* muß er anstelle des ursprünglich gebuchten Country-Sängers Cowboy George mit seiner Band The Culture Club in einem Redneck-Schuppen auftreten. Währenddessen verübt der örtliche Ver-

anstalter (L. Q. Jones) einen großangelegten Lohngeldraub.

Ein weiteres musikalisches Intermezzo brachte die Episode *Hinter Gittern / The Heart Of Rock'n'Roll* mit Gastauftritten der Soulstars Isaac Hayes und Rick James.

Zitate:
«Müde Burschen, die den ganzen Tag

damit zugebracht haben, Löcher in Zähne zu bohren oder Kotflügel zu montieren, bekommen hier eine Stunde unkomplizierter Unterhaltung geboten.»
‹TV GUIDE›

«Noch nie habe ich bei einer Serie so viel Spaß gehabt.»
DIRK BENEDICT

Action-Spektakel vereinen sollte – und Mr. T, in diesem Punkt stimmten beide überein, paßte hervorragend in das geplante Setting. Probehalber bekam Mr. T eine Gastrolle in der NBC-Sitcom SILVER SPOONS (USA 1982 – 1988), lieferte eine überzeugende Vorstellung – und wurde als erstes Ensemblemitglied der Serie DAS A-TEAM unter Vertrag genommen.

Die Vergabe der weiteren Parts folgte dem branchenüblichen Verfahren. Wie seine Kollegen, mußte auch George Peppard zu den Vorsprechterminen erscheinen. Der Absolvent des New Yorker Actor's Studio hatte seine Karriere mit Filmen wie FRÜHSTÜCK BEI TIFFANY (BREAKFAST AT TIFFANY'S, USA 1961) recht vielversprechend begonnen, an die frühen Erfolge jedoch nicht anknüpfen können. In den Siebzigern wandte er sich verstärkt der Fernseharbeit zu. Ursprünglich war der als widerborstig verschriene Star für die Rolle des Blake Carrington in (→ DER DENVER-CLAN verpflichtet worden, überwarf sich aber bereits während der Arbeit am Pilotfilm mit den Produzenten und wurde kurzfristig durch John Forsythe ersetzt. Mit der Ausschreibung des Parts des Hannibal Smith ergab sich für den Fünfundfünfzigjährigen eine der zwischenzeitlich rar gewordenen Gelegenheiten, noch einmal eine große Serienrolle zu ergattern. Im Bewußtsein dessen lieferte Peppard eine Bestleistung und wurde trotz anhaltender Bedenken als Anführer des A-Teams akzeptiert.

Fanclubs:
The A-Team Fan Society
c/o Sonja Horstmann
Postfach 2129
32355 Preußisch Oldendorf
(internationaler Fanclub mit Verbindungen zu Dirk Benedict und Dwight Schultz, Jahresbeitrag DM 30,–, vierteljährliches Clubmagazin in englischer Sprache etc.)

The A-Team-Society
c/o Bernd Seifert
Lindenstr. 20
52477 Alsdorf

The A-Team Fanvereinigung
Nicole Hesse
Am Hänken 3
30890 Barsinghausen
(Jahresbeitrag DM 20,–, vierteljährliches Clubmagazin, Fan-Shop u. a.)

Dirk Benedict Fanclub
c/o Christiane Kerbeck
Kurfürstenstr. 35
55118 Mainz

Dirk Benedict Fanclub
c/o Donna Jean Driscoll
PO Box 574
Canton
MA 02021, USA

Rowan Atkinson

Die Probe aufs Exempel bestätigte die Vermutung: Von einem Rowan Atkinson hatte im Bekanntenkreis noch kaum jemand gehört. Fiel dagegen der Name Mr. Bean, erhellten sich die Gesichter, und ein wissendes Lächeln signalisierte plötzliche Erkenntnis. Klammheimlich, ohne großartiges PR-Getöse, war Rowan Atkinson so etwas wie ein Kultstar geworden – unter dem Namen der Kunstfigur Mr. Bean, jenes seltsamen Schrats, der stets aufs neue mit den Tücken des Alltags kämpft und dabei mitunter höchst absonderliche und originelle Lösungen findet.

In England preist man den Komiker Atkinson als den Mann mit dem Gummigesicht oder auch schon mal als fleischgewordene SPITTING IMAGE-Puppe. Tatsächlich scheint dieser Verwandlungs- und Verrenkungskünstler seine Miene nach Belieben verziehen und in jede gewünschte Form knautschen zu können. Sprache ist weitgehend verzichtbar für Atkinson, der, ähnlich wie sein Vorbild Jacques Tati, bei seinen Dar-

bietungen notfalls ohne Worte auskommt. Die drolligen Schelmenstreiche des Mr. Bean gaben Atkinson reichlich Gelegenheit, sein außerordentliches Talent zur Körperkomik zu entfalten. Vom Publikum wurde er zeitweise ganz und gar mit seinem Alter ego identifiziert, das seinen Schöpfer an Popularität übertroffen zu haben schien. Selbst das deutsche Plakat zur Erfolgskomödie VIER HOCHZEITEN UND EIN TODESFALL (FOUR WEDDINGS AND A FUNERAL, GB 1994), in der Atkinson eine kleine Gastrolle übernommen hatte, kündigte ihn als Mr. Bean an – obwohl sein Part rein gar nichts mit dem fraglichen Unglücksraben zu tun hatte.

Es ist keineswegs Zufall, daß immer wie-

Rowan Atkinson

Als Jugendlicher engagierte sich Rowan Atkinson im Filmclub seiner Schule und sah bei dieser Gelegenheit erstmals die Filme seines späteren Idols Jacques Tati.

Atkinson ist Eigentümer der Produktionsfirma Tiger Television, die unter

anderem für die BBC die Serie FUNNY BUSINESS, eine Dokumentarreihe über große Komiker, erstellte.

In dem Kinofilm DAS LANGE ELEND (THE TALL GUY, GB 1989) – das Skript schrieb der BLACK ADDER-, VIER HOCHZEITEN ... - und BEAN-Autor

Richard Curtis – gab Atkinson unter der Regie seines Kollegen Mel Smith eine Glanzvorstellung als Karikatur seiner selbst: Er spielte einen ebenso populären wie egozentrischen Bühnenkomiker namens *Ron Anderson*, unter dessen Launen und vorsätzlichen Gemeinheiten insbesondere

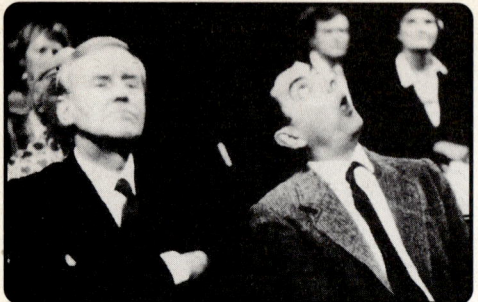

Richard Briars und Rowan Atkinson

Rowan Atkinson, unbekannt

der angelsächsische Komiker weltweites Ansehen erlangen. Wie auf manch anderem, verfügt Großbritannien auch auf diesem Gebiet über jahrzehntelange Traditionen. Die Geschichte der Comedy reicht zurück bis zu den Vaudevilles, Varietés und Vorstadtbühnen, die einst einen Charlie Chaplin und einen Stan Laurel hervorbrachten. Via Kinofilm machte der britische Humor international Furore, und hernach war es das Fernsehen, das Spaßmachern wie Peter Sellers und Dudley Moore, → Benny Hill, → Marty Feldman und der Monty-Python-Truppe zu Weltruhm verhalf.

Viele Komiker der TV-Ära begannen ihre Karrieren an den Studentenbühnen in Oxford oder Cambridge, traten dort erstmals ins Rampenlicht und blieben nach dem Studium im Metier. John Lloyd beispielsweise, der Rowan Atkinson zum Fernsehen brachte, studierte in Cambridge Jura und gehörte 1973 zu den Mitwirkenden der traditionellen *Footlights Revue*. Später wurde er Produzent der satirischen TV-Reihe NOT THE NINE O'CLOCK NEWS, für deren Ensemble Lloyd mit Mel Smith einen Mitstreiter aus Studententagen rekrutierte, außerdem Griff Rhys

Jones von der ehemals konkurrierenden Oxford-Revue und Pamela Stephenson, deren komisches Talent ihm auf einer Party aufgefallen war. Auch Rowan Atkinson, der Vierte im Bunde, war ein *Oxford-Mann*. Er genoß bereits einige Reputation als Hörfunk-Komiker und stand auf der Wunschliste der Produzenten an erster Stelle. «Jeder wußte», so John Lloyd rückblickend, «daß er unglaublich berühmt werden würde. Die einzige Frage war, wer ihn als erster engagierte.»

Atkinson hatte zu dem Zeitpunkt bereits einen kometenhaften Aufstieg hinter sich, der ihm den üblichen langwierigen Umweg über die Comedy-Clubs ersparte. Der *shooting star* des Slapstick war 1955 in Newcastle-upon-Tyne geboren worden, sein Vater arbeitete als Geschäftsmann und Farmer. Die anderen Söhne blieben der Familientradition treu; der eine wurde Bankier, der andere Exportkaufmann. Rowan dagegen brachte schon als Elfjähriger seine Mitschüler zum Lachen – «obwohl es nie meine Absicht war, die Schauspielerei als Beruf zu betreiben, war mir doch fortwährend bewußt, daß ich die Auftritte vor Publikum sehr mochte», zitiert ihn Anthony Davis in dem Buch

---

sein Partner Dexter King (Jeff Goldblum) unmäßig zu leiden hat.

Zitat:
«Mr. Bean ist ein anarchischer, kindischer und asexueller Charakter. Buster Keatons und Jacques Tatis Figuren waren von derselben Art. Ein Kind ist er im Sinne von naiver Unschuld,

aber auch wegen des bösartigen und trotzigen Verhaltens, mit dem er reagiert, wenn etwas nicht nach seinem Willen verläuft.»
ROWAN ATKINSON

Literatur:
Andreas Pittler: Rowan Atkinson – «Mr. Bean». München 1998

Fanclub:
Rowan Atkinson Fan Club
PO Box 89
St. Leonhards-on-Sea
East Sussex, TN38 9ZX
Großbritannien

Mr. Bean feiert Weihnachten

«TV Laughtermakers». Selbst der Rektor seiner Schule riet ihm zu einer Karriere im Showgeschäft. Zunächst aber belegte Atkinson in Oxford Elektronik und entschied sich erst während des Studiums, einen Versuch als Bühnenkomiker zu wagen. 1977 debütierte er in Edinburgh und wenig später auch in London, im Rahmen einer Revue mit dem Titel «*Beyond A Joke*». Der Rest ist Geschichte.

Nur neun Monate nach Verlassen der Universität war der Vollblutkomödiant bereits Autor und Hauptakteur einer eigenen Fernsehsendung mit dem Titel ROWAN ATKINSON PRESENTS – CANNED LAUGHTER, stieß dann zum Team der NOT THE NINE O'CLOCK NEWS und begeisterte das Kabarettpublikum mit einer One-Man-Show, die im Londoner West End aufgeführt wurde. NOT THE NINE O'CLOCK NEWS bot aggressiven «Humor für die Punk-Ära», wie ein Kritiker formulierte. Ähnlich respektlos und mit schwärzestem Humor zeichnete Atkinson die Welt des Mittelalters in der TV-Serie BLACK ADDER (GB 1983–1989), die zunächst nur mäßig erfolgreich war, sich dann aber vom Geheimtip zum Publikumsrenner entwickelte und

mehrfach fortgesetzt wurde. Auch als Filmschauspieler war Atkinson tätig. Unter anderem spielte er neben Anjelica Huston und Mai Zetterling in Nicholas Roegs Horrorkomödie HEXEN HEXEN (THE WITCHES, GB 1989) einen von allerlei Unbilden verfolgten Hotelier. 1997 wurde die Filmkomödie BEAN – DER ULTIMATIVE KATASTROPHENFILM (BEAN, GB/USA 1997), inszeniert von Atkinsons langjährigem Weggefährten Mel Smith, ein Kassenschlager.

Obwohl erfolgsverwöhnt, scheint Atkinson doch, wie seine Kollegen John Cleese und der verstorbene → Benny Hill, ein melancholischer Clown zu sein. «Ich bin wohl ein sehr einsamer Mensch», sinnierte er einmal. Sein seltsames Hobby paßt dazu: Atkinson steuert gern schwere Nutzfahrzeuge. In der Einsamkeit der Fahrerkabine entwickelt er die Ideen, die seinem Publikum so großes Vergnügen bereiten. Und auch diesen Umstand versteht er wieder ins Komische zu wenden, wenn er sagt: «Vielleicht sollte ich ein Transportunternehmen für Tourneetheater aufmachen …»

Auf der Flucht The Fugitive
USA 1963–1967

Dr. Richard Kimble	**Donna Taft**
DAVID JANSSEN	JACQUELINE SCOTT
Lt. Philip Gerard	**Fred Johnson («Der Einarmige»)**
BARRY MORSE	BILL RAISCH

Nach vier Jahren ununterbrochener Reisetätigkeit war Dr. Kimble es endgültig leid. «Ich bin müde. Ich bin so müde», bekannte der Wanderdoktor mit tonloser Stimme in der vorletzten Episode, die dem abschließenden Kapitel als Ouvertüre vorangestellt war. Begonnen hatte die Hatz, die ihn genau zehnmal quer durch die USA führen sollte, am 19. September 1961. Nachdem Helen Kimble eine Fehlgeburt erlitten hatte und keine Kinder mehr bekommen konnte, kriselte es in der Ehe des Paares. Auch an diesem Abend gab es einen sinnlosen Streit. Dick, wie Freunde ihn nennen durften, suchte daraufhin das Weite.

Als er später am Abend zurückkehrt, läuft ihm direkt vor seinem Haus ein galgengesichtiges Individuum vor die Kühlerhaube. Kimble nimmt zur Kenntnis, daß dem unachtsamen Verkehrsteilnehmer ein Arm fehlt. Alsdann betritt er arglos das Eigenheim, und seine ansonsten regungsarme Miene verzerrt sich zu einer Grimasse: Er findet Helen erschlagen auf der Auslegware. Kimble wird festgenommen und zum Tode verurteilt; der Einarmige ist nicht auffindbar. Lieutenant Philip Gerard soll den Todeskandidaten in das Staatsgefängnis überführen. Dann aber entgleist der Zug, Gerard verliert das Bewußtsein und Kimble seine Fesseln. Eine auf 120 Episoden verteilte vierjährige Flucht nimmt ihren Anfang ...

All dies gehörte zum Inhalt der ersten Episode, deren erzählerisches Geflecht aus einer spannunghebenden Vielzahl von Rückblenden und Zeitsprüngen bestand und mehr dramaturgische Kniffe aufwies als eine komplette DERRICK-Staffel. Als die Fernsehzuschauer dem leidgeprüften Mediziner zum ersten Mal begegneten, saß er bereits im Zug, angekettet an seinen späteren Verfolger Gerard. Der Off-Erzähler, im Original William Conrad, referierte knapp die notwendigsten Daten: «Name: Dr. Richard Kimble. Beruf: Arzt. Reiseziel: die Todeszelle im Staatsgefängnis. – Aber er ist unschuldig. Kurz bevor er die Leiche seiner Frau fand, sah er einen einarmigen Mann von seinem Haus weglaufen. Aber das konnte er nicht beweisen. Und so wurde er verurteilt. Richard Kimble sieht die Welt zum letzten Mal. Eine dunkle Welt ... Doch da fällt eine schicksalhafte Entscheidung ...»

Neben der Exposition umfaßte *Allein in einer fremden Stadt*, so der Titel des Pilotfilms, auch das erste Abenteuer des Vogelfreien.

Gaststars:
Claude Akins, Richard Anderson, R. G. Armstrong, Edward Asner, Martin Balsam, Herschell Bernardi, Miss Beverly Hills, Whit Bissell, Beau Bridges, Charles Bronson, Joe Campanella, John Cassavetes, Seymour Cassel, Dabney Coleman, Michael Conrad, Elisha Cook jr., James Daly, Ossie Davis, Lynda Day George, Ruby Dee, Sandy Dennis, Bruce Dern, Angie Dickinson, James Doohan, Andrew Duggan, Robert Duvall, Richard Evans, Norman Fell, Paul Fix, Anne Francis, Gloria Grahame, Lee Grant, Pat Hingle, James Hong, Ron Howard, Carol Kane, Brian Keith, DeForest Kelley, Jack Klugman, Shirley Knight, Diane Ladd, Hope Lange, Jack Lord, Kevin McCarthy, John McIntire, Strother Martin, Lee Meriwether, Vera Miles, Bill Mumy, Leslie Nielsen, Warren Oates, Carroll O'Connor, Susan Oliver, Slim Pickens, Donald Pleasence, Suzanne Pleshette, Tommy Rettig, Hari Rhodes, Wayne Rogers, Mickey Rooney, Kurt Russell, Telly Savalas, William Shatner, James Sikking, Tom Skerritt, Buck Taylor, Roy Thinnes, Malachi Throne, Brenda Vaccaro, Garry Walberg, Jessica Walter, Robert Webber, Tuesday Weld

A B C D E F G H I J K L M N O P Q R S T U V W X Y Z 43

Barry Morse, David Janssen

Hier wurde bereits ein wesentliches Element der nachfolgenden Geschichten angelegt: Kimbles Dasein erschöpfte sich nicht darin, vor dem Gesetz zu fliehen und den wahren Mörder zu jagen – er trat überdies regelmäßig als Schutzengel in Erscheinung und half den Armen und Bedrängten, wohin es ihn auch verschlug, selbst wenn er die Entdeckung durch die Polizei riskierte. Es fügte sich, daß er sogar einmal der Gattin seines gnadenlosen Widersachers Gerard erste Hilfe leisten mußte.

Creator:
Roy Huggins
Beginn der deutschen Erstausstrahlung: 9. 7. 1965, ARD

AUF DER FLUCHT basierte einesteils auf Victor Hugos *Les Misérables*, war aber auch inspiriert von den Ermittlungen gegen einen gewissen Dr. Sam Sheppard, der im Verdacht stand, seine Frau ermordet zu haben.

1965 wurde AUF DER FLUCHT als Outstanding Dramatic Series mit einem Emmy ausgezeichnet.

Der Erfolg des AUF DER FLUCHT-Prinzips setzte eine Anzahl weiterer einsamer Wanderer in Bewegung. Roy Huggins, der durch Serien wie MAVERICK (USA 1957–1962) und → 77 SUNSET STRIP (USA 1958–1964) namhaft gewordene Schöpfer des Originals, brachte Ben Gazzara auf den Weg, der in WETTLAUF MIT DEM TOD (RUN FOR YOUR LIFE, USA 1965–1968) über den gesamten Erdball stromerte. Die parodistische Variante war RENN, BUDDY, RENN (RUN BUDDY RUN, USA 1966–1967), und auch in Westernkulissen tummelten sich die Verfolgten und Verladenen: Robert Horton suchte als DER MANN OHNE NAMEN (A MAN CALLED SHENANDOAH,

David Janssen

Da Kimble die niedrigsten Arbeiten verrichtete, um in der Illegalität überleben zu können, traf er häufig auf Ausgestoßene, Außenseiter und menschliches Treibgut. Gerade diese Gesellschaft aber gewährte dem Flüchtling einige wenige Momente des Innehaltens. Der ehemals wohlsituierte Akademiker wurde in ein Leben geworfen, das ihm in seiner früheren Existenz bestenfalls exotisch erschienen wäre. Nun, da er sich ohne Schuld in den Fallstricken des Rechtssystems verfangen hatte, lernte er, zur Rastlosigkeit verdammt, die Kehrseite Amerikas kennen.

AUF DER FLUCHT stellte bis dahin gültige Wahrnehmungsnormen in Frage. Die Zuschauer bangten mit einem gesuchten Verbrecher, dem jede Polizeiuniform als Bedrohung erscheinen mußte. Barry Morse, der Darsteller des unermüdlichen Philip Gerard, bekam dies nicht selten leidvoll zu spüren. Passanten gifteten ihn an, den sympathischen Mr. Kimble gefälligst in Ruhe zu lassen, manche wurden sogar handgreiflich. Andere Zuschauer leisteten ihm nicht ganz ernst gemeinte Unterstützung. Während eines Londonaufenthaltes erhielt Morse in einem Restaurant eine schriftliche Nachricht mit dem Wortlaut: «Kimble versteckt sich in der Küche.»

Die Serie war weltweit erfolgreich, die Figur des Dr. Kimble wurde zum vielzitierten Mythos. Eine deutsche Illustrierte richtete an David Janssens Agenten die Anfrage, ob der Star für eine Werbeaktion zu buchen sei – man wollte den Schauspieler auf Berlins Straßen aussetzen und von den Lesern des Journals suchen lassen. Janssen indes reiste lieber nach Spanien, wo *El Fugitivo* in den Stierkampfarenen wahre Ovationen dargebracht wurden, was die Starmatadore kaum weniger irritierte als ihre vierbeinigen Opfer. Als in Großbritannien die Ausstrahlung der Serie vorzeitig beendet wurde, gründeten 600 Liverpooler Fabrikarbeiterinnen ein Aktionskomitee zur sofortigen Wiederaufnahme der Show – und hatten Erfolg. David Janssen erhielt zahlreiche Briefe von Gefängnisinsassen, denen es angeblich ähnlich ergangen war wie Dr. Kimble, alte Damen teilten ihm mit, sie hätten den Einarmigen in ihrer Nachbarschaft gesehen.

Welchen Rang die Serie in den Sechzigern einnahm, verdeutlicht insbesondere der Wirbel um die Schlußepisode, die Kimble endlich mit dem tatsächlichen Mörder konfrontieren sollte. Bereits ab Frühjahr 1967 wurde das Publikum auf die Klimax vorbereitet, das Fernsehereignis geschickt inszeniert. Es gab keine Pressevorführungen, allen Beteiligten wurde strengstes Stillschweigen auferlegt. Das letzte Kapitel verteilte sich auf zwei Episoden, deren erste die Spannung noch einmal gehörig anheizte. Ein dritter Mann kam ins Spiel, und Kimble wie auch die Zuschauer mußten den Eindruck gewinnen, der Einarmige sei womöglich

USA 1965–1966) nach seiner Vergangenheit, Chuck Connors in GEÄCHTET (BRANDED, USA 1965–1966) nach dem Beweis seiner Unschuld.

David Janssen (1930–1980) stand bereits als Kind auf der Theaterbühne und gab sein Filmdebüt in SWAMP FIRE (USA 1946). Sein erster Serienerfolg war die Dick-Powell-Produktion RICHARD DIAMOND, PRIVATE DETECTIVE (USA 1957–1960). In O'HARA, US TREASURY spielte er von 1971 bis 1972 einen Spezialagenten des Schatzamts. 1974 kehrte er mit der Serie HARRY-O (USA 1974–1976) als Detektiv auf den Bildschirm zurück. Kurz vor seinem tödlichen Herzanfall hatte er mit den Dreharbeiten zu einer weiteren Serie begonnen, die ihn in einer neuen Rolle zeigen sollte: als FATHER DAMIEN – THE LEPER PRIEST.

nicht der Mörder, sondern nur ein verängstigter Tatzeuge. Beinahe hatte Kimble den Versehrten beim Schlafittchen, als Gerard aus dem Schatten trat und die Handschellen zuschnappen ließ. Zu ausgelaugt war Kimble, um Gegenwehr zu leisten. Doch Gerard konnte sich Kimbles Erkenntnissen letzten Endes nicht verschließen und gewährte eine Galgenfrist – gemeinsam reisten sie nach Stafford, Indiana, dorthin, wo alles angefangen hatte. Tatsächlich gelang es, den Einarmigen als Mörder zu identifizieren und in einem dramatischen Showdown auf dem Gelände eines stillgelegten Vergnügungsparks dem wohlverdienten Ende zuzuführen. Die gesamte englischsprechende Welt hielt bei diesen Szenen den Atem an. Die USA und alle Länder, die die Serie übernommen hatten, zeigten den Film am selben Tag, am 29. August 1967. Baseball-Spiele waren verschoben worden, die Rugby-Weltmeisterschaften in Neuseeland machten einen Tag Pause. Geschäfte und Gaststätten unterbrachen für eine Stunde ihren Betrieb. Daheim in den USA erzielte die Sendung einen Marktanteil von 72 Prozent, eine Rekordmarke, die erst durch jene berühmte DALLAS-Episode, die Aufschluß über die Folgen des Attentats auf J. R. versprach, überboten werden sollte.

Hope Lange,
Jaime Sanchez,
David Janssen

Harrison Ford
in der Kinoversion

Am späten Abend des historischen Tages sendete ABC ein Live-Interview mit David Janssen, der zu dem Zeitpunkt für Dreharbeiten in Georgia weilte. Der Talkmaster Joey Bishop verharrte noch ein wenig in der Fiktion und erkundigte sich bei Janssen, wie er sich fühle, nun, da ihm endlich Gerechtigkeit widerfahren sei. Janssens überraschende Antwort: «Tja, *ich* habe sie umgebracht, Joey. Sie redete einfach zuviel.»

Im 1993 gedrehten gleichnamigen Kinofilm spielten Harrison Ford die Rolle des Richard Kimble und Tommy Lee Jones seinen Verfolger Gerard. Regie führte Andrew Davis.

Literatur:
John Cooper: The Fugitive. A Complete Episode Guide. Ann Arbor 1994
Bill Deane: Following *The Fugitive*. An Episode Guide & Handbook To The 1960s Television Series. Jefferson 1996
Ellie Janssen: David Janssen, My Fugitive. Hollywood 1994
Ed Robertson: The Fugitive Recaptured. Los Angeles 1993

Ausgerechnet Alaska Northern Exposure
USA 1990–1995

Dr. Joel Fleischman ROB MORROW	**Shelly Tambo** CYNTHIA GEARY	**Leonard Quinhagak (1992–1993)** GRAHAM GREENE
Maggie O'Connell JANINE TURNER	**Marilyn Whirlwind** ELAINE MILES	**Mike Monroe (1992–1993)** ANTHONY EDWARDS
Maurice Minnifield BARRY CORBIN	**Ruth-Anne Miller** PEG PHILLIPS	**Bernard Stevens (1991–1995)** RICHARD CUMMINGS JR.
Chris Stevens JOHN CORBETT	**Adam (1991–1995)** ADAM ARKIN	**Michelle Capra (1994–1995)** TERI POLO
Ed Chigliak DARREN E. BURROWS	**Dave the Cook (1991–1995)** WILLIAM J. WHITE	**Dr. Phil Capra (1994–1995)** PAUL PROVENZA
Holling Vincouer JOHN CULLUM		

Die Bewohner von Twin Peaks hatten recht viel Holz vor ihren Hütten. Auch im nördlichsten Bundesstaat der USA stehen bekanntlich viele Bäume herum, und prompt wurde AUSGERECHNET ALASKA mit → TWIN PEAKS verglichen, sehr zur Freude des erstausstrahlenden Senders RTL, der verständlicherweise vom Medienecho der Lynch-Kreation zu profitieren suchte. Die Genealogie aber brachte anderes zutage.

AUSGERECHNET ALASKA wurde von dem Autoren- und Produzententeam Joshua Brand und John Falsey 1989 konzipiert, mithin zu einer Zeit, in der sich TWIN PEAKS-Leiche Laura Palmer noch bester Gesundheit erfreute. Brand und Falsey sind Freunden guter Serienunterhaltung bestens bekannt als Schöpfer der Klinikserie → CHEFARZT DR. WESTPHALL. Wie CHEFARZT DR. WESTPHALL basierte auch AUSGERECHNET ALASKA auf den Erlebnissen des Arztes Lance Luria. Brand und Luria wuchsen gemeinsam auf und teilten sich während ihrer Collegezeit ein Zimmer in Greenwich Village. Luria arbeitete zeitweise in dem Ausbildungskrankenhaus Cleveland Clinic, das dem St. Elsewhere aus CHEFARZT DR. WESTPHALL als Vorbild diente, später wechselte er als Landarzt nach Middleburg, New York.

Ein Großstadtarzt bei den Hinterwäldlern – so lautet die Formel, nach der AUSGERECHNET ALASKA geformt wurde. Joel Fleischman ist ein ehrgeiziger Jung-Mediziner mit akutem Karrieredrang. Als Gegenleistung für die staatliche Finanzierung seines Studiums muß Fleischman jedoch zunächst für vier Jahre dem Staat Alaska zur Verfügung stehen. Seine Hoffnung, in der Polarkreis-Metropole Anchorage eingesetzt zu werden, zerschlägt sich rasch. Der Name seines Einsatzortes lautet Cicely. Dabei handelt es sich um ein in den Wäldern verstreutes Örtchen, das einst von zwei liebenden Lesbierinnen gegründet wurde, und dessen Bevölkerung mittlerweile 215 Menschen und einen Elch umfaßt. Der Stadtmensch Fleischman, dessen Fluchtinstinkte schon beim ersten Spaziergang hellwach werden,

Gaststars:
Adam Ant, Jack Blessing, Peter Bogdanovich, Jessika Cardinahl, Joanna Cassidy, Diane Delano, Michael Des Barres, Christine Elise, David Hemmings, Mickey Jones, Jessica Lundy, Stephen McHattie, Doc McManus, Valerie Mahaffey, Moultrie Patten, Floyd Red Crow Westerman

Creators:
Joshua Brand und John Falsey
Beginn der deutschen Erstausstrahlung: 10. 6. 1992, RTLplus

Rob Morrow und Janine Turner waren auch im Kino zu sehen. Morrow stand für Robert Redfords QUIZ SHOW (USA 1994), Janine Turner neben Sylvester

Stallone für CLIFFHANGER – NUR DIE STARKEN ÜBERLEBEN (CLIFFHANGER, USA 1992) vor der Kamera. Barry Corbin spielte unter anderem in WAR GAMES (USA 1983).

AUSGERECHNET ALASKA wurde on location in dem Örtchen Roslyn produziert, keine fünfzig Meilen ent-

Rob Morrow

fernt von den TWIN PEAKS-Kulissen. Unpassenderweise war der Name Roslyn auf einem der Häuser verewigt. Für die Dauer der Dreharbeiten änderte man den verräterischen Schriftzug kurzerhand in «Roslyn's Café». Anthony Edwards, der als allergiengeplagter Mike Monroe in Cicely Zuflucht sucht und nicht nur seine Gesundheit zurück-, sondern auch Maggies Herz gewinnt, wurde 1994 weithin bekannt als Hauptdarsteller der Krankenhausserie ➜ EMERGENCY ROOM.

Zitat:
«Mit ihren lockeren Anspielungen auf Krishnamurti, Albert Einstein und das Osmanische Reich hat die Serie etwas von Federico Fellini, Woody Allen und Garrison Keillor, und dazu noch eine Spur von «Ein Sommernachtstraum». Das Drehbuch könnte von Jack London und S. J. Perelman stammen.»
NEIL HICKEY IN ‹TV GUIDE›, 7. 9. 1991

Literatur:
Louis Chunovic (Ed.): Chris-In-The-Morning: Love, Life And The Whole Karmic Enchilada, Chicago 1993
Ders.: The Northern Exposure Book: The Official Publication Of The Television Series. Secaucus 1995
Rob Morrow: Northern Exposures. Fotoband. New York 1994

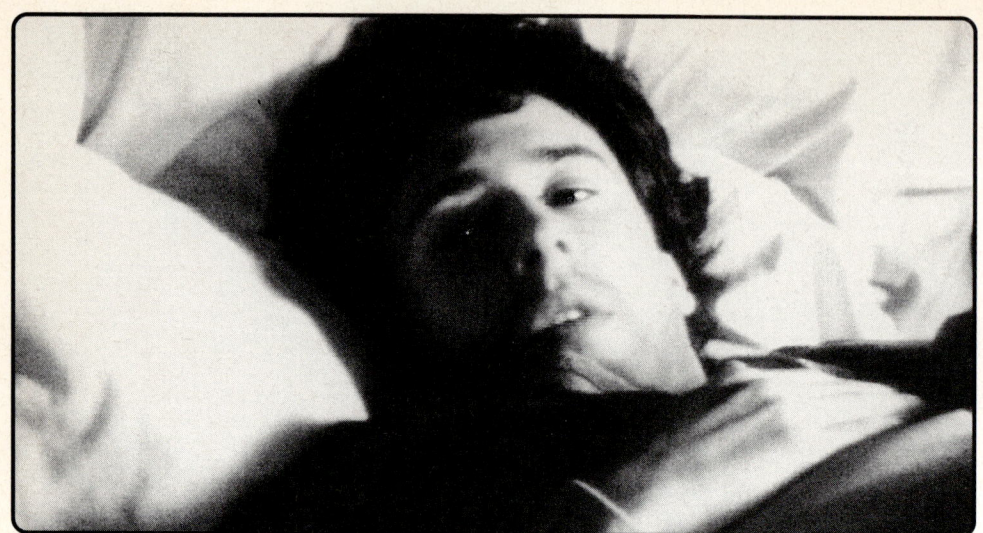

Rob Morrow

trifft in dieser Wildnis auf sonderbare Figuren: einen literarisch bewanderten Radio-Discjockey und Gelegenheitspriester mit Knastvergangenheit, einen Astronauten im Ruhestand, einen Wirt, der im Alter von 62 Jahren endlich die Erfüllung seiner erotischen Bedürfnisse gefunden hat, und zwar in Person der 18jährigen ehemaligen «Miss Nordwest-Passage», sowie einen fernsehversessenen Indianer, der an seinem ersten Drehbuch arbeitet und mit der Crème de la crème der Filmkunst korrespondiert. Und natürlich Maggie, auf die Fleischman dermaßen aggressiv reagiert, daß man wohl nur von echter Liebe sprechen kann …

Figuren und Stimmung der Serie waren erklärtermaßen inspiriert von Kinofilmen wie AMARCORD (I/F 1973), LOCAL HERO (GB 1982) und MEIN LEBEN ALS HUND (MITT LIV SOM HUND, Schweden 1985). Das besondere Verdienst des Produzententeams und der verschiedenen Autoren lag darin, skurrile Geschichten und aktuelle Themen in Einklang zu bringen und in buchstäblich *fabelhafte* Geschichten zu verpacken. In die verschiedenen Erzählstränge der einzelnen Episoden waren mitunter Diskurse höchsten Niveaus eingewoben, beispielsweise über das Wesen der Kunst, kulturelle Identität oder Vorurteile gegenüber Homosexuellen. Die Hauptfiguren räsonierten über Mythen, Midlife-Krisen und die Beziehung zwischen Mensch und Natur; Zuschauer mit fundierter Medienbildung freuten sich insbesondere über parodierende Elemente und die Fülle referentieller Anspielungen. Darüber wurde freilich die zentrale Frage niemals vernachlässigt, die da lautete: Kriegt er sie oder sie ihn oder wer wen rum beziehungsweise rein ins Plumeau respektive ersatzweise in den dick wattierten Allwetterschlafsack …

Im Herbst 1994 bekamen sie sich denn auch, vertrugen sich aber nicht lange, und Joel zog zur Sinnfindung zu den Eskimos. Dr. Phillip Capra übernahm die Praxis und Joels Haus; in seiner Begleitung kam seine Gemahlin Michelle nach Cicely, die als ausgebildete Journalistin eine echte Bereicherung für den Redaktionsstab der örtlichen Gazette darstellte. Wie anfangs Joel, hatten auch diese beiden Zivilisationsbeschädigten zunächst erhebliche Probleme, sich im alaskanischen Arkadien zu akklimatisieren, Stoff genug für viele neue Geschichten.

Lucille Ball

TV-Serien mit Lucille Ball:
I LOVE LUCY (USA 1951–1957)
HOPPLA, LUCY (THE LUCY SHOW,
USA 1962–1968)
THE LUCY-DESI COMEDY HOUR (1962–1967)
HERE'S LUCY (USA 1968–1974)
LIFE WITH LUCY (USA 1986)

Im August 1958 staunte ganz Hollywood über eine triumphale Heimkehr. Die Schauspielerin Lucille Ball und ihr Ehemann Desiderio Alberto Arnaz y de Acha III, Künstlername Desi Arnaz, bezogen erneut Quartier auf dem Gelände der RKO-Filmstudios. Von 1935 bis 1942 war Lucille Ball Kontraktschauspielerin bei RKO gewesen, hier hatte sie während der Dreharbeiten zu TOO MANY GIRLS (USA 1940) den Exilkubaner Desi Arnaz kennengelernt. Nun, 18 Jahre später, waren beide wieder da – als neue Eigentümer der im Zentrum des Filmgeschehens, zwischen den imposanten Studiokomplexen von Columbia und Paramount gelegenen Immobilie, der früheren Wirkungsstätte von Stars wie Ginger Rogers, Fred Astaire, Katherine Hepburn, Cary Grant und Orson Welles.

Zu Beginn ihrer Karriere hätte niemand der chronisch lampenfiebergeplagten Bühnenaspirantin Lucille Ball zugetraut, daß sie eines Tags die Nachfolge von legendären Studiobossen wie David O. Selznick, Dore Schary und Howard Hughes antreten würde. Ihre Schauspiellehrer rieten ihr rundweg ab, den Schritt ins Showgeschäft zu wagen, zu scheu und zurückhaltend sei sie, obendrein

viel zu mager. Die damals Fünfzehnjährige ließ sich nicht beirren und verdiente ihren Lebensunterhalt zunächst als Kellnerin, Schreibhilfe und Model, während sie Schauspielstunden nahm und sich an den Broadway-Bühnen um kleine Rollen bemühte. Ersten Ruhm erntete sie 1933 im Rahmen einer populären Werbekampagne als das *Chesterfield Cigarette Girl*. Die damit verbundene optische Präsenz machte sie auch in Hollywood bekannt. 1933 spielte Lucille Ball ihre erste Filmrolle – sie gehörte zur Gruppe der *Goldwyn Girls*, mit denen Koregisseur Busby Berkely das Kostümmusical ROMAN SCANDALS (USA 1933) ornamentierte. Weitere marginale Parts folgten. Ab 1935 stand sie bei RKO fest unter Vertrag, für, so Ball Jahre später in einem Interview, 50 Dollar pro Woche. Der große weibliche Star des Studios war Ginger Rogers, Ball bekam einstweilen nur Komödien und Musicals der B-Kategorie zugeteilt. Sie war der Kobold vom Dienst, dramatische Rollen wurden ihr verwehrt. Nur einmal, als Partnerin von Henry Fonda in THE BIG STREET (USA 1942), durfte sie sich als Charakterschauspielerin zeigen. «Mir war egal, ob B- oder D-Picture, solange ich arbeiten konnte», sagte sie rückblickend über diese Phase ihrer Karriere.

Nach einem kurzen Intermezzo bei MGM war Lucille Ball ab 1946 ohne festen Vertrag. Als *free-lancer* trat sie weiterhin in Filmen auf, arbeitete aber auch regelmäßig fürs Radio. 1948 akzeptierte sie die Hauptrolle der CBS-Hörfunk-Sitcom MY FAVORITE HUSBAND, die zum Publikumserfolg wurde. Als zu Beginn der Fünfziger der Programmbedarf des noch jungen Mediums Fernsehen rasant anstieg,

---

Der CBS-Programmchef William Paley, der Lucille Ball anfangs mit so vielen Vorbehalten begegnet war, bemühte sich 1955 eifrigst um seinen Star, als ruchbar wurde, daß die Komödiantin in jungen Jahren der Kommunistischen Partei angehört hatte. Zeigten sich die Manager der Unterhaltungsindustrie sonst als willfährige Adjutanten der Kommunistenjäger des berüchtigten McCarthy-Ausschusses, wurden in diesem speziellen Fall alle Fäden gezogen, «Amerikas beliebteste Hausfrau» (R. L. Hilliard / M. C. Keith) vor unangenehmen Folgen dieser Jugendsünde zu bewahren.

1984 wurde Lucille Ball in die «TV Academy Hall of Fame» aufgenommen.

Lucy – das Verkaufsgenie (Lucille Ball)

griff man oftmals auf populäre Hörfunkserien zurück, um sie bildschirmgerecht aufzubereiten. Auch MY FAVORITE HUSBAND war für eine TV-Fassung im Gespräch. Daraufhin wandte sich Lucille Ball mit einem eigenen Vorschlag an CBS-Programmchef William Paley. Auf Basis des bewährten Radioformats skizzierte sie eine Serie, in der sie selbst die gewohnte Rolle einer kapriziösen, leicht verschusselten Hausfrau übernehmen wollte. Anstelle ihres Hörfunkpartners Richard Demming sollte allerdings Ehemann Desi Arnaz die zweite Hauptrolle spielen. Balls Vorstoß hatte vor allem private Gründe: Die Ehe des ungleichen Paares befand sich in einer permanenten Krise, vor allem verursacht durch den Umstand, daß der Sänger und Bandleader Arnaz oft lange Zeit mit seinem Orchester auf Gastspielreisen verbrachte.

Die Programmverantwortlichen winkten ab mit der als Fürsorge verbrämten, aber wohl eher rassistisch motivierten Begründung, eine Partnerschaft zwischen einer rothaarigen Hausfrau und einem lateinamerikanischen Bandleader erscheine unglaubwürdig und werde von den Zuschauern nicht akzeptiert. Einmal mehr bewies Lucille Ball Beharrlichkeit: Sie stellte eine Bühnenshow zusammen und ging mit Arnaz auf Tournee, um die Reaktionen des Publikums zu testen. Das Experiment verlief nach Wunsch, auch die Presse reagierte positiv. Mit Hilfe des Hörfunkautors und -produzenten Jess Oppenheimer, der schon MY FAVORITE HUSBAND betreut hatte, realisierten Ball und Arnaz auf eigene Kosten einen Pilotfilm zu der geplanten TV-Serie mit dem Ergebnis, daß CBS gegen Format und Besetzung keine Einwände mehr erhob.

Dennoch waren noch nicht alle Probleme ausgeräumt. Fernsehproduktionen fanden damals überwiegend in New York statt, von wo aus sie live über den Sender gingen. Das Ehepaar Arnaz hingegen wollte in Hollywood bleiben. Man fand eine Lösung, die ihrer Zeit weit voraus war und die Sitcom-Produktion auf Jahre hinaus beeinflussen sollte: Ein ehemaliges Filmatelier wurde zu einer Studiobühne umgebaut. Die Schauspieler traten vor kleinem Publikum auf, so daß der Live-Charakter der Inszenierung erhalten blieb. Die Show wurde mit drei Kame-

Zur festen Besetzung von I LOVE LUCY gehörten Vivian Vance und William Frawley, als Ehepaar Mertz Vermieter und beste Freunde der Ricardos. Vivian Vance trat auch in Lucille Balls nachfolgenden Serien auf.

Lucie Arnaz und der unter großer Anteilnahme der Öffentlichkeit geborene Desi Arnaz jr. – sein Abbild zierte unter anderem die Premierenausgabe der heute maßgeblichen Fernsehzeitschrift ‹TV Guide› – wurden ebenfalls Schauspieler und waren unter anderem an der Seite ihrer Mutter in HERE'S LUCY zu sehen. Desi

versuchte sich zeitweilig als Musiker in einer Popband; einer seiner Spießgesellen war Dean Martin jr. Als eine Art Pate hielt Frank Sinatra seine schützende Hand über die Unternehmung, der dennoch kein langes Leben beschieden war. Mit der LUCIE ARNAZ SHOW (USA 1985) versuchte die Namensgeberin vergeblich an die Er-

William Frawley, Desi Arnaz

Lucille Ball und Vivan Vance

ras aufgezeichnet, anschließend geschnitten und dem Auftraggeber als sendefähiger Film übergeben. Dieses Verfahren, heutzutage gängige Praxis, hatte den Vorteil, daß sehr viel filmischer inszeniert werden konnte als bei den sonst üblichen, sehr statischen Live-Übertragungen. Dennoch korrespondierten die Akteure mit den Reaktionen des Publikums, dessen Gelächter echt war und nicht – wie sonst üblich – vom Band kam.

Den CBS-Oberen blieb die Angelegenheit weiterhin suspekt, zumal nicht auf Anhieb ein Sponsor für die Sendereihe gefunden werden konnte. Den Hauptakteuren wurde eine Gagenkürzung zugemessen, um das Risiko zu minimieren. Lucille Ball und Desi Arnaz akzeptierten auch dies, die von ihnen gegründete Produktionsfirma Desilu erhielt allerdings im Gegenzug sämtliche Rechte an den Sendungen für die Zeit nach der Erstausstrahlung – eine Klausel, die man bei CBS noch bitter bereuen sollte.

Am 15. Oktober 1951 hatte die neue Sendereihe I LOVE LUCY Premiere. Inhaltlich un-

folge ihrer Mutter anzuknüpfen; die Sitcom hielt sich nur drei Monate im Programm.

Literatur:
Bart Andrews: The Story of *I Love Lucy*. New York 1977
Bart Andrews / Thomas Watson: Loving Lucy. New York 1980

Kathleen Brady: Lucille: The Life Of Lucille Ball. New York 1994
Michael McClay: I Love Lucy: The Complete Picture History Of The Most Popular TV Show Ever. New York 1995
Steven Sanders: Desilu: The Story Of Lucille Ball And Desi Arnaz. New York 1993

Ric B. Wyman: For The Love Of Lucy: The Complete Guide For Collectors And Fans. New York 1995

Fanclub:
We Love Lucy
Box 480216
Los Angeles, CA 90048

William Frawley, Lucille Ball, Vivan Vance, Desi Arnaz

terschied sie sich nicht wesentlich von bereits bekannten Sitcom-Formaten. Lucille Ball verkörperte in der Rolle der Lucy Ricardo eine kulleräugige, spitzbübische, zu den übermütigsten Eskapaden neigende Hausfrau – für die Schauspielerin Gelegenheit, von Slapstick-Clownerien bis zum präzise gesetzten Wortwitz alle Register ihres komödiantischen Könnens zu ziehen. Desi Arnaz sekundierte als ihr Gatte Ricky Ricardo, auch er ein Bandleader kubanischer Herkunft, der es im späteren Verlauf der Serie zu einer eigenen Fernsehsendung bringen sollte. Die Episoden kreisten mehrheitlich um Lucys Drolerien und kuriose Unternehmungen, vor allem um ihre regelmäßig scheiternden Versuche, entgegen dem Willen ihres Mannes ebenfalls ins Showgeschäft einzusteigen.

Lucille Balls außerordentliches Vermögen, ihr Alter ego komisch, dabei aber nicht lächerlich, sondern sympathisch zu gestalten, trug in erheblichem Maße zum raschen und lang anhaltenden Erfolg der Serie bei, die bis zu ihrer Einstellung im Jahr 1957 stets exzellente Einschaltquoten erzielte. Eine

weitere Besonderheit lag in den bewußt hergestellten Parallelen zwischen den Bildschirmpersönlichkeiten und ihren Darstellern. Die Übereinstimmungen gingen so weit, daß Lucy Ricardo zeitgleich mit Lucille Ball schwanger wurde, eine gewagte Angelegenheit in einer Epoche, in der das Wort *schwanger* im Fernsehen tabu war – statt dessen hieß es stets, Lucy sei «in Erwartung». Während dieser Zeit wurden die Episoden, auch dies ein Novum, weit im voraus und in umgekehrter Reihenfolge gedreht: zuerst entstanden jene, die Lucy nach der Niederkunft zeigten. Nicht ausgeklügelter Familienplanung, sondern purem Zufall war es dann aber zu verdanken, daß Little Ricky Ricardo und Desi Arnaz jr. am selben Tag zur Welt kamen. Die Programmzeitschriften hatten die TV-Entbindung für den 19. Januar 1953 vorgemerkt, und Lucy wie auch Lucille hielten sich daran. Die lang erwartete Fernsehgeburt brachte der Serie einen neuen Einschaltquotenrekord: 44 Millionen Zuschauer – das entsprach damals einem Marktanteil von 92 Prozent – wollten sich das frohe

Ereignis nicht entgehen lassen. Der neuge-
wählte Präsident Eisenhower, dessen Amts-
einführung tags darauf übertragen wurde,
mußte sich dagegen mit gerade mal 29 Millionen Zaungästen begnügen.

Der Seiteneinsteiger Desi Arnaz, nach
Meinung des Sitcom-Autors Bob Schiller «einer der meistunterschätzten TV-Produzenten und -Regisseure» der Fernsehgeschichte,
erwies sich sehr bald als umsichtiger Unternehmer. Unter seiner Geschäftsleitung
machte Desilu enorme Gewinne, vor allem
durch die Zweitverwertung der I LOVE LUCY-
Episoden. Bis in die Gegenwart hinein wird
die Serie fortwährend wiederholt, und angeblich vergeht keine Minute, in der nicht irgendwo auf dieser Welt die ewig junge Lucy
ihre fröhlichen Streiche verübt. Der wirtschaftliche Erfolg gab Arnaz und Ball die
Möglichkeit, die Produktionstätigkeit auf
andere Serien auszuweiten. Zu den Desilu-Ti-
teln zählen die Sitcom OUR MISS BROOKS
(USA 1952 – 1956), ferner → CHICAGO 1930/
DIE UNBESTECHLICHEN, → RAUMSCHIFF EN-
TERPRISE und → KOBRA, ÜBERNEHMEN SIE.

Desilu prosperierte noch, nachdem I LOVE
LUCY bereits eingestellt war. Lucille Ball und
Desi Arnaz hatten sich endgültig auseinan-
dergelebt und sich entschlossen, die Serie,
die so eng mit ihrem Privatleben verknüpft
war, trotz anhaltenden Erfolges einzustellen. Am 4. Mai 1960 wurden die beiden geschieden, blieben aber Geschäftspartner
und traten in TV-Specials auch weiterhin gemeinsam auf. Nach einem erfolgreichen Ab-
stecher zum Broadway übernahm Lucille
Ball in HOPPLA, LUCY (THE LUCY SHOW, USA
1962 – 1968) ein neues Serienengagement,

Desi Arnaz, Lucille Ball

gefolgt von der Fortsetzung HERE'S LUCY (USA
1968 – 1974) und dem späten Comeback-Ver-
such LIFE WITH LUCY (USA 1986). 1962 ließ
sich Arnaz von seiner früheren Lebensgefährtin auszahlen und zog sich weitgehend
aus der Öffentlichkeit zurück. 1967 veräußerte Lucille Ball ihre Firma für 17 Millionen Dollar an das Filmstudio Paramount. Zu
jenem Zeitpunkt war Desilu mit einem Jah-
resumsatz von 20 Millionen Dollar die größte unabhängige TV-Produktionsfirma der
Welt – nicht schlecht für ein Mädchen, das
einstmals für zu leicht befunden worden
war.

Batman
USA 1966–1968

Bruce Wayne / Batman	Alfred Pennyworth	Police Commissioner Gordon
ADAM WEST	ALAN NAPIER	NEIL HAMILTON
Dick Grayson / Robin	Aunt Harriet Cooper	Barbara Gordon / Batgirl
BURT WARD	MADGE BLAKE	(1967–1968)
		YVONNE CRAIG

Die BATMAN-Neuverfilmung durch Tim Burton, mehr noch aber die damit verbundene millionenteure Werbekampagne entfachte 1989 in den angelsächsischen Ländern eine regelrechte *Batmania*. Die Presse registrierte die – wenngleich synthetisch erzeugte – Wiederkehr eines längst totgeglaubten Kults, der bereits Mitte der sechziger Jahre für Furore gesorgt hatte. Schon damals gab es im kalifornischen Sunnyvale eine Disco, die nach dem Stammsitz von Batmans Alter ego «Wayne Manor» benannt worden war. Hier trugen die Türsteher *Batcapes*, der Maître trat als Batmans Erzfeind *The Joker* in Erscheinung, und der stramme Superheld selbst erstrahlte nebst Adlatus Robin als neonfarbenes Gemälde an den Wänden des Etablissements, in dem natürlich vorzugsweise der *Batusi* getanzt wurde, eingedenk der unsterblichen Worte der bösewichtelnden Pilotfilmheldin Molly (Jill St. John): «You swing a pretty mean cape.» Ein gewitzter Detroiter Coiffeur kreierte die trendgerechte *Batcurl*-Frisur, für die das Haar der modebewußten Kundin nach Art der *Bat*-Maske geformt wurde, ein überaus aparter Kopfputz, der allerdings selten die erste liegend verbrachte Nacht überstand.

Auslöser des *Bat*-Rauschs war die Fernsehserie um den Multimillionär Bruce Wayne, der unter dem *nom de guerre* Batman unablässig gegen das Böse ankämpfte. Sie entstand 1965 im Auftrag der TV-Gesellschaft ABC, die ein attraktives Format für die wichtige 19.30-Uhr-Schiene benötigte, galt doch in jenen beschaulichen Tagen noch als Faustregel, daß der Durchschnittszuschauer das um diese Zeit gewählte Programm für den Rest des Abends beibehielt.

Ein Comic-Charakter war gefragt; zur Auswahl standen *Dick Tracy*, *Superman*, *Batman*, *The Green Hornet* und *Little Orphan Annie*. Die Rechte an den ersten beiden waren anderweitig vergeben. Also versuchte man es mit dem Dritten im Bunde der tapferen Helden. Der Produzent William Dozier, der eigenen Angaben zufolge noch nie ein Comic-Heft in Händen gehalten hatte, wurde mit der Ausarbeitung der Serie betraut. Er erkannte rasch die unfreiwillige Komik, die der Figur des moralverstärkten, unermüdlichen und asexuellen Ausputzers eigen war. Dozier trieb diese Tugenden konsequent auf die Spitze und überließ den flatterhaften Recken der eigenen Lächerlichkeit. Ein gewagtes Spiel, wie sich bereits anläßlich einer

Gaststars:
John Astin, Tallulah Bankhead, Anne Baxter, Milton Berle, Victor Buono, Joan Collins, Joan Crawford, Zsa Zsa Gabor, Van Johnson, Carolyn Jones, Liberace, Ida Lupino, Roddy McDowall, Ethel Merman, Julie Newmar, Vincent Price, Cliff Robertson, George Sanders, David Wayne, Shelley Winters

Creator:
William Dozier
Beginn der deutschen Erstausstrahlung: 20. 10. 1989, Sat.1

Mit Beginn der dritten Staffel brachte Batgirl (Yvonne Craig) ein wenig weiblichen Sex-Appeal in die von Männern dominierte Serie. Privat war Batgirl die Tochter von Commissioner

Gordon und arbeitete hauptberuflich als Bibliothekarin.

Auf dem Höhepunkt des *Bat*-Trubels traf Adam West im Rahmen einer PR-Tournee auf 7000 vom *Bat*-Fieber geschüttelte Teenager, die sich im New Yorker Central Park versammelt hatten, dem Mann in der pastellfarbenen *Bat*-Kluft zu huldigen.

Adam West als Batman

Als die Einstellung der Serie publik wurde, erwogen die Verantwortlichen der NBC zeitweilig eine Übernahme unter der Voraussetzung, daß die *Bat*-Kulissen weiterhin zur Verfügung standen. Doch die Sets waren bereits demontiert worden – die Fortsetzung fand nicht statt.

Noch 1988 war die Serie in 106 Ländern im Programm.

Während eines Technikerstreiks sendete eine britische Fernsehstation 1987 behelfsweise alte BATMAN-Folgen – und erhöhte ihren Marktanteil in dieser Zeit um rund 100 000 Zuschauer!

Batman-Darsteller Adam West, der sich über seinen Nachfolger Michael Keaton bitterlich beklagte, zehrte noch Jahrzehnte von seinem *Bat*-Ruhm und ließ sich unter anderem für Autogrammstunden, Geschäftseröffnungen und dergleichen buchen. Aus diesem Grunde war seine Original-*Bat*-Maske für eine Million Dollar versichert. Ansonsten erblickte

Cesar Romero als Joker

Testvorführung des für damalige Verhältnisse mit 300 000 Dollar ungewöhnlich hoch budgetierten Pilotfilms zeigte. Das handverlesene Publikum konnte offenbar wenig anfangen mit diesem Film, in dem ein bizarrer Held in pyjamaartiger Dienstkleidung mit ungerührter Miene die verrücktesten Dinge anstellte und dabei eigenartige Waffen wie das «Anti-Hai-Spray» einsetzte. Irritierend auch, daß die Geräuscheffeke mitunter durch Sprechblasen ersetzt wurden mit Lautmalereien wie «Aargh!», «Eee-yow!» oder «Zgurpp!» Es war halt «ein Film für Leute mit Sinn für Unsinn», so das Fachorgan ‹Science Fiction Times› mit klarem Blick auf die Realitäten.

Trotz dieser zunächst entmutigenden Erfahrung entschlossen sich die Programmgestalter von ABC, den Pilotfilm auszustrahlen. Der Erfolg gab ihnen recht. Nicht nur das Fernsehpublikum – vorneweg natürlich die

jüngeren Zuschauerschichten – reagierte begeistert. Auch die Schauspielerkollegen des vormaligen Kleindarstellers und sportlichen Ex-Surfers Adam West und des früheren Karatekas Burt Ward (brauner Gürtel), der den Part des Robin übernommen hatte, waren hingerissen. Binnen kurzem galt es unter prominenten Stars als chic, einen der Widersacher des ulkigen Fledermannes zu spielen. Die Liste der Gaststars liest sich nahezu wie ein *Who Is Who* des Hollywood der Mittsechziger: Tallulah Bankhead, Art Carney, Joan Collins, Zsa Zsa Gabor, Van Johnson, Bruce Lee, Ida Lupino, Roddy McDowall, Vincent Price, George Raft, Cliff Robertson, Cesar Romero …

Otto Preminger, der seit siebzehn Jahren nur mehr hinter der Kamera gestanden hatte, bat um die Rolle des Mr. Freeze und bekam sie. Der stets von einer kühlblauen Aura umgebene Verbrecher wurde in anderen Folgen von George Sanders und von Eli Wallach verkörpert. Burgess Meredith gab wiederholt den Pinguin, Shelley Winters die Ma Barker. Eartha Kitt war die Catwoman. Die exaltierte *camp*-Nudel Liberace ließ gar ein spezialgefertigtes Showpiano in die Studios karren, um als Chandell alias Fingers seine Fingerfertigkeit zu beweisen, eine Aktion, die den Entertainer mehr kostete, als er an Gage für den Gastauftritt bekam.

Am 12. Januar 1966 ging die erste reguläre *Bat*-Episode über den Bildschirm, und von da ab trat der maskierte Rächer zweimal pro Woche an, dem Bösen Einhalt zu gebieten. Der Erfolg währte bis 1967. Ab der Herbstsaison verließ Batman seine Höhle nur noch einmal wöchentlich, im März 1968 ver-

man ihn hie und da in Filmen der ganz obskuren Art wie etwa YOUNG LADY CHATTERLEY 2 (USA 1984). Im Januar 1995 tauchte er in dem Pilotfilm zur Sitcom MUSCLE (USA 1995) auf, wurde aber alsbald vergiftet. Die Serie selbst überlebte ihn nur um wenige Monate.

Die zweiteiligen Episoden endeten

stets mit einem klassischen *cliffhanger*, der das dynamische Duo in einer dramatischen Gefahrensituation zurückließ. Dazu erklang die markige Stimme des Off-Sprechers, der, rein rhetorisch, Aufschluß begehrte über das weitere Geschick der Helden: «Is this the end of Batman and Robin?» Dabei kannte er die Antwort ebenso gut wie die Zuschauer – der Sprecher

war niemand anderer als der Produzent der Serie, William Dozier. Ein neckischer Spruch verwies Ungeduldige auf die nächste Folge – «same bat-time, same bat-channel!»

In dem Kinofilm PULP FICTION (USA 1993) huldigte John Travolta dem Serienklassiker auf seine Art: Mia Wallace (Uma Thurman) animiert

schwand er ganz von der Mattscheibe. Der Mann mit der wehenden Kutte und seine *Bat*-Accessoires hatten ausgedient. Adam West beklagte später in einem Interview mit Andrew Edelstein, daß die Drehbücher gegen Ende immer schlechter geworden seien und die Produzenten Sparmaßnahmen veran-laßt hätten. So wurden beispielsweise die berühmten Sprechblasen nicht mehr in das Filmbild eingefügt, sondern nach Stummfilmmanier zwischengeschnitten, was den beabsichtigten Comic-strip-Effekt natürlich völlig verdarb.

ihren Begleiter Vince (Travolta), an einem Twist-Wettbewerb teilzunehmen. Gemeinsam legen sie einen Tanz namens «Batman» aufs Parkett – und ziehen als Sieger von dannen.

William Dozier zeichnete auch für die ebenfalls recht ergötzliche Sitcom
➔ VERLIEBT IN EINE HEXE (BWITCHED, USA 1964–1972) verantwortlich.

Zitate:
«Batman ist nichts anderes als ein glorifizierter FBI-Agent, ein kapitalistischer Mörder, der seine Gegner elegant, effektiv und stilvoll tötet. Hörbar knacken die Schulterblätter, und Schädel brechen wie Honigmelonen.»
‹PRAWDA›

Robin: «Holy Inferno, Batman! Is this ... the end?»
Batman: «If it is let us not lose ... our dignity.»

Literatur:
James Van Hise: Batmania. Las Vegas 1989
Burt Ward: Boy Wonder – My Life In Tights. Los Angeles 1995

Baywatch – Die Rettungsschwimmer von Malibu Baywatch
USA 1989–

Mitch Buchannon DAVID HASSELHOFF	**J. D. Cort (1989–1990)** JOHN ALLEN NELSON	**Casey Jean «C.J.» Parker (1992–1996)** PAMELA DENISE ANDERSON
Jill Riley (1989–1990) SHAWN WEATHERLY	**Garner Ellerbee (1989–1995)** GREGORY ALAN-WILLIAMS	**Lt. Stephanie Holden (1992–1996)** ALEXANDRA PAUL
Craig Pomeroy (1989–1990) PARKER STEVENSON	**Captain Don Thorpe (1989–1992)** MONTE MARKHAM	**Matt Brodie (1992–1995)** DAVID CHARVET
Eddie Kramer (1989–1992) BILLY WARLOCK	**Harvey Miller (1991–1992)** TOM McTIGUE	**Jimmy Slade (1992–1993)** KELLY SLATER
Shauni McLain (1989–1992) ERIKA ELENIAK	**Lt. Ben Edwards (1991–1992)** RICHARD JAECKEL	**Logan Fowler (1994–1996)** JAASON SIMMONS
Trevor Cole (1989–1990) PETER PHELPS	**Kay Morgan (1991–1992)** PAMELA BACH	**Caroline Holden (1994–1997)** YASMINE BLEETH
Gina Pomeroy (1989–1990) HOLLY GAGNIER	**Roberta «Summer» Quinn (1992–1994)** NICOLE EGGERT	**Neely Capshaw (1995–1998)** GENA LEE NOLIN
Hobie Buchannon (1989–1990) BRANDON CALL	**Jackie Quinn (1992–1994)** SUSAN ANTON	
Hobie Buchannon (1991–) JEREMY JACKSON		

Hohn und Spott ergossen sich bereits mehr als reichlich über diese Bademeisterserie; als *Babewatch* und *Bodywatch* wurde sie verulkt, in Deutschland auf N 3 als *Buchtwacht* parodiert, und noch immer ist sie eine beliebte Zielscheibe US-amerikanischer *stand-up comedians*. Was Wunder bei einem Konzept, das sich in einem Satz erschöpfend zusammenfassen läßt: Helden, die ins Wasser gehen. Schon der Vorspann erledigt eigentlich jede nähere Beschreibung: zu schmissiger Musik tollen wohlgeformte Körper in adretter Badekleidung am Strand herum und vertreiben sich den Rest ihrer Zeit, so sie gerade mal nicht in der Dünung planschen, mit den einschlägigen Attributen eines sonnigen Daseins wie schnittigen Schnellbooten, bulligen Buggies, flotten Flitzern. Oder sie lungern auf den Veranden schmucker Strandhäuser herum.

Genüßlich schweifen die Blicke der Kameras über die gepflegten Leiber der mopsfidelen Bikinischönheiten und strammen Strandjungs. Ein mustergültiger Körperbau ist Mindestvoraussetzung, wenn man sich um eine Haupt- oder auch nur Statistenrolle

Gaststars:
Jeff Altman, The Beach Boys, Dirk Benedict, Elizabeth Berkley, Richard Branson, Ellen Bry, Joseph Campanella, Charisma Carpenter, Daphne Cheung, Nikki Cox, Denise Crosby, Bob Denver, Christine Elise, Erik Estrada, Mariska Hargitay, Richard Hatch, Laura Herring, Michael Horton, Anne Jeffreys, Jay Leno, Little Richard, Wendie Malick, Jenny McCarthy, Carrie-Anne Moss, Geraldo Rivera, David Spade, Dana Sparks, Connie Stevens, Wayne Tippit, Shannon Tweed, Dawn Wells

Creators:
*Michael Berk & Douglas Schwartz und Gregory J. Bonann
Beginn der deutschen Erstausstrahlung: Pilotfilm: 31. 8. 1990, ARD
Serienstart: 6. 9. 1990, ARD
Spinoff: BAYWATCH NIGHTS (USA 1995–)*

Für seine besonderen Verdienste um das Ansehen der Bademeistereien wurde David Hasselhoff von der US-Dependance des Roten Kreuzes zum «Ehrenretter» ernannt.

Rund um BAYWATCH hat sich ein ungeheures Merchandising-Imperium entwickelt. Es gibt BAYWATCH-Badekleidung, Sonnenschutzmittel, Sonnenbrillen, Comics, Schreibwarenartikel, eine Taschenbuchreihe, ein monatlich erscheinendes Fanmagazin und schließlich die ‹Playboy›-Titelbildkönigin Pamela Denise Anderson als Barbie-Puppe im BAYWATCH-Suit. Wobei sich die Frage stellt, ob tatsächlich kleine Mädchen oder doch eher große Jungs die Hauptabnehmer des Spielzeugs sind.

Neely Capshaw Buchannon
(1998–)
JENNIFER CAMPBELL
Cody Madison (1995–)
DAVID CHOKACHI
Donna Marco (1996–1998)
DONNA D'ERRICO
Capt. Samantha «Sam» Thomas
(1996–1997)
NANCY VALEN

J. D. (1997–)
MICHAEL BERGIN
Manny Gutierrez (1996–)
JOSE SOLANO
Lani McKensie (1997–1998)
CARMEN ELECTRA
April Giminsky (1997–)
KELLY PACKARD
Lt. Taylor Walsh (1997–1998)
ANELICA BRIDGES

Jordan Tate (1996–1998)
TRACY BINGHAM
Skylar Bergman (1997–1998)
MARLIECE ANDRADA
Capt. Alexis «Alex» Ryker
(1998–)
MITZI KAPTURE
Jessie (1998–)
BROOKE BURNS

in BAYWATCH bewirbt. Lange Zeit war auch die ethnische Abkunft der Kandidaten von Belang. Erst nach siebenjähriger Laufzeit, im Juni 1996, besann sich die Produktionsfirma und nahm eine hispanische und eine dunkelhäutige Darstellerin ins Ensemble auf – um, wie es hieß, rassische Toleranz zu demonstrieren.

Um die ausgedehnten Strandimpressionen ranken sich Geschichten verschiedener Tonart. Dramatische Rettungsaktionen und komödiantische Elemente wechseln einander ab, auch persönliche oder familiäre Konflikte der Hauptfiguren nehmen einigen Raum ein. Die Beziehung des alleinerziehenden Mitch Buchannon zu seinem Sohn gehört zu den wiederkehrenden Sujets, keinesfalls fehlen dürfen die üblichen Liebeleien und Affären, die bei den jüngeren Akteuren – typisches Schicksal zur Projektion freigegebener Serienhelden – nur selten zu längerfristigen Bindungen führen. Sporadisch weichen die Folgen vom festgefügten Schema ab, so die Episode *Die Schiffbrüchigen / Now, sit right back and you'll hear a tale* (1991), in der Eddie Kramer nach einem Unfall im Koma liegt und davon träumt, auf → GILLIGANS INSEL zu stranden. Gaststars dieser Episode waren Bob Denver und Dawn Wells von der Originalbesetzung besagten Sitcom-Klassikers.

Mut zur Ironie bewiesen die BAYWATCH-Macher mit der Episode *Filmteam am Strand / Rescue Bay* (1994). Darin kommt ein Fernsehproduzent (Jeff Altman) angesichts dramatischer Ereignisse am Strand auf die Idee, eine Serie mit dem Titel *Rescue Bay* zu lancieren. Im weiteren Verlauf der Geschichte nehmen die Serienautoren die selbstgeschaffenen Klischees vom kurzweiligen Alltag der kleinen Lebensrettungsgesellschaft gehörig auf die Schippe. Einigen der Protagonisten ist bald mehr als suspekt, was die Fernsehleute aus ihrem soliden Berufsstand machen – «schnucklig, forsch und athletisch», wünscht sich der fragliche Produzent seine Darstellerinnen, und Strandpolizist Garner Ellerbee muß sich von seinem Alter ego anfauchen lassen: «Was wollen Sie? Das hier ist Fernsehen. Hören Sie, wenn ich so spielen

Während der zeitweiligen Einstellung der Serie erhielt Brandon Call, Darsteller des Hobie Bucannon – der Name wurde erst in der Neuauflage in Buchannon geändert – das Angebot, neben Patrick Duffy und Suzanne Somers in der Sitcom EINE STARKE FAMILIE (STEP BY STEP, USA 1991–) mitzuwirken. In dieser Phase der Ungewißheit entschied er sich, die Offerte anzunehmen. Daraufhin wurde er nach Wiederaufnahme der Produktion durch Jeremy Jackson ersetzt. Nach ihrem Abschied von BAYWATCH war Erika Eleniak in mehreren Kinoproduktionen zu sehen, unter anderem neben Steven Seagal in ALARMSTUFE: ROT (UNDER SIEGE, USA 1992), außerdem in DIE BEVERLY HILLBILLIES SIND LOS (THE BEVERLY HILLBILLIES, USA 1993) und als Partnerin von Dennis Hopper in CHASERS – ZU SEXY FÜR DEN KNAST (CHASERS, USA 1994).

Pamela Denise Anderson, die zeitweilig eine skandalträchtige Ehe mit dem Rockmusiker Tommy Lee führte, spielte von 1991 bis 1993 eine Nebenrolle in der Sitcom DER DÜNNBRETT- BOHRER (HOME IMPROVEMENT, USA 1991–). 1994 agierte sie zudem neben Rob Estes in dem TV-Movie MIKE HAMMER – AUF FALSCHER SPUR (COME DIE WITH ME, USA 1994). Mit der Kinorolle der sinnlichen Sciencefiction-Heldin BARB WIRE (USA 1996) versuchte sie einmal mehr, aus ihrem bereits bis zum Überdruß ausgereizten Sexsymbolimage Kapital zu schlagen, erwies sich aber als Kassengift – der Film erwies sich als kommerzieller Reinfall.

würde, wie Sie aussehen, würde sich keiner die Serie ansehen.» Nachdem die Probeaufnahmen sämtliche Strandbewohner in Atem hielten, wird die Serie letztlich doch nicht gedreht, weil das Konzept keinen Abnehmer findet. Unter dem Abspann liegen die Worte: «Dasselbe haben sie bei der Serie KNIGHT RIDER auch gemacht.» Worauf Mitch Buchannon – er hätte in der virtuellen Serie von einem langhaarigen Adonis namens *Dolph Apolganger* gespielt werden sollen – nachdenklich antwortet: «Ich glaube, die kenn' ich ...»

Die Laubsägedramaturgie der Serie führt indes vorrangig zu unfreiwillig komischen Szenen, wenn etwa der geplagte Lebensretter Buchannon abtauchen und einer aparten Blondine aus ihrem Taucheranzug helfen muß, weil der voll Wasser gelaufen ist und das Gewicht sie am Meeresgrund festhält, oder Pamela Anderson vorgeblich bewußtlos im Wasser schwebt, im Moment der Rettung aber trotz anhaltender Ohnmacht unwillkürlich ihre Haare zurechtstreicht. Gerade solch unbekümmert dargebotener Nonsens hat der Serie indes zusätzliches Publikum eingebracht, das sich an der unverstellten, eher schon lustvoll vorgetragenen Trivialität zu erfreuen vermag, zumal die Serie mit der silikongepolsterten Pamela Denise Anderson auch eine erstrangige Ikone des *white trash* zu bieten hat. Einer der prominentesten Vertreter dieser Gruppe ist der Innungsmeister der *bad taste*-Fraktion: der bekennende BAY-WATCH-Fan Quentin Tarantino.

Zwar sind die leichtgeschürzten Schönheiten beiderlei Geschlechts das eigentliche Kapital der Serie, Koproduzent Hasselhoff aber sorgt persönlich dafür, daß der Anstand gewahrt und die Angelegenheit insgesamt jugendfrei bleibt. Wer genauer in Augenschein nehmen möchte, was die knapp geschnittenen Einteiler der Nixen vom Rettungsdienst verbergen, muß schon auf die einschlägigen ‹Playboy›-Portfolios von Erika Eleniak oder Pamela Anderson zurückgreifen. Für ganz Versessene gibt es aus demselben Hause zudem Videotitel wie *Centerfold Pamela Anderson* oder *The Best of Pamela Anderson* – «wild, verspielt und sexy», verheißt die Werbung, auch auf Video-CD erhältlich, als geballte Ladung für die Multimediaeinheit.

Die optischen Reize, unkomplizierten Plots und leicht verständlichen Dialoge brachten der Serie eine weltweite Gefolgschaft ein. BAYWATCH ist in 142 (anderen Quellen zufolge in 144) Ländern zu sehen, darunter China, Australien und der Iran. Dabei sah es anfangs gar nicht so gut aus für David Hasselhoff und seine Strandläufer. Zwar war der Pilotfilm BAYWATCH: PANIK AM MALI-BU-PIER (USA 1989) hinlänglich erfolgreich, so daß weitere Folgen in Auftrag gegeben wurden. Deren Einschaltquoten sanken jedoch alsbald in unergründliche Tiefen, woraufhin die Senderkette NBC die Ausstrahlung im August 1990 einstellte. David Hasselhoff und die Schöpfer der Serie mochten diesen Rückschlag jedoch nicht akzeptieren.

Zu neuen Ufern strebte Pamela Anderson mit der Action-Serie V.I.P. (USA 1998–), in der sie einen Bodyguard mimt. Als Koproduzentin war sie an der Entwicklung der Serie maßgeblich beteiligt. Der Sat.1-Pressedienst zitierte sie mit den Worten: «Es gibt in dieser Serie tonnenweise Action. Das Setting ist sehr farbig, freundlich und sehr kalifornisch: viel Sonne, sexy bodies und outfits, helle Farbtöne.» Ein revolutionäres Konzept, wie's scheint. Gute Menschen brauchen keinen Schlaf: In dem Serienableger BAY-

WATCH NIGHTS (USA 1995–) betätigt sich Mitch Buchannon nach Feierabend gemeinsam mit Garner Ellerbee und Partnerin Ryan McBride (Angie Harmon) als Privatdetektiv. Ihr von einem Bankrotteur übernommenes Büro liegt an der Strandpromenade, so daß auch diese Serie die gewohnten Ausblicke bietet.

Richard Branson, der Begründer des Virgin-Imperiums, spielte in der Episode *The Runaways / Miss Molly* sich selbst: einen britischen Exzentriker,

der versucht, einen neuen Weltrekord im Wasserskifahren aufzustellen. Dabei wird er nicht von einem Boot, sondern von einem Zeppelin gezogen.

Zitat:
«Ich fühle mich nicht wie ein Sexsymbol, sondern wie eine ganz normale Frau.»
PAMELA ANDERSON

Literatur:
Janet Macoska / Randi Reisfeld:

Vorne von links: Yasmine Bleeth, David Hasselhoff, Alexandra Paul; Mitte: Pamela Anderson Lee, David Chokachi; hinten: Jaason Simmons, Gena Lee Nolin

Sie suchten Geldgeber und fanden sie in Europa; unter anderem setzte die deutsche Kirch-Gruppe ihr Geld in den Sand von Malibu. Auch Hasselhoff selbst trug sein Scherflein bei und fungierte fortan als Koproduzent. Man offerierte die Serie unabhängigen Sendern, die nicht an ein Network gebunden waren. Ab September 1991 wurden neue Episoden zu Wasser gelassen, Hasselhoffs Seestreitkräfte waren wieder im Geschäft: die zweite BAYWATCH-Generation reüssierte auf dem einheimischen Markt wie auch im Ausland – die Neuauflage wurde auf Anhieb zu einem Publikumserfolg.

Baywatch Fan-Album, Bergisch Gladbach 1993
Marc Shapiro: Baywatch: The Official Scrapbook. New York 1996

Fanclubs:
David-Hasselhoff-Fanclub
c/o Sascha Tauber
Bergstr. 2 a
37136 Ebergötzen
(Jahresbeitrag DM 30,–, vierteljährliches Clubmagazin, Clubtreffen, Fanartikel)

Baywatch Fanclub
PO Box 1441
Poole, Dorset BH15 3YP
Großbritannien

Baywatch Fanclub
c/o Fan Asylum
PO Box 884044
San Francisco, CA 94188
USA

David Hasselhoff Fanclub
PO Box 219
Downey, CA 90241
USA

David Hasselhoff Fanclub
c/o Fan Asylum
625 Second Street
San Francisco, CA 94107
USA

Beavis & Butt-head
USA 1993 –

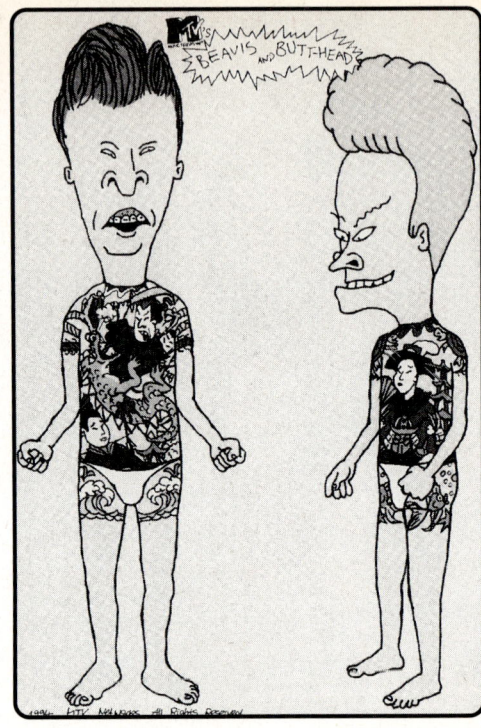

American *dream* ist, wenn einem so viel Gutes widerfährt: Im Sommer 1991 grübelte Mike Judge – Jahrgang 1962, Sohn eines College-Lehrers und einer Schulbibliothekarin, verheiratet, zwei Töchter – noch unschlüssig über seinen weiteren Lebensweg. Er hatte einen Studienabschluß in Physik und eine einjährige, von ihm als «geistlos» empfundene Tätigkeit in einer Rüstungsfirma hinter sich gebracht. Mit der vagen Absicht, vielleicht dereinst als Lehrer zu arbeiten, schrieb er sich erneut ein und studierte Mathematik. Damit schienen seine Jugendträume endgültig begraben, denn eigentlich hatte er entweder Berufsmusiker – zeitweise zupfte er den Baß für einige texanische Bluesrock-Bands – oder aber Komiker werden wollen.

Als Schüler machte er sich Freunde, indem er Lehrer imitierte, später schrieb er Sketche und sprach sie für sich auf Band. Der Besuch eines Animationsfilmprogramms brachte ihn auf die Idee, statt Katheten und Hypotenusen doch lieber spaßige Cartoons zu Papier zu bringen. Er lieh sich ein Lehrbuch, erstand eine gebrauchte Kamera und machte sich sogleich ans Werk. Sein erster Kurzfilm trug den Titel OFFICE SPACE und hatte einen entnervten Büroangestellten namens Milton zum Helden. Dieser und weitere Filme sorgten auf lokalen Festivals für Furore. Besonders erfolgreich aber war FROG BASEBALL, 1992 uraufgeführt auf dem *Sick and Twisted Festival of Animation* in La Jolla. Der bizarre Clip zeigte zwei ausgemachte Hohlköpfe, die einen lebenden Frosch für ihr Baseballtraining mißbrauchen. Das Publikum reagierte mit Begeisterung auf die unbekümmerte Geschmacklosigkeit des Films, auch die Talentscouts des MTV-Kurzfilmmagazins LIQUID TV (USA 1991–1993) wurden hellhörig. Auf deren Anfrage hin legte Mike Judge der Redaktion vier Filme vor; alle wurden angenommen. Mehr noch – Abby Terkuhle, Produzent der Sendereihe und bei MTV in führender Position tätig, erkannte das Potential der beiden wie lobotomisiert wirkenden Erzdussel, die auf die nicht ganz stubenreinen Namen Beavis und Butt-head hören und mit ihren selbstzerstörerischen Streichen ihre Urahnen Max & Moritz, trotz

Creator:
Mike Judge
Beginn der deutschen Erstausstrahlung: 9. 6. 1995, RTL 2

Nach Angaben seiner Mutter zeigte Mike Judge in seiner Jugend keinerlei charakterliche Übereinstimmungen mit den asozialen Geschöpfen, die

ihn später berühmt machen sollten. Im Gegensatz zu jenen mochte er Tiere und beschäftigte sich häufig mit der Anfertigung niedlicher Tierbilder, um sich im Zeichnen zu üben. Als Erwachsener zeigte Judge ein schlechtes Gewissen wegen seiner wüsten Elaborate: Er mochte seine ersten Cartoons kaum namentlich

zeichnen, um Vater und Mutter, vor allem aber seine Schwiegereltern nicht zu düpieren.

Als Einflüsse nennt Judge unter anderem die TV-Serie MONTY PYTHON'S FLYING CIRCUS (GB 1969–1974), Woody Allens Kinokomödie WOODY – DER UNGLÜCKSRABE (TAKE THE MONEY

einer gewissen Wesensverwandtheit, wie katholische Pfadfinder aussehen lassen.

Zunächst war geplant, die beiden als animierte Videojockeys im laufenden Programm von MTV auftreten zu lassen. Mike Judge aber stieß sich an dem Umstand, daß sie dann entgegen seiner Intention wie Karikaturen auf die WAYNE'S WORLD-Helden Wayne und Garth gewirkt hätten. Das von ihm entwickelte und letztlich realisierte Konzept sah vor, neben den aktuellen Abenteuern des verdumpften Duos auch Videoclips einzubeziehen und von Beavis und Butt-head in dem für sie typischen restringierten Jargon vom heimischen Fernseher aus kommentieren zu lassen. Für das Gesehene gelten gerade mal zwei Kategorien: «cool» und «it sucks». Zwar hegen die strengen Gutachter eine besondere Vorliebe für zünftige Heavy-Metal-Clips, doch finden auch andere Musikstile Gnade, sofern sie von leichtbekleideten Statistinnen bevölkert werden.

Anfängliche Bedenken, dieser Part der insgesamt dreißigminütigen Sendung könnte das Publikum vergraulen, erwiesen sich als unbegründet. Im Gegenteil – nicht nur hatten die – vorwiegend männlichen – Zuschauer großen Spaß an der rüden Musikkritik, viele teilten sogar die Ansichten der geifernden Frust- und Lustmolche und freuten

AND RUN, USA 1969), die Filme Peter Sellers', darunter insbesondere die PINK PANTHER-Reihe, und den zu Lebzeiten heftig umstrittenen *stand-up comedian* Lenny Bruce.

Für die Wiederholungen entfernte Mike Judge einige seiner Meinung nach mißlungene Episoden der ersten beiden Staffeln aus dem Zyklus; andere, in denen Beavis und Butthead buchstäblich mit dem Feuer spielen, wurden gegen seinen Willen von MTV entschärft.

Schon kurz nach dem Start der Serie erhielt Judge mehrere Angebote für einen Beavis-&-Butt-head-Kinofilm.

Den Produzenten schwebte vor, die Hauptfiguren von Schauspielern darstellen zu lassen. Judge aber bestand auf einem abendfüllenden Animationsfilm und setzte sich durch. Der Erfolg gab ihm recht – BEAVIS UND BUTT-HEAD MACHEN'S IN AMERIKA (BEAVIS & BUTT-HEAD DO AMERICA, USA 1996), von Judge selbst in Szene

sich, ausgefallene Videos vorgeführt zu bekommen, die im auf größtmögliche Akzeptanz ausgerichteten Tagesprogramm von MTV ansonsten keinen Platz fanden. Gruppen wie White Zombie und Babes in Toyland erfuhren auf diese Weise einen gehörigen Popularitätsschub. War die betreffende Zielgruppe bis dahin offenbar unterschätzt worden, so reagierte MTV nun schleunigst und nahm eine Sendereihe mit dem Titel ROCK VIDEOS THAT DON'T SUCK ins Programm auf. Die üblichen Mainstream-Videos aber werden von Beavis und Butt-head mit zumeist höchst unziemlichen Worten bedacht. Insbesondere Schrifteinblendungen erregen ihr Mißfallen – «wenn ich lesen wollte», hechelt Butt-head verdrossen, «würde ich zur Schule gehen».

Die Auswahl der zu kommentierenden Videos behielt sich Mike Judge vor. Nach seinen Worten sollten die Clips entweder absolut grausig oder überdurchschnittlich gut sein. Zusätzlich oblag es ihm, die Arbeit der Autoren und der Trickzeichner zu überwachen.

gesetzt, besetzte im Dezember 1996 Platz eins der US-amerikanischen Kinocharts.

Das Vorbild für Butt-head lieferte einer von Judges ehemaligen Mitschülern, der ihm wegen seines eigenartigen Lachens in Erinnerung geblieben war. Der Versuch, ihn aus dem Gedächtnis zu zeichnen, mißlang jedoch völlig. Aber Judge fand das Ergebnis so erheiternd, daß er

seiner Kreation einen optisch ähnlich benachteiligten Partner zur Seite stellte – ein erfolgreiches Team war geboren.

Die deutsche Fassung, partiell um Videoclips aus einheimischer Produktion ergänzt, lief bei RTL 2 im Rahmen eines Comedy-Programms mit dem Titel VITAMIN B. Die Synchronsprecher waren Tommy Lührig und Julien Haggege.

Zitate:

«They are so politically incorrect in a politically correct time that I thought it would be a breath of fresh air.» MTV-Produzent Abby Terkuhle

«BEAVIS AND BUTT-HEAD ist Meta-TV – Fernsehen, das permanent auf sich selbst verweist.» ‹THE FACE›

Vor allem aber verhalf er seinen notorisch delinquenten Monstren zu ihren markanten Stimmen. Er selbst erbrach jene spasmischen Lachkrämpfe, die zum Kennzeichen der Serie wurden, und produzierte jegliches unartikulierte Grunzen und asthmatische Röcheln, mit dem sich Beavis und Butt-head üblicherweise zu verständigen suchen. Bei der Synchronisation der Videosegmente konnte Judge sein komisches Talent voll entfalten, denn die meisten Injurien improvisierte er und ließ sich bei der Beurteilung eines Clips auch schon mal von seiner jeweiligen Stimmung leiten. Nur gelegentlich wurde er von einem der Autoren unterstützt.

Obschon Kabelsender mehr Freiheiten genießen als die allgemein zugänglichen Networks, mußten Judge und seine Koautoren beträchtlichen Einfallsreichtum entwickeln, was die Erfindung von Synonymen für Wörter angeht, die vom «MTV standards department» nicht gern gehört werden. Dennoch blieb Unflat genug, und die «cartoon hooligans» (‹The Observer›), die Pudel – und sich selbst – in Waschmaschinen stecken, mit Kettensägen herumspielen, Farbverdünner schnüffeln oder rein aus Versehen sogar Flugzeuge zum Absturz bringen, erregten immer wieder das Mißfallen einer um das Wohl der Jugend besorgten Öffentlichkeit. Für die ‹New York Times› waren sie schlicht «die letzte Stufe der darwinistischen Degeneration amerikanischer Adoleszenten: von Huck und Tom über Wayne und Garth zu einem Duo ungelenk gezeichneter Cartoon-Teenager …»

Ein ehemaliger Fernsehproduzent namens Dick Zimmermann, dem ein Lottogewinn ein sorgenfreies Leben beschert hatte, ließ 1993 unter der Nummer (001) 415 485 2687 sogar eine Anti-BEAVIS & BUTT-HEAD-Telefon-Hotline schalten, um empörten Mitbürgern ein Forum zu geben und Unterstützung zu finden bei seinen Bemühungen, die beiden MTV-Rotzlümmel auf ewig vom Bildschirm zu verbannen.

Beverly Hills, 90210
USA 1990–

Brenda Walsh (1990–1994) SHANNEN DOHERTY	**Steve Sanders** IAN ZIERING	**Clare Arnold (1993–1997)** KATHLEEN ROBERTSON
Brandon Walsh (1990–1998) JASON PRIESTLEY	**Dylan McKay (1990–1995, 1998)** LUKE PERRY	**Jesse Vasquez (1994–1995)** MARK D. ESPINOZA
Jim Walsh (1990–1995) JAMES ECKHOUSE	**Andrea Zuckerman** **(1990–1995)** GABRIELLE CARTERIS	**Ray Pruitt (1994–1995)** JAMIE WALTERS
Cindy Walsh (1990–1995) CAROL POTTER	**David Silver** BRIAN AUSTIN GREEN	**Scott Scanlon (1990–1991)** DOUGLAS EMERSON
Kelly Taylor JENNIE GARTH	**Valerie Malone (1994–1998)** TIFFANI-AMBER THIESSEN	**Carly Molloy (1997–1998)** HILARY SWANK
Donna Martin TORI SPELLING		**Noah Hunter (1997–)** VINCENT YOUNG

Der Kult begann in den USA: Allwöchentlich schalteten Myriaden von Teenagern die Fernsehserie BEVERLY HILLS, 90210 ein. Nicht lange, und ihre deutschen Altersgenossen begannen es ihnen nachzutun. Die Ausgangs-

Shannen Doherty

idee der Sendereihe war nicht gar so neu; sie stammt aus dem Sitcom-Klassiker THE BEVERLY HILLBILLIES (USA 1962–1971). Nämlicher schilderte die Abenteuer eines Hinterwäldler-Clans, der durch Ölfunde unversehens zu Reichtum gelangt und sich im mondänen Beverly Hills ansiedelt. Die aberwitzigen Eskapaden der Agrariersippe inmitten der snobistischen Westküsten-High-Society lieferte den Autoren unendlichen Stoff für allerlei publikumswirksamen Schabernack.

Eine ähnliche Exposition, eine andere Zielgruppe, aktuellere Inhalte: Im BEVERLY HILLS, 90210-Pilotfilm entdecken die sechzehnjährigen Zwillinge Brenda und Brandon Walsh die Welt der Schönen und Reichen, nachdem ihr Vater aus Minneapolis in die kalifornische Megalopole Los Angeles versetzt wurde. Die beiden jungen Leute erleben eine Art Kulturschock: Der Schulparkplatz sieht aus wie das Ausstellungsgelände eines Fachhändlers für Nobelkarossen, ihre Mitschülerinnen lassen sich in den Ferien

Gaststars:
Stephanie Beacham, Dean Cain, Emma Caulfield, Maxwell Caulfield, Viveca A. Fox, Rebecca Gayheart, Wings Hauser, Josh Mostel, Noelle Parker, Matthew Perry, Richard Roundtree, Grant Show, Nicholle Tom, Casper Van Dien, Billy Vera

Creator:
Darren Star
Deutsche Erstausstrahlung:
  ab 5. 7. 1992, RTLplus

Als Reaktion auf gewisse Allüren wurde Shannen Doherty 1994 aus der Serie ‹herausgeschrieben›, indem Brenda Walsh ein Stipendium einer Londoner Hochschule erhielt. (Einige Kollegen der kapriziösen Shannen hätten sie noch lieber nach Nowosibirsk verschickt gesehen – ohne Rückfahrkarte.) Dafür nahmen die Walshs Valerie Malone auf, die Tochter einer befreundeten Familie. Gespielt wurde sie von Tiffani-Amber Thiessen, ein Transfer aus der Jugendserie CALIFORNIA HIGHSCHOOL – PAUSENSTRESS UND ERSTE LIEBE (SAVED BY THE BELL, USA 1989; 1993 umgetitelt zu SAVED BY THE BELL: THE COLLEGE YEARS).

Laut der Fernsehzeitschrift *Gong* sagte BEVERLY HILLS-Patron Aaron Spelling über den Familienzuwachs: «Tiffani-Amber hat genau die Mischung aus good girl / bad girl, ein Teufel im Engelsgewand mit einem unschuldig verführerischen Lächeln, hinter dem

Shannen Doherty, Dean Cain

vom Schönheitschirurgen die Nasen richten (was der juvenile Jargon der Eigentlichkeit knapp und gewitzt als *nose-job* umschreibt) und geben in den Luxusvillen ihrer steinreichen Eltern Partys, die eher an den Woodstock-Auftrieb als an herkömmliche Schülerfeten erinnern. Obwohl man Neulingen, zumal solchen aus schlichteren Verhältnissen, hier gemeinhin sehr reserviert gegenübertritt, finden unsere Herzchen ob ihres schier unwiderstehlichen Charmes sehr rasch Anschluß. Schon im Pilotfilm, über dem bereits die Phantome der Seifenopern schweben, erfahren beide frühe Liebesfreud und ebensolches Leid.

Mit der ersten Serienepisode beginnt der Ernst des clearasildurchweichten Lebens: Von Alkoholismus und Ladendiebstahl über pubertäre Identifikationssuche bis hin zur leisen Kapitalismuskritik wird jugendgerecht aufbereitet und abgehakt, was sich unsereins noch mühsam aus der Kolumne des *Dr. Sommer*-Kollektivs und anderen Ratgeberspalten zusammenreimen mußte. Daß die Serie unter den Adoleszenten stracks zum Renner wurde, lag allerdings weniger

sich in Wirklichkeit ein unberechenbares Biest verbirgt.»

Von einem dauerhaften Zerwürfnis zwischen Shannen Doherty und den Produzenten Aaron Spelling und E. Duke Vincent kann freilich keine Rede sein. Das Erfolgsduo nahm Doherty für CHARMED (USA 1998–) unter Vertrag, eine Serie, die im Fahrwasser von → BUFFY – IM BANN DER DÄMONEN (BUFFY, THE VAMPIRE SLAYER, USA 1997–) mit jugendorientier-

ter *mystery* aufwartete. Dohertys Kostars waren Alyssa Milano (→ MELROSE PLACE) und Holly Marie Combs (→ PICKET FENCES).

Die Zahlenkombination 90210 ist eine Postleitzahl und kennzeichnet in Los Angeles das Viertel der Besser- und Bestensverdienenden.

Jason Priestley begann seine Karriere mit einem Gastauftritt in → 21, JUMP STREET (USA 1987–1990) und als

Ensemblemitglied der Sitcom WIR LIEBEN KATE (SISTER KATE, USA 1989–1990). Er übernahm bei BEVERLY HILLS, 90210 auch Regieaufgaben und rückte gar in den Produzentensessel auf. Nebenher inszenierte er Musikvideos und eine Episode der Neuauflage des *mystery*-Klassikers OUTER LIMITS – DIE UNBEKANNTE DIMENSION (THE OUTER LIMITS, USA 1995–).

Luke Perry spielte in den Soap operas LOVING (USA 1983–) und ANOTHER

Luke Perry, Jason Priestley

am pädagogischen Konzept als am attraktiven Milieu und den unter dem Kriterium der Idoltauglichkeit ausgewählten, unerhört gut aussehenden Darstellern. Realität und Fiktion fanden sogar traut zueinander, da eine der luxusgewohnten Gören von Tori Spelling dargestellt wird. Sie ist die Tochter Aaron Spellings, des unangefochtenen Zaren unter den TV-Produzenten, der seinerzeit für ein annehmbares Zuhause ohne jedes Anzeichen von Nervosität einen zweistelligen Millionenbetrag auf den Tisch legte. Ganz be-

sondere Sympathie gebührt dem aus weniger privilegierten Verhältnissen stammenden Mädchenschwarm Luke Perry: Der Darsteller des Byron-Adepten Dylan McKay liebt nichts mehr als die Musik von Tom Jones, des größten Soulsängers weißer Hautfarbe.

BEVERLY HILLS, 90210 fügt sich in die Tradition der besseren High-School-Filme, wie sie von Martha Coolidge (JOY OF SEX, USA 1984; PLAIN CLOTHES, USA 1988), von John Hughes (THE BREAKFAST CLUB, USA 1985) oder Amy Heckerling (ICH GLAUB', ICH STEH' IM

WORLD (USA 1964–), außerdem in einem obskuren *exploitation movie* mit dem Titel TERMINAL BLISS (USA 1987). Dazu ‹Sky International›, eine Spur zu dick auftragend: «Ein Filmchen, das man nur als Softporno bezeichnen kann.» Der Rodeofilm 8 SECONDS – TÖDLICHER EHRGEIZ (8 SCONDS, USA 1994) sollte der Steigbügel für eine gedeihliche Kinokarriere werden, doch diese Hoffnung erfüllte sich nicht.

Shannen Doherty war unter anderem mit Winona Ryder und Christian Slater in Michael Lehmanns rabenschwarzer High-School-Komödie LETHAL ATTRACTION (HEATHERS, USA 1989) zu sehen.

Zitate:
«The ultimate teen sex and shopping fantasy ...»
SKY MAGAZINE, 1991

«Class struggle in Beverly Hills.»
THE FACE, 1992

«Ich finde, BEVERLY HILLS, 90210 stellt uns völlig falsch dar. Es gibt an der Schule kein valet parking.»
MARCEL BILAK, 17, SCHÜLER DER BEVERLY HILLS HIGH, BMW-FAHRER

ABCDEFGHIJKLMNOPQRSTUVWXYZ

WALD / FAST TIMES AT RIDGEMONT HIGH, USA 1982) fürs Kino gedreht wurden. Sie ist demgemäß ein Hauptspaß für die angepeilte Altersgruppe und alle Alt-Teens, die gelegentlich in der U-Bahn klammheimlich, aber genüßlich in die ‹Bravo› des halbwüchsigen Sitznachbarn spähen. Aufgeschlossene Lehrer hingegen, das ist verbürgt, verfolgen die Serie, um sich über Interessen und Befindlichkeiten ihrer Schützlinge auf dem laufenden zu halten.

Jason Priestley

Literatur:
Grace Catalano: Jason Priestley. Unautorisierte Biographie. Köln 1993
Venice L. Holmes: The Beverly Hills 90210 Guide. Lansing 1993
Dies.: The 90210 Guide Annex '95. Lansing 1995
E. Graham McKinley: Beverly Hills, 90210: Television, Gender, And Identity. Philadelphia 1997
Nancy Mills / Bart Mills: Das große Beverly Hills Fanbuch. Köln 1992
Rosemary Wallner: TV's Hottest Teens: Beverly Hills, 90210. Minneapolis 1992
Coole Drinks und *heiße* Snacks. Kochen mit den Stars aus Beverly Hills. Köln 1993

Fanclubs:
c / o Ingo Radtke
Nettelbeckstr. 7
58239 Schwerte

c / o Marcel Wagner
Bocholter Str. 106
45355 Essen

Besonderes:
Sprachlern-CD-ROM Englisch –
Deutsch mit der Episode *«The Green Room»*, München 1998

Bezaubernde Jeannie I Dream of Jeannie
USA 1965–1970

Jeannie BARBARA EDEN	**General Wingard Stone** **(1965–1966)** PHILIP OBER	**General Winfield Schaeffer** **(1969–1970)** VINTON HAYWORTH
Captain Tony Nelson LARRY HAGMAN		
Captain Roger Healey BILL DAILY	**Melissa Stone (1965–1966)** KAREN SHARPE	
Dr. Alfred Bellows HAYDEN RORKE	**Amanda Bellows (1966–1970)** EMMALINE HENRY	

Mitte der Sechziger klappte es noch nicht in jedem Falle mit der Raumfahrt, und so konnte es hie und da passieren, daß ein unglücklicher Luftschipper in unwirtlichen Gefilden notlanden mußte. Auch Astronaut Tony Nelson kommt wider Willen auf einer insularen Wüstenei im Südpazifik nieder, wo er beim Herumstöbern über eine steinalte Flasche stolpert. Neugierig wie Raumfahrtpioniere von Berufs wegen nun mal sind, öffnet er das antike Ex-und-hopp-Behältnis. Nachdem sich der aufsteigende rosa Qualm verflüchtigt hat, sieht er sich unversehens einem leichtgeschürzten Flaschengeist gegenüber. Die blonde Jeannie, Jahrgang 64 vor Christus, wurde dereinst von einem mächtigen Dschinn zum freudlosen Buddeldasein verdammt, weil sie seinem Liebeswerben nicht entsprochen hatte. Nach knapp 2000 Jahren Einsamkeit endlich aus der gläsernen Zelle befreit, gelobt die dankbare Orientalin ihrem Befreier, ihm fortan treu zu dienen, was selbigem nach der glücklichen Heimkehr erhebliche Probleme mit dem psychologischen Betreuer des Raumfahrtprogramms einbringt. Denn außer ihm kennt nur sein Freund, der notorische Schürzenjäger Roger Healey, das Geheimnis seiner exotischen Lebensgefährtin. Mehr als einmal versucht Dr. Bellows, den mysteriösen Vorgängen im Hause Nelson auf die Spur zu kommen; immer wieder aber gelingt es Tony, Roger und Jeannie, dem mißtrauischen Seelenrestaurator ein Schnippchen zu schlagen.

Die lebhafte Jeannie macht es sich zur Aufgabe, ihren spröden und chronisch zerstreuten Tony mit Hilfe ihrer übersinnlichen Kräfte – das Verschränken der Arme und ein energisches Blinzeln genügen, um nahezu jeden Wunsch in Erfüllung gehen zu lassen – nach allen Regeln der orientalischen Kunst zu verwöhnen, verfügt aber auch über die höchst menschliche Eigenschaft der Eifersucht, was schon in der ersten Staffel der Serie die Auflösung der Verlobung Tony Nel-

BEZAUBERNDE JEANNIE enthält Motive der Kinokomödie MEIN ZIMMER WIRD ZUM HAREM (THE BRASS BOTTLE, USA 1963). Barbara Eden spielte den Dschinn, Tony Randall entkorkte die Flasche.

Bei einigen Episoden fungierte Larry Hagman als Regisseur.

Barbara Edens Haremsdamenkostüm mußte so zugeschnitten werden, daß ihr Bauchnabel bedeckt blieb – anderenfalles hätte es gegen das strenge Keuschheitsgelübde des US-amerikanischen Fernsehens verstoßen. Erst im 1985 gedrehten TV-Movie kamen Nabelfetischisten auf ihre Kosten.

1971 unternahmen Barbara Eden und Larry Hagman eine gemeinsame Anstrengung, ihr Komödiantenimage abzustreifen: In der TV-Produktion A HOWLING IN THE WOODS standen sie als zerstrittenes Ehepaar vor der Kamera. Ein weiteres Zusammentreffen gab es im Rahmen der Glamour-

Barbara Eden und Bill Daily

Soap → DALLAS – in einigen Episo-den trat Barbara Eden als Gaststar auf.

Vor BEZAUBERNDE JEANNIE spielte Barbara Eden in der Serie HOW TO MARRY A MILLIONAIRE (USA 1957–1959) das kurzsichtige Blond-chen Loco Jones. Die Sitcom basierte auf der gleichnamigen Kinokomödie aus dem Jahr 1953, in der Marilyn Monroe als Loco zu sehen gewesen war. Eine weitere Hauptrolle hatte

Eden in HARPER VALLEY P.T.A. (USA 1981–1982), wiederum die Serienver-sion eines Kinofilms. Neben ihrer Tätigkeit als Schauspielerin leitet Bar-bara Eden ihre eigene Produktionsfir-ma Mi-Bar Productions.

1965 brachte die Firma Milton Bradley ein I DREAM OF JEANNIE-Brettspiel auf den Markt, heute ein rares Sammler-stück, das für zirka 30 Dollar gehan-delt wird.

Zitat:
«Jeannie ist sexy, weil sie mit ihrem Sex nicht kokettiert.»
SIDNEY SHELDON

Literatur:
Mary Sheldon: Still Dreaming Of Jeannie: Behind The Scenes Of The Wackiest Sitcom Of All Time. Los Angeles 1997

Larry Hagman, Barbara Eden und Sammy Davis jr.

Larry Hagman, Bill Daily und Barbara Eden

sons mit der Tochter seines Generals zur Folge hat. Nicht nur bei dieser Gelegenheit bringt die alles andere als unterwürfige Jeannie ihren «Meister» in manch unangenehme Situation. Als sie sich während einer von Tonys Apollo-Missionen auf einen kleinen Schwatz in die Raumkapsel hineinzwinkert, haben Tony und die verblüfften Techniker im Kontrollzentrum schwer zu schlucken. Für zusätzliche Verwirrung sorgt mitunter Jeannie II, die um keine Gemeinheit verlegene böse Schwester der Titelheldin.

Zwischen September 1965 und September 1970 flimmerte diese Serie, in der männliche Vorstellungen von der perfekten Ehefrau eher verulkt als bestätigt wurden, über US-amerikanische Bildschirme. Tony Nelson und Roger Healey, beide anfangs im Range eines Captains, beendeten ihre TV-Karriere als Majors, und in der letzten Staffel, am 2. Dezember 1969, wurden Jeannie und Tony Mann und Frau. Der Darsteller des Tony Nelson, Larry Hagman, tauchte acht Jahre später wieder auf: Nachdem er fünf Jahre lang an Jeannies Flasche gegangen hatte, durfte er als Erzhalunke J. R. in → DALLAS das Fußvolk nach seiner Pfeife tanzen lassen.

Barbara Eden schlüpfte noch zweimal in Jeannies kleidsame Pluderhosen. Der TV-Film I DREAM OF JEANNIE – 15 YEARS LATER zeigte sie und den zum Colonel aufgestiegenen Tony Nelson (hier gespielt von Wayne Rogers → M.A.S.H.) anno 1985 als Eltern eines vorwitzigen Teenagers. Zum Ensemble gehörten mit Nicole Eggert und Brandon Call zwei spätere → BAYWATCH-Stars. 1991 folgte die Fortsetzung JEANNIE SUCHT IHREN MEISTER (I STILL DREAM OF JEANNIE). Hier gerät Jeannie in eine verzwickte Situation: Tony soll für ein gutes Vierteljahr ins All geschickt werden. Wenn aber ein Dschinn länger als drei Monate ohne Meister bleibt, verwirkt er sein Aufenthaltsrecht auf der Erde und muß zurück in ein zwar imaginäres, nichtsdestotrotz aber ausnehmend ungemütliches Mesopotamien. Verzweifelt sucht Jeannie nach einem vorübergehenden Ersatz für ihren geliebten Tony und findet ausgerechnet … Ken Kercheval, Larry Hagmans vom Pech verfolgten Gegenspieler aus DALLAS.

Bonanza
USA 1959–1973

Ben Cartwright	**Adam Cartwright (1959–1965)**	**Candy (1967–1970, 1972–1973)**
LORNE GREENE	PERNELL ROBERTS	DAVID CANARY
Little Joe Cartwright	**Hop Sing**	**Dusty Rhoades (1970–1972)**
MICHAEL LANDON	VICTOR SEN YUNG	LOU FRIZZEL
Eric ‹Hoss› Cartwright	**Sheriff Roy Coffee (1960–1972)**	**Griff King (1972–1973)**
(1959–1972)	RAY TEAL	TIM MATHESON
DAN BLOCKER		

Als hübscher *running gag* durchziehen den Kinofilm TIN MEN (USA 1987), den zweiten Teil von Barry Levinsons Baltimore-Trilogie, die Spekulationen der streitbaren Blechfassadenverkäufer über das Zusammenleben

Michael Landon

der Familie Cartwright. In der Tat müssen die Familienverhältnisse auf der Ponderosa einigermaßen suspekt erscheinen. Da haust also ein lustiger Witwer mit seinem Koch und drei Söhnen, jeder von einer anderen Frau geboren, von denen aber auch nicht eine überlebt hat. Wäre BONANZA ein TV-Movie unserer Tage, so läge ganz gewiß ein dunkles Geheimnis in einer derart ominösen Vergangenheit verborgen. In den Fünfzigern aber, als diese Westernserie erdacht wurde, galt das Patriarchentum noch als natur- oder, je nach Weltanschauung, gottgegeben, es war demnach unumstritten und ermöglichte den einschlägig privilegierten Herrschaften, zumal mit 1000 Quadratmeilen Land im Rücken, ohne Frage einen recht kommoden Lebenswandel.

Mitte der fünfziger Jahre gab die us-amerikanische Filmindustrie den Boykott des Fernsehens auf und suchte statt dessen vom neuen Medium zu profitieren. Damit änderten sich die Programmangebote in erheblichem Maße. Die anthologischen Reihen mit vornehmlich eigens für die TV-Ausstrahlung geschriebenen Stücken wurden nach und nach eingestellt und durch episodische Serien ersetzt. Vor allem Westerngeschichten er-

Gaststars:
Claude Akins, John Astin, Joe Don Baker, Bonnie Bedelia, Herschel Bernardi, Joan Blondell, Neville Brand, X Brands, Peter Breck, Beau Bridges, Charles Bronson, Roscoe Lee Browne, Gary Busey, James Coburn, Michael Conrad, Yvonne De Carlo, John Carradine, Keith Carradine, Ted Cassidy, Dabney Coleman, Glenn Corbett, Linda Cristal, Scatman Crothers, Robert Culp, Henry Darrow, Ossie Davis, Lynda Day George, Bruce Dern, Buddy Ebsen, Jack Elam, Dana Elcar, Leif Erickson, Gene Evans, Paul Fix, Nina Foch, Jodie Foster, Meg Foster, Zsa Zsa Gabor, Chief Dan George, Louis Gossett jr., Clu Gulager, Pat Hingle, Dennis Hopper, Ron Howard, Arthur Hunnicutt, Ben Johnson, Stacy Keach, DeForest Kelley, George Kennedy, Yaphet Kotto, Larry Linville, James MacArthur, Martin Landau, A Martinez, Robert Lansing, Sheila Larken, Richard Long, Jack Lord, Tina Louise, Ida Lupino, Mercedes McCambridge, John McIntire, Strother Martin, Lee Marvin, Vera Miles, Cameron Mitchell, Diana Muldaur, Wayne Newton, Aldo Ray, Hayden Rorke, Telly Savalas, John Saxon, Tom Skerritt, Dean Stockwell, Guy Stockwell, Inga Swenson, Loretta Swit, Richard Thomas, Rip Torn, Lee Van Cleef, Joan Van Ark, Robert Vaughn, John Vernon, Jan-Michael Vincent, Ralph Waite, M. Emmet Walsh, Jack Warden, Guy Williams

Michael Landon

gleichsweise ernsthaften Variante emanzipierte sich die Gattung von den Standardformeln der jugendorientierten Abenteuerwestern. Ein Familienverbund oder eine familienähnliche Personenkonstellation ersetzte die famosen Matineehelden HOPALONG CASSIDY (USA 1949–1951), → ZORRO (USA 1957–1959) oder Wild Bill Hickock (THE ADVENTURES OF WILD BILL HICKOCK, USA 1951–1958). Serien wie → RAUCHENDE COLTS und BONANZA – mit Laufzeiten von 20 respektive 14 Jahren die Genreklassiker schlechthin – machten zwischenmenschliche Beziehungen, seelische Konflikte, soziale Probleme zum Thema. BONANZA war «teils Seifenoper, teils Pferdeoper, und es funktionierte» (Andrew J. Edelstein).

Für die Handlungsabläufe der einzelnen Episoden waren die unterschiedlichen Charaktereigenschaften der Cartwright-Brüder sehr von Nutzen. Adam, der Typizität wegen immer dunkel gekleidet – Ausdruck auch der Abkehr vom wörtlich zu nehmenden Schwarzweißschema früherer Western –, gab sich als Ältester besonnen und introvertiert. Der gemütliche Hoss – der Name stammt aus dem Norwegischen und steht für «viel Glück» – war ein geistig eher unbewegliches Schlachtroß mit dem Gesicht eines wohlgenährten Cherubims, Little Joe hingegen ein Heißsporn, der sich schnell in Händel verwickeln ließ und dem anderen Geschlecht recht zugetan war, was allerdings Vater Ben nicht gern sah.

Über die Jahre wurden die Mitwirkenden von einigen schweren Schicksalsschlägen getroffen. Pernell Roberts hatte 1965 genug

freuten sich größter Beliebtheit beim Publikum, sie konnten überdies vermittels der bestehenden Infrastruktur der B-Movie- und Kinoserialproduktion zu den seitens der Networks vorgegebenen Discountpreisen hergestellt werden. War 1954 noch keine Westernserie in der Top ten serieller Formate verzeichnet, notierte man 1959 dagegen gleich fünf. Insgesamt standen zum Ende des Jahrzehnts allein in der *prime time* 32 verschiedene Westernserien zur Wahl.

Der Nachzügler BONANZA zählte zu einer neuen Generation von Westernserien, die als *adult western* geführt wurden. Mit dieser ver-

---

Creator:
David Dortort
Beginn der deutschen Erstausstrahlung: 13. 10. 1962, ARD

Die Fernsehgeschichtsbücher führen BONANZA als erste Westernserie, die in Farbe ausgestrahlt wurde. Der wirtschaftliche Hintergrund: Das NBC-Network war eine Tochtergesellschaft des RCA-Konzerns, der mit dieser

Maßnahme den Absatz seiner Farbfernsehgeräte anzukurbeln hoffte.

1964 ging BONANZA in 49 Ländern über den Sender, darunter Saudi-Arabien, Zypern und Thailand.

Mittlerweile existiert am Lake Tahoe, wo die Außenaufnahmen der Serie gedreht wurden, eine Ponderosa als Touristenattraktion; tatsächlich aber

hat es das große Haus auf der Prärie nie gegeben. Die entsprechenden Aufnahmen entstanden im Atelier 16 der Paramount Studios.

Ben Cartwrights markante deutsche Stimme gehörte dem im September 1995 verstorbenen Friedrich Schütter. Lorne Greene soll, so berichtete der ihm nachrufende Jan Feddersen in der ‹tageszeitung›, bedauert haben,

Michael Landon, Dan Blocker, Lorne Greene; sitzend: Pernell Roberts

von der strapaziösen Serienproduktion und hängte Pferdehalfter und Hut samt Toupet an den Nagel. Nach einigen mageren Jahren kehrte er 1979 als Hauptdarsteller des → M.A.S.H.-Ablegers TRAPPER JOHN, M.D. (USA 1979–1986) auf den Bildschirm zurück. Tragischer war der Abgang Dan Blockers, der 1972 im Alter von vierzig Jahren unerwartet verstarb. Im Jahr darauf wurde die Serie eingestellt. Der wertkonservativ eingestellte Michael Landon, der noch in gehobenem Alter über das jungenhafte Aussehen des kleinen Joe verfügte, setzte seine Karriere als Produzent und Hauptdarsteller der Serien UNSERE KLEINE FARM (LITTLE HOUSE ON THE PRAIRIE, USA 1974–1983) und EIN ENGEL AUF ERDEN (HIGHWAY TO HEAVEN, USA 1984–1989) fort, schrieb auch Drehbücher und in-

daß Schütter nicht auch die englischen Fassungen sprechen konnte – er hielt Schütters sonores Organ für ungleich glaubwürdiger als sein eigenes.

Jay Livingston und Ray Evans komponierten die einprägsame Titelmusik, die von United Artists Records veröffentlicht wurde. Neben der bekannten Instrumental- gibt es eine Vokal-version von Country-Legende Johnny Cash. Sie erschien auf dem Columbia Records Label.

Trotz rapiden Niedergangs des Westerngenres stand BONANZA in den sechziger Jahren stets an oberen Positionen der TV-Hitlisten und besetzte von 1964 bis 1967 sogar die Nummer eins.

1988 gab es einen zaghaften Versuch, den Serienklassiker wiederaufleben zu lassen. In dem TV-Movie BO-NANZA: THE NEXT GENERATION war John Ireland als Bens Bruder Aaron Cartwright zu sehen. Barbara Anderson spielte Little Joes Witwe Annabelle, Michael Landon jr. ihren Sohn Benji, und Brian A. Smith verkörperte Hoss' unehelichen Sohn Josh.

Dan Blocker, Michael Landon, Pernell Roberts, Lorne Greene

Michael Landon, Dan Blocker

szenierte. Er erlag 1991 einem Krebsleiden. Lorne Greene war in den Siebzigern unter anderem in GRIFF (USA 1973–1974) und in KAMPFSTERN GALACTICA (BATTLESTAR GALAC-TICA, USA 1978–1980) zu sehen. Er wechselte 1987 in die ewigen Jagdgründe, wo inzwischen drei Viertel der Gutmenschenfamilie wiedervereint sein dürften.

Tim Matheson, der kurzfristig Dan Blocker ersetzte, spielte hernach in den TV-Serien THE QUEST (USA 1976), DETEKTEI MIT HEXEREI (TUCKER'S WITCH, USA 1982) und JUST IN TIME (USA 1988). Er arbeitete ferner als Regisseur und Produzent und wurde 1989 Geschäftsführer der National Lampoon Company.

Zitat:
«Liefere den dummen Ärschen die Hälfte dessen, was eine Szene erfordert, und sie werden es für eine großartige Leistung halten.»
PERNELL ROBERTS ÜBER DIE BONAN-ZA-PRODUZENTEN

Literatur:
Harry Flynn: Michael Landon – Life, Love & Laughter. Universal City 1991
Tom Ito: Conversations With Michael Landon. Chicago 1992
Melanie Shapiro: The Definitive Ponderosa Companion. Nipomo 1997

Buffy – Im Bann der Dämonen
Buffy the Vampire Slayer
USA 1997–

Buffy Summers SARAH MICHELLE GELLAR	**Cordelia Chase** CHARISMA CARPENTER	**Faith (1998–)** ELIZA DUSHKU
Rupert Giles ANTHONY STEWART HEAD	**Angel** DAVID BOREANAZ	**Direktor Flutie (1997)** KEN LERNER
Willow Rosenberg ALYSON HANNIGAN	**Oz** SETH GREEN	**Direktor Snyder** ARMIN SHIMERMAN
Alexander «Xander» Harris NICHOLAS BRENDON	**Darla (1997–1998)** JULIE BENZ	

Die Frage bedurfte zwingend der Klärung: Muß sich eine junge Frau durch ein Kondom gegen übertragbare Krankheiten schützen, wenn sie sich mit einem 242 Jahre alten Vampir verlustiert? Das absonderliche Rätsel stellte sich nicht etwa einem Klüngel verschrobener Fantasy-Jünger, sondern den Programmverantwortlichen der US-Senderkette THE WB. Ihre fürsorglichen Überlegungen galten der Titelheldin der Serie BUFFY THE VAMPIRE SLAYER. Die Vampirjägergeschichten waren schon kurz nach ihrem US-Start im März 1997 von jungen Zuschauern zum Pflichtprogramm erklärt worden, weshalb derart knifflige Belange besonders verantwortungsbewußter Handhabung bedurften.

Die Serie basiert auf dem Kinofilm BUFFY – DER VAMPIRKILLER (BUFFY THE VAMPIRE SLAYER, USA 1992) von Drehbuchautor Joss Whedon und der Regisseurin Fran Rubel Kuzui, die bei den neuen Kapiteln als Produzenten zeichnen. Whedon hat einiges Renommee erworben als Koautor der Skripts zu TOY STORY (USA 1995) und ALIEN – DIE WIEDERGEBURT (ALIEN: RESURRECTION, USA 1997), zudem verfügt er über Serienerfah-

rung – er arbeitete zeitweise als *script editor* für die Sitcom → ROSEANNE. Bei den Verantwortlichen der jungen Senderkette THE WB fand er Gehör mit seinem Vorschlag, der Vampirjägerin Buffy eine televisionäre Zukunft zu bescheren. Sarah Michelle Gellar, Jahrgang 1977, bereits seifenopernerfahren und sogar mit einem Daytime Emmy ausgezeichnet, löste Kristy Swanson als Hauptdarstellerin ab.

Die Serie knüpft inhaltlich an die Filmvorlage an, zeigt bei allem Humor aber eine deutlich dunklere Tönung. Zu Beginn ziehen Buffy und ihre inzwischen geschiedene Mutter von Los Angeles in die Kleinstadt Sunnyvale. Buffy ist die amtliche Vampirjägerin ihrer Generation, sie allein kann der heranbrandenden Höllenbrut Einhalt gebieten, eine überlieferte Bestimmung, der die Sechzehnjährige nur widerstrebend nachkommt. Viel lieber würde sie den Cheerleadern beitreten, ihre Schularbeiten machen und nette Jungens kennenlernen. Da ihr verschwiegenes Tun geheim bleiben muß, gilt Buffy als Problemkind. In ihrer Schulakte ist vermerkt, daß sie die Turnhalle ihrer frühe-

Gaststars:
Elizabeth Anne Allen, Eric Balfour, Kelly Connell, Andrew J. Ferchland, Robia La Morte, Juliet Landau, Mercedes McNab, James Marsters, Mark Metcalf, John Ritter, Meredith Salenger, Serena Scott Thomas, Natalie Strauss, Danny Strong, Kristine Sutherland

Creator:
Joss Whedon (nach einem Film von Fran Rubel Kuzui und Joss Whedon)
Beginn der deutschen Erstausstrahlung:
Pilotfilm: 9. 10. 1998, Pro 7
Serienstart: 10. 10. 1998, Pro 7

Bei Redaktionsschluß dieses Buches wurden Pläne bekannt, wonach Buffys blutarmes Herzblatt Angel Titelfigur einer eigenen Serie werden soll. Auch trägt sich Joss Whedon angeblich mit dem Gedanken, Buffy wieder dem Kino zuzuführen.

Sarah Michelle Gellar

David Boreanaz und S. M. Gellar

ren Lehranstalt niedergebrannt hat – daß sie damit zugleich die Welt vor einer Invasion blutschlürfenden Gezüchts bewahrt hat, weiß hingegen niemand.

Allein ein Erwachsener hat Zugang zu Buffys Welt. Das ist ihr Mentor Giles, ein schrulliger Bibliothekar britischer Herkunft, der den theoretischen Hintergrund für Buffys Kreuzzug wider die Dämonen liefert. Ansonsten erscheinen Erwachsene als unverständige Wesen, mitunter gar als ausgemachte Ungeheuer. Da ist der neue Direktor ihrer Schule, der fortgesetzt gehässige Tiraden wider seine Zöglinge hervorsprudelt. Bitter nötig wird Buffys Eingreifen, als die Mutter einer Mitschülerin mittels Hexenkunst in den Körper ihrer Tochter schlüpft,

um noch einmal als Cheerleader bejubelt zu werden. Eigenartige Bewandtnis hatte es auch mit der attraktiven Lehrerin, die den Jungs den Kopf verdrehte und einige gar zu sich nach Hause einlud, wo sie sich bald als buchstäblich männermordendes Horrorinsekt entpuppte. Eine solche Grenzüberschreitung, die erotische Wilderei einer reiferen Frau in den Balzgründen der Jugend, konnte Buffy selbstredend nicht dulden – das Biest mußte sterben.

Eigentlich hatte Buffy, in Übereinstimmung mit ihrer Mutter, gehofft, in Sunnyvale ein wenig Ruhe zu finden, und den guten Vorsatz gefaßt, künftighin «nur noch mit Lebenden rumzuhängen». Doch selten wurde ein Ziel so weit verfehlt. Denn ausge-

Buffys praktische Nahkampfgarderobe machte Mode: Aufgrund zahlreicher Zuschaueranfragen entschlossen sich die Produzenten, eine entsprechende Kollektion zu lizenzieren. Besondere Merkmale: gedeckte Farben, schlicht im Schnitt, funktional. Ganz andere Erfahrungen machten kurioserweise die Produzenten der 1996 gestarteten Serie CLUELESS – DIE CHAOSCLIQUE (CLUELESS, USA 1996–):

Dort hatte man von vornherein eine Vermarktung der in diesem Fall sehr farbenfrohen Kostüme geplant. Allein die Nachfrage blieb hinter den Erwartungen zurück.

Sarah Michelle Gellar begann ihre Karriere im zarten Alter von vier Jahren. Sie wirkte in Werbespots mit, in TV-Movies und stieß als Fünfzehnjährige zum Ensemble der *daytime-soap* ALL MY CHILDREN (USA 1970–), dem sie von 1993 bis 1995 angehörte. Gellar sieht gewisse Parallelen zwischen Buffy Summers und sich selbst – wegen oft monatelanger Abwesenheit fand sie keinen Anschluß unter ihren Mitschülern und wurde in eine Einzelgängerrolle gedrängt. «Das ist für ein Kind sehr schwer zu meistern», erklärte sie der US-Fernsehzeitschrift ‹TV Guide›.

von links: Alyson Hannigan, Nicholas Brendon, S. M. Gellar, A. S. Head, Charisma Carpenter

D. Boreanaz, S. M. Gellar, A. Hannigan, N. Brendon, C. Carpenter

rechnet hier, und zwar exakt unter der Schulbibliothek, befindet sich der Auslaß der Hölle. Immer wieder entsteigen ihm Geister, Ghoule und andere gräßliche Gestalten mit dem Ziel, die Erde in Besitz zu nehmen.

Buffy hält tapfer dagegen, mit den Waffen einer jungen Frau: «Feuer, Enthauptung, Tageslicht, Weihwasser … das übliche.» Schützenhilfe leisten ihre Schulfreunde Willow und Xander sowie der geheimnisumwitterte Angel, der sporadisch ihren Weg kreuzt. Er ist ein Untoter, der die Seiten gewechselt hat. Buffy fühlt sich von ihm angezogen und kann doch ihr tiefsitzendes Mißtrauen

kaum unterdrücken. Darin äußert sich die schwere Bürde ihres Amtes; auch Buffys Selbstzweifel, ihr Ausgeschlossensein, die ständige Präsenz des Todes geben den Geschichten eine sinistre Note.

Diese düstere Seite der Serie wird aufgefangen durch ihren ganz speziellen Humor – sofern man zu den Eingeweihten gehört, die popkulturelle Kodes zu entschlüsseln vermögen. Im Seriengeschehen selbst werden die häufigen Querverweise schon mal ironisch thematisiert: «Popkulturanspielung. Entschuldigung», neckt Buffy ihren väterlichen Freund, als der etwas weltfremde Giles

1998 erhielt die Serie den Saturn Award der Academy Of Science Fiction, Horror And Fantasy Films als *«Best Genre Network Series»*.

Ihr Talent für Komödienstoffe bewies Fran Rubel Kuzui bereits mit ihrem selbstverfaßten Regiedebüt TOKYO POP (JAPAN / USA 1987 / 88), das die – von ihrer eigenen Biographie inspirierten – Erlebnisse einer US-amerika-

nischen Sängerin in der japanischen Popszene zum Inhalt hatte.

Zitat:
«Der wahre Grund für das Funktionieren dieser Serie liegt darin, daß sie trotz ihrer augenzwinkernden Haltung die Jugendlichen ernst nimmt, auch wenn sie mit der Jugendkultur ihren Schabernack treibt.»
‹TV GUIDE›

Literatur:
Nikki Stafford: BITE ME! Sarah Michelle Gellar And Buffy The Vampire Slayer, Toronto 1998

Fanclub:
European BUFFY THE VAMPIRE SLAYER Fanclub
Gabriele Armstrong
Bischofskamp 12
31191 Algermissen

A. Hannigan, N. Brendon, S. M. Gellar, A. S. Head

wieder einmal mit Unverständnis auf ihre mehrdeutigen Einlassungen reagiert. *Slayerspeak* heißt dieser mit chiffrierten Zitaten gespickte Jargon, der in der deutschen Fassung kaum adäquat zur Geltung kommt. Das Verb «to scully» beispielsweise bezeichnet, in Anspielung auf → AKTE X, den Versuch, übersinnliche Phänomene rational erklären zu wollen.

In den USA wurde die gewitzte und in jeder Hinsicht schlagfertige, dabei doch empfindsame Buffy binnen weniger Monate zur Kultheldin, die Darstellerin Sarah Michelle Gellar zum Medienstar: Sie zierte die Titelseiten aller angesagten Zeitschriften und spielte in den Kinohits SCREAM 2 (USA 1997) und ICH WEISS, WAS DU LETZTEN SOMMER GETAN HAST (I KNOW WHAT YOU DID LAST SUMMER, USA 1997). Auch in Deutschland stieß Buffy rasch auf Gegenliebe. Nur wenige Tage nach dem Serienstart wurde bereits der erste Fanclub gegründet.

Cannon
USA 1971–1976

Frank Cannon
WILLIAM CONRAD

William Conrad

Im Grunde verwundert es ja kaum: In einem Land, in dem der bauchige Günter Strack und der feiste Otfried Fischer zu allseits begehrten Publikumslieblingen werden konnten, durfte auch der kaum minder ausladende William Conrad auf Sympathien rechnen. Der Schauspieler wurde weltweit bekannt durch die Hauptrolle in der Detektivserie CANNON. Ebendie ist die heimliche Kultsendung der Deutschen: Seit CANNON im Juni 1973 in der ARD Premiere hatte, erfreut sich die Sendereihe anhaltender Beliebtheit. Über die Jahre strahlten das ZDF, 3sat und Sat.1 CANNON-Episoden aus. Zwischen Juni 1993 und Juli 1995 waren sämtliche 121 Folgen noch einmal bei Vox zu sehen und erzielten dort trotz starker Konkurrenz während der *prime time* überdurchschnittlich hohe Quoten – um 0,2 Prozent stieg die Zahl der Zuschauer im Alterssegment bis 49, um 0,6 Prozent die der Zuschauer über 50, wobei sich laut Vox beide Geschlechter gleichermaßen für den füllingen Schnüffler begeistern konnten. Nach kurzer Sommerpause ging CANNON noch im selben Jahr erneut in Serie: Ab 4. September war er wieder bei Sat.1 im Programm – mit der Synchronstimme von Günter Strack!

Die Figur des korpulenten, beinahe haarlosen, also rein äußerlich wenig attraktiven Privatermittlers entstand Anfang der siebziger Jahre gewissermaßen als Gegenentwurf zu den drahtigen Draufgängertypen, die bis dahin das Krimigeschehen beherrscht hatten. Cannon war nicht allein – mit dem querschnittsgelähmten Robert T. Ironside (→ DER CHEF) und dem blinden Mike Longstreet (LONGSTREET, USA 1971–1972) hatten bereits zwei weitere Behinderte den Kampf gegen das Verbrechen aufgenommen. Gewiß ließe sich, zumal in den Zeiten jener ominösen Seuche namens *political correctness*, langwierig darüber disputieren, ob Cannons auskragendes Feinkostgewölbe mit einem körperlichen Gebrechen gleichgesetzt werden darf. Wer aber jemals hilflos mitansehen mußte, wie Cannon seine gut 240 Kilo Lebendgewicht hinter dem Steuer seines heißgeliebten Lincoln Continental hervorzuwuchten versuchte – der weiß um das schwere Handicap, das diesem Manne auferlegt worden war. William Conrad selbst hielt auf seinen Bauch und schätzte den Part des Frank Cannon über alle Maßen: «Das war die einzige Sendereihe, in der ich nach Belieben essen und trinken konnte mit der Ausrede: Ich muß in Form bleiben für meine Rolle.»

Gaststars:
Theodore Bikel, Mickey Dolenz, Shelley Duvall, Joan Fontaine, Tab Hunter, Kay Lenz, Sondra Locke, Vera Miles, Leslie Nielsen, Nick Nolte, Roy Scheider, Martin Sheen, Tom Skerritt, Dean Stockwell, Carl Weathers

Creator:
Quinn Martin
Beginn der deutschen Erstausstrahlung: 15. 6. 1973, ARD

In einem Falle ging William Conrad fremd: Der zweite Teil der Doppelepisode *The Deadly Conspiracy* (17. und 19. 9. 1975) wurde im Rahmen der Serie BARNABY JONES (USA 1973–1980) ausgestrahlt.

Neben anderen erprobten die nachmals erfolgreichen Kinoregisseure John Badham und Richard Donner in der Serienproduktion ihr Spielführertalent.

Alan Campbell, William Conrad

William Conrad

*William Conrad,
Joe Penny in
JAKE UND MACCABE*

Bis dahin war Conrads Karriere reichlich wechselhaft verlaufen. Als junger Spund hatte er noch in die Kanzel eines Jagdflugzeuges gepaßt, nach dem Krieg aber rasch an Gewicht zugelegt. Darum wurde er in Kinofilmen vorwiegend als *heavy*, als Bösewicht also, eingesetzt. Sein Hauptbetätigungsfeld blieb der Rundfunk. Conrads markante Stimme prägte diverse Radioserials. Besonderer Popularität erfreute sich die Westernreihe GUNSMOKE, in der er den Marshal Matt Dillon sprach. 1955 wurde GUNSMOKE (→ RAUCHENDE COLTS) vom Fernsehen übernommen, doch da war Conrads Gewicht schon keinem Klepper mehr zuzumuten. Der schlaksige James Arness übernahm den Part und wurde zu einem Star.

Conrad betätigte sich vornehmlich hinter den Kameras, als Regisseur oder Produzent von TV-Serien wie BAT MASTERSON (USA 1959–1961), NAKED CITY (USA 1958–1963), → 77 SUNSET STRIP (USA 1958–1964) und – sinnigerweise – auch GUNSMOKE. Ferner inszenierte er vier Kinofilme, darunter DAS TESTAMENT DES MAGIERS (TWO ON A GUILLOTINE, USA 1965) und DAS TEUFLISCHE SPIEL (BRAINSTORM, USA 1965). Als Schauspieler übernahm er Nebenrollen und war in vielen TV-Serien als unsichtbarer Erzähler zu hören, unter anderem in → AUF DER FLUCHT. Er hatte die 50 bereits überschritten, als ihm die Hauptrolle in CANNON angetragen wurde.

Diese außergewöhnliche Type kam Conrad sehr entgegen. Frank Cannon war ein ehemaliger Kriminalbeamter, der Frau und Kind bei einem Unfall verloren hatte. Der Eigenbrötler lebte allein, hatte nicht einmal eine Sekretärin und nahm – und erhielt – Höchstsätze für seine Dienste, um seinen luxuriösen Lebensstil finanzieren zu können. In besonderen Fällen aber konnte seine Rechnung auch mit einer Einladung zu einem guten Essen beglichen werden. Als Ex-Polizist verfügte Cannon über gute Kontakte zu den Behörden, zudem über einen scharfen Verstand. Aber er leistete auch ein beträchtliches Pensum an Fußarbeit. Noch fünfzehn Jahre später beklagte sich William Conrad: «Meine armen Füße tun immer

Die TV-Serien mit William Conrad: THE BULLWINKLE SHOW (1961–1962, als Erzähler); → AUF DER FLUCHT (als Erzähler); THE WILD, WILD WORLD OF ANIMALS (1973–1978, als Erzähler); HOW THE WEST WAS WON (1977, als Erzähler); BUCK ROGERS (BUCK ROGERS IN THE 25TH CENTURY, 1979–1980, als Erzähler); NERO WOLFE (1981, als Nero Wolfe); JAKE UND MCCABE – DURCH DICK UND DÜNN (JAKE AND THE FATMAN, 1987–1992, als Jason ‹Fatman› McCabe).

1975 gastierte William Conrad in Deutschland, um den Fernsehpreis *Bambi* entgegenzunehmen. Auch wirkte er, im Trio mit Telly Savalas und Erik Ode, als Sketch- und Spielpartner an Rudi Carrells Fernsehshow AM LAUFENDEN BAND mit. Bei seinem Erscheinen erhob sich im Saalpublikum donnernder Applaus.

Zitat:
«Ich habe zwischen den Mahlzeiten ein wenig gemimt.»
WILLIAM CONRAD

noch weh von der vielen Lauferei, die ich als CANNON absolvieren mußte. Ich war wohl der einzige Fernsehdetektiv ohne einen Assistenten, der ihm einen Teil der Arbeit hätte abnehmen können.» Mitunter wurde das «überfütterte Walroß», so Conrads Selbsteinschätzung, sogar in Raufereien verwickelt. Anfangs erledigte der Schauspieler derartige Stunts selbst, fand dies aber zu strapaziös – «Ob es weh tat? Sie können Ihren Hintern darauf verwetten, daß es weh tat. Meine Haut sah aus wie ein Schnittmusterbogen. Also engagierten sie einen Stuntman. Seine Haut sah auch aus wie ein Schnittmusterbogen. Aber mir gefiel dieses Arrangement wesentlich besser.»

Fünf Jahre blieb CANNON im Programm. 1980 gab es ein Wiedersehen in dem TV-Movie THE RETURN OF FRANK CANNON. Hernach spielte Conrad in NERO WOLFE (USA 1981) und in JAKE UND MCCABE – DURCH DICK UND DÜNN (JAKE AND THE FATMAN, 1987–1992). Da bekam er mit Joe Penny endlich den Laufburschen, den er sich schon 15 Jahre früher gewünscht hatte. Inzwischen wog er bereits knapp sechs Zentner und zahlte den Preis dafür – er war zuckerkrank, mußte zweimal am Herz operiert werden und bekam einen Schrittmacher. Dennoch ließ er niemals ab von seinen kulinarischen Vorlieben. Er starb 73jährig am 11. Februar 1994 um 13.31 Uhr im Medical Center of North Hollywood.

Catweazle
GB 1970–1971

Catweazle	**Sam Woodyard (1969)**	**Lady Collingford (1970)**
GEOFFREY BAYLDON	NEIL MCCARTHY	ELSPET GRAY
Harold Bennett (1969)	**Cedric Collingford (1970)**	**Groome (1970)**
ROBIN DAVIS	GARY WARREN	PETER BUTTERWORTH
Mr. Bennett (1969)	**Lord Collingford (1970)**	
CHARLES TINGWELL	MORAY WATSON	

Geoffrey Bayldon

Schnuppernd und witternd sichert der struppige Schrat die naturbelassene Umgebung. Der in grobes Tuch gehüllte Druide weiß um die Gefahren, die in den unwirtlichen Wäldern Britannias lauern. Untiere, Spukgestalten und schwer armierte Normannen haben nichts anderes im Sinn, als schrullige Einsiedler zu malträtieren. Und doch verfolgt Catweazle, der Heil- und Unheilkundige, unbeirrt sein Anliegen. Nach Schierling, Fingerhut, Butterblumen und Bilsenkraut gelüstet es ihn, allesamt Zutaten für einen Zaubertrank, der ihm letzten Endes Flügel verleihen soll. Derweil schwant dem emsigen Kräutersammler nichts Gutes: «Unheil verheißt die Eule, die am Tage heult. Heulende Eulen fürchte ich so wie das Wasser», menetekelt er vor sich hin, und seine Vertraute, die Kröte Kylwalda, läßt ein beipflichtendes Quaken vernehmen.

Daheim in seinem dämmrigen Unterschlupf, macht er sich daran, aus den geduldig zusammengetragenen Zutaten einen Sud zu brauen. Endlich ist es soweit – er nimmt einen gehörigen Schluck des Zaubertranks und spricht die magischen Worte:

«Versuche, die Geister der Luft zu beschwören

Ihre Kraft wird dich in die Lüfte erheben

Und du wirst fliegen

So wie die Vögel am Firmament»

Doch alles Flattern und Rudern mit den dürren Ärmchen nutzt rein gar nichts – irgendwo hat sich ein Fehler in die Prozedur eingeschlichen. Während sich darinnen Enttäuschung breitmacht, pirschen sich draußen behelmte normannische Barbaren heran. Gerade noch gelingt dem gescheiterten Flugpionier die Flucht in die Wälder, doch kommen ihm die hartnäckigen Verfolger bedrohlich nahe und treiben ihn schließlich an einem Flußlauf in die Enge. Obgleich er das Wasser scheut, weiß Catweazle keinen anderen Ausweg, als sich unter Ausrufung

Creator:
Richard Carpenter
Beginn der deutschen Erstausstrahlung: 28. 4. 1974, ZDF

Der 1924 geborene Geoffrey Bayldon spielte den «*Q*» in der James-Bond-Travestie CASINO ROYALE (GB 1967). In einer Reihe von TV-Serien mit Kultstatus absolvierte er Gastauftritte, unter anderem in → DR. WHO, → MIT SCHIRM, CHARME UND MELONE und → MONDBASIS ALPHA 1.

Ebenfalls eine bekannte Größe war der Schauspieler Charles Tingwell, dem Publikum vor allem vertraut als Inspektor Craddock aus den *Miß Marple*-Filmen mit Margaret Rutherford.

In der Originalfassung hieß Cat-

Geoffrey Bayldon und Robin Davies

seines probaten Zauberspruchs «Salmei, Dal-
mei, Adomei» den Fluten anzuvertrauen.

Als er in einem jauchigen Tümpel wieder
auftaucht, sind die mordgierigen Schergen
in Kettenhemden verschwunden. Doch
schon droht neue Gefahr. Ein scharlachro-
tes, gefährlich donnerndes Ungetüm nähert
sich, wie Catweazle noch keines gesehen
hat: ein Traktor der Marke Massey Ferguson
mit drohend gereckter Ladeschaufel.

In dem Farmerssohn Harold Bennett lernt
Catweazle einen jungen Mann kennen, der
nicht nur das besagte Ungetüm zu bändigen vermag, sondern auch über sagenhafte
magische Fähigkeiten zu verfügen scheint.
Aufgeregt zischelnd und mümmelnd wird

Catweazle gewahr, wie Harold unter Anwendung des «Elektriktricks» die Sonne in gläserne Birnen sperrt und sich mit sprechen-
den Knochen unterhält. Harold verhilft dem
ziegenbärtigen Unikum auch zu der Erkenntnis, daß er das Jahr 1066 verlassen hat
und durch die Zeitläufte bis ins 20. Jahrhundert gepurzelt ist. In dieser Gegenwart aber
gelten abgerissene Erscheinungen wie Catweazle als Landstreicher und werden nicht
sonderlich geschätzt. Deshalb muß Harold
seinen neuen Freund auch vor seinem Vater
und dessen Gehilfen Sam verbergen, was um
so schwerer fällt, als Catweazle angesichts
immer neuer Wunderdinge oftmals alle Vorsicht vergißt. Und es gibt so vieles zu ent-

weazles Sekundant nicht Harold,
vielmehr wurde er «Carrot» gerufen.

Richard Carpenter war auch Ideenge-
ber der Serie ROBIN OF SHERWOOD
(GB 1984–1986), einem Mix aus bo-
denständiger Volkssage und moderner Fantasy. Die Titelrolle spielte

Michael Praed, ehe er nach Beendigung der zweiten Staffel gen Hollywood zog, um als Prinz von Moldavia
im → DENVER-CLAN mitzuwirken.
Sein Nachfolger wurde Jason Connery.

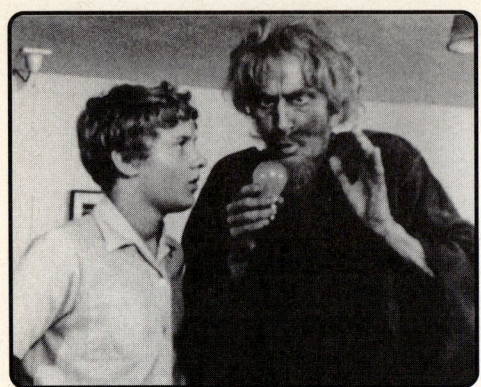

Geoffrey Bayldon und Robin Davis

decken in dieser staunenswerten Umgebung, erst recht, als Catweazle erstmals das nahe gelegene Städtchen besucht.

«Eine Folterkammer!» entfährt es ihm, als er durch die Schaufenster eines Frisiersalons späht.

«Nein», erläutert Harold geduldig, «das ist ein Friseurgeschäft. Wo einem das Haar geschnitten wird.»

«Das ist ja furchtbar. Weißt du, im Haar liegt Kraft und Zauber», erregt sich Catweazle, dem es im weiteren Verlauf der Handlung in der Tat gelingt, mit Hilfe eines erbeuteten Haarbüschels Schaden von der «Hexenhof-Farm» der Bennetts abzuwenden.

Nicht nur unterschwellige Hippiebotschaften wie diese machten CATWEAZLE zu einem Favoriten auch jener Zuschauergruppen, die ansonsten mit Kinderfernsehen nicht mehr gern in Verbindung gebracht werden wollten. Allenthalben waren Catweazles Zaubersprüche zu hören, und manch eine seiner blumigen Bezeichnungen für die Errungenschaften moderner Technik floß in die Alltagssprache ein. An der Seite Catweazles gewannen gewohnte Topographien und alltägliche Gegenstände neuen Reiz; seine mit kindlicher Neugier vorgenommenen Erkundungen waren ein ständiger Quell des Vergnügens, ein Verdienst vor allem des Hauptdarstellers Geoffrey Bayldon, der so glaubwürdig ins Staunen geraten konnte beim Anblick einer ganz gewöhnlichen Glastüre, eines Sicherheitsschlosses oder Fernsehers oder mit unendlicher Hingabe einen banalen Lichtschalter bediente. Richard Carpenter, der Schöpfer der Serie, hatte sich Bayldon als Hauptdarsteller ausbedungen und damit das richtige Gespür bewiesen – die Serie war so erfolgreich, daß Catweazle, nachdem er mit Harolds Hilfe zurück in den Zeitstrudel gehopst war, darin erneut verlorengehen mußte, damit weitere 13 Episoden nach bewährtem Muster möglich wurden. In der zweiten Staffel hilft ihm der zwölfjährige Cedric bei der Suche nach dem 13. Tierkreiszeichen, das für Catweazles Rückkehr ins Mittelalter unerläßlich ist.

Cheers
USA 1981–1993

Sam Malone TED DANSON	**Norm Peterson** GEORGE WENDT	**Rebecca Howe (1987–1993)** KIRSTIE ALLEY
Diane Chambers (1982–1987) SHELLEY LONG	**Cliff Clavin** JOHN RATZENBERGER	**Dr. Lilith Sternin (1986–1993)** BEBE NEUWIRTH
Carla Tortelli LeBec RHEA PERLMAN	**Dr. Frasier Crane (1984–1993)** KELSEY GRAMMER	**Evan Drake (1987–1988)** TOM SKERRITT
Ernie «Coach» Pantusso (1982–1985) NICHOLAS COLASANTO	**Woody Boyd (1985–1993)** WOODY HARRELSON	**Eddie LeBec (1987–1989)** JAY THOMAS

Elf Jahre Laufzeit, 270 Episoden, 27 Emmy Awards und eine imposante Anzahl weiterer Fernsehpreise – diese Bilanz kann sich sehen lassen, und CHEERS konnte es auch. Die Situationskomödie war ein großer Erfolg beim Publikum und bei den Kritikern und entwickelte sich in den achtziger Jahren zu einer Institution innerhalb des US-Fernsehprogramms. Der Barbesitzer Sam Malone, seine Angestellten Diane, Carla, Ernie und Woody, die Dauergäste Norm und Cliff und all die anderen wurden für die Zuschauer im Laufe der Zeit zu vertrauten Weggefährten. Viele empfanden ähnlich wie der Kolumnist Jim Jarvis, der anläßlich der Einstellung der Serie einen wehmütigen Nachruf verfaßte: «Die Leute, die in der Bar von CHEERS herumhängen, kenne ich länger als manche meiner besten Freunde. Es ist beinahe schon ein Wunder, daß eine Sitcom Figuren so voller Leben hervorbringen kann. Wenn man je die besten Serien aller Zeiten wählen sollte, wer könnte da wohl eine andere als CHEERS nominieren?»

Sam Malone war ein gefeierter Baseball-Profi bei den Boston Red Sox, ehe sein unmäßiger Alkoholkonsum die Sportlerkarriere vorzeitig beendete. Mittlerweile ist er Abstinenzler und betätigt sich auf der anderen Seite der Theke – er übernahm den traditionsreichen Bostoner Pub CHEERS. Mit ihm kam Ernie *Coach* Pantusso, ein früherer Baseball-Trainer und Clubmanager, der nunmehr als Barkeeper Zecher und Thekenphilosophen betreut. An den Tischen bedient die scharfzüngige Carla Tortelli, die vielleicht mal das Wechselgeld, nie aber eine Antwort schuldig bleibt. Treue Stammgäste sind Norm Peterson, als Buchhalter eine kleine Nummer, aber groß als Sportkommentator, und der treuherzige, über universelles Wissen verfügende Postbeamte Cliff Clavin.

Eines schicksalsträchtigen Tages verschlägt es die Literaturwissenschaftlerin

Kirstie Alley als Rebecca Howe

Unternehmen umgewandelt wurde. Das Lokal liegt an der Beacon Street und hat die Hausnummer 112 1/2.

Zur engeren Auswahl der Kandidaten für die Rolle des Sam Malone gehörten William Devane und Fred Dryer, Shelley Long mußte sich gegen Julia Duffy und Lisa Eichhorn durchsetzen.

Mit einem Salär von zuletzt 450 000 Dollar pro Woche war Ted Danson einer der bestbezahlten Serienstars überhaupt. Dennoch faßte er 1992 den Entschluß, sich aus der Fernsehgastronomie zurückzuziehen. Daraufhin entschieden sich die Produzenten für die Einstellung der Serie, obschon CHEERS nach wie vor exzellente Quoten aufwies. Im Herbst 1996 meldete sich Danson beim TV-Publikum zurück: An der Seite seiner Ehefrau Mary Steenburgen spielt er in der Sitcom ZWEI IN DER TINTE (INK, 1996 – 1997). Auch in Kinofilmen wirkte er mit, unter anderem in NOCH DREI MÄNNER, NOCH EIN BABY (3 MEN AND A BABY, USA 1987) und in Steven Spielbergs DER SOLDAT JAMES RYAN (SAVING PRIVATE RYAN, USA 1998).

Für nahezu alle Hauptbeteiligten erwies sich die Mitwirkung in CHEERS als Karrieresprungbrett. Ted Danson, Shelley Long, Kirstie Alley und Woody Harrelson spielten Hauptrollen in diversen Kinoproduktionen, Kelsey Grammer bekam eine eigene Fernsehserie (→ FRASIER).

Während der Dreharbeiten zur dritten Staffel wurden sowohl Shelley Long

Diane Chambers und ihren Englischprofessor Sumner Sloan in die urige Schänke. Eigentlich sind die beiden auf dem Weg in die Karibik, um zu heiraten. Doch Sloan besinnt sich, zieht die Konsequenzen und es letztlich vor, zu seiner geschiedenen Ehefrau zurückzukehren. Nachdem all ihre Zukunftspläne solcherart auf einen Schlag zunichte wurden, benötigt Diane dringend einen Job. Sam bietet ihr an, in seiner Bar zu servieren. Zwar ist Diane als stolze Akademikerin deutlich überqualifiziert, aber Semesterscheine und Jahrgangszeugnisse sind nun mal eine Währung, die von Hauswirten und Lebensmittelhändlern nur ungern akzeptiert wird. Diane nimmt also die Offerte an, und dieser Schritt markiert den Beginn einer wunderbaren Haßliebe.

Binnen kurzem funkt es zwischen Sam und Diane, aber wo es funkt, bleiben Verbrennungen nicht aus. Die stürmische Romanze der beiden doch recht unterschiedlich gepolten Individuen zieht sich über fünf Jahre, ist voller Höhen und Tiefen, trägt die beiden sogar einige Male in Richtung Traualtar, ohne daß es jemals zum Vollzug der Zeremonie käme. Zwischenzeitlich versucht sich Diane des öfteren in anderen Berufen, kehrt freilich immer wieder ins CHEERS zurück, ehe sie die Bar gegen Ende der fünften Staffel verläßt, um endlich den seit langem projektierten Roman schreiben zu können. Sam spürt: Dieser Abschied ist endgültig. Angesichts dieses Verlusts scheint es auch ihm an der Zeit, seine Lebensumstände

zu ändern. Er verkauft die ehrwürdige Taverne, um mit einer Segelyacht die Weltmeere zu befahren. Doch daraus wird nichts – das Boot sinkt kurz nach dem Auslaufen, und Sam bleibt nichts anderes übrig, als bei Rebecca Howe, der neuen Geschäftsführerin des CHEERS, für sechs Dollar pro Stunde als Barkeeper anzuheuern. Die ehrgeizige Managerin stellt ihn zwar ein, aber Sam hat vorerst kein leichtes Leben unter ihrem straffen Regime, bis nach einer gewissen Karenzzeit ihr berufliches Verhältnis mit Amors Hilfe dann deutlich persönlicher wird. Doch auch diese Beziehung ist nicht von Dauer, beide lassen sich auf andere Partner ein, und in der letzten Episode wagt Sam sogar einen Neuanfang mit der unverhofft heimgekehrten Diane.

«CHEERS hat einen besonderen Ehrenplatz in der Fernsehgeschichte errungen …» schrieb der Chronist des ‹Berkshire Eagle› über die von Kritikern wie von Zuschauern gleichermaßen hochgehaltene Serie. Ein wenig verwundert der sensationelle Erfolg dieser unprätentiösen Kneipengeschichten, die auf der Skala der beliebtesten Unterhaltungssendungen über Jahre hinweg Spitzenplätze einnehmen konnten – und das ganz ohne spektakuläre Action, ohne exotisches Ambiente, mit – zu Beginn – weithin unbekannten Darstellern und einem doch eher schlicht anmutenden Konzept: Man nehme eine gastliche Kneipe – «wo jeder deinen Namen kennt», wie es im Titelsong heißt – und einen Wirt mit schillernder Vergangenheit

als auch Rhea Perlman schwanger. Perlmans andere Umstände ließen sich in die Geschichten einbauen, Shelley Long hingegen wurde für längere Zeit hinter den Ausschank verbannt, um die absehbaren Mutterfreuden zu verbergen.

Mitunter kehrten illustre Herrschaften im CHEERS ein. Unter eigenem Namen agierten zum Beispiel Senator Gary Hart, Baseball-Star Wade Boggs, Talkmaster Dick Cavett, der Kongreßabgeordnete Tip O'Neill, Admiral William J. Crowe, Minister Anthony Frank und der Bostoner Bürgermeister Raymond L. Flynn.

Vorbild des CHEERS ist der Bostoner Pub *Bull & Finch*, der im Zuge des Serienerfolges zu einer regelrechten Pilgerstätte wurde. Auch prominente Gäste wie die Rockstars Eddie Van Halen und Stevie Nicks oder Nachrichtensprecher Walter Cronkite zog es in das Lokal. Rhea Perlman arbeitete hier als Serviererin, um sich auf ihre Rolle einzustimmen.

Vor der Kamera wurde stets reichlich getrunken, doch das CHEERS-Bier war nicht echt – es enthielt keinen Alkohol, dafür aber eine Prise Salz zwecks Herausbildung einer schönen Schaumkrone.

Immer wieder einmal bezogen die Autoren Freunde und Verwandte der Hauptfiguren in die Ereignisse mit ein, darunter auch Norms Ehefrau Vera, deren Gesicht die Zuschauer freilich nie zu sehen bekamen. Ein einziges Mal war sie vollständig im Bild zu

und männlichem Sex-Appeal, stelle ihm Mitarbeiter von besonderer Wesensart zur Seite und besetze den Tresen mit sympathischen Originalen und spleenigen Querköpfen. Aus dieser einfachen, dem Leben abgelauschten Exposition wurde in der Ausführung eine überaus witzige Situationskomödie mit brillant geschriebenen *storylines*, spritzigen Dialogen, aber auch stillen und melancholischen Momenten. «Was ich wollte», erläuterte der Koautor und Executive Producer James Burrows, «war eine Serie, die man nicht unbedingt ‹sehen› muß, um Spaß daran zu haben. Nicht das Hin und Her in der Bar brachte Bewegung in die Stories, sondern die Charaktere und die Dialoge.»

Das von Burrows und dem Autorenteam Glen und Les Charles, die selbdritt schon TAXI (USA 1978 – 1983) entworfen hatten, entwickelte Format drohte noch im ersten Jahr an mangelnder Publikumsakzeptanz zu scheitern. Die Einschaltquoten waren katastrophal, und es fiel den Produzenten nicht leicht, bei den Verantwortlichen der Senderkette NBC eine Verlängerung durchzusetzen. «Ich erinnere mich noch gut an das flaue Gefühl im Magen, als ich den Verlängerungsauftrag unterschrieb», offenbarte Brandon Tartikoff, seinerzeit Chef der Unterhaltungsabteilung von NBC, gegenüber dem ‹Berkshire Eagle›. Aber sein Wagemut sollte belohnt werden – zunächst mit glänzenden Kritiken, nach und nach mit allen wichtigen Fernsehpreisen vom Emmy bis zum Peoples Choice Award und mit Erreichen der dritten Staffel endlich auch mit rapide steigenden Zuschauerzahlen, was wiederum Spitzenerlöse beim Verkauf von Werbezeiten zur Folge hatte. Das Publikum blieb Ted Danson und seinen Mitspielern lange Jahre treu, und allseits war die Trauer groß, als Anfang 1993 die Einstellung der Serie verkündet wurde. James Burrows berichtete damals gegenüber der Presse: «Ständig kommen Leute auf mich zu und bitten mich: Nehmen Sie mir doch meine Freunde nicht weg!»

Das am 20. Mai 1993 ausgestrahlte abschließende Serien-Special erzielte mit einem Marktanteil von 64 Prozent noch einmal eine Rekordquote: Keine andere CHEERS-Folge wurde von so vielen Menschen gesehen wie diese, in der Carla, Norm, Cliff und die anderen bei einer letzten Runde die gemeinsamen Jahre Revue passieren ließen und traurig Abschied nahmen von ihrer Stammkneipe, bevor die Halbkugellampen über der Theke für immer erloschen. Die letzten Worte gehörten Ted Danson. Sie lauteten: «Tut mir leid, wir haben geschlossen.»

---

sehen, ihr Antlitz allerdings von Tortenresten bis zur Unkenntlichkeit entstellt. Gespielt wurde sie von Bernadette Birkett, auch im echten Leben George Wendts Lebensgefährtin.

Rhea Perlman ist seit 1983 mit Danny DeVito verheiratet. In der Sitcom TAXI (USA 1978 – 1983) trat sie sporadisch als DeVitos Freundin in Erscheinung.

Die Postuniform des Serienhelden Cliff Clavin befindet sich heute im Nationalen Postmuseum des Smithonian Institute.

Das Bühnenbild zu CHEERS entwarf der Oscar-Preisträger Richard Sylbert, bekannt als Produktionsdesigner von Filmen wie CHINATOWN (USA 1974), REDS (USA 1981) und DICK TRACY (USA 1990).

Zitat:
«Ich habe nicht ‹fürs Fernsehen› gearbeitet, sondern für CHEERS. Das ist ein Unterschied.»
TED DANON

Literatur:
Dennis J. Bjorklund: Toasting Cheers: An Episode Guide To The 1982 – 1993 Comedy Series, With Cast Biographies & Character Profiles. Jefferson 1997
Edward Gross: Cheers. Where Everybody Knows Your Name. Las Vegas 1991
Mark Wenger: The Cheers Trivia Book. Secaucus, N.J., 1994

Der Chef Ironside
USA 1967–1975

Robert T. Ironside
RAYMOND BURR
Detective Sergeant Ed Brown
DON GALLOWAY
Eve Whitfield (1967–1971)
BARBARA ANDERSON
Mark Sanger
DON MITCHELL
Fran Belding (1971–1975)
ELIZABETH BAUR
Commissioner Dennis Randall
GENE LYONS
Lt. Carl Reese (1969–1975)
JOHNNY SEVEN
Diana Sanger (1974–1975)
JOAN PRINGLE

Gewiß ist tragisch, was dem Dezernatschef Robert T. Ironside da eines lauen Sommerabends im Landhaus seines Vorgesetzten widerfährt. Andererseits hätte es ohne jenen fatalen Zwischenfall die Fernsehserie DER CHEF nie gegeben. Kein Grund also, Anteilnahme zu heucheln, zumal man damit bei der Hauptperson ohnehin keine Sympathien erntet. «Reden Sie immer so um den heißen Brei herum?» herrscht er seinen Arzt und die ihn begleitende Nonne an, die ihm mitleidig drucksend und seufzend zu verstehen geben, daß er fortan von der Hüfte abwärts gelähmt sein wird, nach Auskunft des Mediziners immerhin «kein Grund, warum Sie nicht ein erfülltes, produktives Leben führen sollten». Mit Wehleidereien aber und Berufsbetroffenheit braucht man dem eisernen Ironside nicht zu kommen. «Jeder verstockte Mörder packt ja schneller aus als Sie. Was machen Sie eigentlich, wenn Sie jemandem was wirklich Schlimmes beibringen wollen – kommen Sie dann mit Streichquartett?» schnauzt er und treibt der Nonne beinah Tränen in die Augen.

Lange hält es den energischen Kriminalisten nicht im Krankenbett. Zwar darf er aus versicherungstechnischen Gründen nicht offiziell weiterbeschäftigt werden, aber ehe es sich der Polizeipräsident versieht, hat ihm Ironside nicht nur einen Beratervertrag abgeluchst, sondern obendrein auch noch zwei hochkarätige Ermittler zur Unterstützung sowie die nötigen Räumlichkeiten. Ironside bezieht Quartier im dritten Stock des Präsidiums, einer Rumpelkammer, die nach seinen Bedürfnissen umgestaltet wird. Hier wohnt und arbeitet er, in unmittelbarer Nähe zu den Kollegen, deren Infrastruktur ihm jederzeit zur Verfügung steht. In seiner handfesten Art requiriert er auch gleich noch einen ausgemusterten Mannschaftswagen, der eigentlich versteigert werden sollte. Mit einer Hebebühne ausgerüstet und technischen Finessen wie Telefon, Tonband und einem modifizierten Antrieb versehen, ermöglicht er Ironside eine gewisse Mobilität. Später, in den regulären Serienepisoden, wird das altertümliche Vehikel dann durch einen zeitgemäßen Van ersetzt.

Ironsides kleiner Stab besteht aus dem stets adrett auftretenden Detective Sergeant Ed Brown und der Beamtin Eve Whitfield, die aus reichem Hause stammt, wirtschaftlich unabhängig ist und ihre Arbeit vorrangig aus Idealismus und individuellem Inter-

Gaststars:
Anne Archer, Desi Arnaz sr., Edward Asner, Bill Bixby, Joseph Campanella, David Carradine, Leo G. Carroll, David Cassidy, Nicholas Colasanto, Jackie Coogan, Joseph Cotten, Karin Dor, Dana Elcar, Leif Erickson, James Farentino, Norman Fell, Harrison Ford, Jodie Foster, Vincent Gardenia, Scott Glenn, Lee Grant, Clu Gulager, Carolyn Jones, Quincy Jones, DeForest Kelly, Walter Koenig, Cloris Leachman, Kay Lenz, Jack Lord, Myrna Loy, A Martinez, Burgess Meredith, Vera Miles, Ricardo Montalban, Vic Morrow, Nichelle Nichols, Leslie Nielsen, Slim Pickens, Pernell Roberts, Susan Saint James, John Saxon, William Shatner, Martin Sheen, David Soul, Don Stroud, Paul Winfield

Creator:
Collier Young
Beginn der deutschen Erstausstrahlung: 1. 5. 1971, ARD

Nach Raymond Burrs krankheitsbedingtem Ausstieg wurde zeitweilig erwogen, Schauplätze und Dreharbeiten nach Naitauba zu verlegen. Der Arbeitstitel des Serienkonzepts

Raymond Burr als Ironside

ton. Der erste Fall dieser einmaligen Einheit betrifft den Chef selbst. Eben hatte Ironside sich auf der Terrasse einen Drink eingegossen und zum Telefonhörer gegriffen, als ein unbekannter Attentäter – ein Heckenschütze, der seine Berufsbezeichnung wörtlich nahm und tatsächlich aus einer Hecke schoß – mehrere Kugeln auf ihn abfeuerte. Warum aber Ironside bei Nacht verwundet, hingegen bei gleißendem Tageslicht ins Krankenhaus eingeliefert wurde, wird wohl auf ewig das Geheimnis des Regisseurs bleiben. Gewöhnliche Sterbliche wären in der Zwischenzeit wohl kläglich verblutet … Ironside jedenfalls überlebt und eruiert mit scharfem Verstand und kriminaltechnischer Kleinarbeit Motive und endlich auch Identität der Täterin.

Dem Publikum gefiel die unwirsche, dabei lebensbejahende und im tiefsten Inneren durchaus menschenfreundliche Art des vitalen Querschnittsgelähmten, so daß der Fernsehfilm als wöchentliche Serie fortgeführt wurde. Raymond Burr, der gerade erst ein langjähriges und immens erfolgreiches Serienengagement (→ PERRY MASON) beendet hatte, blieb auf den Rollstuhl angewiesen und machte seine Sache so gut, daß manche Zuschauer annahmen, er sei tatsächlich behindert. Während ihrer achtjährigen Laufzeit war die Serie durchweg unter den 25 quotenstärksten Serien verzeichnet, konnte jedoch nicht fortgeführt werden, nachdem der kettenrauchende Schwergewichtler Burr 1974 einen Herzanfall erlitt und längere Zeit im Krankenhaus verbrachte. Nach seiner Genesung zog er sich vor-

esse versieht. Als persönlichen Assistenten heuert Ironside den Afroamerikaner Mark Sanger an, einen zornigen jungen Rowdy, der bereits mit dem Gesetz in Konflikt geraten ist. Ironside unterzieht ihn einer ruppigen, aber wirkungsvollen Resozialisierungsmaßnahme, und Sanger entwickelt sich sehr bald schon zu einem brauchbaren Staatsbürger – er besucht die Abendschule, wird Polizeibeamter und später sogar Jurist.

Die Arbeit an der Seite Ironsides erfordert eine gewisse Belastbarkeit, denn der ungeachtet seiner Behinderung dominante Charismatiker pflegt einen barschen Umgangs-

lautete *Ironside In Paradise*. Burr aber konnte sich für diese Idee nicht erwärmen.

Am 14. September 1972 erlitt Ed Brown das gleiche Schicksal wie ehedem sein Boß – er wurde aus dem Hinterhalt beschossen und so schwer verletzt, daß über das Episodenende hinaus fraglich blieb, ob er seine Beine jemals wieder würde bewegen

können. Aus programmstrategischen Erwägungen heraus erfolgte die Auflösung der Geschichte erst fünf Tage später zum Staffelbeginn der Serie THE BOLD ONES (USA 1969–1973), eine damals noch ungewohnte, inzwischen übliche Praxis, das Interesse der Zuschauer auf eine andere Serie desselben Programmanbieters zu lenken.

Der Pilotfilm DER CHEF: EIN BEINAH TÖDLICHER FALL (IRONSIDE, USA 1967) hat in Deutschland groteske Kürzungen erfahren. Von den im Original 104 Minuten bekamen die ARD-Zuschauer nur 100 zu Gesicht. Eine von Super RTL ausgestrahlte Version hatte gar nur noch 55 Minuten, so daß die Handlung zwar recht schnittig vorangetrieben wurde, aber kaum noch nachzuvollziehen war.

Don Mitchell, Raymond Burr

übergehend auf seine nahe Fidschi gelegene Privatinsel Naitauba zurück, nahm seine schauspielerische Tätigkeit aber 1977 wieder auf und gründete 1988 zudem eine eigene Produktionsfirma mit Namen *«Royal Blue»*. Zwischen 1985 und 1993 drehte er eine Reihe von TV-Filmen um die Figur des Starverteidigers PERRY MASON. 1993 stand er in DER CHEF KEHRT ZURÜCK (THE RETURN OF IRONSIDE, USA 1993) ein letztes Mal als Ironside vor der Kamera. Der Film sollte denn auch sein Vermächtnis werden – Raymond Burr starb am 12. 9. 1993 im Alter von 76 Jahren.

Unter dem Eindruck seiner Rollenerfahrung setzte sich Raymond Burr privat für die Belange von Behinderten ein, ohne dies sonderlich publik werden zu lassen.

Die markante Erkennungsmelodie der Serie komponierte Quincy Jones. Eine HipHop-Version, eingespielt mit Musikern wie Joe Zawinul und Steve Porcaro, findet sich auf seiner CD *Back On The Block* (1989). Ice-T, Melle Mel, Big Daddy Kane, Kool Moe Dee und der Politiker Jesse Jackson steuerten die Raps bei.

Zitat:
«In dieser Serie mitzuwirken ist so ähnlich wie in einer griechischen Tragödie zu spielen. Man weiß immer schon, wie das Ende aussehen wird. Gerade weil die Handlung so sche-
matisiert und vorhersagbar ist, muß man sich auf die Gestaltung der Charaktere konzentrieren.»
RAYMOND BURR

Literatur:
Ona L. Hill: Raymond Burr. Jefferson 1994

Chefarzt Dr. Westphall St. Elsewhere
USA 1982–1988

Dr. Donald Westphall
ED FLANDERS

Dr. Mark Craig
WILLIAM DANIELS

Dr. Jack Morrison
DAVID MORSE

Dr. Victor Ehrlich
ED BEGLEY JR.

Dr. Wayne Fiscus
HOWIE MANDEL

Dr. Philip Chandler
DENZEL WASHINGTON

Schwester Helen Rosenthal
CHRISTINA PICKLES

Luther Hawkins
ERIC LANEUVILLE

Dr. Daniel Auschlander
NORMAN LLOYD

Mrs. Ellen Craig
BONNIE BARTLETT

Schwester Shirley Daniels
(1982–1985)
ELLEN BRY

Dr. Wendy Armstrong
(1982–1984)
KIM MIYORI

Joan Halloran (1983–1984)
NANCY STAFFORD

Dr. Robert Caldwell
(1983–1986)
MARK HARMON

Dr. Annie Cavanero
(1982–1985)
CYNTHIA SIKES

Dr. Cathy Martin (1982–1986)
BARBARA WHINNERY

Dr. Peter White (1982–1985)
TERENCE KNOX

Dr. Ben Samuels (1982–1983)
DAVID BIRNEY

Dr. Roxanne Turner
(1985–1987)
ALFRE WOODARD

Unterhaltsame Geschichten aus Ordinationszimmern und Operationssälen erfreuen sich seit jeher großer Beliebtheit. Millionen US-amerikanischer Kinozuschauer nahmen schon zwischen 1938 und 1940 regelmäßig Einblick in die seriell produzierten Krankenakten der Landärztin DR. CHRISTIAN (Jean Hersholt). Noch populärer waren die Sprechstunden des unsterblichen DR. KILDARE (Lew Ayres), die zwischen 1938 und 1947 buchstäblich reihenweise über die Leinwände flimmerten. In der ab 1961 ausgestrahlten Fernsehversion (USA 1961–1966) übernahm der spätere DORNENVÖGEL-Beau Richard Chamberlain das Stethoskop und buhlte im Wettstreit mit BEN CASEY (USA 1961–1966) um die Gunst des Publikums. Arztserien hatten Konjunktur in jenen Tagen, THE NURSES (USA 1962–1965), THE ELEVENTH HOUR (USA 1962–1964), MEDICAL CENTER (1969–1976) und DR. MED. MARCUS WELBY (MARCUS WELBY, M.D., USA 1969–1976) sind nur einige Sendereihen dieser Gattung, die in den Sechzigern Premiere hatten. All diesen und vielen der folgenden Serien ist gemein, daß die Ärzte als ‹Halbgötter in Weiß› dargestellt wurden, als Mullmänner ohne Fehl und Tadel, die mit unendlicher Geduld ausgestattet waren und mitunter über die therapeutischen Fähigkeiten eines Wunderheilers zu verfügen schienen.

Die im Oktober 1982 uraufgeführte Serie CHEFARZT DR. WESTPHALL – der deutsche Dreigroschentitel wird dem Inhalt wenig gerecht – hingegen sah anders aus. Inspiriert von bissigen Klinikkomödien wie HOSPITAL (THE HOSPITAL, USA 1971) und KÜSS MICH, DOC (YOUNG DOCTORS IN LOVE, USA 1982), ent-

Gaststars:
Alan Arkin, John Astin, Kathy Bates, Tony Bill, Lisa Bonet, Michael Brandon, Brandon Call, K Callan, Rosalind Chao, Ray Charles, Rae Dawn Chong, Stacy Dash, Robert Davi, Michael Dukakis, Richard Hamilton, Dan Hedaya, Pat Hingle, Tom Hulce, Helen Hunt, Louise Lasser, Judith Light, Bill Macy, Michael Madsen, Penelope

Ann Miller, Anne-Marie Martin, Kate Mulgrew, Rhea Perlman, John Ratzenburger, Beah Richards, Tim Robbins, Kyle Secor, Ally Sheedy, Pauly Shore, Elke Sommer, Eric Stoltz, Carol Struycken, Linda Thorson, Brenda Vaccaro, Ray Walston, George Wendt, Betty White, Lynn Whitfield, Keenan Wynn

Creators:
*Joshua Brand und John Falsey
Beginn der deutschen Erstausstrahlung: 6. 1. 1991, RTL plus*

William Daniels und Bonnie Bartlett, die in der Serie das Ehepaar Craig spielten, waren tatsächlich verheiratet.

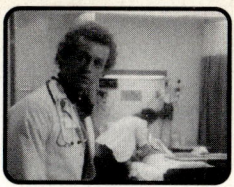

Ed Flanders   *William Daniels*   *David Morse*   *Eric Laneuville*

wickelte das renommierte Produktionsteam von MTM International, das mit → POLIZEI-REVIER HILL STREET bereits die Polizeiserie reformiert hatte, eine formal ähnliche Sendereihe, über die das US-Nachrichtenmagazin ‹Newsweek› schrieb: «St. Elsewhere ist eine rauhe, anregende, zynische, lustige, bewegende und insgesamt faszinierende Fernsehvorlesung im Fach Medizin.» ‹Electronic Media› sekundierte knapp: «‹Elsewhere›: TV at its best».

Die Fälle, die von der überlasteten Ärzteschaft der Bostoner St. Eligius-Klinik, von der Bevölkerung gemeinhin «St. Elsewhere» genannt, bewältigt werden mußten, waren härter, dramatischer und makabrer als in vergleichbaren Serien. Die Schicksale einzelner Patienten wie auch die Marotten und Probleme des Personals lieferten den Stoff für eine Vielzahl von Handlungssträngen, die in der Summe ein ungeschminktes Abbild des Krankenhausalltags ergaben. Der Verzicht auf geläufige Arztromanklischees, die unterhaltsam-intelligente Kombination von ungeschöntem Realismus, bewegenden *soap*-Elementen und rabenschwarzem Humor hoben die hoch gelobte und vielfach ausgezeichnete Serie weit über das Niveau der dramaturgisch gipsfüßigen Wunderheilerepen deutscher Provenienz. War gerade kein dramatischer Notfall zu verarzten, landete auch schon mal ein Pferd in der Ambulanz, trieben es die Assistenzärzte in der Pathologie, oder eine schießwütige Schwangere nahm ein Chirurgenteam in Geiselhaft, derweil ein Patient mit offenem Torso auf dem Operationstisch lag und auf seinen Schnitter wartete.

Das Serienpersonal umfaßte eine Vielzahl unterschiedlicher Charaktere. Weder Ärzte noch Pfleger oder Krankenschwestern wurden als Übermenschen gezeichnet. Einige pflegten neben ihren Patienten auch recht bizarre Angewohnheiten, andere handelten bevorzugt eigennützig, jeder einzelne plagte sich mit Sorgen, Nöten und den persönlichen Wehwehchen. Obenan stand Dr. Westphall, der Leiter des Hospitals und, neben Dr. Auschlander, trotz einiger Krisen die einzige rundum sympathische Figur. Dr. Craig, eine Koryphäe auf dem Gebiet der Chirurgie, war ein unleidlicher, selbstgefälliger Egozentriker. Der Leberspezialist Auschlander erkrankte selbst ausgerechnet an Leberkrebs, überlebte diesen aber bis zur letzten Episode. Der Casanova Dr. Samuels trug eine Geschlechtskrankheit davon, Dr. Peter White hatte ein Drogenproblem und wurde mehrerer Vergewaltigungen verdächtigt. Dr. Caldwell ließ keine Gelegenheit zu einem Schäferstündchen aus und klemmte sich nach einer hektischen Affäre zwischen Tür und An-

---

Ästhetik, Duktus und teils auch die Inhalte von CHEFARZT DR. WESTPHALL haben nachfolgende Klinikserien wie Michael Crichtons → EMERGENCY ROOM und David E. Kelleys CHICAGO HOPE (USA 1994–) unübersehbar beeinflußt. Auch personelle Kontinuitäten sind feststellbar: Seit 1996 gehört Mark Harmon als Dr. Jack McNeil zur Ärzteschaft des CHICAGO HOPE.

Eric Laneuville inszenierte zahlreiche Episoden und wechselte nach Einstellung der Serie ganz zur Regie.

Michael Dukakis, zeitweilig Anwärter auf die Präsidentschaftskandidatur, spielte in einer Episode sich selbst: Er sucht die Notaufnahme des «St. Elsewhere» auf, nachdem er sich beim Joggen verletzt hat.

Nancy Stafford stand ab 1987 als Anwältin Michelle Thomas für MATLOCK (USA 1986) vor der Kamera.

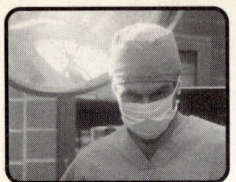
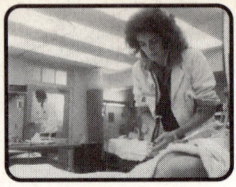

Mark Harmon   *Cynthia Sikes*   *Norman Lloyd*   *E. Begley jr.,*
                                                                        W. Daniels

gel seinen exponierten Schwellkörper fata-
lerweise im Reißverschluß ein. Die pflicht-
bewußte Assistenzärztin Dr. Armstrong stellte eine folgenschwere Fehldiagnose und verübte daraufhin Selbstmord. Die resolute
Oberschwester Rosenthal wurde selbst zur
Patientin, als sie sich einer Brustamputation
unterziehen mußte.

Eine gewisse pädagogische Absicht war
mitunter nicht zu übersehen, wenn beispielsweise der als Sympath eingeführte Dr.
Caldwell als Folge einer flüchtigen Liebesbe-
ziehung an Aids erkrankt. In einer anderen
Folge war es ein populärer Politiker, bei dem
die ansteckende Krankheit festgestellt wurde. Auch er, gespielt von Michael Brandon,
bekannt aus DEMPSEY UND MAKEPEACE
(DEMPSEY AND MAKEPEACE, GB 1985–1986),
entsprach nicht dem damals noch weit ver-
breiteten, von Vorurteilen bestimmten Bild
des «typischen» Aidskranken. Für die seriöse
und aufklärende Darstellung des Themas

Aids erhielt die Produktion 1983/84 den Me-
dienpreis der Alliance For Gay & Lesbian Artists.

Die für Gelegenheitszuschauer eher irri-
tierende Erzählweise und der hart an der
Zensurgrenze angesiedelte Humor waren so
befremdlich, daß die Serie nach der zweiten
Staffel beinahe eingestellt worden wäre. Die
zuständigen NBC-Mitarbeiter ignorierten jedoch das ansonsten apodiktische Quotenur-
teil und beließen CHEFARZT DR. WESTPHALL
im Programm. Tatsächlich stiegen die Zuschauerzahlen an, letztlich hielt sich die Serie über einen Zeitraum von sechs Jahren.
Brandon Tartikoff, ehemals Präsident von
NBC Entertainment, bezeichnete die Produktion rückblickend sogar als «Eckpfeiler unseres Aufstiegs, unseres Erfolges». Ähnliches
gilt für einige der Mitwirkenden – Denzel
Washington, Cynthia Sikes und Alfre Woodard wurden erfolgreiche Filmschauspieler.

Chicago 1930 The Untouchables
USA 1959–1963

Eliot Ness
ROBERT STACK

Agent Martin Flaherty
(1959–1960)
JERRY PARIS

Agent William Youngfellow
ABEL FERNANDEZ

Agent Enrico Rossi
NICK GEORGIADE

Agent Cam Allison (1960)
ANTHONY GEORGE

Agent Lee Hobson (1960–1963)
PAUL PICERNI

Agent Rossmann (1960–1963)
STEVE LONDON

Frank Nitti
BRUCE GORDON

Erzähler
WALTER WINCHELL

Eliot Ness schnappte sie alle: Frank Nitti, Ma Barker, Lucky Luciano, *Legs* Diamond, *Mad Dog* Coll, *Bugs* Moran, die *Purple-* und die *Tri-State*-Gang. Und wenn er sie nicht selbst zur Strecke brachte, dann wurden sie, wie Dutch Schultz, kulanterweise von konkurrierenden Gangsterbanden erledigt. Vor allen anderen aber nahm sich Ness den berüchtigten Al Capone vor, der Chicagos Unterwelt beherrschte und sich dem Zugriff der Behörden lange Zeit durch Korruption, Erpressung und die Beseitigung unliebsamer Zeugen hatte entziehen können. Ness stellte seinen eigenen Trupp zusammen, ein gut gerüstetes Aufgebot durchweg unbestechlicher, integrer Männer, die alsbald «The Untouchables» genannt wurden, weil ihnen mit keinem der bewährten Druckmittel beizukommen war.

Allein was Capone anbelangt, deckte sich das Fernsehgeschehen einigermaßen mit der Realität. Ness, ein Beamter des Schatzamtes, hatte den berüchtigten Schwerverbrecher 1931 nach langwierigen Bemühungen hinter Gitter bringen können. Anschlie-

ßend löste er seine Sondereinheit auf. Er amtierte später als Polizeipräsident in Cleveland, arbeitete nach einem Karriereknick zeitweilig als Handlungsreisender und erlag 1957 im Alter von 54 Jahren einem Herzschlag. Der Fernsehproduzent Desi Arnaz, Mitinhaber der Desilu Studios (→ LUCILLE BALL), erwarb 1958 auf Anregung eines seiner Redakteure die Rechte an einem Buch über den Fall Capone, das der Sportreporter Oscar Fraley in enger Zusammenarbeit mit Ness geschrieben hatte. Es diente als Vorlage für den Zweiteiler THE SCARFACE MOB, der am 20. und 27. April 1959 im Rahmen der Reihe DESILU PLAYHOUSE (USA 1958–1960) gesendet wurde.

Der Ausstrahlung waren nervenaufreibende Produktionsvorbereitungen vorangegangen. Kostspielige Dekors, Kostüme und Requisiten im Stil der Prohibitionsära trieben das Budget in die Höhe. Das erste Drehbuch erschien allen Beteiligten völlig mißraten und wurde von einem kurzfristig herangezogenen jungen Autor namens Quinn Martin umgeschrieben. Er arbeitete noch an

Gaststars:
Claude Akins, Edward Asner, Martin Balsam, William Bendix, Joan Blondell, Charles Bronson, Dyan Cannon, James Coburn, Mike Connors, Richard Conte, Robert Duvall, Peter Falk, Bernard Fein, Norman Fell, Anne Francis, Clu Gulager, Brian Keith, George Kennedy, Jack Klugman, Walter Koenig, Martin Landau, Cloris Leachman, Viveca Lindfors, Jack Lord, Lee Marvin, Cameron Mitchell, Ricardo Montalban, Elizabeth Montgo-

mery, Vic Morrow, Barry Morse, Leslie Nielsen, Carroll O'Connor, Robert Redford, Cliff Robertson, Telly Savalas, Henry Silva, Barbara Stanwyck, Rip Torn, Lee Van Cleef

Creator:
Quinn Martin
Beginn der deutschen Erstausstrahlung: 18. 9. 1977, WDR 3
Alternativtitel: DIE UNBESTECHLICHEN

Sehr einverstanden mit der Wahl des Hauptdarstellers Robert Stack äußerte sich Elizabeth Ness, die Witwe des verstorbenen Helden: «Ich bin sehr glücklich mit Mr. Stacks Interpretation der Rolle. Er hat die gleiche ruhige Stimme, die gleiche zurückhaltende Art wie Eliot. Manchmal sind sogar Stacks kleine Manierismen sehr ähnlich. Er lächelt seltener, aber er bekommt ja auch weniger zu lachen als Eliot in seinem wirklichen Leben.» Anders als Stack, der soviel Gefallen

Szene aus der Folge DIE BUGS MORAN STORY

Frank Gorshin, Albert Paulsen, Robert Stack

*Robert Stack und
Paul Picerni*

*Jack Lord und
Robert Stack*

*Von links: Richard
Conte, Paul Picerni
und Robert Stack*

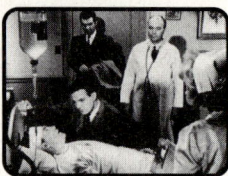

*Robert Stack und
Paul Richards*

den letzten Szenen, als die Kameras bereits surrten. Erhebliches Kopfzerbrechen bereitete die Besetzung der Hauptrolle. Der von Arnaz zunächst angesprochene Van Heflin lehnte ab. Der zweite Kandidat, Van Johnson, nahm an, machte aber zwei Tage vor Drehbeginn einen Rückzieher. Quasi in letzter Minute wandte sich Arnaz an Robert Stack. Der Filmstar, dessen recht solider Marktwert durch eine Oscar-Nominierung für IN DEN WIND GESCHRIEBEN (WRITTEN ON THE WIND, USA 1957) noch gestiegen war, zeigte wenig Neigung, kapitulierte aber letztendlich vor Arnaz' Überredungskünsten.

Stack wollte es bei diesem einmaligen Intermezzo belassen, zumal regelmäßige Fernseharbeit von manchen Filmleuten in jenen Tagen als ehrenrührig empfunden wurde. Doch bald schon wurde Arnaz erneut bei ihm vorstellig, denn der Zweiteiler hatte enormen Zuspruch gefunden, und das ausstrahlende Network ABC, damals nicht gerade erfolgsverwöhnt, äußerte großes Interesse an einer Serialisierung des Stoffes. Vor allem Arnaz' Zugeständnisse in puncto Produktionsaufwand und -ausstattung waren es, die Stack umstimmten, und so zog er fortan als Eliot Ness wider den Mob zu Felde.

Hatte Quinn Martin, der mit der Produktion der Serie beauftragt worden war, bei seinem ersten Drehbuch noch auf Ness' Memoiren zurückgreifen können, so mußte er nun fabulieren. Er führte die Geschichte zunächst fort, indem er Capones Adlaten

an seiner Rolle fand, daß er echte Kriminalbeamte in Los Angeles bei einer Razzia begleitete und sich für die Zeitschrift ‹Life› vor seiner Waffensammlung ablichten ließ, trug der friedliebende Ness nur selten ein Schießgerät spazieren, schon gar nicht in den eigenen vier Wänden.

Desi Arnaz bewies Großmut, als er Walter Winchell als Hintergrundsprecher engagierte. Der hatte einige Jahre zuvor Arnaz' Ehefrau Lucille Ball wegen ihrer früheren Mitgliedschaft in der kommunistischen Partei an den Pranger gestellt, was in der McCarthy-Ära das Ende einer Karriere zur Folge haben konnte, im Falle Ball aber glimpflich verlief.

Wie bei allen Erfolgsserien, so gab es auch hier teils recht skurrile Versuche, aus deren Bekanntheit Kapital zu schlagen. Eine Musikformation namens *Skip Martin And His Prohibitionists* veröffentlichte die Langspielplatte «Sounds And Songs From The Era Of The Untouchables». Sie enthielt unter anderem die Titel «Poor Little Ma Barker», «Sing-Sing

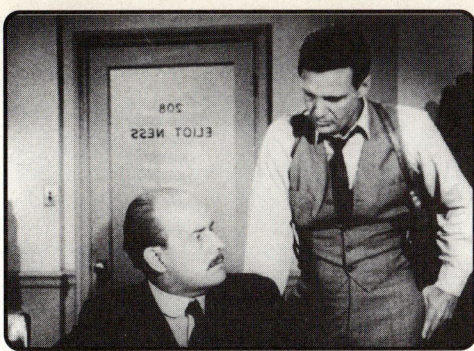

George Voscovec und Robert Stack

Robert Stack und John Larch

Frank Nitti und Jake Guzik um die Herrschaft über das Gangsterimperium ringen ließ. Nitti wurde der neue Hauptgegner der grimmigen Gesetzeshüter. Bald aber weiteten Ness und Konsorten ihr Arbeitsfeld aus und zogen als mobiles Einsatzkommando über Land, bereit, überall einzugreifen, wo das organisierte Verbrechen seine garstige Fratze zeigte. Dabei bekamen sie es mit allen zu tun, die in der US-Kriminalgeschichte steckbrieflich beurkundeten Rang und Namen hatten, zur größten Verärgerung des FBI, denn die Bundespolizei hatte viele der berüchtigten Mordgesellen dingfest gemacht, deren Verhaftung von den Fernsehautoren wahrheitswidrig den Agenten des Schatzamts gutgeschrieben wurde.

Die Widerworte der FBI-Führung blieben nicht die einzige Rückmeldung. Das *United States Bureau of Prisons* verwahrte sich vehement gegen die Darstellung, Al Capone habe während seiner Haft besondere Privilegien genossen. Dessen Angehörige wiederum verklagten die Produzenten, weil sie Capones Persönlichkeitsrechte verletzt sahen. Der

Richter des Verfahrens mochte diesen kühnen Vortrag freilich nicht sanktionieren. Größere Resonanz erzielte die Interessensvertretung *The Federation of Italian-American Democratic Organisations*, die von prominenten Italoamerikanern wie Frank Sinatra unterstützt wurde. Die ethnischen Verbände erhoben Einwände, weil die Fernseh-Gangster mehrheitlich italienische Namen trugen; sie befürchteten, daß diese einseitige Darstellung einschlägige Ressentiments nähren könnte. Die Proteste hatten den Boykott des Sponsors der Serie, der Zigarettenfirma L & M, zur Folge, woraufhin dieser seine Werbebuchungen stornierte. Fortan traten häufiger frei erfundene Gangster mit eindeutig angelsächsischen Namen in Erscheinung, und die Rolle des italienischstämmigen Ness-Mitarbeiters Enrico Rossi erfuhr eine merkliche Aufwertung. Zusätzlich wurde der fiktionale Charakter des Gezeigten per Schrifttafel noch einmal nachdrücklich herausgestellt.

Die heftigsten Diskussionen aber galten den für damalige Verhältnisse drastischen

Blues», «Valentine Day Massacre» und «Caper At Capones».

Einige Herren, über die Ness und seine Mannen Akten anlegten, konnten später mit Erfolg resozialisiert werden: Clu Gulager, in CHICAGO 1930 als «Mad Dog» Coll ein äußerst schlimmer Finger, wurde Sheriff in Medicine Bow (→ DIE LEUTE VON DER SHILOH

RANCH). Peter Falk tauschte die Gangsterkluft gegen einen zerrumpelten Trenchcoat und hieß fortan → COLUMBO, Telly Savalas meldete sich zum → EINSATZ IN MANHATTAN.

Der Zweiteiler THE SCARFACE MOB wurde auch als anderthalbstündige Kinofassung vermarktet. In deutschen Filmtheatern kursierte er unter dem

Titel DIE SCHANDE VON CHIKAGO, das ARD-Programm verzeichnete ihn 1971 als AL CAPONE KEHRT ZURÜCK. ZDF und ARD zeigten zudem bereits in den sechziger Jahren einzelne Folgen der Serie; die Sendedaten waren nicht zu ermitteln.

Neville Brand, der in der Serie mehrfach als Al Capone in Erscheinung

Robert Stack

Gewaltdarstellungen, und CHICAGO 1930 wurde sogar Gegenstand einer Kongreßuntersuchung zum Thema Gewalt im Fernsehen. Stotternde Maschinengewehre, explodierende Automobile und das Zertrümmern von Fässern mit illegalem Alkohol bestimmten das Erscheinungsbild der Serie. Nicht nur die Banditen, auch Ness und seine Jungs waren mit der Waffe schnell bei der Hand. Von der Presse wurde die Serie mit der unzutreffenden, aber griffigen Formel «das wöchentliche Blutbad» bedacht. «In nahezu jeder Episode», schrieb Amerikas führende Fernsehzeitschrift ‹TV Guide›, «wird ein Gangsterboß von Kugeln an eine Ziegelsteinmauer genagelt. Oder er endet mit dem Gesicht nach unten (und angefüllt mit Blei) auf einem Parkplatz, aufgehängt in einem Kühlraum oder aber auf der Straße, niedergestreckt von einer großen schwarzen Hudson-Limousine mit einer Schurkenvisage hinterm Lenkrad.»

Unverkennbar hatte sich Quinn Martin die Gangsterfilme der dreißiger Jahre zum Vorbild erkoren, deren Polarität jedoch schlichtweg umgekehrt. Standen dort die großen Gangsterpersönlichkeiten im Mittelpunkt der Handlung, so war es hier der grimmige Jagdherr Eliot Ness, der allerdings ganz ähnlich wie ein Dutch Schultz oder Lucky Lu-

ciano einen Stab treuer Vasallen hinter sich wußte, eine gewisse Vermessenheit an den Tag legte und selbstherrlich und ohne Skrupel, aber gesetzlich legitimiert Leichenbeschauer und Totengräber in beeindruckendem Maße mit Arbeit versorgte. So kraß wie die Darstellung von Gut und Böse war auch die von harten Kontrasten und scharfen Streiflichtern geprägte Optik der Serie. Zur Erzielung dieses Effekts wurde oftmals nachts gedreht, mit hohem Aufwand an künstlicher Beleuchtung. Wiewohl fern der Realität, bekamen die Geschichten durch diese sperrige Bildästhetik einen semidokumentarischen Charakter, forciert noch durch die Kommentare des bekannten Rundfunkkolumnisten Walter Winchell, der, als ehemaliger Wochenschausprecher einschlägig geübt, in aufgeregtem Stakkato die jeweiligen Hintergrundinformationen beisteuerte. Das klang beispielsweise so: «Chef der Bande war Wally Legenza, eine blasse, eiskalte blonde Bestie, unberührt von jeglicher Zivilisation (…), gefährlich, rastlos und verdorben.»

Im Laufe der Jahre forderten die arbeitsintensiven Dreharbeiten und zermürbenden Nachtschichten ihren Tribut. Ein Kameraassistent starb an Herzversagen, viele Mitarbeiter kränkelten, und Robert Stack mußte

trat, spielte diesen Part auch in dem Kinofilm DER TANZENDE GANGSTER (THE GEORGE RAFT STORY, USA 1961). In gehobenem Alter entwickelte er noch ein Faible fürs Obskure und teufelte durch Filme wie PSYCHIC KILLER (USA 1975) und Tobe Hoopers BLUT-RAUSCH (EATEN ALIVE / DEATH TRAP, USA 1977).

Literatur:
Oscar Fraley: 4 Against The Mob. New York 1961
Eliot Ness & Oscar Fraley: The Untouchables. New York 1957
Robert Stack with Mark Evans: Straight Shooting. New York 1980

wegen einer Stimmbandblutung behandelt werden. So wird unter den Beteiligten kaum Bitterkeit aufgekommen sein, als die Gunst des Publikums zügig schwand, kaum daß der Action-Gehalt infolge der anhaltenden Kontroversen merklich verringert worden war. 1963 wurde die Serie aus dem Programm genommen. Kein Verlust für Quinn Martin, der sich zwischenzeitlich selbständig gemacht hatte. Nur eine Woche nach der Suspension der Unbestechlichen ging die erste Serienproduktion seiner Firma QM Productions in den Äther, und auch sie sollte ein Publikumsrenner werden. Ihr Titel lautete ➔ AUF DER FLUCHT.

Im Fahrwasser des allseits erfolgreichen Kinofilms DIE UNBESTECHLICHEN (THE UN-TOUCHABLES, USA 1987) entstand zwischen 1992–94 eine neue Fernsehserie gleichen Titels, die in Deutschland ab 31. 12. 1994 im Kabelkanal ausgestrahlt wurde. Anders als das Original schilderte sie den von wechselnden Erfolgen begleiteten, knapp zwei Jahre währenden Kampf gegen Al Capone (William Forsythe) und seine Gefolgsleute, bezog aber auch Ness' Privatleben mit ein. Nach der ersten persönlichen Begegnung zwischen Ness (Tom Amandes) und Capone orakelt Agent Mike Malone (John Rhys-Davies): «Das wird eine langwierige Geschichte». Der junge Ness retourniert entschlossen: «Mit langwierig mögen Sie recht haben, Mr. Malone. Aber wenn wir morgen anfangen, sind wir schon ein Stück weiter.»

Robbie Coltrane

TV-Reihen und -Serien mit Robbie Coltrane (*1950):

A KICK UP THE EIGHTIES (GB 1981–1984)
ALFRESCO (GB 1983)
THE COMIC STRIP PRESENTS (GB 1982–1992)
TUTTI FRUTTI (GB 1987)
DANNY «BIG JAZZA» MCGLONE
COLTRANE IN A CADILLAC (GB 1993)
FÜR ALLE FÄLLE FITZ (CRACKER, GB 1993–1996)
EDDIE FITZGERALD
COLTRANE'S PLANES AND AUTOMOBILES (GB 1997)

Das Wesen trägt blendend rot geschminkte Lippen zur strähnigen Blondhaarperücke, der dralle Leib ist in einen straff geschnürten greulichen Küchenkittel gezwängt – ein ungeschlachtes Stück Mensch, das doch ohne weiteres als Robbie Coltrane zu erkennen ist. Der schreckte noch nie vor Frauenkleidern oder anderen Klamotten zurück und wuchtete sich in der Enid-Blyton-Travestie FIVE GO MAD IN DORSET (GB 1982) gleich zweimal durch die Szenerie, einmal in der Tracht einer provinziellen Kleingewerbetreibenden und wenig später zusätzlich als sittenloser Tagedieb in zerlumpter Vogelscheuchenmontur. Das grelle Damenkostüm fand erneut Verwendung, als mit FIVE GO MAD ON MESCALIN (GB 1983) eine Fortsetzung in die Wege geleitet wurde, die den Irrwitz des Vorgängers noch übertraf. Denn praller Unfug war das Markenzeichen der Reihe THE COMIC STRIP PRESENTS und Robbie Coltrane meistens mit von der Partie. Als Autor brachte er die Episode *Jealousy* ein und ließ sich auch dazu herbei, die Pflichten eines Koregisseurs zu übernehmen.

Coltrane gehörte wie Dawn French, Jennifer Saunders (→ ABSOLUTELY FABULOUS), die nunmehr Oscar-dekorierte Emma Thompson und andere mittlerweile renommierte Autorenkomiker zu den Trabanten der Kleinkunstbühne *The Comic Strip*, die 1980 im Londoner Stadtteil Soho als Alternative zu den etablierten Spielstätten gegründet worden war. Der Club fand sehr schnell ein großes Publikum und wurde nach und nach zur Manufaktur ausgebaut, die Fernsehserien, Specials und Kinofilme wie die Coltrane-Vehikel EAT THE RICH (GB 1987), NONNEN AUF DER FLUCHT (NUNS ON THE RUN, GB 1990) oder EIN PAPST ZUM KÜSSEN (THE POPE MUST DIE, GB 1991) herstellte.

Aus Schottland kommend, war Robbie Coltrane zu Beginn der achtziger Jahre zum Londoner Comedy-Zirkel gestoßen. Zuvor hatte er die *Glasgow School of Art* mit einem Diplom in Malerei und Film abgeschlossen, hegte aber bereits seit der Schulzeit auch ein Faible für die Thespis-Kunst. Er legte seinen Nachnamen MacMillan ab und tauschte ihn gegen den des verehrten Jazzsaxophonisten John Coltrane. Zwischen diversen kunstfernen Jobs drehte er als Produzent und Regisseur YOUNG MENTAL HEALTH (GB 1973), eine Dokumentation über Glasgower Jugendbanden, die 1973 vom *Scottish Education Council* zum *Film des Jahres* gewählt wurde. Im selben Jahr stand er in einer Produktion der *Oxford Theatre Group* auf der Bühne und blieb fortan im Metier. Am *Traverse Theatre* in Edin-

Für das US-Network ABC produzierte die britische Firma Granada eine amerikanisierte Version von CRACKER. Der Schauplatz wurde dafür nach Los Angeles verlegt. Nur die ersten fünf der wöchentlich ausgestrahlten, jeweils einstündigen Episoden übernahmen Inhalte des Originals. Die Hauptrolle spielte Robert Pastorelli, vordem bekannt als der künstlerisch ambitionierte Malermeister Eldon aus der Kultserie MURPHY BROWN (USA 1988–1998).

Zitate:
«Als ich ein Komiker war, kamen die Leute auf der Straße zu mir und patschten mir auf die Schulter, als ob wir Freunde wären. Jetzt haben sie alle schreckliche Angst, daß ich anfange, sie zu analysieren, und halten sich von mir fern. Das Leben ist erheblich angenehmer geworden.»

Geraldine Sommerville und Robbie Coltrane

Christopher Ecclestone als Chief Inspector Bilborough und Robbie Coltrane

burgh verbrachte er einige Lehrjahre, ehe er sich mit Beginn des neuen Jahrzehnts nach London verfügte. Er spielte kleinere Filmrollen in Bertrand Taverniers DEATH WATCH – DER GEKAUFTE TOD (LA MORT EN DIRECT, BRD/F 1979) und in FLASH GORDON (GB 1980), eine größere in der US-amerikanischen Independent-Produktion SUBWAY RIDERS (USA 1981). Wahren Ruhm aber trug ihm das Fernsehen ein. Regelmäßig war er in den Produktionen des COMIC STRIP präsent und gastierte wiederholt in Comedy-Serien wie THE YOUNG ONES (GB 1982–1984) und Rowan Atkinsons BLACK ADDER, allesamt Spielwiesen einer neuen Generation britischer Humoristen, die von den Chronisten unter dem Markennamen *alternative comedy* geführt wurde. Mit mehreren dieser vielversprechenden Nachwuchskräfte stand Coltrane in der Serie ALFRESCO (GB 1983) vor der Kamera, unter seinen Mitspielern – einige kennt man hierzulande aus der Kinokomödie PETER'S FRIENDS (GB 1992) – waren Kapazitäten wie Emma Thompson, Ben Elton, Stephen Fry und Hugh Laurie. Großen Erfolg verbuchten

Thompson und Coltrane 1987 mit der sechsteiligen Rock-'n'-Roll-Sitcom TUTTI FRUTTI (GB 1987). Emma Thompson spielte die Sängerin, Coltrane – mit verwegener Schmalztolle und strammen Röhrenhosen – den Gitarristen der Formation *The Majestics*, seit 20 Jahren unermüdlich auf Tour als «Scotland's Kings of Rock». Die Serie machte Furore und brachte Coltrane in der Kategorie *Bester Schauspieler* eine Nominierung für das britische Äquivalent zum Oscar, den BAFTA Award, ein.

Charakterschauspieler war Coltrane seit Berufsbeginn gewesen, aber nur wenige hatten ihn so gesehen. Nun häuften sich die reputierlichen Rollen. Er spielte den Falstaff in HENRY V. (GB 1989) – auch Emma Thompson gehörte wieder zum Ensemble – und diverse Kinohauptrollen. Von der heiteren Reisedokumentation COLTRANE IN A CADILLAC (GB 1993) abgesehen, lehnte er dauerhafte Serienengagements vorerst ab, bis ihm FÜR ALLE FÄLLE FITZ (CRACKER, GB 1993–1996) angeboten wurde. Im ursprünglichen Entwurf war die Hauptfigur John Cassavetes nachge-

---

«Habe ich jemals einen Vertrag unterschrieben, der besagt, daß ich nun, da ich Schauspieler bin, meine Zeit damit verbringen muß, mich mit Idioten zu unterhalten? Nein, habe ich nicht.»
ROBBIE COLTRANE

Literatur:
Robbie Coltrane / Graham Stuart: Coltrane In A Cadillac. London 1994
John Crace: «*Cracker*»: The Truth Behind The Fiction. London 1994

Fanclub:
Claudia Meurs
Friedrichstr. 75
47475 Kamp-Lintfort
02842/50348
(Mitgliedschaft kostenlos, regelmäßige Treffen, Tauschaktionen)

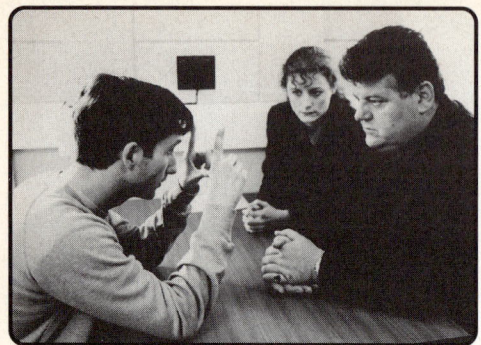

Darren Tighte, Geraldine Sommerville und Robbie Coltrane

Geraldine Sommerville, Robbie Coltrane und Robert Carlyle

bildet und folglich von schmächtiger Gestalt gewesen, doch willigte Fitz-Erfinder Jimmy McGovern gerne ein, als der verantwortliche Produzent Gub Neal den schwergewichtigen Robbie Coltrane für die Hauptrolle vorschlug. Für McGovern stand außer Zweifel, daß die Zuschauer im Falle von Coltranes Mitwirkung der Figur von vornherein positiv begegnen würden.

Somit fand zusammen, was zusammenpaßte. Denn Coltrane läuft immer dann zu Höchstform auf, wenn er Figuren in Gang setzt, die mal mehr, mal minder kontrolliert auf der Schneide zwischen Witz und Wahn entlangschlittern, die vor dem Bildschirm für Spannung sorgen, weil man nie weiß, ob sie im nächsten Moment mit munteren Clownerien oder wüsten Gewaltausbrüchen aufwarten. Unvergeßlich, wie er in SUPERGRASS (THE SUPERGRASS, GB 1985) in Erwartung einer Rauschgiftlieferung bei Wind und Wetter ungerührt auf der Hafenmauer eines kleinen Küstenörtchens in Devon ausharrt und den meterhoch über ihn hereinbrechenden Wellen trotzt, bevor er seiner angestauten Wut Luft macht, indem er eine einlaufende Yacht mit der Kettensäge aber auch schon dermaßen zu Kleinholz zerlegt, daß die spärlichen Überreste gerade noch für ein kleines Strandfeuerchen taugen.

Da haben wir Robbie Coltrane pur, beleibt und belebt, und item auch Dr. Edward Fitzgerald, den Titelhelden der Serie FÜR ALLE

FÄLLE FITZ (CRACKER, GB 1993–1996), die Coltrane in Deutschland einer größeren Öffentlichkeit bekannt werden ließ. Ohne ihn, soviel ist gewiß, wäre Eddie Fitzgerald ein anderer geworden. Fitz ist eine sperrige Figur, ein unleidlicher Rülpskolben und rechtschaffenes Erzekel, nach Ansicht seines standesgemäß mißratenen Sohnes «ein Hit für jedes Comic-Heft». In einem raren Moment aufrichtiger und darum mit einer gewissen Traurigkeit einhergehender Selbsterkenntnis gesteht der zwanghaft verhaltensauffällige Psychokloß sich und seinem weiblichen Visavis, daß er nicht gerade über eine Idealfigur verfügt. Dieses beinahe einem Gebrechen gleichkommende Manko kompensiert er durch brachiale Auftritte und furiose Mundwerkerei – «spontan, verwegen, einfallsreich», so beschreibt er sich selbst. Als Psychologe mit immenser kriminologischer Begabung macht er sich ungescheut unbeliebt, denn Manchesters Polizei verrichtet ihren Dienst nach Vorschrift, bringt also in entscheidenden Fällen nicht viel zuwege. Der rüpelhafte Fitz setzt Verdächtigen wie Unverdächtigen gehörig zu, so wie er sich selbst zusetzt, denn wenn er sich nicht in seine Fälle verbeißt, zerrütten ihn Spielsucht, Alkohol und Tabak sowie die aufreibenden Beziehungsgefechte mit seiner Ehefrau, der Fitz in geradezu würdeloser Manier hinterdreinhechelt, nachdem sie ihn, seiner Eskapaden endgültig überdrüssig, in spontanem

Entschluß verlassen hat. Später wird er sie mit einer Polizistin betrügen, darüber aber auch nicht glücklich werden.

Vor seinem Auftreten als Fitz verfügte Coltrane über eine treue Gefolgschaft, diese Serie aber machte ihn zum gefragten Star. Schon die erste von zunächst sieben Episoden fand in Großbritannien 10,5 Millionen Zuschauer und behauptete sich wacker selbst gegen eine so attraktive Zugnummer wie → AKTE X. FÜR ALLE FÄLLE FITZ wurde mit Auszeichnungen förmlich überschüttet – selbst in den USA würdigte man sie mit ei-

nem Cable Ace Award – und durch zahlreiche Auslandsverkäufe für die Produzenten zu einem einträglichen Geschäft. Es war Coltrane selbst, der 1996 einen Schlußpunkt setzte in der berechtigten Furcht, die Serie könne auf Dauer ihr Niveau nicht halten. Für ihn hatte sich der hohe Rang der Serie in Form von lukrativen Rollenangeboten ausgezahlt. 1997 absolvierte er zwei Hollywood-Filme, stand aber auch dem britischen Fernsehen für COLTRANE'S PLANES AND AUTOMOBILES (GB 1997) zur Verfügung.

Columbo
USA 1971 –

Lt. Philip Columbo
PETER FALK

Peter Falk

Dr. Ray Flemming, eine Kapazität auf dem Fachgebiet Psychologie, war der unumstößlichen Überzeugung, mit dem Mord an seiner Frau das perfekte Verbrechen begangen zu haben. Mit diebischer Freude registrierte er, daß der zerstreute, wie ein Clochard gekleidete Police Lieutenant, den man mit der Untersuchung des Falles betraut hatte, nicht annähernd über das intellektuelle Vermögen verfügte, einen so brillanten Plan wie den seinen zu durchschauen. Mit diesem Gedankengang aber wurde Flemming das Opfer seines Dünkels. Er war seinem Gegenüber auf den Leim gegangen und damit bereits so gut wie entlarvt.

Der vergeßliche und verschlampte, peinlich devot auftretende Lieutenant Columbo gleicht eher einem Krabbeltier als einem Kriminalbeamten und zählt doch zu den besten Männern des Morddezernats der Polizei von Los Angeles. Der Mann im verschossenen Trenchcoat ist ein echter Spürhund, der mit Intuition, Einfühlungsvermögen, mit seinem messerscharfem Verstand und einer guten Portion Hinterlist die verzwicktesten Fälle löst und dabei auf den Gebrauch von Schußwaffen ohne weiteres verzichten kann.

Am 20. Februar 1968 erschien der vergessliche strubbelte Knilch erstmals auf US-amerikanischen Bildschirmen. In seiner ersten Ermittlung führte er den hochmütigen Gattenmörder Dr. Flemming (Gene Barry) zunächst an der Nase herum und dann der verdienten Bestrafung zu. Ursprünglich war nur ein einmaliger Einsatz in dem TV-Movie PRESCRIPTION: MURDER vorgesehen. Das Drehbuch dazu stammte von Richard Levinson und William Link, die ihr gleichnamiges, einige Jahre zuvor – mit Thomas Mitchell als Columbo und Joseph Cotton als dessen Widerpart – uraufgeführtes Bühnenstück für die Fernsehausstrahlung bearbeitet hatten. Bing Crosby war für die Hauptrolle vorgesehen, doch der damals 67jährige zog den Golfplatz

Gaststars:
Don Ameche, Lew Ayres, Theodore Bikel, Honor Blackman, Heidi Brühl, Johnny Cash, John Cassavetes, Kim Cattrall, Robert Conrad, Robert Culp, Samantha Eggar, José Ferrer, Mel Ferrer, Ruth Gordon, George Hamilton, Martin Landau, Janet Leigh, Myrna Loy, Ida Lupino, Vera Miles, Roddy McDowall, Patrick McGoohan, Patrick Macnee, Ray Milland, Sal Mineo, Ricardo Montalban, Leslie Nielsen, Leonard Nimoy, Michelle Pfeiffer, Donald Pleasence, Vincent Price, Gena Rowlands, William Shatner, Martin Sheen, Mickey Spillane, Rip Torn, Dick Van Dyke, Robert Vaughn, Oskar Werner

Creators:
Richard Levinson und William Link
Beginn der deutschen Erstausstrahlung: 27. 2. 1975, ARD (Einzelepisode)
Spinoff: MRS. COLUMBO (USA 1979), Oktober 1979 umgetitelt in KATE LOVES A MYSTERY; mit Kate Mulgrew (Kate Columbo, später Callahan), Lily Haydn (Jenny Columbo / Callahan) und Don Stroud (Sgt. Mike Varrick).

Vorbild für die Titelfigur war der Untersuchungsrichter Porfiri aus Dostojewskis *Schuld und Sühne*.

Nach langjährigen treuen Diensten wurde Columbos inzwischen vollends durchgewetzter Regenmantel 1990 in die Altkleidersammlung entlassen. Der Nachfolger erlebte seine

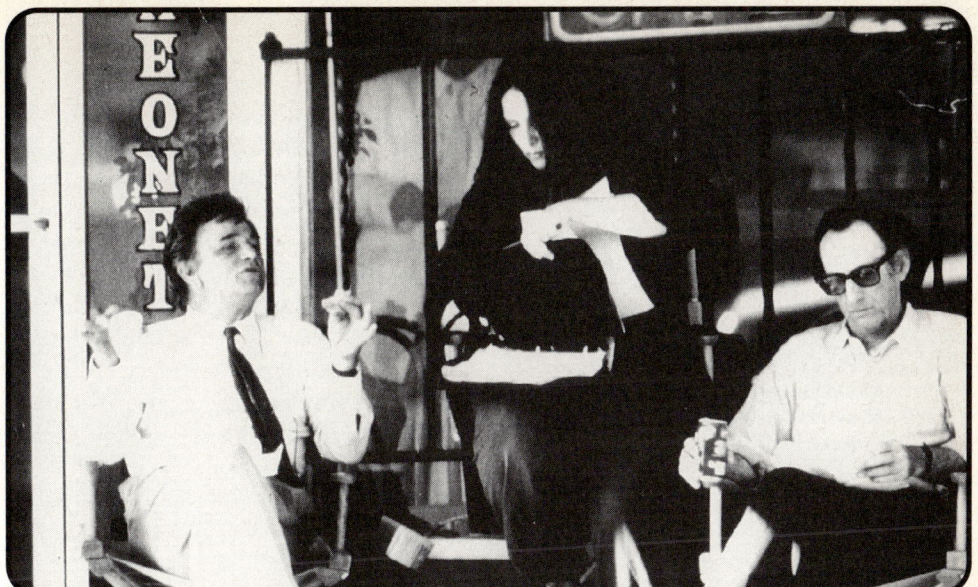

Drehpause

wechselnden Tatorten vor. Zweite Wahl war der relativ unbekannte Peter Falk, der von 1965 bis 1966 in der erfolglosen Anwaltsserie THE TRIALS OF O'BRIEN mit der schluffigen, ewig bankrotten und – damals noch skandalös – in Scheidung lebenden Titelfigur einen recht ähnlichen Part gespielt hatte. Falk brachte das nötige Charisma und seinen eigenen Trenchcoat mit und damit alles was nötig war, um Columbo zu einer interessanten Figur zu machen. Am 1. März 1971 wurde ein weiterer Zwei-Stunden-Film ausgestrahlt, RANSOM FOR A DEAD MAN, und in der Herbstsaison ging COLUMBO innerhalb der Reihe NBC SUNDAY MYSTERY MOVIE in Serie. Die erste Produktionsstaffel lief im Wechsel mit MCMILLAN AND WIFE (USA 1971–1977) und EIN SHERIFF IN NEW YORK (MCCLOUD, USA 1970–1977) und hinterließ noch wenig Eindruck bei den Schaulustigen vor der Mattscheibe. Der italoamerikanische Zausel war gewöhnungsbedürftig, wurde aber mit der zweiten Staffel ein gerngesehener Hausgast und schließlich sogar eine sichere Bank für das Network NBC. Nur zu gern hätten die Sendergewaltigen allwöchentlich eine CO-LUMBO-Episode verabfolgt, scheiterten aber an der Widerborstigkeit Peter Falks, der weder sich noch die von ihm dargestellte Figur überstrapazieren wollte.

Die Gefahr der Abnutzung war in der Tat gegeben, denn jeder Fall verlief nach dem

Premiere am 9. Dezember 1990 in der Episode *Columbo Goes To College*.

Die erste reguläre Serienepisode wurde inszeniert vom damals 24jährigen Steven Spielberg; und es ward sein Schade nicht. Nach ihm erklommen unter anderem Jonathan Demme, Ben Gazzara, Patrick McGoohan, Ted Post, Boris Sagal, Jeannot Swarc, Sam Wanamaker und auch Peter Falk selbst den Regiestuhl.

Der später selbst als Produzent tätige Steven Bochco (→ POLIZEIREVIER HILL STREET, → L.A. LAW, N.Y.P.D. BLUE) betreute COLUMBO als *story editor* und schrieb auch einige Skripts. Weitere Bücher stammten von Stephen J. Cannell (→ DETEKTIV ROCKFORD: ANRUF GENÜGT) und Larry Cohen.

Zitate:
«In der Serie COLUMBO sind die Mittel der Gewalt, die Eigentum und somit gesellschaftlichen Status erhalten,

Mord, Erpressung, Unterschlagung. Gewiß sind dies nicht legale Mittel, doch werden die Gründe für ihren Gebrauch nach dem Konzept der Fatalisierung nicht mit der Eigentumsideologie in Verbindung gebracht. Die Ursachen ihrer Anwendung sind vielmehr individuell, so daß der gesellschaftliche Wert des Eigentums nicht in Frage gestellt werden kann.»
BERND NAGEL: Anmerkungen über Fernsehserien am Beispiel von

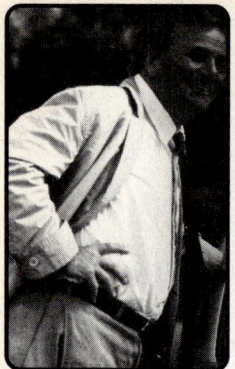

Peter Falk in TODES-
SCHÜSSE AUF DEM AN-
RUFBEANTWORTER
(1993)

Peter Falk

verdächtigen, der meist von einem prominenten Film- oder Fernsehschauspieler gegeben wurde. Gern erlaubte man sich kleine
Besetzungsscherze und ließ beispielsweise
Johnny Cash einen erfolgreichen Coun-
trysänger oder William Shatner einen populären TV-Star mimen. Der Reiz fürs Publikum lag vor allem darin, herauszufinden, an
welcher Stelle der Täter den entscheidenden
Fehler begangen hatte, den Columbo ihm
am Ende wie gewöhnlich triumphierenden
Blickes en détail darlegen würde.

Auf Wunsch Peter Falks versah Columbo
ab 1977 nur noch eingeschränkten Dienst.
Erst ab 1989 war er wieder regelmäßig zu sehen, im Rahmen der Reihe ABC MYSTERY MO-
VIE. Peter Falk hatte die Zurückhaltung nicht
geschadet, im Gegenteil – man köderte ihn
mit Höchstgagen, um ihm Columbos Trenchcoat und den verbeulten Peugeot immer
wieder schmackhaft zu machen. Von ohnehin schon überdurchschnittlichen 250 000
Dollar pro Folge, so wird kolportiert, kletter-
te sein Salär auf gut das Vierfache.

gleichen Muster: Die Zuschauer wurden Zeugen eines recht clever angestellten Mordes;
Täter und Leiche entstammten durchweg
dem Oberschichtmilieu. Dann schlurfte
Columbo in die Szenerie und nervte die Beteiligten mit penetrantem Verhalten, abwe-
gigem Geschwätz und albern anmutenden
Fragen. Selten hatte er mehr als einen Haupt-

COLUMBO. in: DIETER PROKOP
(HG.), MASSENKOMMUNIKATIONSFOR-
SCHUNG 3: PRODUKTANALYSEN,
FRANKFURT/M. 1977

*«Ein sozialistischer Traum schien
wahr zu werden: Der ehrliche prole-
tarische Held präsentiert bösen amerikanischen Kapitalisten die Quittung.
Das war es, was COLUMBO so unvergeßlich machte ...»*
DAVID MARTINDALE: TELEVISION DE-
TECTIVE SHOWS OF THE 70S, JEFFER-
SON/LONDON 1991

Literatur:
Mark Dawidziak: The Columbo Phile.
A Casebook. New York 1989

Besonderes:
Sprachlern-CD-ROM Englisch –
Deutsch mit der Episode «Murder by
the Book». München 1998

Fanclub:
Columbo-Fanclub
c/o Thomas Iwanow
Postfach 2104
58681 Menden
(Jahresbeitrag DM 40,–, vierteljährli-
ches Clubmagazin, Autogramme,
Fotos, COLUMBO-Zigarren u. v. m.)

Bill Cosby

TV-Serien mit Bill Cosby (* 1937):

→ TENNIS☼SCHLÄGER UND KANONEN
(I SPY, USA 1965–1968)
ALS ALEXANDER SCOTT

BILL COSBY
(THE BILL COSBY SHOW, USA 1969–1971)
ALS CHET KINCAID

THE NEW BILL COSBY SHOW
(USA 1972–1973)
ALS GASTGEBER

COS
(USA 1976)
ALS GASTGEBER

BILL COSBY SHOW
(THE COSBY SHOW, USA 1984–1992)
ALS DR. HEATHCLIFF «CLIFF» HUXTABLE

DETEKTIV HANKS
(THE COSBY MYSTERIES, USA 1994–)
ALS GUY HANKS

COSBY (USA 1996–)
ALS HILTON LUCAS

Hätte Bill Cosby in den achtziger Jahren an einer US-Präsidentschaftswahl teilgenommen, wäre mit einiger Sicherheit erstmals ein Afroamerikaner ins Weiße Haus eingezogen. Cosby erfreut sich nicht nur der Gunst weiter Teile der Bevölkerung, er weiß zudem mit Geld umzugehen: Mit einem geschätzten Jahreseinkommen von 60 Millionen Dollar landete der Entertainer in seinen einkommensstarken Jahren regelmäßig auf den oberen Plätzen der von dem Wirtschaftsmagazin ‹Forbes› jährlich publizierten Liste der bestverdienenden Unterhaltungskünstler.

Literatur:
Bruce W. Conord: Bill Cosby. A Biography. New York 1993
Linda K. Fuller: The Cosby Show.: Audiences, Impact & Implications. New York 1992
Jim Haskins: Bill Cosby: America's Most Famous Father. New York 1988
James T. Olson: Bill Cosby: Look Back In Laughter. Mankato 1974
Marianne Ruuth: Bill Cosby. Los Angeles 1992
Michael A. Schuman: Bill Cosby: Actor And Comedian. Springfield 1995

Der Selfmade-Millionär kann auf eine Laufbahn nach Tellerwäscherart zurückblicken. Nachdem er die Schule vorzeitig verlassen hatte, um in der Armee zu dienen, holte Cosby den Schulabschluß per Fernkursus nach. Anschließend studierte er zwei Jahre lang in Philadelphia. Mit 26 wagte er den Sprung auf die Bühne und machte Karriere als *crossover comedian* – Cosbys Programme zielten nicht, wie die der meisten afroamerikanischen Kollegen, explizit auf ein schwarzes Publikum. Mit harmlos-freundlichen Scherzen über die Kinder aus der Nachbarschaft und familiären Themen konnte sich Cosby im Gewerbe der *stand-up comedians* etablieren.

Enorme Popularität brachte ihm sein Part in der Fernsehserie I SPY, zu gut deutsch → TENNISSCHLÄGER UND KANONEN. Cosby spielte den Part eines gewissen Alexander Scott, offiziell Trainer des Tennisprofis Kelly Robinson (Robert Culp). Tatsächlich waren beide im Auftrag der Regierung unterwegs und hatten neben ihren Turnierspielen noch allerlei Geheimdienstaufträge zu erledigen. Das taten die beiden mit Charme, Eleganz und einer selbstironischen Playboyattitüde, die, zumal in gemischtrassiger Kombination, nicht alltäglich war im Krimigenre. Diese Nonchalance verhalf der Serie zu überdurchschnittlichen Einschaltquoten und brachte Bill Cosby drei *Emmys* ein. Mit dieser Rolle, so der afroamerikanische Filmwissenschaftler Donald Bogle, setzte Cosby «einen neuen Maßstab für die Darstellung schwarzer Menschen im Fernsehen».

Nach Einstellung der Serie blieb Cosby als Komiker weiterhin gut im Geschäft. Seine Comedy-Platten verkauften sich bestens, er absolvierte Tourneen und trat in Werbespots auf – nicht ohne sich ein Mitspracherecht bei deren Gestaltung einräumen zu lassen. Cosby vermied geflissentlich, was gegen sein *noble negro*-Image verstoßen hätte. Seine Bücher – größtenteils Bestseller – mit Titeln

Bill Cosby in GHOST DAD (USA 1990)

BILL COSBY SHOW

wie *Fatherhood* und *Love and Marriage* galten seinem bevorzugten Thema, und auch die Sitcom THE BILL COSBY SHOW, in der der Namensgeber den Sportlehrer Chet Kincaid verkörperte, widmete sich ausgiebig dem Familienleben der Hauptfigur. Die mäßig erfolgreiche Serie hielt sich zwei Jahre lang im Programm.

Auf gerade mal eine Saison brachte es THE NEW BILL COSBY SHOW, ein *variety*-Programm mit Solonummern des Gastgebers, Sketchen und musikalischen Einlagen des Quincy Jones Orchestras. Cosbys Kinofilme stießen ebenfalls auf nur geringes Publikumsinteresse. Neben seinen diversen Aktivitäten fand Cosby noch Zeit für eine Dissertation im, wie sollte es anders sein, Fach Erziehungswissenschaften. Auch an Cosbys Drehbüchern und Storylines, die er stolz mit vollem akademischem Titel als Dr. William H. Cosby, Jr. Ed. D. zeichnet, läßt sich seine Vorliebe für pädagogische Konzepte ablesen.

Nach einem kurzfristigen Engagement in der TONIGHT SHOW lancierte er den Mega-Hit THE COSBY SHOW. Darin spielte er den Geburtshelfer Dr. Cliff Huxtable, der mit Frau und Kindern in einem noblen New Yorker Stadtteil lebt. Clair Huxtable (Phylicia Rashad) ist Anwältin, die wohlgeratenen Kinder gehen zur Schule oder auf renommierte Universitäten (die Erlebnisse der Huxtable-

Tochter Denise, gespielt von Lisa Bonet, wurden später Gegenstand des Serienablegers COLLEGE-FIEBER/A DIFFERENT WORLD, USA 1987–1993). Trotz des doppelten beruflichen Engagements sind beide Elternteile stets verfügbar, geduldig und überaus sympathisch.

In diesem vorbildlichen Familienverband traten Probleme nur auf, um sie flott und verständnisvoll einer allseits befriedigenden Lösung zuführen zu können. Harmonie, Milde und Eintracht bestimmten das Zusammenleben. Huxtables jungenhaftes Wesen prägte seinen Umgang mit den Kindern; nicht zuletzt daraus bezog die Serie ihre Komik. Anzügliche oder garstige Witze waren den Autoren untersagt. Politische Statements blieben rare Ausnahme. Immerhin riskierte Cosby einmal den Eklat, als die Sendeleitung Anweisung gab, ein Plakat mit dem Slogan «Abolish Apartheid», das in einer Szene die Zimmertür des Huxtable-Sohns Theo schmückte, zu entfernen. Cosby, privat als Egozentriker verrufen, erklärte kategorisch: «Wenn NBC das Plakat abnimmt oder herausschneidet, gibt's keine Show.» Allein seiner damaligen Ausnahmeposition unter den TV-Stars verdankte er es, daß dieser Aufmupf keine disziplinarischen Maßnahmen zur Folge hatte. Ohnedies genoß Cosby besondere Privilegien: Er allein bestimmte über die Gestaltung der Serie und ertrotzte sogar, daß die Show nicht, wie sonst üblich, in Hollywood, sondern in New York aufgezeichnet wurde – weil er Hollywood partout nicht ausstehen kann.

Was immer er tut, stets versucht Cosby größtmöglichen Einfluß auszuüben. Dabei schießt er gelegentlich über das Ziel hinaus. So warf er die flügge gewordene Lisa Bonet zeitweise aus der Show, weil ihm ihr freizügiger Auftritt in dem Thriller ANGEL HEART (USA 1987) aufs äußerste mißfallen hatte. Ein andermal rief er Eddie Murphy an und erklärte dem verdutzten Kollegen, daß er dessen Darbietungen als *stand-up comedian* nicht gutheiße – wenn Murphy mal sehen wolle, wie man es richtig macht, solle er sich Cosbys Gastspiel in Lake Tahoe anschauen.

Zweifelsohne verfügt der Fernsehstar über ein ragendes Ego. Das schmälert indes nicht seine Verdienste. Zwar wurde die von ihm kreierte aseptisch heile (Familien-)Welt von Kritikern als verlogenes, realitätsfremdes Idyll abgelehnt. Andererseits kam die *Task Force* der *American Psychological Association* in ihrer Studie über den Einfluß des Fernsehens auf die US-Gesellschaft zu dem Schluß: «Diese Sendung, die den Lebensstil einer schwarzen Familie der oberen Mittelklasse in Form einer Situationskomödie wiedergibt, nahm die Nation für sich ein, obwohl sie gängige Stereotype über Schwarze in Frage stellte.»

Die Autoren sind der Ansicht, daß durch diesen Erfolg die Profilierung von Afroamerikanern sowohl in dramatischen, unterhaltsamen wie auch informativen Sendeformen erst möglich wurde, und nennen als weitere Beispiele → MIAMI VICE und die OPRAH WINFREY SHOW: «Die Folgen dieser neueren Trends wurden noch nicht systematisch erforscht, aber sie deuten auf eine positive Entwicklung innerhalb der TV-Branche.»

Daktari
USA 1966–1969

Dr. Marsh Tracy MARSHALL THOMPSON	**Hedley** HEDLEY MATTINGLY	**Jenny Jones (1968–1969)** ERIN MORAN
Paula Tracy CHERYL MILLER	**Mike Makula** HARI RHODES	SOWIE CLARENCE, JUDY UND TOTO
Jack Dane (1966–1968) YALE SUMMERS	**Bart Jason (1968–1969)** ROSS HAGEN	

In Afrika scheint immerfort die Sonne; blendend strahlt sie auf den Gesichtern des Daktaris und seiner dienstbaren Geister wider. Sonnig auch sind die Gemüter und die Khakihemden so reinlich und jederzeit ohne Makel, daß man schmuddelkindisch rufen möchte: Bringt mir den Schwitzfleck von Paula Tracy! Mit der idyllisch gelegenen Wameru-Forschungsstation hat sich der aus Amerika angereiste Buschdoktor ein kleines Paradies geschaffen. Mensch und Tier leben in friedlicher Eintracht – die Schimpansin Judy ist fraglos viel zu klug, um ihren Ernährern ein Leid zu tun, der Löwe Clarence schlechthin zu faul. Außerdem sieht er alles doppelt, was das wollüstige Ausleben angeborener Raubtierinstinkte zu einer wenig erbaulichen Angelegenheit macht. Obzwar die lammfromme Großkatze die meiste Zeit damit beschäftigt ist, schläfrig in der Sonne zu lungern, geht die Entstehung der Serie nicht zuletzt gerade auf ihren Publikumsappeal zurück, denn sie war Star des Kinofilms CLARENCE, DER SCHIELENDE LÖWE (CLARENCE, THE CROSS-EYED LION, USA 1965), mit welchem die schnurrige Savannensaga ihren Anfang nahm.

Der Spielfilm, dessen Drehbuch auf einem Entwurf von Hauptdarsteller Marshall Thompson und Art Arthur beruhte, gibt Kunde darüber, wie Clarence nach Wameru kam und von den Tracys in Pflege genommen wurde. Der Hauptstrang der Erzählung ist einer Anthropologin gewidmet, die von Wilderern entführt wird. Der Daktari läßt es sich nicht nehmen, die Wissenschaftlerin zu befreien und die Halunken dingfest zu machen, wobei Clarence im Rahmen seiner Möglichkeiten zum Fahndungserfolg beiträgt.

Dem deutschen Publikum wurde dieser Film erst 1991 zugänglich, in den USA aber fand die unterhaltsame Mischung aus Safarilook, Tierfilm und dezenten Abenteuerelementen mit heiteren Einsprengseln ein großes Publikum, so daß der fernseherfahrene Produzent Ivan Tors in Zusammenarbeit mit Marshall Thompson die Prolongation als TV-Serie in Angriff nahm.

Der gebürtige Ungar Ivan Tors hatte mit SCIENCE FICTION THEATER (USA 1955–1957) die erste Fernsehanthologie dieser Gattung lanciert und mit ABENTEUER UNTER WASSER (SEA HUNT, USA 1957–1961) einen großen Erfolg verbuchen können. Anfang der sechziger Jahre wandte er sich dem Tierfilm zu

Gaststars:
Steve Brodie, Linden Chiles, Lou Gossett jr., Jack Kelly, Stephen McNally, Dina Merrill, Percy Rodrigues, Than Wyenn

Creators:
*Ivan Tors und Marshall Thompson
Beginn der deutschen Erstausstrahlung: 4. 1. 1969*

Bevor er als Albert Schweitzer der Tierwelt in die nicht allzu komfortferne Wildnis ging, zeigte sich Marshall Thompson von einer weniger friedfertigen Seite. Er kämpfte sich durch das leinwandgerechte Weltkriegsabenteuer HÖLLE AUF GUAM (NO MAN IS AN ISLAND, USA 1962) und übernahm als Regisseur und Hauptakteur die Verantwortung für ein soldatisches KOMMANDO IN VIETNAM (A YANK IN VIETNAM, USA 1964). Als Daktari hingegen griff er allenfalls zum Betäubungsgewehr und machte nebenbei dieses Schießgerät unter den Jugendlichen der damaligen Fernsehgeneration enorm populär. Nach Ende seiner Tätigkeit als Fernsehveterinär zog es ihn ins echte Afrika, wo er eine Reihe von Tierdokumentationen produzierte.

und gründete gemeinsam mit dem Verhaltensforscher Ralph Helfer das über hundert Hektar große Freigehege «*Africa U.S.A.*», wo einheimische und exotische Tiere möglichst artgerecht und mit sanften Methoden für Filmzwecke dressiert wurden. Hier, etwa 40 Meilen nördlich von Los Angeles, entstanden auch die DAKTARI-Kulissen. Deswegen schimmert in manchen Folgen Beton, wo eigentlich naturgewachsene Materialien die Szenerie bestimmen sollten, und oftmals kaschieren die zum Zwecke der Tarnung plazierten Sträucher und Büsche nur unzulänglich die festen Bauten des an Wochenenden für Besucher geöffneten parkähnlichen Zoos.

Der Bestand hielt alles vor, was von einer in Afrika spielenden Serie erwartet werden konnte – Giraffen und Elefanten, Schlangen und Skorpione. Wesentlich für die Auswahl der Schauspieler war denn auch, daß sie gegenüber Tieren keine Scheu zeigten. Cheryl Miller, eine reife Mittzwanzigerin, die mit der Tochter des Daktaris einen von jeglichem animalischen Gewese unbeeindruckten Teenager reinen Herzens zu spielen hatte, kannte diesbezüglich kaum Hemmungen und führte Geparden spazieren, legte sich furchtlos meterlange Pythonschlangen um den Hals und wagte gar den Ritt auf einem weißen Rhinozeros. Trotzdem war ein Double erforderlich, allerdings für einen anderen Hauptakteur – der sonst so langmütige Clarence mochte sich mit lärmenden LKW nicht anfreunden, so daß er in einschlägigen Szenen durch einen Artgenossen namens Major ersetzt werden mußte.

In der Serienwirklichkeit liegt die kleine Tierklinik freilich weit entfernt von der Zivi-

Marshall Thompson alias Dr. Tracy mit Clarence, dem schielenden Löwen

lisation inmitten des Wameru-Reservates. Hier beobachtet der Daktari mit Unterstützung des Umweltschützers Jack Dane und des Einheimischen Mike Makula das Verhalten der Fauna, heilt kariöse Stoßzähne oder zieht Dornen aus verletzten Pfoten und hat jederzeit eine «neue Forschungsmethode» in petto, um erkrankten oder verhaltensgestörten Tieren Linderung zu verschaffen. In dieser Abgeschiedenheit können Vater und Tochter sogar ungeschoren und in aller Unschuld ein Kind bekommen – im dritten Jahr der Serie läuft ihnen die siebenjährige Waise Jenny zu und wird als festes Mitglied in die kleine Tierschützerfamilie aufgenommen. Ein häufiger Besucher und verläßlicher Gewährsmann ist der näselnde Wildhüter Hed-

---

Auf Ivan Tors' Konto gehen des weiteren die Tierserien → FLIPPER und MEIN FREUND BEN (GENTLE BEN, USA 1967–1969).

Die Schimpansin Judy fand, wiewohl sie als Hauptdarstellerin bei DAKTARI erheblich in Anspruch genommen wurde, noch genügend Zeit für eine Nebenbeschäftigung und war in der

familienorientierten Space Opera → VERSCHOLLEN ZWISCHEN FREMDEN WELTEN als Spielgefährtin der Robinson-Tochter Penny zu sehen. Vermutlich hielt sie an Bord des durchs All irrenden Raumschiffes Jupiter 2 regelmäßig Ausschau nach dem Planeten der Affen …

Erin Moran, die im Alter von sieben Jahren zum DAKTARI-Ensemble stieß, fand ein weiteres Mal Eingang in die Ruhmeshalle des Kultfernsehens durch ihre Mitwirkung in der Sitcom HAPPY DAYS (USA 1974–1984) und deren Spinoff JOANIE LOVES CHACHI (USA 1982–1983).

Marshall Thompson und Betsy Drake

re des Reservats vor menschlicher Mordlust zu bewahren. Allweil will jemand einer bedrohten Spezies ans Leder. Häufig stromern blindwütige Großwildjäger und trophäenbesessene Abenteurer durch ihr Gebiet, mitunter gilt es auch jugendliche Heißsporne umliegender Stämme zu bremsen, die nur zu gern Zugriff hätten auf das üppige Fleischangebot der Schutzzone.

Unverzichtbarer Bestandteil jeder einzelnen Episode sind die Drolerien der Schimpansen Judy und Toto. Namentlich Judy ist in schon groteskem Maße vermenschlicht; sie weint sogar bittere Tränen, wenn eines der anderen Geschöpfe die Reise in die Ewigen Jagdgründe antritt. In vielen Fällen ist sie den Erkenntnissen von Herrchen und Frauchen ein gehöriges Stück voraus, was die Chronisten Hilary Kingsley und Geoff Tibballs zu dem lästerlichen Urteil nötigte: «Nicht nur waren die Tiere intelligenter als die Menschen, sie waren auch die um einiges besseren Schauspieler.»

ley, ein spleeniger Kolonialbrite, wie er im Dschungelbuche steht. Selbstredend verzichtet er auch in der unwirtlichsten Umgebung niemals auf sein silbernes Teegeschirr und verteidigt das umständliche Ritual gegenüber der Schimpansin Judy: «Wo er sich auch immer befinden mag, ein englischer Gentleman sollte jeweils die Möglichkeit haben, seinen Tee zu trinken.»

Die Bewohner von Wameru und Hedley sind einig und emsig darum bemüht, die Tie-

Von 1967 bis 1969 erschien in den USA eine Comic-Reihe zur Serie mit jeweils vier Titeln pro Jahr.

Zitat:
«Der Löwe ist los und schielt, der Affe ist schlauer als Lassie, des Doktors Gehilfe ist pechschwarz und trotz-

dem naturwissenschaftlich vorgebildet. Daktari hilft, Vorurteile zu relativieren. Die Serie kann ansonsten als Zooführer genutzt werden. Etwas problematisch: Tiere sind hier die besseren Menschen.»
‹TEMPO› 7/1991

Literatur:
Ivan Tors: My Life In The Wild. Boston 1979

Dallas
USA 1978–1991

John Ross «J.R.» Ewing
LARRY HAGMAN
Eleanor Southworth «Miss Ellie» Ewing (1978–1984, 1985–1990)
BARBARA BEL GEDDES
John Ross «Jock» Ewing (1978–1981)
JIM DAVIS
Bobby Ewing (1978–1985, 1986–1991)
PATRICK DUFFY
Pamela Barnes Ewing (1978–1987)
VICTORIA PRINCIPAL

Lucy Ewing Cooper (1978–1985, 1988–1990)
CHARLENE TILTON
Sue Ellen Ewing (1978–1989)
LINDA GRAY
Ray Krebbs (1978–1988)
STEVE KANALY
Cliff Barnes
KEN KERCHEVAL
Willard «Digger» Barnes (1978)
DAVID WAYNE
Willard «Digger» Barnes (1979–1980)
KEENAN WYNN

Gary Ewing (1978)
DAVID ACKROYD
Gary Ewing (1979–1981)
TED SHACKELFORD
Valene Ewing (1978–1981)
JOAN VAN ARK
Donna Culver Krebbs (1979–1987)
SUSAN HOWARD
John Ross Ewing iii (1980–1983)
TYLER BANKS
John Ross Ewing iii (1983–1991)
OMRI KATZ

→ → →

Jedes Volk, so sprach einmal ein befreundeter Redakteur bitter in die Welt hinaus, hat das Fernsehen, das es verdient. Wohl wahr. Redlich verdient hatten wir Deutschen uns zum Beispiel die *evening soap* DALLAS, als sie im Juni 1981, gut drei Jahre nach dem US-Start, endlich auch nach Deutschland kam. Die ersten Episoden nämlich wurden teils mit deutschen Abschreibungsgeldern finanziert; als Gegenleistung erhielten die Investoren gute 200 Prozent Verlustzuweisung.

Zunächst war der spätere Dauerbrenner als fünfteilige Miniserie angelegt gewesen, wollte aber dann auf lange Zeit schier kein Ende mehr nehmen. So scheitert denn auch die präzise Erfassung des Seriengeschehens zwangsläufig an der Materialfülle. Ohnehin ist der Gestus der Serie von größerem Belang als die mit allerdings erheblichem Einfallsreichtum vollzogenen Windungen, Volten und Spitzkehren der Handlung. In DALLAS hatte die Unmoral ihren geziemenden Platz und wurde gar personifiziert durch eine der Hauptfiguren: den zu aber auch jeder Niedertracht befähigten J.R., ein Teufelsbraten erster Güte. Ohne Ansehen der Person verübte dieser Mann skrupellos Missetaten wider Freunde, Verwandte und Geschäftspartner. Gerade das aber machte ihn zur faszinierenden Gestalt – der J.R.-Darsteller Larry Hagman wurde entgegen der ursprünglichen Absicht der Produzenten zum eigentlichen Star der Serie und verwies den als sympathischer Beau eingesetzten Patrick Duffy auf den zweiten Platz. Hingebungsvolle Fans des zügellosen Wüstlings fuhren gar einen Auf-

Außerdem:
Morgan Brittany, James Brown, Lois Chiles, Barry Corbin, Howard Duff, Joel Fabiani, Morgan Fairchild, Susan Lucci, Jared Martin, Sasha Mitchell, Kate Mulgrew, Priscilla Pointer, Dack Rambo, Leigh Taylor-Young, Ray Wise, Amy Yasbeck und viele andere

Creator:
David Jacobs
Beginn der deutschen Erstausstrahlung: 5. 1. 1982
Spinoff: UNTER DER SONNE KALIFORNIENS (KNOT'S LANDING, USA 1979–1992)

David Jacobs war ein New Yorker Kinderbuchautor, den es aus familiären Gründen an die Westküste verschlagen hatte. Seine Tätigkeit als TV-Autor sollte ursprünglich nur eine Übergangslösung sein. Er schrieb den Entwurf für die Serie, ohne jemals in Dallas gewesen zu sein.

Wie mit manch anderer Serie – → MIAMI VICE (USA 1984–1989) zum Beispiel oder → MAGNUM – verfuhr die ARD auch mit DALLAS recht banausisch und kürzte jede Episode um rund fünf Minuten. Einige Episoden wurden gar nicht ausgestrahlt, darun-

kleber mit der Forderung «J.R. For President» spazieren.

Ausgangspunkt des komplexen Gebildes war ein Romeo-und-Julia-Konstrukt. Seit Jahrzehnten sind die im Ölgeschäft tätigen Familien Ewing und Barnes verfeindet. Die Ehe zwischen Bobby Ewing und Pamela Barnes hätte Frieden stiften können, aber die notorische Bösartigkeit und der reinweg pathologische Opportunismus J.R.s stand dem ebenso entgegen wie der Starrsinn des Bruders der Braut, Cliff Barnes. Mit größtem Vergnügen wurde hinfort intrigiert, ehegebrochen, auch mal mehr oder minder fahrlässig gemeuchelt, ungescheut dem Trunke und erst recht der Wollust gefrönt. Diverse Mitspieler blieben im Verlauf der dreizehn Jahre ebenso auf der Strecke wie die Plausibilität des Gezeigten. Darsteller von Stammfiguren wechselten schon mal, eindeutig Verstorbene tauchten unverhofft wieder auf. Ein dramaturgisches Kabinettstückchen sondergleichen gelang den Autoren mit der Reanimation des bereits tödlich verunfallten Bobby Ewing, der just in dem Moment wieder in den Kulissen herumstand, da seine Pam im Begriff war, einen anderen zu ehelichen – alle im dazwischenliegenden Zeitraum von einem Jahr stattgehabten Ereignisse erwiesen sich als böser Traum. Diese abenteuerliche Wendung verdankte sich dem Umstand, daß Patrick Duffy bereits aus der Serie ausgestiegen war, aber auf Grund sinkender Einschaltquoten von den Produzenten und insbesondere dem Kollegen Hagman bestürmt wurde, dem braven Bobby zu einem zweiten Leben zu verhelfen.

Besonderes Merkmal der Serie waren ihre sauber konstruierten *cliffhanger*, die nicht nur am Schluß einzelner Folgen plaziert wurden, sondern auch am Ende der jeweiligen Staffel. So mußten die US-amerikanischen Zuschauer beispielsweise nach der ersten Staffel ein gutes halbes Jahr harren und bangen, bevor mit Beginn der Herbstsaison aufgelöst wurde, ob die angetrunkene und obendrein schwangere Sue Ellen Ewing ihren gefährlichen Autounfall überlebt hatte. Einen Top-Coup aber landeten die Produzenten mit jenem unvergessenen Mordanschlag auf J.R., ausgestrahlt am 21. März 1980 als effektvolles Finale der zweiten Staffel. 83

ter eine, in der sich Nesthäkchen Lucy unglücklich in einen Homosexuellen verliebt.

Im Angesichte des Scheusals J.R. liefen Chronisten aller Nationen zu Höchstleistungen auf: einen «Kleinkunst-Luzifer» nannte ihn ‹Der Spiegel›, «das fieseste Grinsen der Fernsehgeschichte» beobachtete ‹TV Spielfilm›. ‹The New York Times› erkannte in ihm einen «Cesare Borgia der Prärie», das ‹Time Magazine› titulierte ihn als «menschgewordenen Ölschlamm». Diedrich Diederichsen ließ sich nicht lumpen und setzte noch eins drauf mit der unschlagbaren Injurie: «Kreuzung aus Schmidt und Strauß».

In der Zeit der größten Popularität der Serie galt in Deutschland der Dienstag als «DALLAS-Tag», so wie später der Mittwoch zum «DENVER-Tag» wurde.

Am Rande der Wiener OPEC-Konferenz bat der kuwaitische Erdölminister Hamud Al Rubka im Juni 1991 den «sachverständigen» Larry Hagman ernsthaft um Rat bezüglich der Anhebung des Rohölpreises.

Larry Hagman

Linda Gray

Patrick Duffy

Sandy Ward,
Larry Hagman,
John Aston

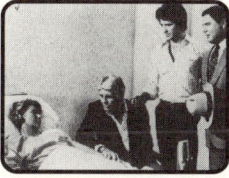

B. Bel Geddes,
J. Davis, P. Duffy,
L. Hagman

Larry Hagman

Millionen Zuschauer wollten partout wissen, wer die beiden Pistolenschüsse abgefeuert hatte, und bescherten der CBS am 21. November 1980 nicht nur einen bis dahin unerreichten Marktanteil von 76 Prozent, sondern auch Rekordeinnahmen von 500 000 Dollar pro einminütigem Werbespot. Die Auflösung des Rätsels war bis dahin eines der bestgehüteten Geheimnisse der USA. Aus Angst vor Spionen hatte man vier Versionen der Fortsetzung gedreht, so daß nicht einmal Schauspieler und Produktionsmitarbeiter verläßlich über den weiteren Verlauf informiert waren.

In Deutschland hatte bereits vor Ausstrahlungsbeginn die angeblich minderwertige Machart der Serie zu leidenschaftlichen Diskussionen geführt – namentlich unter denjenigen, die noch keinen Meter der verfemten Serienware zu Gesicht bekommen hatten. Professor Dieter Stolte vom ZDF lehnte für seine Anstalt derartige Schundprodukte rigoros ab, denn: «Irgendwo ist eine Grenze.» Stolte änderte seine Meinung in bemerkenswertem Tempo und buchte wenig später den nicht gar so unähnlich angelegten ➔ DENVER-CLAN, um, so der wendige Programmchef, dem offensichtlichen «Bedürfnis des Publikums nach großen Familien-Epen» gerecht zu werden.

J.R.s breitkrempiger Stetson, der ihn lange Zeit vor Regen, Sonnenstich und Toupetverlust bewahrte, wird im Museum des Smithsonian Institute in Washington aufbewahrt.

Die in DALLAS schwer geschundene Linda Gray fand einige Jahre später ein Auskommen als Hauptdarstellerin des ➔ MELROSE PLACE-Ablegers MODELS, INC. (USA 1994–1995). Sie spielte den Part der Hillary Michaels, im Serienkontext die Mutter der MELROSE PLACE-Inhaberin Amanda Woodward.

Zitate:
«... ein Hohelied der Niedertracht, eine Schurkenballade, die das ohnehin schlimme Image der Stadt, in der John F. Kennedy ermordet wurde, weit in den Schatten stellt.»
VALESKA VON ROQUES IN ‹DER SPIEGEL› 26/81

«Die DALLAS-Mythologie reflektiert kollektive Vorstellungen, Wünsche und Phantasien des Massenzuschau-

Larry Hagman

Priscilla Presley,
Patrick Duffy

Charlene Tilton

Unterdessen ging die medienkritische Debatte weiter. Die ARD ließ die Kontrahenten in der Kultursendung ARENA zu Wort kommen, und im Bundestag wurde formell angefragt, ob dem deutschen Zuschauer ein derart verzerrtes Bild der Vereinigten Staaten überhaupt zugemutet werden dürfe. Acht- bis neunmalkluge Einwände kamen unter anderem vom ewig verhaltensauffälligen Bayerischen Rundfunk, der jedoch keine Bedenken hatte, alte DALLAS-Episoden in seinem 3. Programm zu wiederholen, um vom Erfolg der Millionärssaga zu profitieren. Im ‹Spiegel›, dem Zentralorgan des kritischen Zuschauers, stellte Valeska von Roques die Logik des Ganzen stirnrunzelnd in Frage, konnte sich andererseits der Faszination des Gesehenen auch wiederum nicht entziehen: «Der Zuschauer hält hier inne und fragt sich: Was nun? Und dann können offenbar

auch aufgeklärte Zuschauer – solche, denen die Handlung dumm und die Schauspielleistung schlecht erscheinen – in die Lage geraten, daß sie ihr Gerät in einer Woche um die gleiche Zeit wieder anschalten.»

«Diese und ähnliche Diskussionen änderten jedoch nichts daran, daß DALLAS zum Publikumsrenner wurde und zum Teil auch von einigen Gegnern dieser Art Fernsehunterhaltung gerne verfolgt wurde, weil man sich so schön darüber mokieren konnte», schrieb Wolfgang J. Fuchs 1984 in ‹medien + erziehung›, und wenige Seiten weiter rüffelte Elke Heidenreich: «Viele kritisieren nur, weil man Serien eben kritisieren muß, das gehört zum guten intellektuellen Ton, und ich kenn euch doch, heimlich sitzt ihr am Dienstag alle vor der Kiste, und wenn man euch danach spontan anruft, meldet Ihr euch aus Versehen am Telefon verträumt mit ‹Ewing Oil›.» Denn schließlich: «DALLAS sind wir alle. Wir kriegen nur nicht soviel Geld dafür, daß wir die gleichen Probleme leben, die die spielen. Und deshalb sind wir so neidisch, das ist es nämlich, Freunde.»

Den gemeinen Zuschauer scherte ohnehin nicht, was die vordenkende Klasse von sich gab. 15 Millionen Neugierige begutachteten die ersten DALLAS-Folgen, später schalteten sich im Schnitt 6,5 Millionen Zuschauer zu, die natürlich in der ‹Bild-Zeitung› eine engagierte Fürsprecherin fanden. Als das DALLAS-Publikum im April 1983 mit dem üblichen *cliffhanger* in die Sommerpause entlassen wurde, verlieh das Boulevardblatt den geschundenen Gefühlen der ratlos zurück-

ers sowie manche Ideen des ökonomischen Establishments der USA.»
JAN UHDE IN ‹MEDIEN + ERZIEHUNG›,
3/84

«DALLAS wird immer einen besonderen Platz in meinem Herzen einnehmen. Mit Linda Gray und Patrick Duffy verbindet mich noch heute eine enge Freundschaft.»
LARRY HAGMAN IN ‹GONG› 42/1998

Literatur:
Ien Ang: Das Gefühl Dallas. Zur Produktion des Trivialen. Bielefeld 1986
Jason Bonderoff: The Official Dallas Trivia Book. New York 1985
Jane C. Coleman: Deep In His Heart J.R. Is Laughing At Us. Easthampton 1991
Tom Fischer: Alles über Dallas. München 1982
Suzy Kalter: The Complete Book of DALLAS. New York 1986

Laura van Wormer: Die vollständige und bebilderte Geschichte des Ewing-Clans von 1860 bis in die Gegenwart. Reinbek bei Hamburg 1986

bleibenden Fernsehnation schäumend Ausdruck und nannte das offene Ende «eine gemeine Sauerei».

Spätestens als im April 1983 im ZDF die Konkurrenzserie DER DENVER-CLAN Premiere hatte, kam die Intelligenzija nicht mehr umhin, intime DALLAS-Kenntnisse zu offenbaren. Denn wer die eine Sendereihe mit der anderen vergleichen wollte, mußte sich zuvor ja kundig gemacht haben. Ein Aufsatz des, je nach Sichtweise, Poppapstes oder begnadeten Blenders Diedrich Diederichsen, gleichfalls im ‹Spiegel› abgedruckt, erleichterte die Revision früherer Verlautbarungen. Diederichsen gab sich überzeugt, «daß DALLAS irgendwo im Himmel von David O. Selznick, Sergej Eisenstein, Roland Barthes und John Ford als *das* massenkulturelle Kunstwerk des 20. Jahrhunderts konzipiert worden sein muß.» Mit schmissigem *namedropping* – «Die Serie stand eher in der Tradition Brechts als in der von Lukács» – verschaffte er der fernsehenden Linken ein gutes Gewissen und gab den Seminaristen fürsorglich die notwendigen Argumentationshilfen mit auf den Weg: «DALLAS war neu. Neuer als alle Videospiele, Heimcomputer, Pop-Videos, Breakdancer und Synthesizer zusammen. DALLAS war das erste Sein-bestimmt-das-Bewußtsein-Produkt der amerikanischen Unterhaltungsindustrie. Das erste vollmarxistische Kunstwerk made in USA – aber ohne jedes verbrauchte europäische Zeichen für ‹links›, ‹kritisch›, ‹dekuvrierend›.» Touché.

Fortan galt die öffentliche Debatte nicht mehr der angeblichen Anspruchslosigkeit der von der ARD durch Kürzungen und Auslassungen arg verhunzten Serie, sondern der Frage, ob sie dem glamourösen DENVER-CLAN gegebenenfalls vorzuziehen sei. Die ‹taz› entschied sich früh für den DENVER-CLAN, zumindest auf der Redakteursebene. Im April 1983 lobhudelte der Kritiker: «Ja, hier spielt der kleine Mann außerhalb der wolkenkratzenden, gläsernen Finanzburgen des Geldadels den Gegenpart, der sich mutig, aber

Barbara Bel Geddes

fair mit harten Fäusten durchschlägt. Was DALLAS für die Republikaner, kann der DENVER CLAN für die Demokraten werden. Ich bin gespannt darauf, wie es weitergeht. Im DENVER-CLAN ist alles drin, politischer, fesselnder und geistreicher als die Schnittmuster aus Miss Ellis' Resopalküche.»

Das Proletariat hielt prompt dagegen: «Ja, da jubelt der Säzzer, wenn der taz-Redakteur rausläßt, was er für geistreich hält!» Ein T-Shirt-Slogan bekräftigte übrigens die politische Analyse des taz-Autors: 1980 waren Leibchen mit dem Aufdruck «Ein Demokrat erschoß J.R.» der Hit auf dem Parteitag der Republikaner.

Auch der ‹Spiegel› neigte eher zum wonniglich ausgespielten *bigger-than-life*-Stil der DENVER-CLAN-Produzenten, glaubte aber selber nicht, daß die Masse seinem Verdikt folgen werde: «Ob aber dieses Stück ‹kulinarischen Fernsehens› (ZDF) die deutsche Liebe zur DALLAS-Familie nachhaltig schmälern kann, ist sehr fraglich. Vermutlich taugen die kleinkrämerischen Southfork-Simpel eher als Identifikationsfiguren. Am Ende fühlen sich die Deutschen in Miss Ellies mie-

Patrick Duffy und Victoria Principal

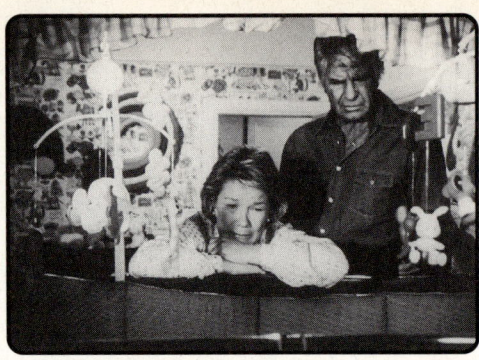

Barbara Bel Geddes und Jim Davis

figer Wohnküche vielleicht doch behaglicher als im viktorianischen Marmor-Palais der schlimmen Carringtons.»

DER DENVER-CLAN verbuchte riesige Erfolge beidseits des Ozeans, DALLAS jedoch hielt sich zwei Jahre länger. Als die Klappe zum letzten Mal zuschnappte, wurde dies von deutscher Seite sehr bedauert, denn im Rahmen der ARD galt DALLAS unter den Kaufserien auch 1991 noch immer als «die Nummer eins», so der zuständige Redakteur damals in einem Gespräch mit dpa. Da die letzte Episode wiederum mit einem *cliffhanger* endete, wurden immer wieder Hoffnungen laut, DALLAS könnte eines Tages fortgesetzt werden. Und so kam es dann auch: im März 1996 entstand das zweistündige TV-Movie J.R. KEHRT ZURÜCK (DALLAS: J.R. RETURNS, USA 1996) mit einem Großteil der Originalbeset-

zung. Deutsche Zuschauer erfuhren erst im Oktober 1998, daß die Geschichte weiterging wie gehabt: «Das meckernd-sardonische Lachen ist wieder da, das Fiese eines Charakters. (…) Mephisto mit Stetson ist zurück», meldete Chefredakteur Rainer Stiller im ‹Gong›, und gestand verlegen: «Und ich, das mögen mir Seminaristen verzeihen, bin begeistert.» In diesem Film machten die Junioren Christopher (Chris Demetral) und John Ross Ewing (Omri Katz) Anstalten, in die Fußstapfen ihrer Väter zu treten. Am Ende des Films hatte man traditionsgemäß mehrere ungeschürzte Handlungsfäden ausgeworfen. Damit konnte man es nicht bewenden lassen, und tatsächlich folgte 1998 ein weiterer Fernsehfilm mit dem vielversprechenden Titel DALLAS: WAR OF THE EWINGS (USA 1998).

Dame Edna

Wer von Gastgeberin Dame Edna Everage in ihre Sendung eingeladen wird, muß mit ungewöhnlichen Dingen rechnen. Larry Hagman, einer ihrer Lieblingsgäste, fiel durch eine Falltüre, weil er mit Dollarnoten gewedelt hatte. Ednas süffisanter Kommentar: «Wir haben hier schließlich alle sehr viel Geld. Aber wir protzen nicht damit …» In einer anderen Sendung landete Larry im Swimmingpool, weil er die falschen Blumen mitgebracht hatte – Edna schätzt allein Gladiolen, die, so will es das Protokoll, nach jedem Auftritt ins Publikum geworfen werden. Mel Gibson wurde trotz innigsten Flehens gar nicht erst eingelassen. Auch das Angebot, seine Freunde Jack Nicholson und Frank Sinatra mitzubringen, konnte Edna nicht erweichen – ihr Haus sei schließlich kein Nachtclub. Der Schriftsteller Jeffrey Archer wurde von einer Art Schleudersitz aus der Sendung gekippt – Dame Edna fand seine Beiträge zu langweilig. Anders als diese drastischen Maßnahmen vermuten lassen, zeigt sich Dame Edna im Umgang mit ihren Gästen gemeinhin äußerst liebenswürdig. Auf Etikette legt sie großen Wert, und wenn ihr – aus Versehen natürlich – einmal Worte entschlüpfen, die von einschlägig disponierten Gemütern als verbrämte Zote aufgefaßt werden können, straft sie die Lacher im Publikum mit bösen Blicken und einer angewidert verzogenen Schnute.

Unter der pompösen Abendgarderobe und den wahlweise malven- oder lavendelfarbenen Perücken verbirgt sich der Schöpfer der Kunstfigur Dame Edna, der australische Komiker und Schauspieler Barry Humphries. Er kreierte die liebenswerte Lady bereits 1955 in Melbourne, als er, statt Jura zu studieren, lieber in den kabarettistischen Revuen des Studententheaters auftrat. Vorbild für Edna waren ursprünglich einige Damen der Familie Humphries, die über die Hautevolee von Melbourne zu lästern pflegten. 1959 kam Humphries nach England. Er spielte auf den Musicalbühnen des Londoner Westends und arbeitete in Nachtclubs als stand-up comedian. Zu seinen Programmen gehörten weitere Kunstfiguren, etwa der «inoffizielle Kulturattaché» Sir Les Patterson, später ungern gesehener Gast in britischen Talkshows und gemeinsam mit Dame Edna Star der von George Miller inszenierten Politgroteske LES PATTERSON SAVES THE WORLD (AUS 1987). Ednas große Stunde schlug 1968, als sie in der Show THE BARRY HUMPHRIES SCANDALS ihr TV-Debüt gab. Der Charme, die Grandezza und die Schlagfertigkeit der nicht mehr ganz jungen Dame beeindruck-

Neben seinen diversen Bühnenfiguren spielte Barry Humphries auch ernsthafte Rollen. In SELLING HITLER (GB 1991), einem satirischen Fernsehmehrteiler um Entstehung und Verkauf der angeblichen Hitler-Tagebücher, verkörperte er den Medientycoon Rupert Murdoch. Ferner sah man ihn unter der Regie Bruce Beresfords in LAURAS MÄDCHENJAHRE (THE GETTING OF WISDOM, AUS 1977), SHOCK TREATMENT (GB 1981), neben Gary Oldman und Isabella Rossellini in MEINE UNSTERBLICHE GELIEBTE (IMMORTAL BELOVED, USA 1994) und in SPICEWORLD – DER FILM (SPICE WORLD, GB 1997).

Zitate:
«Eine Talkshow ist der Monolog eines Gastgebers, der gelegentlich von wildfremden Menschen unterbrochen wird.»
DAME EDNA

«Niemand, kein Präsident und kein Papst, kann größer werden als Edna,

Dame Edna,
Tony Curtis

Dame Edna

‹Madge Allsop›, Dame Edna

ten das Publikum so sehr, daß die Sendeleitung nicht umhinkam, ihr eine eigene Show zu geben. Die wurde in Ednas luxuriösem Londoner Penthouse aufgezeichnet oder in ihrer Hollywood-Villa, deren Foyer ausreichend Platz für eine ganze Big Band bietet. «Andere haben einen Walkman, ich leiste mir 24 Stunden am Tag ein Orchester», kommentierte die stilbewußte Edna, die natürlich nicht irgendwelche Straßenmusikanten engagierte, sondern das aus Johnny Carsons Talkshow bestens bekannte Orchester.

Bei Edna trafen sich regelmäßig illustre Gestalten aus Politik und Showgeschäft. Sean Connery und Jack Palance waren da, Charlton Heston, Roger Moore, Kim Basinger und viele andere Zelebritäten. Wie prominent der Gast auch sein mochte, jeder bekam zu Beginn ein Namensschildchen angeheftet. Sie alle mußten Ednas beißenden Spott gewärtigen. Mit sichtlichem Genuß erinnerte sie Malcolm McDowell daran, daß er in dem Skandalfilm CALIGULA (I/USA 1979) sein Bett mit einem Pferd teilen mußte. Beiläufig enträtselte sie, warum Norman Schwarzkopf ständig Tarnfarben trägt: «Damit ihn seine Frau nicht findet, wenn er wieder mal mit den Kindern im Sandkasten spielt.» Hochkarätige Politiker ließ sie einfach vor der Tür stehen: «Von eurer Partei war erst letzte Woche einer in meiner Show. Heute sind die anderen dran.»

Sehr ungehalten reagierte Edna, wenn ihre zentrale Rolle als Gastgeberin nicht respektiert wurde. Als Golden Girl Bea Arthur und Cher ein Zwiegespräch über private Dinge begannen und Dame Edna außen vor ließen, griff diese zum Blumentopf und zerschmetterte ihn auf dem Couchtisch. «Dies ist mein Zuhause!» reklamierte sie. «Und hier ist nur Platz für eine Talkshow – meine!» Versöhnt sangen Cher und Edna zum Ausklang «I Got You Babe», wie es schon in der SONNY AND CHER COMEDY HOUR (USA 1971 – 1977) Brauch war – selbst als Sonny und Cher bereits ziemlich geschiedene Leute waren.

Dame Ednas Talkshows lebten von ihrem despektierlichen Umgang mit prominenten Gästen jeglicher Couleur; sie waren eine brillante Mischung aus Inszenierung und Spontaneität, aus sketchartigen Wortwechseln und den absurd-komischen Extempores der ungekrönten Talkshow-Queen – maliziös, makaber und über alle Maßen garstig.

im Gegenteil, sie alle sind nichts anderes als unvollkommene Aspirationen, Edna zu werden.»
ROGER WILLEMSEN

Literatur:
Dame Edna Megastar – My Gorgeous Life. London 1989
(dt.: Dame Edna Megastar – Mein schrilles Leben. Mit einem Vorwort von Roger Willemsen. München 1994)

Dawson's Creek
USA 1998–

Dawson Leery JAMES VAN DER BEEK	**Mrs. Gail Leery** MARY-MARGARET HUMES	**Andie McPhee** MEREDITH MONROE
Josephine «Joey» Potter KATIE HOLMES	**Mr. Mitchell Leery** JOHN WESLEY SHIPP	**Abby Morgan** MONICA KEENA
Jennifer «Jen» Lindley MICHELLE WILLIAMS	**Francis «Grams» Ryan** MARY BETH PEIL	**Jack McPhee** KERR SMITH
Pacey Witter JOSHUA JACKSON	**Bessie Potter** NINA REPETA	**Tamara Jacobs** LEANN HUNLEY

ES wäre ein leichtes, diese jugendorientierte Serie mit soliden, medienwissenschaftlich abgesicherten Argumenten zu befürworten. Aber wo bliebe dann der Spaß …

Denn Spaß ist ein wesentlicher Faktor, wenn Kinderschreck Kevin Williamson zu Werke geht. Namhaft wurde der damals eben Dreißigjährige als Autor der Slasher-Filme SCREAM (USA 1996), SCREAM 2 (USA 1997) und ICH WEISS, WAS DU LETZTEN SOMMER GETAN HAST (I KNOW WHAT YOU DID LAST SUMMER, USA 1997). In den ersten beiden trieb er verschmitztes Spiel mit den Regeln des Genres, war damit zwar beileibe nicht der erste, erledigte aber die Neuordnung bekannter Versatzstücke mit solchem Raffinement, daß selbst die Stirnrunzler unter den Kritikern nicht umhinkamen, ihm Anerkennung zu zollen.

In jedem seiner Drehbücher versteckt Williamson einige autobiographische Details, die von ihm entworfene Fernsehserie DAWSON'S CREEK ist damit geradezu überhäuft. Der Titelheld Dawson Leery, Williamsons Alter ego, wächst in ländlicher Umgebung auf. Nach eigener Einschätzung lebt er «in einer Kleinstadt wie auf einer Kitschpostkarte». Dawsons Leben ist ganz und gar dem Kino gewidmet, Spielberg sein Idol, und nach der Schule arbeitet er, wie einst Quentin Tarantino, hinter dem Tresen einer Videothek. Auf Jens Frage, was ihn am Filmen fasziniere, antwortet er bündig: «Ich lehne die Realität ab.»

Er denkt in Filmbildern und Drehbuchentwürfen. Nicht jeder dramaturgische Einfall aber zündet. Vor allem in den Beziehungen zu seiner langjährigen Freundin Joey und der neu hinzugezogenen Jen versagen die Regeln, nach denen ein Lichtspiel funktioniert, und Dawson landet mitunter bäuchlings auf dem Boden der Tatsachen. Joey hegt unerwiderte Gefühle für diesen weltfernen Luftikus, ohne daß der in diesen Dingen sehr einfältige Dawson dessen gewahr würde. Dawsons Mißachtung kompensiert Joey mit mokanten Patzigkeiten, vor allem gegen Jen, der Dawsons Herz zufliegt,

Gaststars:
Helen Baldwin, Eion Bailey, Eric Balfour, Jason Behr, Ian Bohen, Scott Foley, Adam Frost, George Gaffney, Mitchell Laurance, Suzanne McBride, Jennifer McComb, Dylan Neal, Ric Reitz, Gareth Williams

Creator:
Kevin Williamson
Beginn der deutschen Erstausstrahlung: 3. 1. 1999, Sat.1

Herzensbrecher James Van Der Beek sammelte vor seinem TV-Engagement bereits Bühnen- und Filmerfahrungen. Neben Kathy Bates und George C. Scott spielte er in der Teenagerkomödie ANGUS – VOLL COOL (ANGUS, USA 1995), Jeanne Moreau und Claire Danes waren seine Partner in I LOVE YOU, I LOVE YOU NOT (F/D/GB 1996).

Katie Holmes, vordem in Ang Lees DER EISSTURM (THE ICE STORM, USA 1997) zu sehen, setzte dank DAWSON'S CREEK zu einer großen Kinokarriere an. In den Drehpausen zwischen den ersten Staffeln stand sie für die Filme DICH KRIEGEN WIR AUCH NOCH! (DISTURBING BEHAVIOUR, USA 1998) und Kevin Williamsons KILLING MRS. TINGLE (USA 1998) vor der Kamera.

Michelle Williams ist, wenngleich zwei Jahre jünger als Holmes, bereits einiges länger im Filmgeschäft.

Joshua Jackson,
Leann Hunley

Michelle Williams,
James Van Der Beek

Michelle Williams,
James Van Der Beek,
Katie Holmes

bis sie ihm die Wahrheit über ihr Vorleben eröffnet. Was er da hören muß, paßt mit Dawsons schwärmerischen Vorstellungen einer romantischen Liebe nicht überein. Die Desillusionierung geht weiter, als er ausgerechnet kurz vor dem 20. Hochzeitstag seiner Eltern erfahren muß, daß seine Mutter eine außereheliche Affäre unterhält. Darüber kommt es zum Streit mit Joey, die davon wußte, aus Rücksicht auf seine Gefühle aber kein Wort darüber verlor. Dabei handelte sie aus leidvoller Erfahrung – ihr eigener Vater, inzwischen wegen Marihuanahandels inhaftiert, war ein notorischer Ehebrecher, und sie ist von der Überzeugung durchdrungen, daß die fortwährenden Enttäuschungen und Demütigungen Anteil hatten am frühen Tod ihrer Mutter.

Pacey, der Vierte im Freundeskreis, lechzt förmlich nach ersten sexuellen Erfahrungen, findet aber bei den gleichaltrigen Mädchen nur Ablehnung. Anders verhält es sich mit der Lehrerin Tamara Jacobs. Aus Vernunftgründen weist sie seine tapsigen Annäherungsversuche anfänglich zurück. In einer lauen Sommernacht aber erliegt sie der Versuchung, mit Pacey noch einmal dieses angenehm beunruhigende Herzflimmern und Nervenflattern zu erleben, das vielen Erwachsenen mit den Jahren abhanden kommt.

Zu Beginn der Serie mag man sich tatsächlich in einer Spielberg-Produktion wähnen. Dawson und seine Freunde leben in einem beschaulichen, fast schon märchenhaften Teenagerreservat und verleben eine von den Verderbtheiten der Großstädte unberührte Jugend. Namentlich Dawson orientiert sich an hehren romantischen Idealen. Doch Episode für Episode werden immer neue Eintrübungen sichtbar. Die scheinbar perfekte Ehe der Eltern, Jens engelhafte Erscheinung, die Harmonie zwischen Dawson und Joey erweisen sich als vordergründig.

Kevin Williamson und seine Mitarbeiter verfahren bei dieser Serie mit dem Teenagermelodram wie vordem mit dem Horrorfilm. Wie in vergleichbaren Serien geht es um die Mühsal des Erwachsenwerdens, um Wirrungen und Verstiegenheiten einer prägenden

Schon als Zehnjährige wurde sie für Werbeaufnahmen gebucht. 1994 gab sie ihr Filmdebüt in LASSIE (USA 1994), gefolgt von Parts u. a. in SPECIES (USA 1995) und TAUSEND MORGEN (A THOUSAND ACRES, USA 1997). Im Sommer 1998 drehte sie die Filmkomödie DICK (USA 1998).

Der gebürtige Kanadier Joshua Jackson verfügt über die längste Filmografie der Dawson-Clique. Bekanntheit erlangte er mit der Rolle des Charlie Conway in der Disney-Komödie THE MIGHTY DUCKS – DAS SUPERTEAM (THE MIGHTY DUCKS, USA 1992), der zwei Fortsetzungen folgten. Schon in SCREAM 2 (USA 1997) sprach er Dialogsätze von

Kevin Williamson, mit DÜSTERE LEGENDEN (URBAN LEGENDS, USA 1998) blieb er den Horrorgenre treu.

Die pittoresken Originalschauplätze der Serie befinden sich in Wilmington (North Carolina), wo die Produktion auch Quartier bezogen hat. Das Städtchen ist bereits eine Art Wall-

Katie Holmes, James Van Der Beek, Michelle Williams, Joshua Jackson

Lebensphase. Autoren und Regisseure bedienen sich bekannter Formeln, weisen sie aber in augenzwinkerndem Einvernehmen mit dem jugendlichen Publikum als solche aus. Wenn Dawson und Pacey auf die neue Mitschülerin Jen aufmerksam werden, sieht der Zuschauer sie wie in einem kitschigen Liebesfilm in Zeitlupe herannahen, ironisch gebrochen durch Joeys verwunderte Blicke und ihre spöttische Feststellung: «Pubertät. Hi. Ich bin Joey.» Später, nachdem Dawson mit einem ersten Annäherungsversuch bei Jen kläglich gescheitert ist, verständigt er sich mit Joey: «Was lernen wir aus diesem Teenie-Soap-Abend?» Szenen dieser Art bestimmen die Tonlage der Serie: Sie ist herzergreifend gefühlig und erfrischend komisch in einem.

Die zu Beginn der Serie 19jährige Katie Holmes attestierte ihrem Mentor Kevin Williamson ein ausgeprägtes Gespür für die Denkweise und die Sprache ihrer Altersgenossen. Der Angesprochene blieb beim Entwurf der Serie seinem bekannten Arbeitsstil treu. Nur bezog er sich hier außer auf John Carpenter und George Romero eben auch auf Douglas Sirk und Fred Zinnemann, auf → BEVERLY HILLS, 90210 und PARTY OF FIVE (USA 1994–). Zuhauf hagelte es explizite wie implizite Anspielungen; nicht zuletzt das eigene Werk hinterließ deutliche Spuren: Bereits im Pilotfilm erscheint gleich zweimal

fahrtsort für Medienvertreter und Fans geworden. Die Innenaufnahmen der Schulszenen erfolgen in umgebauten Kulissen der Anwaltsserie MATLOCK (USA 1986–1995).

Für Michelle Williams bedeutete der Umzug nach Wilmington die Trennung von ihren Freunden. Darüber war sie anfangs merklich betrübt,

weshalb sie vom Team den Spitznamen «kleine schwarze Wolke» bekam.

Mary-Margaret Humes spielte bereits in → EERIE, INDIANA die Mutter des Helden.

Der Titelsong «I Don't Want To Wait» stammt von Paula Cole und sollte ur-

sprünglich nur die Werbetrailer zur Serie musikalisch untermalen. Die kurzen Filme aber waren in der amerikanischen Öffentlichkeit bald so präsent, daß viele Zuschauer den Song für die Erkennungsmelodie der Serie hielten. Daraufhin entschlossen sich die Produzenten, das Lied beizubehalten und bemühten sich eilig um die nötigen Rechte.

das Plakat zu ICH WEISS, WAS DU LETZTEN SOMMER GETAN HAST im Bild. In einer späteren Episode freut sich Dawson über eine seiner Regieideen: «Die Zuschauer werden nicht ahnen, was kommt. Das ist wie Janet Leigh in PSYCHO.»

«Drew Barrymore in SCREAM», sekundiert Busenfreund Pasey.

«Von Geklautem geklaut», hämt Joey.

Es hat sogar den Anschein, als ob selbst Personalentscheidungen unter medienreferentiellen Gesichtspunkten getroffen wurden: Steve Miner, als Koproduzent und Regisseur für DAWSON'S CREEK tätig, war ehedem Produzent des Genreklassikers FREITAG, DER 13. (FRIDAY THE 13TH, USA 1980) und inszenierte den Kinofilm HALLOWEEN: H 20 (USA 1998), bei dem wiederum Williamson als Ausführender Produzent und ‹Drehbuchdoktor› fungierte. Unter den Darstellern von HALLOWEEN: H 20 war Michelle Williams, die Jennifer aus DAWSON'S CREEK; Serienstar Katie Holmes stand im Sommer 1998 für Williamsons Regiedebüt KILLING MRS. TINGLE (USA 1998) vor der Kamera. Keine Frage – das Williamson-Universum breitet sich unablässig weiter aus …

Einer der *executive producer* der Serie ist Deborah Joy Levine, die Schöpferin von → SUPERMAN – DIE ABENTEUER VON LOIS & CLARK. In gleicher Funktion ist Charles Rosin tätig, vordem fünf Jahre lang Produzent von → BEVERLY HILLS, 90210.

Zitate:
«Wenn man sich DAWSON'S CREEK genauer ansieht, sind es die Erwachsenen, die von den Jugendlichen lernen. Die sind gewitzter, als wir ihnen für gewöhnlich zugestehen. Und sie sind gewitzter als jemals zuvor.»
KEVIN WILLIAMSON

«Ich glaube nämlich, daß man alle Geheimnisse der Welt, alle Antworten auf die Fragen des Lebens in Spielberg-Filmen findet.»
DAWSON LEERY

Der Denver-Clan Dynasty
USA 1981–1989

Blake Carrington
JOHN FORSYTHE

Krystle Jennings Carrington
LINDA EVANS

Alexis Carrington Colby
JOAN COLLINS

Fallon Carrington Colby
(1981–1984)
PAMELA SUE MARTIN

Fallon Carrington Colby (1985, 1987–1989)
EMMA SAMMS

Steven Carrington (1981–1982)
AL CORLEY

Steven Carrington (1982–1988)
JACK COLEMAN

Adam Carrington/Michael Torrance (1982–1989)
GORDON THOMSON

Cecil Colby (1981–1982)
LLOYD BOCHNER

Jeff Colby (1981–1985, 1987–1989)
JOHN JAMES

Claudia Blaisdel (1981–1986)
PAMELA BELLWOOD

Sammy Jo Dean
HEATHER LOCKLEAR

Peter de Vilbis (1983–1984)
HELMUT BERGER

Amanda Carrington (1984–1986)
CATHERINE OXENBERG

Amanda Carrington (1986–1987)
KAREN CELLINI

Dominique Deveraux (1984–1987)
DIAHANN CARROLL

Daniel Reece (1984–1985)
ROCK HUDSON

Lady Ashley Mitchell (1985)
ALI MACGRAW

Joel Abrigore (1985–1986)
GEORGE HAMILTON

King Galen (1985–1986)
JOEL FABIANI

Von ihren Ursprüngen her ist die *soap opera*, die Seifenoper, ein Billigprodukt. Die populären Hörspiel- und später Fernsehserien dieser Gattung zielten auf das zahlenmäßig kleinere Nachmittagspublikum, brachten den Sendeanstalten entsprechend weniger Werbeeinnahmen und wurden folglich mit geringen Etats ausgestattet. Die Produktionsbedingungen prägen denn auch die Ästhetik dieser Serien: Sie müssen mit einem Minimum an Kulissen auskommen, sind textlastig und für gewöhnlich inszenatorisch schlicht gestrickt. Vereinzelt waren *soaps* bereits in den sechziger Jahren auch im Hauptabendprogramm zu sehen, zum Beispiel die Serie PEYTON PLACE (USA 1964–1969), die Schauspieler wie Mia Farrow und Ryan O'Neal weithin bekannt mach-

te. Erst Ende der siebziger Jahre aber entstanden die Luxusausgaben: Die DALLAS-Episoden wurden auf 35-mm-Material gedreht und gediegen ausgestattet, jede einzelne kostete 700 000 Dollar und damit das Siebenfache einer handelsüblichen *daytime*-Episode. Die DENVER-CLAN-Produzenten trachteten von vornherein danach, den Mitbewerber durch großes Gepränge zu übertrumpfen, und stellten für jede Episode 1,2 Millionen Dollar zur Verfügung. Vorrangig investierte man in die Optik; Requisiteure und Kostümbildner litten keinen Mangel. Die Satinlaken in den Luxusboudoirs waren genauso echt wie die Blumen an den Wänden und der Kaviar, den die Protagonisten zu löffeln pflegten. Der Modeschöpfer Nolan Miller schneiderte für die Damen des Ensembles kostbare

Außerdem:
Deborah Adair, Richard Anderson, Stephanie Beacham, Kabir Bedi, Theodore Bikel, Jon Cypher, James Farentino, Terri Garber, Ted McGinley, Ricardo Montalban, Michael Praed, Richard Hatch, Tracy Scoggins, Billy Dee Williams, Anthony Zerbe

Beginn der deutschen Erstausstrahlung: 27. 4. 1983, ZDF

Creators:
Richard und Esther Shapiro
Spinoff: DIE COLBYS – DAS IMPERIUM (THE COLBYS, USA 1985–1987)

Obwohl gleichzeitig mit der Produktion mehrerer Serien befasst, ließ sich Aaron Spelling jeden Tag das abgedrehte Material zeigen und nahm zudem persönlich die Rohfassungen der einzelnen Folgen in Augenschein.

20 Jahre, bevor sie einander drehbuchgemäß ehelichten und damit einen neuen Zweig der Carrington-Dynastie begründeten, hatten Linda Evans und John Forsythe schon einmal miteinander geliebäugelt: Linda Evans gab ein Gastspiel in der Sitcom BACHELOR FATHER (USA 1957–1962), in der Forsythe den Titelpart innehatte. Später stellte Linda Evans in der Rolle der Audra Barkley in BIG VALLEY

John Forsythe mit Joan Collins

Linda Evans, Joan Collins

Modelle und beeinflußte mit seinem prunk-
vollen *Dynasty-Look* – Hauptmerkmal: über-
bordende Schulterpartien, dazu Pretiosen in
Fülle – nachhaltig die zeitgenössische Haute
Couture.

→ DALLAS und der epigonale DENVER-
CLAN liefen auf konkurrierenden Sendern
und befanden sich im steten Wettstreit um
die vorderen Plätze der Quotenhitparade.
Beide waren zeitweilig immens erfolgreich.
Doch es hätte auch anders kommen können.
In einer frühen Planungsphase war nicht
Larry Hagman, sondern Robert Foxworth für
den Part des Megalumpen J.R. vorgesehen.
Linda Evans, eine Vertragsschauspielerin der
Produktionsfirma Lorimar Telepictures, sollte die Pamela Ewing spielen und als Star der
Serie herausgestellt werden, wurde aber für
zu reif befunden und durch die jüngere Victoria Principal ersetzt. Mit modifiziertem
Konzept ging DALLAS in Serie, verbuchte
zunächst nur magere Sehbeteiligungen,
preschte dann jedoch zur Überraschung der
Branche an die Spitze der Beliebtheitsskala
und rührte sich dort für längere Zeit nicht
wieder weg.

Senderverantwortliche und Produzenten
studierten das erfolgreiche Format und versuchten sich an Kopien. Im Auftrag des Se-
rientycoons Aaron Spelling machten sich
Richard und Esther Shapiro an die Arbeit
und kreierten unter dem vorläufigen Titel
«*Oil*» ihre höchst eigene Variante. Sie übernahmen das konstituierende Element der
via Heirat versippten und dennoch bis aufs
Blut verfeindeten Clans und bevölkerten ihr
Szenario mit einer Reihe von reichlich devi-
anten Gestalten. Der seit DALLAS unerläßliche *cliffhanger* fehlte nicht, und nun war
auch für die inzwischen vertraglich nicht
mehr gebundene Linda Evans eine Rolle
drin, die sich durchaus geneigt zeigte, in
dem pompös aufgezogenen Spektakel mitzuwirken.

Der raffinierteste Zug der Shapiros freilich war es, eine Frau als Negativfigur zu installieren. Aaron Spelling, der die Hauptdarsteller seiner Serien gemeinhin persönlich
auswählt, trug den Part zunächst Sophia Lo-
ren an, doch die italienische Diva wies das
Angebot aus Imagegründen zurück. Zweite
Wunschkandidatin war die Engländerin

(THE BIG VALLEY, USA 1965–1969)
ihre Sattelfestigkeit unter Beweis;
recht kurzlebig war hingegen ihre
Agententätigkeit im Rahmen der Ge-
heimdienstserie HUNTER (USA 1977).
1989 gehörte sie zum Ensemble der
Historiensaga FACKELN IM STURM
(NORTH AND SOUTH, BOOK II, USA
1989).

Weitgehend unerkannt war John
Forsythe an einem weiteren großen
Serienhit beteiligt: Er sprach den Text
des ausschließlich via Telefon zum
Geschehen beitragenden Charlie
Townsend in DREI ENGEL FÜR CHARLIE
(CHARLIE'S ANGELS, USA 1976–1981).
Die prominentesten Gaststars der
Serie waren Ex-Präsident Gerald Ford
nebst Gattin Betty und Henry Kissin-

ger, die in einer im Dezember 1983
ausgestrahlten Episode als Ballgäste
auftraten.

Die weitläufige Residenz der Carringtons steht mitnichten in Denver, sondern in der südlichen Umgebung San
Franciscos.

Linda Evans und John Forsythe

Joan Collins mit ‹Feindbild›

Joan Collins, die bereits in dem von ihrer Schwester Jackie geschriebenen Softsexfilm DIE STUTE (THE STUD, GB 1977) und der Fortsetzung LADY DIAMOND (THE BITCH, GB 1979) aufs glaubwürdigste eine ausgemachte Kanaille verkörpert hatte. Auch sie gab sich anfangs skeptisch, zumal ihr die bereits angelaufene Serie völlig unbekannt war, fand aber nach weiteren Gesprächen Gefallen an der Rolle der durchtriebenen Intrigantin Alexis Carrington. Sie sagte zu, und Spelling hatte *die* Darstellerin, die als «das Biest» zum eigentlichen Clou und zur Zugnummer der Serie werden sollte. In der letzten Folge der '81er Staffel trat sie erstmals in Erscheinung: Blake Carrington wird bezichtigt, den Lebensgefährten seines homosexuellen Soh-

nes ermordet zu haben, und steht als Angeklagter vor Gericht. Die Staatsanwaltschaft ruft eine bislang unbekannte Zeugin auf – und herein rauscht – ganz in Schwarz, das Gesicht verschleiert – Alexis, die von ihrem Ex-Gatten Blake gedemütigte und seither auf Vergeltung erpichte, buchstäblich männermordende Rachegöttin.

Der Glamour, die Extravaganz, die gleichsam aristokratische Noblesse waren bereits da, aber erst die überlebensgroße Figur der Alexis brachte der Serie den gewünschten Erfolg. «Als Joan dazukam, veränderte sich die ganze Serie», wußte Al Corley Jahre später zu berichten. Insbesondere das weibliche Publikum ergötzte sich daran, wie dieses umwerfend attraktive Scheusal lustvoll manipulier-

---

1992 drehten Al Corley und Horst Königstein für den NDR eine aufschlußreiche zweiteilige Dokumentation über die Stars des DENVER-CLAN und deren weiteren Werdegang. Der Film trug den Titel: DENVER-CLAN OHNE MASKE. EINE FAMILIENGESCHICHTE.

Zitat:
«... the most important thing for an actor to have is likability. Barbara Stanwyck has it, and Angela Lansbury. John Forsythe has marvelous likability. Linda Evans? How can you hate Linda Evans?»
AARON SPELLING

Literatur:
Gabriele Kreutzner: Next Time On Dynasty. Trier 1991

Fanclub:
Joan-Collins-Fanclub
c/o Paul Keylock
16 Bulbecks Walk, S. Woodh. Ferrers
Chelmsford, Essex CM3 5ZN
Großbritannien

Al Corley, Linda
Evans, John Forsythe

Gordon Thomas,
Joan Collins

Joan Collins

Rock Hudson, Linda
Evans und Allegree

te, manövrierte und molestierte, nach Gutdünken mit den Kerlen umsprang und sich in der Geschäftswelt wie auf gesellschaftlichem Parkett souverän behauptete. Namentlich auf die Rivalin Krystle hatte sie es abgesehen. Mehr als einmal trugen die beiden streitbaren Damen ihren fortwährenden Zwist handgreiflich aus und landeten dabei schon mal fauchend und balgend im Gartenteich oder im Morast.

Wie ihre Mitbewerber in DALLAS, trieb es die Denver-Kamarilla zusehends wüster. Immer neue Figuren wurden eingebracht, die Verwandtschaft der Carringtons wuchs durch den Zulauf verschollen geglaubter Familienmitglieder mählich ins Unermeßliche. Unerhörte Szenen spielten sich ab, so anläßlich der Hochzeit Amanda Carringtons mit dem moldawischen Prinzen Michael, als der Festakt von gefühllosen Guerilleros rüde unterbrochen und nahezu alle Gäste mit Maschinengewehren niedergemäht wurden, was die Besetzungsliste auf Anhieb drastisch reduzierte. In dem Maße, wie der Unfug zunahm, ließ allerdings das Publikumsinteresse nach. Schließlich war die Serie ob der hohen Produktionskosten nicht mehr zu hal-

ten. Mit einem aberwitzigen Schlußakkord setzten die Autoren dem Wahnsinn ein Ende: In der letzten Episode suchen Fallon und Krystina Carrington in einem Tunnel nach einem Nazi-Schatz und werden verschüttet, Adam schubst Alexis samt Ehemann Dexter über die Balkonbrüstung, Blake liefert sich eine wilde Schießerei mit einem korrupten Polizisten. Somit schien sich das im Originaltitel anklingende Menetekel erfüllt zu haben: «DIE NASTY». Kaum aber wähnte man die samt und sonders verhaltensgestörte Sippschaft sicher im Jenseits, initiierte Aaron Spelling ein neuerliches Familientreffen unter dem Titel DENVER – DIE ENTSCHEIDUNG (DYNASTY: THE REUNION, USA 1991; Gaststar: Jeroen Krabbé). Unversehens weilten längst totgeglaubte Figuren wieder unter den Lebenden, selbst Al Corley, der die Serie 1982 im Streit verlassen hatte, zog erneut in eines der 48 Zimmer des feudalen Carrington-Anwesens. Abermals hagelte es Anwürfe, Anschläge und Insinuationen, gab es Kabale, Liebe und Ranküne – und vorsichtshalber, für den Fall weiterer Nachfrage, ein nach allen Seiten offenes Ende …

Department S
GB 1969–1970

Jason King
PETER WYNGARDE
Annabelle Hurst
ROSEMARY NICHOLS

Stewart Sullivan
JOEL FABIANI
Sir Curtis Seretse
DENNIS ALABA PETERS

Pudelfrisur, Handgelenkkettchen, Mongolenschnauz – man hätte ja etwas ahnen können. Aber man war jung und unbedarft und wußte nichts von anderen Ufern noch gar von Bivalenzen. Alle Welt liebte Jason King, den exaltierten Dandy, der rauchzarte Spirituosen zu frühstücken pflegte und dabei für gewöhnlich schon von aparten Frauenleibern umlagert war. Alles Lug, Fadenschein und eitel Gaukelwerk – 1975 wurde der Darsteller dieser Figur wegen eines gleichgeschlechtlichen Zwischenspiels in der Kabine einer öffentlichen Männertoilette zur Anzeige gebracht und im Zuge dessen zu einer Unsittlichkeitstaxe in Höhe von fünfundsiebzig Pfund verurteilt, aber das ist seine Privatangelegenheit und soll uns hier nicht weiter scheren, weil es keinen Deut daran ändert, daß er als Popfigur unsterblich wurde.

Denn Jason King funkelte dermaßen gleißend und buntscheckig, daß es auf die gesamten siebziger Jahre abfärbte. Der Geck war Zentrum und Kapital der britischen Agentenserie DEPARTMENT S. Zwar gab es die beiden Mitstreiter, den tatkräftigen, akkurat gescheitelten Stewart Sullivan und die Computerspezialistin Annabelle Hurst, doch die verrichteten brav ihren Dienst nach Vorschrift und wirkten fade, sobald Jason King die Szenerie betrat. Besagtes DEPARTMENT S

Peter Wyngarde

war eine in Paris stationierte, aber weltweit tätige und ziemlich geheime Sonderabteilung von Interpol. Das Team bekam Fälle übertragen, die als unlösbar galten oder von mysteriösen Umständen begleitet waren. Die Entführung einer kompletten Dorfbevölkerung oder die von der Crew unbemerkte mehrtägige Verspätung eines Linienflugzeugs hätte gewiß auch die Neugier eines gewissen Fox Mulder geweckt. Jason King stellte eine Art Freiberufler dar innerhalb der kleinen Gruppe, die ihre Aufträge von dem dunkelhäutigen Sir Curtis Seretse zugeteilt bekam. Nebenher betätigte sich King als Kriminalschriftsteller und erzielte mit Romanen mit Titeln wie *«High Fashion Murder»* und *«Two Plus One Equals Murder»* ein nicht unerhebliches Nebeneinkommen. In verzwickten Situationen enervierte er seine Kollegen mit

Gaststars:
Alexandra Bastedo, Julian Glover, John Hallam, Anthony Hopkins, Stratford Johns, Sue Lloyd, Kate O'Mara, Philip Stone

Creators:
Monty Berman, Dennis Spooner
Beginn der deutschen Erstausstrahlung: 2. 7. 1971, ARD
Spinoff: Jason King (GB 1971–1972)

Peter Wyngarde wurde 1928 geboren, sein bürgerlicher Name lautet Cyril

Louis Goldbert. Als Sohn eines Diplomaten geriet er in China in die Wirren des Zweiten Weltkriegs; er wurde im Alter von fünf Jahren von den japanischen Besatzern interniert und später eines unbedeutenden Streiches wegen so schwer gefoltert, daß er unter den Folgen lebenslang

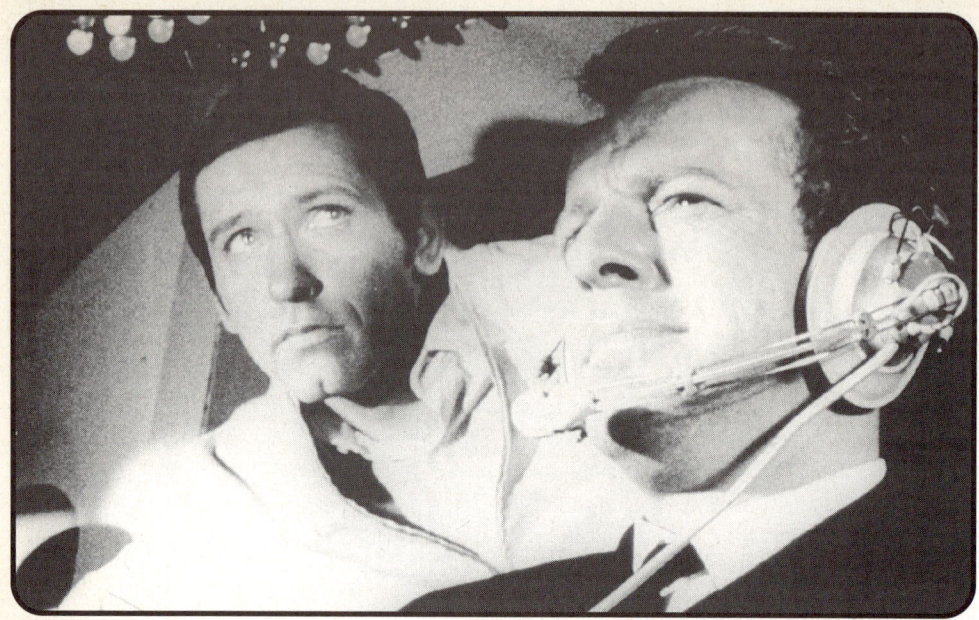

Joel Fabiani und Bernhard Hersfall

dezidiert vorgetragenen Überlegungen, wie denn wohl sein literarisches Alter ego Mark Caine das vorliegende Problem angehen würde. In sehr seltenen Momenten ließ selbst der ansonsten unverwüstliche King Sentimentalität erkennen: wenn die Sprache auf ein tragisches Ereignis aus seiner Vergangenheit kam – er war verheiratet gewesen und hatte seine Frau Marion, eine Schauspielerin, durch ein Flugzeugunglück verloren.

King blieb nie eine Antwort schuldig. Dafür sorgten schon die Autoren der deutschen Synchronfassung, die ihm die seinerzeit so beliebten lachdienlichen Unsinnstexte in den Mund legten, geschliffensten Humbug wie «Gepflegter Bart küßt doppelt zart»

oder «Flossen hoch, Flügel ins Genick und säuberlich hinterm Schwanenhalse gefaltet». Das klang im Plüschohr, um ein weiteres Zitat anzubringen, der begeisterten Jugend, die seither nicht mehr aufgehört hat, sich so oder ähnlich zu artikulieren.

Aber nicht allein im deutschen Sprachraum war die Serie erfolgreich. Das ging zu einem gut Teil auf Peter Wyngardes Konto, lag aber auch an den beiläufigen Abweichungen von der Norm. Ein Angehöriger des britischen Hochadels mit Ritterschlag, traditioneller *Oxbridge*-Ausbildung und schwarzer Hautfarbe war schon eine ungemein kühne Darbietung. Und mit der gleichberechtigt agierenden, technisch versierten Annabelle Hurst präsentierte die Serie eine

zu leiden hatte. Dasselbe Lager war auch Schauplatz des von Steven Spielberg verfilmten, autobiographischen Romans «Im Reich der Sonne» von J. G. Ballard.

1970 wählte Radio Luxemburg Peter Wyngarde zum bestgekleideten Mann Englands.

Joel Fabiani ist US-Amerikaner und kann eine lange Liste von Gastauftritten in beliebten TV-Serien vorweisen. Im Pilotfilm zu → DER CHEF spielte er die Rolle des Dr. Schley. Das Personalverzeichnis von → DALLAS verzeichnet ihn als Alex Ward, und als König Galen von Molravia versorgte er den → DENVER-CLAN mit blauem Blut.

Zitate:
«Allein für Jason Kings Oberhemden ist das Farbfernsehen erfunden worden.» *GEOFF TIBBALLS*

«In meinen Büchern heißt es dann immer: ‹... und sie gaben Fersengeld›.» *JASON KING*

Simone Oates als Taylor (Mitte) triumphiert nach dem gelungenen Goldraub

Peter Wyngarde und Jennifer Hilary

Frauenfigur modernen Typs, der in jenen Tagen beileibe nicht allgegenwärtig war.

Sowohl Hurst als auch der spröde Stewart Sullivan hinterließen eine Lücke, als man Jason King 1971 in der nach ihm benamsten Serie auf Solopfade schickte. Es fehlte der Wettstreitcharakter der gemeinsamen Bemühungen und damit auch der Kontrast für Kings schillernde Erscheinung. Als Alleinunterhalter entbehrte der Snob der Reibefläche, des fortgesetzten Widerhalls eingespielter Ansprechpartner, mit denen er sich launige, auf Kenntnis der Schwächen des anderen basierende Wortgeplänkel liefern konnte.

Der stets sonnig gestimmte Bonvivant Jason King war ein künstliches Wesen, herausgebildet und interpretiert von dem Schauspieler Peter Wyngarde. Nur selten erkennt man in anderen Rollen Wyngardes den affektierten Playboy vom DEPARTMENT S, ja nicht einmal den Darsteller selbst, so man auf die bekannte Fernsehpersönlichkeit abonniert ist. Kaum Ähnlichkeit besitzt etwa die «Nummer zwei» in der Episode «*Checkmate*» der Kultserie → NUMMER SECHS, und auch der finstere Klytus in der Comic-Verfilmung FLASH GORDON (USA 1980) hat mit Jason King allenfalls noch den Hang zur verwegenen Barttracht gemein. Seine Vielseitigkeit entwickelte Wyngarde am Theater, vor DEPARTMENT S und auch danach wieder sein Hauptbetätigungsfeld. In den neunziger Jahren stand der mittlerweile über Sechzigjährige nach wie vor regelmäßig auf der Bühne, als König von Siam in «*Der König und ich*», als George Bernard Shaw in «*Dear Liar*» und als Shylock in einer Fernsehinszenierung von «*Der Kaufmann von Venedig*», bei der er selbst Regie führte.

Derrick
D 1974–1998

Oberinspektor Stephan Derrick HORST TAPPERT	**Kommissar Willy Berger** WILLY SCHÄFER
Inspektor Harry Klein FRITZ WEPPER	**Schröder (1974–1977)** GÜNTHER STOLL

Eine vordringlich zur Klärung anstehende Frage betrifft den doch schon sehr schmerzhaft ins Auge stechenden, desungeachtet bislang höchst unzureichend erörterten Umstand, daß die Trottel, Tröpfe und Tölpel des modernen Unterhaltungsfilms fast schon gesetzmäßig auf den Namen Harry hören. Bereits Sir Hitchcock konzedierte weise, daß es ewig und IMMER ÄRGER MIT HARRY (THE TROUBLE WITH HARRY, USA 1955) geben werde. WER IST HARRY CRUMB? (WHO'S HARRY CRUMB?, USA 1988) war mehr Stoßseufzer als ernstgemeinte Frage, und auch HOLT HARRY RAUS! (LET'S GET HARRY, USA 1986) setzte strammes Versagen des Titelhelden voraus, denn wäre jener nicht so blöd gewesen, sich von kolumbianischen Häschern fangen zu lassen, hätte es für das beherzte Eingreifen seiner wagemutigen Kumpane keinerlei Notwendigkeit gegeben.

Die Liste ließe sich ins schier Unendliche fortsetzen. Demnach lag Herbert Reinecker onomatologisch absolut richtig, als er seinerzeit den stets willfährigen Büttel zunächst Kommissar Kellers, später Stephan Derricks auf den Namen Harry taufte. Harry Kleins devote Assistententätigkeit war denn auch ein eingeschliffener Topos der Serie DERRICK. Stand eine neue Ausgabe auf dem Programm, lauerten Millionen von Zuschauern auf Sätze wie: «Harry, die Wagen sollen sich fertig machen.» Wen wundert da noch, daß Fritz Wepper, der Darsteller dieser gedemütigen Kreatur, zeitweise nur mit euphorisierenden Drogen über die Runden kam und als Naseweiß vom Dienst Schlagzeilen machte. Auch daß Harry Klein in der Episode «Mädchen in Angst» (1987) eines Mordes verdächtigt wird, verwundert wenig – derartige Mißgeschicke können halt nur einem Harry zustoßen.

Harry Kleins Ansprechpartner Horst Tappert hingegen «ist als Derrick ein beinahe stilisierter Ruhepol. Um ihn herum geht Emotionalität ungeheuer spontan vonstatten. Da gibt es Schnitte wie bei Cassavetes, wo Gefühle abgebrochen werden und wo nach dem Schnitt ein ganz anderes Gefühl da ist», so die Ermittlungsergebnisse des Autorengespanns Stefan Ertel und Rainer Knepperges, zu Protokoll gegeben in einem Beitrag für die Zeitschrift ‹filmwärts› (Nr. 31/1994). Indessen die Gefühle dermaßen herzlos abgebrochen werden, richten Herbert Reineckers nachahmliche Dialoge den darob schier verzweifelnden Zuschauer geschwind wieder auf. Gleich seinem Vorbild Georges Simenon möchte Reinecker auf die Psychologie seiner

Gaststars:
Helga Anders, Klaus Behrendt, Anne Bennent, David Bennent, Heinz Bennent, Iris Berben, Klaus Maria Brandauer, Arthur Brauss, Horst Buchholz, Mathieu Carrière, Sybil Danning, Rosemarie Fendel, Uwe Friedrichsen, Cornelia Froboess, Götz George, Uschi Glas, Vadim Glowna, Mascha Gonska, Raimund Harmstorf, Sascha Hehn, Jochen Horst, Hannes Jaenicke, Curd Jürgens, Helmut Käutner, Wolfgang Kieling, Reinhard Kolldehoff, Doris Kunstmann, Heiner Lauterbach, Karl Lieffen, Klaus Löwitsch, Helmuth Lohner, Florian Martens, Frederic Meisner, Armin Mueller-Stahl, Jan Niklas, Uwe Ochsenknecht, Svenja Pages, Lilli Palmer, Tommi Piper, Andrea Rau, Siegfried Rauch, Katja Rupé, Maria Schell, Rolf Schimpf, Roswitha Schreiner, Ingrid Steeger, Günter Strack, Dana Vavrova, Gila von Weitershausen, Bernhard Wicki, Ute Willing, Klausjürgen Wussow, Hans Zischler, Gundis Zambo

Fritz Wepper, Horst Tappert mit Maria Becker

Fritz Wepper, Helmut Ringelmann, Horst Tappert und Willy Schäfer

Figuren hinaus und, so eröffnete er der DER-RICK-Mono- und Biographin Katrin Hampel, den Menschen beschreiben – «im Kampf mit sich selbst, in einem Kampf, für den er nicht ausgebildet ist und den er nicht gewinnen kann und den er, so ist zu fürchten, nie gewinnen wird». Folglich macht sich der En-gros-Schreiber, der bereits im Unterhaltungsapparat der Nationalsozialisten einschlägig tätig war, intensiv Gedanken über sein Personal, vergeudet aber nicht viel Zeit mit Notizen und Entwürfen, sondern schreibt die ihn anfliegenden Ideen scheint's direkt in die grad fälligen Dialogpassagen. Stellt sich ihm beispielsweise die Frage, ob das Mordopfer nur Kollege oder doch auch Freund des Zeugen war, hört sich das später so an:

Zeuge: «Sie wollten mich sprechen?»

Derrick: «Ja. In Zusammenhang mit der Ermordung ihres Kollegen. Ihres Freundes? Kann man das auch sagen?»

Zeuge: «Ja.»

Derrick: «Eines sehr guten Freundes, nicht wahr? Also ihres sehr guten Freundes ...»

Im Schnitt wurden zehn Millionen Zuschauer Zeugen dieser perfiden Verhörmethoden. Etwa zwei Drittel von ihnen waren über 50 Jahre alt, und offenbar dachte der 1914 geborene Herbert Reinecker beim Schreiben vor allem an die Menschen seiner Generation, wenn er selbst unwichtigste Details von den Schauspielern vier- bis fünfmal oder öfter wiederholen ließ. Obendrein war diese Form der Dialogführung für den Auslandsverkauf – knapp 100 Länder übernahmen die Serie – sehr von Nutzen, taugt sie doch prächtig zur Aufbesserung der Deutschkenntnisse. In Ländern wie Schweden oder den Niederlanden wird DERRICK im Original mit landessprachlichen Untertiteln ausgestrahlt, so daß die für Reinecker typischen repetitiven Passagen dem Fremdsprachenstudium unmittelbar zuträglich sind. Claus Legal, der zuständige ZDF-Redakteur,

Creators:
Helmut Ringelmann und Herbert Reinecker
Beginn der deutschen Erstausstrahlung: 20. 10. 1974, ZDF

Das Wort «Derrick» stammt aus dem Englischen und bezeichnet einen Montagekran oder Bohrturm. Der Begriff geht zurück auf einen erfin-dungsreichen Henker, der seiner Tätigkeit im London des frühen 17. Jahrhunderts nachging und sich um die Weiterentwicklung des Galgens verdient machte. Bereits in einer der letzten KOMMISSAR-Episoden gab es eine Figur namens Derrick. Der Name überlebte, die Filmgestalt, gespielt von Sky Dumont, nicht.

Die Musik des Pilotfilms «Waldweg» schrieb Kultkomponist Peter Thomas.

Im August 1996 gelangte in Köln das Theaterstück «Verlorene Herzen» zur Aufführung, das auf den Drehbüchern der DERRICK-Episoden «Waldweg» und «Eines Mannes Herz» basierte. Den Part des wackeren Ermittlers übernahm Thomas Franke.

Fritz Wepper, Horst Tappert, Ekkehardt Belle

Walter Renneisen, Horst Tappert

rühmte in einer Pressemitteilung: «Auch bei Lehrern und Schülern Belgiens etwa, so ist uns bekannt geworden, stehen die Kriminalstories aus dem Nachbarland als fesselnder Fremdsprachenstoff hoch im Kurs.» Was Legal, völlig ironiefrei, als großes Kompliment für den Drehbuchautor auffaßte.

Seit dem 20. Oktober 1974 residierte Stephan Derrick in Zimmer 316 im dritten Stock des Münchner Präsidiums. Notwendig wurde seine Indienstnahme durch die absehbare Pensionierung des Erfolgsaufklärers Keller aus der Serie DER KOMMISSAR (BRD 1969–1976), auch er, wie DERRICK, ein Geschöpf der kriminogenen Vereinigung Helmut Ringelmann und Herbert Reinecker. Die neue Figur war in einem frühen Entwicklungsstadium als Antipode zur stoischen Beamtenseele Keller angelegt gewesen. Von eher legerem Naturell sollte er sein, sportiv und intelligent und in einem vom Beamtenrecht gerade noch gedeckten Maße zur Unpünktlichkeit neigen. Schließlich wurde Derrick aber doch wieder ein vorbildlicher Amtmann mit BMW, Rolex und A-10-Besol-

dung. Als Hauptdarsteller verpflichtete Produzent Ringelmann den seit dem Dreiteiler DIE GENTLEMEN BITTEN ZUR KASSE (BRD 1966) als Gentleman-Verbrecher bekannten Horst Tappert, der sich in seiner neuen Rolle sehr bedeckt gab, mit einem silbergrauen Toupet bedeckt nämlich, und über die Jahre eine Hamsterbackenphysiognomie herausgebildet hatte, die er mit kukidentalem Charme feilzuhalten verstand. Zum Zwecke medialer Starthilfe wurde Harry Klein aus der Serie DER KOMMISSAR in Derricks Hauptkommissariat versetzt, um fürderhin dem Neuling zu Willen zu sein, ein in der deutschen Fernsehkrimigeschichte bis dahin einmaliger Vorgang, der umgehend das gewünschte Presseecho hervorbrachte.

Die einzelnen Episoden der zeitweilig unter dem Arbeitstitel «Wege des Verbrechens» firmierenden neuen Serie sollten sich in Länge und Format vom Parallelläufer DER KOMMISSAR unterscheiden: «Ich wollte», erinnert Reinecker in seinen Memoiren, «eine Kriminalserie verfassen, die gegen das Muster lief. Ich wollte den Mörder nicht ent-

Horst Tappert selbst inszenierte einige DERRICK-Episoden und wurde für seine künstlerischen Leistungen als Schauspieler und Regisseur unter anderem mit dem von Kritikern und Publikum vergebenen Fernsehpreis der italienischen Zeitschrift ‹TV-Radiocorriere› ausgezeichnet.

Der mehrfache DERRICK-Gaststar

Pierre Franckh wollte partout auch in der letzten Episode mitwirken und verzichtete im Verfolg dessen sogar auf seine Gage.

Rund um Derricks letzten Auftritt am 16. 10. 1998 gestaltete das ZDF ein Ehrenprogramm sondergleichen. Ob FRONTAL oder ASPEKTE, kaum eine Redaktion des Hauses ließ dieses

Jahrhundertereignis außer acht. Beschlossen wurde die grandiose Verabschiedung mit GOOD-BYE, DERRICK!, einer «Überraschungsparty für Deutschlands populärsten Polizisten» unter Rädelsführerschaft Thomas Gottschalks, ergänzt um die von Fritz Wepper ungleich besinnlicher moderierte LANGE DERRICK-NACHT.

Horst Tappert, Willy Schäfer, Fritz Wepper

Gila von Weitershausen, Horst Tappert

Ernst Schröder, Horst Tappert, Maria Singer

Horst Tappert, Inge Meysel, Susanne Uhlen

decken wie die verborgene Figur in einem Vexierbild, sondern ich wollte ihn von Anfang an bekannt sein lassen, um so die volle Mörder-Menschen-Welt aufzudecken.»

Reinecker läßt unerwähnt, daß diese Idee in der US-Serie COLUMBO (USA 1971 –) bereits gekonnt und mit großem Erfolg praktiziert wurde. Eine starke Vorgabe, der der Deutsche nicht beizukommen vermochte, zumal statt der vormals geplanten 90 Minuten letztlich doch nur 60 zur Verfügung standen. Das Publikum verschmähte die ersten Folgen, die Kritik lehnte ab: «Wenn Tappert seinen Hundeblick hat, weiß der Betrachter am Bildschirm: Jetzt kommt das große Halali. Ansonsten Kommunikation aus Papier; die Comic-Blasen zu Gesprächs-Partikeln erweitert», monierte Walter Jens 1975 in der ‹Zeit›.

Auch der von COLUMBO übernommene, in der deutschen Version freilich stets frisch aufgebügelte Trenchcoat vermochte das Schema nicht zu retten. So ging's zügig zurück in gewohnte Bahnen, und mit der Revision kam letztlich der Erfolg. Gerade der mechanische Handlungsablauf, die expressive Inszenierung und die bis an den Rand der Erträglichkeit redundanten Dialoge brachten der Serie mit der Zeit eine Fangemeinde

ein, deren jugendliche Angehörige gern auch mal eine «Derrick Kunstledermantel Party» auf die Beine stellten.

Besondere Aufmerksamkeit verdienen zudem die Besetzungen namentlich der frühen Staffeln, in denen nicht selten Stars von Weltrang auf Ikonen des deutschen *exploitation*-Kinos trafen. Katrin Hampel stellt in ihrer DERRICK-Monographie die gewagte These auf, der Niedergang des internationalen Films sei einer der Gründe gewesen für den immensen Erfolg der Serien DER KOMMISSAR und DERRICK. Straff faßt die forsche Autorin die Entwicklung des deutschen Films zusammen: «Schulmädchen jodelten freizügig Liebesgrüße, trieben damit die Zuschauer regelrecht in die heimische Gemütlichkeit des Pantoffelkinos.» Dort aber trafen sie, sofern sie zu den DERRICK-Zuschauern gehörten, auf Filmschaffende, die ihnen, glaubt man Hampel, soeben noch den Kinobesuch laut jodelnd verleidet hatten: Schauspielerinnen und Schauspieler wie Helga Anders, Ekkehardt Belle, Uschi Buchfellner, Sybil Danning, Mascha Gonska, Ilona Grübel, Raimund Harmstorf, Sascha Hehn, Marion Kracht, Heiner Lauterbach, Andrea Rau, Beatrice Richter, Anja Schüte, Ingrid Steeger, Friedrich von Thun. Sie, wie manch andere

Fritz Wepper,
Horst Tappert,
Siegfried Lowitz

Horst Tappert,
Herbert Stass

der auf diesem Gebiet besonders fleißige Franz X. Lederle (DREI OBERBAYERN AUF DIRNDLJAGD, BRD 1975; KREUZBERGER LIE-BESNÄCHTE, BRD 1980).

1998 durfte Derrick, auf speziellen Wunsch des seiner Rolle überdrüssigen Horst Tappert, den verdienten Ruhestand an-treten. Trotz engagierter Bemühungen sei-tens vieler Fans wurde Harry Klein nicht sein offizieller Nachfolger. Vielmehr entschied sich das ZDF für eine neue Serie mit dem Ti-tel SISKA, die am 30. 10. 1998 Premiere hatte. Darsteller der Titelfigur Peter Siska war der 1958 geborene Peter Kremer. «Peter Kremer als SISKA», so ZDF-Fernsehspielchef Hans Jan-ke in einer Pressemitteilung, «ist eine fabel-hafte Figur, ein Mann von heute, aber alles andere als modisch. Produzent Helmut Rin-gelmann hat einen sehr guten Griff getan.»

Gastdarsteller, hatten teils Beträchtliches für das Freikörpergenre geleistet, desglei-chen die DERRICK-Regisseure Zbynek Brynych (O HAPPY DAY/HEISSE TEENS AUS GUTEM HAUSE, BRD 1970), Alfred Vohrer (HERZBLATT, BRD 1969) und Alfred Weiden-mann (DAS FREUDENHAUS, BRD 1971), nicht zuletzt die Kameraleute Heinz Hölscher (LIE-BESJAGD DURCH SIEBEN BETTEN, BRD 1973; ALPENGLÜHN IM DIRNDLROCK, BRD 1974) und

Literatur:
Katrin Hampel: Das große Derrick Buch. Berlin 1995
C. Legal / H.-W. Saure: Harry, hol schon mal den Wagen. München 1998
Laura Morretti: Die Derrick-Story. Der offizielle Bildband. Nürnberg 1998
Herbert Reinecker: Ein Zeitbericht unter Zuhilfenahme des eigenen
Lebenslaufs. Erlangen / Bonn / Wien 1990
Ricarda Strobel: Herbert Reinecker – Unterhaltung im medialen Produkt-verbund. Heidelberg 1992
Horst Tappert / Hans Heinrich Ziemann: Derrick und ich – meine zwei Leben. München 1998

Fanclub:
1. Derrick Fanclub Deutschland
Brunnengasse 1
74821 Mosbach

Detektiv Rockford: Anruf genügt
The Rockford Files
USA 1974–1980

Jim Rockford JAMES GARNER	**Evelyn «Angel» Martin** STUART MARGOLIN	**Lance White** (1979–1980) TOM SELLECK
Joseph «Rocky» Rockford NOAH BEERY JR.	**John Cooper** (1978–1979) BO HOPKINS	**Megan Dougherty** KATHRYN HARROLD
Detective Dennis Becker JOE SANTOS	**Lt. Alex Diehl** (1974–1976) TOM ATKINS	**Gandy Fitch** ISAAC HAYES
Beth Davenport (1974–1978) GRETCHEN CORBETT	**Lt. Doug Chapman** (1976–1980) JAMES LUISI	

Wer Agonie sagt, muß auch Begonie sagen, und wer von den Rockford-Fällen spricht, darf über MAVERICK (USA 1957–1962) nicht schweigen. Besagte Serie entstand in einer Periode, in der die meisten Fernsehkameras gen Westen ausgerichtet waren und Viehtreiber, Revolverhelden wie auch Waldläufer die Serienlandschaft bevölkerten. Roy Huggins behagte jedoch das gängige Rein-raus-Spielchen – rein in die fremde Stadt, für Ordnung sorgen, raus aus der fremden Stadt – nicht sonderlich. Er entwarf einen Westernhelden ganz neuer Art: Bret Maverick war ein charmanter Taugenichts, arbeitsscheu, egoistisch, schnoddrig und vorlaut, aber schleunigst auf dem Fluchtweg, sobald körperliche oder bewaffnete Auseinandersetzungen drohten. In MAVERICK wurden die gängigen Westernklischees handfest umgekrempelt und zielgenau verulkt; einige Episoden parodierten zeitgenössische Publikumserfolge wie → RAUCHENDE COLTS – aus GUNSMOKE wurde GUNSHY –, → POLIZEIBERICHT und → BONANZA. Mitunter liefen dem schlitzohrigen Filou sogar Protagonisten anderer Serien über den Weg.

In James Garner, einem noch unbekannten Vertragsschauspieler der Warner Brothers Studios, fand Huggins einen Darsteller, der genügend Selbstironie und komödiantisches Talent mitbrachte und überdies willens war, sich auf die von der handelsüblichen Westernnorm gehörig abweichende übermütige Travestie einzulassen. Er tat recht daran, denn zur Überraschung aller setzte sich MAVERICK gegen starke Konkurrenzprogramme durch und wurde ein Publikumserfolg. Garner freilich profitierte davon zunächst wenig. Er war durch einen für ihn höchst unvorteilhaften Vertrag auf eine niedrige Gage festgelegt und obendrein fest an die Produktion gebunden. Um einen Präzedenzfall zu vermeiden, verweigerte das Studio kategorisch jedes Entgegenkommen. Daraufhin erstritt sich Garner vor Gericht das Recht, aus dem Knebelvertrag auszusteigen. Bret Maverick machte sich endgültig aus dem Staub und überließ das Schußfeld

Gaststars:
Ned Beatty, Jill Clayburgh, Jackie Cooper, Joseph Cotten, Leif Erickson, Linda Evans, Paul Michael Glaser, Sharon Gless, Larry Hagman, Veronica Hamel, Ed Harris, Cleavon Little, Gerald McRaney, Strother Martin, Rita Moreno, Roger E. Mosley, Diana Muldaur, Tony Musante, Stefanie Powers, Rob Reiner, Ron Silver, Rick Springfield, Susan Strasberg, Joan Van Ark, Lindsay Wagner, M. Emmet Walsh, Dionne Warwick, Robert Webber, James Woods, Burt Young

Creators:
Roy Huggins und Stephen J. Cannell
Beginn der deutschen Erstausstrahlung: 11. 3. 1976, ARD
Spinoff: RICHIE BROCKELMAN, PRIVATE EYE (USA 1978)

Aus gesundheitlichen Gründen zog sich James Garner 1980 aus der kräftezehrenden Serienproduktion zurück. Mit dem TV-Movie ROCKFORD – I STILL LOVE L.A. kehrte der Publikumsliebling Jim Rockford 1994 auf den Bildschirm zurück. 18 Millionen Zuschauer fanden das Grund genug, ihre Geräte einzuschalten.

Joe Santos, James Garner, Stuart Margolin

seinen Brüdern Bart (Jack Kelly) und Brent (Robert Colbert) sowie Cousin Beau (Roger Moore).

Die Fernsehserie hatte Garner einen hohen Bekanntheitsgrad eingebracht, der ihm nun zu einer passablen Karriere als Kinostar verhalf. Erst 1971 wandte er sich wieder dem Fernsehen zu und produzierte mit seiner Firma *Cherokee Productions* die Westernserie NICHOLS (USA 1971). Er selbst übernahm die Hauptrolle, Kostars waren Stuart Margolin und Margot Kidder. Die zu Beginn des 20. Jahrhunderts angesiedelte Serie blieb erfolglos, wurde aber quasi zum Bindeglied zwi-

Neben Produzent Stephen J. Cannell und den Ensemblemitgliedern James Garner und Stuart Margolin betätigten sich auch die Schauspielerkollegen James Coburn, Jackie Cooper, Richard Crenna und Dana Elcar als Regisseure. Margolin und Garner waren einander über die Serienarbeit hinaus verbunden und arbeiteten auch bei anderen Projekten zusammen, so bei dem TV-Drama DER LANGE SOMMER DES GEORGE ADAMS (THE LONG SUMMER OF GEORGE ADAMS, USA 1982). Margolin führte Regie, Garner spielte die Titelrolle und zeichnete als Produzent verantwortlich.

1977 erhielt James Garner für seine Darstellung des Jim Rockford einen Emmy in der Kategorie «Bester Schauspieler». Stuart Margolin wurde 1979 und 1980 als bester Nebendarsteller prämiert.

Im Mai 1975 rangierte das Titelthema der Serie auf den oberen Plätzen der US-Hitparaden.

Mit dem dreiundzwanzigjährigen Nachwuchsermittler Richie Brockelman (Dennis Dugan) trat in einigen Episoden eine jugendlich-forsche

James Garner und Tony Musante

James Garner

James Garner

schen MAVERICK und DETEKTIV ROCKFORD: ANRUF GENÜGT. Nach dem Vorbilde Mavericks war auch Nichols ein durchtriebener Hasardeur und Schwerenöter, der – wie hernach der ihm seelenverwandte Jim Rockford – dem Pazifismus anhing und konsequenterweise niemals eine Waffe trug, obwohl er das nicht ungefährliche Amt eines Sheriffs innehatte.

Das Serienkonzept zu DETEKTIV ROCK-FORD: ANRUF GENÜGT entstand unter Federführung des Produzenten Roy Huggins, der außer MAVERICK bereits Serienklassiker wie → AUF DER FLUCHT und → 77 SUNSET STRIP auf den Weg gebracht hatte. James Garner alias «Mr. Cult TV» (John Javna) fungierte als Koproduzent, auch Stuart Margolin war erneut mit von der Partie. Wie bereits seine Vorfahren Maverick und Nichols, so gehört auch Jim Rockford zur Gilde der Spiegelfechter und Roßtäuscher und operiert vorzugsweise mit gefälschten Identitäten. Behufs dessen trägt er stets ein gemischtes Blatt verschiedenartiger Visitenkarten mit sich herum. Sogar mit Knastbonus kann er aufwarten – er verbrachte fünf Jahre in San Quentin

für einen Bankraub, den er freilich nicht begangen hatte. Seit seiner Begnadigung haust er in einem Mobilheim am Strand von Malibu und hält sich mühsam als Privatdetektiv über Wasser. Ein Anrufbeantworter ersetzt ihm die Sekretärin; obligatorisch beginnt jede Episode mit dem Klingeln des Telefons und dem Rapport: «Hier Jim Rockford. Bitte Ihren Namen, Rufnummer und Ihre Nachricht. Ich rufe zurück.» Statt eines lukrativen Auftrages jedoch speichert das geduldige Gerät im Regelfall schlechte Nachrichten nach Art der folgenden: «Hier ist der Globe Verlag. Wir danken Ihnen für Ihren ausführlichen Brief. Die restlichen 29 Bände sind jedoch bereits an Sie abgegangen. Die Rechnung liegt bei.»

Aus Erfahrung begegnet Rockford der Polizei mit ausgesprochenem Mißtrauen, was weitgehend auf Gegenseitigkeit beruht. Einzige Ausnahme: der ewig mißgelaunte Sergeant Dennis Becker, der Rockford hie und da mit vertraulichen Informationen weiterhilft, dabei aber kaum einmal darauf verzichtet, seiner tiefsitzenden Abneigung gegen Privatschnüffler und andere Amateure

---

Ausgabe des auf Grund langjähriger Beanspruchung bereits ein wenig zerrauft wirkenden Jim Rockford in Erscheinung. 1978 wurde der junge Mann in die Selbständigkeit entlassen, doch die nach ihm benannte Serie hielt sich gerade mal sechs Monate im Programm.

Stephen J. Cannell gab Joseph Rockford den Vornamen seines eigenen

Vaters und ließ auch dessen Charakterzüge in die Figur einfließen.

Zitat:
«Ich brauchte nicht zweimal zu überlegen, um mich für ROCKFORD zu entscheiden. Ich bin kein heldenhafter Typ und halte auch nicht viel von heldenhaften Typen. Das ist der Grund, warum ich diese Figur so liebe.»
JAMES GARNER

Literatur:
David Martindale: The Rockford Phile. Las Vegas 1991

Fanclub:
The Cannell Files
c/o Debbie Okoniewski
4951 Cherry Avenue # 83
San Jose, CA 95118
USA

James Garner

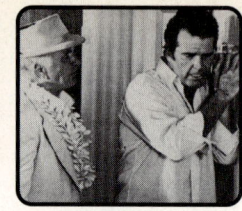

Noah Beery und James Garner

unmißverständlich Ausdruck zu verleihen. Weitere Tatbeteiligte sind Rockfords Vater Joseph, genannt *Rocky*, der seinen stets bis zur Halskrause verschuldeten Sohn zu gern in einem solideren Beruf sähe; ferner Rockfords früherer Zellengenosse Angel Martin, ein Windhund und notorischer Betrüger, der, anders als Rockford, bei seinen zwielichtigen Unternehmungen keinerlei Skrupel kennt.

Mit einem Aspekt seines Berufes kann Rockford sich ganz und gar nicht anfreun-den: der Ausübung von Gewalt. Sein Revolver ist in einer Zuckerdose versteckt, und dort bleibt er auch die meiste Zeit. Leider teilen Rockfords Gegenspieler diese vorbildliche Einstellung nicht, und so fängt sich Rockford im Verfolg seiner Mandatur immer wieder Dresche, mitunter sogar Schußverletzungen ein. Weniger schmerzhaft, aber gleichfalls unangenehm sind seine regelmäßigen Inhaftierungen, Resultat seines einzigartigen Talents, immer zur falschen Zeit am falschen Ort zu sein. In solchen Fällen immerhin ist ihm die Anwältin Beth Davenport eine verläßliche Stütze. Damit nicht genug der Kalamitäten – oft genug bleiben Rockfords Klienten ihrem rettenden Engel das vereinbarte Honorar von 200 Dollar pro Tag plus Spesen schuldig, was dieser für gewöhnlich mit Duldermiene und einem lakonischen Spruch zu quittieren pflegt.

Dezernat M M Squad
USA 1957–1960

Lt. Frank Ballinger	Captain Grey
LEE MARVIN	PAUL NEWLAN

Wes Geistes Kind Lieutenant Frank Ballinger ist, macht schon der Vorspann deutlich. Da nimmt er kalten Blutes Deckung im Schutze eines Automobils, zieht blank und feuert, was die Kammern seiner stupsnasigen Smith & Wesson hergeben. Auch sieht man ihn gelegentlich drohgebärdig mit einer Maschinenpistole hantieren, und in diesen Momenten unterscheidet er sich rein optisch recht wenig von den Sendboten der Unterwelt, die zu bekämpfen ihm von Amts wegen aufgetragen ist.

Ballinger arbeitet als Ermittler beim Morddezernat der Stadt Chicago, und er verrichtet seinen Beruf mit einer an Fanatismus grenzenden Hingabe. Obschon ein ähnlich harter Knochen, ist er kein Teamspieler wie beispielsweise der Kollege Holbrook aus → KEIN FALL FÜR FBI (THE DETECTIVES, USA 1959–1962). Vielmehr hat es etwas Manisches, wenn Ballinger zur Verbrecherjagd antritt – er zögert aber auch nicht den Bruchteil einer Sekunde, den Abzug seiner Waffe durchzuziehen; Autoverfolgungsjagden und Schlägereien betreibt er mit nachgerade selbstmörderischer Einsatzfreude. Seine Gegenspieler sind häufig Schwerverbrecher mit soziopathischem Einschlag – «verrückte Killer, verrückte Kidnapper und Verrückte, die schwangere Frauen mit Kleiderbügeln würgen» (William L. DeAndrea).

Lee Marvin

DEZERNAT M basierte auf der Idee, die Lakonik der rauh verschalten Privatdetektive aus den Groschenromanen samt ihrer literarischen Nachfahren mit der Realitätsnähe des Publikumserfolgs → POLIZEIBERICHT zu kombinieren. Wie Sergeant Friday kommentierte auch Ballinger das jeweilige Geschehen aus dem Off, ein nicht zuletzt der Kürze der Sendezeit und den daraus resultierenden dramaturgischen Beschränkungen geschuldetes Verfahren. Wo ein Friday aber al-

Gaststars:
Charles Aidman, Joanna Barnes, Robert Fuller, DeForest Kelley, Ruta Lee, Ed Nelson, Leonard Nimoy, Burt Reynolds
Beginn der deutschen Erstausstrahlung: 20. 4. 1966, ZDF

Die Leser der Programmzeitschrift ‹Hörzu› kürten Lee Marvin 1966 zum zweitbeliebtesten ausländischen Serienstar. Übertrumpft wurde er von David Janssen aus → AUF DER FLUCHT.

Ein junger Spund namens Burt Reynolds spielte 1959 in der Episode «The

Teacher» eine seiner ersten nennenswerten TV-Rollen.

Auch der Regisseur Robert Altman ist mit einer frühen Talentprobe in den Annalen der Serie verzeichnet: Er inszenierte 1961 die Episode «Lovers' Lane Killing».

lein nüchterne Daten wie Ort, Zeit und Wetterlage rapportierte, offerierte der zornmütige Chicagoer Wüterich die philosophischen Erkenntnisse eines vom Leben schon ordentlich durchgewalkten Einzelgängers mit waidwunder Seele.

In dem zuvor auf Schurkenrollen abonnierten Ex-Marine Lee Marvin fanden die Produzenten einen exzellenten Interpreten der Hauptrolle. Marvin führte die Serie zum Erfolg und konnte umgekehrt einen Popularitätsschub verbuchen, der im nachhinein auch seiner Filmkarriere zugute kam. Zur Zeit der Produktion freilich äußerte der widerborstige Star wiederholt Unmut über seinen Part. Er wollte dem robusten Ballinger gern auch ein paar Schwächen zubilligen und dessen menschliche Seiten herausstellen, wurde aber von den Studioverantwortlichen gezügelt. Erst als sich ein dauerhafter Erfolg der Serie abzeichnete, konnte Marvin seine Ideen zumindest ansatzweise verwirklichen. Ballinger bekam menschlichere Züge; für den Chronisten Jeff Rovin wurde er nunmehr zum «glaubwürdigsten Cop der Fernsehgeschichte».

An Marvin blieb der Ruf haften, ein unleidlicher Zeitgenosse zu sein, ein Vorhalt, den der spätere Oscar-Preisträger mit den Worten parierte: «Ich ändere nur schlechte Drehbücher». Obwohl im Vergleich mit anderen Fernsehschauspielern bevorrechtigt, bezeichnete Marvin seine Serienrolle in einem Interview als «Zwangsjacke», weil in hohem Maße nach den Erwartungshaltungen der Zuschauer geformt. Allerdings wurde sein Unbehagen durch finanzielle Zuwen-

Lee Marvin

dungen einigermaßen ausgeglichen – in weiser Voraussicht hatte er sich zu 50 Prozent an den Einkünften beteiligen lassen.

Aus heutiger Warte erscheint DEZERNAT M, so schrieb anläßlich einer einmaligen Kinoaufführung im Jahr 1995 der Kritiker John Carman im ‹San Francisco Chronicle›, «wie ein gekürztes B-Movie, und es ist interessant zu sehen, mit welchem Geschick hier Kosten gespart wurden». In der fraglichen Episode ermittelt Ballinger inkognito in einem Zirkus, und Carman führt dazu aus: «Wenn Ballinger auf der Suche nach dem Mörder herumstöbert, fühlt und hört man den Zirkus, sieht ihn aber realiter kein einziges Mal.»

Die von Stanley Wilson komponierte ursprüngliche Titelmelodie «M Squad Theme» wurde im September 1958 durch Count Basies «Theme From M Squad» ersetzt.

Zitat:
«Es handelte sich um eine überaus brutale Serie, aber sie war spannend und gut gemacht.»
WILLIAM L. DeAndrea

Literatur:
Donald Zec: Marvin: The Story of Lee Marvin. London 1979

Doctor Who
GB 1963–1989

Doctor Who
WILLIAM HARTNELL (1963–1966)
PATRICK TROUGHTON (1966–1969)

JON PERTWEE (1970–1974)
TOM BAKER (1974–1981)
PETER DAVISON (1982–1984)
COLIN BAKER (1984–1986)

SYLVESTER MCCOY (1987–1989)

Eine Flut von Protestnoten einschließlich schriftlicher Morddrohungen erreichte den BBC-Programmdirektor Michael Grade im Jahr 1985, nachdem er die Einstellung der beliebten Fernsehserie DOCTOR WHO verordnet hatte. Die Einschaltquoten schwankten im Laufe der Jahre zwar beträchtlich, nämlich zwischen drei und 16,1 Millionen Zuschauern, dennoch ist DOCTOR WHO eine Institution des britischen Fernsehens, deren Rang allenfalls mit dem von → RAUMSCHIFF ENTERPRISE verglichen werden kann. Die Programmverantwortlichen der altehrwürdigen BBC mußten das akzeptieren und beließen den eigenartigen Akademiker vorerst im Programm. Ein aus heutiger Sicht weiser Entschluß, denn DOCTOR WHO wurde zur Goldgrube: Kaufkassetten mit Episoden aus den sechziger und siebziger Jahren erwiesen sich als Verkaufsrenner. Merchandising-Produkte bringen nach wie vor zusätzliche Erlöse. Über Jahre hinweg hielten sich die Gerüchte, daß nach DOCTOR WHO AND THE DALEKS (1965) und DALEKS – INVASION EARTH 2150 AD (1966) – beide mit Peter Cushing – ein weiterer Kinofilm um den kosmischen Kauz produziert werden solle. Selbst Darsteller wurden bereits gehandelt, darunter Dudley Moore, Donald Sutherland oder John Cleese. 1996 entstand dann tatsächlich ein Spielfilm mit dem Titel DOCTOR WHO (USA 1996) als Koproduktion der BBC mit den US-amerikanischen Universal Studios. Darin verschlug es gleich zwei Promovierte nach San Francisco: Doctor 8 (Paul McGann) und Doctor 7 (Sylvester McCoy) tauchten unerwartet in Chinatown auf und stifteten einige Verwirrung. Zur weiteren Besetzung gehörten Daphne Ashbrook als Dr. Grace Holloway und Eric Roberts als The Master. In Deutschland hatte dieser Film im Januar 1997 Videopremiere. Wie wenig die Vorgeschichte selbst Fachleuten bekannt ist, belegt ein Satz aus dem «Fischer Film Almanach 1998»: «Wem diese Ausgangssituation bekannt vorkommt, erinnere sich kurz einmal an die «Terminator»-Filme, denen ein ähnliches Motiv zugrunde lag.» Was die Tatsache mißachtet, daß der Terminator seinen ersten Zeitsprung erst 21 Jahre *nach* Doctor Whos erstmaligem Auftauchen unternahm …

Von einem derart langfristigen Erfolg träumte Doktorvater Sydney Newman vermutlich nicht einmal, als er 1963 eine unterhaltsam-didaktische Fantasy-Serie für Kinder und Jugendliche entwarf. Schon bei ABC

Gaststars:
Honor Blackman, John Cleese, Jason Connery, Anton Diffring, Julian Glover, Michael Gough, Belinda Mayne, Ingrid Pitt, Catherine Schell, Barbara Shelley, Peter Wyngarde

Creator:
Sydney Newman
Beginn der deutschen Erstausstrahlung: 22. 11. 1989, RTLplus

Kontrollierte Bewußtseinsspaltung macht's möglich: In der neunzigminütigen Episode «The Five Doctors» (25. 11. 1983) taten sich Tom Baker, Jon Pertwee und Patrick Troughton zusammen, einem aufsässigen «Time Lord» Paroli zu bieten. Auch Doktor Nummer eins war mit von der Partie – Richard Hurndall ersetzte den 1975 verstorbenen William Hartnell.

Mit einer Laufzeit von 26 Jahren übertrumpfte DOCTOR WHO sogar → RAUCHENDE COLTS, *den* Seriendauerbrenner schlechthin.

Doctor Whos zeitweilige Wegbegleiterin Sarah Jane Smith (Elisabeth Sladen) und der treue Computer K9 traten in dem Fernsehfilm K9 AND COMPANY auf, der als Weihnachts-Special am 28. Dezember 1981 ausgestrahlt

Sylvester McCoy

ersten Abenteuers unternimmt der seltsame Doktor dann auch gleich mal einen Trip in die Steinzeit. Immer wieder hüpfte er fortan kreuz und quer durch die Jahrhunderte, schaute kurz im Wilden Westen am O.K. Corral vorbei, mischte sich im 17. Jahrhundert unter die Piraten Cornwalls, traf Marco Polo im mittelalterlichen China oder gab in ferner Zukunft den Bewohnern einer Weltraumarche Unterricht im friedlichen Zusammenleben.

Diese frühen Episoden sind leider in Deutschland nie zu sehen gewesen. Daher ist kaum ein Zuschauer vertraut mit der Vorgeschichte und den vielfältigen Veränderungen, die der Doktor selbst, seine Begleiter und seine Umgebung im Laufe der Jahre durchlaufen haben. Der erste gravierende Einschnitt fand 1966 statt, nachdem William Hartnell, der ursprüngliche Darsteller des kosmischen Kauzes, an multipler Sklerose erkrankte und überdies inhaltliche Bedenken angemeldet hatte. Nach langen Diskussionen entschied man sich, die Serie weiterzuführen. Ein entsprechender *Regenerationsprozeß* des trotz menschlicher Gestalt ja extraterrestrischen, zu derartigen Metamorphosen durchaus befähigten Herrn über Raum und Zeit machte das neue Gesicht des Hartnell-Nachfolgers Patrick Troughton plausibel.

Überhaupt liegt das Erfolgsgeheimnis der Serie unter anderem gerade darin begründet, daß die Produzenten mit immer neuen Überraschungen aufwarteten. Sechsmal wurde mit dem Hauptdarsteller auch der Charakter der Titelfigur gewechselt, und die TARDIS ermöglichte nach jedem der meist vier oder fünf Episoden umfassenden Er-

Television, von wo Newman zum Leiter der Abteilung Drama bei der BBC aufgestiegen war, hatte er das phantastische Genre gehegt und unter anderem den Klassiker → MIT SCHIRM, CHARME UND MELONE auf den Weg gebracht.

Am 23. November 1963, einen Tag nach dem Mord an J. F. Kennedy, ging die erste von insgesamt 695 Folgen über den Sender. Die phantastische Geschichte begann – in einer Schule. Zwei Lehrern fällt das außerordentliche Wissen der kleinen Susan auf. Einmal neugierig geworden, versuchen sie das Geheimnis des Mädchens zu ergründen. Ihre Nachforschungen führen sie zu einem Telefonhäuschen. Es fungiert indes nicht als amtliche Fernsprecheinrichtung, sondern als Wohnstatt und Reisevehikel. Susans Großvater Doctor Who, ein kleiner griesgrämiger Mann mit wallenden weißen Haaren, ist ein «*Time Lord*» vom Planeten Gallifrey. Vor dem dortigen Regime sind die zwei geflüchtet, indem sie eine TARDIS («*Time And Relative Dimension In Space*») kaperten, eben jene Telefonbox, die unbeschränktes Reisen durch Raum und Zeit ermöglicht. Im Verlauf seines

---

wurde. 1993 sendete das britische Fernsehen aus Anlaß des dreißigsten Jubiläums eine Dokumentation mit dem Titel *30 YEARS IN THE TARDIS*. Im selben Jahr schlüpfte Jon Pertwee für eine Hörspielserie noch einmal in die Rolle des vielgeliebten Milchstraßenflaneurs.

Weniger Konkretes gibt es von Steven Spielberg zu berichten, der einmal verlauten ließ, seine Firma projektiere eine Neuauflage der Serie.

Literatur:
Terrance Dicks: Dr. Who: Giftpack. Secaucus 1985
Holt: Dr. Who Quiz Book Of Space. New York 1986
John Tulloch / Manuel Alvarado: Dr. Who. The Unfolding Text, London 1983

zählzyklen einen rasanten Orts- und/oder Zeitsprung. Der Mangel an größeren Geldmitteln zwang die Autoren und Techniker zu besonderem Einfallsreichtum, was ebenso zum Charme dieser Serie beitrug wie die fabulösen Widersacher, mit denen der Doktor und seine Mitstreiter zu kämpfen haben. Alle extraterrestrischen Wesen, wie etwa die beim Publikum sehr beliebten, blecheimerartigen Daleks, hatten einst kindgerechte Gestalt, wurden aber im Laufe der Jahre monströser, eine brisante Angelegenheit, die in der britischen Öffentlichkeit zu lebhaften Diskussionen führte. Die BBC sah sich sogar veranlaßt, sich bei denjenigen Zuschauern förmlich zu entschuldigen, die gegen die gräßlichen «Cybermen», Doctor Whos Gegner in der Story «The Tenth Planet» (Oktober 1966), protestiert hatten. Die kaum minder abscheulichen «Vampire Bats» der Episode «State of Decay» (November/Dezember 1980) waren sogar Gegenstand einer parlamentarischen Anfrage.

Mittlerweile hat die langlebige Serie, zu deren Mitarbeiterstab auch Kultautor Douglas Adams gehörte, rund um die Erde Fans in allen Altersschichten. Einzig Deutschland ist noch Diaspora. Robert Vogel von der deutschen DOCTOR WHO-Interessensgemein-

John Pertwee, Elisabeth Sladen

Doctor Who

schaft erklärt dies mit dem typisch britischen Charakter und der schlichten Machart dieser Serie: «Jemand, der RAUMSCHIFF ENTERPRISE gewohnt ist, KAMPFSTERN GALACTICA oder BUCK ROGERS, der lacht sich natürlich krumm und schief, wenn er da die Kulissen aus Pappmaché sieht.» Ihm selbst sei der Einstieg ursprünglich auch nicht leichtgefallen, gestand Vogel, der heute zu den glühendsten Verehrern des schrägen All-Akademikers gehört. «DOCTOR WHO ist keine Serie, auf die man auf Anhieb anspringt. Das ist eine Serie, die man erst mit der Zeit liebgewinnt, wenn man sich mit dem ganzen Flair vertraut gemacht hat.»

Dazu greifen die deutschen WHOsianer lieber auf britische Kaufkassetten zurück – denn die Synchronisation der auf RTL und bei Vox gezeigten Episoden ließ arg zu wünschen übrig.

Fanclubs:
I.G. Doctor Who
c/o Robert Vogel
Feldstr. 5
64569 Nauheim

Worshippers of Xoanon
c/o Harald Gehlen
Elsenkamp 19
52428 Jülich-Selgersdorf
(Clubbeitrag DM 26,–/Jahr, vierteljährliches Clubmagazin, regelmäßige Treffen)

VAROS Fanzine
c/o Anne Russell
263a Hinton Way, Great Shelford
Cambridge, CB2 5AN
Großbritannien

Dream On
USA 1990–1996

Martin Tupper	**Jeremy Tupper**	**Eddie Charles**
BRIAN BENBEN	CHRIS DEMETRAL	JEFFREY JOSEPH / DORIEN WILSON
Judith Tupper	**Toby Pedalbee**	**Gibby (1991–1996)**
WENDIE MALICK	DENNY DILLON	MICHAEL MCKEAN

Eine «Trivial Pursuit»-Frage für beflissene Programmbeobachter: Welche TV-Serie kann pro Episode mit hochkarätigen Stars wie beispielsweise Tony Curtis, Joan Crawford, Sammy Davis jr., Shelley Winters, Burgess Meredith, Lee Marvin und dem jungen Ronald Reagan aufwarten? Des Rätsels Lösung: DREAM ON. Das eindrucksvolle Ensemble prominenter Darsteller rekrutierte sich aus den zirka 800 halbstündigen TV-Produktionen aus der Frühzeit des Fernsehens, die in den Filmlagern der MCA/Universal verstaubten und lange Zeit auf ihre Wiederentdeckung warteten. Die seinerzeit in anthologischen, also inhaltlich und personell nicht verbundenen Reihen wie GENERAL ELECTRIC THEATRE (USA 1953–1962), THE ALCOA HOUR (1955–1957) oder STUDIO ONE (USA 1948–1958) ausgestrahlten und teils von prominenten Hollywood-Schauspielern präsentierten Miniaturdramen gereichen zwar TV-Nostalgikern zur Freude, scheinen aber angesichts heutiger Standards für eine erneute Ausstrahlung wenig geeignet. Zur Entstehungszeit waren die technischen und dramaturgischen Mittel des Fernsehens noch sehr beschränkt, und so wirken die oft im prätentiösen Stil großer Hollywood-Melodramen sehr theatralisch inszenierten Studioproduktionen heutzutage doch reichlich altbacken.

Neben historischen gab es jedoch handfeste wirtschaftliche Gründe, diesen Schatz zu bergen und zu verwerten, eine passende Aufgabe für den komödienerprobten Regisseur und Schauspieler John Landis (BLUES BROTHERS, USA 1980). Landis verwarf seinen ursprünglichen Plan, aus einzelnen Szenen verschiedener Filme eine neue Handlung zu montieren, wie es Carl Reiner in TOTE TRAGEN KEINE KAROS (DEAD MEN DON'T WEAR PLAID, USA 1982) gemacht hatte. Statt dessen griff er auf ein vorliegendes Sitcom-Konzept des Autorenteams Marta Kauffman und David Crane zurück. Hauptfigur Martin Tupper ist Mitte Dreißig und also ein Angehöriger jener Generation, die mit besagten Schwarzweißserien und -filmen aufwuchs. Szenen, Dialogfetzen, Bilder haben sich seinem Gedächtnis eingebrannt und dringen immer wieder, besonders in Streßsituationen und heiklen Momenten, jählings in sein Bewußtsein. So treten also die Stars der frühen Jahre buchstäblich ausschnitthaft vor Tuppers inneres Auge, James Stewart und Alan Ladd zum Beispiel, Myrna Loy, Bette Davis, Groucho Marx, Jack Benny, Charlton Heston und viele andere. Sie kom-

Gaststars:
Tom Berenger, Vanessa Bell Calloway, Pam Dawber, Chelsea Field, Zsa Zsa Gabor, Roxanne Hart, John Landis, Donna Mills, Elisabeth Pena, David Hyde Pierce, Mimi Rogers, Helen Slater, Heidi Sorensen, Sylvester Stallone, Ray Walston

Creators:
David Crane und Marta Kauffman
Beginn der deutschen Erstausstrahlung: 24.1.1994, RTL 2

Das Verfassen von Drehbüchern für DREAM ON war eine besonders zeitaufwendige Tätigkeit, weil vorweg jeweils passende Filmausschnitte ge-

funden werden mußten. David Crane und Marta Kauffman begutachteten allein 55 TV-Spiele während der Arbeit am Pilotfilm und weitere 200 während der Konzeption der nächsten 13 Episoden. Drei Assistenten waren ihnen bei der Suche behilflich. Mitunter entstanden Story-Ideen auch nach dem Betrachten des

Jeffrey Joseph

Hinten: Jeffrey Joseph, Wendie Malick, Brian Benben, Michael McKean; vorne: Chris Demetral, Denny Dillon

mentieren das Geschehen in der je eigenen Art, durch Dialogzeilen, Gesten oder stumme Mimik, zum Ergötzen des Zuschauers vor dem Bildschirm. Und Tupper hat fürwahr Probleme: Seine heißgeliebte Frau Judith hat sich von ihm scheiden lassen. Nachfolger in ihrer Gunst ist Richard, ein erfolgreicher Arzt und Altruist nachgerade monströser Dimension, *der* Traummann schlechthin. Martin nimmt die Trennung schwerer als sein elfjähriger Sohn Jeremy, der bei der Mutter lebt. Zudem hat der frischgebackene Junggeselle nach zwölf Jahren Ehetrott erhebliche Schwierigkeiten, sich im ungewohnten Single-Dasein zurechtzufinden. Trost und Rat findet er bei seinem Freund Eddie, ei-

nem populären Talkmaster und berüchtigten Schürzenjäger.

DREAM ON war eine Produktion des profilierten Pay-TV-Kanals HBO und ein wenig frivoler, als man es sonst von US-amerikanischen Sitcoms gewohnt ist. Verhütungsmittel, Aids-Tests, Promiskuität wurden von den Autoren nicht tabuisiert, sondern geziemend zur Sprache gebracht, ohne je auf das Niveau einschlägiger Sex-Klamotten abzugleiten. Inhaltlich wie formal ragt DREAM ON aus dem Angebot der Sitcoms heraus – das fanden auch die Mitglieder der *National Academy of Television Arts and Sciences*, die DREAM ON-Regisseurin Betty Thomas mit einem ‹Emmy Award› auszeichneten.

Archivmaterials. Beispielsweise fiel den Autoren auf, daß in den alten Filmen häufig Kaffee getrunken wurde – «so beschlossen wir, diese Szenen zu benutzen und schrieben die Episode ‹Death Takes A Coffee Break›, in der Martin sich den Kaffee abgewöhnen muß.»

DREAM ON-Stammregisseurin Betty Thomas inszenierte auch die erfolgreichen Kinokomödien DIE BRADY FAMILY (THE BRADY BUNCH, USA 1994) und PRIVATE PARTS (USA 1997).

Jede Episode von DREAM ON wurde doppelt gedreht – in einer freizügigen Variante für HBO und in einer optisch

und verbal dezenter gehaltenen für die Network-Ausstrahlung (1995 / Fox Network). In Deutschland waren die HBO-Staffeln zu sehen.

Mit der Sitcom → FRIENDS gelang dem Produzententeam Crane und Kauffman einer der größten Serienhits der neunziger Jahre.

Drei Mädchen und drei Jungen The Brady Bunch
USA 1969–1974

Mike Brady ROBERT REED	**Marcia Brady** MAUREEN MCCORMICK	**Greg Brady** BARRY WILLIAMS
Carol Brady FLORENCE HENDERSON	**Jan Brady** EVE PLUMB	**Peter Brady** CHRISTOPHER KNIGHT
Alice Nelson ANN B. DAVIS	**Cindy Brady** SUSAN OLSEN	**Bobby Brady** MIKE LOOKINLAND

Vor einigen Jahren sahen sich die Bewohner des Hauses 11222 Dilling Street im San Fernando Valley genötigt, ihr Eigenheim mit einem Sichtschutz zu umkleiden. Immer wieder spähten wildfremde Menschen durch die Fenster, denn das 1959 im Ranch-Stil erbaute Domizil ist eine Art Wallfahrtsort geworden, seit dessen Fassade in der Sitcom DREI MÄDCHEN UND DREI JUNGEN regelmäßig eingeblendet worden war, um den Studiokulissen sozusagen ein «Gesicht» zu geben. Ihrem ohnehin wenig realtitätsnahen Tagewerk gingen die Bradys anderweitig nach – die Serie wurde in der Halle 5 auf dem Paramount-Gelände gedreht. Penible Beobachter haben ermittelt, daß die dort aufgebauten Räume um einiges vom realen Vorbild abwichen – das obere Stockwerk wäre demnach größer gewesen als das untere, wohl keine gute Visitenkarte für den Hausherrn Mike Brady, der ausgerechnet dem Beruf des Architekten nachging.

Für Joel Eisner und David Krinsky ist DREI MÄDCHEN UND DREI JUNGEN «eine der letzten der unschuldigen Fernsehkomödien». Viele Zuschauer empfanden die Serie als eine Art Ruhepol inmitten einer aufgewühlten Gesellschaft, deren zahllose Konflikte mit Beginn der siebziger Jahre immer häufiger auch in den TV-Serien aufschienen. Die Welt der Bradys war eine konfliktfreie Zone, das Zusammenleben ungetrübt. Daß der paradiesische Zustand mit mindestens einem tragischen Verlust, dem Tod der ersten Ehefrau Mike Bradys, erkauft worden war, kam in der Serie selbst nur am Rande zur Sprache. Der alleinerziehende Witwer brachte drei Söhne und die Haushälterin Alice mit, als er mit Carol Ann Tyler eine zweite Ehe einging. Durch diese Verbindung entstand eine Großfamilie, denn Carol ihrerseits war Mutter dreier Töchter. Welches Schicksal deren leiblicher Vater erlitten hatte, ist bis heute Gegenstand von Spekulationen. Viele Chronisten sind der Meinung, Carol sei als Witwe in die Ehe gegangen. Sherwood Schwartz hingegen bekräftigte wiederholt, sie habe in Scheidung gelebt. Vermutlich verzichteten die Serienautoren auf die Darstellung der Vorgeschichte, weil viele Amerikaner die Auflösung einer Ehe noch immer als verwerflich ansahen.

Die Stiefgeschwister verstanden sich entgegen jeder Erfahrung prächtig, und die we-

Gaststars:
Desi Arnaz jr., Martin Ashe, Jim Backus, Imogene Coca, Jackie Coogan, Lee Corrigan, Jo DeWinter, Davy Jones, Michael Lerner, Oliver McGowan, E. G. Marshall, Allan Melvin, Vincent Price, Robbie Rist, Jay Silverheels, Richard Simmons

Creator:
Sherwood Schwartz
Beginn der deutschen Erstausstrahlung: 8. 8. 1971, ZDF
Spinoffs:
THE BRADY KIDS *(Cartoon; USA 1972–1974)*
THE BRADY BUNCH HOUR *(USA 1977)*
EINE REIZENDE FAMILIE *(THE BRADY BRIDES, USA 1981)*
THE BRADYS *(USA 1990)*

Florence Henderson, die ihre Karriere auf der Musicalbühne begonnen hatte, war auf Jahre hinaus auf die Rolle der amerikanischen *Supermom* festgelegt, stand aber immer auch für eine Verulkung dieses Klischees zur Verfügung. Zum Beispiel gab sie ein kurzes Gastspiel in der parodistischen Serie → DIE NACKTE PISTOLE (POLICE SQUAD, USA 1982) und trat häufig an der Seite Jay Lenos in die

nigen läppischen Zwiste wurden mit Hilfe der Eltern rasch beigelegt. Diese Erziehungsberechtigten waren ganz offensichtlich nicht von dieser Welt – geduldig, stets gut aufgelegt, sogar von recht jugendlicher Ausstrahlung und noch dazu jederzeit verfügbar. Tatsächlich verbrachten Carol und Mike Brady soviel Zeit mit ihren Kindern, daß man sich schon wundern muß, wie der relative Wohlstand der Familie – Eigenheim, Haushälterin, zwei Autos – ohne nennenswerte Erwerbstätigkeit über die Jahre aufrechterhalten werden konnte. Ein solches Maß an Fürsorge blieb nicht ohne Gratifikation – 1969 kürte die Lokalzeitung ‹Daily Chronicle› Mike Brady zum *Vater des Jahres*.

Gruppenbild mit Haushälterin

Die Bradys waren die amerikanische Idealfamilie schlechthin, ihr Heim ein Hort der Glückseligkeit, die Kinder selbstredend wohlgeraten. Marcia, die Älteste, tat Gutes bei den Pfadfindern, waltete ihres Amtes als Klassensprecherin und engagierte sich als Herausgeberin der Schülerzeitung. Mit ihrer Cheerleader-Gruppe feuerte sie die *Bears*, eine Football-Mannschaft, an und hatte bei all den Aktivitäten noch genügend Zeit für einen Job als Kellnerin in *Hansons Eissalon*.

Die zügig aufs Pubertätsalter zuschreitende Jan erfreute sich ebenfalls großer Beliebtheit unter ihren Mitschülern, die ihr den Ehrentitel *beliebtestes Mädchen der Klasse* verliehen hatten. Erste Identitätskrisen bewältigte sie, in dem sie sich einen fiktiven Freund zulegte und sich mit einer brünetten Perücke von ihren blonden Schwestern zu unterscheiden suchte.

Von derartigen Anfechtungen noch weit entfernt war Cindy, das jüngste der Brady-Mädchen und nach Meinung der Spottdrossel Craig Nelson «das dümmste Kind in der Geschichte des Fernsehens».

Greg, der älteste Sohn, gehörte wie Marcia den Pfadfindern an und träumte von einer Karriere als Popstar, weshalb er sich pro forma schon mal den Künstlernamen «*Johnny Bravo*» zugelegt hatte. Ins Show-Geschäft gelangte er schließlich im Verbund mit seinen Geschwistern; die Gruppe schrieb Popgeschichte unter den Namen «The Brady Six».

Peter, der mittlere der drei Brüder, tat sich nicht sonderlich hervor und sollte es auch nie weiter als bis zum Assistenten seines Vaters bringen. Anders der kleine Bobby, der schon früh einen gesunden Geschäftssinn entwickelte.

Zur Freude der Demographen bot die Serie Identifikationsfiguren für nahezu jede Altersgruppe. Wer hätte nicht gern ebenfalls

---

einschlägigen Sketchen in der TONIGHT SHOW auf.

Robert Reed brachte das Kunststück fertig, zeitgleich zu DREI MÄDCHEN UND DREI JUNGEN in der Detektivserie MANNIX (USA 1967–1975) noch ein zweites Serienengagement zu absolvieren. Dort spielte er Lieutenant Adam Tobias, Joe Mannix' Verbindungsmann bei der Polizei. In einer

Abweichung von seinen üblichen Sonnyboy-Rollen war Reed in der vieldiskutierten Serie ROOTS (USA 1977–1978) in der Rolle eines Sklavenhalters zu sehen.

Eine auf Originaltexten der Serie basierende Bühnenproduktion mit dem Titel «*The Real Live Brady Bunch*» tourte 1991 mit großem Erfolg durch die USA.

Die Brady-Bande musizierte auch außerhalb der Dreharbeiten und brachte mehrere Langspielplatten auf den Markt. Darauf enthalten waren bezeichnende Titel wie «*We'll Always Be Friends*», «*I Believe in You*» und «*We Can Make the World a Whole Lot Brighter*».

so verständnisvolle, nachsichtige, unaufhör-
lich lächelnde Eltern gehabt, welcher Knabe
wäre nicht gern mit Marcia ausgegangen,
welcher Teenie schwärmte nicht für den gut-
aussehenden Greg? Die kleineren Zuschauer
fanden sich in den Erlebnissen von Jan und
Peter wieder, jedermann schmunzelte über
die Kindereien der Nesthäkchen Cindy und
Bobby, und so hatten alle Generationen ihre
Freude an dieser aseptischen heilen Welt.

Offenbar schlug die Serie gerade dieser
Künstlichkeit wegen so großartig ein. Barry
Williams, der Darsteller des Greg, erhielt
6000 Fanbriefe pro Woche, und wenn Marcia
ihre Frisur wechselte, eilten Myriaden von
Teenagern in allen Teilen des Landes an die
Frisierkommode, es ihr schleunigst nachzu-
tun. Wie trostreich mochte es den Stigmati-

sierten unter ihnen erscheinen, daß selbst
dieses ansonsten makellose Wesen nicht von
Zahnspangen verschont blieb.

Über Jahrzehnte hinweg nahm die amerikanische Öffentlichkeit interessiert Anteil
am weiteren Werdegang der Bradys. Parallel
zu DREI MÄDCHEN UND DREI JUNGEN entstand die Cartoonserie THE BRADY KIDS (USA
1972–1974), die samstags im morgendlichen
Kinderprogramm zu sehen war. Nach Einstellung der Ur-Serie folgte die BRADY BUNCH
HOUR (USA 1977), die den Bradys einen neuen
Wohnsitz in Strandnähe bescherte. Vater
Brady hatte seine Architektenlaufbahn aufgegeben und lenkte die Karrieren seiner Kinder, die es mittlerweile zu einer eigenen
Fernsehshow gebracht hatten, eine pompöse
Siebziger-Jahre-Verstiegenheit mit Glitzer-

Die Hauptrollen des Kinofilms DIE
BRADY FAMILY übernahmen Gary Cole
und Shelley Long. Bei der Errichtung
der Studiobauten und Kulissen orientierte man sich an den Originalplänen
der TV-Produktion. Auch die Fassade
des Hauses wurde nachgebaut, weil
das Original über die Jahre mehrfach
verändert worden war. Anders als
seinerzeit die Serie, wurden Teile des

Film an Außenschauplätzen im San
Fernando Valley gedreht.

Zitate:
«Die ständig ansteigende Popularität
dieser Serie (...) sollte alle jene alar-
mieren, die ‹familiäre Werte› propa-
gieren, denn DREI MÄDCHEN UND
DREI JUNGEN wirkt besonders
ansprechend auf Kinder, die ein un-

stetes Familienleben führen, die
sich mißachtet fühlen oder Inzest begehen möchten – offensichtlich ein
größeres Spartenpublikum, als man
bisher angenommen hat.»
CRAIG NELSON

kostümen, Hemdkragen von Tragflächen-spannweite und Hosen, deren Schlag dem gesamten Brady-Clan hätte Unterschlupf bieten können. Bis auf Eve Plumb, die durch Geri Reischl ersetzt wurde, war die Originalbesetzung wieder beisammen. 1981 feierten Marcia und Jan Brady im Rahmen des dreiteiligen Specials THE BRADY GIRLS GET MARRIED (USA 1981) eine Doppelhochzeit, und nun war auch Eve Plumb wieder mit von der Partie. Den weiteren Fährnissen der verheirateten Brady-Mädchen widmete sich die Sitcom EINE REIZENDE FAMILIE (THE BRADY BRIDES, USA 1981). Carol Brady, inzwischen als Maklerin tätig, und Haushälterin Alice sahen gelegentlich nach dem Rechten. Die Serie brachte freilich nicht den gewünschten Erfolg. Erst mit dem Special A VERY BRADY CHRISTMAS (USA 1988) konnten die Bradys ihren Status als Quotengaranten zurückerobern und sogar frühere Bestmarken übertrumpfen. Mit THE BRADYS (USA 1990) wurde ein neues Kapitel der unendlichen Familiengeschichte aufgeschlagen. Die Ikonen der Nyltestära fanden sich unversehens in den Neunzigern wieder und wurden mit knallharten Problemen konfrontiert: Marcia, jetzt von Leah Ayres gespielt, griff zur Flasche, Jan mußte ihre Unfruchtbarkeit bewältigen, Bobby hatte einen schweren Autounfall und war zeitweise hüftabwärts gelähmt. Die Bradys waren von der Realität eingeholt worden, aber genau das kostete sie ihren Job – nach gerade mal einem Monat kam das Aus. Erst die Rückkehr zum sonnigen Eskapismus der frühen Jahre bescherte der Sippe neues Glück – in dem ironisch angelegten, aber liebevoll arrangierten Kinofilm DIE BRADY FAMILY (THE BRADY BUNCH, USA 1995) haben sich die Bradys in liebenswürdiger Naivität Gepflogenheiten und Garderobe der Siebziger bewahrt, während rund ums oasengleich in einer verkommenen Welt aufragende traute Zuhause Straßenkriminalität, Umweltverschmutzung und andere typische Heimsuchungen der Neuzeit den Alltag bestimmen. Die von der früheren Schauspielerin Betty Thomas (→ POLIZEIREVIER HILL STREET) inszenierte Komödie war gespickt mit Anspielungen auf Originalepisoden der Serie, deren Darsteller in Gastauftritten zu sehen waren. 1996 folgte mit DIE BRADY FAMILY 2 (A VERY BRADY SEQUEL, USA 1996) eine Fortsetzung, die endlich das lang gehegte Geheimnis um Carol Bradys ersten Ehemann aufzulösen versprach.

«Es geht um Geschichten, die vor hundert Jahren schon wahr waren und die noch hundert Jahre nach uns wahr sein werden.»
SHERWOOD SCHWARTZ

Literatur:
Ann B. Davis / Ron Newcomer / Diane Smolen: Alice's Brady Bunch Cookbook. Nashville 1994
Andrew J. Edelstein / Frank Lovece: The Brady Bunch Book. New York 1990
Elizabeth Moran: Bradymania! Holbrook 1995

Barry Williams: Growing Up Brady: I Was A Teenage Greg. New York 1992

Clint Eastwood

PR-Foto zu RAWHIDE

TV-Produktionen mit Clint Eastwood (* 1930):
COWBOYS/TAUSEND MEILEN STAUB
(RAWHIDE, USA 1959–1966)
ALS ROWDY YATES
Gastrollen in: NAVY LOG (USA 1955–1958)
HIGHWAY PATROL (USA 1955–1959)
MAVERICK (USA 1957–1962)
→ MR. ED und anderen
Fernsehregie: «VERLIEBT IN DIE KUNST»/
«VANESSA IN THE GARDEN» (1985),
Episode der von Steven Spielberg produzierten anthologischen Serie AMAZING STORIES
(USA 1985–1987)

Clinton Eastwood senior hatte seinen Sohn gewarnt. Die Schauspielerei sei eine brotlose Kunst und die entsprechende Ausbildung demgemäß pure Zeitvergeudung. In der Tat sah es zunächst gar nicht gut aus für den angehenden Thespisjünger, der diversen Gelegenheitsjobs nachgegangen war, seinen Militärdienst absolviert und am College einige Semester Betriebswirtschaft studiert hatte, ehe er sich, auf Geheiß einiger Filmleute, bei den Universal-Studios vorstellte. Zwar nahm man ihn unter Vertrag und schickte ihn durch das hauseigene Ausbildungsprogramm, das unter anderem Reiten, Fechten, Tanzen und Benimmregeln umfaßte. Vor die Kamera aber durfte der Eleve nur als Klein- und Nebendarsteller. Nach 18 Monaten wurde er schließlich entlassen, weil man nur wenig Verwendung für ihn hatte. Ein Mentor Eastwoods, der Regieroutinier Arthur Lubin, arbeitete inzwischen bei einem anderen Studio, der RKO. Er vermittelte seinem Protegé

einige Engagements, doch der strebsame Jungschauspieler blieb vom Pech verfolgt: RKO stellte als Folge wirtschaftlicher Schwierigkeiten die Filmproduktion ein.

Es blieb das Fernsehen, zu damaliger Zeit eigentlich ein Rückschritt für einen Schauspieler, der bereits auf der Leinwand zu sehen gewesen war. Die Eastwood-Biographen Gerald Cole und Peter Williams zitieren den Star mit den Worten: «Fernsehen war so etwas wie ein kleiner Bruder, ein Bürger zweiter Klasse. Ich sah es dagegen mehr als logische Alternative, wenn ich meinen Beruf wirklich lernen wollte. Die meisten Fernsehleute beschäftigten sich mit den allermodernsten Sachen. Außerdem mußte man doppelt so schnell und doppelt so hart arbeiten, wollte man auch nur halb soviel erreichen.»

Eastwood wurde gern gebucht, weil er gefährliche Szenen selbst ausführte und die Produzenten die Kosten für ein Double sparten. Unter anderem gab er Gastspiele in den Serien NAVY LOG (USA 1955–1958), HIGHWAY PATROL (USA 1955–1959) und MAVERICK (USA 1957–1962), Zwei- oder Drei-Tage-Jobs, wie sich Eastwood später erinnerte, nach denen

In Deutschland wurde RAWHIDE zunächst in der ARD unter dem Titel COWBOYS aufgeführt, von Pro 7 aber anläßlich der Wiederausstrahlung umbenannt in TAUSEND MEILEN STAUB.

Literatur:
Gerald Cole / Peter Williams: Clint Eastwood. München 1994
Gerhard Midding / Frank Schnelle (Hg.): Clint Eastwood. Der konservative Rebell. Stuttgart 1996
Michael Munn: Clint Eastwood. London 1992

Richard Schickel: Clint Eastwood. Eine Biographie. München 1998

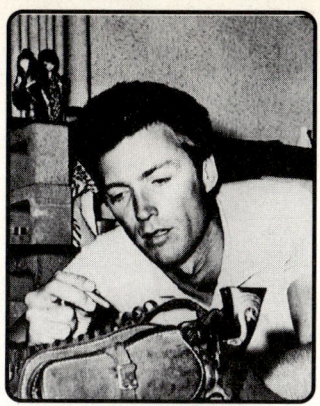

Clint Eastwood privat

Clint Eastwood in Aktion

RAWHIDE: Neville Brand, Eastwood

er wieder Gelegenheitsarbeiten verrichtete oder Arbeitslosenhilfe kassierte. Erst 1958 erhielt der damals 28jährige Gelegenheit, sein Können in größerem Rahmen zu beweisen: Charles Marquis Warren, der mit → RAUCHENDE COLTS einen Klassiker geschaffen hatte, heuerte ihn als zweiten Hauptdarsteller einer neu konzipierten, an den Kinoerfolg RED RIVER (USA 1948) angelehnten Westernserie mit dem Titel RAWHIDE. Die ersten zehn Episoden, zum Teil an Originalschauplätzen in Arizona gedreht, waren bereits fertiggestellt, als ein weiterer Rückschlag die eben angelaufene Karriere schon wieder zu beenden schien: Die Auftraggeber hatten das Interesse an Westernserien verloren, die Aufnahmen wurden abgebrochen. Doch dieses Mal gab es eine erfreuliche Wendung. Eine erfolglos gebliebene Serie mußte kurzfristig durch eine andere ersetzt werden – und unversehens stand RAWHIDE wieder auf dem Produktionsplan. Am 9. Januar 1959 hatte die Serie Premiere, zählte bald zu den meistgesehenen Sendereihen und wurde auch ins Ausland, unter anderem nach Japan, verkauft.

Diese Serienrolle gab Eastwood Gelegenheit, mit recht illustren Kollegen zu arbeiten. John Cassavetes, Lon Chaney, James Coburn, Dan Duryea, Peter Lorre, Barbara Stanwyck zählten zu den Gaststars der Serie. Nebenher sah der lernbegierige Eastwood den

Regisseuren auf die Finger, unter ihnen renommierte Routiniers wie Jack Arnold, Andrew V. McLaglen und Ted Post, der Jahre später die Eastwood-Filme HÄNGT IHN HÖHER (HANG 'EM HIGH, USA 1968) und CALAHAN (MAGNUM FORCE, USA 1973) inszenieren sollte. Der Schauspieler erprobte sich nebenbei selbst als Regisseur und erstellte zunächst Trailer für die Serie. Die Zusage, ihn eine Episode inszenieren zu lassen, wurde vom Studio allerdings zurückgezogen, nachdem sich eine ähnliche Konstellation bei den Dreharbeiten zu einer anderen Serie als problematisch erwiesen hatte.

Die Produktion einer wöchentlichen Serie bedeutete für die Darsteller sechs bis sieben Tage Arbeit pro Woche. Man begann morgens um 6.00 Uhr und drehte nicht selten bis nach Mitternacht. Einzig zwischen März und Juni gab es eine längere Erholungspause, in denen die Mitwirkenden andere Engagements wahrnehmen konnten, ein Recht, das Eastwood gegenüber seinen Produzenten erst hatte durchsetzen müssen. Entgegen dem Rat seiner Freunde und Kollegen akzeptierte er das Angebot des wenig bekannten italienischen Regisseurs Sergio Leone, die Hauptrolle eines Low-Budget-Western mit dem Titel «The Magnificient Stranger» zu übernehmen. Die Dreharbeiten fanden in Spanien statt, sie verliefen pannenreich und nach amerikanischen Maßstäben völlig chaotisch. Den Produzenten des Film lag nicht viel an dem obskuren Opus, sie starteten es ohne großen Werbeaufwand in einem Florenzer Vorortkino. Doch die Einspielergebnisse ließen sie aufhorchen. Alsbald lief der Film auch in Rom und führte binnen kurzem die Hitlisten an. Der Film hieß jetzt FÜR EINE HANDVOLL DOLLAR (PER UN PUGNO DI DOLLARI, I/BRD/SPANIEN 1964). Viel mehr als diese Handvoll hatte er nicht gekostet, er spielte jedoch Millionen ein, begründete eine neue Art des Western und verhalf seinem Hauptdarsteller und dem Regisseur zu Weltkarrieren.

Eastwoods Serienengagement hatte ungeachtet seines beginnenden Kinoruhms weiterhin Bestand. Bis 1965 blieb er zweiter Mann hinter Eric Fleming, mit dem ihn eine

Eastwood mit Ruta Lee in RAWHIDE

enge Freundschaft verband. Nach Flemings Ausscheiden – er starb ein Jahr danach durch einen Unfall – wurde Eastwood als alleiniger Hauptdarsteller geführt, bis die Serie im Januar 1966 eingestellt wurde.

Eerie, Indiana
USA 1991–1992

Marshall Teller OMRI KATZ	**Edgar Teller** FRANCIS GUINAN	**Elvis** STEVEN PERI
Simon Holmes JUSTIN SHENKAROW	**Syndi Teller** JULIE CONDRA	
Marilyn Teller MARY-MARGARET HUMES	**Grauzone / Dash X** JASON MARSDEN	

Die FBI-Agenten Scully und Mulder aus → AKTE X vermögen es nur zu ahnen und haben sich die ewige Suche gleichsam aufs Panier geschrieben: Die Wahrheit ist irgendwo da draußen. Die Eerianer aber wissen genaueres: das Ungeheuerliche, Abnorme und Jenseitige haust in ihrem kleinen Heimatörtchen – in Eerie im Bundesstaat Indiana.

Justin Shenkarow, Omri Katz und Vincent Schiavelli

Marshall Teller wird es allmorgendlich gewahr, wenn er seine Zeitungsrunde fährt. Da tritt beispielsweise Elvis in vollem Bühnenornat aus seiner bescheidenen Behausung und langt nach dem Tageblatt. Big Foot findet sich zu einem kleinen Imbiß an der Müll-tonne der Tellers ein, und auch Lassie hat es hierher verschlagen. Allerdings ist sie nicht mehr ganz die alte, vielmehr hat ihr der Eerie-Koller den animalischen Instinkt nachhaltig getrübt.

Ursprünglich waren die Tellers in New Jersey beheimatet, eine berufliche Veränderung des Vaters hatte den Umzug in die 999 Normal Avenue, Eerie, Indiana 70777, zur Folge. Dem dreizehnjährigen Marshall ist die neue Umgebung von Anbeginn an wenig geheuer. Einzig sein treuer Gefährte Simon bestätigt seine Wahrnehmungen, die Erwachsenen hingegen sind viel zu sehr mit sich selbst oder mit ihren jeweiligen Verrichtungen beschäftigt, um Eeries permanenten Ausnahmezustand zur Kenntnis zu nehmen. Marshall und Simon sind eben anders: «Sinn für Humor ist ein Zeichen von Intelligenz, behauptet mein Vater. Und manchmal behauptet er auch, Simon und ich hätten mehr Intelligenz, als gut für uns ist. In Wirklichkeit sind wir nur zwei aufgeweckte Jungen, die etwas erleben wollen. Wir wollen keine Probleme. Aber in Eerie ist es, als hätten die Probleme eine merkwürdige Vorliebe für uns», befindet Marshall.

Gaststars:
Claude Akins, John Astin, Rene Auberjonois, Christian Cousins, Joe Dante, Cory Danziger, Matt Frewer, Henry Gibson, Louan Gideon, Harry Goaz, Danielle Harris, Vincent Schiavelli, Ray Walston

Creators:
Karl Schaefer und Jose Rivera
Beginn der deutschen Erstausstrahlung: 26. 11. 1994, RTL

Wesentlichen Einfluß auf die Machart der Serie hatte der Roger-Corman-Schüler Joe Dante, bekannt als Regisseur von Kinofilmen wie PIRANHAS (PIRANHA, USA 1976), DAS TIER (THE HOWLING, USA 1982) und GREMLINS (USA 1984). Dante inszenierte mehrere Folgen und absolvierte einen Kurzauftritt in der Episode «Die Realität macht Urlaub».

Hauptdarsteller Omri Katz machte erste Serienerfahrungen als Darsteller des John Ross Ewing III in → DALLAS. Unter der Regie von Joe Dante spielte er auch in der Kinokomödie MATINEE (USA 1993).

Justin Shenkarow blieb nach Einstellung von EERIE, INDIANA im Kultserienmetier und wechselte zu → PICKET FENCES – TATORT GARTENZAUN.

158

Omri Katz, Cori Danziger

Omri Katz

Die außergewöhnlichen Phänomene werden von Marshall und Simon schriftlich festgehalten, die Beweisstücke auf dem Dachboden der Tellers sorgsam archiviert. Da ist zum Beispiel die ominöse Zahnspange, deren Träger plötzlich die Gedanken von Hunden mithören konnte und dadurch Mitwisser einer von den Kaniden geplanten Hundeverschwörung wurde, was ihn in eine lebensgefährliche Situation brachte. Oder eine jener seltsamen Brillen aus dem Bestand der neuen Schulschwester, die die Zöglinge der *B. F. Skinner Highschool* einer Gehirnwäsche unterzog und sie in kreuzbrave Lernroboter verwandelte, ehe der resistente Marshall ihr das Handwerk legen konnte. Nur in Eerie kann es passieren, daß ein Geldautomat mit angeknackster Psyche Simons Freundschaft zu erwerben sucht, indem er ihn mit Geldgeschenken überschüttet. Wo anders als in der «Metropole des Wahnsinns» (Marshall) sollte der Zugang zum unterirdischen Büro für verlorengegangene Gegenstände zu verorten sein, dessen Agenten zwecks Förderung der

Marktwirtschaft alle erdenklichen Dinge nach genauer Vorgabe übergeordneter Dienststellen verschwinden lassen. Wer je auf mysteriöse Weise einen einzelnen Strumpf auf Nimmerwiedersehen an seine Waschmaschine verlor, weiß, wovon die Rede ist. Eerie wird von verstandesbegabten Tornados heimgesucht, von Werwölfen und Wiedergängern, und wer in der Nacht der Zeitumstellung versäumt, seine Uhr zu adjustieren, gerät in eine Zeitschleife und kann dann sehen, wie er da wieder herausfindet. Daß wie selbstverständlich Polizist Andy Brennan aus → TWIN PEAKS in Eerie zum Dienst antritt, versetzt da kaum noch in Erstaunen.

Bei EERIE, INDIANA lohnt es sich, auf die Details zu achten. Auto- und Straßenschilder, Werbetafeln, Zeitungsmeldungen enthalten häufig Wortwitze, Innuendos oder andere Gags. Das gilt auch für den Nachspann. In den Credits der Folge «Zeichnen müßte man können» / «Who's Who» beispielsweise tragen alle dort aufgeführten Personen den Beinamen Bob – genau wie die männlichen Verwandten der Episodenheldin Sarah. Ein visuelles Späßchen erlaubte man sich im Nachspann von «Der Tornado-Tag» / «Tornado Days» – dort werden sämtliche Buchstaben passenderweise von einem Wirbelsturm aufgesogen.

Karl Schaefer, Miterfinder der Serie, lancierte 1995 STRANGE LUCK – DEM ZUFALL AUF DER SPUR (STRANGE LUCK, USA 1995–1996), auch dies eine Serie um phantastische Phänomene, die in Deutschland ab Oktober 1996 von Pro 7 jeweils im Anschluß an → AKTE X ausgestrahlt wurde.

Eine der beteiligten Produktionsfirmen trägt den Namen «Unreality, Inc.»

Zitat:
«Verläßt du Cicely (Alaska) und biegst in Twin Peaks links ab, könnte es sein, daß du dich in Eerie (Indiana) wiederfindest.»
ROGER FULTON

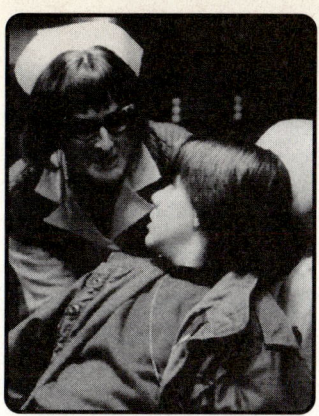

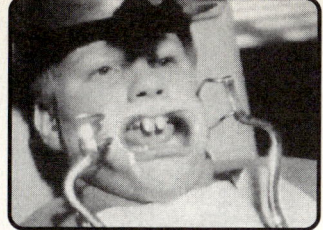

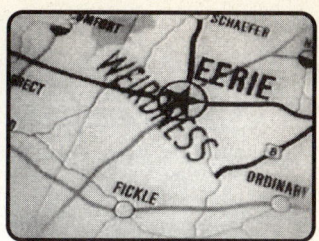

Vincent Schiavelli

Omri Katz beim Sehtest

So gruselig das Leben im Brennpunkt des Befremdlichen auch erscheinen mag, EERIE, INDIANA ist für die Jugend freigegeben. Die gespenstischen Geschichten stammen aus der Erlebniswelt der heranwachsenden Protagonisten und werden, mit einer gehörigen Portion Humor versetzt, aus ihrer Perspektive erzählt. Zahnspangen, Brillen, neue Turnschuhe werden zu Auslösern obskurer Ereignisse; die Welt der Erwachsenen ist ein unbekanntes Land, das es zu erkunden gilt, und es hat feindlichen Charakter. «Wollen Sie ihn kein bißchen zusammenschlagen?» erkundigt sich Marshalls ältere Schwester Syndi empört bei einem martialisch gewandeten Polizisten, der das gestohlene Fahrrad ihres Bruders zurückbringt. «Vielleicht ein anderes Mal, Ma'am», erwidert der uniformierte Finsterling so selbstverständlich, als höre er dieses Ansinnen jeden Tag.

Wer mag, kann sich EERIE, INDIANA sogar eine Lehre sein lassen. Ein Beispiel für angewandte Medienpädagogik mit exzeptionellem Spaßfaktor war die Episode *«Die Realität macht Urlaub»*/*«Reality Takes A Holiday»*. Während eines gemeinsamen Frühstücks der Familie fällt Marshall in einen Tagtraum und findet sich unversehens in den Kulissen einer TV-Serie wieder. Mit seinen Worten zu sprechen: «Eerie war in ein Paralleluniversum geschleudert worden, wo es statt Men-schen nur Fernseh-Zombies gab und ich die Hauptrolle in einer Serie spielte.» Vater, Mutter und Syndi sind nicht mehr sie selbst, sondern nur noch Darsteller, die abseits der Fernsehkulissen ein deutlich anderes Verhalten an den Tag legen. Die Mutter verwandelt sich nach Drehschluß in einen rassigen Feger mit aufreizender Garderobe, die die flächige Tätowierung auf ihrem Busen angemessen zur Geltung bringt. Marshalls in der Serienrealität ungeheuer putz- und gefallsüchtige Schwester tadelt sie deswegen und erhebt Klage, daß Frauen im Fernsehen nur als Staffage eingesetzt werden. Der Vater schließlich entpuppt sich als eitler Snob mit latenten gleichgeschlechtlichen Neigungen. In dieser Wirklichkeit ist Marshall hochgradig gefährdet – er soll gefeuert werden und darum den Filmtod sterben. Anfangs heftig verwirrt, beschließt Marshall alias Omri, sein Schicksal selbst in die Hand zu nehmen. Er macht sich auf die Suche nach dem Autor der fraglichen Episode, überlistet ihn und schreibt selbst ein neues Skript, das die für ihn allein gültige Serienrealität wiederherstellt. Im Verlauf dieser Handlung werden dem Publikum die einzelnen Stadien einer Serienproduktion en passant vor Augen geführt und damit effizient, aber völlig unverkrampft die Mechanismen des Mediums offengelegt – zum größten Vergnügen auch der reiferen Zuschauer.

Einsatz in Manhattan Kojak
USA 1973–1978, 1989–1990

Lieutenant Theo Kojak TELLY SAVALAS	**Detective Rizzo (1974–1977)** VINCE CONTI	**Detective Paco Montana** **(1989–1990)** KARIO SALEM
Frank McNeil DAN FRAZER	**Detective Saperstein** **(1974–1977)** MARK RUSSELL	**Pamela (1989–1990)** CANDACE SAVALAS
Lieutenant Bobby Crocker KEVIN DOBSON	**Detective Winston Blake** **(1989–1990)** ANDRE BRAUGHER	**Chief George «Fitz» Morris** CHARLES CIOFFI
Detective Stavros GEORGE SAVALAS		

ZWISCHEN 1973 und 1978 war Theopodophilous Kojak, ein New Yorker Police Lieutenant griechischer Herkunft, tätig im 13. Revier im Stadtteil Manhattan South, einer der populärsten Polizeibeamten der Welt. Über 100 Länder übernahmen die vom Start weg erfolgreiche Serie, und in den englischsprachigen Ländern gingen Kojaks flapsige Sprüche rasch in den allgemeinen Sprachschatz ein, wiederkehrende Phrasen wie «Who loves ya, baby?» und die unverschämte Anrede «pussycat».

Über alle Sprachgrenzen hinweg verständlich war ein anderes Markenzeichen: der Lollipop, ursprünglich ein Substitut für Kojaks Zigarillos, die den Unmut gesundheitsbewußter Zuschauer erregt hatten. Im Verlauf der Serie griff der «bei deutschen Frauen hochgeschätzte sexy Kahlkopf» (‹Der Spiegel›, 1975) schließlich häufiger zur Süßware als zur Dienstwaffe. Seine Fans taten es ihm nach: Auf dem US-Markt stieg der Absatz der Bonbons am Stiel um 500 Prozent. In den ab 1989 gedrehten Fortsetzungen mußte der oral fixierte Ermittler dann allerdings auch auf seinen Lolli verzichten, nachdem Zahnärzte vor einen möglichen Anstieg der Karieserkrankungen gewarnt hatten.

Ursprünglich war dem widerborstigen New Yorker Cop, der stets im maßgeschneiderten Zwirn zum Dienst erschien, nur ein einmaliger Auftritt in dem dreistündigen TV-Movie THE MARCUS-NELSON MURDERS (USA 1973) zugedacht gewesen. Das Dokumentardrama basierte auf einem Tatsachenroman mit dem Titel «Justice In The Back Room». Darin beschrieb der Autor Selwyn Raab ein Strafrechtsverfahren, das als Wylie-Hoffert-Fall in die Justizgeschichte eingegangen war und 1966 zu einer Strafrechtsänderung geführt hatte. In der fiktionalisierten TV-Version wird ein schwarzer Jugendlicher fälschlich einer Vergewaltigung bezichtigt. Mit unzulässigen Verhörmethoden zwingt man ihn, einen Doppelmord zu gestehen, der mit seinem Fall nicht das geringste zu tun hat. Der unorthodoxe Police Lieutenant Kojak kennt die Hintergründe des falschen Geständnisses und setzt alles daran, die Unschuld des Jungen zu beweisen. Infolge seiner Bemühungen wird der Beschuldigte vom

Gaststars in der Serie:
F. Murray Abraham, Maud Adams, Danny Aiello, Paul Anka, Armand Assante, Martin Balsam, Irene Cara, Dabney Coleman, Henry Darrow, Morgan Fairchild, Gloria Grahame, Ruth Gordon, Pamela Hensley, Harvey Keitel, Sally Kirkland, Leslie Nielsen, Geraldine Page, Harrison Page, Kathleen Quinlan, John Ritter, Maria

Schell, Sylvester Stallone, Daniel J. Travanti, Christopher Walken, Eli Wallach, Shelley Winters, James Woods

Gaststars
der TV-Movie-Reihe:
Quentin Crisp, Angie Dickinson, Kevin Dobson, Jerry Orbach, Darren McGavin, Rip Torn

Creator:
Abby Mann
Beginn der deutschen Erstausstrahlung: 3. 10. 1974, ARD

In der Episode «Elegy In An Asphalt Graveyard» ist Telly Savalas mit dem Titel «Azure Dee» als Sänger zu hören. Nach Einstellung der Serie setzte Savalas – zur Freude seiner vielen weib-

Telly Savalas

Mordvorwurf freigesprochen. Um jedoch die Schlappe wettzumachen, erheben Polizei und Staatsanwaltschaft erneut Anklage wegen Vergewaltigung. Mit einer geänderten Prozeßtaktik gelingt es ihnen, die Geschworenenjury zu überzeugen. Der Junge wird verurteilt. Resigniert kehrt Kojak zu seiner Routinearbeit zurück.

Sowohl Regisseur Joseph Sargent als auch Szenarist Abby Mann wurden mit einem ‹Emmy› ausgezeichnet, der Hauptdarsteller Telly Savalas erhielt eine Nominierung. Die positive Resonanz seitens der Kritik und des Publikums veranlaßte die Produzenten, Kojak als Serienhelden zu installieren. Obschon der Premierenfilm im Zuge eines mehr als dreimonatigen Streiks der Drehbuchautoren erst mit mehrwöchiger Verspätung nach

---

lichen Fans – seine Karriere als Interpret fort und brachte es mit *If*» sogar zu einer Chart-Notierung.

Diesen Erfolgstitel gab Telly Savalas auch zum besten, als er 1975 in Deutschland in der Spielshow AM LAUFENDEN BAND auftrat. Zuvor hatte Showmaster Rudi Carrell den Gast gefragt, was es mit seinem Lolli auf sich habe. Savalas erklärte: «Ich lutsche den Lollipop immer dann, wenn ich frustriert bin, unglücklich, traurig oder deprimiert.» Auf Carrells Erkundigung, wie ihm denn die Show gefalle, zog Savalas wortlos einen Lolli aus der Tasche und wechselte die Dekoration, um seinen musikalischen Beitrag zu leisten. Inzwischen aber war der Lolli verschwunden –

während er sang, rauchte Savalas genüßlich eine Zigarette.

Zitat:
«Der ist mal ein Wahnsinns-Detective gewesen.»
EINE JUNGE STREIFENPOLIZISTIN IN DEM KOJAK-TV-MOVIE «ARIANA»

Telly Savalas

Telly Savalas

Telly und George Savalas

ein freundschaftliches, aber keineswegs konfliktfreies Verhältnis. Zu Kojaks Ermittlungsteam gehörten der ambitionierte Lieutenant Bobby Crocker und Blumenfreund Detective Stavros, ein Landsmann, der von Tellys Bruder George Savalas dargestellt wurde.

Kritiker und Fachleute lobten die Serie, die größtenteils an New Yorker Originalschauplätzen gedreht wurde, wegen ihrer ungeschönten Milieuschilderungen und der realitätsnahen Abbildung der Polizeiarbeit. Hochkarätige Autoren wie Stephen Kandel trugen mit Drehbüchern abseits der Seriennorm zum Erfolg bei, indem sie auf Effekthascherei verzichteten und Spannung und Action allein aus der Handlung herleiteten. Kandel umriß seine Arbeitsphilosophie mit den Worten: «Ich glaube nicht, daß Gewalt dramaturgisch von Nutzen ist. Eine Autojagd ist ein Klischee, und zwar ein langweiliges. Man kann im Fernsehen keine gute Autojagd in Szene setzen – und wer will das auch schon? Ich versuche über Gewalt zu schreiben in einer Form, die in einer dramatischen Realität verwurzelt ist. Man muß sich auf die Serienfiguren einlassen und auf das, was sie bewegt, so daß die Anwendung von Gewalt plausibel wird als Ausbruch von verschiedenen nachvollziehbaren menschlichen Gefühlen. Dann benötigt man keine 50 anonymen und gesichtslosen Schemen, die von einem Maschinengewehr weggepustet werden.»

Dieser Ansatz fand beim Fachpublikum durchaus Anerkennung. Dennoch geriet auch KOJAK in die von Politikern und Verbänden Mitte der siebziger Jahre angezettelte und forcierte Debatte um Gewaltdarstellungen in den Medien. Die konservativen Verfechter eines gewaltfreien Fernsehens machten keinerlei Unterschiede zwischen den mit Bedacht eingesetzten, an der Realität orientierten Darstellungen in KOJAK und Action-Serien spekulativer Machart. Die KOJAK-Produzenten sahen sich gezwungen, auf die Ein-

dem eigentlichen Beginn der Herbstsaison ausgestrahlt werden konnte, erwies sich die Debütfolge als durchschlagender Erfolg – nicht nur das actionorientierte männliche Publikum mochte den Titelhelden, auch den Damen war der soignierte Grobian mit dem ruppigen Charme und dem ausgeprägten Beschützerhabitus ein Wohlgefallen.

Als Zugeständnis an die Zuschauer endeten die Serienepisoden, anders als das TV-Movie, in der Regel mit einer Auflösung im Sinne des Helden. Dennoch wurde die Figur nicht gänzlich revidiert. Eine gewisse Bitterkeit und verhaltener Groll blieben fortwährend spürbar. Auch der Serienheld Kojak war ein Störfaktor im System, ein kompromißloser Gerechtigkeitsfanatiker, dem jegliches Opportunitätsdenken fernlag. Er vertrat seine Sache gegenüber Autoritäten und Vorgesetzten, ohne jemals ein Blatt vor den Mund zu nehmen. Gegen Bürokratie und Korruption in den eigenen Reihen ging Kojak ebenso unnachgiebig vor wie gegen das organisierte Verbrechen und gemeingefährliche Soziopathen. In seiner freimütigen Art und seiner Starrköpfigkeit lag begründet, daß man ihn bei Beförderungen immer wieder übergangen hatte. Ein ehemaliger Kollege, der stets besonnen auftretende Frank McNeil, war derweil sein Vorgesetzter geworden. Zwischen den beiden Männern bestand

wände zu reagieren; die Skripts wurden entsprechend wortlastiger. Das CBS Network verlegte die Serie auf einen späteren Sendetermin. Zudem mußte sich die Reihe zeitweise gegen die immens populären NBC MYSTERY MOVIES (USA 1971–1977) behaupten. Das Interesse ließ nach, aber Theo Kojak blieb ein Archetyp der neueren Serienhistorie. Es verwundert nicht, daß ABC 1989 auf das Format zurückkam und in einer Reihe von abendfüllenden, teils auf authentischen Fällen basierenden TV-Movies einen gereiften Kojak präsentierte, der doch noch in den Rang eines Inspectors erhoben worden war und nun häufiger hinter dem Schreibtisch Platz nahm, da man dem inzwischen 67jährigen Telly Savalas aufreibende Verfolgungsjagden endgültig nicht mehr zumuten konnte. Tellys Tochter Candace übernahm den Part sei-

Telly Savalas, Antonio Fargas

ner Sekretärin, Kevin Dobson gab in der Episode *«It's Always Something»* ein Gastspiel in der Rolle des zum Stellvertretenden Staatsanwalt aufgestiegenen Bobby Crocker.

Emergency Room ER
USA 1994–

Dr. Mark Greene ANTHONY EDWARDS	**Carol Hathaway** JULIANNA MARGULIES	**Schwester Haleh Adams** **(1994–1997)** YVETTE FREEMAN
Dr. Douglas Ross (1994–1999) GEORGE CLOONEY	**Jerry Markovic** ABRAHAM BENRUBI	**Schwester Wendy Goldman** VANESSA MARQUEZ
Dr. Susan Lewis (1994–1996) SHERRY STRINGFIELD	**Jennifer Greene** CHRISTINE HARNOS	**Dr. Angela Hicks (1994–1997)** CCH POUNDER
John Carter NOAH WYLE	**Dr. John «Tag» Taglieri** **(1994–1995)** RICK ROSSOVICH	**Dr. Sarah Langworthy (1994)** TYRA FERRELL
Dr. Peter Benton ERIQ LaSALLE	**Dr. David «Div» Cvetic (1994)** JOHN TERRY	**Linda Farrell (1994–1995)** ANDREA PARKER
Dr. David Morgenstern **(1994–1998)** WILLIAM H. MACY	**Schwester Lydia Wright** ELLEN CRAWFORD	**Malik McGrath** DEEZER D.
Dr. William «Wild Willy» Swift **(1995–1996, 1998)** MICHAEL IRONSIDE	**Schwester Connie Oligario** CONNI MARIE BRAZLETON	**Jeanie Boulet (1995–)** GLORIA REUBEN

→ → →

Krachend fliegen die Flügeltüren auf, im Eiltempo schieben Rettungssanitäter Unfallopfer durch die gleißenden Flure der Notaufnahme. Ein Rohbau ist eingestürzt, zwölf Menschen wurden verletzt, sieben davon schwer. Die mobile Kamera wechselt auf Höhe eines Patienten. Neonlampen jagen vorüber, Schwestern und Ärzte eilen hinzu. Noch im Laufen erstatten die Sanitäter Bericht, machen atemlos Angaben zum Unfallhergang, zur Person des Patienten und zu den bereits erfolgten medizinischen Maßnahmen. Mit einer gemeinsamen Anstrengung wird der Verletzte auf eine Liege gehoben. Die Sanitäter verschwinden so schnell, wie sie gekommen sind. Die Ärzte bellen knappe Anweisungen, geschäftige Assistenten und Schwestern führen sie aus. Man ruft sich Medikationen, Diagnosen, Laborwerte zu, Defibrillatoren knallen, Beatmungsgeräte schnaufen, Vorhänge werden aufgerissen. Die Szenerie vermittelt den Eindruck beherrschter Hektik. Gefragt wird nicht, jeder Handgriff sitzt. Schließlich stabilisiert sich der Zustand des Patienten, und er kann an die zuständige Fachabteilung der Klinik weitergereicht werden.

Der «Emergency Room» ist die Unfallstation des Chicagoer «County General Hospital» und für die meisten Patienten nur eine Durch-

Gaststars:
Amy Aquino, Bonnie Bartlett, Red Buttons, Robert Carradine, Veronica Cartwright, Rosemary Clooney, Lindsay Crouse, Vondie Curtis-Hall, James Farentino, Miguel Ferrer, Meg Foster, Megan Gallagher, Stefan Gierasch, Erica Gimpel, Bob Goldthwait, Julie Hagerty, Dan Hedaya, Marg Helgenberger, Cecil Hoffman, Isabella Hofmann, Anne-Marie Johnson, Swoosie Kurtz, Piper Laurie, Nia Long, Chad Lowe, Ewan McGregor, Mary Mara, Valerie Perrine, Summer Phoenix, Ving Rhames, Beah Richards, Mickey Rooney, Alan Rosenberg, Carrie Snodgress, Frances Sternhagen, Kevin Tighe, Kathleen Wilhoite, Lisa Zane

Creator:
Michael Crichton
Beginn der deutschen Erstausstrahlung:
Pilotfilm: 30. 10. 1995, Pro 7
Serienstart: 6. 11. 1995, Pro 7

1969 schrieb Michael Crichton das Buch «Fünf Patienten», in dem er anhand von fünf Krankheitsfällen über Vergangenheit und Gegenwart des amerikanischen Gesundheitssystems reflektierte. Einige dort angesprochene Themen und Motive finden sich in der Serie wieder, im Pilotfilm zum Beispiel die ältere Dame, die allein aus Einsamkeit in die Notaufnahme kommt, um sich einen harmlosen Nietnagel entfernen zu lassen. Ein Auszug aus dem Buch: «Die Aufnahmestation ist so ausgerüstet, daß alle acht Minuten ein neuer Patient behandelt werden kann, rund um die Uhr. Das Personal ist darauf vorbereitet, jeden fünften dieser Notfallpati-

Dr. Kerry Weaver (1995–)
LAURA INNES

Harper Tracy (1995–1996)
CHRISTINE ELISE

Ray Shepherd (1995–1996)
RON ELDARD

Dr. Carl Vucelich (1995–1996)
RON RIFKIN

Carla Reese (1996–)
LISA NICOLE CARSON

Dr. Abby Keaton (1996–1997)
GLENNE HEADLY

Charlene «Charlie» Chiemienga (1996–1997)
KIRSTEN DUNST

Dr. Ellis West (1997–)
CLANCY BROWN

Dr. Nina Pomerantz (1997–1998)
JAMIE GERTZ

Cynthia Hooper (1997–1998)
MARISKA HARGITAY

Dr. Elizabeth Corday (1997–)
ALEX KINGSTON

Dr. Anna Del Amico (1997–1998)
MARIA BELLO

Lucy Knight (1998–)
KELLIE MARTIN

gangsstation. Nach der Erstversorgung werden sie gegebenenfalls nach Hause entlassen oder aber in die für sie zuständige Abteilung der Klinik eingewiesen. Für die Ärzte bedeutet dies, sich immer wieder, nicht selten in Sekundenschnelle, auf neue Krankheitsfälle einstellen zu müssen. Der Pilotfilm zu EMERGENCY ROOM zeigt das Team dieser Station in einem Zeitraum von 24 Stunden. Dr. Mark Greene hat Bereitschaft, und sein Arbeitstag beginnt früh um fünf. Er wird von seiner Pritsche im Abstellraum gescheucht, um einen sturzbetrunkenen Kollegen zu versorgen, den Kinderarzt Dr. Ross. «Läßt der sich immer so gehen?» will eine der Schwestern wissen. «Nur wenn er frei hat», lautet Greenes trockene Antwort.

Der Neue in diesem Tollhaus heißt John Carter. Er ist ein Medizinstudent im dritten Jahr, der hier seine praktische Ausbildung absolvieren wird. Eine schnelle Führung durch die Station, eine flüchtige Einweisung durch seinen Betreuer Dr. Benton, und schon ist er in den Arbeitsablauf eingebun-

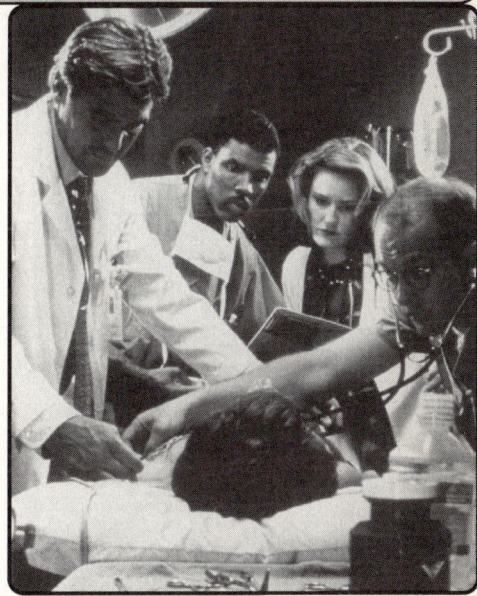

George Clooney, Eriq LaSalle, Sherry Stringfield, Anthony Edwards

den, obwohl er bislang nur in der Dermatologie und Psychiatrie hospitiert hat und keinerlei Erfahrungen auf dem Gebiet der Notfallmedizin mitbringt.

enten aufzunehmen, alle vierzig Minuten eine Neuaufnahme. Das ist ein höllisches Tempo, aber es ist Standard in den Krankenhäusern.»

Die Episode «Mütter» / «Motherhood» wurde von Quentin Tarantino inszeniert. Weitere prominente Regisseure waren Donna Deitch, Charles Haid, Leslie Glatter, Jonathan Kaplan und Mimi Leder, ferner Eric Laneuville, der einschlägige Erfahrungen mitbrachte aus seiner Zeit als Darsteller der Serie → CHEFARZT DR. WESTPHALL.

Auch der Schauspieler Anthony Edwards übernahm die Regie einer Episode. Um die Stimmung zu lockern, verkleidete er sich am ersten Drehtag als Erich von Stroheim. Serienfans ist Edwards bekannt als allergiengeplagter Sonderling Mike Monroe aus → AUSGERECHNET ALASKA (NORTHERN EXPOSURE, USA 1990–1995). Seine umfangreiche Filmographie verzeichnet unter anderem die Titel TOP GUN (USA 1986), MR. NORTH (USA 1988), FRIEDHOF DER KUSCHELTIERE II (PET CEMETARY II, USA 1992) und DER KLIENT (THE CLIENT, USA 1994). Edwards'

Großvater war in den dreißiger Jahren als Architekt am Bau der Walt Disney Studios beteiligt.

George Clooney ist der Sohn eines prominenten Nachrichtensprechers und der Nichte der Sängerin Rosemary Clooney, die u. a. zum Soundtrack von Clint Eastwoods MITTERNACHT IM GARTEN VON GUT UND BÖSE (MIDNIGHT IN THE GARDEN OF GOOD AND EVIL, USA 1997) beitrug. Als Vertragsschauspieler des Warner Brothers Studio wirkte Clooney in diversen Serien mit, darunter die Sitcoms

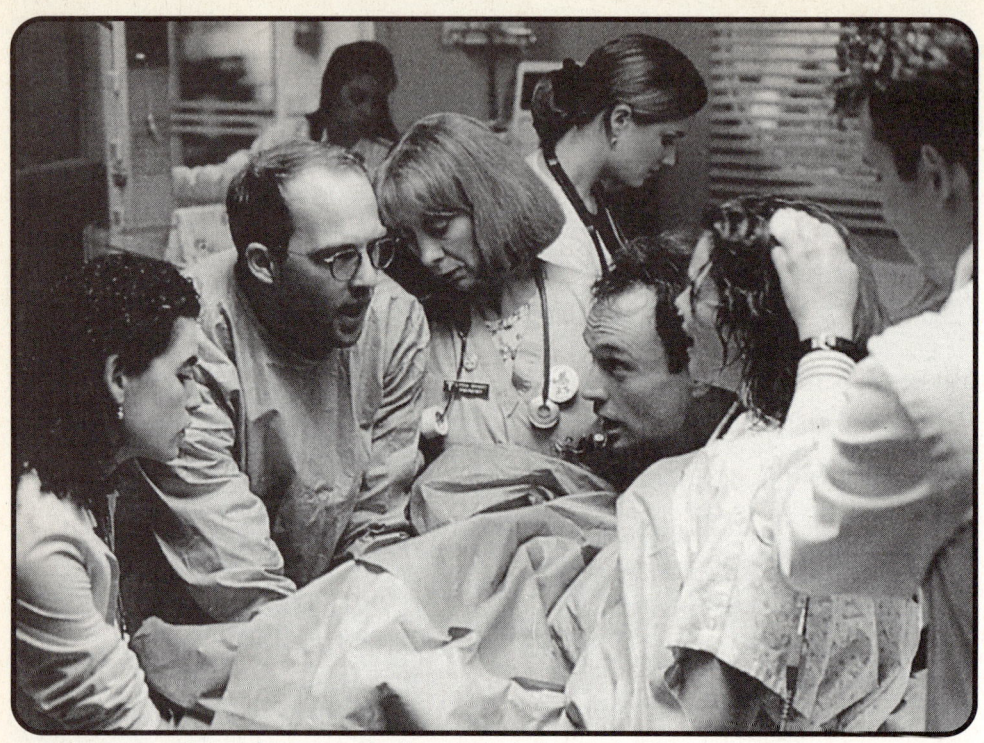

*Julianna Margulies, Anthony Edwards, Ellen Crawford, Sherry Stringfield, Noah Wyle
(Szene aus der Emmy-preisgekrönten Folge «Schwarzer Tag»)*

Zusammen mit Carter sammeln die Zuschauer des Pilotfilms «Der erste Tag» eine Vielzahl verwirrender Eindrücke vom Stationsalltag. Viele Schicksale werden nur gestreift, Motive flüchtig hingetupft, Fundamente für den späteren Handlungsaufbau gelegt. Das Skript zu dieser zweistündigen Einzelfolge wie auch die Idee zu der Serie stammt von dem Autor und Regisseur Michael Crichton. Bereits 1974 hatte er einen Entwurf verfaßt für einen Kino- oder Fernsehfilm, in den er Erfahrungen aus der Zeit seines Medizinstudiums einbringen wollte. Kein melodramatisches Wunderheilerepos sollte es werden, sondern ein an der Realität orientiertes Drama mit gleichsam dokumentarischem Charakter. Erst nachdem sich der als Regisseur mit Filmen wie COMA (USA

BABY TALK (USA 1991–1992), → ROSEANNE und THE FACTS OF LIFE (USA 1979–1988). In MORD OHNE SPUREN (BODIES OF EVIDENCE, USA 1992–1993) leistete er Polizeiarbeit, in SUNSET BEAT (USA 1990) war er ein verdeckt arbeitender Ermittler in Rockermontur. Jedoch machte ihn erst EMERGENCY ROOM weithin populär und brachte ihm zusätzlich attraktive Filmrollen. So spielte er neben Quentin Tarantino in Robert Rodriguez' FROM DUSK TILL DAWN (USA 1995) und wurde 1996 Val Kilmers Nachfolger als Batman-Darsteller.

Abraham Benrubi, der Darsteller des durch nichts aus der Ruhe zu bringenden Verwaltungsangestellten Jerry Markovic, ist bereits durch Mitwirkung in einer Kultserie nobilitiert: Er gehörte zum Hofstaat des Titelhelden der jugendorientierten Sitcom PARKER LEWIS – DER COOLE VON DER SCHULE (PARKER LEWIS CAN'T LOSE, USA 1990–1993).

Besonderer Clou der Serie ist ihr ausgefeiltes visuelles Konzept. Vermöge ausgeklügelter Plansequenzen fangen die Regisseure das aktionsreiche

Geschehen ein. Dabei ermöglichen die im Gegensatz zu anderen Serienkulissen festen, oben geschlossenen Bühnenaufbauten ungewöhnliche Perspektiven wie zum Beispiel tiefe Kamerastandpunkte. Bis zu 70 Prozent der Aufnahmen werden mit der Handkamera gedreht.

Bevor er in den Arztkittel schlüpfte, spielte der jugendhafte Noah Wyle bereits eine Anzahl von Kinorollen, zum Beispiel den Emil in SWING KIDS (USA 1992), ferner in dem Jugenddrama THE LAST DAYS OF PARADISE (USA

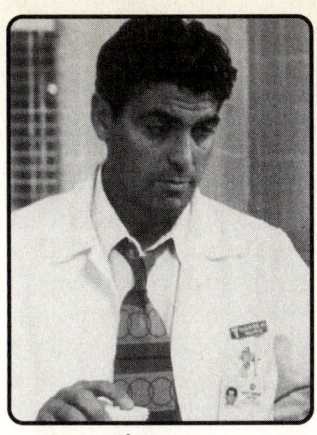

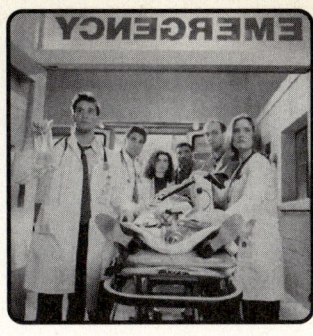

Noah Wyle, Sherry Stringfield, Anthony Edwards, Julianna Margulies, George Clooney, Gloria Reuben und Eriq LaSalle

George Clooney

1978) oder RUNAWAY – SPINNEN DES TODES (RUNAWAY, USA 1984) selbst nur mäßig erfolgreiche Crichton mit Romantiteln wie «Dino Park», «Nippon Connection» und «Enthüllung» einen Namen als Bestsellerautor und Vorlagenlieferant gemacht hatte und zudem Steven Spielberg als Partner gewinnen konnte, fand sich ein Abnehmer für dieses Projekt. ER hatte im September 1994 Premiere und verbuchte einen der erfolgreichsten Serienstarts der TV-Geschichte. Auch künstlerische Ehrungen blieben nicht aus: Bereits die erste Staffel wurde für 23 Emmys nominiert und achtmal ausgezeichnet.

Diese Anerkennung galt einer Serie, die in mancher Hinsicht gegen althergebrachte Konventionen verstieß. Mit dem Pilotfilm hatte Crichton seine ursprüngliche Idee verwirklicht und anstelle der herkömmlichen Handlungsstruktur ein Patchwork kleiner Szenen und Momentaufnahmen geschaffen, das ein wirklichkeitsgetreues Bild von der Arbeit auf einer Unfallstation vermittelte. Die Stammautoren übernahmen Crichtons Schema; EMERGENCY ROOM ist gekennzeichnet durch enorme Handlungsdichte, rasche Szenenwechsel, dynamische Kameraführung, knappe Charakterisierungen. Erst im weiteren Verlauf gewinnen die wiederkehrenden Figuren an Profil. Während ihre Patienten häufig wechseln und zumeist nur Nebenrollen einnehmen, werden die Ärzte dem Publikum immer vertrauter. Nach und nach treten Charakterschwächen, Abneigungen, Vorlieben zutage, das Private wird erschlossen, Probleme kommen ins Spiel.

Der aufreibende Beruf beeinflußt alle Lebensbereiche der Mediziner, namentlich

1991) und in EINE FRAGE DER EHRE (A FEW GOOD MEN, USA 1992).

Für die Erstellung der Synchronisationsdrehbücher wurden eigens zwei Ärzte engagiert, die das medizinische Fachvokabular ins Deutsche übersetzten.

Die am 25. September 1997 begonnene vierte Staffel startete spektakulär mit der live ausgestrahlten Episode «Ambush» / «Vorsicht, Kamera!». Die ungewöhnlichen Bilder wurden durch die Handlung erklärt: Ein Kamerateam des staatlichen Fernsehens dreht eine Dokumentation über die Arbeit in der Notaufnahme. Trotz der schwierigen Aufnahmebedingungen gab es keinerlei Friktionen im Handlungsablauf, Schauplatzwechsel und Personenführung wurden unter der Regie von Thomas Schlamme elegant gelöst.

Zitat:
«Es war uns nicht einmal bewußt, wie sehr uns einstündige Arztserien gefehlt haben, bis er das alles im Eiltempo an uns vorbeirauschen ließ: die Eingeweide, die Triumphe und die Götter in grünen Kitteln, von deren Entscheidungen Leben und Tod abhängen.» ‹TV GUIDE›

«Mit E.R. (...) erwuchs der unendlichen deutschen Arzt- und Krankenhausserie (...) starke und bei näherem Betrachten übermächtige Konkurrenz. Während die deutschen Serien im Kitsch, in Stereotypen, dramaturgischen und dialogischen Dämlichkeiten ersticken, hält die amerikanische Serie (...) mühelos die Spannung

ihre Beziehungen zu Verwandten und Lebenspartnern. Auf die Frage eines Patienten, ob sie verheiratet sei, antwortet Dr. Lewis unbeteiligt: «Nein, ich bin Ärztin.» Für ein karges Bruttogehalt von 23 739 Dollar im Jahr arbeiten die Ärzte 90 Stunden pro Woche, 52 Wochen im Jahr. Diese totale Beanspruchung bleibt nicht ohne Folgen: Greenes Ehe zerbricht, der ehrgeizige Benton überwirft sich mit seiner Familie, Susan Lewis findet nicht genügend Zeit, sich um ihre lebensuntüchtige Schwester zu kümmern, Oberschwester Hathaway unternimmt einen Selbstmordversuch.

Bei aller Dramatik und persönlichen Tragik gibt es immer wieder auch versöhnliche Szenen und solche herzlich makabren Humors. Am Schluß der Episode «Der Tierfreund» hocken Carter und eine Kollegin in der Stammkneipe eines verstorbenen Patienten, plazieren dessen in Formaldehyd eingelegte Trinkerleber auf der Theke und trinken ein Bier auf das Wohl des Verstorbenen. In einer anderen Folge veranlaßt Schwester Hathaway Erste-Hilfe-Maßnahme für ein Faß voller erfrorener Würmer. Auch referentielle Scherze lassen sich ausmachen: In der Episode «Die verlorenen Kinder» zappt Mark Greene durch das Fernsehprogramm, erwischt eine Folge der alten Arztserie DR. MED. MARCUS WELBY (MARCUS WELBY, M.D., USA 1969–1976), sieht für einen Moment staunend zu – und lacht dann einmal kurz und höhnisch auf.

auch über das Krankenbett hinaus. E.R. changiert souverän zwischen Pathos und Ironie und ist zudem unendlich viel besser besetzt.» DIETRICH LEDER

Fanclub:
International ER Fan-Center
c/o Patricia Herpel
Postfach 521
73005 Göppingen
(Jahresbeitrag DM 50,–, vierteljährliches deutsch-englisches Clubmagazin)

Literatur:
David Bassom: George Clooney: An Illustrated Story. London 1998
John Binns/Mark Jones: The ER Files: The Unauthorised Companion. North Pomfret 1998
Michael Crichton: Fünf Patienten. München 1995
Andy Dougan: George Clooney. München 1998
Sam Keenleyside: Bedside Manners: George Clooney And ER Toronto 1998
Bob McCabe: George Clooney. New York 1997

Janine Pourroy: ER – Emergency Room. Stories, Fakten, Hintergründe. Köln 1996
Alan Duncan Ross/Dr. Harlan Gibbs: The Medicine Of ER. New York 1997
Stephen J. Spignesi: The ER Companion: An Unauthorised Guide. Secaucus 1996

Farah Fawcett

Farah Fawcett in EXTREMITIES

Recht gern saßen die drei handlungstragenden Grazien der Serie DREI ENGEL FÜR CHARLIE in trauter Runde beisammen, und so versammelten sie sich auch in der Episode «Der Killer mit der Schere»/«Lady Killer» ums Bürotelefon, um andachtsvoll der Stimme ihres allzeit abwesenden Herrn zu lauschen, der soeben einen vordringlichen Auftrag durchgab. Lässig, sogar ein wenig ausgelassen vernahmen die Ermittlerinnen, daß es einen Killer dingfest zu machen galt, der bereits mehrere Faltblatt-Aspirantinnen eines Herrenmagazins durch eine Überdosis Chloroform ins Jenseits überstellt hatte, noch ehe die zeigefreudigen Damen Gelegenheit bekamen, sich vor der Kamera die Blöße zu geben. Als Charlie aber beiläufig erwähnte, daß den bedauernswerten Opfern zudem von rüder Hand das Haar kupiert worden war, offenbarte eine Großaufnahme, wie Jill Munroe verschreckt ihr Gesicht verzog.

Da erlaubte sich die Regie gewissermaßen ein optisches Bonmot, denn Farah Fawcett, die Darstellerin der Jill Munroe, war vor allem ihrer Frisur wegen berühmt, einem mähnigen Schopf mit kunstfertig hingefönter Außentolle, die ihre kantige Gesichtsform schwungvoll umrahmte. Ihre üppige Haartracht und ihr blendendes Aussehen hatten ihr in früheren Jahren bereits zur Mitwirkung in einem Werbespot für «Wella Balsam» verholfen; auf dem Höhepunkt ihrer Popularität kamen wuschelige Fawcett-Perücken auf den Markt, mit deren Hilfe sich durchschnittliche amerikanische Hausfrauen nach ihrem Ebenbilde in seraphische Geschöpfe zu verwandeln hofften.

Es sagt mehr über die Arbeitsbedingungen der Medienindustrie als über Farah Fawcetts schauspielerisches Talent, daß sie ihren Erfolg vornehmlich ihrer aparten Erscheinung und dem damit einhergehenden Nepotismus verdankte. Die gebürtige Texanerin studierte zunächst Malerei und Bildhauerei und begann ihre Filmkarriere eher zögerlich. Ihr Agent vermittelte ihr Werbespots und Nebenrollen in Fernsehserien. Zweimal war sie in → BEZAUBERNDE JEANNIE zu sehen – in den Episoden «Tony fliegt vollautomatisch»/«See You In C-U-B-A» und vier Folgen später gleich noch mal in «Ein treues Mädchen»/«My Sister, The Homemaker».

Kate Jackson, Jaclyn Smith und Farah Fawcett-Majors als Engel mit Haarpracht

Farah Fawcett mit Kate Jackson in DREI ENGEL FÜR CHARLIE

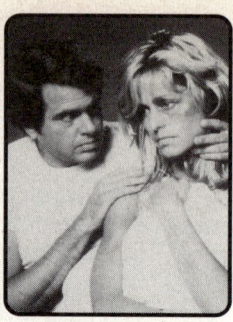

Mit Paul LeMat in DAS BRENNENDE BETT

Eine marginale Rolle hatte sie in Claude Lelouchs DER MANN, DER MIR GEFÄLLT (UN HOMME QUI ME PLAIT/LOVE IS A FUNNY THING, F 1969), der in Las Vegas gedreht wurde. Aufsehenerregender geriet ihr Auftritt in der satirischen Farce MYRA BRECKINRIDGE – MANN ODER FRAU (MYRA BRECKINRIDGE, USA 1970), da sie drehbuchbedingt in ein gleichgeschlechtliches Bettgetändel mit Hauptdarstellerin Raquel Welch verstrickt wurde.

Auch in den Folgejahren wurde Fawcett vornehmlich in Dekorrollen eingesetzt. In der Serie HARRY-O (HARRY O., USA 1974–1976) spielte sie die hübsche Stewardeß aus der Nachbarwohnung des Titelhelden. Dreimal gastierte sie in DER SECHS-MILLIONEN-DOLLAR-MANN (THE SIX MILLION DOLLAR MAN, USA 1974–1978), der Serie ihres damaligen Lebensgefährten und zeitweiligen Ehemannes Lee Majors: Sie verkörperte Major Kelly Wood in «The Rescue Of Athena One», Victoria Webster in «Peeping Blonde» und Trish Hollander in «The Golden Pharaoh».

Besondere Beachtung fand sie bei dem Produzentenduo Aaron Spelling und Leonard Goldberg, die sie in einigen ihrer TV-Movies besetzten, darunter vielsagende Titel wie THE GREAT AMERICAN BEAUTY CONTEST (USA 1973) und THE GIRL WHO CAME GIFT-WRAPPED (USA 1974). Ebenfalls eine Spelling-Goldberg-Produktion war die Serie DIE KNALLHARTEN FÜNF (S.W.A.T., USA 1975–1976). Auch hier gab Farah Fawcett ein Gastspiel, in einer Rolle, die bemerkenswerte Parallelen zu ihrer eigenen Biographie aufweist. In der vom früheren STAR TREK-Produzenten Fred Freiberger geschriebenen, im Februar 1975 ausgestrahlten Episode «Um Krone und Zepter»/«The Steel-Plated Security Blanket» verkörperte Fawcett die aus einer 6765-Seelen-Gemeinde stammende «Miss New Mexico», die zur Wahl der «Miss America» angereist ist. In der Nebenhandlung wird die Fragwürdigkeit derartiger Wettbewerbe thematisiert. Es klingt alles andere als fröhlich, wenn «Miss New Mexico» sich rechtfertigt: «Ich bin sehr gut dran, weil ich hübsch bin. Wieso sollte ich das nicht ausnutzen, mein Glück zu machen? (...) Wenn das bedeutet, nie wieder nach Tucumcari zurückgehen zu müssen, dann war das Angestarrtwerden wie ein Stück Fleisch vielleicht doch etwas wert.»

Es waren wiederum Spelling und Goldberg, die Farah Fawcett – nach ihrer Heirat nannte sie sich Fawcett-Majors – mit einer Rolle in DREI ENGEL FÜR CHARLIE zum Durchbruch verhalfen. Die beiden Erfolgsproduzenten hatten bereits die dunkelhaarigen Schauspielerinnen Kate Jackson und Jaclyn Smith für ihre neue Serie engagiert und suchten nach einer Blondine, um das Trio rescher Privatdetektivinnen zu vervollständigen. Ihre Wahl fiel auf die noch wenig bekannte Farah Fawcett, die rasch zum absoluten Star der Serie aufstieg. Binnen kurzem

Lara Parker und Farah Fawcett-Majors in DIE KNALLHARTEN FÜNF *– Um Krone und Zepter*

Mary Woronov und Farah Fawcett

Farah Fawcett in EXTREMITIES

wurde sie ob ihrer markanten, deswegen leicht zu reproduzierenden Physiognomie zum Objekt einer wahren Merchandising-Lawine. Ein Poster, das sie in Badekleidung zeigte, verkaufte sich über zweimillionenmal, ihr Antlitz wurde auf T-Shirts spazierengetragen, und ein Spielzeughersteller brachte sogar eine Farah-Fawcett-Puppe auf den Markt, die heutzutage von Sammlerzeitschriften auf etwa 25 Dollar taxiert wird. Das Angebot, ihren Körper in Lebensgröße auf Bettlaken drucken zu lassen, wies Fawcett zurück. Für die Schauspielerin kam der ganze Rummel einigermaßen überraschend. Gegenüber der Zeitschrift ‹TV Guide› kommentierte sie süffisant: «Als die Serie Nummer drei wurde, führte ich das auf unsere Darstellung zurück. Als wir Nummer eins erreichten, sah ich ein, daß es wohl daran liegen müsse, daß keine von uns dreien einen BH trug.»

Obwohl die geflissentliche Herausstellung weiblicher Reize anderes vermuten läßt, fand die Serie ihr Publikum unter beiden Geschlechtern. Die drei Hauptfiguren wurden eingeführt als bestens ausgebildete Polizistinnen, die allein auf Grund ihrer Geschlechterzugehörigkeit benachteiligt und trotz ihrer hohen Qualifikation mit läppischen Aufgaben betraut werden. Der ominöse Charlie, den weder die Engel noch die Zuschauer je zu Gesicht bekommen, wirbt die drei ab und engagiert sie für seine Detektivagentur. Mit diesem Team unabhängiger, ebenso schlagfertiger wie -kräftiger, zudem sexuell offensiver Ermittlerinnen präsentierte die Serie ein ungewohntes Frauenbild und fand darum – allen dramaturgischen Unzulänglichkeiten zum Trotz – bei jenen Zuschauerinnen großen Anklang, die erfreut waren über eine Alternative zu den braven Hausmütterchen der meisten anderen Fernsehperiodika. Männliche Zuschauer hingegen ergötzten sich gewiß eher an den optischen Reizen der Aktricen, die von den Regisseuren überdeutlich ins Bild gerückt wurden – es war der Engel Schicksal, immer wieder mit verdeckten Ermittlungen betraut zu werden, die ihre Körper eher unbedeckt ließen. Sehr viel mehr als figurbetonende Garderobe und tiefergelegte Dekolletélinien gab es freilich nicht zu sehen. Mit einer Ausnahme: In der Episode «Engel in Ketten»/ «Angels In Chains» öffnete sich Fawcetts Gefängnisbluse – sie trug drei Knöpfe offen, die anderen Engel nur zwei – für einen winzigen Moment versehentlich ein bißchen weiter als beabsichtigt, weshalb besagte Folge noch in der Wiederholung besonders hohe Einschaltquoten erzielte.

Ungeachtet des beträchtlichen Prestigegewinns stieg Farah Fawcett bereits im Sommer 1977, zum Ende der ersten Staffel, aus der Hitserie aus und riskierte damit einen Rechtsstreit wegen Vertragsbruchs, der im Frühjahr 1978 beigelegt wurde, nachdem Fawcett sich bereit erklärt hatte, in sechs Episoden der folgenden Staffel als Gaststar aufzutreten. Ihre Rückkehr ins Seriengeschehen ließ sich problemlos arrangieren, da ihre Nachfolgerin Cheryl Ladd als Jill Monroes Schwester Kris eingeführt worden war.

In den nächsten Jahren drehte Fawcett eine Reihe mediokrer Abenteuer- und Science-fiction-Filme, darunter SUNBURN (USA 1979), SATURN CITY (SATURN 3, GB 1980) und AUF DEM HIGHWAY IST DIE HÖLLE LOS (THE CANNONBALL RUN, USA 1980). Künstlerisch war kein Fortschritt zu verzeichnen, bis sie 1981 die Initiative ergriff: Sie gab ihrem Ehemann, ihrem Agenten und ihrem Rechtsanwalt den Laufpaß und bestimmte fortan selbst über ihre berufliche Zukunft. Ihr neuer Lebensgefährte Ryan O'Neal kommentierte: «Diese TV-Kerle werden sie niemals wieder herumschubsen.» Mary Murphy, eine Autorin der vielgelesenen Fernsehzeitschrift ‹TV Guide›, beleuchtete Fawcetts Bruch mit der traditionellen Frauenrolle und dem entsprechenden Karrieredesign aus feministischer Perspektive und beurteilte diesen vergleichsweise radikalen Schritt positiv: Farah Fawcett war «drei Jahrzehnte lang jemandes Tochter, jemandes Ehefrau, jemandes Protegé, ein nettes Mädchen aus Texas, so passiv wie ein Haustier» – bis sie gegen diese überkommenen Strukturen aufbegehrte.

Unter Karrieregesichtspunkten tat Farah Fawcett einen Schritt zurück. Sie spielte in TV-Movies und auf Off-Broadway-Bühnen, erlangte aber auf diesem Gebiet die Anerkennung, die ihr zuvor versagt geblieben war: Ihre überzeugende Darstellung einer von einem Sexualtäter bedrängten Frau in dem Theaterstück *Extremities* – auch in der 1986 gedrehten Filmfassung spielte sie die Hauptrolle – trug ihr 1983 glänzende Kritiken ein. Im Jahr darauf spielte sie eine mißhandelte Ehefrau in dem Fernsehfilm DAS BRENNENDE BETT (THE BURNING BED, USA 1984). Für ihre darstellerische Leistung erhielt sie eine ‹Emmy›-Nominierung und wurde beim *International Television Movie Festival* zur besten Schauspielerin gewählt. In einer Serienrolle war Farah Fawcett erst 1991 wieder zu sehen – in der Sitcom GOOD SPORTS (USA 1991) spielte sie an der Seite Ryan O'Neals eine Rolle mit angedeutetem biographischem Einschlag: ein ehemaliges Model, das sich gegen alle (männlichen) Widerstände als Sportjournalistin profilieren kann.

Fawltys Hotel Fawlty Towers
GB 1975 / 1979

Basil Fawlty
JOHN CLEESE

Sybil Fawlty
PRUNELLA SCALES

Polly
CONNIE BOOTH

Manuel
ANDREW SACHS

Major Gowen
BALLARD BERKELEY

Miss Tibbs
GILLY FLOWER

Miss Gatsby
RENEE ROBERTS

Fawlty Towers ist ein viertklassiges Hotel in einem zweitklassigen Badeort an der erstklassig feriengeeigneten Küste Cornwalls. Zur Sommerzeit wälzen sich ganze Heerscharen von Kurz- und Langzeiturlaubern über Torquays von Kitsch- und Nippesläden verunzierte Boulevards. Auf der Suche nach einer Unterkunft verirren sich einige von ihnen schon mal versehentlich in das Etablissement des Ehepaars Fawlty, verbringen gar dortselbst die eine oder andere Nacht, obschon sich der Hausherr Basil Fawlty alle Mühe gibt, ihnen den Aufenthalt zu vergällen. Schon allein die drei Stammgäste, zwei alte Ladies und ein pensionierter, begriffsstutziger Major, ziehen und zerren fortwährend an den Nerven des kinderlosen Herbergsvaters. Denn schließlich hat er bereits mit der Bewältigung der Mühen und Widrigkeiten eines gewöhnlichen Arbeitstags alle Hände voll zu tun, eine anspruchsvolle Aufgabe, bei der aufdringliche Logiergäste nur im Wege sind.

John Cleese

Mit geradezu verbissenem Ungeschick und epochaler Fassungslosigkeit versucht Fawlty zu meistern, was immer sich ihm an Problemen in den Weg stellt. Starrköpfig verrennt er sich stets aufs neue in obskure Ideen und hält an eingeschliffenen Verfahrensweisen fest, selbst wenn sie sich längst als komplett untauglich erwiesen haben. Selbstgerecht, immer an der Grenze zur Raserei und vollends misanthropisch beharrt Fawlty wider jedes bessere Wissen auf seinen meist abstrusen Ansichten. Nicht einmal die erlesene Geschmacklosigkeit seines Jacketts ist ihm verborgen geblieben. Er trägt das Altkleid trotzdem, mit Würde und Grandezza,

Gaststars:
Trevor Adams, Peter Brett, Terence Conoley, James Cossins, Allan Cuthbertson, Robin Ellis, Iris Fry, Michael Gwynn, Michael Halsey, Betty Huntley-Wright, Diana King, David Neville, Geoffrey Palmer, Joan Sanderson, Johnny Shannon, Una Stubbs, Ann Way, Martin Wyldeck

Creators:
*John Cleese und Connie Booth
Beginn der deutschen Erstausstrahlung: 28. 2. 1978, DDR 1*

FAWLTYS HOTEL wurde 1975 und 1979 mit je einem «BAFTA Award» prämiert.

Zum Produktionsstab gehörte der Regisseur Bob Spiers, der sich ein weiteres Mal in die Herstellung einer Kultserie verstrickte, als er die Regie von → ABSOLUTELY FABULOUS übernahm.

Auch das spanische Fernsehen übernahm FAWLTYS HOTEL, machte aber

FAWLTY TOWERS

schließlich handelt es sich um ein Familienerbstück. Fawltys trockener Kommentar: «Wir haben keinen Geschmack. Aber Stil.»

Treibende Kraft des Unternehmens ist Basils Eheweib Sybil, eine resolute und patente Frau mit Turmfrisur, die neben der Tischwäsche auch die Eskapaden ihres Gatten auszubügeln hat. Für weiteren Verdruß sorgt der spanische Kellner Manuel – «Que?» –, der wohl noch manche Saison benötigen wird, um sich zumindest die geläufigsten Begriffe der englischen Sprache anzueignen. Nur gut, daß wenigstens seine

liebliche Kollegin Polly ein paar Brocken Spanisch spricht.

Wer lange sucht, wird das Vorbild für Fawlty Towers in Torquay vielleicht noch finden. Dorthin verschlug es die Artisten von Monty Pythons fliegendem Zirkus, als sie 1972 in Cornwall an einem Film arbeiteten. Donald Sinclair, der Inhaber besagter Absteige, war ein einzigartiges Exemplar seiner Zunft – er tadelte Terry Gilliam wegen seiner amerikanischen Tischmanieren, warf Eric Idles Aktentasche auf die Straße, weil er eine Bombe darin vermutete, und bejammerte unablässig, daß seine Gäste – «Kretins in meinem Vipernnest» (Basil Fawlty) – ihn permanent von der ordnungsgemäßen Führung seines Hotels abhielten.

Dieses Unikum war dazu geboren, vom Fernsehen angemessen gewürdigt zu werden. Ein gewisses Alter ego trat bereits in der TV-Serie DOCTOR IN THE HOUSE (GB 1970 – 1973) in Erscheinung. Der Produzent Humphrey Barclay schlug daraufhin vor, den rabiaten Gastwirt und dessen kaum minder lärmende Gattin zu Hauptfiguren einer eigenständigen Comedy-Serie zu machen. Also geschah es. John Cleese und seine damalige Ehefrau, die amerikanische Schauspielerin Connie Booth, schrieben die Episoden. Cleese selbst übernahm die Rolle des mit manischem Trotz in sein Unglück rennenden Basil Fawlty. Booth, die in jungen Jahren als Serviererin gearbeitet hatte, spielte die aufgeweckte Kellnerin Polly. Prunella Scales gab eine Glanzvorstellung als Sybil Fawlty, Andrew Sachs verkörperte mit beachtlichem Slapstick-Talent den Kellner Miguel, ein nicht ungefährlicher Part, denn Miguel war

aus dem Spanier Manuel einen Italiener, um das Publikum nicht zu verprellen. Die Amerikaner drehten eine eigene Version mit dem Titel AMANDA'S (USA 1983). «Golden Girl» Beatrice Arthur spielte die Hauptrolle, war aber bald wieder arbeitslos: Die Serie hielt sich nur wenige Wochen im Programm.

Literatur:
John Cleese / Connie Booth: The Complete Fawlty Towers. London 1989

der Prügelknabe des cholerischen Patrons. Sachs behielt schmerzhafte Erinnerungen an die Dreharbeiten: In einer Szene mußte er mit qualmendem Kostüm durch die Kulissen rennen, dabei fraßen sich die raucherzeugenden Chemikalien durch seine Kleidung und verätzten die Haut.

Für jede der jeweils 25 Minuten dauernden Episoden entwarfen Booth und Cleese zehn Handlungslinien, die sie dann binnen vier Monaten zu Skripts ausarbeiteten. Insgesamt entstanden 13 Folgen in zwei Staffeln, zunächst sechs im Jahr 1975; vier Jahre später, bereits nach der einvernehmlichen Trennung des Ehepaars Cleese, weitere sieben. Eine davon wurde dem deutschsprachigen Publikum lange vorenthalten. Weder Südwest 3 (1978), Nord 3 (1979) noch Bayern 3 (1979), auch nicht RTLplus, das 1991 die noch in der DDR erstellte, arg betuliche Synchronfassung ausstrahlte, oder 3sat (Original mit Untertiteln) trauten sich, die Deutschen mit «The Germans» zu konfrontieren. In der

Andrew Sachs

gleichnamigen Episode keift der restlos um den Verstand gebrachte Basil Fawlty nach turbulenten Verwicklungen mit schier überschnappender Stimme seine deutschen Gäste an: «You have absolutely no sense of humour!!»

Er sollte offenbar recht behalten.

Marty Feldman

Marty Feldman

Der britischen Comedy-Szene erwächst ihr Nachwuchs zumeist aus den studentischen Revuen der Renommieruniversitäten Oxford und Cambridge, weshalb mitunter von der «Oxbridge connection» die Rede ist. Unter den akademisch geschulten Spaßmachern war Marty Feldman ein Außenseiter. Die Abkunft von polnisch-russisch-jüdischen Immigranten machte ihn zu einer veritablen Promenadenmischung. Er stammte aus ärmlichen Verhältnissen und hatte die Schule bereits im Alter von 15 Jahren aufgeben müssen. Sein markantes Signalement prädestinierte ihn gleichsam zum Komödianten, insbesondere die als Folge einer Schilddrüsenkrankheit auffällig hervorstechenden Augen und eine schiefe Nase, die als bleibendes Verwundetenabzeichen zeitlebens an eine handgreifliche Auseinandersetzung erinnerte. Feldman selbst bezeichnete sich scherzhaft als «Gorgo auf zwei Beinen» oder «gestaltgewordenen Alptraum».

Entgegen seiner clownesken Physiognomie trat Marty Feldman zunächst als Musiker vor das Publikum, nachdem er sich unter anderem als Botenjunge, Hausierer und Wettipverkäufer durchgeschlagen hatte. Ein kurzer Aufenthalt in Frankreich endete mit einer Abschiebung wegen Landstreicherei.

Daheim in Großbritannien ging Feldman als Trompeter mit zwei Kollegen unter dem Namen Morris, Marty & Mitch auf Tournee durch die Music Halls und Varietés. Während eines Engagements im Empire Theatre in York lernte er den Entertainer Barry Took kennen. Ein Disput über die Auftrittsreihenfolge markierte den Beginn einer dauerhaften Zusammenarbeit. Took und Feldman wurden Partner. Sie verdingten sich als Hausautoren bei der BBC, schrieben Texte für unbedeutende Fernsehsendungen und agierten mitunter auch selbst vor der Kamera. Einem größeren Publikum bekannt wurden sie als Autoren der populären, auch deutschen BFBS-Hörern geläufigen Hörfunkserie ROUND THE HORN. Fernsehdrehbücher schrieben sie für die Sitcom THE ARMY GAME (GB 1957 – 1960) und deren Fortsetzung BOOTSIE AND SNUDGE (GB 1960 – 1963).

1965 wechselte Marty Feldman als Chefautor zu der satirischen TV-Reihe THE FROST REPORT und kreuzte erstmals die Wege von John Cleese, Eric Idle, Michael Palin, Graham Chapman und Terry Jones, die später, nach Hinzuziehung Terry Gilliams, als Monty Python's Flying Circus firmieren sollten, vorerst aber dem FROST REPORT als Autoren zuarbeiteten. 1967 wurde das Team mit der *Goldenen Rose von Montreux* ausgezeichnet. Die nächste Etappe war die bewußt kryptisch betitelte AT LAST THE 1948 SHOW, in der neben Tim Brooke-Taylor und Aimi MacDonald auch John Cleese und Graham Chapman vor die Kamera traten, ein furioses Quartett, das laut Tony Staveacre «den klassischen Revuesketch zu Hackfleisch verarbeitete». John Cleese soll es gewesen sein, der anregte, den zunächst nur als Autor beteilig-

ten Marty Feldman in die Darstellerriege aufzunehmen.

Feldman bewies ausgeprägtes Talent für physische Komik und bekam in der Folge von mehreren Seiten Angebote für eine eigene TV-Show. Der heiß Umworbene entschied sich für BBC 2, wo 1968 und 1969 je eine Staffel der Sendereihe MARTY über den Sender ging. Das meiste Material schrieb Feldman in Zusammenarbeit mit seinem langjährigen Weggefährten Barry Took. Michael Palin, Terry Jones, John Cleese und Graham Chapman steuerten einige ‹Circus›-reife Nummern bei. MARTY wurde regelrecht zur Kultserie und brachte ihrem Urheber die *Silberne Rose von Montreux*. 1970 entwickelte Feldman für ATV ein neues Format mit dem Titel THE MARTY FELDMAN COMEDY MACHINE. Ein Zusammenschnitt der besten Sketche wurde mit der *Goldenen Rose von Montreux* prämiert.

Feldman setzte seine unveränderlichen Kennzeichen wirkungsvoll ein und mimte beispielsweise den übergeschnappten Spinner, der auf offener Straße harmlose Passanten anfällt. Ein überlanger Trenchcoat, wehender Schal und eine tief in die Stirn gedrückte Melone waren die Markenzeichen dieser Figur, und natürlich jener flackernde Blick aus diametral rollenden Glubschaugen. Gleichwohl beherrschte Feldman auch den Tonfall kindlicher Verwunderung, so in der Nummer, in der sich sein harmloses Trachten auf den Erwerb eines Blumenstraußes richtet. Ohne Arg betritt er das Geschäft, trifft aber niemanden an. Auf der Suche nach einem Verkäufer wagt sich der kleine Mann zwischen die üppige Flora, irrt zagend und staunend durch meterhohe exotische Gewächse und findet sich unversehens in der afrikanischen Steppe wieder, wo unter anderem gefräßige Löwen seiner harren.

Inzwischen kapriolte Feldman auch auf der Kinoleinwand. 1969 debütierte er mit einem kleinen Part in Richard Lesters Antikriegssatire DANACH (THE BED SITTING ROOM, GB 1969). Gemeinsam mit Barry Took schrieb er die Burleske HAFERBREI MACHT SEXY (EVERY HOME SHOULD HAVE ONE, GB 1969), die Werbebranche und Sexrummel verulkte. Feldman selbst übernahm die Hauptrolle, Jim Clark führte Regie.

Barry Took zufolge lechzte Feldman nach wirklichem Starruhm, und den konnte ihm nur Hollywood bieten. Die Gelegenheit zum Umzug in die USA ergab sich durch einen glücklichen Zufall. Der US-Produzent Greg Garrison erwarb eine Anzahl Sketche aus dem MARTY-Zyklus, die im Rahmen der Variety-Sendung DEAN MARTIN PRESENTS THE GOLDDIGGERS IN LONDON (USA 1970) ausgestrahlt wurden und in den USA einige Aufmerksamkeit erregten. 1974 verließ Feldman Großbritannien und gesellte sich zum Mel-Brooks-Clan. Unter Brooks' Regie spielte er in der Genreparodie FRANKENSTEIN JUNIOR (YOUNG FRANKENSTEIN, USA 1974) und in SILENT MOVIE (USA 1976). Für Gene Wilder, den Koautor von FRANKENSTEIN JUNIOR, stand er in dessen Regiedebüt SHERLOCK HOLMES' CLEVERER BRUDER (THE ADVENTURE OF SHERLOCK HOLMES' SMARTER BROTHER, GB 1975) vor der Kamera.

Feldmans Traum von der großen Hollywood-Karriere schien sich endgültig zu erfüllen, als ihm die Universal Filmstudios einen Kontrakt über sechs Filme anboten. Der ersten Produktion dieser Liaison, DREI FREMDENLEGIONÄRE (THE LAST REMAKE OF BEAU

GESTE, USA 1977), für die Feldman als Autor, Regisseur und Darsteller verantwortlich zeichnete, war wenig Erfolg beschieden. Noch schlimmer kam es mit DREIST UND GOTTESFÜRCHTIG (IN GOD WE TRUST, USA 1980) – der von Feldmans Ehefrau Lauretta Sullivan koproduzierte Film blieb gerade mal eine Woche in den Kinos und erwies sich als finanzielle Katastrophe, woraufhin Universal die Zusammenarbeit aufgekündigte. Der Mißerfolg kostete ihn in Hollywood jegliche Reputation und warf ihn völlig aus der Bahn, er verfiel der Drogensucht und unternahm einen Selbstmordversuch.

Erst das Zusammenspiel mit Freunden aus alten Fernsehtagen riß ihn aus seiner Lethargie. 1982 hielten sich John Cleese, Graham Chapman, Eric Idle, Spike Milligan und Peter Cook zu Dreharbeiten in Mexiko auf und luden Feldman ein, eine Rolle in dem Piratenklamauk DOTTERBART (YELLOWBEARD THE PIRATE, USA 1983) zu übernehmen. In dieser Gesellschaft, zu der auch seine frühere Filmpartnerin Madeline Kahn gehörte, verlebte er angenehme Tage und entwickelte sogar den Plan, zum Fernsehen zurückzukehren. Doch dazu kam es nicht mehr – Feldman starb am 2. Dezember 1982, dem letzten Tag der Dreharbeiten, achtundvierzigjährig in einem Hotelzimmer in Mexico City an Herzversagen.

Flipper
USA 1964–1968

Porter Ricks	**Hap Gorman (1964–1965)**	**Gaststars: Dan Chandler,**
BRIAN KELLY	ANDY DEVINE	**Mal Jones, Burt Reynolds,**
Sandy Ricks	**Ulla Norstrand (1965–1966)**	**Daniel J. Travanti**
LUKE HALPIN	ULLA STROMSTEDT	
Bud Ricks		
TOMMY NORDEN		

Besetzung der Neuauflage:

Dr. Keith Ricks	**Mike Blondel**	**Dr. Jennifer Daulton**
BRIAN WIMMER	PAYTON HAAS	ELIZABETH MOREHEAD
Dr. Pam Blondel	**Maya Graham**	
COLLEEN FLYNN	JESSICA MARIE ALBA	

ES ist einigermaßen verblüffend, aber phänotypisch: Immer wenn's ums Fernsehen geht, werden manche Berichterstatter nachlässig – sogar jene, die es ansonsten ganz genau nehmen. Es bleibt also uns alten Seh-Bären überlassen, die Dinge geduldig ins rechte Licht und halbwegs geradezurücken. So hebt beispielsweise alleweil ein verächtliches Ächzen und Stöhnen an, sobald Hollywood einen neuen Lassie- oder Flipper-Film annonciert. Denen fällt eben nichts mehr ein, mupft und murrt es in derlei Fällen, denn sie müssen schon wieder auf eine alte Fernsehserie zurückgreifen. Was natürlich kompletter Humbug ist, denn die beiden Schwanzwedler Flipper und Lassie waren veritable Leinwandstars, die jedoch eine feste Anstellung beim Fernsehen dem unsicheren Dasein als *freelance*-Held vorzogen und damit Seite an Seite standen mit illustren Filmkünstlern wie Doris Day, Lana Turner, Robert Taylor, Lee Marvin, Robert Montgomery und James Stewart.

1963 hechtete der flippige Delphin – der eigentlich weiblichen Geschlechts war und Suzy hieß – erstmals auf die Großleinwand. Luke Halpin alias Sandy Ricks rettete den harpunierten Tümmler vor dem Abdriften in die Ewigen Fischgründe und gewann einen treuen Freund, der stets zur Stelle war, sobald Sandy in Seenot geriet oder andere Fährnisse zu gewärtigen hatte. Nur wenige Monate, nachdem FLIPPER (USA 1963) kassenträchtig zu Wasser gelassen worden war, begannen bereits die Dreharbeiten zu NEUES ABENTEUER MIT FLIPPER (FLIPPER'S NEW ADVENTURE, USA 1964). Der Autor Art Arthur erzählte in etwa die gleiche Geschichte noch einmal, versah sie allerdings mit einer melodramatischen Rahmenhandlung. Hernach ging es schnurstracks zum Fernsehen. Brian Kelly hatte beim zweiten Kinofilm bereits

Gaststars:
Terry Davis, Jerome Ehlers, Kathy Evison, Nicholas Hammond, Laura Herring, William R. Moses, Dwight Schultz, Armando Valdes-Kennedy, Karen Witter

Creator:
Ivan Tors
Beginn der deutschen Erstausstrahlung: 1. 1. 1966, ZDF

Luke Halpin trat nach Ende der Serie kaum noch nennenswert in Erscheinung. Hie und da verdingte er sich als Experte für besondere Wasser-Fälle. Unter anderem fungierte er während der Dreharbeiten zu der Teenagerklamotte PORKYS RACHE (PORKY'S REVENGE, USA 1984), in der einem Vergnügungsdampfer gewisse dramaturgische Bedeutung zukommt, als technischer Koordinator

der aquatischen Szenen. Ähnliche Aufgaben übernahm er als Stuntman in der Serie → MIAMI VICE, in SPEED 2 – CRUISE CONTROL (SPEED 2: CRUISE CONTROL, USA 1997) und als Marinekoordinator des Spielfilms WILD THINGS (USA 1998).

1996 hatte Luke Halpin ein Cameo als Gangster in Alan Shapiros Kinoneuverfilmung (FLIPPER, USA 1996). Die

Jeder kennt iihn, den klugen Delphin

Tommy Norden

**Flipper und
Tommy Norden**

**Tommy Norden,
Brian Kelly und Luke
Halpin**

Luke Halpin

**Tommy Norden,
Brian Kelly**

Chuck Connors in der Rolle des Porter Ricks ersetzt und blieb dem Heimpublikum erhalten. Desgleichen Luke Halpin, der sich freilich fortan mit einem nervenstrapazierenden kleinen Bruder namens Bud abfinden mußte und ab der zweiten Staffel mit der Ozeanographin Ulla Norstrand auch noch eine attraktive Ersatzmutter bekam, weil Porter zwar Witwer war und selbstredend enthaltsam lebte, aber – rein aus beruflichen Gründen – durchaus schon mal Kontakt zum weiblichen Geschlecht suchte.

Der FLIPPER-Produzent Ivan Tors, ein gebürtiger Ungar, hatte recht früh die Vorliebe der Amerikaner für niedliche und gelehrige Tiere erkannt. Die Indizien waren freilich nicht schwer zu deuten: Showgrößen und Politiker ließen sich publikumswirksam mit ihren Haustieren fotografieren, die Zubehörindustrie blühte. Zeitweise gab es sogar einen Versandhandel für exotische Viecher, der allerdings binnen kurzem schließen mußte, weil die meisten Tiere nur noch als Kadaver bei ihren Empfängern ankamen.

Ivan Tors wandte dem anfangs bevorzugten Science-fiction-Genre den Rücken und konzentrierte sich fortan auf die Tierfilmerei. Dieses Metier betrieb er in großem Stil. In Florida und in Kalifornien unterhielt er weitläufige Parks, wo er Tiere aufzog und für den Filmeinsatz dressierte. Sein Gelände nahe Los Angeles hieß «Africa, U.S.A.» und war unter anderem Schauplatz der ebenfalls von Tors produzierten TV-Serie → DAKTARI.

DAKTARI und FLIPPER erfreuten sich gleichermaßen großer Beliebtheit; die Serien

Hauptrollen spielten Elijah Wood als Sandy Ricks, Paul Hogan als dessen Onkel Porter Ricks, Isaac Hayes als Sheriff und Chelsea Field als Meeresbiologin Cathy. In der Titelrolle agierten, neben einer steuerbaren Attrappe, die drei Delphine Jake, Fatman und McGuyver.

1995 entstand eine chronologisch stimmige Neuauflage der Serie. Zentrale Figur war Bud Ricks, der sich proper herausgemacht hatte und Meeresbiologe geworden war. In seinem in den vertrauten Florida Keys gelegenen Forschungslabor werkelte auch Dr. Pam Blondell, deren drei-

zehnjähriger Sproß das unerläßliche jugendliche Element in die Serie einbrachte. Luke Halpin hatte eine Gastrolle als Fischer inne.

Luke Halpin, Brian Kelly

brachten es auf drei beziehungsweise vier Jahre Laufzeit. Im angelsächsischen Raum sind noch immer einzelne Episoden auf Video erhältlich. Eine andere ranghohe Kultfigur waltete hinter den Kulissen der Serie: der Hawaiianer Ricou Browning – er zeichnete als Koautor der Vorlage, übernahm Flippers Dressur und führte Regie – war 1954 als DER SCHRECKEN VOM AMAZONAS (CREATURE FROM THE BLACK LAGOON, USA 1954) im gleichnamigen Film und den dazugehörigen Fortsetzungen als Amphibienmensch aufgetreten. Er arbeitete unter anderem als Second-Unit-Regisseur für das James-Bond-Abenteuer THUNDERBALL (GB 1965) und wurde sinnigerweise als Berater für den Agententhriller DER TAG DES DELPHINS (THE DAY OF THE DOLPHIN, USA 1973) herangezogen. In seichte Gewässer begab er sich 1977 mit der Inszenierung des schrägen Kino-Thrillers ZIGARREN WERDEN NACHTS GEROLLT (MR. NO LEGS, USA 1977).

Michael J. Fox

hinten: Michael J. Fox, Justine Bateman, Tina Yothers
vorne: Michael Gross, Meredith Baxter-Birney

«Der Erfolg einer Fernsehserie hängt zu 90 Prozent von der Besetzung ab.» Diese Erkenntnis aus dem Nähkästchen eines Erfolgsproduzenten stammt von Gary David Goldberg, seinerzeit Schöpfer und Produzent der Sitcom FAMILIENBANDE. Zumindest in diesem Falle lag Goldberg absolut richtig, denn die Verpflichtung des jungen Kanadiers Michael J. Fox erwies sich als Glücksgriff.

«Michael ist derzeit einer der heißesten Schauspieler», ließ Goldberg bereits ahnungsvoll verlauten, als die Kinofilme TEEN WOLF (USA 1985) und ZURÜCK IN DIE ZUKUNFT (BACK TO THE FUTURE, USA 1985) gerade mal im Projektstadium waren. Daß sie allesamt zu Kassenschlagern wurden, mag nicht zuletzt an Fox' Fernsehruhm gelegen haben, denn es war die Mitwirkung in der Sitcom FAMILIENBANDE, die ihn zu einem umschwärmten und von der Filmindustrie umworbenen Teenagerstar machte.

Fox' Karriere hatte wenig erfolgversprechend, nämlich mit einer herben Enttäuschung begonnen: Sein Schauspiellehrer erklärte ihm unverblümt, er bringe für diesen Beruf nicht genügend Begabung mit. Doch ließ sich der spätere Gagenmillionär von dieser Zurückweisung nicht abschrecken und tat gut daran. Als Fünfzehnjähriger bekam er eine Rolle in der kanadischen TV-Serie LEO AND ME (KAN 1976–1977). Mit achtzehn wandte er sich gen Hollywood, wo er eine Zeitlang hart zu kämpfen hatte, ehe ihm kleinere Filmrollen und Gastparts in TV-Serien wie LOU GRANT (USA 1977–1982) und TRAPPER JOHN, M.D. (USA 1979–1986; → M.A.S.H.) die ersten Einkünfte bescherten. 1980 und 1981 zählte er zur Stammbesetzung der kurzlebigen, vom ROOTS-Autor Alex Haley koproduzierten Serie PALMERSTOWN, USA, ehe ihn die wie maßgeschneiderte Rolle des Alex P. Keaton ins Bewußtsein des Publikums katapultierte.

Dabei war Fox nicht einmal erste Wahl

FAMILIENBANDE lief in Deutschland auch unter den Titeln HILFE, WIR WERDEN ERWACHSEN (ZDF) und JEDE MENGE FAMILIE (Pro 7).

1987 gesellte sich Courteney Cox zu der konfliktfreudigen Familienclique und war als Psychologiestudentin Lauren Miller zwei Jahre lang Alex Keatons Teilzeitlebensgefährtin. Ab 1994 verstrickte sie sich im Sechserteam der Sitcom → FRIENDS erneut in kultverdächtige Fernsehaktivitäten. Auch gehörte sie zu den wenigen Überlebenden in Wes Cravens Kultschocker SCREAM (USA 1996).

Fanclub:
FiloFox
Official International Fan Club
c/o Lora Colver & Katherine Dyer
102 Lynn Road, Ilford
Essex IG 2 7 DX
Großbritannien

Michael J. Fox und Christopher Lloyd

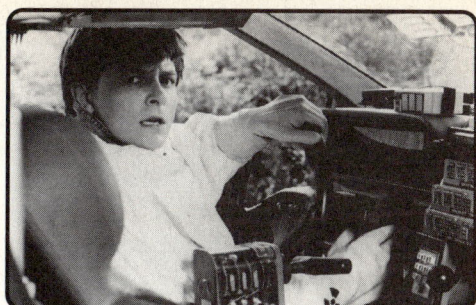

Michael J. Fox als Schüler Marty McFly in ZURÜCK IN DIE ZUKUNFT

ZURÜCK IN DIE ZUKUNFT III

der Beteiligten gewesen, sondern hätte hinter Matthew Broderick zurückstehen müssen, der jedoch aus familiären Gründen eine Absage erteilte. «Wir hatten keinerlei Neigung, ihm die Rolle des Alex Keaton in FAMILIENBANDE zu überlassen», gesteht der damalige NBC-Unterhaltungschef Brandon Tartikoff selbstkritisch in seinen Erinnerungen. In der Vorproduktionsphase verstieg er sich gar zu der Prophezeiung: «Dieses Gesicht wird nie auf einer Lunchbox zu sehen sein.» Vor allem störte er sich an Fox' geringer Körpergröße von gerade mal 1,62 Metern. Michael J. Fox erinnerte sich an diesen vorlauten Spruch, als ZURÜCK IN DIE ZUKUNFT zum Publikumsrenner wurde und er trotz seines Wichtseins Wichtigkeit erlangt hatte. Als Revanche sandte er Tartikoff eine Lunchbox, auf der sein Gesicht abgebildet war. In dem Brotköfferchen lag eine Notiz mit den Worten: «Kriech zu Kreuze, Tartikoff.»

Nach anfänglichem Zögern schätzte Gary Goldberg im Gegensatz zu Tartikoff das Talent des grazilen Kanadiers richtig ein. «Dieser Typ ist erstaunlich», gab er Tartikoff zu verstehen, «du schickst ihn auf die Bühne, um zwei Lacher einzufahren, und er bringt es auf fünf.» Goldbergs Gespür trog nicht. FAMILIENBANDE war als Vehikel für die Hauptdarsteller Meredith Baxter-Birney und Michael Gross konzipiert worden, aber nach nur kurzer Zeit rückte Michael J. Fox in den Mittelpunkt – er erhielt mehr Fanpost als manch ein arrivierter Schauspieler der Paramount-Fernsehproduktion.

Baxter-Birney und Gross spielten das Ehepaar Elyse und Steve Keaton. Beide waren Geschöpfe der Hippie-Ära und stark geprägt von den damaligen Idealen, auch wenn sie mittlerweile bürgerlichen Berufen nachgingen und eine Familie gegründet hatten. Der siebzehnjährige Alex war ihr ältester Sohn und schlug vollends aus der Art – anders als sein Vater bevorzugte er gedeckte Anzüge und trug Krawatten, verfolgte aufmerksam das Börsengeschehen an der Wall Street, und er begegnete dem verhaßtesten Menschen der Vorgängergeneration, dem Skandalpräsidenten Richard M. Nixon, mit inbrünstiger Verehrung.

Steven Spielberg und Regisseur Robert Zemeckis wurden durch die Serie auf Michael J. Fox aufmerksam und engagierten ihn für die Science-fiction-Komödie ZURÜCK IN DIE ZUKUNFT, die zwei Fortsetzungen zeitigte. Da Fox vertraglich an die TV-Produktion gebunden war, sah er sich gezwungen, in Doppelschicht zu arbeiten: Tagsüber stand er für die aktuellen Episoden von FAMILIENBANDE auf der Studiobühne, abends und nachts ging er für Steven Spielberg auf Zeitreise. Auch bei den folgenden Filmen nahm er diese Doppelbelastung in Kauf, denn obschon er als Leinwandstar zum Kassengaranten geworden war, blieb er dem Fernsehpublikum treu. Nicht Fox' prosperierende Karriere, sondern sinkende Einschaltquoten gaben 1989 den Ausschlag, die Serie einzustellen. Rückblickend äußerte sich Michael J. Fox positiv über seine Anfänge beim Fernsehen, zumal er 1985 während der Dreharbeiten seine spätere Ehefrau Tracy Pollan kennenlernte: «FAMILIENBANDE ist ein Teil meines Lebens, den ich für nichts in der Welt eintauschen würde. Ohne diese Serie würde ich vermutlich heute in Vancouver Gräben schaufeln. Es war ein Gottesgeschenk, in finanzieller wie emotionaler Hinsicht.»

Weniger glücklich waren die Versuche des auch in gehobenem Alter unverändert jungenhaft wirkenden Akteurs, Kinorollen abseits des Sonnyboy-Images zu finden. Er spielte dramatische Parts in James Bridges' DIE GRELLEN LICHTER DER GROSSSTADT (BRIGHT LIGHTS, BIG CITY, USA 1988) und in Brian De Palmas DIE VERDAMMTEN DES KRIEGES (CASUALTIES OF WAR, USA 1989), ein laut «TV Spielfilm Filmlexikon» «überwältigender, unvergeßlicher Film, der De Palma auf der Höhe seines Könnens zeigt», aber nur ein Minderheitenpublikum ansprach. In den folgenden Jahren nahm Fox auch Regieaufgaben wahr und betätigte sich als Produzent von Kinofilmen. Diese Funktion übt er auch bei der Sitcom CHAOS CITY aus, mit der er 1996 zum Fernsehen zurückkehrte. In der Politsatire verkörpert Fox den alerten PR-Be-

rater des New Yorker Bürgermeisters, eine Figur mit Charme und Chuzpe, nicht unverwandt jenem energiegeladenen Alex P. Keaton, der in der letzten Folge von FAMILIENBANDE nach New York ging, um dort Karriere zu machen. Desgleichen sind gewisse Übereinstimmungen erkennbar mit der Figur des Präsidentenberaters, die Fox unter Rob Reiners Regie in HALLO, MR. PRESIDENT (THE AMERICAN PRESIDENT, USA 1995) spielte. Entwickelt wurde die Serie im von Steven Spielberg mitbegründeten Studio Dreamworks SKG. In diesem Umfeld gelang es Michael J. Fox, an alte Erfolge anzuknüpfen – CHAOS CITY schlug glänzend ein und war ab Herbst 1997 auch in Deutschland zu sehen.

Zu diesem Zeitpunkt aber litt Fox bereits an der bislang unheilbaren Parkinson-Krankheit, deren Opfer nach und nach die Kontrolle über ihren Körper verlieren. Eine Gehirnoperation und medikamentöse Behandlung machten es möglich, daß Fox seinem Beruf vorerst weiter nachgehen kann.

Frasier
USA 1993–

Dr. Frasier Crane	**Daphne Moon**	**Eddie, der Hund**
KELSEY GRAMMER	JANE LEEVES	MOOSE
Dr. Niles Crane	**Roz Doyle**	
DAVID HYDE PIERCE	PERI GILPIN	
Martin Crane	**Bulldog**	
JOHN MAHONEY	DAN BUTLER	

Am 20. 5. 1993 ging in den USA eine Ära zu Ende: An diesem Tag wurde die letzte Episode der immens erfolgreichen und mit Auszeichnungen überhäuften Sitcom → CHEERS (USA 1982–1993) ausgestrahlt. Allein eine Figur überlebte das Ende: Dr. Frasier Crane. In CHEERS war der Psychiater nur einer von mehreren Stammgästen der titelgebenden Bar, verfügte aber über das Potential, Hauptfigur einer eigenen Sitcom zu werden. Die sollte möglichst wenig gemein haben mit dem Vorläufer. Also verordnete man Crane die Scheidung und verschob ihn von Boston in seine Heimatstadt Seattle.

Dort avanciert er als Lebensberater eines Rundfunksenders zum regionalen Star. In der Absicht, die Vorzüge des neuen Single-Daseins exzessiv zu genießen, bezieht Crane ein luxuriöses Apartment. Doch aus dem Dolce vita wird nichts. Frasiers Vater, ein ehemaliger Polizist, wurde bei einem Einsatz schwer verletzt, ist seither gehbehindert und benötigt dauernde Pflege. Da Frasiers Bruder von seiner resoluten Gattin unter-

sagt wird, den bärbeißigen alten Mann und seinen ungebärdigen Hund zu beherbergen, ergibt sich Frasier in sein Schicksal und nimmt auch noch die britische Pflegerin Daphne Moon auf. Der widerborstige Vater, der launenhafte Hund und die spirituell erleuchtete Daphne mit dem von der Synchronisation hierzulande natürlich ausgemerzten typisch britischen Hauch Sirene in der Stimme und einem schrulligen Hang zur Weissagung niemals eintreffender Ereignisse sorgen fortwährend für Wirbel in Frasiers Dasein. Heimlicher Star der Show aber ist David Hyde Pierce als Frasiers jüngerer Bruder Niles, gleichfalls Psychiater und ein schwer neurotischer, ewig säuerlich wirkender Zwangscharakter, der einzig in bezug auf Daphne einen Anflug von Leidenschaft zu zeigen in der Lage ist. Typisch für Niles ist sein Bericht über ein erregendes Kinoerlebnis: «Der Film ist heiß. Nachdem ich mit Maris im Kino war, haben wir unsere Betten zusammengeschoben. Und das will was heißen – unsere Betten stehen für gewöhnlich in

Gaststars:
Dietrich Bader, Dr. Joyce Brothers, Ted Danson, Amanda Donohoe, Annette Funicello, John Glover, Linda Hamilton, James Earl Jones, Jane Kaczmarek, Larry King, Bruno Kirby, Tea Leoni, Shelley Long, Marsha Mason, James Morrison, Brittany Murphy, Bebe Neuwirth, Donald O'Connor, Robert Prosky, Eric Roberts, Mercedes Ruehl, Shannon Tweed, Sela Ward, Patricia Wettig, JoBeth Williams, Harris Yulin

Anrufer in Frasiers Sendung:
Kevin Bacon, Halle Berry, Matthew Broderick, Mel Brooks, Cyd Charisse, Jill Clayburgh, Rosemary Clooney, Cindy Crawford, Billy Crystal, Macaulay Culkin, John Cusack, Jeff Daniels, Laura Dern, Shelley Duvall, Jodie Foster, Art Garfunkel, Teri Garr, Linda Hamilton, Ed Harris, Glenne Headly, Tom Hulce, Eric Idle, Christine Lahti, Piper Laurie, Timothy Leary, Jay Leno, Ray Liotta, John Lithgow, Malcolm McDowell, Reba McEntire, Amy Madigan, Henry Mancini, Joe Mantegna,

Mary Elizabeth Mastrantonio, Paul Mazursky, Mary Tyler Moore, Rosie Perez, Sydney Pollack, Christopher Reeve, Carl Reiner, Rob Reiner, Carly Simon, Gary Sinise, James Spader, Mary Steenburgen, Ben Stiller, Eric Stoltz, Lily Tomlin, Randy Travis, Eddie Van Halen, John Waters, JoBeth Williams, Katarina Witt, Alfre Woodard

Creators:
David Angell, Peter Casey, David Lee Beginn der deutschen Erstausstrahlung: 24. 4. 1995, Kabel 1

Moose, Kelsey Grammer

Kelsey Grammer, Amanda Donohoe

*Kelsey Grammer,
John Mahoney*

Kelsey Grammer

Peri Gilpin, D. H. Pierce, Jane Leeves, John Mahoney, K. Grammer

verschiedenen Räumen an entgegengesetzten Enden des Flurs.»

Besagte Maris nimmt immer wieder nachhaltig Einfluß auf das Geschehen – obwohl sie niemals im Bild zu sehen ist. Die meisten Episoden beginnen im Rundfunkstudio, wo Frasier von seiner diebisch lächelnden Produzentin Roz mit geistig nicht immer ganz obenliegenden Anrufern konfrontiert wird, deren mehr oder minder absurde Fragen ihn seine Rolle als Fernseelsorger auch schon mal vergessen lassen. Als *running gag* werden in der Eröffnungsszene die Verstörten von Prominenten gesprochen, zusammengenommen, siehe umseitig, ein *Who's who in Hollywood.*

Bereits nach nur einjähriger Laufzeit erhielt FRASIER elf *Emmy*-Nominierungen und gewann auf Anhieb fünf der begehrten Fernsehpreise.

Selbst der Jack-Russell-Terrier Moose wurde durch die Serie zum Star – 1995 erschien ein eigener Eddie-Kalender.

Hauptdarsteller Kelsey Grammer wurde 1987 wegen Fahrens unter Drogeneinfluß und 1988 wegen Kokainbesitz festgenommen und 1990 zu 30 Tagen Gefängnis sowie zu gemeinnütziger Arbeit verurteilt.

Zitate:
«*Wir haben ganz bewußt angestrebt, daß* FRASIER *etwas anders ausschaut als die übliche Sitcom. Der Dialog ist weniger eine Abfolge witziger Sprüche, mehr eine logisch aufgebaute Unterhaltung. Wir wollten, daß unsere Figuren wie echte Menschen wirken.»*
PETER CASEY, AUTOR UND PRODUZENT

«*Bei* FRASIER *hat man gelernt, mit den Figuren zu spielen, wie Leonard Bernstein mit einem Orchester spielte: meisterhaft! Kelsey Grammer ist als Frasier ein laut schmetterndes Fagott; David Hyde Pierce als sein Bruder Niles ist eine quietschende Oboe; John Mahoney als der mißmutige Vater ist eine große, schlecht gestimmte Trommel; und Jane Leeves ist als Daphne mit ihrem reizenden Akzent eine süß klingende Klarinette. Woche für Woche geben uns diese Spieler mit präzisem Timing und vollkommener Harmonie ein wundervoll komisches Konzert.»*
JEFF JARVIS, ‹TV GUIDE›

Literatur:
Robert Bly: What's Your Frasier IQ? 501 Questions & Answers For Fans. Secaucus 1995

Friends
USA 1994 –

Monica Geller COURTENEY COX	**Chandler Bing** MATTHEW PERRY	**Marcel** MONKEY UND KATEY
Rachel Green JENNIFER ANISTON	**Joey Tribbiani** MATT LEBLANC	
Ross Geller DAVID SCHWIMMER	**Phoebe Buffay** LISA KUDROW	

Fortwährend wird in den Stützpunkten der Fernsehindustrie und ihren Satelliten nach der Goldmine gesucht: dem Rezept für eine erfolgreiche Serie mit Langlaufqualitäten. Da es nichts wirklich Neues mehr zu erfinden gibt, entstehen ständig irgendwelche Hybriden, denen zumeist jeglicher Charme abgeht. Dem Autoren- und Produzententeam Marta Kauffman und David Crane hingegen gelang der Coup, einen wirklichen Serienhit zu lancieren. Die Sitcom FRIENDS setzte Modetrends, sonderte einen Singlehit ab, führte zu lebhaften Debatten im Internet, zog prominente Gaststars an – Tom Selleck! Julia Roberts!! George Clooney!!! – und machte sämtliche Hauptdarsteller zu bestbezahlten Branchenstars, die nach Belieben unter hochdotierten Filmangeboten auswählen konnten.

Perry, Aniston, Schwimmer, Cox, LeBlanc, Kudrow

Das Format ist völlig unspektakulär: Sechs junge Menschen jenseits der Zwanzig lungern im Wohnzimmer oder in ihrem Lieblingscafé herum und besprechen Wonnen und Widrigkeiten ihres weithin normalen Lebens. Wo, fragt man sich, liegt da der Witz? Das Verdienst des vom Sitcom-Veteranen James Burrows unterstützten kreativen Teams bestand darin, dieses simple Modell zu füllen – ansprechende Charaktere zu entwerfen, überzeugende Darsteller zu finden und mit paßgenauen Skripts zu versorgen. Mit Glück und Können fügte es sich, daß das Produkt dieser Bemühungen den Nerv der über ihr Alter definierten Zielgruppe traf und noch dazu das Interesse eines breiteren Publikums zu wecken vermochte. Voila: Die Serie schnellte auf Platz 3 der Quotenskala.

Marta Kauffman und David Crane, die Anstifter des Ganzen, wurden namhaft durch die reichhaltig mit Fernsehpreisen bedachte Sitcom → DREAM ON, in der sie die Befindlichkeit der gut Dreißigjährigen aufs Korn nahmen, dargelegt am Beispiel des Verlagslektors Martin Tupper (Brian Benben), der sich, bereits saturiert, nach seiner Schei-

Gaststars:

George Clooney, Billy Crystal, Morgan Fairchild, Sherilyn Fenn, Teri Garr, Elliott Gould, James Hong, Helen Hunt, Chrissie Hynde, Chris Isaak, Jay Leno, Jon Lovitz, Christina Pickles, Julia Roberts, Isabella Rossellini, Tom Selleck, Charlie Sheen, Brooke Shields, Fisher Stevens, Jean Claude Van Damme, Brenda Vaccaro, Robin Williams, Noah Wyle

Creators:

Marta Kauffman, David Crane
Beginn der deutschen Erstausstrahlung: 17. 8. 1996, Sat.1

Den FRIENDS-Pilotfilm nebst etlichen Episoden inszenierte James Burrows, ein versierter Sitcom-Veteran, der Erfahrungen als Miturheber, Regisseur, Autor und Produzent der Serien → CHEERS und → FRASIER mitbrachte.

Lisa Kudrow war quasi eine Übernahme aus der Sitcom VERRÜCKT NACH DIR (MAD ABOUT YOU, USA 1992–1999), die anfangs vor FRIENDS auf demselben Network zu sehen war. Dort spielte sie sporadisch eine die Inkompetenz gleichsam transzendierende Serviererin namens Ursula. Bisweilen wird in FRIENDS auf diese Figur angespielt; angeblich ist sie Phoebes Zwillingsschwester.

Matt LeBlanc und Courteney Cox

Jennifer Aniston, Courteney Cox und Lisa Kudrow

dung neuen Herausforderungen stellen muß. Hat Tupper über gewisse Bereiche seines Lebens bereits entschieden, so steht dies den FRIENDS erst noch bevor. Sie sind etwa zehn Jahre jünger und quälen sich gerade durch eine Art Orientierungsphase, was Karriere, Lebenspartner und ähnliche Dinge angeht.

Anders als DREAM ON ist FRIENDS ein Ensemblestück. Wählen Sie also Ihren Favoriten: Monica – Spitzname «Har-Monica» –, die zwangsneurotische Köchin mit Hang zu Höherem, fungiert, nicht in jedem Falle freiwillig, als Gastgeberin der Clique. Joey ist nicht sonderlich helle, möchte als Schauspieler Karriere machen und residiert in der Wohnung vis-à-vis, gemeinsam mit Chandler, einem traurigen Clown mit enormen Er-

folgsdefiziten. Monicas Bruder Ross fand in der Gruppe Halt, als seine Frau ihre gleichgeschlechtliche Neigung entdeckte und mit einer anderen durchbrannte. Die verwöhnte, weil lange Zeit von jeglicher Form von Arbeit verschont gebliebene Rachel nistete sich bei Monica ein, nachdem sie knapp vorm Traualtar die Kehre machte und damit Vaters regelmäßigen Scheck gegen die Freiheiten, Pflichten und Nöte einer ungesicherten Existenz eintauschte. Das Sextett wird komplettiert durch die flatterhafte, schwer vom New-Age-Bazillus befallene und zum Leidwesen vieler als Folk-Sängerin auftretende Phoebe.

Der Erfolg von FRIENDS beruht nicht zuletzt auf der homogenen Zusammensetzung des Freundeskreises und dem glücklichen Umstand, daß die sechs Hauptdarsteller pri-

Courteney Cox ist dem TV-Publikum bekannt aus FAMILIENBANDE (FAMILY TIES, USA 1982–1989). Für die Sitcom stand sie zwischen 1987 und 1989 als → Michael J. Fox' Freundin Lauren Miller vor der Kamera. 1984 brachte ihr der Auftritt in Bruce Springsteens Musikvideo zu «Dancing in the Dark» einen kräftigen Karriereschub. Ihre schauspielerische Bandbreite belegte sie in einer Reihe von Kinofilmen, darunter MASTERS OF THE UNIVERSE (USA 1986), COCOON II – DIE RÜCK-KEHR (COCOON II – THE RETURN, USA 1988) und ACE VENTURA – EIN TIERISCHER DETEKTIV (ACE VENTURA: PET DETECTIVE, USA 1993). Ihren größten Erfolg als Kinoschauspielerin verbuchte sie mit SCREAM – SCHREI

(SCREAM, USA 1996) und der Fortsetzung SCREAM 2 (USA 1997).

Auch Jennifer Aniston konnte ihren Fernsehruhm einigermaßen erfolgreich in eine Filmkarriere ummünzen. Ihre Filmographie verzeichnet unter anderem die Titel SHE'S THE ONE (USA 1996), DER GEBUCHTE MANN (PICTURE PERFECT, USA 1997) und LIEBE IN JEDER BEZIEHUNG (OBJECT OF MY AFFECTION, USA 1997).

David Schwimmer war nach seinem Schauspielstudium Mitbegründer der Chicagoer «Lookingglass Theater Company», der er nach wie vor als Darsteller und Regisseur verbunden ist. Er spielte Gastrollen in Serien wie

→ L.A. LAW (USA 1986–1994), WUNDERBARE JAHRE (THE WONDER YEARS, USA 1988–1993) und NEW YORK COPS – NYPD BLUE. Durch FRIENDS populär geworden, wurde er von der Filmgesellschaft Miramax als Schauspieler und Regisseur für mehrere Filme verpflichtet.

FRIENDS-Fans starteten 1995 im Internet eine Kampagne mit dem Ziel, dem ewig unbeweibten Chandler ein Bekenntnis zu seiner latenten Homosexualität abzuringen. Die Produktionsfirma sah sich daraufhin zu der Verlautbarung genötigt, Chandler sei definitiv heterosexuell.

vat ähnlich harmonieren wie die Serienfiguren. Matthew Perry bestätigte dies im Gespräch mit der Programmzeitschrift ‹TV Guide›: «Was die Sitcom so besonders macht, das sind wir sechs und das Gefühl, das wir vermitteln: daß wir eine tolle Zeit miteinander verleben. Wir spielen das nicht nur, sondern es ist wirklich so. Wenn das zerstört wird, würde auch die Serie darunter leiden.»

Für die Produzenten hatte die enge freundschaftliche Beziehung der Stars freilich auch unerfreuliche Nebenwirkungen: Im Frühsommer 1996 traten die sechs Hauptdarsteller traut und solidarisch vor ihre Arbeitgeber und verlangten eine Erhöhung ihrer Gage auf 100 000 Dollar pro Kopf und Folge. Was, Beispiele gibt es genug, nach gängiger Praxis ohne Verzug zu einem Rausschmiß geführt hätte, wurde in diesem Fall durch eine inoffizielle Vereinbarung beigelegt – und ganz gewiß nicht zum Nachteil der Akteure.

Ross teilte sein Apartment in der ersten Staffel mit einem Kapuzineräffchen, abwechselnd dargestellt von den Filmprofis Monkey und Katie, die auch in Wolfgang Petersens Virenthriller OUTBREAK: LAUTLOSE KILLER (OUTBREAK, (USA 1995) allerlei Unheil stifteten.

Zitate:
«FRIENDS ist nicht MELROSE PLACE. Es ist eine halbstündige Sitcom über die Leute, die sich MELROSE PLACE ansehen und sich anschließend zusammensetzen und darüber quatschen.»
‹ENTERTAINMENT WEEKLY›

«Diese Freunde sind cool, aber dusselig. Sexy, aber kindisch und albern. Ihre Freundschaft ist die perfekte Mischung aus Liebe, Lachen und Anlehnungsbedürfnis.»
‹TV GUIDE›

«Am besten sind wir immer dann, wenn wir sechs zusammen in einem Raum sitzen, miteinander quatschen und uns gegenseitig zum Lachen bringen.»
MATTHEW PERRY

«O Gott, ich werde schon langsam wirklich wie diese Rachel. Das macht mir ein bißchen angst.»
JENNIFER ANISTON

«Viele Leute äußern sich abfällig über das Fernsehen, aber für mich war es eine außerordentlich lehrreiche Erfahrung, jede Woche vor einem Studiopublikum von 300 Menschen aufzutreten.»
COURTENEY COX

Literatur:
David Wild: Friends: The Official Companion Book. New York 1995
Amy L. Wilson: Cooking With Friends. Nashville 1995

Fanclub:
C/O NBC
3000 West Alameda Avenue
Burbank, CA, 91523
USA

Gilligans Insel Gilligan's Island
USA 1964–1967

Gilligan	Mrs. Lovey Howell	Mary Ann Summers
BOB DENVER	NATALIE SCHAFER	DAWN WELLS
«Der Skipper» Jonas Grumby	Ginger Grant	
ALAN HALE JR.	TINA LOUISE	
Thurston Howell III	Professor Roy Hinkley	
JIM BACKUS	RUSSELL JOHNSON	

In der Episode «Die Schiffbrüchigen»/«Now, sit right back and you'll hear a tale» wichen die Autoren der Erfolgsserie → BAYWATCH um einiges vom wiederholungsträchtigen Schema der Strandsaga ab. Rettungsschwimmer Eddie Kramer erleidet einen bösen Sturz, fällt erst auf den Hinterkopf und dann in Ohnmacht. Doch kehrt sein Bewußtsein rasch zurück, und er nimmt seine Arbeit wieder auf. Wenig später wird er mit Kollegin Shaunie McClain zu einem Einsatz auf hoher See gerufen. Die beiden verlieren die Orientierung und stranden auf einer Insel, wo sie auf den Matrosen Gilligan und seine Gefährtin Mary Ann Summers treffen – zwei Hauptfiguren des Sitcom-Klassikers GILLIGANS INSEL, in den Eddie sich, wie der Zuschauer nunmehr gewahr wird, hineingeträumt hat.

Besagter Gilligan und seine Leidensgenossen haben sich in der Populärkultur eingenistet und lassen sich kaum mehr austreiben. Nur drei Jahre lang wurde die Serie produziert, aber ähnlich wie bei → RAUMSCHIFF ENTERPRISE brachten noch die Wiederholungen erkleckliche Quoten, so daß die potentiell endlose Geschichte mit drei TV-Movies,

zwei Zeichentrickserien und sogar einer Musicalversion in die Verlängerung ging. Erstaunlich genug für eine Serie, die anläßlich ihres Starts im September 1964 von den Kritikern in Bausch und Bogen verrissen wurde und deren Produzenten im Grunde selbst nicht glauben mochten, daß ihre Kreation auch nur eine Spielzeit überstehen würde. Wie sollte sie auch, bei einer Exposition, die nur wenige Variationsmöglichkeiten zuließ: Der tumbe Matrose Gilligan und sein Skipper Jonas Grumby verchartern ihre Yacht S. S. Minnow für eine Kreuzfahrt durch die Gewässer jenseits von Honolulu. Schiffsgäste sind das Millionärsehepaar Thurston und Lovey Howell, das Starlet Ginger Grant, Professor Hinkley sowie die unbedarfte Landmaid Mary Ann Summers. Nach einem Sturm findet sich die kleine Gesellschaft auf einer verlassenen Insel wieder, weit entfernt von jeder Zivilisation und ohne eine Möglichkeit, Hilfe herbeizurufen. Trotz dieser widrigen Umstände schafften es die Autoren der Serie, 98 Episoden mit den Abenteuern der Nachfahren Robinson Crusoes zu füllen, und brachten es sogar fertig, Gaststars in die Episoden hineinzuschreiben, vermieden da-

Gaststars:
Henny Backus, Vincent Beck, Rory Calhoun, Hans Conried, Richard Kiel, Danny Klega, Strother Martin, John McGiver, Don Rickles, Kurt Russell, Harold ‹Oddjob› Sakata, Phil Silvers

Creator:
Sherwood Schwartz
Beginn der deutschen Erstausstrahlung: 15. 8. 1967, WWF
Spinoffs: THE NEW ADVENTURES OF GILLIGAN (USA 1974–1976)
GILLIGAN'S PLANET (USA 1982)

Gilligan, dem die verminderte Zurechnungsfähigkeit deutlich ins Gesicht geschrieben stand, wurde niemals

mit Vornamen angesprochen. Darsteller Hale und Creator Schwartz aber waren sich einig: Wenn Gilligan einen Vornamen hätte, dann könnte er nur «Willie» lauten.

Wie es scheint, kann keine Serie abwegig genug sein, um nicht von irgend jemandem für bare Münze genommen zu werden: Besorgte Zuschauer erkundigten sich allen

Viel Zeit fürs Golfspiel: Bob Denver verbessert sein Handicap

Alan Hale jr., Dawn Wells und Bob Denver

bei aber mehr oder minder geschickt, den Schiffbrüchigen Rettung zuteil werden zu lassen. Mal begegneten sie einem japanischen Soldaten, der sich noch im Zweiten Weltkrieg wähnte, mal entdeckten sie einen Piloten namens «Wrongway Feldman», oder sie gründeten eine Musikgruppe, was die Ureinwohner einer benachbarten Insel ob der penetranten Lärmbelästigung zu unverzüglichen Gegenmaßnahmen veranlaßte. Kurzum, es war der pure Humbug, der da über den Bildschirm ging. Minderjährige liebten es, und Erwachsene mit ausgeprägt kindischem Gemüt erst recht. Wird eine fortgesetzte Erzählung mit einer derartigen Andacht – die in der oben beschriebenen BAYWATCH-Episode übrigens sehr schön herausgearbeitet wurde – wahrgenommen, darf

man füglich von einer Kultserie sprechen. Dazu kommt die Entdeckerfreude: Beispielsweise sehen wir in einer Episode den heranwachsenden Kurt ‹die Klapperschlange› Russell als Dschungelkind. Obendrein agierte hinter der Kamera hochrangiges Personal – unter den Regisseuren waren Jack Arnold, Richard Donner und Ida Lupino. Die Anhänger der Serie jedenfalls geben Andrew J. Edelstein recht, der da schrieb: «Warum *Robinson Crusoe* lesen, wenn man GILLIGANS INSEL gucken kann?»

In der Fernsehwelt werden die glorreichen Sieben auf ewig Insulaner bleiben. Das TV-Movie RESCUE FROM GILLIGAN'S ISLAND (USA 1978) brachte ihnen zwar vorläufige Rettung, dann aber unternahmen sie aus nostalgischen Gründen eine Yachttour mit

Ernstes bei der US-Küstenwache, wie es denn um die Rettung der Schiffbrüchigen stünde.

Tina Louise war Zeit der Dreharbeiten wenig glücklich mit ihrer Rolle und verweigerte später die Mitwirkung an den GILLIGAN-TV-Movies, wurde aber dennoch über Jahre hinweg mit dem Part der «Ginger Grant» identifiziert, selbst nachdem sie in der ersten Staf-

fel von → DALLAS als «Julie Grey» aufgetreten war.

Hergestellt wurde GILLIGANS INSEL von der Produktionsfirma des SERGEANT BILKO-Darstellers Phil Silvers, der in der Episode «The Producer» als Gaststar auftrat.

Die Zensoren der Senderkette störten sich weder am eklatanten Mangel an

Logik noch an den höchst wunderlichen Plots, wohl aber an den knappen Badebekleidungen der Darstellerinnen Louise und Wells. Beide Damen exhibierten nämlich gelegentlich ihre Bauchnabel – in jenen Tagen eine Sittenlosigkeit ohnegleichen …

Von Sherwood Schwartzstammte auch der unsterbliche Serienhit → DREI MÄDCHEN UND DREI JUNGEN.

der Minnow II – und landeten mit schicksalhafter Präzision wieder dort, wo sie hergekommen waren. Damit ergab sich Gelegenheit für weitere Fortsetzungen: THE CASTAWAYS ON GILLIGAN'S ISLAND (USA 1979) und THE HARLEM GLOBETROTTERS ON GILLIGAN'S ISLAND (USA 1981). Sherwood Schwartz trug

sich gar mit dem Gedanken, GILLIGANS INSEL mit THE DAY AFTER (USA 1983) zu kreuzen und eine Art apokalyptischer Komödie zu kreieren, fand bei den US-Sendern aber keine Befürworter dieser Idee. Zeitweilig war auch eine Leinwandversion projektiert – beachten Sie bitte die aktuellen Kinoprogramme!

Zitate:
«GILLIGANS INSEL stammt aus einem Zeitalter einer Unschuld, die heutzutage kaum noch zu finden ist.»
SHERWOOD SCHWARTZ

«GILLIGANS INSEL hätte niemals in den Äther gehen dürfen, weder in dieser Saison noch in irgendeiner anderen.»
‹L.A. TIMES›

«GILLIGAN ermöglichte eine LSD-Erfahrung ohne Einnahme von Drogen.»
ANDREW J. EDELSTEIN

Literatur:
Bob Denver: Gilligan, Maynard And Me. Secaucus 1993
Joey Green: The Unofficial Gilligan's Island Handbook. New York 1988

Russell Johnson: Here On Gilligan's Isle. New York 1993
Sherwood Schwartz: Inside Gilligan's Island. New York 1994
Ders.: Inside Gilligan's Island: From Creation To Syndication. Jefferson 1988

Uschi Glas

ANNA MARIA – EINE FRAU GEHT IHREN WEG

TV-Serien mit Uschi Glas (* 1944) (Auswahl):

BLACK BEAUTY
ALS MARIE HACKENSCHMIDT (1971)

POLIZEIINSPEKTION 1
ALS ILONA HEINDL (1978 FF.)

UNSERE SCHÖNSTEN JAHRE
ALS ELFI SOMMER (1983, 1985)

ZWEI MÜNCHNER IN HAMBURG
ALS JULIA SAGERER (1989, 1992)

EIN SCHLOSS AM WÖRTHERSEE
ALS ELKE BERGER (1992)

ANNA MARIA – EINE FRAU GEHT IHREN WEG
ALS ANNA MARIA SEEBERGER (1994–1997)

SYLVIA – EINE KLASSE FÜR SICH
ALS SYLVIA WALDMANN (1998–)

Glück und Glas, wie leicht bricht das. Altklug lamentiert der Volksmund vor sich hin, wenn es gilt, Minderwert und Aberwitz menschlichen Waltens sinnfällig zum Ausdruck und gehörig auf den Punkt zu bringen. Gänzlich ungebrochen aber gibt sich Publikumsliebling Uschi Glas, wenngleich sie die Fünfzig vor einiger Zeit bereits mit gewohnt federndem Schritt locker überschritten hat.

Doch wen soll's stören, wenn schon nicht die Kandidatin selbst? Freilich ist aus Uschi, der ungestümen kessen Göre, längst eine ausgewachsene und saturiert-seriöse Ursula geworden, die Vertragspartnern charmant, aber glasklar ihre Bedingungen zu diktieren vermag. Die übermütigen Indianerspiele der Jugend im perlenbestickten Fransenleibchen des Halbbluts Apanatschi (BRD / Jugoslawien 1966), die sadomasochistischen Neckereien Marke Edgar Wallace im Beisein peitschenschwingender Mönche (BRD 1967), die frohgemuten Jubelrufe HURRA, UNSERE ELTERN SIND NICHT DA (BRD 1970) des forsch, freizügig und frivol zur Sache gehenden «Schätzchens» (BRD 1968) – all das gehört der Vergangenheit an und möge unter dem Mantel des Vergessens luftdicht asserviert werden. Nicht länger streift Ursula barfuß durch den Park, hält sich mittlerweile als Sängerin deutlich zurück und hat auch das APARTMENT FÜR DREI (1979) bereits vor geraumer Zeit geräumt. Schon gar nicht haut sie die Pauker in die Pfanne (1970), setzt sich hingegen gern mit ihnen beim Elternabend

Zitate:

«Uschi Glas muß eine so patente, noch die unverschämtesten Zweifel von männlicher Seite souverän zerstreuende Karrierefrau (geschieden) und Mutter vorführen, daß es weh tun könnte – doch sie entledigt sich, in jeder Lebenslage niederweckend modisch schick, der Aufgabe mit einer auch schauspielerischen Gewandtheit und einem Lächeln, daß man ihr am liebsten alles glauben möchte.»
HANS-DIETER SEIDEL IN DER FAZ ÜBER ‹ZWEI MÜNCHNER IM HIMMEL›

«Anna Maria Seeberger ist eine Frau, die eigentlich nie berufstätig war, die zwei Kinder hat und die durch einen Schicksalsschlag gezwungen ist, entweder schlicht nicht weiterzuwissen, aufzugeben oder das Leben doch irgendwie selbst in die Hand zu nehmen. Das heißt auch, einen Beruf auszuüben. Und sie geht in einen Beruf, der eigentlich nicht für Frauen geschaffen ist. Prompt prophezeien ihr dann auch alle Männer, daß sie das nicht schaffen würde. Aber Anna Maria kämpft, und sie versucht, ihren

Weg zu gehen. (...) Man wünscht natürlich niemandem ein Schicksal, wie es Anna Maria hier erleidet. Aber es geschieht oft, daß man denkt, man lebt auf der sonnigen Seite der Straße – und plötzlich ist es nicht mehr so. Und man darf dann eben nicht aufgeben. Die Anna Maria verzichtet schließlich auf vieles und versucht, so gut sie es eben kann, ihr Leben zu meistern. Vor allem auch, um ihren Kindern Mut zu geben.»
USCHI GLAS

Antonio Sabato, Uschi Glas in EDGAR WALLACE: DAS RÄTSEL DES
SILBERNEN HALBMONDES

Uschi Glas als TIERÄRTZIN
CHRISTINE

zusammen, um die schulischen Leistungen ihrer drei Sprößlinge Matthias-Benjamin, Alexander-Christoph und Juliette Annamaria (sic!) zu diskutieren.

Verheiratet ist sie, anders als oberflächliche Betrachter und stirnrunzelnde Yellow-Press-Abstinenzler vielleicht meinen mögen, keineswegs mit ihrem langjährigen Traumpartner Elmar Wepper, obgleich sie mit diesem immerhin einen «Bambi» teilt und er sie seit 1978 treu und traut durch TV-Serien wie POLIZEIINSPEKTION 1, UNSERE SCHÖNSTEN JAHRE und schließlich und unendlich ZWEI MÜNCHNER IN HAMBURG begleitete. Vielmehr entschied sie sich nach reiflicher Über-

legung für den Münchner Filmkaufmann Bernd Tewaag, den sie 1981 ehelichte. Dessen väterlichem Ratschlag trotzend, schrieb sie sich das Exposé zu einer TV-Serie von der Seele runter direkt auf den makellosen Leib: ANNA MARIA – EINE FRAU GEHT IHREN WEG wurde ab Herbst 1994 von SAT.1 versendet und ließ die Quoten sprießen, daß das Sektkorkenknallen schier kein Ende finden mochte. Und selbst eine so fahrlässig verkürzende Biographie wie die hier vorliegende läßt denn doch hinlänglich erahnen, daß ebendiesem Titel mit Fug und Trift autobiographische Bedeutung beigemessen werden darf.

Golden Girls The Golden Girls
USA 1985–1992

Dorothy Zbornak	**Blanche Devereaux**	**Stanley Zbornek**
BEA ARTHUR	RUE MCCLANAHAN	HERB EDELMAN
Rose Nylund	**Sophia Petrillo**	**Miles Webber**
BETTY WHITE	ESTELLE GETTY	HAROLD GOULD

Die Losung lautete «Käsekuchen». Wurde erst einmal der Ruf nach der Leibspeise des streitbaren Kränzchens laut, durfte man füglich von der prompten Wiederherstellung vormaliger Innigkeit ausgehen. Dann herrschte fürs erste wieder Harmonie in der angesehensten Wohngemeinschaft der Welt – bis zum nächsten der schier endlosen Waffengänge, die hier gemeinhin mit scharfen Zungen und spitzen Worten ausgetragen wurden. Im fünften Jahr des Zusammenlebens geriet der Haussegen gar dermaßen in die Schieflage, daß das fidele Quartett keinen anderen Ausweg mehr sah, als einen Psychotherapeuten zu Rate zu ziehen, dessen Heilkunst freilich bei solch einem Ausmaß an wortreich vorgetragener Egozentrik schmählich versagte. Der eingeschüchterte Medikus attestierte den Ratsuchenden knapp «totale Inkompatibilität» und komplimentierte die kampfeslustige Korona flugs aus seiner Praxis. Natürlich traf man sich auch am Ende dieser Episode in trauter Runde am Küchentisch und beging die Beilegung der Krise nach alter Tradition mit cinigen Bissen der vorzüglichsten Backware.

Es grenzt glattweg an ein Wunder, daß die vierköpfige Käsekuchen-Gang verflixte sieben Jahre beisammenblieb. Zu unterschiedlich scheinen die Naturelle, zu gegensätzlich die Gemüter. Dorothy zum Beispiel, die in Scheidung lebende Lehrerin, läßt auch privat pädagogischen Impetus erkennen. Sie hält auf Solidität und organisiert ihr Leben nach dem Vernunftprinzip, sehr zum Leidwesen ihrer achtzigjährigen Mutter Sophia. Die gebürtige Sizilianerin, die durch glückliche Fügung – Kleingeister würden es Brandstiftung nennen, aber niemand konnte der rüstigen Greisin je etwas nachweisen – dem Seniorenendlager «Schattige Pinie» zu entkommen vermochte, zeigt sogar in hohem Alter noch gelegentlich Anflüge jenes ursprünglich südländischen Temperaments, das sie bei ihrer gänzlich leidenschaftslosen Tochter so schmerzlich vermißt. Kaum jemals nimmt die resolute Sophia ein Blatt vor den Mund; ihre kiebigen, auch wohl mal unverschämten Invektiven, ihre Impertinenz und Inkontinenz sind, so jedenfalls lautet die beschwichtigende Erklärung für Außenstehende, auf einen

---

Gaststars:
Don Ameche, Billy Barty, Lloyd Bochner, Sonny Bono, Ruby Dee, Howard Duff, Bob Hope, Julio Iglesias, Terry Kiser, Kevin McCarthy, Kristy McNichol, Monte Markham, Richard Mulligan, Leslie Nielsen, Jeanette Nolan, Jerry Orbach, Robert Picardo, Burt Reynolds, Debbie Reynolds, Cesar Romero, Mickey Rooney, Dick Van Dyke, Brenda Vaccaro, Richard Venture, Nancy Walker, David Wayne.

Creator:
Susan Harris
Beginn der deutschen Erstausstrahlung: 26. 1. 1990, ARD
Spinoff: → GOLDEN PALACE

Estelle Getty und Bea Arthur spielten in der Serie Mutter und Tochter, sind aber realiter gleich alt – beide wurden 1923 geboren.

Anstelle Bea Arthurs war zunächst Lee Grant, die schon bei FAY (USA 1975–1976) mit Susan Harris zusam-

mengearbeitet hatte, für die Rolle der Dorothy Zbornak vorgesehen. Grant lehnte letztlich ab, weil es ihr widerstrebte, die Rolle einer potentiellen Großmutter zu spielen.

Alle vier *Golden Girls* waren Damen mit Vergangenheit: Beatrice Arthur erlangte große Popularität durch den Sitcom-Dauerbrenner ALL IN THE FAMILY (USA 1971–1992) und den erfolgreichen Ableger MAUDE. Estelle Getty war vor allem auf der Bühne tätig, spielte aber auch in Filmen wie DIE

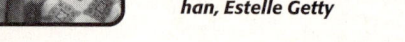

Beatrice Arthur, Rue McClanahan, Estelle Getty

Rue McClanahan, Estelle Getty, Betty White

Schlaganfall zurückzuführen, der einen gewissen Kontrollverlust zur Folge hatte. Somit genießt Sophia weitgehende Narrenfreiheit; Kindern indes wüsche man solch ein Schandmaul mit Seife aus …

Ohne Frage, Sophia kann ein arges Biest sein, und das gilt unvermindert auch für Blanche, ein, in Sophias unmißverständlicher Diktion gesprochen, «Flittchen» mit robustem Südstaatencharme. Nur schwer verwindet die immer noch ungezügelt mannstolle lustige Witwe die rapide Annäherung an unvordenkliche Altersgrenzen und glaubt bei entsprechenden Symptomen lieber an eine ungewollte Schwangerschaft als ans Eintreten der Menopause. Sie ist der unumstößlichen Meinung, ihre Mitbewohnerinnen sähen wesentlich älter aus als sie, und wähnt sich darum vor Aufdeckung si-

cher, wenn sie ihr Alter hochstaplerisch auf 42 datiert.

Die unbedarfte Rose stammt aus dem ländlichen St. Olaf, wurde als Halbwaise von der Familie Gierkleckibiken aufgenommen und zog nach dem Tode ihres Gatten nach Florida. Gern erzählt sie absonderliche Histörchen aus ihrem skandinavisch geprägten Heimatort und bekommt zum Dank meistens ein barsches «Halt die Klappe, Rose» zu hören. Trotz ihres komplett weltfremden Wesens ist Rose beruflich erstaunlich erfolgreich. Über die Jahre geht sie verschiedenen Tätigkeiten nach; unter anderem arbeitet sie als Produzentin beim Rundfunk.

TV- wie auch Werbeleute reagierten seinerzeit zunächst mit Skepsis auf die Ankündigung einer Sitcom mit grau gelocktem Personal aus der Altersgruppe über 50. Entge-

MASKE (MASK, USA 1985), MANNEQUIN (USA 1987) und Sylvester Stallones Mutter in der Krimikomödie STOP! ODER MEINE MAMI SCHIESST (STOP OR MY MOM WILL SHOOT, USA 1992). Nachdem sie in diversen *daytime soaps* mitgewirkt hatte, wurde Rue McClanahan als Partnerin Bea Arthurs in MAUDE besetzt und damit zum TV-Star. Betty White – die übrigens, anders als ihre albern piepsende deutsche Synchronsprecherin, über eine dunkle Stimme verfügt – galt in den Fünfzigern als *America's*

Sweetheart». Sie wirkte in Quiz- und Talkshows, moderierte die BETTY WHITE SHOW (USA 1958; eine Sitcom gleichen Titels wurde von 1977 bis 1978 ausgestrahlt) und war in zahlreichen TV-Rollen zu sehen. In die Oberliga gelangte sie allerdings erst, als sie 1973 zum Ensemble der MARY TYLER MOORE SHOW (USA 1970–1977) stieß.

Trotz der vielen Lobeshymnen wurden die GOLDEN GIRLS auch kritisch beäugt, und man fand prompt etwas zu bemäkeln: US-amerikanische

Ernährungswissenschaftler mißbilligten die Eßgewohnheiten der Damen – der fortwährende Konsum von Käsekuchen, italienischen Nudelgerichten und Hektolitern von Kaffee sei alles andere als vorbildlich.

Gegensätze ziehen sich an – die Pilotepisode der GOLDEN GIRLS wurde vom NBC Network sinnigerweise am selben Abend ausgestrahlt wie die Kür der «Miss America».

Betty White, Beatrice Arthur und Rue McClanahan

gen solchen Befürchtungen wurde die Serie auf Anhieb ein Hit und erreichte in zuvor nicht erwartetem Maße sogar das von der Werbebranche heftig begehrte jugendliche Publikum, das sich insbesondere an den funkelnden Sprüchen der flotten Sophia ergötzte und ausgerechnet die Älteste aus der Tafelrunde quasi zum Idol erkor. Im Grunde unterschied sich das Leben der vier Grazien gar nicht sonderlich von dem der Twens – durch eher widrige Umstände waren sie wieder zu Singles geworden und hofften auf Rendezvous und romantische Beziehungen. Selbst die betagte Sophia gab unverblümt zu erkennen, daß sie nach wie vor fleischliche Gelüste hegte. Mit Erfolg vermittelte die Serie, daß Lebensfreude nicht an ein bestimmtes Alter gebunden ist – und zwar inmitten eines Programm- und Werbeumfeldes, das vorwiegend jugendliche Images präsentierte. Bis dahin, so ergaben verschiedene wissenschaftliche Studien aus der ersten Hälfte der achtziger Jahre, waren ältere Frauen mehr noch als ältere Männer in Fernsehproduktio-

---

Die Serie endete im September 1992, weil Bea Arthur die Produktion aus Altersgründen verlassen wollte. Die Autoren fanden eine harmonische Lösung für ihren Ausstieg: Dorothy verliebt sich in Blanches Onkel Lucas (Leslie Nielsen), heiratet ihn und folgt ihm nach einem tränenreichen Abschied nach Atlanta.

Zitate:
«... probably the best-written comedy on television in the late eighties.»
HILARY KINGSLEY/GEOFF TIBBALLS

«*Die GOLDEN GIRLS zeigen sozusagen im ‹falschen Denken› ein ‹richtiges Handeln›. Unklar bleibt, aus welcher Quelle sie die Kraft dazu beziehen, sich nicht zu unterwerfen – offensichtlich scheint es sich hier um eine, einigermaßen fragwürdige, ‹natürliche Vitalität› zu handeln.*»
‹FRAUEN UND FILM›

«*Die GOLDEN GIRLS verlassen die ARD – doch ihre Lehren werden bleiben.*»
‹DIE ZEIT›

Literatur:
Betty White: Here We Go Again: My Life in Television. New York 1995

Fanclub:
Betty White Fanclub
c/o Kay Daly
3552 Federal Avenue
Los Angeles, CA 90060
USA

nen sehr häufig mit negativen Klischees bedacht worden.

Susan Harris, die Schöpferin der GOLDEN GIRLS, machte die Misere anschaulich: «Cary Grant konnte mit 82 immer noch einen romantischen Liebhaber mimen, Frauen über 50 hingegen werden als Axtmörderinnen besetzt.» In diesem Zusammenhang notierte eine Forschungsgruppe der «American Psychological Association» zum Thema GOLDEN GIRLS: «… diese beeindruckenden älteren Frauen dürften mehr dafür getan haben, die Meinungen der Zuschauer über Frauen dieser Altersgruppe zu verändern, als die Häufigkeit ihres Auftretens auf dem Bildschirm vermuten ließe.»

Damit hatte die Ideenlieferantin Susan Harris ein bereits über mehrere Jahre hinweg verfolgtes Anliegen verwirklicht. Schon als junge Nachwuchsautorin sandte Harris die – vom späteren «Golden Girl» Bea Arthur gespielte – Titelheldin der Sitcom MAUDE (USA 1972 – 1978) durch vormals streng abgeschirmte Tabuzonen: Die Protagonistin sympathisierte offen mit dem linken politischen Spektrum, sie ließ eine Abtreibung vornehmen, drängte ihren Ehemann zur Sterilisation und plauderte freimütig über ihre Probleme mit den Wechseljahren. Mit FAY (USA 1975 – 1976), ACH DU LIEBER VATER (I'M A BIG GIRL NOW, USA 1980 – 1981) sowie HAIL TO THE CHIEF (USA 1985) unternahm Susan Harris weitere Versuche, Frauen mittleren Alters als Sitcom-Heldinnen zu etablieren. Einige Charakterdarstellungen und typische Sujets dieser Serien griff sie im Rahmen der GOLDEN GIRLS wieder auf, und nun, mit der gelungenen Viererkonstellation, erzielte sie den gewünschten Erfolg – auf kommerzieller wie auch auf ideeller Ebene.

Golden Palace The Golden Palace
USA 1992–1993

Rose Nylund	**Roland Wilson**	**Miles Webber**
BETTY WHITE	DON CHEADLE	HAROLD GOULD
Blanche Devereaux	**Chuy Castillos**	
RUE MCCLANAHAN	CHEECH MARIN	
Sophia Petrillo	**Oliver Webb**	
ESTELLE GETTY	BILLY L. SULLIVAN	

Nachdem Dorothy Zbornak leichtfertig eine neue Ehe eingegangen war und das traute Domizil an der Richmond Street in Miami Beach verlassen hatte, stand den verbliebenen «Golden Girls» der Sinn nach einem Kulissenwechsel. Kurz entschlossen warfen sie ihre Ersparnisse zusammen und erwarben auf Anraten von Blanches Anwalt das 42-Betten-Hotel «Golden Palace» in Miami. Der windige Rechtsverdreher hatte sich längst aus dem Staub gemacht, als die Damen gewahr wurden, daß es sich beim «Golden Palace» keineswegs um eine alterssichernde Goldgrube handelte, sondern um ein kriselndes Unternehmen, das nicht einmal die Personalkosten abwarf. Notgedrungen übernahmen die neuen Besitzerinnen selbst die anfallenden Aufgaben: Blanche obliegt die Geschäftsführung, Rose widmet sich der Instandhaltung der Zimmer, und Sophia regiert die Küche.

Sowohl Blanche als auch Sophia bekamen es mit streitbaren Gegenparts zu tun. Während die äußerlich schmucke, aber wirtschaftlich marode Herberge zum Verkauf stand, hielten Manager Roland und Koch Chuy die Stellung und bleiben auch unter der neuen Leitung auf ihren Posten. Fortan entbrennt alleweil Streit über die Frage, wer in der Küche das Sagen hat, und auch an der Rezeption liegen Kompetenz und Ego in ständigem Widerstreit. Eine pikante Note erhält das Gerangel durch die Tatsache, daß mit Blanche und Roland nicht nur zwei gänzlich unterschiedliche Temperamente, sondern auch eine gebürtige Südstaatlerin und ein Afroamerikaner aufeinandertreffen. Immer wieder schimmert Blanches anerzogener Rassismus durch; ist sie aber erst einmal eines Ressentiments überführt, zeigt sie sich durchaus einsichtig und findet letztlich zurück auf den Pfad der *political correctness*.

Dieser leidige Imperativ scheint bei der Konzeption der Serie nicht ohne Einfluß geblieben zu sein, denn mit den drei Seniorinnen, einem Afro- und einem Hispanoamerikaner sind gleich drei Minderheiten vertreten, die in den vorangegangenen Jahrzehnten vom US-Fernsehen sträflich vernachlässigt wurden. Der unverkrampfte Umgang mit derlei Belangen gilt als Markenzeichen der Autorin und Produzentin Susan Harris, deren Produktionsfirma für die → GOLDEN GIRLS und die Nachfolgeserie GOLDEN PALACE verantwortlich zeichnete. Harris und ihre Autoren verzichteten freilich auf philiströse Wehleiderei und zuckrige Harmoni-

Gaststars:
Eddie Albert, Beatrice Arthur, Ned Beatty, George Burns, Ja'net Dubois, Herbert Edelman, Dick Gautier, Bobcat Goldthwait, Ken Kercheval, Ricardo Montalban, Charles Napier, Dave Rottman, Gregory Sierra, Dick Van Patten

Creator:
Susan Harris
Beginn der deutschen Erstausstrahlung: 14. 3. 1995, ARD

Mit dem Schauplatz wechselten die verbliebenen Goldmädchen auch den Sender. NBC lehnte das neue Format

aus programmpolitischen Gründen ab – im Bestreben, den Zuschaueranteil der von der Werbewirtschaft bevorzugt angepeilten unteren Altersgruppen weiter zu erhöhen, setzte die Senderkette vermehrt auf Sendereihen mit jugendlichen Hauptfiguren. CBS sprang gerne ein und über-

*Don Cheadle und Cheech Marin mit
Rue McClanahan, Betty White und Estelle Getty*

sierung. Die ruppig-charmante, latent reaktionäre Blanche mit dem überkorrekten, dabei stets klassen- und rassenbewußten Roland zu kombinieren, war ein gelungener Kniff, dem die Serie eine Vielzahl pointierter Wortwechsel verdankte – in der Originalfassung amüsant allein schon durch die Sprachfärbung der Kontrahenten. Deutsch synchronisiert klingt Roland hingegen beinahe so albern wie die schrill kieksende und daher unnötig infantil wirkende Rose, deren Darstellerin in Wirklichkeit über ein ausgesprochen sonores Timbre verfügt.

Ein weiterer Gewinn der neuen Serie war der Mexikaner Chuy Castillos, ein früherer Modedesignstudent, der durch den Militärdienst vom ursprünglichen Berufsziel abgebracht worden war. Gespielt wurde er von Cheech Marin, Spätvorstellungsveteranen noch bestens bekannt als eine Hälfte des stets bekifften Klamaukduos Cheech & Chong. Eingedenk dieser Vergangenheit verwundert kaum, daß die Autoren des öfteren zwei- bis dreideutiges Spiel mit dem Wörtchen «pot» trieben – was in der Synchronfassung selten zu vergleichbaren Pointen führte. Hernach geisterte Marin als multiple Persönlichkeit durch den Kultfilm FROM DUSK TILL DAWN (USA 1995) und wirkte in der burlesken Krimiserie → NASH BRIDGES als Partner des Hauptdarstellers Don Johnson.

nahm die frischgebackenen Herbergsmütter mitsamt ihrem GOLDEN PALACE.

Don Cheadle gehörte ab 1993 zur Stammbesetzung der Serie → PICKET FENCES. Ganz im Gegensatz zu seinen braven Fernsehrollen stand sein Auftritt in dem Neo-*film noir* TEUFEL IN BLAU (DEVIL IN A BLUE DRESS, USA 1995): an der Seite Denzel Washingtons spielte er einen cholerischen Killer.

In der Doppelepisode «Nicht ganz wie in alten Zeiten» waren die vier «Golden Girls» vorübergehend wieder vereint.

Zitat:
Roland: «I'm a workaholic.»
Rose: «Oh my God – he's drinking workahol?!»

Grace Grace Under Fire
USA 1993–1998

Grace Kelly BRETT BUTLER	**Patrick Kelly** COLE & DYLAN SPROUSE	**Carl (1993–1994)** LOUIS MANDYLOR
Russell Norton DAVE THOMAS	**Jimmy Kelly** GEOFF PIERSON	**Ryan Sparks (1994)** WILLIAM FICHTNER
Nadine Swoboda JULIE WHITE	**Jean Kelly (1995–1998)** PEGGY REA	**John Shirley (1994–1995)** PAUL DOOLEY
Wade Swoboda CASEY SANDER	**Faith Burdette** VALRI BROMFIELD	**Floyd Norton (1995–1998)** TOM POSTON
Quentin Kelly (1993–1996) JON PAUL STEUER	**Bill Davies (1993–1994)** CHARLES HALLAHAN	**Dot (1997–1998)** LAUREN TOM
Quentin Kelly (1996–1998) SAM HORRIGAN	**Dougie** WALTER OLKEWICZ	
Libby Kelly KAITLIN CULLUM	**Vic** DAVE FLOREK	

Die Problemfälle häufen sich. Es gibt Ex-Alkoholiker im steten Kampf gegen den Rückfall, inkontinente Senioren, Familien mit Minimaleinkommen, Finanzhaie, Unterprivilegierte aus den verrufensten Schwarzenghettos von Los Angeles. Sie alle sind Protagonisten ausgerechnet von *situation comedies*, zumeist Produktionen der jüngeren Generation. Selbstredend zählen → EINE SCHRECKLICH NETTE FAMILIE und → ROSEANNE zu diesen Titeln, auch NACHTSCHICHT MIT JOHN (THE JOHN LARROQUETTE SHOW; USA 1993–) oder SOUTH CENTRAL (USA 1994). Das Sitcom-Genre ist beileibe nicht so harmlos, wie es bei nur oberflächlicher Betrachtung scheinen mag. Auf immerhin 20 Jahre Laufzeit brachte es beispielsweise der Dauerbrenner ALL IN THE FAMILY (USA 1971–1991), die US-Variante von → EIN HERZ UND EINE SEELE, im Tonfall so rüde, direkt und hämisch wie Meister Volksmund persönlich – und damit ein vehementer Anschlag auf die seinerzeit dominierenden Heile-Welt-Serien.

Seit dem Erfolg von ALL IN THE FAMILY ist der Bildschirm für die Unterschicht nicht mehr tabu; und immer häufiger behalten Frauen das letzte Wort. Obschon sich Titelheldinnen wie ROSEANNE oder GRACE durch ihre Schlagfertigkeit vom Gros des gemeinen Volkes unterscheiden, haben sie doch mit vergleichbar ordinären Problemen zu kämpfen. Die Hauptfigur der Comedyshow GRACE trägt zwar den verheißungsvollen, weil filmhistorisch relevanten Namen Grace Kelly, doch wird ihr Leben keineswegs vom Glamour bestimmt. «Ich habe zwar noch keinen ‹Oscar› gewonnen», pariert die Serienfigur lakonisch eine entsprechende Frage, «aber ich bin eine entschieden bessere Autofahrerin.»

Grace ist Mutter dreier Kinder und muß sich zu Beginn der Serie erst in das Leben ei-

Gaststars:
Dr. Joyce Brothers, Patrika Darbo, Penny Johnson, Diane Ladd, Paul Le Mat, Monte Markham, Jean Stapleton

Creator:
*Chuck Lorre
Beginn der deutschen Erstausstrahlung: 28. 9. 1995, Pro 7*

Wegen anhaltender Unstimmigkeiten mit der Hauptdarstellerin mußte Creator und Executive Producer Chuck Lorre die Produktion verlassen. Der Streit entzündete sich unter anderem an der Darstellung von Grace' Ex-Gatten Jimmy, einem Trinker und Schläger. Eingedenk eigener Erfahrungen erhob Brett Butler Einwände gegen allzu versöhnliche Töne. «Wir wollen ihn nicht als Schurken abstempeln», sagte Butler gegenüber ‹USA Today›. «Aber ich würde mich daran stören, wenn er vollends rehabilitiert wird. Ihm sollte nicht vorschnell vergeben werden. (…) Es bleiben Wunden zurück, und es gibt Erinnerungen, die immer wieder hochkommen …»

Cole Sprouse, Brett Butler, Kaitlin Cullum

Kaitlin Cullum und Brett Butler

ner Alleinerziehenden einfinden. «Bei unserer Hochzeit geriet mein Ex in einen handfesten Streit mit dem Akkordeonspieler. Das war das erste Indiz, daß ich möglicherweise die falsche Wahl getroffen hatte», sinniert sie, während sie den Kopf des Verflossenen aus dem Hochzeitsfoto ausschneidet und nacheinander durch einen Affenkopf, ein Babygesicht und ein Hitlerporträt ersetzt. Auf ihrer Arbeitsstelle in einer Ölraffinerie, wo sie als Frau ihr Durchsetzungsvermögen immer wieder aufs neue beweisen muß, wird sie gefragt: «Wie lange liegt deine Scheidung jetzt zurück?» Herzlich lächelnd erklärt die Angesprochene: «Ungefähr sechs Monate. Aber das war weniger eine Scheidung – die Trennung von einem *redneck* entspricht eher einer ethnischen Säuberung.»

Die Hauptdarstellerin Brett Butler bringt, und das lag durchaus in der Absicht der Produzenten, persönliche Erfahrungen in die Rolle ein. In Interviews äußerte sie sich freimütig über diese Dinge, ihre schwere Kindheit, ihre zurückliegende Alkoholabhängigkeit, die während ihrer dreijährigen Ehe erlittenen Mißhandlungen. All das

kommt auch in den Serienepisoden zur Sprache. «Sie sagt Dinge über Männer, Ehegatten und Mutterschaft, die das Fernsehen bislang lieber verschwieg», schrieb das ‹Time Magazine›. Butler selbst und die Kunstfigur Grace haben Symbolkraft bekommen. «Sie ist eine Frau der 90er», zitierte die Zeitschrift ‹TV Guide› einen weiblichen Fan, «sie geht vor niemandem in die Knie, und das gefällt mir.»

Brett Butler kam, wie Roseanne Barr, Ellen DeGeneres (ELLEN, USA 1994–1998), Stephanie Hodge (HALLO SCHWESTER/NURSES; USA 1991–1994; AUF SCHLIMMER UND EWIG/UNHAPPILY EVER AFTER, USA 1995–) und auch viele männliche Kollegen, von der Kleinkunstbühne zum Fernsehen. Sie begann als Amateurin – als «Diva der Trailer-Parks», wie sie selbst sagt –, während sie nach der Trennung von ihrem ersten Mann, den sie im Alter von 19 Jahren geheiratet hatte, hauptberuflich als Serviererin arbeitete. Drei Jahre später zog sie von Houston nach New York, um ihre Karriere voranzutreiben.

Sie hatte gut 4000 Auftritte hinter sich gebracht, ehe sie durch Gastspiele in der TONIGHT SHOW und durch ein Comedy-Special

Chuck Lorre konzipierte nach seinem Weggang die Sitcom CYBILL (mit Cybill Shepherd; USA 1995–) für das konkurrierende Network CBS und verbuchte damit einen weiteren Quotenhit.

Ihren Vornamen verdankt Brett Butler den literarischen Vorlieben ihrer Mutter – diese begeisterte sich sehr für

Hemingway und benannte ihre Tochter nach Lady Brett Ashley aus dessen Romanwerk «Fiesta».

1995 hatte GRACE auch in Rußland Premiere und war damit die erste kontinuierlich ausgestrahlte Sitcom us-amerikanischer Herkunft im russischen Fernsehen.

Hauptproblem beim Abfassen ihrer Autobiographie, so Brett Butler, sei die Entscheidung über den Titel gewesen. Zur Wahl standen unter anderem: «Blond With The Wind», «The Daughter Also Rises» und «Getting On Oprah The Hard Way».

Geoff Pierson trat in GRACE gelegentlich als der übel beleumundete Ex-

Brett Butler, Kaitlin Cullum

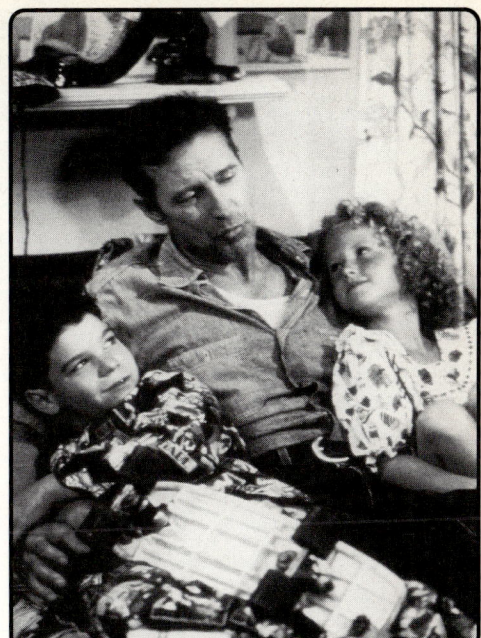

Cole Sprouse, Jon Paul Steuer, Kaitlin Cullum

auf dem Kabelkanal Showtime weithin bekannt wurde. Zeitweilig schrieb sie Sketche für Dolly Partons TV-Show. Sie wurde von der Produktionsfirma Carsey-Werner unter Vertrag genommen, renommiert für publikumswirksame Sitcoms wie THE COSBY SHOW (→ BILL COSBY) und ROSEANNE. In der Herbstsaison 1993 startete auf ABC ihre eigene Serie, die von der Kritik überaus positiv aufgenommen wurde – ‹TV Guide› wählte sie zur «Best New Sitcom Of The Year» – und zudem exzellente Quoten erzielte.

Nach anfänglichen internen Auseinandersetzungen erstritt sich Brett Butler innerhalb der Produktion eine maßgebliche Position. Zunächst nahm sie als Executive Consultant starken Einfluß auf die Skripts; mittlerweile zeichnet sie als Produzentin mitverantwortlich für die Show. Damit ließ es «das zynische Aschenbrödel» (‹TV Guide›) aus Montgomery (Alabama) nicht bewenden ihre Autobiographie «Knee-Deep In Paradise» machte Furore, und zeitweise stand auch eine Kinorolle zur Diskussion.

Der Glanz des Erfolges blieb freilich nicht ohne nachhaltige Eintrübung. Im August 1997, kurz nach Fertigstellung der 100. Folge, mußte die Produktion von GRACE unterbrochen werden, nachdem sich Brett Butler für die Einweisung in eine Entzugsklinik entschieden hatte. Dort wollte sie ihre langjährige Schmerzmittelabhängigkeit auskurieren, die auf eine peinigende Rückenverletzung zurückzuführen ist. Wie es so ihre Art ist, sprach Butler auch dieses Problem öffentlich an und machte es zum Gegenstand ihrer deftigen Aperçus. Zu Beginn der Herbstsaison stand GRACE wieder auf dem Sendeplan, Anfang 1998 aber erlitt Brett Butler im Studio einen Nervenzusammenbruch, und die Dreharbeiten wurden bis auf weiteres eingestellt.

Gatte der Titelheldin auf. In der Sitcom AUF SCH(L)IMMER UND EWIG (UNHAPPILY EVER AFTER, USA 1995–) bezog er seinerseits Hiebe – das Schicksal selbst prügelte heftig auf ihn ein. Als Familienvater Jack Malloy war er ein Leidensgefährte Al Bundys – von Frau und Kindern entrechtet, gedemütigt und ausgeplündert.

Zitat:
«Ich sehe aus wie Cybill Shepherd, wenn sie eine unruhige Nacht gehabt hat.»
BRETT BUTLER

Literatur:
Brett Butler: Knee-Deep in Paradise. New York, 1996

Der Hammer Sledge Hammer!
USA 1986–1988

Det. Insp. Sledge Hammer	Captain Trunk	Off. Daley (1987–1988)
DAVID RASCHE	HARRISON PAGE	PATTI TIPPO
Off. Dori Doreau	Off. Mayjoy	Norman Blates (1986–1987)
ANNE-MARIE MARTIN	LESLIE MORRIS	KURT PAUL

David Rasche

ZWEIFELSOHNE ist Sledge Hammer der härteste und gewiefteste Verbrecherjäger seit Maxwell Smart. Aber ungleich gemeiner. Fortbildung nach Feierabend gehört zum festen Bestandteil seiner Freizeitstruktur. Wie man kriminelle Elemente in die Fallstricke jagt, welche Verhörtaktik in dringenden Fällen anzuwenden ist, wie man sich korrekt in Bullensprache ausdrückt, all das studiert Hammer immer wieder aufs neue. Und zwar an erstbester Stelle: am heimischen Fernseher.

Gemäß seinem Ebenbild Sonny Crockett trägt auch Sledge Hammer eine undurchschaubare Sonnenbrille, die zwielichtige Gestalten noch weitaus finsterer erscheinen läßt. Wie Dirty Harry vertraut Hammer auf die volle Durchschlagskraft einer 44er Magnum, mit der er in unbeobachteten Momenten zärtliche Zwiegespräche zu führen pflegt. An das Gewicht des schweren Kalibers hat er sich schon dermaßen gewöhnt, daß er mangels Gegengewicht auf der rechten Seite einknickt, sobald sich die Waffe einmal nicht an ihrem angestammten Platz unter der linken Achsel befindet – was freilich seltener vorkommt als eine Papstwahl. Hammers Verhörmethoden sind berüchtigt, seine Gerissenheit nicht minder – dieser Mann ist hartgesotten, ausgekocht und völlig hirnverbrannt.

Scharf erkundigt er sich bei den Kommilitoninnen einer ermordeten Studentin: «Fiel Ihnen vor ihrem Tod etwas Besonderes an ihr auf?» – «Ja.» – «Und was bitte?» – «Ihre Frisur paßte überhaupt nicht zu ihrem Gesicht.»

Hammer, so sagt einmal sein Vorgesetzter Captain Trunk über ihn, ist knallhart, seit er ein Fötus war. Hammers Eskapaden treiben Trunks Blutdruck regelmäßig in Rekordhöhen. Doch der gesundheitsgefährdende Schießgeselle lächelt nur geschmeichelt, wenn der Captain ihn mit überschnappender Stimme als «sadistisch, barbarisch, verdorben und blutdürstig» beschimpft.

Ein Aufkleber auf dem Auto des Angesprochenen verrät: «I love violence». Will er ausnahmsweise einmal freundlich sein, sagt er:

Gaststars:
Adam Ant, Richard Bakalyan, Michael Des Barres, Davy Jones, Richard Moll, Robert Sacchi, Armin Shimerman, Ray Walston, Mary Woronov

Creator:
*Alan Spencer
Beginn der deutschen Erstausstrahlung: 8. 1. 1988, RTLplus*

Nicht nur einzelne Komponenten und Manierismen, auch komplette Kinofilme wurden von den HAMMER-Autoren verulkt. So gab es mit der Episode «Witless» eine äußerst bizarre Version VON DER EINZIGE ZEUGE (WITNESS, USA 1985), in «Hammeroid» stapfte ein naher Verwandter von Paul Verhoevens ROBOCOP (USA 1987) durch die Szenerie, auch EINE VERHÄNGISVOLLE

AFFÄRE (FATAL ATTRACTION, USA 1986) hinterließ deutliche Spuren. Alan Spencer blieb dieser Arbeitsmethode bei seinem ersten Kinofilm verbunden und nahm in HEXINA – SCHÖN, VERRÜCKT UND GEFÄHRLICH (HEXED, USA 1992) die einschlägigen Psycho- und Erotikthriller nebst den gerade aktuellen Serienmördervarianten auf die Schippe.

«Das freut mich mehr als die Erfindung der Dumdumgeschosse.» Bei dem Wörtchen nett schürzen sich seine Lippen vor Ekel. «Ich habe keine Gefühle», behauptet er stolz, und wer in seine stahlblauen Augen blickt, glaubt es ihm, ohne weitere Fragen zu stellen. Besonders verhaßt sind ihm Anwälte, denn «die machen nur Ärger». Wenn er seiner Ex-Frau Susan (Heather Lupton) begegnet, greift der Stählerne reflexartig zur Dienstwaffe, und er nimmt pflichtschuldigst schon mal die komplette Besetzung seines Reviers mitsamt des Captains in Haft, weil die Alkoholfahnen seiner Kollegen nach seinem Dafürhalten den Tatbestand der Luftverschmutzung erfüllen. «Vertrauen Sie mir», sagt er, «ich weiß, was ich tue.» Wer ihn kennt, geht bei diesen Worten schleunigst in Deckung.

David Rasche

Der zähe Quatsch-Cop schießt so manches Mal buchstäblich übers Ziel hinaus. Nur gut, daß ihm eine geistesgegenwärtige, in vielen Belangen versierte Partnerin zugeteilt wurde. Die nahkampfgeschulte Dori Doreau greift ein, wenn Hammer wieder einmal Cop-über ins nächste Fettnäpfchen hechtet und voller Überschwang gehörigen Schaden anzurichten droht. Leider ist Hammer ihr zumeist eine Lauflänge voraus. Sie hat die nötige Intuition, den Spürsinn und die brillanten Ideen, die Hammer in maßloser Selbsteinschätzung als die eigenen ausgibt. Und sie ist dem therapiebedürftigen Waffenfetischisten trotz seines Planierraupencharmes herzlich zugetan, prallt indes regelmäßig am unüberwindlichen Schutzschild des Kollegen ab. Immerhin kann sich Hammer zu einer wohlwollenden Äußerung durchringen: «Sie ist zwar eine Frau, aber ich mag sie trotzdem.»

DER HAMMER ist eine treffsichere und reichlich gelungene Persiflage auf geläufige Polizeiserien und -filme. Das Konzept der Serie stammt von Alan Spencer, der bereits mit siebzehn als Gaglieferant für Fernsehserien wie → MORK VOM ORK arbeitete und auf zweijährige Erfahrung als *stand-up comedian* zurückblicken kann. Er hatte sein Skript ursprünglich fürs Kino vorgesehen, fand dann aber einen TV-Produzenten, der aus dem lächerlichen Bullen eine Serienfigur machen wollte. Damit bereicherte Spencer den Olymp der TV-Helden um eine Gestalt, von der er sagt, sie sei «eine Art Alternative zu Inspektor Clouseau. Sledge ist ein komischer Anti-Held, die Übersteigerung des Dirty-Harry-Typus. Er schießt erst mal und versucht dann, sich an seine Frage zu erinnern.» Damit ist DER HAMMER, rein humortechnisch betrachtet, ein ähnlich schweres Kaliber wie seine Magnum, die er liebevoll «Gun» (in der deutschen Fassung «Susi») nennt.

Hauptdarsteller David Rasche stieß 1992 zum Ensemble der Sitcom HALLO SCHWESTER (NURSES, USA 1991–1994). Er spielte den Part des zu gemeinnütziger Arbeit verurteilten Finanzhais Jack Trenton.

Gemeinsam mit seinem Idol Mel Brooks produzierte Alan Spencer 1989 die Sitcom THE NUTT HOUSE, eine Parodie auf HOTEL (USA 1983–1988) und vergleichbare Serien.

Hawaii 5-0 Hawaii Five-O
USA 1968–1980

Detective Steve McGarrett JACK LORD	**Detective Ben Kokua (1972–1974)** AL HARRINGTON	**Duke Lukela (1972–1980)** HERMAN WEDEMEYER
Detective Danny Williams (1968–1979) JAMES MACARTHUR	**Che Fong (1970–1977)** HARRY ENDO	**Generalstaatsanwalt Walter Stewart (1968–1969)** MORGAN WHITE
Detective Chin Ho Kelly (1968–1978) KAM FONG	**Doc Bergman (1970–1976)** AL EBEN	**Generalstaatsanwalt John Manicote (1972–1977)** GLENN CANNON
Detective Kono Kalakaua (1968–1972) ZULU	**May (1968–1969)** MAGGI PARKER	**Lori Wilson (1979–1980)** SHARON FARRELL
Gouverneur Philip Grey RICHARD DENNING	**Jenny Sherman (1969–1976)** PEGGY RYAN	
	Luana (1978–1980) LAURA SODE	

Bei diesem Titelvorspann kann man nicht anders, man muß ganz einfach hinsehen: Da rast die Kamera über die Brandung, flitzt in Richtung Strand und erhebt sich pfeilschnell auf die Höhe eines Wolkenkratzers, auf dessen Dach der unbestechliche Sonderermittler Steve McGarrett streng äugend über sein Honolulu wacht. Morton Stevens' aufpeitschende Erkennungsmelodie untermalt ein rasantes Bilderstakkato, das den Vergleich mit topmodernen Videoclips nicht zu scheuen braucht – aufregende Reißschwenks und schnelle Schnitte sorgen für Dynamik, die Kamera kippt vornüber und kreist um die eigene Achse, Fischaugenobjektive kosen die stromlinienförmigen Leiber silbrig glänzender Düsenjets. Ein flüchtiger Blick auf lächelnde Mädchen am Strand, Wasserspiegelungen formen abstrakte Muster, und noch den malerischen hawaiischen Sonnenuntergängen wird vermittels rhythmisch geschnittener *jump cuts* jegliche Anmutung von Postkartenidylle ausgetrieben. Schließlich das pulsierende Treiben auf den nächtlichen Straßen Honolulus, wiederum ein kinematographisches Kabinettstückchen, weil rückwärts von einem fahrenden Motorrad gefilmt, während am Bildrand das flackernde Blaulicht signalisiert, daß man sich auf dem Weg zum Tatort befindet.

Und eben dorthin führt uns die Dramaturgie der Titelsequenz: Die Musik klingt aus, während wir den Mann mit dem geteilten Kinn und der korrekt konturierten Frisur nebst seinen Getreuen bereits am Schauplatz des gerade aktuellen Verbrechens wirken und walten sehen. 5-0 ist die Kennummer einer Spezialeinheit der hawaiischen Ermittlungsbehörden, die aus dem Polizeiapparat ausgegliedert wurde und allein dem

Gaststars:
Maud Adams, Anne Archer, Dirk Benedict, Theodore Bikel, Bruce Boxleitner, Cyd Charisse, Jackie Coogan, Hume Cronyn, Henry Darrow, Susan Dey, Meg Foster, Farley Granger, Harry Guardino, James Hong, L. Q. Jones, Sally Kellerman, George Kennedy, Yaphet Kotto, Nancy Kwan, George Lazenby, Herbert Lom, A Martinez, Vera Miles, Sal Mineo, Cameron Mitchell, Ricardo Montalban, Pat Morita, Diana Muldaur, Leslie Nielsen, Albert Paulsen, Donald Pleasence, Victoria Principal, Pernell Roberts, Kurt Russell, William Shatner, Martin Sheen, Henry Silva, Jean Simmons, Tom Skerritt, Don Stroud, Loretta Swit, George Takei, Malachi Throne, John Vernon, Christopher Walken, Nancy Wilson

Creator:
Leonard Freeman
Beginn der deutschen Erstausstrahlung: 30. 4. 1971, ARD

Jack Lord wurde 1922 – andere Angaben beruhen auf Lords Neigung, seine biographischen Daten bei Bedarf zu schönen – als John Joseph Ryan geboren. Bevor er Schauspiel studierte, belegte er Kunst an der New York University. Der Malerei blieb er zeitlebens treu. Seine Gemälde wurden unter anderem im Museum of Modern Art, in der Pariser Bibliotheque National und im British Museum ausgestellt. Lord hatte sich an HAWAII 5-0 finanziell beteiligt

Jack Lord

Zulu, Harry Endo und
Jack Lord

McGarrett mit Danny
(James MacArthur)

Gouverneur Rechenschaft schuldet. Geleitet wird sie vom unbeirrbar dreinblickenden Steve McGarrett, der, so hat es zuweilen den Anschein, noch das kleinste Vergehen als persönliche Beleidigung interpretiert und sich offenbar keinerlei Privatleben gönnt. Neben ihm, dessen Gesichtszüge wirken wie einmal zu häufig geliftet, erscheint selbst Dirty Harry als ein Ausbund an Ausgelassenheit. Leonard Freeman, Erfinder und Produzent der Serie, charakterisierte die Figur mit den Worten: «Wenn *er* seine Dienstmarke vorzeigt, wagen die Leute keine Widerrede.»

McGarrett macht felsenfeste Miene zum bösen Spiel, wenn er Ganoven jedweder Couleur Paroli bietet. Als deren ausdauerndster und cleverster ragt der abgrund-, ja mördergrubentief böse Rotchinese Wo Fat (Khigh Dhiegh) heraus, McGarretts in unregelmäßigen Abständen immer wieder mal in Aktion tretender Erb- und Intimfeind. Zwar gelingt es zumeist, dessen abgefeimte Pläne zu durchkreuzen, den aaligen Urheber aber bekommen die Zivilfahnder einfach nicht zu fassen. Erst kurz vor Einstellung der Serie, im April 1980, ließen sich die Autoren erwei-

chen und gestatteten McGarrett, die personifizierte «Gelbe Gefahr» hinter Gitter zu bringen – freilich nicht ohne ein Schlupfloch offenzulassen: Kaum wähnt man die Gerechtigkeit als Sieger, offenbart die letzte Einstellung schonungslos, daß der – dem Phantom Fu Man Chu durchaus ebenbürtige – hochkarätige Gefangene eine Feile in seine Zelle zu schmuggeln vermochte und Anstalten macht, die schmucklose Bleibe auf dem schnellsten Wege wieder zu verlassen.

McGarrett, ehedem Mitglied des Geheimdienstes der US Marine, stand einer Ermittlergruppe vor, in der verschiedene Rassen einträchtig zusammenwirkten. Untergebracht war 5–0 im Iolani Palace, einem ehemaligen Regierungsgebäude, das zur Zeit der Dreharbeiten als Museum diente. Als McGarretts rechte Hand fungierte Danny Williams, genannt Dan-O. Ihm wurde das Privileg zuteil, überführte Galgenvögel ihrer gerechten Strafe zuzuführen – «Book 'em, Dan-O», lauteten McGarretts berühmte letzte Worte in der Originalfassung, ein Standardspruch, der im angelsächsischen Sprachraum zum geflügelten Wort wurde. Eher im

lassen; diese Vertragsklausel machte ihn zum Millionär. Für seine Immobiliengeschäfte und andere Unternehmungen gründete er eine eigene Firma und nannte sie «Lord and Lady Enterprises». Ihm zu Ehren begeht Hawaii alljährlich den «Jack Lord Day».

Khigh Dhiegh, der Darsteller des Erzbösewichts Wo Fat, wechselte 1975 für kurze Zeit auf die andere Seite des Gesetzes und übernahm die Titelrol-

le der in San Franciscos Chinatown angesiedelten Detektivserie KHAN. Deren Erfolglosigkeit – sie wurde nach nur vier Wochen abgesetzt – zwang ihn zur Rückkehr nach Hawaii, wo er unter seinem alten *nom de guerre* weitere Schandtaten verübte und McGarrett immer wieder mal auf die Palme brachte.

Als Adoptivsohn der prominenten Schauspielerin Helen Hayes und des Dramatikers Charles MacArthur

wuchs James MacArthur quasi ins Show-Geschäft hinein. Nach einigen kleineren Rollen in Disney-Filmen entschied er sich für das dauerhafte Engagement bei HAWAII 5–0. Auch seine Mutter wirkte in der Serie mit – 1975 gab sie in der Episode «Retire in Sunny Hawaii … Forever» ein Gastspiel als Dannys Tante Clara.

Außer mit dem notorischen Wo Fat bekamen es die Fernsehkriminalisten im Laufe der Zeit mit einer derart

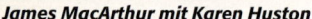

James MacArthur mit Karen Huston

Jack Lord

Range von Laufburschen, dabei aber durchaus anstellig und für McGarretts kluge Schachzüge unverzichtbar waren der Chinese Chen Ho Kelly und der Polynesier Kono. Im Hintergrund blieben die emsigen Mitarbeiter der technischen Abteilung, die mit spektrographischen Analysen, ballistischen Expertisen und gewissenhaften Obduktionen nicht unwesentlich zur Auflösung höchst vertrackter Fälle beitrugen, indem sie, um nur ein Beispiel anzuführen, feinste Marmorstäube aus dem Zerumen eines Ermordeten heraussiebten.

Im Gegensatz zu früheren Kriminalserien mit demselben Schauplatz wurde HAWAII 5-0 erstmals ausschließlich vor Ort produziert. Auch wenn der große Stratege McGarrett in manchen Episoden kaum einmal das Büro verließ und das Vorgehen seiner Männer via Telefon und Sprechfunk steuerte, so machten doch die zahlreichen Außenaufnahmen der exotischen Landschaft den besonderen Reiz der Serie aus und verhalfen ihr zu einem treuen Publikum – mit zwölf Jahren kontinuierlicher Laufzeit wurde HAWAII 5-0 die langlebigste Polizeiserie der US-Fernsehgeschichte.

großen Zahl von Schwerverbrechern zu tun, daß der lokalen Händelskammer mit der Zeit Bedenken kamen – man bangte um das Heile-Welt-Image der paradiesischen Insel. Doch entgegen den Befürchtungen ließen sich die Touristen von der Serie nicht abschrecken, im Gegenteil: die Besucherzahlen stiegen deutlich an.

Auch auf den hawaiischen Inseln selbst erfreute sich HAWAII 5-0 einiger Beliebtheit, wurde in der Quotentabelle aber zeitweise übertrumpft von einer Serie, die den Einheimischen ebenso exotisch erscheinen mußte wie dem gemeinen Mitteleuropäer eine Verbrecherjagd im tropischen Umland Honolulus: dem britischen Soap-Klassiker CORONATION STREET (GB 1960–).

Im März 1997 wurde bekannt, daß die Senderkette CBS eine aktualisierte Fortsetzung von HAWAII 5-0 plant.

Zitat:
«Für die Männer von Hawaii-Fünf-Null ist diese Inselgruppe das exotischste, das schönste und das tödlichste ‹Revier› der Welt.»
KLAPPENTEXT ZUM ROMAN «HAWAII-FÜNF-NULL – ACHTUNG! STRENG GEHEIM ...» (MÜNCHEN 1971)

Hercules Hercules: The Legendary Journeys
USA / Neuseeland 1994 –

Hercules
KEVIN SORBO
Iolaus
MICHAEL HURST
Alcmene
ELIZABETH HAWTHORNE
Salmonius
ROBERT TREBOR

Kevin Sorbo mit Tawny Kitaen

Chaos emporsteigen und in raschen Bilderreihen den Prometheusfunken im Menschen den Kampf mit der Barbarei beginnen.»

Diese Worte entstammen mitnichten einer besonders barock formulierten Rezension der in Rede stehenden Fernsehserie. Vielmehr schickte Gustav Schwab sie anno 1837 seinem Sammelwerk «*Die schönsten Sagen des klassischen Altertums*» voraus, jener ausdrücklich für ein jugendliches und weibliches Publikum bestimmten und darum fürsorglich entschärften Neufassung des alten Erzählguts, die länger als ein Jahrhundert zum Dauerbrenner auf deutschen Gabentischen werden sollte. Vorab gab es einiges zu tun für den Stuttgarter Gymnasiallehrer, hat es doch in den Originalen keinen Mangel an Unzucht und blutrünstigen Szenen.

In der Nachfolge Schwabs mühen sich heuer Christian Williams, Sam Raimi, Robert Tapert und Konsorten, der Jugend die Mythen des antiken Griechenland nahezubringen. Allein die Ausführung würde wohl das Mißfallen des braven Althumanisten Schwab hervorrufen, denn in den kühn fabulierten, trickreich in Szene gesetzten Geschichten wimmelt es von brünstigen Buhlerinnen, leichtgeschürzten Amazonen und sinnlichen Halbgöttern. Mehr noch, die Erben des großen Geschichtenerzählers scheren sich noch weniger als er selbst um eine

«**Den** unbefangenen Betrachter entzückt die Vielfalt der reichsten Gestalten, das Schauspiel einer gleichsam noch in der Schöpfung begriffenen Natur- und Geisterwelt; er sieht mit Lust und Bewunderung die Erde mit Göttern und Göttersöhnen aus dem

Gaststars:
Bruce Campbell, Clare Carey, Roma Downey, Elizabeth Hawthorne, Michael Hurst, Tawny Kitaen, Lucy Lawless, Lucy Liu, Richard Moll, Renee O'Connor, Anthony Quinn, Ted Raimi, Cynthia Rothrock, Kevin Smith, Jennifer Ward-Lealand, Karen Witter

Creator:
*Christian Williams
Beginn der deutschen Erstausstrahlung: 8. 12. 1995, RTL
Spinoff: → XENA*

Gedreht wird die Serie in Neuseeland in den nahe Auckland gelegenen *Regional Parks*, was die Produktion verbilligt, aber auch verkompliziert, da kreative Arbeiten und Endfertigung größtenteils in den USA erfolgen. Neben dem Kostenvorteil bietet Neuseeland allerdings auch eine urwüchsige Landschaft, die derjenigen des in eher grüner als grauer Vorzeit noch üppig bewaldeten Griechenlands und seiner Anrainerstaaten vermutlich sogar recht nahekommt.

Einige Schauspieler der Stammbesetzung machten sich doppelt nützlich und übernahmen zusätzlich Regieaufgaben, darunter Kevin Sorbo, Michael Hurst, Robert Trebor und der gelegentlich in Erscheinung tretende Bruce Campbell.

Zum heiteren Tonfall der Serie tragen oft auch die Darsteller bei, denen es gestattet ist, Dialogzeilen zu extemporieren.

Im Fahrwasser des Serienerfolges er-

Die verführerische Xena (Lucy Lawless) reicht Herkules (Kevin Sorbo) den vergifteten Wein

werkgetreue Wiedergabe. Schon die Synopsis auf der Internet-Seite des ausführenden Studios MCA/Universal birgt einen krassen Fehler. Dort wird Kunde gegeben von einer Episode aus der Kindheit des kleinen Hercules, der bereits im zarten Alter von acht Monaten den Schneid besaß, zwei Schlangen, die sich vorwitzig seiner Wiege genähert hatten, mit seinen kleinen Fäustchen zu zermalmen. Nicht aber Hercules' Göttervater Zeus hatte die Reptilien ausgesandt, dem kleinen Helden Harm zu tun, wie da forsch und falsch behauptet und von manch einem Schlauberger ungeprüft übernommen wird, sondern dessen rachsüchtige Gattin Hera, die den vom ewig lüsternen Zeus im Zuge

schienen in den USA auffällig viele Sachbücher, die die klassische Figur des Hercules und die vom ihm bewältigten zwölf Aufgaben zum Thema hatten.

Den Stammschauspielern und vor allem dem für beinahe jede Szene benötigten Kevin Sorbo wird während der Dreharbeiten einiges abverlangt. Zwischen sieben und neun Tage stehen sie für eine Episode vor der Kamera. Überdies erledigen die Stars PR- und Pressetermine. Oben-

drein drehte Sorbo zwischen zwei Staffeln den Kinofilm KULL THE CONQUERER (USA 1997). Außerdem synchronisierte er mit den Kollegen Lucy Lawless, Renee O'Connor und Michael Hurst den Animationsfilm HERCULES AND XENA – THE ANIMATED MOVIE: THE BATTLE FOR MOUNT OLYMPUS (USA 1998).

Der in Neuseeland aufgewachsene gebürtige Brite Michael Hurst ist ein erfahrener Theaterschauspieler und -regisseur und auch privat mit Kevin

Sorbo befreundet. Für die Zukunft planen sie, in Auckland gemeinsam eine Theaterproduktion auf die Bühne zu bringen, vorzugsweise ein Stück von David Mamet. Hursts Ehefrau Jennifer Ward-Leland war in der Serie in der Rolle der Voluptua zu sehen.

Wie beim Spinoff → XENA empfiehlt es sich, nicht vor dem Nachspann abzuschalten, denn dieser enthält häufig humorvolle Hinweise auf politisch korrekte Abwicklung der Dreharbeiten, zum Beispiel:

«No vicious beasts intent on taking

eines Seitensprungs mit dem Erdenweib Alkmene gezeugten Hercules zeitlebens mit ihrem Groll verfolgte.

Mit Heras Übeleien hebt denn auch die eigentliche Serie, der fünf über die Maßen erfolgreiche TV-Filme vorausgingen, an. Hercules' Frau und Kinder werden Opfer der giftigen Olympierin, und der Recke, auf Vergeltung sinnend, zieht aus, die Tempel der unleidlichen Gottheit zu zerstören. Das Anliegen einiger Bauern, ihm gegen einen weiblichen Dämon beizustehen, weist er verbittert zurück, besinnt sich aber eines besseren, als sein Neffe und Freund Iolaus für ihn einspringt und dabei zu Schaden kommt. Fortan zieht Hercules ruhelos über Land, den Geknechteten zu helfen und den Bedrängten beizustehen. Ab Folge sieben ist auch Iolaus wieder häufiger zugegen, doch der maulstarke Gernegroß richtet mitunter mehr Unfug an, als der guten Sache förderlich ist.

Der Hercules des Fernsehzeitalters zeigt sich in neuem Gewand; seine geistigen Väter verüben aufs Altertum, was die stilistisch sehr verwandte Serie → DIE ABENTEUER DES BRISCO COUNTY JR. dem Wilden Westen zufügte: sie bringen Humor ins Spiel. Robert Tapert, neben Sam Raimi und John Schulian einer der verantwortlichen Produzenten, betont diesen Aspekt und spricht von der «Butch-und-Sundance-Mentalität», die dem Publikum den Zugang zur Welt der Antike erleichtern soll. Wie die einsamen Zugvögel zu Zeiten, als Colt und Winchester im Westen regierten, wandert auch Hercules von Ort zu Ort, ein im Grund seines Herzens friedliebender Prachtkerl, der mit Ironie und philosophischer Abgeklärtheit den Wohlmeinenden zu ihrem Recht verhilft und Böswilligen die Nüstern verrenkt. Dies schließt Kultur und gute Manieren nicht aus, wie das nachfolgende Zitat belegt: «Wenn Ihr mich bitte entschuldigt – es wird Zeit, jemandem eine Lektion zu erteilen.»

Und wie manch gefürchteter Revolverheld wird auch der sagenhafte Halbgott allenthalben von übermütigen Raufbolden herausgefordert, die als Bezwinger des Recken in die Annalen eingehen möchten. Das Schwert verschmäht er, wenn es allerdings gar nicht anders geht, greift er schon mal zu Hirtenstab, Knüppel oder Ochsenziemer, seine Widersacher in die Schranken zu weisen. Diese Handgreiflichkeiten sind recht zahm in Szene gesetzt, als humordurchsetzte, zirzensische Show-Kämpfe. Hercules tritt nicht als Übermensch in Erscheinung, sondern muß seinerseits manche Tracht einstecken, ehe er über das Böse obsiegt.

Viele Episoden sind gespickt mit Anspielungen auf die Gegenwart. Es empfiehlt sich, philologischen Ernst beiseite zu lassen, wenn topaktuell von «Singles» die Rede ist, Aphrodite auf den «Karrieretrip» geht, sich müht, «eine neue Mitte zu finden» oder Iolaus zu ihrem «persönlichen Trainer» ernennt. Manches Mal streifen die Autoren gar

Zitate:
«Dies ist eine Geschichte aus längst vergangener Zeit. Einer Zeit der Mythen, Märchen und Sagen, als die alten Götter grausam und rachsüchtig waren und die Menschen mit Schrecken verfolgt und mit Leid heimgesucht haben. Aber da war ein Mann, der sich ihrer Macht widersetzte: Hercules, Sohn von Göttervater Zeus, geboren von einer sterblichen Mutter. Er war stärker als alle seine Feinde. Seine Kraft war übermenschlich, und er nutzte sie gegen die Mächte des Bösen. Er zog durch die Lande, verfolgt von der eifersüchtigen Rache seiner Stiefmutter Hera, der Gemahlin des Zeus. Und wo auch immer ein Unschuldiger leiden mußte, Hercules war zur Stelle.» VORSPANNTEXT

«Wir alle brauchen Märchen.» HERCULES

und Daedalus die Verantwortung eines Erfinders für die von ihm konstruierten Massenvernichtungswaffen; auch die Bedeutung des menschlichen Äußeren oder Begriffe wie Tapferkeit und Zivilcourage geraten in den urzeitlichen Diskurs.

Bewußt absetzen wollten sich Autoren und Produzenten von den schwülstigen Sandalenfilmen italienischer Prägung und wählten vorsätzlich keinen schwerfälligen Kraftklops aus der Gewichtsklasse eines Arnold Schwarzenegger als Hauptdarsteller, sondern den zwar durchaus sportlichen, aber nicht übermäßig aufgeplusterten Kevin Sorbo, bekannt unter anderem als wortkarger Bargast aus der Jim-Beam-Werbung. Die Ironie der Geschichte will es, daß er sich einige Zeit zuvor bereits um die Rolle des Superman in der Serie → SUPERMAN – DIE ABENTEUER VON LOIS & CLARK beworben hatte, von Dean Cain aber knapp ausgestochen wurde. Zeitweise konkurrierten die drahtigen Wohltäter um die Gunst der Zuschauer, was den Conférencier Jay Leno zu der scherzhaften Frage veranlaßte, wer denn wohl der Stärkere sei, Superman oder Hercules. In jedem Fall bewies Hercules den längeren Atem – Superman ging angesichts einbrechender Einschaltquoten in die Knie. Hercules hingegen wird, wenn die Auguren nicht völlig falschliegen, auch im dritten Millennium noch ordentlich zulangen dürfen.

Kevin Sorbo

die Satire und lassen beispielsweise Hercules einer penetrant auf Sensationen versessenen «Schreiberin» begegnen oder bringen – hallo, Saddam – die «Mutter aller Monstren» ins Spiel. Zuweilen werden durchaus ernsthafte Töne angeschlagen. So erörtern Hercules

Literatur:
James Van Hise: Hercules & Xena: The Unofficial Companion. Los Angeles 1997
Robert Weisbrot: Hercules, The Legendary Journeys: The Official Companion. New York 1998

Fanclubs:
European Kevin Sorbo Fan Club
Birgit Klee
Postfach 68
34287 Zierenburg
(Beitrag 30,–/Jahr, Rundbrief, Conventions, Hotline)

The Official Hercules: The Legendary Journeys Fan Club
411 N. Central Ave., #300
Glendale, CA 91203
USA

Kevin Sorbo International Fan Club
P.O. Box 410
Buffalo Center, IA 50424
USA

Official Michael Hurst Fan Club
P.O. Box 49622
Algood, TN 38506
USA

Official Kevin Smith Fan Club
9880 Magnolia Ave., Apt. 126
Santee, CA 92071
USA

Palindrome Pals: The Official International Robert Trebor Fan Club
3352 Broadway Blvd.
Suite 538
Garland, TX 75043

BC Central: The International Bruce Campbell Fan Club
8205 Santa Monica Blvd., #1–287
Los Angeles, CA 90046
USA

Ein Herz und eine Seele
BRD 1973–1976

Alfred Tetzlaff	**Else Tetzlaff (1976)**	**Michael Graf (1973–1974)**
HEINZ SCHUBERT	HELGA FEDDERSEN	DIETHER KREBS
Else Tetzlaff (1973–1974)	**Rita Graf**	**Michael Graf (1976)**
ELISABETH WIEDEMANN	HILDEGARD KREKEL	KLAUS DAHLEN

Alfred Tetzlaff sagt ungehörige Sachen. «Arschloch» zum Beispiel, oder auch «Scheißsozis». Einem Dreikäsehoch dürfte dergleichen ein paar Ohrfeigen einbringen. Klein ist Alfred auch, nämlich 1,58 Meter, und der analen Phase scheint's noch nicht vollends entwachsen, aber alt genug, um Vater einer verheirateten Tochter zu sein. Lovely Rita, eine Reihenhausgrazie, die gern knappe Miniröcke und hohe Stiefel trägt und das Blut fernsehender Jungmänner in Wallung zu bringen vermag, hat den Erzfeind ins Haus geschleppt – ihr Ehemann Michael ist erklärter Sozialdemokrat. Seit Ritas Hochzeit hausen zwei Generationen auf engstem Raum unter einem Dach. Da bleiben Reibereien nicht aus. Wäre Alfred ein ehrlicher Mensch, gäbe er zu, daß er die ständigen Zwistigkeiten mit seinem Schwiegersohn insgeheim genießt. Aber Alfred ist nicht ehrlich, sondern ein verlogener, heuchlerischer, reaktionärer Spießer, der das Weltgeschehen aus der Niederflurperspektive eines kläffenden Gartenzwergs kommentiert.

Mit wahrer Wonne wirft sich der Wicht in Pose und verheddert sich manches Mal in seinen Wahnideen, wenn er gegen die sozialliberale Koalition, gegen die barbarischen Horden des kommunistischen Lagers, gegen das Warschauer Pack wettert, wenn er seine Ehefrau Else als «dusselige», ersatzweise «blöde Kuh» bezeichnet und seinen Schwiegersohn verdächtigt, für den Osten zu spionieren. Der krakeelende Westentaschendemagoge hält seine – urdeutschen Gerichten vorbehaltene – Wohnküche für die letzte Bastion abendländischer Kultur und schreckt doch nicht davor zurück, an seinen Fußnägeln herumzusäbeln, während der Rest der Familie noch zu Tische sitzt. Sehr bald hatte Alfred den Beinamen *das Ekel* weg. Obwohl kaum eine andere deutsche Serienfigur mehr negative Eigenschaften in sich vereinigte, wurde der Puschenpotentat zu einem besonderen Liebling des Fernsehpublikums.

Vater dieser zeitlebens umstrittenen Figur war der frühere Journalist Wolfgang Menge, renommierter Autor von Serien wie STAHLNETZ (BRD 1958–1968) und hochkarätigen, oftmals skandalumwitterten Fernsehspielen wie DIE DUBROW-KRISE (BRD 1969), DAS MILLIONENSPIEL (BRD 1970) oder SMOG

Creator:
Wolfgang Menge (nach einer Idee von Johnny Speight)
Beginn der deutschen Erstausstrahlung: 31. 12. 1973

Regionale Premiere hatte EIN HERZ UND EINE SEELE im Januar 1973 im dritten Programm des WDR. Die anderen dritten Programme übernahmen hernach die Serie, mit Ausnahme der in der Nordkette zusammengefaßten Sender NDR, SFB und Radio Bremen.

Die einzelnen Episoden kosteten zwischen 60 000 und 85 000 Mark. Sie wurden jeweils erst am Tage der Ausstrahlung aufgezeichnet. So konnte Wolfgang Menge stets noch in letzter Minute tagesaktuelle Ereignisse in die Drehbücher einarbeiten. Etwa 80 Zuschauer waren zugegen, wenn im Kölner WDR-Studio der Maulheld Tetzlaff seine Invektiven abschoß.

Namens der Rundfunkräte des Senders Freies Berlin wandte sich im Juni 1974 der SPD-Vertreter Stefan Hoyzer

gegen die Absicht der ARD, die Folge «Besuch aus der Zone» ausgerechnet am 17. Juni, dem «Tag der deutschen Einheit», ausstrahlen zu wollen. SFB-Intendant Barsig begutachtete die inkriminierte Episode vorab, wahrte, wie zuvor bereits das ARD-Direktorium, jedoch Contenance und kühlen Kopf und ließ die grollenden Aufsichtsbeamten mit ihrem Protest allein.

Laut Wolfgang Menge war zeitweise eine Fortsetzung der Serie im Ge-

Alfred, der Herr im Haus

Elisabeth Wiedemann, Heinz Schubert,
Hildegard Krekel, Dieter Krebs

(BRD 1973). Bei seinem Entwurf orientierte sich Menge an der britischen Sitcom 'TILL DEATH US DO PART (GB 1966–1974). Diese BBC-Serie war aus einem Comedy-Special entwickelt worden und erwies sich nicht nur in Großbritannien als überaus erfolgreich. Auch die USA übernahmen das Format; dort tobte Carroll O'Connor als rassistischer Widerwart durch die Serie ALL IN THE FAMILY (USA 1971–1992), die es auf eine Laufzeit von beachtlichen 21 Jahren brachte. Die Rolle seines Schwiegersohns spielte Rob Reiner, später Regisseur unter anderem des Komödienhits HARRY UND SALLY (WHEN HARRY MET SALLY, USA 1989).

Ob USA, Niederlande oder die Bundesrepublik, jedes Land paßte das Format den nationalen Gegebenheiten an, denn die Urform war zu sehr auf die britische Mentalität zugeschnitten, um anderwärts zu funktionieren. Anfangs hatte der WDR geplant, die britischen Bücher schlicht ins Deutsche zu übertragen, doch der damit betraute Wolfgang Menge erkannte sehr schnell die Unmöglichkeit dieses Unterfangens: «In England war die Grundidee, daß ein Docker, also ein Hafenarbeiter, Anhänger des Königshauses ist und konservativ wählt. Darüber haben sich die Engländer schon totgelacht. Das ist halt ein Klassenstaat. Bei uns ist ein Arbeiter, der CDU wählt, natürlich überhaupt nicht komisch, weil das viel mehr der Realität entspricht. Also ist der Tetzlaff hier in Deutschland überhaupt nicht zu vergleichen mit der englischen Figur.»

Der rechtsgewirkte Popanz erregte die Öffentlichkeit in außerordentlichem Maße. Bereits die zweite Episode versammelte dop-

spräch, bei der Peter Zadek Regie führen sollte. Das Projekt scheiterte aus mehreren Gründen, nicht zuletzt wegen der Skrupulosität des Senders. Dazu Wolfgang Menge in einem 1991 geführten Interview: «Irgendwann rief jemand vom WDR an, wir hatten schon einen Termin, und sagte, es ist besser, wenn wir nach der Bundestagswahl erst anfangen mit dem Ausstrahlen. Da habe ich gesagt, dann können wir es vergessen. Wenn die Bundestagswahl eine Rolle spielt, ob man etwas dieser Art ausstrahlt oder nicht, dann brauchen wir die Sendung gar nicht erst anzufangen. Das ist ein paar Jahre her, und seitdem rühre ich da auch nicht mehr. Das ist heute nicht mehr drin bei den Sendern.»

In leicht veränderter Gestalt tauchte der Rotzkopf der Nation dann doch wieder auf: 1993 realisierte der WDR Menges Serie MOTZKI (D 1993), deren verbiesterter Titelheld (Jürgen Holtz) über die eingemeindeten Ostdeutschen herzog wie Alfred Tetzlaff in seinen besten Zeiten und wie sein Vorgänger über Deutschlands Grenzen hinaus Schlagzeilen machte.

Um eine Programmlücke zu füllen, brachte die ARD im September 1996 außer der Reihe die Herz-und-Seele-Episode «Urlaubsvorbereitungen» zur Ausstrahlung – und erzielte zur eigenen Überraschung eine Quote von sechs Millionen Zuschauern. Prompt

pelt so viele Zuschauer wie die Bundespremiere am Silvesterabend 1973. Die Nation teilte sich in begeisterte Alfredianer und empörte Gegner. Eine Flut von Zuschauerbriefen erreichte den produzierenden WDR, der ‹Spiegel› räumte dem Phänomen eine Titelgeschichte ein, und selbst in ausländischen Journalen wie ‹Guardian›, ‹Herald Tribune› oder ‹Daily Mirror› wurde diskutiert, ob der giftsprühende Tetzlaff womöglich Wortführer einer sich neu formierenden Rechten sei. «Das ist so weit gegangen», erinnert sich Wolfgang Menge, «daß ich für die ‹New York Times› einen Artikel schreiben mußte, weil die Zeitung den Nazi wiederauferstehen sah. Auch die englische Boulevardpresse, die *yellow press* … ganze Doppelseiten haben die gemacht.»

Wissenschaftler rückten Alfred zu Leibe und untersuchten seine Breitenwirkung. Sie kamen zu der Erkenntnis, daß seine Injurien vom Publikum wahrgenommen wurden, wie sie gemeint waren: als satirische Überspitzung. Eher als an seinen krausen Politsprüchen stießen sich die Zuschauer an der ordinären Sprache des Ekelpäckchens. Auch

WDR-Programmdirektor Werner Höfer fand die Serie ordinär, ließ Menge und den zuständigen Redakteur Märthesheimer wie auch Ressortleiter Günther Rohrbach jedoch uneingeschränkt gewähren. «Der Rohrbach war damals Leiter der Abteilung Fernsehspiel und hat, wie sich das gehört, alles von den Mitarbeitern weggehalten», so Autor Menge.

Der Popularität der Serie taten die Querelen keinen Abbruch. Karten für die Aufzeichnung der Sendung waren heiß begehrt. Mehrere Episodenskripts erschienen als Taschenbuch; auf Einladung Peter Zadeks wurden einige Folgen von der Originalbesetzung am Bochumer Schauspielhaus aufgeführt – bei einem Eintrittspreis von fünf Mark und mit anschließendem gemeinsamem Eintopfessen ein gewollt volkstümliches Vergnügen, das ein dem Theater ansonsten abholdes Publikum vor die Renommierbühne lockte. Hauptdarsteller Heinz Schubert blieb der Beiname *Ekel Alfred* bis lange nach Einstellung der Serie erhalten, und selbst im ‹Spiegel›-Register findet man die Serie genau unter diesem Stichwort.

wurden seitens des WDR Überlegungen angestellt, auch die restlichen Folgen baldmöglichst zu wiederholen.

Zitate:
«Wenn ich Alfred Dregger mit Alfred Tetzlaff vergleiche, erscheint mir Alfred Tetzlaff sehr sympathisch, vor allem, weil er unverblümt sagt, was er denkt.»
HORST EHMKE WÄHREND EINER BUNDESTAGSDEBATTE

«Wäre mir diese Rolle als junger Schauspieler untergekommen, wäre ich zeitlebens gekreuzigt gewesen. Ich hätte keinen Fuß mehr auf die Erde gebracht. Aber da ich erst nach über 20 Jahren Theaterarbeit mit EIN HERZ UND EINE SEELE angefangen habe, kam ich aus dieser Festlegung auch wieder heraus, habe seitdem viele große Rollen spielen können.»
HEINZ SCHUBERT

«Was muß Komödie? – Verletzen natürlich.»
WOLFGANG MENGE

Literatur:
F. B. Habel: Ekel Alfred. Ein Herz und eine Seele – Das große Buch für Fans. Berlin 1996

High Chaparral The High Chaparral
USA 1967–1971

Big John Cannon LEIF ERICKSON	**Victoria Cannon** LINDA CRISTAL	**Pedro (1967–1970)** ROBERTO CONTRERAS
Buck Cannon CAMERON MITCHELL	**Don Sebastian Montoya (1967–1970)** FRANK SILVERA	**Joe** ROBERT HOY
Billy Blue «Blue Boy» Cannon (1967–1970) MARK SLADE	**Sam Butler** DON COLLIER	**Wind (1970–1971)** RUDY RAMOS
Manolito Montoya HENRY DARROW	**Reno (1967–1970)** TED MARKLAND	

Die späte Sendezeit ließ Verwegenheiten ahnen – damals, Ende der Sechziger, lief HIGH CHAPARRAL in Deutschland am Dienstagabend um 21.00 Uhr. Dieser Termin gab Anlaß zu der Vermutung, daß hier anderes Kaliber zu erwarten war als in den personell ähnlich ausgestatteten, aber deutlich gemütvolleren Westernserien → BONANZA, BIG VALLEY (THE BIG VALLEY, USA 1965–1969) oder → DIE LEUTE VON DER SHILOH RANCH (THE VIRGINIAN, USA 1962–1970), die jeweils am Sonntagnachmittag ausgestrahlt wurden und gleichsam maßgeschneidert waren für die um den Kaffeetisch versammelte Familie. Wenn Pa Cartwright seine Söhne schurigelte oder Ma Barkley ihrer Tochter Audra (gespielt von Linda Evans, die später mal in den → DENVER-CLAN einheiraten sollte) mahnende Worte zuteil werden ließ, machte sich unter den Heranwachsenden vor der Mattscheibe schnell Unbehagen breit – zu sehr erinnerte dieser aufgesetzt erzieherische Tonfall an die eigenen Eltern und Lehrer. Dafür hatte unsereins, die wir uns allenthalben mit Va-

terfiguren herumschlagen mußten, in jenen Tagen schon nicht mehr viel übrig.

HIGH CHAPARRAL bot in der Tat akzeptablere Identifikationsfiguren – den stets schwarz und ein wenig nachlässig gekleideten Onkel Buck und den lebenslustigen Filou Manolito, ausweislich seiner Beatnikfrisur und den stramm sitzenden mexikanischen Anzügen fraglos ein Vertreter jugendlicher Subkulturen. Buck war der Bruder des Großranchers Big John Cannon, ein sperriger Geselle, der schon viel gesehen und erlebt hatte, der, wenn es darauf ankam, keiner Arbeit aus dem Wege ging, sich aber niemandem beugte und stets einen eigenen Kopf bewahrte: «Ich komme und ich gehe, wann ich will», erklärte er einmal mit Bestimmtheit, und wie gern hätte der vor dem Bildschirm hockende heranwachsende Knabe bei passender Gelegenheit dasselbe gesagt. Die Furcht vor einer Maulschelle ließ ihn jedoch schweigen …

Buck, auch das machte ihn sympathisch, murrte unausgesetzt über die harte Arbeit.

Gaststars:
William Conrad, Jim Davis, John Dehner, Richard Evans, Steve Forrest, Chief Dan George, James Gregory, Jo Ann Harris, Pat Hingle, Geoffrey Lewis, Robert Loggia, Ricardo Montalban, Joanna Moore, Robert Pine, Kurt Russell, Pilar Seurat, Henry Silva, Frank Webb

Creator:
David Dortort
Beginn der deutschen Erstausstrahlung: 11. 3. 1969, ZDF

Leif Ericksons Geburtsname lautete William Wycliff Anderson. Er begann seine Laufbahn als Sänger und Posaunist; 1933 debütierte er beim Film in der Rolle eines Bandmusikers. Ab 1935 stand er regelmäßig vor der

Kamera. Nach zweifacher Verwundung hoch dekoriert, nahm er nach dem Krieg seine Schauspieltätigkeit wieder auf und war zunehmend auch im Fernsehen präsent. Gastparts spielte er unter anderem in COWBOYS / TAUSEND MEILEN STAUB (RAWHIDE, USA 1959–1966), → RAUCHENDE COLTS und → BONANZA. Von 1934 bis 1942 war Erickson mit dem skandalumwitterten Bühnen-

Ron Hayes,
Henry Darrow,
Cameron Mitchell

Leif Erickson und
Michael Keep

Fabrizio Mioni, Linda Cristal, Leif Erickson

Er war ein fairer Kumpel, hatte in jedem Falle etwas für die Freuden des Lebens übrig, schlug gern einmal über die Stränge und ungezogenen Saloon-Lümmeln aufs Maul und wußte sich dabei notfalls mit dem Revolver Respekt zu verschaffen.

Häufig sah man Buck an der Seite seines Schwagers Manolito; gemeinsam besaßen sie eine eigene kleine Ranch «oben in den Bergen». Wenn ihnen die Arbeit auf High Chaparral zuviel wurde, gaben die Schlawiner vor, auf ihrem Besitz nach dem Rechten sehen zu müssen. Der charmante Latino schien reinweg gar nichts ernst zu nehmen, immerzu grinste er spitzbübisch und war kaum jemals um eine kesse Antwort verlegen. Seine Anwesenheit auf High Chaparral erklärte er Blue gegenüber einmal mit den Worten: «Ich bleibe eigentlich nur hier, weil ich, hmm, wie soll ich dir das erklären, also weil ich hier nichts weiter bin als ein einfacher Cowboy. Und keiner erwartet etwas anderes von mir. Auf der Rancho Montoya, ja, da bin ich natürlich der Sohn von Sebastian Montoya, einem der mächtigsten Hazienda-Besitzer von ganz Mexiko, und das darf ich niemals vergessen. Weißt du, Blue, manchmal, wenn ich dort bin und meinen Vater be-

obachte, dann sehe ich, was er tun muß, um der Mann zu sein, der er ist, und dann möchte ich nicht mit ihm tauschen.»

Mit Vorliebe uzte Mano den rauhbeinigen Buck wegen dessen Unarten. Zum Beispiel pflegte der wettergegerbte Bursche höchstens einmal im Jahr zu baden – und das auch nur umständehalber, während er das Vieh durch den Fluß trieb. Trotz ihres liederlichen Lebenswandels waren die beiden Luftikusse verläßlich zur Stelle, sobald dem kleinen Gemeinwesen Gefahr drohte, ob durch widrige Witterung, sinistre Strauchdiebe oder aufmüpfige Apachen.

Als Familienoberhaupt ragte Big John Cannon hervor, ein gradliniger Patriarch von stattlicher Gestalt, der die Zügel straff hielt und zuweilen mit sonorem und respekteinflößendem Raspeltimbre Leitsprüche knurrte wie «Gastfreundschaft ist uns heilig». Der frühere Marshal hatte sich in den siebziger Jahren des 19. Jahrhunderts im Indianerterritorium nahe Tucson angesiedelt. Seine erste Ehefrau starb durch einen Indianerpfeil; ihre Nachfolgerin wurde die rassige Victoria Montoya, die einer wohlsituierten mexikanischen Familie entstammte

und Filmstar Frances Farmer verheiratet.

Mit Cameron Mitchell hat HIGH CHAPARRAL eine veritable B-Movie-Existenz zu bieten. Ursprünglich ein verdienter Charakterdarsteller, der mit illustren Regisseuren wie John Ford, Samuel Fuller und Henry Hathaway arbeitete, suchte er sein Glück Anfang der sechziger Jahre in Europa und rackerte sich durch allerhand Abenteuer- und Kostümfilme, stand indes auch dem «Neuen Hollywood» zur Verfügung und spielte neben Jack Nicholson und Harry Dean Stanton in Monte Hellmans Antiwestern RITT IM WIRBELWIND (RIDE IN THE WHIRLWIND, USA 1965). Nach HIGH CHAPARRAL drehte er zahllose TV Movies und betätigte sich weiterhin auf der B-Ebene in Filmen mit Titeln wie BLUT-

SPUR (BLOOD LINK, USA 1982), NINJA VS. NAZI (USA 1987) und MUTANT WAR (USA 1987). Mitchell bewältigte bis zu acht Filme pro Jahr und brachte es so bis zu seinem Tod im Jahr 1994 auf eine Filmographie von imposanter Länge.

Henry Darrow setzte nach dem Ende von HIGH CHAPARRAL seine Fernsehkarriere zügig fort, übernahm zahlrei-

Leif Erickson und Michael Braselon

und augenscheinlich kaum älter war als ihr Stiefsohn Billy Blue, was aber zu keinen nennenswerten ödipalen Anfechtungen führte. Lupenrein harmonisch verlief die Ehe indes nicht – immer wieder kam es zu Krächen und Konflikten zwischen der temperamentvollen Gattin und ihrem starrköpfigen, männlich-verschlossenen Lebensgefährten.

Billy Blue, genannt Blue Boy, machte seinem Namen jede Ehre – er war ein feinnerviger, nachdenklicher Typ, der, bei vorübergehender Abwesenheit vom Vater als Stellvertreter eingesetzt, den Betrieb zumeist gehörig durcheinanderbrachte. Da so wenig als Rancher geeignet, wurde der blauäugige Blondschopf konsequenterweise 1970 aus der Serie herausgeschrieben und durch das anstelligere Halbblut Wind ersetzt.

Das Leben im amerikanisch-mexikanischen Grenzgebiet gestaltete sich zweifelsohne recht hart und entbehrungsreich. Der Cannon-Clan besaß, anders als die Cartwrights und Barkleys, beileibe keine Reichtümer. Naturkatastrophen, Kriegswirkungen und Banditenüberfälle konnten den plötzlichen Ruin bedeuten. Von fünf Uhr

morgens an wurde auf High Chaparral geschuftet und geschwitzt, Staub lag auf den Gesichtern und auf der Kleidung. Undenkbar, daß man, wie der besser gestellte Hoss Cartwright, mit einem weißen Hemd zur Arbeit erschien und selbiges bis zum Ende der Episode völlig ohne Makel blieb.

Ohnehin waren Big Johns Latifundien dermaßen dürr und verdorrt, daß man sich einigermaßen wunderte, wie diese karge, sonnendurchglühte Einöde die Familie nebst Rancharbeitern überhaupt zu ernähren vermochte, zumal ständig Gefahr von außen drohte. Zwar hatte Big John seinen Frieden geschlossen mit den Apachen und nahm oftmals eine Mittlerrolle ein zwischen Ureinwohnern und weißen Siedlern. Doch es war ein brüchiger Friede, auf beiden Seiten gab es Uneinsichtige, und der geringfügigste Anlaß konnte neue Gewaltausbrüche provozieren.

Die Idee zu HIGH CHAPARRAL stammte von BONANZA-Erfinder David Dortort. Anders als die Cartwright-Saga wurde HIGH CHAPARRAL überwiegend an Außenschauplätzen gedreht. Während die gepflegte Wildnis in der näheren Umgebung der nur im Studio existierenden Ponderosa dem Publikum über die Jahre allzu vertraut geworden war, erschien HIGH CHAPARRAL, an damaligen Fernsehrealitäten gemessen, stimmiger und authentischer, denn weit mehr als andere zeitgenössische Genreserien glich diese den mit heißen Ohren bestaunten Kinowestern der John-Wayne-Klasse, die seinerzeit manchmal samstags nach dem WORT ZUM SONNTAG zu sehen waren.

---

che Gastrollen und spielte feste Parts in den Serien HARRY-O (USA 1974–1976), ZORRO AND SON (USA 1983) und, ab 1989, in der *daytime soap* CALIFORNIA CLAN (SANTA BARBARA, USA 1984–1993). Für seine Darstellung des Rafael Castillo gewann er 1990 einen Emmy in der Kategorie «Outstanding Supporting Actor in a Daytime Drama». Als «Manolito» erfreute sich Darrow in Deutschland

enormer Popularität. 1970 war er als Stargast der Rudi-Carrell-Show in einem Saloon-Sketch zu sehen.

Zitate:
«In einer willkommenen Abweichung vom Üblichen wurden die Apache-Indianer mit Sorgfalt und Achtung dargestellt.»
‹THE BFI COMPANION TO THE WESTERN›

«Überhaupt liegt das Raffinement der HIGH-CHAPARRAL-Serie darin, daß in ihr alle männlichen Akteure von verstohlenen Defekten gezeichnet sind.»
MICHAEL PEHLKE: HIGH CHAPARRAL. IN: FRIEDRICH KNILLI: DIE UNTERHALTUNG DER DEUTSCHEN FERNSEHFAMILIE. MÜNCHEN 1971

Benny Hill
GB 1925–1992

Benny Hill (rechts)

Als der britische Komiker Benny Hill 1992 starb, hatte er es zum mehrfachen Millionär gebracht und zumindest in beruflicher Hinsicht seine Jugendträume verwirklichen können. Im Alter von zehn Jahren hatte er in Begleitung seines Großvaters die typisch britischen Tourneerevuen besucht, die Titel trugen wie «Cheeky Days», «Don't Be Saucy» oder «Naughty But Nice». Besonders beeindruckten ihn jene Possenreißer, die mit attraktiven Ballettänzerinnen auftraten – offenbar ein unvergeßliches Erlebnis für den staunenden Dreikäsehoch, an das er sich noch Jahrzehnte später erinnerte: «Da saß ich, ein Bengel in kurzen Hosen, und sagte in Gedanken zu dem Komiker: ‹Du da oben, du bist ein Glückspilz.› – Er brachte alle zum Lachen, alle applaudierten ihm, und er umgab sich mit all den kessen Mädchen mit ihren schwarzen Strümpfen und Federbüscheln … Ich schätze, in diesem Moment entschied sich der weitere Verlauf meines Lebens …»

Alles Trachten des heranwachsenden Alfie Hawthorne Hill, der sich später auf Anraten seines Bruders Benny nennen sollte, galt fortan dem Theater. Bestärkt wurde er von seinem Lehrer Horace King, dem nachmaligen Parlamentsmitglied Lord Maybray-King. Im Alter von zehn Jahren hoppelte Benny im Kaninchenkostüm durch die Kulissen von «Alice im Wunderland». Mit 14 wurde er bei einer semiprofessionellen Theatergruppe namens «Bobby's Concert Party» vorstellig und durfte einen Pfarrer spielen. Ein Jahr darauf verließ er die Schule. Seinen Lebensunterhalt verdiente er zunächst unter anderem als Milchmann, Lagerarbeiter und Gelegen-

> **Zitat:**
> *«Meine Möchtegern-Casanovas haben niemals Erfolg. Ein erfolgreicher Kerl ist nicht witzig. Witzig ist ein Kerl, der scheitert …»*
> BENNY HILL

heitsschlagzeuger. In seiner Freizeit schrieb und probte er sein erstes Soloprogramm.

1940 packte er seinen Pappkoffer und reiste nach London. In den ersten Nächten schlief er im Freien oder in einem der vielen im Bau befindlichen Luftschutzbunker. Tagsüber sprach er bei den Theatern vor. Er fand eine Anstellung als zweiter Inspizient beim East Ham Palace, wechselte aber kurz darauf zu einer Tourneerevue. Mittlerweile wurde er von der Militärpolizei gesucht, denn der längst überfällige Stellungsbefehl hatte ihn nicht erreicht. Man stöberte ihn in Cardiff auf und steckte ihn unverzüglich in Uniform. In Frankreich diente Hill zunächst als Mechaniker und Fahrer, 1941 versetzte man ihn zur Truppenbetreuung.

Nach Kriegsende blieb Hill im Metier und betätigte sich als Partner des Komikers Reg Varney, ehe er sein erstes Soloprogramm vorstellte. 1949 arbeitete er bereits sporadisch als Autor für das Fernsehen. 1955 bot die BBC Hill eine eigene Sendereihe an und sicherte sich damit einen Dauerbrenner. Innerhalb von 16 Jahren produzierte die Ein-Mann-Gag-Fabrik 50 einstündige Shows. Das Gros der Texte wie auch die Musiktitel stammten aus Hills eigener Feder. Nebenher spielte er in mehreren Kinofilmen und übernahm eine Rolle in der TV-Produktion von EIN SOMMERNACHTSTRAUM. 1971 eroberte er die Hitparaden mit dem Titel «Ernie», einem Couplet über einen Milchmann, «who drove the fastest milk cart in the West». 1978 wurde er in die «Television Hall Of Fame» gewählt, 1981 zum *Funniest Man On Television*. In späteren Jahren lieferte der Scherzbold nur noch drei Shows pro Jahr. Die gewonnene Zeit verbrachte der trotz seines Reichtums bescheiden und in selbstgewählter Einsamkeit lebende Sonderling mit karitativer Arbeit oder auf Reisen.

Wirklichen Weltruhm erlangte Benny Hill erst im reifen Alter von 54 Jahren. Thames Television, seit 1969 Hills Arbeitgeber, hatte aus dem angesammelten Material 80 halbstündige Sendungen zusammengestellt, international angeboten – und den größten Verkaufserfolg seiner Geschichte erzielt. Über 100 Länder übernahmen die Filmspäße des «natural born comedian», und die BENNY HILL SHOW wurde Gegenstand der Legendenbildung. So soll es in einem kalifornischen Gefängnis einst zur Revolte gekommen sein, weil den Häftlingen der Fernsehabend mit Benny Hill gestrichen worden war. Friedensstiftend wirkte Hill hingegen im Libanon – zur Zeit des blutigen Bürgerkrieges herrschte Feuerpause, sobald der Brite auf dem Bildschirm erschien. Und ein amerikanischer Mafioso nannte angeblich als Bedingung für ein Interview mit dem britischen Thames Television, daß Benny Hill ein Gastspiel in seinem Las-Vegas-Casino absolviert. Der rundliche Tunichtgut aus Southampton vereinte sogar die sich kalt bekriegenden politischen Lager. In den tugendhaften USA lachte man über seine Ulks ebenso wie im fidelen Kuba, und die Fernsehzuschauer im Norden der damaligen Sowjetunion richteten ihre Antennen gen Finnland, um des nicht immer ganz stubenreinen Klamauks gewahr zu werden.

Hills Siegeszug versetzte die Fachwelt in Erstaunen. Tom Shayles analysierte das Phänomen für die ‹Washington Post›: «Hill liefert burleske Komik alten Stils, allerdings hochgetrieben auf 78 Umdrehungen pro Minute, ebenso rasant wie gewagt …

Schlechtes britisches Theater ist unerträglich, schlechte britische Komik hingegen kann hinreißend sein.»

Die weltweite Akzeptanz ist vor allem auf die Auswahl der Sketche zurückzuführen. Die Verantwortlichen von Thames TV reduzierten die Hill-Shows auf die Slapstick-Anteile und die umstrittenen Nummern mit «Hill's Angels», jenen leichtgeschürzten Damen, denen der von Benny Hill als hormongesteuerter Schürzenjäger dargestellte *dirty old man* – durchweg erfolglos – wie aufgedreht nachzustellen pflegte. Der Wortwitz des überaus sprachbegabten pausbäckigen Spaßmachers, der auf französisch, spanisch und deutsch zu parlieren verstand, ging dabei verloren. Dafür wurde er, wie der ihn beerbende → Rowan Atkinson mit der Figur des MR. BEAN, über alle Sprachbarrieren hinweg ohne weiteres verstanden.

Die von den britischen Sittenwächtern inkriminierten Zweideutigkeiten hatte Hill bereits merklich reduziert, als Thames Television 1989 der öffentlichen Diskussion nachgab und die BENNY HILL SHOW aus dem Programm nahm. Die Verleihung des «Charlie Chaplin International Award For Comedy» im Jahr 1991 kam einer Rehabilitierung gleich. Central Television bot Hill im Jahr darauf eine neue Sendereihe an, und die BBC widmete ihrem früheren Star ein Special mit dem Titel BENNY HILL – CLOWN IMPERIAL. Noch während der Arbeit an einer neuen Serie starb Benny Hill siebenundsechzigjährig nach einem Herzanfall.

Homicide Homicide: Life On The Street
USA 1993 –

Det. Stanley «The Big Man»
Bolander (1993–1995)
NED BEATTY

Det. John Munch
RICHARD BELZER

Det. Kay Howard (1993–1997)
MELISSA LEO

Det. Meldrick Lewis
CLARK JOHNSON

Det. Steve Crosetti (1993–1994)
JON POLITO

Det. Frank Pembleton
(1993–1998)
ANDRE BRAUGHER

Det. Tim Bayliss
KYLE SECOR

Det. Al «G» Giardello
YAPHET KOTTO

Beau Felton (1993–1995)
DANIEL BALDWIN

Officer Chris Thormann (1993)
LEE TERGESEN

Dr. Carol Blythe (1993–1994)
WENDY HUGHES

Lt. Megan Russert (1994–1996, 1997)
ISABELLA HOFMANN

Det. Michael Kellerman
(1995–1998)
REED DIAMOND

M.E. Julianna Cox (1996–1998)
MICHELLE FORBES

Det. Paul Falsone (1997–)
JON SEDA

Det. Laura Ballard (1997–)
CALLIOPE «CALLIE» THORNE

Einige Wochen vor Beginn der deutschen Erstausstrahlung gaben die Detectives Pembleton und Bayliss schon mal ein Gastspiel bei RTL. In der Kriminalserie DIE AUFRECHTEN (LAW & ORDER, USA 1990–) unterstützten sie die New Yorker Beamten bei der Aufklärung eines Giftgasanschlags auf die dortige U-Bahn und machten sich stante pede unbeliebt durch ihre arroganten Manieren und eigenwilligen Arbeitsmethoden, trugen aber wesentlich zur Lösung bei, denn der Täter stammte, wie von ihnen vermutet, aus Baltimore, wo sie für gewöhnlich ihren Dienst verrichten.

HOMICIDE basiert auf dem mit einem Edgar Award prämierten Buch «Homicide: A Year On The Killing Streets» des Reporters David Simon, der die Mitarbeiter der Mordkommission von Baltimore ein Jahr lang bei ihrer Tätigkeit begleitet hatte. Dem Buch entlehnt ist vor allem der nüchterne Realismus der Milieu- und Alltagsschilderungen. Das Maß aller Dinge ist die Tafel an der Stirnseite des Dienstraums. Hier sind die aktuellen Fälle verzeichnet, die gelösten in schwarzer Schrift, die offenen in roter. Meistens gibt es mehr rote Einträge. In einer der Episoden schlägt Detective Kay Howard vor, heimlich den Farbkode zu wechseln, um den Dienstoberen eine bessere Bilanz vorzutäuschen.

Denn die Detectives der Mordkommission von Baltimore stehen unter ständigem Druck. Die Kriminalitätsrate ist erdrückend, Politiker und hohe Beamte wollen Erfolge sehen. Die Ermittler bewegen sich auf hartem Pflaster. Es braucht eine harte Schale, gute Nerven und eine beträchtliche Portion Galgenhumor, um mit den täglichen Bluttaten

Gaststars:
Rosanna Arquette, Steve Buscemi, Bruce Campbell, Joan Chen, Vincent D'Onofrio, Moses Gunn, Bruno Kirby, Jay Leno, Barry Levinson, Harlee McBride, Howie Mandel, Julianna Margulies, David Morse, Christopher Noth, Jerry Orbach, Valerie Perrine, Mekhi Phifer, Gloria Reuben, Chris Rock, Fisher Stevens, Eric Stoltz, Lily Tomlin, Mario Van Peebles, Robin Williams, Elijah Wood

Creator:
Paul Attanasio
Beginn der deutschen Erstausstrahlung: 5. 1. 1998, Vox
Online-Spinoff: Homicide: Second Shift (USA 1997–)

Barry Levinson inszenierte selbst einige Episoden und trat auch einmal vor die Kamera. Zur Riege der Regisseure gesellten sich ferner prominente Kollegen wie Kathy Bates, Ted Demme, Uli Edel, Tim Hunter, Bruno Kirby, Michael Lehmann, Peter Medak, Peter Weller und John McNaughton; auch Kyle Secor übernahm für eine Folge die Regie.

Paul Attanasio erhielt 1998 eine Oscar-Nominierung für die Drehbuchvorlage zu Mike Newells DONNIE BRASCO (USA 1996).

Yaphet Kotto

Clark Johnson, Jon Polito

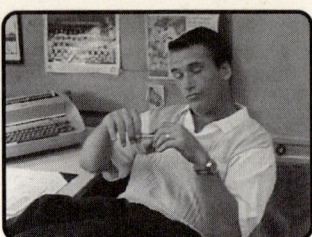

Daniel Baldwin

Andre Braugher

Ned Beatty

fertig zu werden. Krisen bleiben nicht aus, Zerrüttungen und Charakterschwächen erschweren die Zusammenarbeit, berufliche und private Partnerschaften scheitern. Im Laufe der Zeit kommen Neurosen und Marotten an den Tag; da sind Crosettis abenteuerliche Verschwörungstheorien über das Attentat auf Abraham Lincoln noch eine vergleichsweise harmlose Verstiegenheit.

Die Polizisten werden nicht glorifiziert; was andere Serienschaffende tunlichst vermeiden, steht hier im Mittelpunkt: die oftmals zermürbende Routine ermittlerischer Tätigkeit. Verfolgungsjagden sind ebenso rar wie Schießereien; von Glamour keine Spur. Statt dessen: Befragungen, Beweissicherung, Bestandsaufnahmen. Es erscheint alles andere als filmreif, wenn Frank Pembleton und Beau Felton auf der Suche nach einem mögli-chen Tatfahrzeug ein Autolager nach dem anderen abklappern. Und doch kommt keine Langeweile auf, weil im Verlauf der Odyssee durch Baltimores Vorstädte alte Animositäten hochkochen und sich die Frustration über die Vergeblichkeit ihres Tuns in einem heftigen Streit entlädt.

Nur schwerlich läßt sich die Serie auf eine Formel reduzieren. Nicht immer dominiert die klassische Tätersuche, die Geschichten, meist mehrere pro Folge, verästeln sich bis weit ins Private der Protagonisten. Es gibt wiederkehrende Motive und episodenübergreifende Handlungsstränge. Eine Folge spielt beinahe ausschließlich im Verhörzimmer und den angrenzenden Räumlichkeiten. Pembleton und ein Kollege stehen unter Zeitdruck und versuchen mit allen Mitteln, einem Tatverdächtigen ein Geständnis zu

Eindeutiger Kritikerliebling des vergleichsweise großen Ensembles ist der Afroamerikaner Andre Braugher. So schrieb Ken Tucker in ‹Entertainment Weekly› (1995): «There's never been a better television actor than Braugher; he holds the small screen the way that major movie stars can command the big screen.» Auch den Kinoproduzenten blieb Braughers Begabung nicht verborgen. Unter anderem spielte er den Cassiel in dem Wenders-Remake STADT DER ENGEL (CITY OF ANGELS, USA 1997). Erste Ermittlungserfahrungen sammelte Braugher an der Seite eines der Großen dieser Gattung: In einer Reihe von Fernsehfilmen verstand er Theo Kojak alias Telly Savalas (→ EINSATZ IN MANHATTAN).

Richard Belzer ist ursprünglich *stand-up comedian* und bringt einiges von seinem sinistren Humor in die Rolle des John Munch ein.

Der rundliche Ned Beatty gehört zu den bekanntesten Nebendarstellern Hollywoods, seit er mit der Rolle des Vergewaltigungsopfers in seinem Filmdebüt BEIM STERBEN IST JEDER

Clark Johnson

Clark Johnson

Yaphet Kotto, Ned Beatty

Daniel Baldwin

Richard Belzer

entlocken. Sie bedienen sich sämtlicher Tricks, spielen «Guter-Bulle-böser-Bulle», arbeiten mit Drohungen, heucheln Verständnis, gehen bis hart an die Grenze des Erlaubten. Ein spartanisches Kammerspiel, aber dank hochkarätiger Darsteller und einer ausgefeilten Kameraarbeit ein herausragendes, ungemein intensives Stück Fernsehen.

Das Unspektakuläre wird spektakulär in HOMICIDE. Die Autoren und Regisseure haben nicht nur nach Meinung namhafter US-Kritiker in puncto Qualitätsfernsehen neue Maßstäbe gesetzt. Starke Charaktere, intelligente Drehbücher und ein Ensemble exzellenter Darsteller wecken Erinnerungen an die Blütezeit des US-amerikanischen TV-Dramas. Für eine zeitgemäße Umsetzung ist gesorgt durch eine geschmeidige Kameraführung und einen pfiffigen Schnitt, der

das Geschehen durch abrupte *jump cuts*, Achsensprünge, gewollte Überschneidungen und vorsätzliche Anschlußfehler akzentuiert. Eine gelungenere Synthese von Form und Inhalt sah man selten.

An der Entwicklung wesentlich beteiligt war der Produzent, Regisseur und Darsteller Barry Levinson, der mit dieser Serie seine «Baltimore-Trilogie» gewissermaßen fortschreibt. Widmeten sich die nostalgisch rückblickenden Kinofilme DINER (USA 1982), TIN MEN (USA 1987) und AVALON (USA 1990) der Vergangenheit der Stadt, siedelt HOMICIDE in der Gegenwart. Der Tonfall ist grimmiger und zynischer geworden, aber noch immer findet sich Spielraum für jenen schrägen, häufig makabren oder gar bizarren Humor, der Levinsons Figuren durch den Alltag hilft. Das alles schien zu gut für

DER ERSTE (DELIVERANCE, USA 1972) umgehend bekannt wurde. Eine Oscar-Nominierung erhielt er für seine darstellerische Leistung in Sidney Lumets NETWORK (USA 1976).

1997 betrat das NBC Network Neuland mit einem Serienableger, der ausschließlich im Internet zu verfolgen ist. Die computeranimierten

Hauptfiguren von HOMICIDE: SECOND SHIFT heißen Ray Cutler, Layton Johnson, Tony Bonaventura und «LZ». Auffindbar sind sie unter: *http://www.nbc.com/homicide.*

Mehrere Episoden sind mit der gleichfalls von NBC getragenen Serie DIE AUFRECHTEN – AUS DEN AKTEN DER STRASSE (LAW AND ORDER, USA

1990–) verknüpft. Figuren aus HOMICIDE treten bei LAW AND ORDER auf und umgekehrt. Weitaus gewagter aber war der Querverweis auf die Krankenhausserie CHICAGO HOPE, denn die ist bei einem konkurrierenden Network beheimatet. In der Episode *«Tote Augen» / «A Doll's Eyes»* stellen die Eltern eines jungen Mordopfers dessen Organe für Trans-

den durchkommerzialisierten US-amerikanischen Fernsehmarkt. Nach zwei Jahren Laufzeit verharrte die Serie trotz überwältigender Kritiken noch immer auf Platz 88 der 130 Einträge umfassenden Serien-Charts. Fatalistisch äußerte Produzent Tom Fontana: «Die Wahrheit lautet, wir haben weder David Carusos knackigen Hintern noch diese attraktiven Leute aus EMERGENCY ROOM. Aber gerade das ist es, was eine Serie zu einem Hit macht.»

Trotz der schlechten Quoten gewährten die Programmverantwortlichen von NBC der Serie eine Verlängerung. Vertrauen lohnt sich, wie unter anderem das Beispiel → AKTE X beweist – die heute so populäre Mystery-Serie startete ihren Erfolgszug weit abgeschlagen auf Platz 71. Auch HOMICIDE fand nach und nach ein größeres Publikum und konnte sich im Programm halten, nicht zuletzt dank prominenter Gaststars wie Robin Williams, Rosanna Arquette oder Steve Buscemi.

plantationen zur Verfügung. Ein Hubschrauber des «*Chicago Hope*» holt den lebensrettenden Körperteil, Dr. Geiger (Mandy Patinkin) nimmt ihn im Operationssaal des Hospitals in Empfang, eine kurze, aber ungemein eindringliche Szene.

Zitate:

«*HOMICIDE is a stunning reflection of society.*»
‹*THE PALM BEACH POST*›
«*I'm on the best-written show on television.*»
RICHARD BELZER

Literatur:

Tod Hoffman: Homicide: Life On The Screen. Toronto 1998
David P. Kalat: Homicide: Life On The Street. The Unofficial Companion. Los Angeles 1998
David Simon: Homicide: A Year On The Killing Streets. New York 1993 (1991)

Ihr Auftritt, Al Mundy It Takes A Thief
USA 1968–1970

Alexander Mundy	**Wallie Powers (1969–1970)**
ROBERT WAGNER	EDWARD BINNS
Noah Bain (1968–1969)	**Alister Mundy (1969–1970)**
MALACHI THRONE	FRED ASTAIRE

Robert Wagner

Es ist guter Brauch in Handwerksfamilien, das in langen Jahren angesammelte Fachwissen vom Vater an den Sohn weiterzureichen. Also verfuhr auch Gevatter Mundy, der elegante Meisterdieb, und er sah mit Wohlgefallen, daß sein Sprößling Alexander paßgenau in seine zierlichen Fußstapfen trat; ein Erbe freilich, das den Nachkommen in absehbarer Zeit mit dem Gesetz in Konflikt bringen mußte.

Genau so geschah es auch: Der Gentleman-Einbrecher Alexander Mundy wurde Häftling Nummer 131425 im «San Jobel»-Gefängnis. Eine Stellung ohne jede Perspektive, wäre nicht der US-Geheimdienst S.I.A. – jede Ähnlichkeit mit realen Organisationen ist purer Zufall – auf unseren Mann aufmerksam geworden. Man sah dessen Talente hinter Zuchthausmauern vergeudet und machte ihm ein Angebot, das er nicht ablehnen konnte: Er sollte fortan in amtlichem Auftrage stehlen. Als Kontaktmann und Instrukteur fungierte Noah Bain, zugleich auch als Aufsichtsbeamter, denn zwischen den einzelnen Raubzügen blieb Al Mundy unter Hausarrest. Trotz Blains Gouvernantenrolle entwickelte sich zwischen den beiden Männer sehr bald eine herzliche Freundschaft.

Der Job im Staatsdienst war dem Aufenthalt in einer schmucklosen Zelle bei weitem vorzuziehen. Nicht nur über den Dächern von Nizza, sondern in aller Welt trieb der geriebene Fassadenkletterer Al Mundy sein Wesen, pirouettierte zwischen Rio, London und Ostberlin vornehm auf gesellschaftlichem Parkett und suchte die mondänen Tummelplätze des Jet-sets heim, was seiner Neigung zu schönen Frauen und einem gehobenen Lebensstil absolut entgegenkam.

Desungeachtet war sein Dasein kein leichtes, denn die Herren vom Dienst konfrontierten ihn mit immer neuen Herausforderungen. Zumeist richteten sich die unter diversen Deckmäntelchen vollzogenen Kabalen gegen die Sowjetunion oder einen ihrer

Gaststars:
Philip Ahn, Michael Ansara, Frankie Avalon, Lex Barker, Senta Berger, Whit Bissell, Bill Bixby, Victor Buono, Adolfo Celi, Michael Conrad, William Conrad (Erzähler), Joseph Cotten, Broderick Crawford, Bette Davis, Karin Dor, John Forsythe, Teri Garr, Lynda Day George, Paul Henreid, Sally Kellerman, Richard Kiel, Elsa Lanchester, Keye Luke, Ida Lupino, Doug McClure, Roddy McDowell, Stuart Margolin, Strother Martin, Ricardo Montalban, Julie Newmar, Leslie Nielsen, Edmond O'Brien, Brock Peters, Suzanne Pleshette, Stefanie Powers, Cesar Romero, Susan Saint James, John Saxon, Peter Sellers, Gregory Sierra, Henry Silva, Ann Smyrner, Lionel Stander, George Takei, Jessica Walter, Anthony Zerbe

Creator:
Collier Young
Beginn der deutschen Erstausstrahlung: 18. 11. 1969, ZDF

Der B-Movie-Veteran Jack Arnold fungierte als Executive Producer. Zudem übernahm er die Regie mehrerer Episoden. Beiträge als Autor und Regisseur leistete auch Glen A. Larson, der 1969 zum Produzenten berufen wur-

Robert Wagner

Satellitenstaaten, aber auch gegen ungezogene Diktatoren und anderes Gelichter. Mal waren ultrageheime Dokumente vor dem Zugriff feindlicher Spione zu sichern, mal ein Mikrofilm mit brisanten Informationen über brandneue Waffensysteme. Aber auch Bargeld, Juwelen, ein Gemälde von da Vinci, eine Laseroptik, ein Reichsapfel, die Kopie eines experimentellen Films und sogar eine Leiche wurden von Al Mundy aufgebracht, so es den Interessen der Vereinigten Staaten diente.

Natürlich mußte all die Sore treulich abgeliefert respektive den wahren Eigentümern zurückgegeben werden. Um die Beutestücke zu erlangen, schlich sich Mundy in Botschaften ein, unterwanderte gegnerische Organisationen, schwindelte sich in ein Gefängnis und wieder heraus, heiratete sogar zum Schein, agierte als Magier und knackte Safes jeglicher Bauart und Herkunft. Die schwierigste Aufgabe ereilte ihn zu Beginn der dritten Staffel, als es galt, die kompletten

Bareinnahmen eines Casinos an der Côte d'Azur auszuräumen. Für diesen Coup versicherte sich Al der Hilfe des Besten seines Gewerbes: er heuerte seinen Vater an. Der alte Schwerenöter lamentierte zwar unausgesetzt darüber, daß all die herrliche Beute nicht in den eigenen Taschen landete, trug aber das Seine zum Gelingen der Aktion bei. Zum Beispiel fand er eine Lösung für das Problem, die schweren Geldbündel bei laufendem Betrieb aus dem Casino zu schaffen – er schloß einen überdimensionalen Staubsauger an die Klimaanlage an und pumpte die Scheine direkt in die an geeigneter Stelle bereitgehaltenen Säcke. Auch sonst hatte der stolze Papa immer einen guten Rat parat für seinen Filius: «Für einen Betrunkenen steht sogar der Turm von Pisa gerade, Sohnemann.»

Der charmegeladene Al Mundy gehörte zu einer ganzen Armee von Bildschirmagenten, die in den Sechzigern für die nationalen Belange im Einsatz waren. Die Autoren der

de. In späteren Jahren wurde er als Schöpfer von TV-Serien wie → MAGNUM, QUINCY (→ JACK KLUGMAN) und → KNIGHT RIDER einer der erfolgreichsten Produzenten der Branche.

Nachdem sein Stern als Filmstar langsam zu sinken begann, entschied

sich Robert Wagner in den sechziger Jahren bewußt für eine Fernsehkarriere und spielte in IHR AUFTRITT, AL MUNDY seine erste Serienrolle. Es folgte SWITCH (USA 1975–1978), erneut unter Federführung Glen A. Larsons. In Großbritannien drehte er COLDITZ (GB 1972–1974), eine auf Tatsachen beruhende Serie über ein

deutsches Kriegsgefangenenlager. Großen Erfolg verbuchte er mit der nicht zuletzt in Deutschland enorm populären Krimiserie HART, ABER HERZLICH (HART TO HART, USA 1979–1984). Außerdem war er in der Detektivserie LIME STREET (USA 1985) sowie in zahlreichen TV-Movies und Mehrteilern zu sehen.

Robert Wagner

Serie zogen sich freilich elegant aus der Affäre, indem sie einen Seiteneinsteiger und verurteilten Verbrecher zum Helden erkoren, der sich nur widerstrebend in geheimdienstliche Hierarchien einpaßte und manchen kessen Spruch von der Lippe ließ, erst recht im Zusammenspiel mit seinem Vater, der sich, anders als sein Sohn, aus freien Stücken an den Beutezügen beteiligte und darum recht ungehörige Äußerungen tun konnte, ohne deswegen Repressalien befürchten zu müssen. Der Tonfall der Serie war vorwiegend heiter und ironisch, doch es gab auch ergreifende Szenen, wenn beispielsweise in der Episode «Flowers From Alexander» Al Mundys langjährige Freundin Laurie James (Senta Berger), die erstmals im Pilotfilm vorgestellt worden war, auf tragische Weise ums Leben kommt.

Die Serie wurde kostenträchtig in Europa gedreht, was den hohen Anteil nichtamerikanischer Gaststars erklärt, darunter auch deutschsprachige Schauspielerinnen wie Senta Berger, Karin Dor und Ann Smyrner. Besondere Klasse erhielt die Serie durch die Mitwirkung Fred Astaires, der ab Beginn der dritten Staffel sporadisch als Al Mundys Vater zu sehen war und im Zusammenspiel mit Robert Wagner einige der schönsten Szenen beisteuerte.

Immer wenn er Pillen nahm Mr. Terrific
USA 1967

Stanley Beamish / Mr. Terrific	**Hal Walters**
STEPHEN STRIMPELL	DICK GAUTIER
Barton J. Reed	**Harley Trent**
JOHN MCGIVER	PAUL SMITH

Selbst viele erklärte Nichtfernseher erinnern sich verzückt an jene legendären Zeilen, mit denen einst, erstmals im Jänner 1970, jede Episode begann: «Denn seine große Stunde kam/Immer wenn er Pillen nahm.» Bei diesen ominösen Pillen handelt es sich um eine erstaunliche Entwicklung des «Bureau Of Secret Projects», kurz BSP, einer weitgehend unbekannten Organisation der US-Regierung. Die fragliche Wunderarznei hat eine schier unglaubliche Wirkung, denn sie kann einen Mann binnen Sekunden in einen Superhelden verwandeln, dessen Fähigkeiten einem Captain Marvel, Superman oder Batman in nichts nachstehen. Zum Leidwesen des Projektleiters Barton J. Reed ist aber tatsächlich nur ein einziger Mensch in der Lage, die Superpille einzunehmen, ohne von unangenehmen Nebenwirkungen zerrüttet zu werden, und dieses Individuum ist der freundliche, großherzige, aber mißlicherweise auch ziemlich tumbe Tankwart Stanley Beamish.

Niemand weiß, daß Stanley eine Doppelexistenz führt und sich in den allmächtigen Mr. Terrific verwandelt, sobald die Nation Gefahr läuft, von gewissen- wie skrupellosen Verbrechern zerschmettert zu werden. In solchen Fällen wird der schüchterne Hänfling zum unbezwingbaren Muskelprotz und flattert mit wehendem Cape durch die Lüfte. Dabei muß er sich regelmäßig beeilen, seine Mission zu erfüllen, denn die Wirkung seiner Pille hält höchstens 60 Minuten an. Notfalls kann er zwar zwei «Booster Pillen» nachwerfen, die ihn noch mal für jeweils zehn Minuten mit Superkräften ausstatten, aber dann ist Feierabend. Stanleys Pech ist es, ständig die Zeit zu vergessen, und diese Serie bezieht ihre Komik selbstredend vor allem daraus, daß die Unschlagbarkeit des fliegenden Tankwarts immer dann nachläßt, wenn er am dringendsten darauf angewiesen ist.

Für die Szenen, in denen Beamish raketengleich durch die Sphären flitzt, dachten sich die Techniker der Spezialeffekteabteilung ein ungewöhnliches Verfahren aus, da man die herkömmliche Methode, den Schauspieler an Klaviersaiten aufzuhängen, tunlichst vermeiden wollte. Statt dessen baute man ein Gerüst mit einem dünnen Ausleger, auf dem ein metallener Torso befestigt war. In diesen Torso mußte sich Stephen Strim-

Creators:
Budd Grossman und Jack Arnold
Beginn der deutschen Erstausstrahlung: 20. 1. 1970, ZDF

Ein erster Pilotfilm der Serie wurde niemals ausgestrahlt. Darin spielte Alan Young den Part des Stanley Beamish, der als Schuhverkäufer eingeführt wurde und, anders als später in der Serie, in der lieblichen Gloria Dickinson (Sheila Wells) auch eine

ihm innigst verbundene Freundin hatte.

Stephen Strimpell gab sein Fernsehdebüt als Gaststar in RENN, BUDDY, RENN (RUN BUDDY RUN, USA 1966–1967), der kaum minder tolldreisten Parodie auf den ewig umherziehenden Dr. Kimble aus → AUF DER FLUCHT.

Auch Dick Gautier ramenterte durch eine Genrepersiflage: Er gab den Roboter Hymie in → MINI-MAX.

Eine zeittypische Kuriosität: MR. TERRIFIC wurde von einigen unabhängigen Stationen nicht ausgestrahlt, weil der Held seine Kraft aus einer Pille bezog und damit möglicherweise ein schlechtes Beispiel für die Jugend abgab – die freilich an Pillen ganz anderer Art interessiert war.

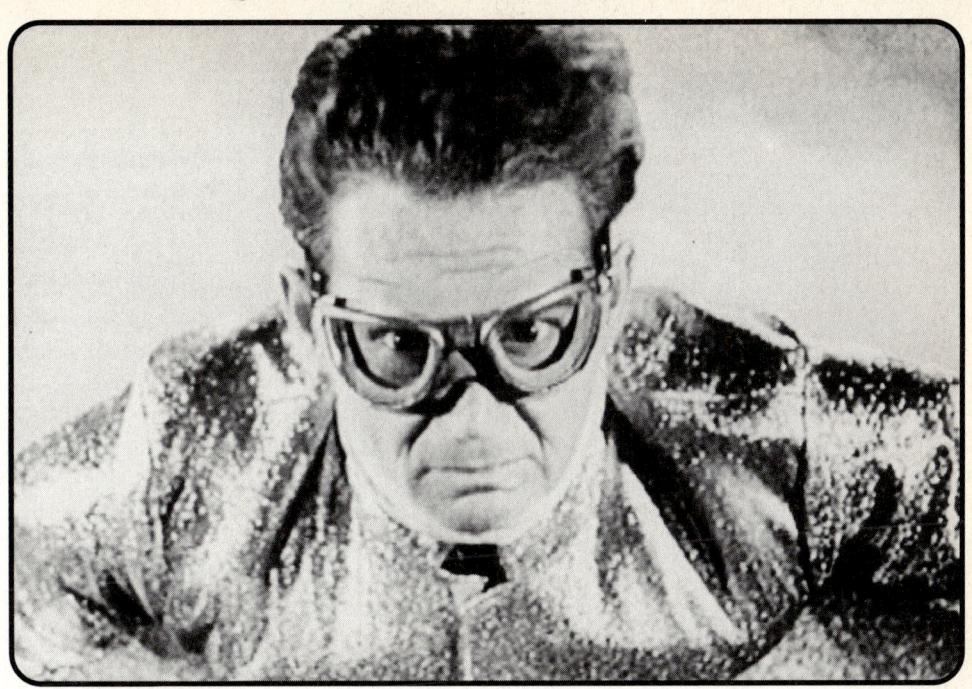

Stephen Strimpell

pell, der Darsteller des Mr. Terrific, bäuchlings hineinlegen und Flugbewegungen simulieren. Es geht die Mär, Strimpell sei nach Ausstrahlung der ersten Folge von einem Vogelkundler darauf aufmerksam gemacht worden, daß seine *Flügelschläge* nicht den natürlichen Bewegungsabläufen der Tiere entsprächen. Strimpells lakonische Antwort soll gelautet haben: «Mag sein. Aber bedenken Sie bitte – es war mein Jungfernflug.»

Unumstritten dagegen waren die Flugkünste der Bösewichte, die, von Mr. Terrifics furchtbaren Fausthieben getroffen, meterweit durch die Lüfte segelten – bei ihnen wurde das herkömmliche Drahtseilverfahren angewandt.

Einige Episoden dieser parodistisch angelegten Serie wurden vom ausführenden Produzenten Jack Arnold (DER SCHRECKEN VOM AMAZONAS / CREATURE FROM THE BLACK LAGOON, USA 1954; TARANTULA!, USA 1955) selbst inszeniert. Rückblickend äußerte Arnold einmal: «In meinen Filmen hatte ich gerne Geist und Humor, daneben *suspense* und vor allem Atmosphäre.» Das gilt auch für seine Fernseharbeiten, etwa → IHR AUFTRITT, AL MUNDY (Produktion), seine Beiträge zur Serie SCIENCE FICTION THEATRE (Regie) und, auf gewisse Weise, auch für den herrlich albernen MR. TERRIFIC.

Invasion von der Wega The Invaders
USA 1967–1968

David Vincent	Edgar Scoville	Erzähler der Originalfassung
ROY THINNES	KENT SMITH	WILLIAM CONRAD

Schwarz und schwer hängt die Nacht über der Wüste, dichte Dunstschwaden nehmen dem Fahrer des klapprigen Abschleppwagens die Sicht. Plötzlich erscheint, wie aus dem Boden geschossen, ein Mann im Scheinwerferkegel. Verrutschte Krawatte, zerwirrtes Haar, gehetzter Blick – kein Zweifel, er ist es: David Vincent, nach bald 30 Jahren immer noch unermüdlich unterwegs und verbissen damit beschäftigt, die ausnehmend garstigen Invasoren von der Wega zu stoppen. Die Vorgeschichte dieser sonderbaren Begegnung der mindestens dritten Art geht zurück auf den 10. Januar 1967, als die Zeiger der Uhren auf die Prime-time vorrückten …

Der Architekt David Vincent befindet sich auf dem Heimweg von einer Geschäftsreise. 20 Stunden schon sitzt er hinter dem Steuer und kann kaum noch die Augen offenhalten. Er befährt eine einsame Nebenstrecke und will in «Bud's Diner» rasch einen Kaffee trinken, doch das Rasthaus hat geschlossen. Dennoch entschließt sich der übermüdete Vincent, eine Pause einzulegen. Er nickt ein, bis ihn seltsame Geräusche und gleißende Lichter abrupt aus dem Halbschlaf reißen. Ungläubig beobachtet Vincent, wie in der menschenleeren Einöde ein UFO niedergeht.

Als er wenige Stunden später mit den von ihm alarmierten Polizisten an den Ort des Geschehens zurückkehrt, gibt es keinerlei Belege für seine Behauptungen. Vor Ort stößt man auf ein junges Ehepaar, das nichts Ungewöhnliches bemerkt haben will. Beide haben einen ähnlich mißgebildeten Finger, aber niemand mißt diesem Umstand besondere Bedeutung bei. Die Beamten verbuchen Vincents Schilderungen als Ausgeburt eines überspannten Geistes; der damalige Aktenvermerk wird ihm noch Jahre später Probleme bereiten …

Der mangelhaften Beweislage zum Trotz ist sich Vincent seiner Sache sicher. Er stellt eigene Nachforschungen an und gelangt zu der Erkenntnis, daß es tatsächlich Bewandtnis hat mit seinen seltsamen Beobachtungen: Außerirdische Wesen sind auf der Erde niedergegangen, um sich diese untertan zu machen, denn ihr eigener Planet ist dem Ende nah. Die Fremden verfügen über die nützliche Fähigkeit, menschliche Gestalt anzunehmen. Man erkennt sie, wie Vincent bald herausfindet, allein an der Verkrüppelung des kleinen Fingers und am fehlenden Puls, denn die Eindringlinge sind buchstäblich herzlos. Sie zeigen keinerlei Emotionen und müssen sich alle zehn bis zwölf Tage regenerieren, um ihren menschlichen Körper in Schuß zu halten. Die Neuankömmlinge haben sich zum Ziel gesetzt, immer mehr Vertreter der eigenen Gattung in die Gesellschaft und ihre Institutionen einzuschleu-

Gaststars:
Edward Asner, Ed Begley, Ralph Bellamy, Roscoe Lee Browne, Joseph Campanella, Dabney Coleman, James Daly, Andrew Duggan, Norman Fell, Anne Francis, Peter Graves, Gene Hackman, Barbara Hershey, Arthur Hill, Pat Hingle, Sally Kellerman, Jack Lord, Kevin McCarthy, Roddy McDowall, Strother Martin, Burgess Meredith, Barry Morse, Diana Muldaur, Suzanne Pleshette, James B. Sikking, Susan Strasberg, Jack Warden, Fritz Weaver

Creator:
Larry Cohen
Beginn der deutschen Erstausstrahlung: 14. 4. 1970, ZDF

Die Herkunft der Fremden blieb stets ungewiß; der deutsche Titel INVASION VON DER WEGA war frei erfunden. Nur einmal wurde – und dann auch nur sehr verschwommen – die wahre Gestalt der Außerirdischen gezeigt. Anders in der Fortsetzung von 1995 – dort sieht man die Kreaturen auf dem Weg zur Umwandlung: Sie sind menschenähnlich, erscheinen

sen, um nach und nach die Kontrolle über die Erde zu erlangen und deren klimatische Bedingungen mit der Zeit den eigenen Bedürfnissen anzupassen.

Für David Vincent werden seine Erkenntnisse zum Fluch. Niemand glaubt seinen Beteuerungen, schnell ist er als Wirrkopf abgestempelt. Beweise sind schwer zu erbringen, denn getötete *Invaders* zerfallen umgehend und hinterlassen nur einen Umriß aus Asche. Zudem befindet sich Vincent in einer prekären Situation: Wie ein Besessener jagt er den Fremdlingen nach und ist rasch vor Ort, wenn von irgendwoher absonderliche Vorfälle gemeldet werden. Die Fremden freilich wissen von ihm und versuchen wiederholt, ihren Widersacher auszuschalten. So ist Vincent einerseits stets auf der Suche nach Verbündeten, muß aber andererseits größtes Mißtrauen walten lassen, um sich und seine Sache nicht zu gefährden. Kaum glaubt er, eine vertrauenswürdige Person gefunden zu haben, erweist sich diese als Alien oder stirbt, sollte sie doch menschlicher Natur sein, einen frühen Tod.

Die Science-fiction-Serie INVASION VON DER WEGA lancierte pure Paranoia. «Die Leute mögen es, sich zu Tode erschrecken zu lassen», kommentierte Produzent Alan A. Armer seinerzeit. «Aber dreiköpfige Monster jagen ihnen keine Furcht mehr ein. Also ließen wir die *Invaders* aussehen wie die Leutchen von nebenan, und das Publikum akzeptiert das. Unser Ziel ist ganz simpel: Angst.»

Mit entsprechenden Werbetrailern suchte man diese Atmosphäre des allgegenwärtigen Grauens zu verstärken: «They're among

Ray Thinnes als David Vincent

us now … in your city … maybe on your block …» Für eine kurze Zeit funktionierte diese Taktik, doch verlor die Serie rasch an Reiz – Vincents Kampf gegen die unheimliche Spezies konnte im Grunde nicht gewonnen werden, denn der Gegner war nach Zahlen und technologisch absolut überlegen. Die einzelnen Episoden verliefen nach immer gleichem Muster, das jeweilige Ende war absehbar: Kaum hatte Vincent einen Beleg für die Existenz der Aggressoren gefunden, glitt ihm dieser auch schon wieder aus den Händen, noch ehe er jemanden hatte überzeugen können.

Wie Vikki, jene aparte Mutantin aus der Episode «The Mutant», die zwar gleichfalls per UFO angereist war, aber als Zwitterwesen immerhin humane Gefühle zu entwickeln vermochte, empfand manch ein Zuschauer alsbald Mitleid mit dem verzweifelten Außen-

---

aber wie mumifiziert und unterscheiden sich vor allem durch einen rüsselartigen Auswuchs, der Kinn und Nasenwurzel bogenartig verbindet.

Einer der Produzenten der Originalserie war Quinn Martin, der vordem im Fernsehklassiker → AUF DER FLUCHT mit Dr. Kimble bereits einen ähnlich unsteten Charakter kreuz und quer durch die USA gescheucht hatte.

Ursprünglich hatte man beabsichtigt, die verkappten Extraterrestrier durch ein drittes Auge zu kennzeichnen, das sich in ihrer Handfläche befinden sollte. Diese Idee stieß aber beim ausstrahlenden Network ABC auf Ablehnung.

Zitate:
«Die Serie ist Vergangenheit, aber (…) die Paranoia bleibt.»
JOHN JAVNA

«Wir waren alle mal Immigranten … irgendwie …»
RICHARD THOMAS ALS JERRY THAYER
IN THE INVADERS (USA 1995)

Ein Invader zerfällt zu Staub ...

... und hinterläßt nur Asche.

Ray Thinnes (links)

Die «Menschwerdung» der Invaders

seiter, der ohne Schuld aus seiner bürgerlichen Existenz gerissen worden war und nun einen Rückschlag nach dem anderen wegstecken mußte. Die Autoren der Serie versuchten dem Dilemma beizukommen, indem sie Vincent in den letzten Folgen der zweiten Staffel endlich Unterstützung zuteil werden ließen. Eine konspirative Gruppe namens *«The Believers»* unter Leitung des wohlhabenden Unternehmers Edgar Scoville war von der Existenz der ungebetenen Besucher überzeugt und hatte sich deren Bekämpfung zur Aufgabe gemacht. Von ihnen erhielt Vincent Geld- und Sachmittel, ideelle sowie politische Unterstützung, die freilich nicht ausreichte, die Serie am Leben zu erhalten – sie verschwand so abrupt aus dem Programm wie erlegte Außerirdische von der Bildfläche.

Lang vorbei, doch nicht vergessen. Obwohl INVASION VON DER WEGA, anders als andere Kultklassiker, in den USA nicht in die Wiederauswertung ging und erst 1994 vom *Sci-Fi Channel* erneut ausgestrahlt wurde, blieb die Serie beim Publikum präsent. Dies galt – und gilt – auch für Europa. Namentlich in Frankreich erfreuen sich die dräuend pessimistischen Geschichten außerordentlicher Beliebtheit. Zum 25. Jubiläum der Serie wurden mehrere Episoden in einem bis auf den letzten Platz gefüllten Pariser Filmtheater aufgeführt; das Publikum feierte den anwesenden Roy Thinnes in einem Maße, wie es sonst nur STAR TREK-Veteranen vergönnt ist.

Für Thinnes bedeutete dies eine besondere Genugtuung, denn er war von Anbeginn von der Qualität der Serie überzeugt gewe-

sen und hatte über die Jahre immer wieder versucht, eine Fortsetzung zu initiieren. Erst 1995 war es soweit – nachdem Serienklassiker wie → DIE ADDAMS FAMILIE und → BATMAN erfolgreich für das Kino adaptiert worden waren, sah man sich nach weiteren publikumsträchtigen Titeln um und stieß beinahe zwangsläufig auf INVASION VON DER WEGA, zumal diese inhaltlich mit jüngeren und teils überaus populären Mystery- und Science-fiction-Serien wie → AKTE X und SPACE 2063 (SPACE: ABOVE AND BEYOND, USA 1995–) korrespondierte. Der zweiteilige Fernsehfilm THE INVADERS (USA 1995) war, anders als die genannten Kinofilme, als inhaltlich und chronologisch stimmige Fortsetzung angelegt. Die Hauptrollen spielten Scott Bakula, Elizabeth Peña und Richard Thomas; Roy Thinnes hatte einen Gastpart als David Vincent, der dem von Außerirdischen verfolgten und von seinen bizarren Wahrnehmungen heillos verunsicherten Nolan Wood (S. Bakula) wichtige Informationen über Wesen und Absichten seiner Peiniger zukommen läßt. Der formal exzellent gemachte Film (Regie: Paul Shapiro) war in Deutschland erstmals im Juni 1996 als eine der zehn besten internationalen Fernsehproduktionen im Rahmen der *«Cologne Conference – Internationales Fernsehfest Köln»* zu sehen und wurde am 26. und 27. Januar 1997 von Pro 7 ausgestrahlt.

Ein Käfig voller Helden Hogan's Heroes
USA 1965–1971

Colonel Robert Hogan BOB CRANE	**Sergeant James «Kinch» Kinchloe (1965–1970)** IVAN DIXON	**Hilda (1966–1970)** SIGRID VALDIS
Oberst Wilhelm Klink WERNER KLEMPERER	**Sergeant Richard Baker (1970–1971)** KENNETH WASHINGTON	**General Burkhalter** LEON ASKIN
Feldwebel Hans Schultz JOHN BANNER	**Sergeant Andrew J. Carter** LARRY HOVIS	**Major Hochstetter** HOWARD CAINE
Corporal Louis LeBeau ROBERT CLARY	**Helga (1965–1966)** CYNTHIA LYNN	
Corporal Peter Newkirk RICHARD DAWSON		

Die Freunde Bernard Fein und Albert S. Ruddy waren mit den Regeln der Show-Branche nicht sonderlich vertraut, als sie sich gemeinsam daranmachten, ein paar TV-taugliche Stoffe auszuhecken. Der Schauspieler Bernard Fein – er war unter anderem in dem Sitcom-Klassiker SERGEANT BILKO (USA 1955–1959) aufgetreten – brachte noch die besten Voraussetzungen mit für eine Laufbahn als Fernsehautor. Albert S. Ruddy hingegen arbeitete als Architekt, strebte aber einen Berufswechsel an. Zu ihren ersten Arbeiten zählte das Konzept für eine Sitcom, die in einem Gefängnis spielen sollte, in dem die Verhältnisse auf den Kopf gestellt waren – insgeheim hatten die Insassen das Regiment in der Anstalt, die Aufseher hingegen agierten als Witzfiguren. Für damalige Verhältnisse ein ungemein gewagter Entwurf – Straftäter als sympathische Figuren darzustellen, erschien sämtlichen angesprochenen Produzenten mehr als heikel.

Im Gefolge von SERGEANT BILKO entstanden in der ersten Hälfte der sechziger Jahre mehrere Comedy-Serien, die im Militärmilieu angesiedelt waren, und so lag der Gedanke nahe, die Geschichten vom süßen Leben hinter Zuchthausmauern in ein Kriegsgefangenenlager zu verlegen, zumal damit in gewisser Hinsicht auch dem Nationalstolz gehuldigt wurde. Um tunlichst niemandes Gefühle zu verletzen, wählte man als Hintergrund den Zweiten Weltkrieg, der zeitlich weit genug zurücklag und dennoch die Möglichkeit bot, moderne technische Errungenschaften in die Geschichten einzubringen, ohne Anachronismen zu riskieren.

Dieses neue Konzept fand die Zustimmung der Produzenten. Bernard Fein *borgte* sich den Namen eines eng befreundeten Kollegen und nannte die neue Serie HOGAN'S HEROES. Fein hatte den Namensgeber Robert Hogan auch als Hauptdarsteller vorgesehen, die Verantwortlichen der ausführenden Herstellungsfirma Bing Crosby Productions aber lehnten ihn ebenso ab wie den noch wenig

Gaststars:
Roger C. Carmel, Hans Conreid, Bernard Fox, Alice Ghostley, Ruta Lee, Gavin MacLeod, Arlene Martel, Barbara McNair, Stewart Moss, Anne Rogers, Vito Scotti, Fay Spain, Nina Talbot

Creators:
*Bernard Fein und Albert S. Ruddy
Beginn der deutschen Erstausstrahlung: 22. 3. 1992, Sat.1*

Ob bei einem Kinoklassiker wie CASABLANCA (USA 1942) oder einer Fernsehserie wie → MAGNUM – deutsche Zensoren griffen immer gern zur Schere, sobald in ausländischen Filmen auf die NS-Zeit abgehoben wurde. Demgemäß gelangte EIN KÄFIG VOLLER HELDEN hierzulande denn auch erst recht spät zur Ausstrahlung. Sat.1 wagte 1992 den Versuch; dort trug die Serie den Titel STACHELDRAHT UND FERSENGELD. Sat.1-Sprecher Zur-

straßen erläuterte damals gegenüber der Fernsehillustrierten ‹Gong›: «Vor 20 Jahren hätten wir es sicher nicht gewagt, diese Serie zu zeigen. Wir glauben aber, daß die Zeit dafür reif ist. (…) Wir halten diese Form von Humor, die zwar grundsätzlich gegen die Deutschen, aber auch allgemein gegen die doofen Soldaten geht, jetzt im deutschen Fernsehen für möglich.»

Bob Crane, Larry D. Mann

Arlene Martel, Bob Crane, Henry Gordon

bekannten, nach Meinung des zuständigen Produktionsleiters für komische Rollen völlig ungeeigneten Walter Matthau. Der Wunschkandidat der Produzenten hieß Van Johnson, doch der erteilte ihnen eine Abfuhr. Ein Glücksfall, denn mit Bob Crane fand man den idealen Hogan – zu seinem Leidwesen sollte der Mime denn auch für den Rest seines Lebens mit dieser Rolle identifiziert werden.

Im September 1965 zogen HOGAN'S HEROES in den Krieg, der, so ergab es sich, im Fernsehen ebenso lang dauern sollte wie vordem in der Realität. Im Pilotfilm bereits bewohnten Hogans Helden die Baracken des nahe Hammelburg gelegenen Kriegsgefangenenlagers Stalag 13, wo sie sich recht behaglich eingerichtet hatten. Die eigentlich spartanischen Unterkünfte waren insgeheim unterkellert worden; die Stollen bargen Dampfbad und Frisiersalon, aber auch Werkstätten und Bastelstuben aller Art. Via Tunnel konnten die Insassen das Lager jederzeit verlassen, aber dies entsprach keineswegs ihrer Absicht: Hogan und sein international zusammengesetzter Trupp waren be-

auftragt worden, hinter dem Rücken des Feindes als fünfte Kolonne zu agieren.

Ein Kriegsgefangenenlager bot dafür die beste Tarnung. Hogans Mannen – der Sprengstoffexperte Carter, der Elektronikpfiffikus Kinchloe, der Meisterdieb Newkirk und der rundum talentierte, auch als Koch überaus begabte Franzose LeBeau – spionierten und sabotierten nach allen Regeln der Kunst und verhalfen Dutzenden von Kriegsgefangenen und Widerstandskämpfern zur Flucht. Mitunter kabalisierten sie sogar zum Frommen ihrer Bewacher, denn deren ausgemachte Unbedarftheit bot den alliierten Verschwörern die besten Voraussetzungen zur Entfaltung ihrer subversiven Tätigkeit. Hatten also übergeordnete Stellen, in Sonderheit der polternde Luftwaffengeneral Burkhalter und der eingefleischte Gestapowüterich Major Hochstetter, Arges im Sinn mit dem leicht zu manipulierenden Lagerkommandanten Klink und dem täppischen Rundling Feldwebel Schultz, sah sich Hogan zu entsprechenden Gegenmaßnahmen gezwungen – und es gab kein Problem, für das der gerissene Stratege keine Lösung gefun-

Wie zu jeder Erfolgsserie, gab es auch zu EIN KÄFIG VOLLER HELDEN ein enormes Angebot an Merchandising-Artikeln. Ganz spezielle Paraphernalien waren das «Hogan's Heroes Peri-Peeper-Set» inklusive Spielzeugperiskop, Abzeichen und Mitgliedsausweis, ferner das «John Banner School Tablet» und das Brettspiel «Hogan's Heroes Bluff Out Game».

Ohne sonderlichen Erfolg blieben die Bemühungen der Mitwirkenden, als Musiker und Sänger zu reüssieren – die Langspielplatten «Bob Crane Play The Funny Side Of TV» sowie «Hogan's Heroes Sing The Best Of World War II» erwiesen sich nicht gerade als Hitparadenstürmer.

Bob Crane, der 1970 seine Ensemblekollegin Sigrid Valdis geheiratet hatte, wurde 1978 während einer Theatertournee brutal ermordet. Die ebenso spektakulären wie undurchsichtigen Umstände der Tat sorgten seinerzeit für ein enormes Medienecho.

Bob Crane, Nina Talbot

den hätte. Wiederholt wurden Klink und Schultz von Hogan vor der Versetzung an die mörderische Ostfront bewahrt und waren ihm insgeheim dankbar dafür. Mit Klink verband Hogan, der gemeinhin wie selbstverständlich ins Amtszimmer des Kommandanten zu spazieren pflegte, eine Art symbiotischer Beziehung. Beiden Männern war dies – dem einen mehr, dem anderen weniger – durchaus bewußt, entsprechend gestaltete sich ihr Umgang miteinander.

Klink befand sich damit fortwährend auf wackeligem Posten, denn Hogan fügte der Wehrmacht manche Schlappe zu – seine Leute ließen Züge entgleisen, machten Rake-ten unschädlich und vereitelten die ausge-klügelsten Angriffspläne. Quietschfidel un-tergruben sie nicht nur die Lagermauern, sondern auch die Moral der deutschen Sol-daten und spielten den Nazis manchen bö-sen Streich. Die Episoden waren auf Lust-spieleffekte angelegte Schelmenstücke und hatten selbstredend mit dem realen Kriegs-alltag rein gar nichts gemein. Nazis und Wehrmachtssoldaten waren stereotype Dumpfschädel, die alliierten Lagerinsassen gewitzte Tausendsassas, denen kein deut-scher Landser beizukommen vermochte.

Trotz dieser unverkennbaren Überzeich-nung kam es nach Start der Serie in den USA

Nachdem EIN KÄFIG VOLLER HELDEN zum Erfolg geführt worden war, wandte sich Seiteneinsteiger Al Ruddy der Filmproduktion zu. Seine Filmographie verzeichnet so ansehnliche Titel wie DER PATE (THE GODFATHER, USA 1972), IMPULSE – VON GEFÄHRLICHEN GEFÜHLEN GETRIEBEN (IMPULSE, USA 1990) und BAD GIRLS (USA 1994).

Zitat:
«Die Bösewichte sind chaplineske Verkörperungen der Absurdität des Autoritären – ein kläffender, Heil bellender, im Stechschritt marschie-render Haufen uniformierter Roboter, aufgeblasener Esel, Stiefellecker, Kriecher, Feiglinge und Tölpel. Es handelt sich um eine lustige, harmlo-se Sendung; ihr wahres Thema ist,

wie Bob Crane resümierte: ‹Schaut mal, wie clever die Alliierten sind!›»
‹TV GUIDE›

Literatur:
Brenda Scott Royce: Hogan's Heroes. Jefferson 1993
Nathan Shive: The Official Hogan's Heroes Companion. New York 1995

zu Kontroversen. Positiven Kritiken in ‹Variety› und ‹TV Guide› standen harsche Anwürfe gegenüber, die Serie treibe Scherz mit dem Grauen und verharmlose die Nationalsozialisten. Der gewagte Hörfunktrailer zur Serie, in welchem Bob Crane mit weicher Stimme den Satz «Wenn Sie den Zweiten Weltkrieg mochten, werden Sie HOGAN'S HEROES lieben» flötete, machte die Sache nicht besser. Erst recht verschärft wurde die Debatte durch ein bedeutsames Mißverständnis: einige Publizisten hatten das Kriegsgefangenenlager mit einem Konzentrationslager verwechselt. Seitens des Senders suchte man den Irrtum aufzuklären, auch einige Schauspieler bezogen entsprechend Stellung und sprachen dabei aus eigener leidvoller Erfahrung: Der aus Wien stammende Jude John Banner hatte 1939 selbst vor den Nationalsozialisten fliehen müssen, ebenso Werner Klemperer, der Sohn des Dirigenten Otto Klemperer. Beide dienten im Zweiten Weltkrieg in der US Army. Das härteste Schicksal hatte Robert Clary erlitten – er war 1942 aus Frankreich deportiert worden und saß drei Jahre im KZ; 13 Angehörige seiner Familie wurden von den Nazis ermordet.

Die anfängliche Entrüstung über die Serie flaute sehr bald wieder ab; EIN KÄFIG VOLLER HELDEN lief bis 1971 unbeanstandet und mit beträchtlichem Erfolg. Dann entschlossen sich die Produzenten zur Einstellung der Serie, denn nach insgesamt 168 Episoden schienen ihnen die Möglichkeiten der Exposition weitgehend ausgeschöpft.

Jack Klugman

Dr. Quincy arbeitet als Pathologe in der Gerichtsmedizin. Ihm obliegt das Ausstellen von Totenscheinen. Je unkomplizierter dieser notwendige Verwaltungsakt vonstatten geht, desto lieber ist es den Beteiligten. Doch Quincy macht es sich und den Kollegen nicht leicht. Oft genug zweifelt er die polizeilichen Ermittlungsergebnisse an und wittert Tötungsdelikte, wo andere ein natürliches Ableben attestieren. Damit verärgert er die Kriminalbeamten um den aufbrausenden Lieutenant Frank Monahan und seinen Chef Dr. Astin – dies um so mehr, als er mit seinen verwegen anmutenden Annahmen auch noch regelmäßig recht behält. Um einen Verdacht zu erhärten, muß Quincy allerdings zuweilen selbst den Tatort inspizieren und im Umfeld der Ermordeten recherchieren, was eine klare Überschreitung seiner Kompetenzen und darum weiteren Verdruß für Dr. Astin bedeutet, woraus sich, zum Vergnügen des Zuschauers, immer wieder höchst ergötzliche Dispute ergeben.

Gerichtsmediziner zählen nicht eben zum klassischen Personal des Fernsehkrimis, bedingt schon allein durch die oft unappetitlichen Begleitumstände ihrer Arbeit. Um so erstaunter registrierte die US-amerikanische Fachpresse den Erfolg der Serie, die anfangs im Wechsel mit → COLUMBO, EIN SHERIFF IN NEW YORK (MCCLOUD, USA 1970–1977) und MCMILLAN AND WIFE (USA 1971–1977) ausgestrahlt worden war, wegen der rasch anwachsenden Beliebtheit aber schnell einen wöchentlichen Sendeplatz zugewiesen bekam. «Jeder rätselt darüber», so wunderte sich ‹The Hollywood Reporter›, «wie eine Serie über einen Gerichtsmediziner erfolgreich fortbestehen kann, aber sie tut es, mit all dem ihr eigenen morbiden Charme.»

Ein Hauptgrund für die Popularität der Serie lag ohne Zweifel in der Person des Hauptdarstellers. ‹The Hollywood Reporter› konstatierte: «QUINCY verdankt den größten Teil des Erfolges Jack Klugman, der mit seinem sympathischen und humorvollen Auftreten das Beste aus der Figur macht (und das trotz der vielen Autopsien, die er ständig fordert).»

Jack Klugman hat einen nicht unerheblichen Beitrag zur US-amerikanischen Fernsehgeschichte geleistet. Der am 27. April 1922 geborene Schauspieler brach einst ein Studium am Carnegie Technikum in Pittsburgh ab, um sich dem Theatervölkchen anzuschließen. Zentrum des Bühnengeschehens war und ist New York. Dorthin wandte sich der aufstrebende Mime mit der Absicht, Schauspiel zu studieren. In jenen Hungerjahren teilte er sich ein Zimmer mit dem späteren Kassenmagneten Charles Bronson. In den Ferien jobbten die beiden zusammen auf einem Postamt.

Erste Rollen spielte Klugman im Rahmen von Sommer- und Tourneetheatern, an kleinen Off-Broadway-Bühnen und beim Fernsehen in TV-Stücken, die in den fünfziger Jahren noch live über die Sender gingen. Kurz gehörte er zum Ensemble der Daytime-Soap THE GREATEST GIFT (USA 1954–1955), eine Ärzteserie, die ebenfalls live produziert wurde. Mit der Zeit wurden auch Hollywoods Besetzungsagenturen auf Klugman aufmerksam und verpflichteten ihn für Kinofilme wie DIE ZWÖLF GESCHWORENEN (TWELVE AN-

Klugman als Dr. Quincy in der Folge
DIE TODESFALLE

Joseph Campanella und Jack Klugman in
DR. QUINCY

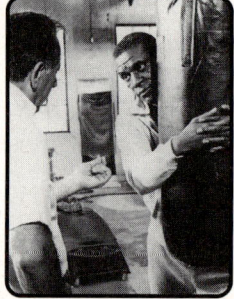

Klugman als Dr. Quincy in der Folge DIE LETZTE SEKUNDE

Dr. Quincy (Jack Klugman) sucht in der Folge RING FREI FÜR DEN TOD **den Boxer Ray Ringo (Randy Shields) im Trainingscenter auf**

Quincy und sein Assistent Sam Fujiyama (Robert Ito)

In DER LETZTE DER GIGANTEN **sucht Quincy Preston (Carolyn Jones), die Witwe des ermordeten Hollywood-Stars, auf**

GRY MEN, USA 1957) mit Henry Fonda oder die Philip-Roth-Verfilmung ZUM TEUFEL MIT DER UNSCHULD (GOODBYE COLUMBUS, USA 1969).

Im Fernsehen blieb Klugman beinahe kontinuierlich präsent. 1964 wurde er erstmals Hauptdarsteller einer eigenen Serie mit dem Titel HARRIS AGAINST THE WORLD (USA 1964–1965). Ganze Generationen lachten über → MÄNNERWIRTSCHAFT, eine Sitcom nach der gleichnamigen Bühnenkomödie von Neil Simon, mit der Klugman und sein Serienpartner Tony Randall wiederholt auf Theatertournee gingen. Zur Besetzung von MÄNNERWIRTSCHAFT gehörte auch Garry Walberg, der in QUINCY als Lieutenant Monahan zu sehen war. Unter Produzenten und Kollegen berüchtigt war Klugman wegen seines Hanges zur Perfektion. Mitunter verlangte er, und dies nicht selten lautstark, kurzfristige Drehbuchänderungen und klagte fortwährend über schlechte Drehbücher. Er ging sogar so weit, persönlich in Colleges nach talentiertem Nachwuchs zu fahnden.

Noch während MÄNNERWIRTSCHAFT produziert wurde, ereilte Klugman ein schwerer Schicksalsschlag: Er erkrankte an Kehlkopfkrebs und lief Gefahr, seine Stimme zu verlieren. Nach der operativen Entfernung der Geschwulst schien die Krankheit besiegt, und Klugman kehrte nach nur dreimonatiger Abwesenheit ins Studio zurück. Der Krebs erwies sich jedoch als ungemein tückisch. In den Jahren 1985 und 1990 begab

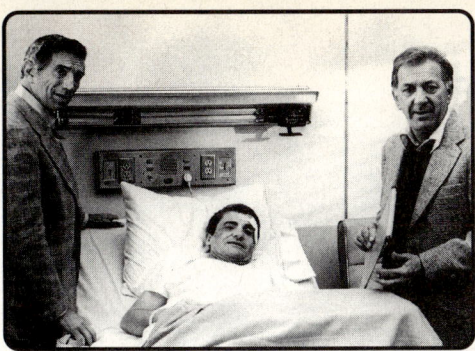

Max Carson (Tom Troupe, Mitte) wird von seinem Geschäftspartner Charlie Barnes (Joseph Campanella, links) und Dr. Quincy (Jack Klugman) nach einem Flugzeugabsturz im Krankenhaus besucht

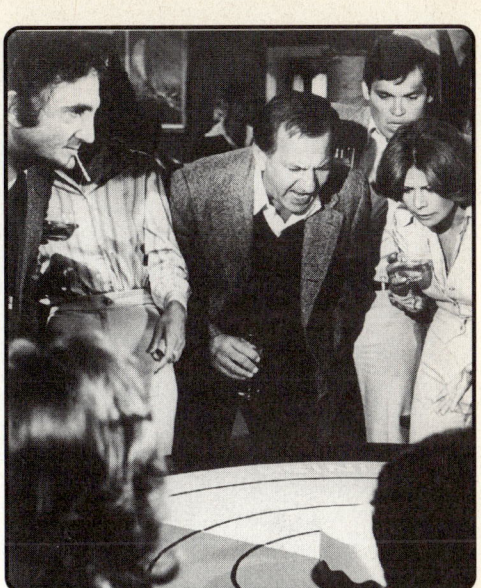

Barbesitzer Danny Tovo (Val Bisoglio, links), Dr. Quincy (Jack Klugman, Mitte) und die Stewardess Jenny (Jan Shutan) amüsieren sich bei einem Schildkrötenrennen

sich Klugman erneut in Behandlung. Die letzte Operation verlief besonders dramatisch, denn um Klugmans Leben zu retten, mußten ihm die rechten Stimmbänder entfernt werden. Damit schien das Ende seiner Karriere als Schauspieler gekommen. Mit zähem Willen jedoch und der Unterstützung des Stimmtrainers Gary Catona, der unter anderem auch Paula Abdul und Shirley McLaine betreut, gelang Klugman die Rückkehr auf die Bühne. Zwar war seine von Natur aus rauhe Stimme noch kratziger geworden, aber Klugman hatte keine Probleme, sich dem Publikum im New Yorker Belasco Theater verständlich zu machen, als er und Tony Randall im Juni 1991 im Rahmen einer Wohltätigkeitsveranstaltung noch einmal als Oscar Madison und Felix Unger ins Rampenlicht traten, für Klugman der erste Auftritt nach einer zweijährigen Erholungspause, die er zurückgezogen auf seiner Farm verbracht hatte.

«Ich fühle mich wie neugeboren», knurrte ein bewegter Klugman nach dem Schlußapplaus. Eine nachvollziehbare Empfindung bei einem Mann, der 45 Jahre lang passionierter Schauspieler gewesen war und der diese Verbundenheit einmal in die Worte faßte: «Für mich ist es schlimmer als das Fegefeuer, wenn ich meinen Mund halten muß. Nicht arbeiten zu können ist Marter. Ich bin darauf angewiesen.»

Knight Rider
USA 1982–1986

Michael Knight
DAVID HASSELHOFF
Devon Miles
EDWARD MULHARE

Bonnie Barstow (1982–1983, 1984–1986)
PATRICIA MCPHERSON
April Curtis (1983–1984)
REBECCA HOLDEN

Reginald «R. C. 3» Cornelius III
PETER PARROS
Originalstimme K. I. T. T.
WILLIAMS DANIELS

Michael Arthur Long verfolgt eine Gruppe von ausgepichten Wirtschaftsspionen, die den Tod seines Partners verschuldet haben. Auf einer einsamen Landstraße stellt er die Verbrecher, unterschätzt aber deren Skrupellosigkeit – die Chefin der Bande schießt ohne zu zaudern. Long sinkt zu Boden. Die Kanaillen sind längst über alle Berge, als sich ein Hubschrauber nähert und den leblosen Körper an Bord nimmt.

Für jeden anderen hätte der aus nächster Nähe abgefeuerte Kopfschuß den Tod bedeutet. Michael Long überlebt, weil er eine Metallplatte in seinem Schädel trägt – ein Andenken an seine Dienstjahre in Vietnam. So blieb sein Gehirn unverletzt, allerdings zerfleischte das zurückprallende Projektil sein Gesicht. Als er aus dem Koma erwacht, verfügt er über eine völlig neue, von einer Koryphäe der plastischen Chirurgie modellierte Physiognomie. Nach dem Entfernen der Bandagen lernt er seinen Wohltäter kennen. Es ist der todkranke Multimillionär Wilton Knight, der Michaels Rettung geplant, organisiert und finanziert hat. Wohl nicht von ungefähr gleicht Michael neues Gesicht, wie Knights Adjutant Devon Miles mit gespielter Verwunderung feststellt, dem des jungen Wilton.

Während Michael sich auf dem weitläufigen Anwesen erholt, wird in einer Werkshalle fieberhaft gearbeitet. Eines Nachts dringt Michael in das Gebäude ein und sieht sich seinem Pontiac Trans Am gegenüber, der offenbar neu lackiert und technisch modifiziert wurde. Das Cockpit ist vollgestopft mit flackernden Lämpchen, blinkenden Skalen, leuchtenden Digitalanzeigen – eine Lightshow en miniature. Devon Miles belehrt den ertappten Gast: «Es mag aussehen wie Ihr Auto. Aber in Wirklichkeit ist dieses Fahrzeug das teuerste Auto der Welt, das je gebaut wurde.»

Bei dem generalüberholten Boliden handelt es sich um den Prototyp des *«Knight Industries Two Thousand»*, eine nahezu unzerstörbare Hochgeschwindigkeitskarosse, die außer über Finessen wie Nebel- und Flammenwerfern, Düsenantrieb, Analyse- und Überwachungstechnologien und Sprunggelenken auch über die unikale Fähigkeit verfügt, sich mit eigenen Worten vorzustellen: «Ich bin die Stimme des Mikroprozessors des Modells 2000 von Knight Industries, K.I.T.T. für den einfachen Sprachgebrauch. Oder KITT, falls Sie das vorziehen.»

Michael Long wurde dazu ausersehen, diesen flotten Brummer zu pilotieren. Nicht

Gaststars:
Pamela Bach, Theodore Bikel, Jim Brown, Harry Carey jr., Henry Darrow, Geena Davis, Robert Englund, Clu Gulager, Judy Landers, Tina Louise, Cameron Mitchell, Zakes Mokae, Ron O'Neal, Charles Napier, John Vernon, Nana Visitor, Vernon Wells, Stuart Whitman

Creator:
Glen A. Larson
Beginn der deutschen Erstausstrahlung:
Pilotfilm: 28./29. 8. 1985, RTL
Serie: 2. 9. 1985, RTL

Team Knight Rider
USA 1997 –

Kyle Stewart BRIXTON KARNES	**Kevin «Trek» Sanders** NICK WECHSLER	**Originalstimme Kat** ANDREA BEUTNER
Jenny Andrews CHRISTINE STEEL	**Originalstimme Dante** TOM KANE	**Originalstimme Plato** JON KASSIR
Duke DePalma DUANE DAVIS	**Originalstimme Domino** NIA VERDALOS	**Originalstimme Sky One Computer** LINDA MCCULLOUGH
Erica West KATHY TRAGESER	**Originalstimme Beast** KERRIGAN MAHAN	

als Rennfahrer, sondern namens der von Wilton Knight inaugurierten «*Foundation für Recht und Verfassung*», als im Dienste der Karitas und der Gerechtigkeit umherstreifender Nomade und Kreuzritter der guten Sache. Um sein nicht immer der Straßenverkehrsordnung entsprechendes Schalten und klandestines Walten zu erleichtern, wurde Longs Identität ausgemerzt. Offiziell gilt er als verblichen, denn Knights emsige Sendboten hinterließen am Ort des Mordanschlags eine auf unorthodoxem Wege beschaffte, unidentifizierbare Leiche. Neben einem neuen Gesicht bekam Michael auch neue Fingerkuppen; KITTS Fahrzeugpapiere sind ausgestellt auf Michael Knight, 2457 Ybarra Road, Nores, California – und damit auf ein Wesen, das für die Behörden gar nicht existiert.

Nach anfänglichem Sträuben nimmt der von unbändiger Rachelust getriebene Rekonvaleszent die neue Stellung an. Wilton Knight hat es vorausgesehen, wie Devon Miles dem zunächst noch widerborstigen Heißsporn mit freimütigen Worten darlegt: «Sie sind ein einfacher Mensch, Mr. Lo ... Mr. Knight. Ziemlich durchschaubar.» Damit ist Wilton Knights Vermächtnis gesichert, denn

der Tüftler wollte «etwas zurücklassen, was sich lohnt. Nicht nur Zahlen auf einem Bankkonto». Er wird die Erfüllung seines Wunsches noch gewahr, kurz darauf verstirbt er.

Devon Miles übernimmt die Betreuung des jungen Mannes, der freilich zunächst aufbricht, im Alleingang jene abgefeimten Missetäter abzustrafen, die beinahe seinen Tod verursacht hätten. Störrisch lehnt er jede Unterstützung ab, lernt aber im Verlauf seiner Ermittlungen die Infrastruktur und die politischen Verbindungen der Foundation sehr schnell schätzen. Auch akzeptiert er KITT, dessen Wortmeldungen und Einmischungen er sich zunächst unwirsch verbeten hatte, mit der Zeit als gleichberechtigten Partner. Über längere Strecken begleitet von einem schwarzen Truck, einer mobilen Servicestation mit einer wohlgestalten Mechanikerin an Bord, wird Knight weitere 90 Episoden als Nichtseßhafter unterwegs sein, wo nötig den Schutzengel spielen und unverträgliche Elemente in ihre Schranken verweisen.

In den achtziger Jahren donnerten etliche abenteuerliche Vehikel durch den Verkehrs-

Creators:
Rick Copp und David A. Goodman
Beginn der deutschen Erstausstrahlung: 12. 10. 1997, RTL

Gebaut wurde das ursprüngliche Knight-Mobil von dem Spezialistenteam, das vordem bereits die Serienhelden → BATMAN und THE GREEN

HORNET (USA 1966–1967) mit standesgemäßen fahrbaren Untersätzen ausgestattet hatte.

Als Datum der Erstzulassung ist in KITTS Papieren der 20. Januar 1982 angegeben.

Unter den Bewerbern für die Hauptrolle war auch ein in jenen Tagen von anhaltender Erfolglosigkeit heimgesuchter Schauspieler namens Don Johnson.

In der Episode *«Weißer Vogel»* / *«White Bird»* wird Michael Knight im Zuge einer Undercover-Mission Sän-

David Hasselhoff

*Edward Mulhare, David Hasselhoff und
Patricia McPherson*

raum im Umkreis der kalifornischen Filmstudios. Das futuristische Motorrad aus STREET HAWK (USA 1985) zum Beispiel, die schwer armierten Hubschrauber BLUE THUNDER (USA 1984) und AIRWOLF (USA 1984–1986), schließlich auch noch die hochgerüsteten Trucks der beiden kauzigen, im Rockerornat auftretenden Bundes-Marshals aus HIGHWAYMAN (THE HIGHWAYMAN, USA 1988). All diese hochtechnisierten Beförderungsmittel aber blieben KITT gegenüber im Nachteil, denn sie vermochten sich nicht zu

artikulieren. Ebendies aber brachte Ironie und Würze ins Geschehen: Obzwar als Auto hochtourig, ist KITT charakterlich bedächtig, mitunter ein wenig nachtragend und seinem ungestümen Halter gegenüber fast ein wenig altväterlich eingestellt. Fehlverhalten ahndet es mit mahnenden Worten: «Was für ein unverantwortliches Verhalten, mich mit dem Schlüssel im Zündschloß und offener Tür stehenzulassen.» Potentiellen Autodieben läßt es taktvoll entsprechende Warnungen zukommen, ehe es achsenzuckend auf

ger einer Rockband. Seither fühlt sich David Hasselhoff zum Troubadour berufen und besingt sporadisch Tonträger mit aufgewärmten Gassenhauern wie «*Looking For Freedom*», konnte damit aber nur in Europa reüssieren.

Während der Dreharbeiten zur dritten Staffel verließ Hasselhoff das Studio mit der Drohung, nicht wiederzukommen, sofern sein Salär nicht deutlich erhöht würde. Die Produzenten

übersandten Hasselhoffs Agenten daraufhin eine Notiz mit den lakonischen Worten: «Teilen Sie ihm mit, das Auto sei der Star.» Am nächstfolgenden Drehtag erschien Hasselhoff pünktlich zur Arbeit.

Ausgangspunkt von Hasselhoffs Karriere war die *daytime soap* SCHATTEN DER LEIDENSCHAFT (THE YOUNG AND THE RESTLESS, USA 1973–), deren Ensemble er von 1972 bis 1982 angehörte. KNIGHT RIDER beförderte ihn

in die Gunst auch des außeramerikanischen Publikums, ganz oben auf der Woge des Erfolges aber schwamm er erst als Hauptdarsteller und Koproduzent des Dauerbrenners → BAYWATCH.

Mitverantwortlich für die Produktion von TEAM KNIGHT RIDER war der in den USA lebende Österreicher Harald Thoma. Zu RTL Deutschland hatte er beste Verbindungen – sein Vater fungierte im Berichtszeitraum als Geschäftsführer des Senders.

Autopilot schaltet und die machtlosen Strolche selbsttätig zur nächsten Polizeidienststelle chauffiert.

Namentlich Heranwachsende hatten ihren Spaß an dem überdimensionalen Spielzeugauto, und Michael Knight, ein hoch aufgeschossener Lausbub mit eher einfältigem Gemüt, war als Identifikationsfigur für junge Zuschauer bestens geeignet. Die augenzwinkernde Attitüde und die drolligen Sticheleien zwischen KITT und Michael nahmen indes auch Erwachsene für die Serie ein. Die war im Grunde nichts anderes als eine zeitgemäße Fassung der klassischen Westernserials und frühen Fernsehserien mit ihren rastlosen Reiterslsleuten, die unermüdlich durch die Lande zogen, allerorten Gutes taten und in ihrem Pferd einen treuen Verbündeten hatten. Vielfach erwies sich dieser Vierbeiner als der heimliche Star der Serie; in den Filmen William S. Harts wurde dessen Pferd Fritz sogar in den Credits namentlich genannt. Als einer der ersten wußte der Westerndarsteller Ken Maynard den Publikumsappeal eines tierischen Partners umfassend zu nutzen: sein treuer Begleiter Tarzan konnte sich tot stellen, tanzen, den bewußtlosen Helden aus der Schußlinie zerren oder ihn zum Happy-End in die Arme seiner Dulzinea stupsen. Zu jedem großen Serial-Star gehört ein kluges Roß: Tom Mix verließ sich auf Tony, John Wayne auf Duke; Roy Rogers ritt stolz seinen Trigger, und der Lone Ranger wäre ohne den edlen Hengst Silver gar nicht denkbar. Noch Jahre später setzte sich Brisco Countys intelligenter Zosse Co-

David Hasselhoff mit KITT

met in → DIE ABENTEUER DES BRISCO COUNTY JR. mit Professor Wickwire zusammen, um eine Partie Schach auszutragen, und auch Xenas Argo brauchte sich hinter seinen Artgenossen nicht zu verstecken.

Erklärtermaßen orientierte sich Glen A. Larson an diesem altbewährten Muster. Er modernisierte es, indem er das Pferd durch ein Auto ersetzte und ihm, als Idee bereits vorgegeben in der Sitcom → MISTER ED, die Befähigung zum Sprechen und eine komplexe Persönlichkeit mit auf den Weg gab.

Nach langer reifenaufreibender Tätigkeit auf dem asphaltierten Feld der Ehre wurde KITT 1986 aus dem Verkehr gezogen und landete im Automuseum, blieb aber nicht ohne Nachfolger. Fünf Jahre nach seiner letzten Spritztour griff David Hasselhoff für das als Pilotfilm vorgesehene, aber nicht in Serie gegangene TV-Movie KNIGHT RIDER 2000 (USA 1991) abermals in die Speichen eines Volants. Die Geschichte spielt im Jahr 2000. Dan Quayle ist zum Präsidenten gewählt worden. Michael Knight hat die Fahrbereit-

Zitat:
«Es denkt? – Mein Auto denkt!»
MICHAEL KNIGHT

Literatur:
Uschi Fellner / Peter Leopold: Knight Rider. Das Buch über David und K.I.T.T., Wien 1987

Fanclubs:
Knight Foundation
c/o Martina Koch
  Ellernstr. 14

30175 Hannover
(Jahresbeitrag DM 25,–, vierteljährliches Clubmagazin, keine Autogrammvermittlung)

David Hasselhoff-Fanclub
c/o Sascha Tauber
Bergstr. 2 a
37136 Ebergötzen
(Jahresbeitrag DM 30,–, vierteljährliches Clubmagazin, Clubtreffen, Fanartikel)

David Hasselhoff Fanclub
PO Box 219
Downey, CA 90241
USA

David Hasselhoff Fanclub
c/o Fan Asylum
625 Second Street
San Francisco, CA 94107
USA

David Hasselhoff

schaft drangegeben und widmet sich als Privatier seiner Fischzucht und der Pflege eines bildschönen alten Chevrolets, Baujahr 1957. KITT wurde demontiert und recycelt, einer seiner Chips ist nunmehr Bestandteil eines Implantats, das der bei einem Anschlag schwer verletzten Polizistin Shawn McCormick (Susan Norman) das Leben rettet. Nach ihrer Genesung quittiert sie den Dienst in Uniform, schlüpft in etwas Bequemeres und wechselt zur «*Knight Foundation*». Deren Arbeit wird derweil durch trübe Machenschaften korrupter Politiker torpediert. Im weiteren Verlauf tritt Michael Knight auf Bitten Devon Miles' noch einmal an und im Namen der Wohlfahrt kräftig aufs Gas, um im Zusammenwirken mit Shawn McCormick und dem neu entwickelten, freilich noch nicht bis ins letzte ausgereiften «*Knight 4000*» die übelwollenden Finsterlinge zu entlarven.

Eine Neuauflage entstand 1997 mit der Serie TEAM KNIGHT RIDER (USA 1997–), deren Produzenten – auch RTL Deutschland war beteiligt – gleich fünf bereifte Intelligenzbestien mitsamt Piloten ins Rennen schickten. Als Kommandozentrale der weltweit tätigen Einheit diente nicht mehr, wie im Original, ein mit diversen technischen Errungenschaften ausgestatteter Sattelschlepper, sondern ein Senkrechtstarter speziellen Zuschnitts, zugleich auch fliegende Garage und Wartungshalle für die diversen Einsatzfahrzeuge.

Kobra, übernehmen Sie Mission: Impossible
USA 1966–1973
USA 1988–1990

Daniel Briggs (1966–1967) STEVEN HILL	Barney Collier GREG MORRIS	Doug (1970–1971) SAM ELLIOTT
James «Jim» Phelps (1967–1973) PETER GRAVES	Willie Armitage PETER LUPUS	Dana Lambert (1970–1971) LESLEY ANN WARREN
Cinnamon Carter (1966–1969) BARBARA BAIN	Auftraggeber (Stimme auf Band) BOB JOHNSON	Lisa Casey (1971–1973) LYNDA DAY GEORGE
Rollin Hand (1966–1969) MARTIN LANDAU	Paris (1969–1971) LEONARD NIMOY	Mimi Davis (1972–1973) BARBARA ANDERSON

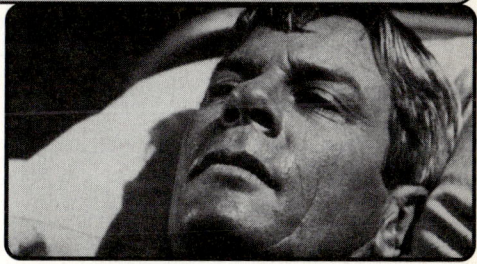

Peter Graves

Wäre Bruce Geller seiner ursprünglichen Eingebung gefolgt, das damalige Publikum hätte unter dem Signet KOBRA, ÜBERNEHMEN SIE allwöchentlich einen ziemlich verwegenen Haufen zu sehen bekommen – einen brutalen Rausschmeißer, einen durchtriebenen Falschspieler, einen windigen Geschäftemacher, einen mehrfach vorbestraften Profikiller, einen sprachbegabten Taschendieb und Zauberkünstler sowie ein drogenabhängiges Flittchen namens Cinnamon. Geller nannte diese kriminelle Vereinigung «Briggs' Squad», und so lautete auch der Arbeitstitel des Projektes, mit dem der langjährige Fernsehautor und -produzent den Einstieg in die Filmbranche wagen wollte. Aus dem Kinofilm wurde vorerst nichts, dafür erhielt Geller von der Produktionsfirma Desilu (→ LUCILLE BALL) das Angebot, auf Basis seines Exposés das Buch für einen Pilotfilm zu schreiben mit der Option, die Geschichte im Erfolgsfall als Serienformat fortzuführen.

Geller modifizierte sein Konzept, um es den strengen sittlichen Normen des US-Fernsehens anzupassen. Vor allem bereinigte er die Vergangenheit seiner Protagonisten und machte sie zu ehrenwerten Mitbürgern mit tadellosem Leumund. Die Grundidee aber, zu der ihn *caper movies* wie RIFIFI (F 1955), TOPKAPI (USA 1964) und DIE HERREN EINBRECHER GEBEN SICH DIE EHRE (THE LEAGUE OF GENTLEMAN, GB 1960), inspiriert hatten, blieb bestehen. Statt eines einzelnen Helden ließ Geller eine Gruppe aktiv werden: die *«Impossible Missions Force»* (IMF). Dabei handelt es sich um eine geheime Kommandoeinheit,

Gaststars:
Joe Don Baker, Theodore Bikel, Lloyd Bridges, Joseph Campanella, Joan Collins, Robert Conrad, Alex Cord, Tyne Daly, Henry Darrow, Dana Elcar, Ed Flanders, Anne Francis, Vincent Gardenia, Lee Grant, Pat Hingle, Richard Jaeckel, Eartha Kitt, Gary Lockwood, Roddy McDowall, Darren McGavin, A Martinez, Lee Meriwether, Sal Mineo, Cameron Mitchell, Ricar- *do Montalban, Vic Morrow, Diana Muldaur, Charles Napier, Carroll O'Connor, Brock Peters, Pernell Roberts, Sugar Ray Robinson, George Sanders, William Shatner, Martin Sheen, Henry Silva, Dean Stockwell, George Takei, Malachi Throne, Daniel J. Travanti, Cicely Tyson, John Vernon, Ray Walston, Jessica Walter, Fritz Weaver, Billy Dee Williams, Anthony Zerbe*

Creator:
*Bruce Geller
Beginn der deutschen Erstausstrahlung: 29. 12. 1967, ARD*

In geheimer Mission
(Neuauflage 1988–1990):

Jim Phelps	Grant Collier	Auftraggeber (Stimme auf
PETER GRAVES	PHIL MORRIS	Disc)
Nicholas Black	Casey Randall (1988–1989)	BOB JOHNSON
THAAO PENGHIS	TERRY MARKWELL	
Max Harte	Shannon Reed (1989–1990)	
ANTONY HAMILTON	JANE BADLER	

die in Regierungsauftrag tätig wird, offiziell allerdings nicht existiert. Daher wird der jeweilige Leiter der Gruppe vor Auslandsmissionen ausdrücklich gewarnt: «Sollten Sie oder jemand aus Ihrem Team gefangen oder getötet werden, wird der Minister jegliche Kenntnis von Ihrer Operation abstreiten.»

Den Programmverantwortlichen des Networks CBS erschien Gellers Format vielversprechend, und sie erteilten den Auftrag zur Herstellung einer Serie. MISSION: IMPOSSIBLE, so der endgültige Titel, fand im Premierenjahr nur unzureichendes Zuschauerinteresse. In dieser ersten Staffel trat das Einsatzteam noch nicht als eingespielte Clique in Erscheinung, sondern wurde nach Bedarf gebildet und häufig durch Gaststars vervollständigt. In einigen Episoden ließ sich selbst der als Leitfigur vorgesehene Daniel Briggs nur kurz blicken. Mitverantwortlich für den fortwährenden Personalwechsel war Steven Hill, der eigentlich für Kontinuität bürgen sollte, durch sein unberechenbares Verhalten aber wiederholt die Dreharbeiten gefährdete und mitunter kurzfristig durch einen Gastschauspieler ersetzt werden mußte. Die Produktionsfirma zog die Konsequenzen und gab Hill unmißdeutbar zu verstehen: «Mission beendet».

Ab Herbst 1967 nahm Peter Graves, der heute weit mehr als sein Vorgänger mit KOBRA, ÜBERNEHMEN SIE identifiziert wird, seinen Platz ein. Ein neuer Sendeplatz, am Sonntagabend um 22.00 Uhr, bescherte der Serie ein größeres Publikum. Zugleich fanden die verschiedenen Autoren und Regisseure unter Bruce Gellers Federführung allmählich zu jenem besonderen Stil, der KOBRA, ÜBERNEHMEN SIE letzten Endes zu einen Dauerbrenner machen sollte.

Zu den unverzichtbaren Standards der Serie gehörte die gleichsam rituelle Auftragsvergabe. Sie fand jeweils unter konspirativen Umständen statt. An einem gottweißwann verabredeten öffentlichen Ort war für den Leiter der Reptilienequipe ein Päckchen bereitgelegt, oder ihm wurde das Material von einer Kontaktperson zugespielt. Dabei kam es zwischen Phelps und seinem jeweiligen Gewährsmann mitunter zu kryptischen Wortwechseln nach Art des folgenden: «Es heißt, Segeln sei nur eine Frage der Aerody-

Gaststars:
Maud Adams, Alex Cord, Lynda Day George, Greg Morris, Michael Pate, Mitchell Ryan, James Shigeta, Parker Stevenson

Beginn der deutschen Erstausstrahlung (15 Folgen): 6. 8. 1991, ARD

Peter Graves ist der jüngere Bruder von James Arness, dem Marshal Matt Dillon aus → RAUCHENDE COLTS. In Deutschland wurde er zunächst be-

kannt als Darsteller des Farmers Jim Newton in der Jugendserie FURY (USA 1955–1966).

Der Part des Rollin Hand war Martin Landau auf den Leib geschrieben worden, nachdem Bruce Geller an einem von Landau geleiteten Schauspielkurs teilgenommen hatte. Ursprünglich sollte der Name der Figur sogar «Martin Land» lauten.

In der Episode «Blues» trat Barney in der Rolle eines – entfernt an Marvin Gaye erinnernden – Soulmusikers auf, um sich in eine ver*mobte* Plattenfirma einschleusen zu können. Greg Morris debütierte als Sänger und gab neben der *groovy* Eigenkomposition «Judy's Gone Now» auch Otis Reddings «(Sittin' On) The Dock Of The Bay» zum besten.

Der Schauspieler Albert Paulsen verkörperte in fünf Episoden den Ge-

**Greg Morris als
Barney Collier**

**Willy (Peter Lupus) und Rollin (Martin Landau)
als Geistliche verkleidet**

namik», eröffnet Phelps beiläufig einem Windsurfer am Strand von San Francisco. «Es kann helfen, wenn man etwas vom Parallelogramm der Kräfte versteht», wehrt sich der Wassersportler, worauf Phelps schlau pariert: «Auf jede Aktion folgt die entsprechende Reaktion.» Aber sein Gegenüber behält das letzte Wort: «Genau. Es liegt Material darüber im Wagen.»

Im Pilotfilm handelte es sich bei diesem Material um Fotos von den Zielpersonen der anstehenden Aktion nebst einer luftdicht verpackten Langspielplatte, die der Diskretion wegen exakt 60 Sekunden nach Luftkontakt zerfiel. Bald schon ersetzte man das anfällige Vinyl durch ein kompaktes Tonbandgerät, auf das die notwendigen Informationen aufgesprochen waren. Die Anweisungen des anonymen Sprechers enden jeweils mit den heute klassischen Worten: «Dieses Tonband wird sich in fünf Sekunden selbst zerstören. Viel Glück, Jim. Kobra, übernehmen Sie!»

Kaum sind die Sätze verklungen, löst sich das Gerät in Schall und Rauch auf. Auf der Rückfahrt in seine Behausung muß Jim Phelps das weitere Vorgehen bereits eingehend durchdacht haben, denn als nächstes sieht man ihn in seiner Wohnung, wie er anhand eines Stapels von Personalakten die benötigten Mitstreiter auswählt. In den klassischen Staffeln der Serie bestand die Gruppe zumeist aus dem vielseitig talentierten Fotomodell Cinnamon Carter, dem Verwandlungskünstler Rollin Hand, dem genialen Tüftler Barney Collier und dem breitschultrigen Kraftsportler Willie Armitage, der anfangs als Prügelknabe und Mann fürs Grobe eingesetzt, nach und nach aber auch mit diffizileren Aufgaben betraut wurde.

Wie es der Originaltitel verhieß, oblag dem Team die Erledigung völlig aussichtsloser Fälle. In den ersten Jahren wurden die Agenten vor allem im Ausland tätig, wischten kommunistischen Regimen eins aus, hielten gegnerische Spione zum Narren oder

genspieler des Kobra-Teams und ist damit Rekordhalter vor den Kollegen John Vernon und Anthony Zerbe.

Zu den besonderen Trümpfen der Serie gehörten die vom Kobra-Team inszenierten perfekten Illusionen. Die Spezialagenten manipulierten Schach- und Kartenspiele, simulierten übersinnliche Phänomene, stellten einen Atomschlag nach, ein Erdbeben und sogar die Landung außerirdischer Lebewesen. Als Berater für

derartige Szenen fungierte ein professioneller Magier: der Bühnenzauberer und Schauspieler Tony Giorgio.

1973 gelang Bruce Geller, was er ursprünglich mit KOBRA, ÜBERNEHMEN SIE beabsichtigt hatte: Er gab sein Debüt als Kinoregisseur – natürlich mit einem Gaunerstück. Es hieß HARRY MIT DEN LANGEN FINGERN (HARRY IN YOUR POCKET, USA 1973). Die Ausführenden waren James Coburn, Michael Sarrazin und Trish Van De-

vere. Der bewährte Tony Giorgio – siehe oben – schulte die Darsteller zu perfekten Taschendieben und war in einer Nebenrolle als Kriminalbeamter zu sehen.

Nach Einstellung der Serie wurden wiederholt Versuche unternommen, einen MISSION: IMPOSSIBLE-Kinofilm zu realisieren. Ein Skript mit dem Titel GOOD MORNING, MR. PHELPS war schon geschrieben und sollte von Leonard Nimoy in Szene gesetzt

verhinderten gewaltsame Umstürze in befreundeten Staaten. Aber gleichgültig ob die Kabalisten ihre Drähte in Südamerika zogen, den vorderen Orient unterwanderten oder den Ostblock destabilisierten, als Schauplatz mußte zumeist das Studiogelände der Filmgesellschaft Paramount einstehen, die 1967 die angrenzende Desilu-Liegenschaft übernommen hatte. Stammzuschauer kannten denn auch bald jeden Meter der Fassadenstadt – die Protagonisten bewegten sich in immer denselben Straßen, auch wenn diese deutsche, spanische oder türkische Namen trugen.

Die von Phelps ausgeheckten Unternehmungen waren stets von äußerster Komplexität und basierten in erster Linie auf einer geschickten Irreführung des Gegners. Die Opponenten wurden, nicht selten unter Ausnutzung ihrer charakterlichen Schwächen, überlistet, gefoppt, gegeneinander ausgespielt – die an sich friedfertige IMF schnitt manch einem Strolch die Ehre, aber niemandem die Gurgel ab. Jedem Mitglied der kleinen Gruppe kam bei diesen Schnippchen eine besondere Aufgabe zu; die ineinander verzahnten Aktionen mußten mit minutiöser Präzision ausgeführt werden. Der Ablauf war für den Zuschauer nicht auf Anhieb zu durchschauen; beinahe jede Folge hielt immer noch eine Überraschung parat. Spannend wurde es spätestens, sobald ein unvorhergesehener Zufall den ursprünglichen Plan zu gefährden drohte.

Wichtige Hilfsmittel der Agenten bei ihren klammheimlichen Manövern waren die für jede Aufgabe maßgeschneiderten technischen Ausrüstungsgegenstände. Von den James-Bond-Filmen und Agentenserien wie → SOLO FÜR O.N.C.E.L. angeregt, taten sich die Autoren beim Erfinden dieser sogenannten *gadgets* keinen Zwang an, hielten sich aber weitestgehend an die Maßgabe des Produzenten, daß jedes Gerät zumindest in der Theorie dem Stand von Wissenschaft und Technik zu entsprechen habe. Man leistete sich eigens eine Beraterfirma, die die nötigen Informationen recherchierte.

Über die Jahre gab es mehrere Besetzungsänderungen. Martin Landau schied 1969 nach einem Disput über die anstehende Verlängerung seines Vertrages aus, seine damalige Ehefrau Barbara Bain tat es ihm gleich. Darauf übernahm der außer Dienst gestellte Enterprise-Offizier Leonard Nimoy den Part des «Mannes mit den vielen Gesichtern», den zuvor Landau innegehabt hatte. Zunächst erschien es Nimoy faszinierend, in jeder Episode eine andere Figur verkörpern zu können, doch gewahrte er sehr zu seinem Leidwesen, daß die primär auf Aktion aufgebaute Seriendramaturgie für anspruchsvolle Charakterdarstellungen wenig Raum ließ. 1971 war er die ewigen Gummimasken leid und bat darum, aus seinem Vertrag entlassen zu werden.

Nach Barbara Bains Abgang blieb die «*Impossible Missions Force*» zunächst ohne weibliche Unterstützung, ehe 1970 die dreiundzwanzigjährige Lesley Ann Warren zur Gruppe stieß. Nicht von ungefähr hatte man nach der damenhaften, sehr kühl wirkenden Barbara Bain eine vergleichsweise junge Aktrice engagiert, die auffällig sexy in Szene gesetzt wurde: Man hegte die Hoffnung, das von Werbekunden begehrte jugendliche Publi-

---

werden. Der Spock-Darsteller fand sich jedoch nicht dazu bereit, und das gesamte Projekt scheiterte letztlich an Querelen innerhalb der Paramount Studios.

Bruce Geller sollte die Kinoaufführung von MISSION : IMPOSSIBLE (USA 1996) nicht mehr erleben; er starb am 21. Mai 1978 im Alter von 47 Jahren bei einem Flugzeugabsturz. Leinwandbeau Tom Cruise machte die Filmversion möglich: er sicherte sich die Rechte und realisierte den Stoff als erstes Projekt seiner neugegründeten Produktionsfirma. Regie führte Brian De Palma. Ganz auf den Hauptdarsteller zugeschnitten, hatte der Film mit der Serie freilich wenig gemein und entsprach eher dem geläufigen James-Bond-Schema. Eine knappe, dennoch treffende Kritik formulierte der US-amerikanische Conférencier Jay Leno: «Tom Cruise … Na ja. Aber die Musik ist großartig.»

Lalo Schifrins zündende Titelmusik eroberte 1968 die Hitparaden und hielt sich 14 Wochen lang unter den Top 100.

Eartha Kitt als Verrenkungs-künstlerin

Cinnamon (Barbara Bain) als Wissenschaftlerin

kum an die Serie binden zu können. Entsprechende Plots unterstützten dieses Anliegen, und so konnte es passieren, daß Dana Lambert, an der Gitarre begleitet von einem entrückt dreinblickenden Leonard Nimoy, schon mal als Popsängerin auftrat. Ähnlich wie Nimoy sah sich die ehrgeizige Schauspielerin jedoch in der Hoffnung getäuscht, ihr berufliches Können in der Serie zur Geltung bringen zu können. Ihre Nachfolgerin war Lynda Day George, die während ihrer Schwangerschaft in der Saison 1972/73 zeitweilig pausierte. Von Fall zu Fall wurde sie durch Barbara Anderson ersetzt, vormals als «Eve Whitfield» attraktiver Blickfang der Serie ➔ DER CHEF.

Im September 1973 endete die erste Ära von KOBRA, ÜBERNEHMEN SIE. 1988 aber wurde *the next generation* aktiv, und das darf man in diesem Fall wörtlich nehmen – mit Grant Collier trat der Filius der Ur-Kobra Barney Collier paßgenau in die Fußstapfen seines Vaters. Die verwandtschaftlichen Beziehungen entsprachen der Realität, denn mit Phil Morris konnte der Sohn des früheren Ensemblemitglieds Greg Morris gewonnen werden. Die Autoren ließen sich die Chancen dieser Konstellation nicht entgehen, und so treten in einigen Folgen der vorwiegend in Australien gedrehten Neuauflage beide Morris'/Colliers auf. Die Episode «The Condemned» (ARD-Titel: «*Gerechtigkeit für Barney*») zeigt Barney Collier als zu Unrecht verurteilten Todeskandidaten. Jim Phelps und seine jungen Mitstreiter zögern nicht, den früheren Kollegen vor dem Henker zu bewahren und den wahren Täter zu entlarven. Dabei bedienen sie sich eines bewährten, wenngleich geziemend modernisierten Tricks, der schon in Folge 44 zur Anwendung gelangte: Sie errichten in Barneys Zelle eine dem Original bis auf den letzten Haarriß gleichende Zwischenwand, hinter der sich der Delinquent so lange verstecken kann, bis seine Unschuld

Für die Episoden, die in fiktiven Staaten wie «*Logosia*», «*Svardia*» oder «*Camagua*» spielten, ersann Bruce Geller eine Kunstsprache, die aus einer Art verballhorntem Englisch bestand. Die Produktionsmitarbeiter nannten dieses seltsame Kauderwelsch «Gellerisch».

Hal Needham, später Regisseur von Action-Spektakeln wie EIN AUSGEKOCHTES SCHLITZOHR (SMOKEY AND THE BANDIT, USA 1977) und AUF DEM HIGHWAY IST DIE HÖLLE LOS (THE CANNONBALL RUN, USA 1981), betätigte sich in der Episode «Nerves» als Stuntdouble für Gaststar Christopher George. In «*Break!*» spielte er eine Figur namens «*Mork*».

Unter dem geänderten Titel UNMÖGLICHER AUFTRAG lief die Serie ab 5. 1. 1972 im Regionalprogramm des Westdeutschen Rundfunks und ab 30. 3. 1978 noch einmal in der ARD. Die ab 1988 gedrehte Neuauflage hieß hierzulande IN GEHEIMER MISSION. 15 der insgesamt 35 neuen Folgen wurden 1991 im ARD-Vorabendprogramm ausgestrahlt; unter anderem

bewiesen ist. Seine Häscher wähnen die Zelle leer und eilen dem vermeintlich Flüchtigen hinterher, derweil der in seiner Nische hockt, gemeinsam mit dem Zuschauer den Atem anhält und auf seine Erlösung wartet.

Wie so häufig in den Episoden der Reprise, wurde bei der Erstellung der künstlich patinierten Attrappe ausgiebig vom Computer Gebrauch gemacht, der auch die weiland noch mühsam in Handarbeit gefertigten Gesichtsmasken ausspuckte. Ebenfalls neu war die Art der Auftragsübermittlung: Nicht mehr ein schnödes Tonband, sondern eine CD-ROM wies Phelps und seinen kleinen Troß in die anstehenden Aufgaben ein.

Ebenfalls ein Wiedersehen gab es mit Lynda Day George, die in der Episode «Reprisal» (ARD-Titel: «Der Doppelgänger») noch einmal als Lisa Casey auftrat. In der fraglichen Geschichte droht sie Opfer eines früheren IMF-Mitarbeiters zu werden, der sich – zur nicht geringen Verwirrung aller Beteiligten – hinter einer Jim-Phelps-Maske verbirgt.

fehlte Folge 2 mit dem Titel «The Legacy» (Pro 7-Titel: «Hitlers Vermächtnis»), in der Hitlers ideologische Erben einen Nazischatz heben und die Machtübernahme anstreben.

1985 wählten die Leser des Magazins ‹People› Jim Phelps zum zweitbesten TV-Geheimagenten aller Zeiten. Platz eins belegte Maxwell Smart aus
→ MINI-MAX.

Zitat:
«Ich ging mit großem Selbstvertrauen in diese Serie. Ich hatte ganz einfach das Gefühl, sie sei das Richtige für mich.»
PETER GRAVES

Literatur:
Beth Goobie: Mission Impossible. Custer 1994

Patrick J. White: The Complete Mission: Impossible Dossier. London 1996

Fanclub:
Barbara Bain / Martin Landau Fanclub
c / o Terry S. Bowers
603 North Clark Street
River Falls, WI 54022
USA

Kung Fu
USA 1972–1975

Kwai Chang Caine	**Master Kan**	**Margit McLean**
DAVID CARRADINE	PHILIP AHN	SEASON HUBLEY
Master Po	**Caine als Junge**	
KEYE LUKE	RADAMES PERA	

Kwai Chang Caine ist, wie schon die Eröffnungssequenz des Pilotfilms ahnen läßt, ein Wanderer in der Wüste, ein ruheloser Einzelgänger. Seinesgleichen gab es viele in den sechziger und siebziger Jahren, Serienhelden, die zugleich Verfolgte und Verfolger waren, Gesuchte und Suchende. Ihr aller Ahnherr war der angebliche Mörder Richard Kimble, zwischen 1963 und 1967 ununterbrochen → AUF DER FLUCHT vor seinen Häschern, dabei stets auf der verzweifelten Suche nach dem Beweis für seine Unschuld. Auch Ben Gazzara schien als Rechtsanwalt Paul Bryan zum Sterben verurteilt. Eine unheilbare Krankheit zwang ihn zum WETTLAUF MIT DEM TOD (RUN FOR YOUR LIFE, USA 1965–1968).

Im Western funktionierte das Handlungsprinzip besonders gut – so hatte Robert Horton nach einer Schießerei sein Gedächtnis verloren und zog als DER MANN OHNE NAMEN (A MAN CALLED SHENANDOAH, USA 1965–1968) fortan durch die Prärien und Frontstädte, getrieben von der Hoffnung, irgendwann einmal seine Identität wiederzufinden. Chuck Connors hingegen wußte, wer er war – ein ehemaliger Offizier, dem zu Unrecht Feigheit vor dem Feind zur Last gelegt wurde. Unehrenhaft entlassen und GEÄCH-

TET (BRANDED, USA 1965–1966), forschte er ohn' Unterlaß nach Zeugen, die den wahren Hergang schildern und ihm wieder zu Rang und Namen verhelfen konnten. Auch KUNG FU-Hauptdarsteller David Carradine verfügte bereits über einschlägige Erfahrung – in der auf dem gleichnamigen Westernklassiker basierenden Serie SHANE (USA 1966) hatte er einen heimatlosen Revolvermann dargestellt.

Zu all diesen Ausgestoßenen und Vogelfreien gesellte sich Kwai Chang Caine, der früh verwaiste Sproß einer chinesischen Mutter und eines amerikanischen Vaters. Als einziger von mehreren Kandidaten hatte der Knabe im Alter von zwölf Jahren Aufnahme in einem buddhistischen Shaolin-Kloster gefunden, das bis dahin ausschließlich reinrassigen Chinesen vorbehalten gewesen war. Die Mönche lehrten ihn Demut, Geduld und Selbstbeherrschung sowie, allein zum Zwecke der Selbstverteidigung, die hohe Kunst des Kung Fu. Nachdem er die letzte Prüfung bestanden und die Symbole des Tigers und des Drachens als Insignien seiner Priesterschaft in seine Unterarme eingebrannt hatte, zog er in die Welt hinaus – ein barfüßiger Asket, dem weder Schnee noch Regen Harm anzutun vermögen.

Gaststars:
Lew Ayres, John Drew Barrymore, Gary Busey, Bruce, John, Keith und Robert Carradine, Henry Darrow, Jose Feliciano, Harrison Ford, Jodie Foster, Chief Dan George, Linda Day George, Clu Gulager, Moses Gunn, Barbara Hershey, Pat Hingle, James Hong, Don Johnson, L. Q. Jones, Nancy Kwan, Geoffrey Lewis, Sondra Locke, Mako, A Martinez, Pat Morita, Diana Muldaur, Leslie Nielsen, Harrison Page, Stefanie Powers, William Shatner, Soon-Teck Oh, Robert Urich, Carl Weathers, Anthony Zerbe

Creator:
Ed Spielman
Beginn der deutschen Erstausstrahlung: 27. 9. 1975, ZDF

Kung Fu – Im Zeichen des Drachen
Kung Fu: The Legend Continues
USA 1993

Kwai Chang Caine	**Ping Hai**	**Peter als Kind**
DAVID CARRADINE	KIM CHAN	NATHANIEL MOREAU
Peter Caine	**Frank Strenlich**	
CHRIS POTTER	WILLIAM DUNLOP	
Lt. Paul Blaisdell	**Tyler Smith**	
ROBERT LANSING	MARLA SCHAFFEL	

Dann aber kommt der Tag, an dem Caine ein einziges Mal seinen Gleichmut verliert, und dafür wird er ein Leben lang büßen müssen: Caine begegnet seinem greisen Lehrer Po in der Verbotenen Stadt. Der blinde Po versperrt der Sänfte des kaiserlichen Neffen unabsichtlich den Weg und wird von einem der Leibwächter gezüchtigt. Den ersten Schlag nimmt der Priester demütig entgegen, einen zweiten fängt er ab und zwingt den brutalen Angreifer in die Knie, woraufhin der Neffe des Kaisers den Unbewaffneten ohne Not erschießt. In unbändiger Wut schleudert Caine einen Speer in Richtung Sänfte und tötet den gemeingefährlichen Rüpel.

Seither befindet Caine sich auf der Flucht, denn das Kaiserhaus stellt umgerechnet 10 000 Dollar für seine Ergreifung in Aussicht. Die Summe setzt ganze Heerscharen von Kopfgeldjägern in Bewegung, die jedoch nicht alle zugleich vorstellig werden, sondern sich und ihre Bemühungen auf insgesamt 62 Episoden verteilen. Caine verläßt das Land und wendet sich nach Amerika. Dort macht er sich auf die Suche nach seinem Halbbruder, von dessen Existenz er mittlerweile erfahren hat.

Obwohl die Serie nach ihr benannt worden war, hatte die chinesische Selbstverteidigungstechnik Kung Fu für die Erzählhandlung nur zweitrangige Bedeutung. Zwar geriet der wortkarge Caine, der durch sein Äußeres stigmatisiert war und feindseliges Verhalten schon provozierte, wenn er nur in einem Saloon bescheiden ein Glas Wasser bestellte, immer wieder in brenzlige Situationen, die handgreifliche Maßnahmen unabdingbar machten. Größeren Raum aber nahmen die Lehren ein, die der junge Caine im Shaolin-Kloster erfahren hatte. Was immer Caine in Amerika gewärtigte, stets besann er sich auf die entsprechenden Lektionen, die den Zuschauern in Rückblenden vor Augen geführt wurden. Die Produzenten achteten darauf, die Zeitebenen auch filmisch zu verknüpfen. Im Pilotfilm beispielsweise weckt das metallische Hämmern eines Gleisarbeitertrupps bei Caine Erinnerungen an das Schlagen der wuchtigen Klosterglocken.

Die vom «Tao-te-king», einem Lao-tse zugeschriebenen klassischen Werk der chinesischen Philosophie, beeinflußten Inhalte entsprachen dem seit den sechziger Jahren im Zuge des Entstehens einschlägiger Subkulturen stetig gewachsenen Interesse an asiati-

Beginn der deutschen Erstausstrahlung: 2. 2. 1994, Pro 7

1972 verhalf David Carradine einem jungen Nachwuchsmimen namens Don Johnson zu einer Gastrolle in der Episode «The Spirit Helper». Nachdem er durch → MIAMI VICE (USA 1984–1989) zum Star geworden war, revanchierte sich Johnson mit einer symbolischen Geste: In einem seiner Musikvideos ließ er Carradine seinen Vater spielen.

Keye Luke, der Darsteller des ehrwürdigen Shaolin-Priesters Po, verkörperte zwischen 1935 und 1938 in sechs Filmen der Charlie-Chan-Kinoserie dessen «Sohn Nummer eins», außerdem in zwei Serials Kato, den getreuen Kampfgefährten des Superhelden THE GREEN HORNET. In der 1966 und 1967 ausgestrahlten gleichnamigen TV-Serie hatte der junge Bruce Lee diesen Part inne. Die Dekors des chinesischen Shaolin-Tempels kamen später zu

*David Carradine als Kwai Chang Caine im Ein-
klang mit der Natur*

Keye Luke und David Carradine

schen Religionen und Lebensweisen. Insofern traf die Serie in gewisser Weise den Nerv
ihrer Zeit. Desungeachtet war KUNG FU nicht
am Reißbrett der Trendforscher entstanden.
Vielmehr hegte Ed Spielman seit seiner Jugend eine Vorliebe für japanisches Kino und
hatte lange Jahre auf das Studium fernöstlichen Brauchtums verwandt. Sein Wissen
und seine Erfahrungen prägten das Konzept
und die Drehbücher der Serie.

Die später in den Pilotfilm der Serie ein-
gegangene Handlung war von Spielman und
seinem Partner Howard Friedlander ursprünglich in China angesiedelt worden, ehe
Friedlander die Idee hatte, den chinesischen
Helden beizubehalten, ihn jedoch auf eine
Odyssee durch den Wilden Westen zu
schicken. Das erste Skript des Autorenteams
entsprach einer Vorlage für einen Kinofilm
und wurde von Warner Brothers angekauft,
jedoch nicht realisiert, weil den Verantwortlichen die Produktion wegen der veran-
schlagten hohen Kosten zu riskant erschien.
Durch Zufall gelangte der Stoff in die TV-Ab-
teilung des Studios und stieß dort auf großes
Interesse. Nach einer entsprechenden Über-

arbeitung des Drehbuches ging der Film im
Dezember 1971 in Produktion. Die Ausstrahlung im Februar 1972 war so erfolgreich, daß
umgehend weitere Episoden in Auftrag gegeben wurden.

Die Hauptrolle erhielt der bis dahin kaum
bekannte David Carradine, der damit einen
ebenfalls aussichtsreichen sinoamerikani-
schen Kollegen namens Bruce Lee ausstach.
Lee, in San Francisco geboren, aber in Hongkong aufgewachsen, hatte bereits als Kind
in der Kronkolonie vor der Kamera gestanden. Während seiner Studienjahre in den
USA hatte er eine populäre Kampfsportart
entwickelt und mehrere Schulen eröffnet. Er
war auch als Schauspieler aufgetreten und
mit der Rolle des Kato in der Superheldense-
rie THE GREEN HORNET (USA 1966–1967) bekannt geworden. 1971 stieß er ab der Episode
The Way Of The Intercepting Fist zum Ensemble der Detektivserie LONGSTREET (USA
1971–1972) und spielte den Kung-Fu-Lehrer
des erblindeten Helden, eine von Autor Stirling Silliphant für ihn maßgefertigte Rolle.

Unterdessen war er mit dem Action-Film
DIE TODESFAUST DES CHENG LI (THE BIG BOSS,

Kinoehren: Sie dienten der Spielberg-Produktion DIE GOONIES (THE
GOONIES, USA 1985) als Höhlenkulis-
se.

Zitat:
«Kwai Chang Caine, der Flüchtling
mit dem exotischen Aussehen, wurde
im Handumdrehen zur idealen Iden-

tifikationsfigur für viele Zuschauer. Er
war beides zugleich, Antiheld und Su-
permann.»
OTTO KUHN: DER EASTERN FILM.
EBERSBERG 1983

Literatur:
David Carradine: The Spirit Of Shao-
lin. Boston 1991

Herbie J. Pilato: The Kung Fu Book
Of Caine. Boston 1993 Ders. (Hg.):
The Kung Fu Book Of Wisdom. Boston
1995

HK 1972) zum Star des Hongkong-Kinos geworden und daraufhin 1972 erstmals für die Hauptrolle einer US-Produktion engagiert worden. Als Grenzgänger zwischen Ost und West brachte Lee die besten Voraussetzungen mit für die Rolle des ihm seelenverwandten Kwai Chang Caine. Trotzdem wurde er, vermutlich auf Einwände der Senderkette ABC hin, abgelehnt. Statt dessen ging der Part an den Amerikaner David Carradine, der gemeinsam mit seiner damaligen Lebensgefährtin Barbara Hershey einen hippiesken Lebensstil pflegte, bewußtseinserheiternde Drogen nicht verschmähte und sich auch privat an fernöstlichen Denkweisen orientierte, was im weiteren nicht unwesentlich zum einzigartigen Nimbus der Serie beitragen sollte. Davids Vater John Carradine, vor allem bekannt als Horrorfilmdarsteller, war mehrfach Gaststar der Serie, sein Halbbruder Keith spielte in den Rückblenden des Pilotfilms den heranreifenden Kwai Chang Caine.

KUNG FU sorgte binnen kurzem für Furore. Im Zuge des Serienerfolges erhielten Kampfsportschulen großen Zulauf; Bücher über Kung Fu und über fernöstliche Philosophien hatten Konjunktur. Die von Carl Douglas gesungene Titelmelodie der Serie erklomm die Hitparaden und wurde ein Klassiker. Eine von Tom Jones intonierte Coverversion findet sich auch auf dem 1996 anläßlich des US-Starts neu eingespielten Soundtrack des Jackie-Chan-Films SUPERCOP (HK 1992; Alternativtitel POLICE STORY III). Die Serie wurde in über 45 Länder verkauft; in Deutschland lauschten im Schnitt zwei Millionen Zuschauer auf salbungsvolle Worte wie «Jemandem das Leben zu nehmen ist nicht ehrenvoll» oder «Abwehr ist wichtiger als Vernichtung» und begeisterten sich für die nach damaligen Maßstäben außergewöhnliche optische Gestaltung der Serie, jene besonders typischen stimmungsvollen Gegenlichtaufnahmen, aber auch experimentelle Elemente wie Zeitverzögerungen,

David Carradine IM *ZEICHEN DES DRACHEN* — *David Carradine als Caine senior*

Doppelbelichtungen, eingefrorene, ins Negativ gekehrte oder reflexartig aufblitzende Erinnerungsbilder. Die Wirkung dieser Stilmittel war von einer Art, daß sich zeitgenössische Chronisten an die Phänomene eines Drogenrausches erinnert fühlten.

David Carradine blieb der Figur des Kwai Chang Caine bis lang über das Serienende hinaus verbunden. Er parodierte sich selbst in einer Ausgabe der Comedy-Reihe SATURDAY NIGHT LIVE (USA 1975–), dem Vorbild der RTL-Sendung SAMSTAG NACHT, und gab, gemeinsam mit anderen verdienten Westernstars, ein Gastspiel in dem TV-Movie THE GAMBLER RETURNS – THE LUCK OF THE DRAW (USA 1991). Von Carradine selbst stammte die Anregung zu einer Fortsetzung der spirituellen Saga. In dem von ihm koproduzierten TV-Movie KUNG FU: THE MOVIE (USA 1986) ist Caine um zehn Jahre gealtert und vorerst zur Ruhe gekommen, wird aber noch immer von des Kaisers Schergen gejagt. Einer davon ist sein eigener, ihm bis dahin nicht bekannter Sohn Chung Wang, gezeugt in einer schwachen Stunde, in der 37. oder 38. Episode muß es gewesen sein. Chung steht unter einem Bann und ist besessen von dem Gedanken, Caine zu töten. Erst das karateschlagbedingte Ableben seines Auftraggebers löst diesen Fluch, Vater und Sohn sinken sich in die Arme, und fortan wird Caine dem jungen Chung Leitbild sein und jene Weisheiten an ihn weiterreichen, die ihm selbst einst vom ehrwürdigen Po vermittelt wurden. Der Darsteller des Chung war niemand anderes als Brandon Lee, der Sohn des 1973 verstorbenen Bruce Lee.

Auch bei einem weiteren Fernsehfilm war

David Carradine und
Hal Williams (rechts)

Jodie Foster,
David Carradine

David Carradine

David Carradine und
Deborah Rennard

Brandon Lee mit von der Partie. KUNG FU: THE NEXT GENERATION entstand 1987 und sollte als Pilotfilm eine neue Serienstaffel einleiten. Diese Option wurde jedoch vom auftraggebenden Network nicht wahrgenommen. Die Geschichte spielte in der Gegenwart, der Held war ein Urenkel Kwai Chang Caines und trug denselben Namen. David Carradine, dem dieses Konzept mißfallen hatte, wurde durch David Darlow ersetzt. Brandon Lee spielte Caines auf Abwegen schreitenden Sohn Johnny.

Erst 1993 gelangte mit KUNG FU: IM ZEICHEN DES DRACHEN (KUNG FU – THE LEGEND CONTINUES, USA 1993) eine neue Serienproduktion zur Ausstrahlung, für deren Exposition Motive aus den vorangegangenen Filmen übernommen wurden. Anfangs tritt Kwai Chang Caine – nun wieder von David Carradine verkörpert, der auch als Produzent verantwortlich zeichnet – wie einst als unbehauster Nomade in Erscheinung. Jahre

zuvor unterhielt er ein Shaolin-Kloster, das von einem abtrünnigen Schüler namens Tan niedergebrannt wurde, wobei Caines Sohn Peter vermeintlich ums Leben kam. Tatsächlich aber lebt Peter Caine (Chris Potter) und arbeitet in einer modernen Großstadt als Polizist. Die Vorsehung führt die beiden zusammen, als sie, zunächst separat, gegen jenen zum Großverbrecher avancierten Tan vorgehen. Nachdem der Erzfeind besiegt ist, wird Caine senior seßhaft und im Verlauf der weiteren Episoden von seinem Sprößling immer wieder zu Rate gezogen. Ein gewisser Reiz erwächst dieser Serie, indem Vater und Sohn als Antipoden agieren – während der Ältere Feuerwaffen verabscheut und in allen Belangen des Lebens traditionelle Verfahrensweisen bevorzugt, ist Peter Caine ein technikverliebter Großstadtmensch mit pragmatischen Ansätzen, ein Kontrast, der von den Autoren gern auch mal in komische Situationen umgesetzt wurde.

L.A. Law – Staranwälte, Tricks, Prozesse
L.A. Law
USA 1986–1994

Leland McKenzie RICHARD DYSART	**Victor Sifuentes (1986–1991)** JIMMY SMITS	**Tommy Mullaney (1990–1994)** JOHN SPENCER
Douglas Brackman jr. ALAN RACHINS	**Abby Perkins (1986–1991)** MICHELE GREENE	**Cara Jean ‹C.J.› Lamb** **(1990–1992)** AMANDA DONOHOE
Michael Kuzak (1986–1991) HARRY HAMLIN	**Roxanne Melman (1986–1993)** SUSAN RUTTAN	**Zoey Clemmons (1991–1992)** CECIL HOFFMANN
Grace Van Owen (1986–1992) SUSAN DEY	**Benny Stulwicz** LARRY DRAKE	**Susan Bloom (1991–1992)** CONCHATA FERRELL
Ann Kelsey JILL EIKENBERRY	**Jonathan Rollins (1987–1994)** BLAIR UNDERWOOD	**Billy Castroverti (1991–1992)** TOM VERICA
Stuart Markowitz MICHAEL TUCKER	**Gwen Taylor (1990–1993)** SHEILA KELLEY	**Frank Kittredge (1991–1992)** MICHAEL CUMPSTY
Arnold ‹Arnie› Becker CORBIN BERNSEN	**Andrew Taylor (1986)** MARIO VAN PEEBLES	

Den Termin der alljährlichen Verleihung des us-amerikanischen Fernsehpreises Emmy hielten sich die Produzenten und Schauspieler der Anwaltsserie L.A. LAW möglichst frei. Seit die Kanzleigeschichten im Oktober 1986 auf Sendung gingen, konnten die vor und hinter der Kamera Tätigen nachgerade turnusgemäß Branchen-, Publikums- und Kritikerpreise en gros in Empfang nehmen. Entworfen wurde diese Ausnahmeserie von Steven Bochco, der mit → POLIZEIREVIER HILL STREET bereits eine ähnlich hochrangige Sendereihe konzipiert hatte, zusammen mit Terry Louise Fisher, die parallel als Produzentin von CAGNEY UND LACEY (CAGNEY & LACEY, USA 1982–1988) fungierte und vormals selbst als Staatsanwältin tätig war.

Im Zentrum des Geschehens stand die Anwaltskanzlei «McKenzie, Brackman, Chaney & Kuzak». Zum Alltag der Bürogemeinschaft gehörten verzwickte Rechtsfälle ebenso wie die persönlichen Probleme der Mitarbeiter. Genretypische rhetorische Auseinandersetzungen im Gerichtssaal waren auch hier unverzichtbare Bestandteile und brachten Dramatik und Spannung in die Handlung, wurden aber durch melodramatische und auch komische Elemente kontrapunktiert.

Im Regelfall mündeten die zu Beginn jeder Episode vorgetragenen Mandate der einzelnen Partner jeweils in eine Gerichtsverhandlung, das entsprechende Urteil beendete den fraglichen Handlungsstrang. Die privaten Affären der Protagonisten spannten sich hingegen oftmals über mehrere Episoden. Durch dieses Verfahren bot man dem Publikum eine befriedigende Auflösung der einzelnen Folge, zugleich aber erhielt die Serie den Endloscharakter geläufiger Soap Operas. Insofern unterschied sich L.A. LAW

Gaststars:
James Avery, Barbara Bosson, Veronica Cartwright, Joanna Cassidy, Lindsay Crouse, Patti D'Arbanville, Vincent Gardenia, Graham Greene, Wendie Malick, Richard Masur, Diana Muldaur, Barry Newman, Elizabeth Peña, Amanda Plummer, CCH Pounder, Saul Rubinek, Kate Vernon, Alfre Woodard

Creators:
Steven Bochco und Terry Louise Fisher
Beginn der deutschen Erstausstrahlung: 3. 10. 1988, RTLplus (Pilotfilm); 5. 10. 1988, RTLplus (Serienstart)

Jill Eikenberry und Michael Tucker, in der Serie ein Ehepaar, waren auch in der Realität miteinander verheira-

tet. In der fürs Fernsehen produzierten schwarzen Komödie EINE MORDS-EHE (ASSAULT AND MATRIMONY, USA 1987) traten sie ebenfalls als Eheleute auf.

Für den Part der burschikosen Showbusiness-Anwältin Susan Bloom waren unter anderem auch Raquel Welch, Olympia Dukakis, Angie

Michele Greene

Susan Dey als Grace Van Owen

vom geradlinigen *court room*-Drama, für das die → PERRY MASON-Reihe (USA 1957–1966, 1973–1974) ein klassisches Beispiel abgibt, und das mit Titeln wie PETROCELLI (USA 1974–1976) oder MATLOCK (USA 1986–1995) in der Programmgeschichte des US-Fernsehens nahezu kontinuierlich vertreten ist.

Die Dramaturgie von L.A. LAW gestand den Protagonisten durchaus Schwächen zu; die Serie bezog sogar besonderen Reiz aus der Schilderung von Empfindlichkeiten, Schrullen und Bedürfnissen handlungstragender Figuren. Analog zum dialektischen Prinzip der US-Prozeßform – dem Vortrag gegensätzlicher Argumente zwecks Überzeugung einer Geschworenenjury – kam es auch innerhalb der Kanzlei zu Auseinandersetzungen über politische, weltanschauliche und ethische Fragen. Beispielsweise litt der hispanische Anwalt Sifuentes unter der Tatsache, seinen Job allein einer Quotierung zur Förderung ethnischer Minderheiten zu

verdanken. Sein Ringen um die Anerkennung seiner beruflichen Qualifikation seitens der Kanzleigesellschafter zog sich durch zahlreiche Episoden.

Bochco und Fisher scheuten sich nicht, einen Behinderten in das Serienpersonal aufzunehmen, für das an Bilderbuchmenschen gewöhnte amerikanische TV-Publikum eine höchst ungewöhnliche Besetzung. Der Schauspieler Larry Drake wurde für seine Darstellung des retardierten Bürogehilfen Benny mit zwei Emmys ausgezeichnet, Verbände wie die «Association For Retarded Citizens of the U.S.» begrüßten die verantwortungsbewußte und angemessene Darstellung von Minoritäten.

Anders als in vielen Gerichtsdramen waren die Anwälte der Kanzlei nicht durchweg mit spektakulären Verbrechen betraut. Die Serie spiegelte den amerikanischen Rechtsalltag; die Benachteiligung Behinderter, Rassismus, sexueller Mißbrauch und

Dickinson und Linda Evans im Gespräch.

Susan Dey, die Darstellerin der Grace Van Owen, wurde in den 70ern bekannt als Mitglied der musizierenden PARTRIDGE FAMILY (USA 1970–1974). Ihr damaliger Status als Teenidol hatte für sie ungesunde Folgen – sie litt lange Zeit an Magersucht. Nach

ihrem Ausscheiden bei L.A. LAW wechselte sie zu der Sitcom LOVE AND WAR (1992–1995), in der sie eine New Yorker Restaurantbesitzerin spielt. Privat engagiert sie sich in der Obdachlosenhilfe. «Wir behandeln sie wie den letzten Dreck», wurde sie in der Beilage ‹Stern TV› (17/1991) zitiert. «Wenn es hochkommt, spendieren wir ihnen ein bißchen Mitleid. Aber

wirkliche Unterstützung geben wir ihnen nicht.»

Corbin Bernsen betätigte sich neben seiner Serientätigkeit als Theaterregisseur und war auch im Kino präsent. Seine Filmographie verzeichnet die Titel HELLO AGAIN – ZURÜCK AUS DEM JENSEITS (HELLO AGAIN, USA 1987), DIE INDIANER VON CLEVELAND

Die Mitglieder der Kanzlei McKenzie, Brackman, Chaney & Kuzak

Kindesmißbrauch kamen ebenso zur Sprache wie Gesundheitsschäden durch giftige Insektizide oder die Diskriminierung von Aidskranken. Mitunter adaptierten die Autoren bedeutende Präzedenzfälle wie die Verhandlung der Frage, ob das Verbrennen der US-Flagge durch das Recht auf freie Meinungsäußerung geschützt ist.

Die Realitätsnähe der geschilderten Rechtsfälle belegte ein Artikel der ‹Herald Tribune›, wonach L.A. LAW für US-amerikanische Juristen ein ernstzunehmendes Thema darstellte. So forderte der prominente Rechtsanwalt Neil T. Shayne 1990 die Verschiebung eines anstehenden Prozesses, weil kurz zuvor seine Kollegen vom Fernsehen einen vergleichbaren Fall verhandelt hatten und er befürchtete, die Geschworenen könnten sich dadurch beeinflussen lassen. Seinem Antrag wurde stattgegeben. In Miami nutzte ein Jura-Dozent einzelne Folgen des Fortsetzungsdramas als Lehrmaterial, besonders kontroverse Fälle wurden in Fach-

zeitschriften erörtert und die ‹Legal Times of Washington› brachte jede Woche eine Zusammenfassung der jeweiligen L.A. LAW-Episode eigens für Anwälte, die die Sendung versäumt hatten.

1991 erlitt die Serie einen beträchtlichen Prestigeverlust, als David E. Kelley, Steven Bochcos Nachfolger als *executive producer*, seinerseits die Produktion verließ, um fortan eigene Serienideen zu entwickeln und zu produzieren. Auch einige langjährige Ensemblemitglieder reichten die Kündigung ein. Der hohe Standard früherer Staffeln konnte auf Dauer nicht gehalten werden. Fernsehkritiker begannen zu unken, Jeff Jarvis schimpfte in seiner ‹TV Guide›-Kolumne: «Die Show ist zu einem Cartoon geworden, doch statt mit einer reichhaltigen Farbpalette zeichnet man nur noch in Schwarzweiß.» Selbst NBC-Unterhaltungschef Warren Littlefield bekannte in der Presse: «Was fehlte, waren diese privaten Handlungsmomente, die ebenso wichtig sind wie die Gerichtsverfahren. Wir liefern nicht mehr diesen Pfiff, den ich gerne hätte.»

Der Verfall der Quoten gab ihm recht. Patricia Green, die mit Beginn der Herbststaffel 1991 die Leitung übernommen hatte, geriet zunehmend unter Erfolgszwang und schied im Januar 1992 auf eigenen Wunsch hin aus. Steven Bochco, dessen Partner David Milch und auch David E. Kelley wurden herangezogen, um *plotlines* zu entwickeln und Drehbücher beizusteuern. Das auf 16 Hauptakteure angewachsene Ensemble wurde drastisch verringert, eben eingeführte Charaktere wie Susan Bloom verschwanden wieder vom Bildschirm. Zum Ausgleich trat der 1991 ausgeschiedene Jimmy Smits als Gast-

(MAJOR LEAGUE, USA 1989) und TOD IM SPIEGEL (SHATTERED, USA 1991).

In der L.A. LAW-Episode «He's a crowd», ausgestrahlt im Februar 1991, tauschten Amanda Donohoe und Michele Greene einen zarten Kuß. Daraufhin zogen einige Sponsoren ihre Werbebuchungen zurück. Im folgen-

den wurde das unkonventionelle Liebesleben C.J. Lambs kaum noch thematisiert, so daß sich ‹Entertainment Weekly› zu der Frage genötigt sah: «Whatever happened to C.J.'s sexuality?»

Steven Bochcos Partner David Milch hatte in der Schlußepisode einen klei-

nen Gastauftritt; er spielte einen Charakter namens Pelton.

Ein publicityträchtiger Coup gelang den L.A. LAW-Produzenten mit der ‹Übernahme› der Charaktere Denise Iannello (Debi Mazar) und Eli Levinson (Alan Rosenberg): Beide waren bis März 1993 in einer Anwaltsserie

star in Erscheinung. John Masius, John Tinker und Mark Tinker, renommiert durch ihre Arbeit für → CHEFARZT DR. WESTPHALL, bestimmten fortan über die Geschicke der Serienhelden, Steven Bochco fungierte weiterhin als *executive consultant*. Die geballten Anstrengungen zahlten sich aus, L.A. LAW gewann mit einigen hochdramatischen Folgen – zum Beispiel über die Rassenunruhen in Los Angeles – zeitweise wieder an Profil, auch die Quoten erholten sich. Noch bis 1994 konnte sich die Serie im Programm halten.

Die letzte Episode war von Melancholie geprägt, ließ jedoch den weiteren Fortgang offen. Eine Verlängerung wäre gegebenenfalls möglich gewesen, fand aber nicht statt. Leland McKenzies tödliche Krebserkrankung markierte einen gleichermaßen wehmütigen wie versöhnlichen Schlußpunkt; mit einem Toast zum 65. Geburtstag des Seniors endete die Ära L.A. LAW. Die Ansprüche an Qualitätsserien hatten sich – nicht zuletzt dank innovativer Arbeiten von Bochco und Kelley – über die Jahre spürbar verändert. Die beiden Star-Produzenten lieferten vollwertigen Ersatz – Bochco unter anderem mit N.Y.P.D. BLUE (USA 1993–), Kelley mit

Susan Ruttan, Corbin Bernsen

→ PICKET FENCES – TATORT GARTENZAUN und CHICAGO HOPE – ENDSTATION HOFFNUNG (CHICAGO HOPE, USA 1994–).

eines konkurrierenden Networks zu sehen gewesen – in CIVIL WARS (USA 1991–1993) auf ABC.

L.A. LAW erhielt im Laufe der Jahre fünfzehn Emmys, fünf Golden Globes, sieben People's Choice Awards und eine Vielzahl weiterer Auszeichnungen.

Zitat:
«*Anwaltsserien sind tödlich langweilig. Schema: rechtskundiger Loser schwingt sich wegen Gerechtigkeit/ schöner Frau zu deren Anwalt/Liebhaber auf, wächst über sich selbst hinaus und gewinnt den Fall/die Frau/sein Selbstwertgefühl. Bei L.A. LAW ist alles anders. Hier verlieren* Anwälte auch mal Fälle, aber nie den Mut.»
‹TEMPO› 7/1991

Die Leute von der Shiloh Ranch
The Virginian (The Men from Shiloh)
USA 1962–1971

Richter Henry Garth (1962–1966) LEE J. COBB	**Emmett Ryker (1964–1966, 1967–1968)** CLU GULAGER	**Clay Grainger (1967–1968)** JOHN MCINTIRE
The Virginian JAMES DRURY	**Belden (1964–1967)** L. Q. JONES	**Holly Grainger (1967–1968)** JEANETTE NOLAN
Trampas DOUG MCCLURE	**Jennifer (1965–1966)** DIANE ROTER	**David Sutton (1968–1969)** DAVID HARTMAN
Steve (1962–1964) GARY CLARKE	**Starr (1965–1966)** JOHN DEHNER	**Jim Horn (1969–1970)** TIM MATHESON
Molly Wood (1962–1963) PIPPA SCOTT	**John Grainger (1966–1967)** CHARLES BICKFORD	**Col. Alan MacKenzie (1970–1971)** STEWART GRANGER
Betsy (1962–1965) ROBERTA SHORE	**Stacy Grainger (1966–1968)** DON QUINE	**Roy Tate (1970–1971)** LEE MAJORS
Randy (1963–1966) RANDY BOONE	**Sheriff Abbott (1967–1970)** ROSS ELLIOTT	

Gern kommt im Verlauf von Partykleinschwatz das Gespräch auf Fernsehserien und mitunter auch auf DIE LEUTE VON DER SHILOH RANCH. Rasch bilden sich säuberlichst nach Generationen sortierte Fraktionen – die eine hat noch den bärbeißigen Lee J. Cobb als Rancheigner erlebt, die anderen den nachgiebigen Charles Bickford. Die jüngsten kennen nur Stewart Granger, dessen britischer Gutsherrencharme sogar ein weibliches Publikum in den Wilden Westen locken konnte. Zwischenzeitlich herrschte ein Jahr lang der kernige John McIntire über die weitläufigen Latifundien dort draußen im noch dünn besiedelten Wyoming.

Viele sah man kommen und gehen im Laufe jener 171 von insgesamt 225 Folgen, die in Deutschland ausgestrahlt wurden. DIE LEUTE VON DER SHILOH RANCH war ein Familienwestern, mit echten Verwandtschaftsverhältnissen – Lee J. Cobb und Roberta Shore spielten Vater und Tochter, Charles Bickford und John McIntire traten als Brüder auf –, aber auch die Rancharbeiter und ihnen nahestehende Konsorten wie Sheriff Ryker oder die Zeitungsverlegerin Molly Wood bildeten ein familiäres Gefüge, das bei Bedarf beliebig erweitert werden konnte. Familienwestern bedeutete zugleich, daß ein generationenübergreifendes Publikum angesprochen werden sollte, weshalb wechselnde Identifikationsfiguren – sehr häufig übernahmen die zuweilen recht prominenten Gaststars diesen Part – aufgeboten wurden.

Gaststars:
Claude Akins, Ed Asner, Ralph Bellamy, Charles Bronson, David Carradine, Joan Collins, Joseph Cotten, Robert Culp, Bette Davis, Yvonne DeCarlo, Bruce Dern, Colleen Dewhurst, Angie Dickinson, James Doohan, Robert Duvall, Barbara Eden, Leif Erickson, Fabian, Harrison Ford, Anne Francis, Robert Fuller, John Gavin, Peter Graves, Brian Keith, DeForest Kelley, George Kennedy, Jack Klugman, Robert Lansing, Jack Lord, Myrna Loy, Ida Lupino, Darren McGavin, Lee Marvin, Vera Miles, Ricardo Montalban, Harry Morgan, Leslie Nielsen, Leonard Nimoy, Warren Oates, Edmond O'Brien, Ryan O'Neal, Robert Redford, Aldo Rey, Pernell Roberts, Katherine Ross, Gena Rowlands, Kurt Russell, Telly Savalas, George C. Scott, William Shatner, Nancy Sinatra, Tom Skerritt, Susan Strasberg, Robert Vaughn, Jack Warden, Raquel Welch, Adam West, James Whitmore, Dick York

Creator:
Charles Marquis Warren
Beginn der deutschen Erstausstrahlung: 8. 11. 1970, ZDF

Wie manch andere TV-Stars jener Jahre, suchten Randy Boone und Roberta Shore aus ihrem Fernsehruhm Kapital zu schlagen und besangen als «Randy Boone and Roberta Shore, the singing stars of The Virginian» gemeinsam eine Langspielplatte. Darauf enthalten war auch eine Ode an

Ross Elliot, Charles Bickford, Don Quine, James Drury

Damit hatte die Serie mit ihrer populären Vorlage, Owen Wisters Genreklassiker *«The Virginian»*, nicht mehr viel gemein. Der 1902 erstmals erschienene Roman wurde auf Anhieb ein Bestseller. Cecil B. DeMille drehte 1914 die erste Kinoversion, weitere folgten, darunter ein früher Tonfilm von 1929, der den Hauptdarsteller Gary Cooper zum Star machte. Dort buhlen der namenlose VIRGI-NIER – so der deutsche Filmtitel – und sein langjähriger Freund Steve (Richard Arlen) um die Liebe der Lehrerin Molly (Mary Brian). Steve hat das Nachsehen und fälscht aus Rache die Brandzeichen einiger Tiere, für die der Virginier als Vormann Sorge zu tragen hat. Steve wird wegen Viehdiebstahls gelyncht, sein schurkischer Auftraggeber Trampas (Walter Huston) tritt dem Virginier zum abschließenden Duell gegenüber.

Das Fernsehen griff den Stoff erstmals 1958 auf. THE VIRGINIAN lief als abgeschlossener Einzelfilm innerhalb der anthologischen Reihe DECISION (USA 1958), die im Sommer jenes Jahres eine dreimonatige Programmlücke füllte. Wie später in der Serie spielte James Drury die Titelrolle. Doch dieser Virginier unterschied sich kraß von der heute bekannten Serienfigur. Zwar war auch er ein Mann ohne Namen und ohne Vergangenheit, jedoch ein eitler Gockel mit spiegelblanken Stiefeln, spitzenbesetzten Manschetten und einer lachhaften Kleinkaliberpistole. Der geschniegelte Ostküsten-Dandy vermochte beim Publikum nicht zu reüssieren.

Vier Jahre verstrichen, ehe man das Unternehmen erneut anging. Wieder wurde Drury angeheuert, die Rolle aber wesentlich

«Medicine Bow», den Schauplatz der Serie. Boone verließ seine Mitstreiter 1966, stieg aber im Jahr darauf bereits wieder in die Steigbügel und wurde neben Stuart Whitman zweiter Hauptdarsteller einer neuen Westernserie mit dem Titel DER MARSHAL VON CIMARRON (CIMARRON STRIP, USA 1967–1971). Diese nahm «Ramblin' Randy» wiederum zum Anlaß, als «co-star of the television series *«Cimarron strip»* ein passendes Album aufzunehmen.

Lee J. Cobb schrieb Theatergeschichte als Darsteller des Willie Lohmann in der Broadway-Aufführung von Arthur Millers TOD EINES HANDLUNGSREISEN-DEN. 1966 übernahm er die Rolle erneut für eine Fernsehinszenierung des Stückes.

Unter den Regisseuren und Autoren der Serie waren etliche Namen, die sich bereits im Filmgewerbe verdient gemacht hatten oder dies in naher Zukunft tun sollten. Samuel Fuller

beispielsweise steuerte Drehbücher bei und inszenierte auch einige Episoden. Zum Autorenteam gehörten ferner Dean Riesner, bekannt unter anderem durch seine langjährige Zusammenarbeit mit Don Siegel, und der spätere Serienproduzent Glen A. Larson. Den Regiestuhl erklommen Andrew V. McLaglen, Burt Kennedy, Paul Henreid, Robert Ellis Miller, Ida Lupino, Ted Post und Bernard L. Kowalski.

Doug McClure *Gary Clarke, Doug McClure*

verändert. Der Titelheld der Serie entsprach nun eher dem literarischen Vorbild, er war wortkarg, lebenserfahren und ein wenig geheimnisvoll, dabei überaus pflichtbewußt und mit einem ausgeprägten Gerechtigkeitssinn ausgestattet. Mit anderen Elementen gingen die Autoren freizügiger um, so mit der Figur des Trampas, der zum zweiten Vormann berufen wurde und mit seinem unbekümmerten Wesen und sonnigen Gemüt einen Gegenpart bildete zum verhaltenen Virginier. Steve war hier deutlich jünger als die gleichnamige Kinofigur, grundsätzlich tüchtig, aber altersbedingt zuweilen ein wenig unbesonnen, einer der einander so ähnlichen Grünschnäbel eben, die in den familienorientierten Westernserien zum Stammpersonal gehörten.

Die neue Serie wurde vergleichsweise aufwendig produziert; die einzelnen Episoden hatten, ein Novum im Westerngenre, eine Länge von 90 Minuten (in Deutschland ge-

kürzt auf 60 respektive 75 Minuten). Damit boten sich den Autoren die epischen Möglichkeiten eines Kinofilms, es bereitete freilich auch einiges Kopfzerbrechen, Woche für Woche mit einer entsprechend tragfähigen Geschichte aufzuwarten. Lee J. Cobb, ein versierter Bühnen- und Filmschauspieler, mokierte sich öffentlich wegen der seiner Meinung nach unzulänglichen Qualität der Drehbücher. Auch beklagte er verdrossen, daß häufig die Gaststars in den Mittelpunkt der Handlung gerückt wurden, derweil Richter Garth nur mehr beiläufig als Randfigur in Erscheinung trat. Cobbs Vertrag lief 1966 aus, wurde nicht verlängert, und damit endete Garth' Regentschaft über die Shiloh Ranch.

Auch der verschlossene James Drury galt als schwierig und nahm sich etliche Launen und Eigenarten heraus, bewies aber mehr Ausdauer als Cobb und hielt der Serie über die volle Distanz von neun Jahren die Treue. Obschon als «der Virginian» eigentlich Hauptdarsteller, mußte auch er häufig anderen Mitwirkenden den Vortritt lassen. Insofern entspricht der deutsche Titel dem Inhalt der Serie besser als der US-amerikanische, der von der Popularität der Romanvorlage zu profitieren suchte. Für die letzte Staffel der Serie, die nahe der Jahrhundertwende angesiedelt war und den kleinen Viehzüchterverband von Medicine Bow mit einigen unwillig aufgenommenen Errungenschaften eines neuen Zeitalters konfrontierte, änderte man die Überschrift in THE MEN FROM SHILOH.

DIE LEUTE VON DER SHILOH RANCH gehörte zu den teuersten Serienproduktionen jener Jahre. 1968 beliefen sich die Kosten für eine Episode auf 275 000 Dollar. Die zwar 30 Minuten kürzeren, dafür tricktechnisch aufwendigen Serien → RAUMSCHIFF ENTERPRISE, → KOBRA, ÜBERNEHMEN SIE und PLANET DER GIGANTEN (LAND OF THE GIANTS, USA 1968–1970) kamen hingegen mit durchschnittlich 180 000 Dollar pro Folge aus.

Unter dem Titel KLUGE COWBOYS LEBEN LÄNGER zeigte das ZDF, dem Tag des Scherzes Genüge zu tun, am 1. April 1974 im Abendprogramm eine eigens neu synchronisierte Episode, die den Darstellern krude Kalauer und dick aufgetragene deutsche Dialekte in den Mund legte.

Aus mehreren Episoden der Serie wurden für den europäischen Markt vier Kinofilme zusammengefügt. Es waren dies:

DIE ERBARMUNGSLOSEN ZWEI (THE BRAZEN BELL, USA 1962)
DIE HORDE DES TEUFELS (THE DEVIL'S CHILDREN, USA 1962)
DIE ENTSCHEIDENDE STUNDE (THE FINAL HOUR, USA 1962)
DER EINSAME (BULL OF THE WEST, USA 1971),

Literatur:
Owen Wister: The Virginian: A Horseman Of The Plains. Mit einer Einführung und Anmerkungen von Robert Shulman. Oxford / New York 1998

Heather Locklear

*Heather Locklear als Stacy Sheridan
mit James Darren*

Wenn sie lacht, enthüllt sie derart ebenmäßige Zahnreihen, daß unweigerlich der Gedanke aufkeimt, ein Virtuose der kieferorthopädischen Kunst habe da sein Meisterwerk abgeliefert. Heather Locklear hat einigen Grund zum Lachen, ist es doch allein ihrer gloriosen Erscheinung zu verdanken, daß die vorübergehend an mangelnder Zuwendung leidende Fernsehserie → MELROSE PLACE die Gunst des US-Publikums zurückgewinnen konnte.

Locklear gehörte nicht zur ursprünglichen Besetzung und sollte zunächst nur in

Zitat:
«Die Leute würden gern glauben, sie habe einen ähnlichen Charakter wie die Serienfigur Amanda. Ich dachte das nicht, war dann aber doch überrascht, wie lustig und freundlich und aufgeweckt und bescheiden sie in Wirklichkeit ist.»
COURTNEY THORNE-SMITH

vier Folgen als Gaststar mitwirken. Doch kaum hatte sie in der Rolle der Amanda Woodward mit zarter Hand die ersten filigranen Ränke geschmiedet, um ihrer etwas einfältigen Mitarbeiterin Alison (Courtney Thorne-Smith) den Liebhaber auszuspannen, stiegen die Einschaltquoten rapide an. Hocherfreut über diese Entwicklung, engagierten die Produzenten Locklear gleich für zwei Staffeln. Binnen kurzem war sie der unangefochtene Star der Serie und kassierte entsprechende Gagen: mit zunächst 40 000 Dollar pro Folge immerhin etwa doppelt soviel wie die anderen Hauptdarsteller. Dabei fungiert sie in der Serie als Haßobjekt. Die gerissene Amanda läßt kein Mittel aus, ihrer Nebenbuhlerin zu schaden und den saumseligen Lockenkopf Billy (Andrew Shue) an sich zu binden. Die Zuschauer waren fasziniert, ihre Sympathien gehörten jedoch der Gegenseite: «Wenn mich Passanten auf der Straße erkennen», berichtete Locklear, «sprechen sie mich an und wettern: ‹Laß Billy in Ruhe!›»

Amanda ist ein Biest, wie es im Drehbuche steht, ein schillernder Charakter und quasi die Alexis Carrington der neunziger Jahre. Vergleiche mit dem unvergessenen Joan-Collins-Part liegen nahe. → DER DENVER-CLAN war einer der großen Erfolge des MELROSE PLACE-Produzenten Aaron Spelling, und in ebenjener legendären *super-soap* tat die damals 19jährige Heather Locklear – Markenzeichen: eine kesse Farah-Fawcett-Föntolle – ihre ersten nennenswerten Karriereschritte. Zuvor hatte sie ein Studium an der U.C.L.A. begonnen, war bereits während des ersten Semesters in Werbespots aufgetreten und hatte daraufhin der Thespiskunst den Vorzug gegeben.

Parallel zu DENVER-CLAN spielte sie von 1982 bis 1986 neben William Shatner in der Polizeiserie T.J. HOOKER. Schlagzeilen machte Locklears turbulente Ehe mit Tommy Lee,

MELROSE PLACE

T.J. HOOKER:
**Heather Locklear,
Adrian Zmed, William
Shatner**

MELROSE PLACE:
**Andrew Shue,
Heather Locklear,**

dem aus beruflichen Gründen notorisch verhaltensauffälligen damaligen Schlagzeuger von Mötley Crüe. Nach der Scheidung, die zeitlich mit ihrem Einstieg bei MELROSE PLACE zusammenfiel, tat sich Heather mit dem nicht minder zotteligen Bon-Jovi-Gitarristen Richie Sambora zusammen, Tommy Lee wandte sich → BAYWATCH-Nixe Pamela Anderson zu. Heathers Faible für harte Rockmusik war auch der Hintergrund ihres Gastauftritts in WAYNE'S WORLD 2 (USA 1993). Für Freunde des Schräglagenfilms empfehlenswert: Heather Locklear in DAS GRÜNE DING AUS DEM SUMPF (THE RETURN OF THE SWAMP THING, USA 1989).

MacGyver
USA / Kanada 1985 – 1992

Angus MacGyver
RICHARD DEAN ANDERSON

Peter Thornton
DANA ELCAR

Jack Dalton (1987 – 1992)
BRUCE MCGILL

Nikki Carpenter (1987 – 1988)
ELYSSA DAVALOS

Der Optimismus dieses Mannes ist schier unermeßlich. Da steckt er in der aussichtslosesten Zwangslage, läßt sich aber, während rundum alles zagt und zetert, auch nicht für den geringsten Moment von seiner unerschütterlichen *Mal sehen, was wir da haben*-Position abbringen. Angus MacGyver verfügt über ein enormes bastlerisches Geschick und niemals versiegende Kenntnisse physikalischer und chemischer Gesetzmäßigkeiten. Und dieser fingerfertige Alchimist findet immer irgendwo Materialien, die seinen Zwecken dienlich sind. Aus Mottenkugeln, Möbelpolitur und einem Zündholz fabriziert er Raketentreibstoff für den ganz alltäglichen Schnellschuß; auch draußen in der freien Natur weiß er sich patent zu helfen und schüttet Getreidestaub, Katzengold und Tannenzapfen zu einer explosiven Mixtur zusammen. Sperrte man ihn in eine nackte Betonzelle, er würde vermutlich ein wenig Mörtel von der Wand kratzen, ihn mit dem Staub von seinen Schuhen mischen und sich mit diesen bescheidenen Mitteln im Handumdrehen einen Weg in die Freiheit sprengen.

Kann es über Macs außerordentliche

Richard Dean Anderson als MacGyver und Dana Elcar als Peter Thornton

Talente keinerlei Zweifel geben, so sind Herkunft und Werdegang vernebelt, weil von Geheimnissen und – gezielten? – Falschmeldungen umwittert. Nicht endgültig geklärt ist beispielsweise die Frage, ob er Chemie, Physik oder aber überhaupt nicht studiert hat. In höchstem Maße widersprüchlich sind die Hinweise bezüglich seiner Militärzeit. In

Gaststars:
Deborah Adair, Adam Arkin, Mayim Bialik, Linda Blair, Dirk Blocker, Ellen Bry, Tia Carrere, Michael Des Barres, James Doohan, Robert Englund, Darlanne Fluegel, Pamela Gidley, Cuba Gooding jr., Clu Gulager, Richard Hatch, Teri Hatcher, James Hong, Peter Jurasik, Persis Khambatta, Audrey Landers, Kay Lenz, Geoffrey Lewis, G. Gordon Liddy, Traci Lords, Wendie Malick, Kim Miyori, Edward B. Mulhare, Robert Pastorelli, Jason Priest- *ley, Richard Roundtree, Reiner Schöne, Joe Santos, Gregory Sierra, George Takei, John Vernon, Nana Visitor, Patrick Wayne, Floyd Red Crow Westerman, Wendy O. Williams, Henry Winkler*

Creator:
Lee David Zlotoff
Beginn der deutschen Erstausstrahlung: 1987, Sat.1

Gelegentlich fügten die Produzenten Ausschnitte aus älteren Kinofilmen ein, um einzelne Episoden ein wenig aufzuputzen. In der Folge «Der Ameisenkrieg» / «Trumbo's World» wurden Aufnahmen aus WENN DIE MARABUNTA DROHT (THE NAKED JUNGLE, USA 1954) zweitverwertet. «Ein unsichtbarer Gegner» / «Deathlock» beginnt mit MacGyvers waghalsiger Flucht aus der DDR via Leichenwagen, der auf westlicher Seite unter anderen von den noch sehr jugendlichen

MacGyver (Richard Dean Anderson) und die Trickbetrugspezialistin Joanne (Pamela Bowen)

der ersten Staffel der Serie wird verschiedentlich angedeutet, MacGyver habe bei einem Bombenbeseitigungstrupp in Vietnam gedient. Auch eine zeitweilige Verpflichtung in der einst von John F. Kennedy aufgestellten Eliteeinheit Navy SEAL – Kürzel für «Sea, Air, Land» – scheint nicht ausgeschlossen. Dem widerspricht Macs kategorische Abneigung gegen Feuerwaffen aller Art, die sich im Laufe der Zeit zu einer pazifistischen Grundhaltung auswächst. Es gibt sogar berechtigten Anlaß für die Vermutung, er sei zu Zeiten des Vietnamkriegs Aktivist in der Friedensbewegung gewesen.

«Ich hasse Schießeisen», sagt der Titelheld einmal mit besonderem Nachdruck, und diese Einstellung immerhin wird durch eine biographische Note untermauert: Als er 13 Jahre alt war, kam MacGyvers Jugendfreund Jesse beim Spielen mit der Waffe seines Vaters ums Leben. Seither benutzt Mac,

von einer Ausnahme im Pilotfilm abgesehen, Pistolen allenfalls, um verbogene Nägel geradezuklopfen.

Als wir ihm zum ersten Mal begegnen, ist er eine Art freier Mitarbeiter des «Department Of External Services», kurz DXS. Dabei handelt es sich um einen der CIA nicht unähnlichen Geheimdienst der US-Regierung, mit den Worten von MacGyvers direktem Ansprechpartner und väterlichem Freund Peter Thornton zu sprechen, «eine Firma, die mit weitgefächerten Aktivitäten die unterschiedlichsten Ziele verfolgt». Zum Beispiel gilt es, Dissidenten in osteuropäischen Staaten zu unterstützen, Mikrofilme durch den Eisernen Vorhang zu schmuggeln und ähnliche Auslandsaufträge zu erledigen; auch Katastropheneinsätze stehen auf dem Programm. Fragen nach seinem Beruf beantwortet MacGyver generell mit vagen Worten wie diesen: «Es hat, allgemein gesagt, mit Frieden und Freiheit zu tun und gewissen Leuten, die nichts davon halten.»

Offenbar kollidierten jedoch irgendwann MacGyvers hohe ethische Ansprüche mit den Wünschen seiner Auftraggeber. Jedenfalls wechselten Thornton und er selbander zur privaten «Phoenix Foundation», wo es zivilere Aufgaben zu erledigen galt. Die Mitarbeiter dieser gemeinnützigen Stiftung kümmerten sich um ökologische Belange, soziale Probleme und die Verbrechensvorsorge. Auch wurde MacGyver noch gelegentlich ins Ausland beordert, leistete dort aber zumeist konstruktive Arbeit und unterstützte zum

Sargträgern Wolfgang Völz und Herbert Fux erwartet wird. Diese Szenen stammen aus dem Spionagethriller FINALE IN BERLIN (FUNERAL IN BERLIN, GB 1966). In «GX-1» kamen Schnipsel aus TOP GUN (USA 1986) zu neuen Ehren.

Ursprünglich war geplant, MacGyver den Vornamen «Stace» zu geben. Auf Anregung Richard Dean Andersons wurde der Nachkomme schottischer Vorfahren jedoch Angus geheißen.
Die Überlieferung besagt, daß An-

derson den Namen während einer Wohltätigkeitsveranstaltung in Vancouver auf einem Transparent entdeckte. Allerdings blieb MacGyvers Vorname in der Serie lange Zeit ungenannt. Enge Freunde riefen ihn «Mac», sein Großvater Harry durfte ihn auch mit dem Spitznamen «Bud» ansprechen.

Lee David Zlotoff war Autor und Produzent der ersten Staffel von REMINGTON STEELE (USA 1982–1987). Zu seinen weiteren Meriten gehört DER

MOND ÜBER PLYMOUTH (PLYMOUTH, USA / I 1990), der Pilotfilm einer nicht realisierten utopischen Fernsehserie.

Richard Dean Anderson begann seine TV-Karriere im Ensemble der *daytime soap* GENERAL HOSPITAL (USA 1963–), dem er zwischen 1976 und 1981 angehörte. Nach einigen kürzeren Serienengagements übernahm er die Rolle des Angus MacGyver, den er nach Ende der Serienproduktion noch in den beiden TV-Movies MACGYVER: JAGD NACH DEM SCHATZ

Beispiel die rumänische Regierung beim Aufbau demokratischer Strukturen. Diese neuen Inhalte der Serie erregten großes Mißfallen bei einer ultrakonservativen Organisation namens Media Research Center, die die Serie als «liberal» zu diffamieren suchte und in der Saison 1990/91 auf ihre schwarze Liste setzte. Was, neben einer Auszeichnung des Center To Prevent Handgun Violence, (1989) und dem Environmental Media Award (1991), den Ausführenden durchaus zur Ehre gereicht.

Wie MacGyver und der damalige Außendienstler Peter Thornton überhaupt aufeinandertrafen, wird erst in der vierzigsten Episode mit dem Titel «Totgesagte leben länger»/«Partners» nachgereicht. Demnach hatte MacGyver für seinen erkrankten Freund Jack dessen Taxischicht übernommen und eine junge Frau in ein recht unwirtliches Viertel chauffiert, wo sie prompt in eine bedrohliche Situation geriet, die MacGyver zum Eingreifen veranlaßte. Der Urheber des Schlamassels war niemand anderes als Peter Thornton, während sich unter dem eleganten Damenkostüm ein skrupelloser Berufskiller verbarg. Das Mißverständnis klärte sich erst mit einiger Verspätung, und der gemeingefährliche Mordbube entkam nicht nur, es gelang ihm auch, MacGyver und Thornton vor die Bazookas seiner auf Mord disponierten Komplizen zu lotsen. In der für ihn typischen Art bedurfte Mac nur eines Schraubenschlüssels, einer Büroklammer und eines Schnürsenkels, die heikle Situa-

Richard Dean Anderson

tion zu seinen Gunsten zu wenden. Diesen Genius mochte Thornton, der auch Pete genannt wurde, nicht hinter dem Volant verkümmern lassen und warb ihn für die DXS an – MacGyver sagte zu, und wie immer in solchen Fällen wurden wir Zeugen des Beginns einer wunderbaren Freundschaft.

Ebendie war es auch, die ihn all die Jahre bei der Stange hielt. Gelegentlich überfiel ihn durchaus schon mal der Katzenjammer, zum Beispiel am 23. März 1987, als er mit Kollegen und Freunden seinen 37. Geburtstag

---

VON ATLANTIS (MACGYVER: THE LOST TREASURE OF ATLANTIS, USA 1994) und MACGYVER: ENDSTATION HÖLLE (MACGYVER: TRAIL TO DOOMSDAY, USA 1994) verkörperte. 1995 sah man ihn in der von seiner eigenen Herstellungsfirma koproduzierten Westernserie LEGEND (USA 1995), ab Februar 1997 stand er in Vancouver, seinerzeit auch Drehort einiger MACGYVER-Stafeln, für die auf Roland Emmerichs Kinofilm basierende Science-ficton-Serie STARGATE (STARGATE SG-1, USA 1997–) vor der Kame-

ra. In deren Pilotfilm gibt es eine beiläufige Anspielung auf die Vergangenheit des Helden: Die Astrophysikerin Samantha Carter (Amanda Tapping) teilt Colonel Jack O'Neill (R. D. Anderson) mit, man habe zwei Jahre lang «macgyvered», um das Geheimnis des Sternentores zu lüften.

Im Verlauf der Dreharbeiten zu MACGYVER verschlimmerte sich Dana Elcars bereits in früheren Jahren diagnostiziertes Augenleiden so stark, daß er nahezu erblindete. Dennoch

wurde er nicht durch einen anderen Darsteller ersetzt. Statt dessen baute man seine Krankheit in die Serie ein – auch Pete Thornton verlor sein Augenlicht.

Die als *MacGyverismen* in die Alltagssprache eingegangenen technischen Kniffe und Drehs basierten auf naturwissenschaftlichen Erkenntnissen und wurden jeweils von dem Fachberater John Koivula auf ihre Machbarkeit hin überprüft. Bei Explosivstoffen und anderen gefährlichen Bastelei-

Richard Dean Anderson

feierte und über der Erinnerung an zurückliegende Abenteuer gewahr wurde, daß sein Leben vorwiegend aus tolldreisten Eskapaden und gefährlichen Streichen bestand, für Privates aber kaum jemals Zeit blieb. Die Kündigung war bereits unterschrieben und überreicht, als MacGyver endlich doch noch einen Rückzieher machte, weil er erkannt hatte, daß ihn mit den Anwesenden mehr verband als rein berufliche Belange.

Fortwährendes Pech beschieden war dem sanftmütigen Pfiffikus allein in Liebesdingen. Etwaige Objekte seiner durchweg sehr gezähmten Begierde trieben doppeltes Spiel mit ihm, oder sie starben einen frühen Tod. Drohte das Äußerste, nämlich der Gang zum Traualtar, wurden Sender und Produzenten mit Bergen von Protestbriefen weiblicher Zuschauer eingedeckt – mit dem unvermeidlichen Resultat, daß wieder eine Flamme MacGyvers einem tragischen Unglücksfall zum Opfer fiel.

en aber unterschlug man stets eine entscheidende Ingredienz, um Nachahmungen zu verhindern.

Zitate:
«In einer Küche finden sich immer eine ganze Menge Sachen, die sich verwenden lassen.»
MACGYVER

«Die Waffen, mit denen er in der Serie kämpft, sind seine Schlauheit und sein ausgeprägtes technisches Geschick. Ganz selten trägt er eine Waffe; er ist ein Symbol der Gewaltlosigkeit.» ‹BRAVO›

Literatur:
J. Graham Walker: L'intégrale *MacGyver*. Clamart 1991

Fanclubs:
Richard Dean Anderson Interessengilde
Luitgard Baur
Am Bühl 16
72461 Albstadt
(Mitgliedschaft kostenlos, vierteljährliche Gildehefte, Episodenhefte)

Richard Dean Anderson Fanclub
c/o Christine Ströhlein
Eichenstr. 10
95326 Kulmbach
(Jahresbeitrag DM 30,–, vierteljährliche Clubzeitschrift, Clubtreffen, Clubreisen in die USA, Fanartikel, Benefizaktionen)

c/o Paramount Pictures Cooperation
2400 Boundry Road
Burnaby B. C., VSM 373
Canada

Männerwirtschaft The Odd Couple
USA 1970–1983

Felix Unger	**Vinnie**	**Cecily Pigeon (1970–1971)**
Tony Randall	Larry Gelman	Monica Evans
Oscar Madison	**Myrna Turner (1971–1975)**	**Gwendolyn Pigeon**
Jack Klugman	Penny Marshall	**(1970–1971)**
Murray Greshner	**Roger (1973–1974)**	Carol Shelly
Al Molinaro	Archie Hahn	
Speed (1970–1974)	**Roy (1970–1971)**	
Garry Walberg	Ryan McDonald	

Ohne Frage hatte die Vorsehung Felix Unger und Oscar Madison füreinander bestimmt. In ihren Kindertagen waren sie sich, so erkannten sie im nachhinein, in Chicago schon einmal über den Weg gelaufen. Später arbeiteten beide vorübergehend für den ‹Playboy›, Oscar als Autor, Felix als Fotograf, der unter dem Pseudonym «Spencer Benedict» Playmates ablichtete und am Arbeitsplatz das *Playboy Bunny* Gloria und damit seine spätere Frau kennenlernte. Gloria hatte sich soeben nach siebenjähriger Ehe von dem inzwischen selbständigen Felix scheiden lassen, als der für ein Gerichtsverfahren zum Geschworenen bestellt wurde. Und siehe, auch Oscar gehörte der Jury an – der Beginn einer langen, komplikationsreichen Freundschaft.

Binnen kurzem finden sich die beiden als Wohngenossen wieder, denn der gleichfalls aus der Ehe entlassene Oscar kann sich das luxuriöse Apartment 1102 an der noblen Adresse Park Avenue 1049, in unmittelbarer Nähe des südlichen Central Parks gelegen, alleine nicht leisten. Der hemdsärmelige

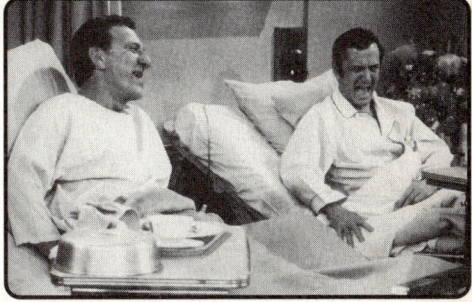

Das «seltsame Paar»

Sportreporter mag noch manches Mal bereut haben, den penetranten Putzteufel Felix aufgenommen zu haben. Denn gegensätzlichere Individuen sind kaum vorstellbar. Oscar hat die Unordnung zur hehren Kunst erhoben. Sein Zimmer ist ein Muster an Chaos, seine Eßgewohnheiten – wahlweise Lasagne oder Pommes, beides in einer schwappenden Ketchupschwemme serviert – sind barbarisch.

Ganz anders der auf Reinlichkeit bedachte Felix, der, ein mißbilligendes «Oscar, Oscar, Oscar» auf den Lippen, umgehend mit dem Putzlappen zur Stelle ist, wenn er nur die Anmutung einer Verschmutzung ver-

---

Gaststars:
John Astin, Albert Brooks, Victor Buono, Dick Clark, Leif Garrett, Hugh Hefner, Bob Hope, Billy Jean King, Garry Marshall, Dina Merrill, George Montgomery, Pat Morita, Rob Reiner, Bobby Riggs, Pernell Roberts, Jean Simmons, Brett Somers, Joan Van Ark, Joyce Van Patten, Betty White, Paul Williams, Wolfman Jack

Creators:
Neil Simon, Garry Marshall, Jerry Belson
Beginn der deutschen Erstausstrahlung: 19. 10. 1972, ZDF

Anstelle von Tony Randall und Jack Klugman sollten ursprünglich Art Carney, der bereits in der Broadway-Inszenierung von THE ODD COUPLE mitgewirkt hatte, und Martin Balsam die Hauptrollen spielen. Ein anderer Besetzungsvorschlag lautete, Tony Randall mit Mickey Rooney zu kombinieren.

Während der ersten Laufzeit war die Serie trotz guter Kritiken nur mäßig erfolgreich und plazierte sich stets im Mittelfeld der Quotentabellen. Ihren Nimbus erwarb sie erst im Verlauf der zahlreichen Wiederholungen.

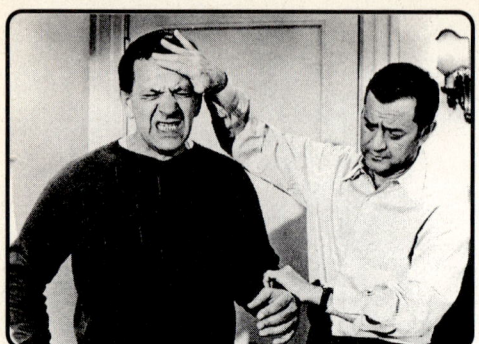

*Jack Klugman als Oscar Madison und
Tony Randall als Felix Unger*

läßlich der Geburt seiner Tochter Edna die gesamte Klinik in Aufruhr versetzte.

Wenig erstaunlich, daß der bärbeißige, ewig grollende Sportfanatiker Oscar und der gezierte Opernliebhaber Felix in einem fort im verbalen Clinch lagen und einander das Leben vergällten – aber das machte gerade den Spaß aus an dieser Serie. Fünf Jahre hielten es die Lebens- und Schicksalsgefährten miteinander aus, dann fand Felix erneut gnädige Aufnahme bei seiner Gloria, und Oscar war wieder allein zu Haus. Nachdem er Felix auf den Weg gebracht hatte, kehrte er in die vereinsamte Wohnung zurück, widmete dem Freund ein kurzes Angedenken und stellte dann das ehemals gemeinsame Wohnzimmer dermaßen auf den Kopf, daß Felix, wäre er es gewahr geworden, unweigerlich einen Nervenzusammenbruch erlitten hätte. Es sollte jedoch ein Wiedersehen geben – in dem zweistündigen Fernsehfilm THE ODD COUPLE – TOGETHER AGAIN (USA 1993) zog Felix wieder ein und bemühte sich um Oscar, der an den Nachwehen einer Krebsoperation litt, ein Rekurs aufs wirkliche Leben, mit dem Jack Klugmans Erkrankung Eingang in die Geschichte fand (→ JACK KLUGMAN). Neben Randall und Klugman gaben auch Penny Marshall und Garry Walberg Reprisen ihrer früheren Rollen.

Die Sitcom basierte auf Neil Simons im März 1965 uraufgeführter Broadway-Komödie THE ODD COUPLE, die zu einem Langläufer geworden und 1968 von Gene Saks mit

spürt; der alle Gegenstände penibel an den ihnen zugedachten Platz rückt und als Hobbykoch sehr viel Zeit auf die Zubereitung und den stilvollen Verzehr einer gediegenen Mahlzeit verwendet.

Felix' obsessiver Hang zu einem keimfreien Umfeld war schon der Grund für das Scheitern seiner Ehe, denn die nervlich zerrüttete Gloria mochte es nicht länger ertragen, daß Felix besser kochte als sie und gern noch einmal nachwischte, nachdem sie gerade erst saubergemacht hatte. Wenig erträglich ist auch die Gewohnheit des hochgradig hypochondrisch veranlagten Felix, mit einem schnaubenden Trompetengeräusch seine angeblich verstopfte Stirnhöhle freizublasen. Zudem neigt Felix über alle Maßen zur Hysterie – im «Mid-Memorial Hospital» hat dieses Musterexemplar der Spezies Nervensäge absolutes Hausverbot, seit er an-

1982 entstand mit THE NEW ODD COUPLE (USA 1982–1983) eine Neuauflage der Serie mit den gleichen Charakteren, die dort allerdings von schwarzen Schauspielern – in den Hauptrollen Ron Glass und Demond Wilson – dargestellt wurden. Diese Variante wurde vom Publikum nicht angenommen und im Folgejahr eingestellt.

Modisch war Oscar Madison seiner Zeit weit voraus – der leidenschaftliche Passivsportler pflegte seine Baseball-Kappe verkehrt herum zu tragen, grad so, wie unzählige junge Men-

schen es sich Jahre später zur Gewohnheit werden ließen.

Oscars Ex-Gattin Blanche, deren wortgewandt hingegiftete Gehässigkeiten ihren Verflossenen immer wieder in die Defensive trieben, wurde von Brett Somers gespielt, seinerzeit Jack Klugmans Angetraute. Ihre Verpflichtung erwies sich als schlechtes Omen – die Ehe der Klugmans ging während der Produktionszeit von MÄNNERWIRTSCHAFT tatsächlich in die Brüche.

Wäre die Serie am Originalschauplatz gedreht worden, hätte Tony Randall einen kurzen Weg zur Arbeit gehabt – er wohnt vis-à-vis der Park Avenue auf der anderen Seite des Central Parks, an der Central Park West 211. Im selben Gebäude bezogen zeitweilig auch Rock Hudson, Tatum O'Neal, Dustin Hoffman, Mary Tyler Moore und John McEnroe Quartier. Neil Simon residiert ebenfalls ganz in der Nähe – an der Park Avenue 700.

Vor seinem Durchbruch als Theaterautor hatte Neil Simon fürs Fernse-

Felix möchte eine Film über die schlechten Gewohnheiten des menschlichen Individuums drehen. Oscar soll das Model sein.

Walter Matthau und Jack Lemmon in den Hauptrollen verfilmt worden war. Der deutsche Titel lautet EIN SELTSAMES PAAR. Im Auftrag der Paramount Studios, die die Film- und Fernsehrechte im Paket erworben hatten, entwickelte der Autor, Regisseur und Produzent Garry Marshall ein halbstündiges Serienformat, das als Doppelprogramm mit BARFUSS IM PARK (BAREFOOT IN THE PARK, USA 1970–1971) ausgestrahlt wurde, ebenfalls eine TV-Adaption eines Simon-Stückes. Marshall selbst war als Autor und Regisseur stark in die Produktion eingebunden. Seine Schwester Penny, später Regisseurin von anspruchsvollen Unterhaltungsfilmen wie BIG (USA 1988), ZEIT DES ERWACHENS (AWAKENINGS, USA 1990) und EINE KLASSE FÜR SICH (A LEAGUE OF THEIR OWN, USA 1992), übernahm den Part der konfusen Sekretärin Myrna, die Oscar in der Redaktion des ‹New York Herald› zuarbeiten soll und dabei manchen Wirrwarr anrichtet, was ihrem Arbeitgeber aber gerade recht ist – «die beste Sekretärin, die ich je hatte». Als Myrnas Freund agierte Rob Reiner, der von 1971 bis 1979 mit Penny Marshall verheiratet war und nach einer langjährigen Karriere als TV-Autor und -Schauspieler Mitte der achtziger Jahre ebenfalls zur Filmregie wechselte.

hen geschrieben und Episoden für die Sitcom THE PHIL SILVERS SHOW / SERGEANT BILKO (USA 1955–1959) verfaßt. An MÄNNERWIRTSCHAFT war er weder ideell noch finanziell beteiligt, trat aber in der Episode «Two On The Aisle», in der sich Oscar mit Felix' Hilfe als Theaterkritiker betätigt, als Gaststar auf. In einem Interview gab er an, er versäume keine Folge.

1998 entstand eine Fortsetzung des Kinofilms EIN SELTSAMES PAAR. Für THE ODD COUPLE 2 (USA 1998) trat erneut das *dream team* Walter Matthau und Jack Lemmon vor die Kamera. Das Buch schrieb Neil Simon, Regie führte Howard Deutch.

Einige Folgen der Serie stammten von Susan Harris, die der Fernsehwelt später mit → GOLDEN GIRLS einen eigenen Sitcom-Klassiker bescherte.

Ein rares Sammlerstück ist heute die von den beiden Hauptdarstellern gemeinsam besungene LP mit dem Titel «The Odd Couple Sings …».

Zitat:
«Wo in der Kinovorlage Großmimentum ausuferte, brilliert hier der durch die Weihen diffiziler Grimassenkomik geadelte Tony Randall, wenn er als oberpedantische Filzlaus den Oberschlamp Jack Klugman piesackt.»
‹TEMPO›

Literatur:
Rip Stock: Odd Couple Mania. New York 1981
Edward Gross: Twenty-Fifth Anniversary Odd Couple Companion: Still Odd After All These Years. Canoga Park 1989

Magnum Magnum, P.I.
USA 1980–1988

Thomas Sullivan Magnum TOM SELLECK	**Lieutenant Tanaka (1982–1988)** KWAN HI LIM	**Francis «Ice Pick» Hofstetler (1983–1988)** ELISHA COOK JR.
Jonathan Quayle Higgins III JOHN HILLERMAN	**Agatha Chumley (1982–1988)** GILLIAN DOBB	**Die Stimme von Robin Masters (1981–1985)** ORSON WELLES
Theodore «T. C.» Calvin ROGER E. MOSLEY	**Assistant D.A. Carol Baldwin (1983–1988)** KATHLEEN LLOYD	
Orville «Rick» Wright LARRY MANETTI		

Nach acht erfolgreichen Jahren mit insgesamt 162 Episoden endete am 1. Mai 1988 die US-Serie MAGNUM mit einem zweistündigen Special, das noch einmal sensationelle Einschaltquoten erzielte. Publikumsliebling Tom Selleck, der Darsteller der Titelfigur, hatte sich entschlossen, Hawaii endgültig Lebewohl zu sagen, um sich voll und ganz seiner Kinokarriere widmen zu können.

Tom Selleck als Thomas Magnum

Die enorme Popularität der Detektivserie beruhte zum Teil auf ihrer malerischen Kulisse, der einmaligen Landschaft Hawaiis, mehr noch aber auf dem bubenhaften Charme und dem komödiantischen Auftreten des Hauptdarstellers Tom Selleck, der mit einer Körperhöhe von 1,93 Meter wahrlich «Magnum-Format» besitzt. Seine Qualitäten waren bereits den Produzenten der Serie ➜ DETEKTIV ROCKFORD – ANRUF GENÜGT aufgefallen. In einigen Episoden spielte Selleck eine Gastrolle als Privatdetektiv Lance White, der dem weniger versierten Kollegen Jim Rockford (James Garner) penetrant ins Handwerk pfuscht und dabei auch noch Erfolg hat, was Rockford reinweg zur Weißglut bringt.

Zur selben Zeit suchte man nach einer Möglichkeit, die vormals für die Kriminalserie ➜ HAWAII 5-0 errichteten und nach deren Einstellung vorübergehend verwaisten Produktionsstätten weiterhin zu nutzen. So entstand die Idee zu MAGNUM und damit, wie sich zeigen sollte, zu einem der größten TV-Serienhits überhaupt.

Die MAGNUM-«Bibel», das für die Arbeit der Serienautoren verbindliche Handbuch mit den Lebensdaten und Charakterbeschreibungen der Hauptfiguren, enthielt unter anderem folgende Angaben zu Thomas Sullivan Magnum: Er «wurde am 8. August 1944 in Tidewater, Virginia, geboren. Er ist Annapolis-Absolvent des Jahrgangs 1967 und

Gaststars:
Lew Ayres, Talia Balsam, Ernest Borgnine, Carol Burnett, Brandon Call, Tyne Daly, Dana Delany, Shannen Doherty, Morgan Fairchild, Jose Ferrer, Miguel Ferrer, Jill St. John, Kay Lenz, Robert Loggia, Chuck Mangione, Stuart Margolin, Christopher Mitchum, Michael Nader, Mimi Rogers, Frank Sinatra, Sharon Stone, Fritz Weaver

Creators:
Donald P. Bellisario und Glen A. Larson
Beginn der deutschen Erstausstrahlung: 18. 6. 1984, ARD

In den Erfolg, den Tom Selleck als MAGNUM verbuchen konnte, mischte sich ein dicker Wermutstropfen: Seiner Serienverpflichtung wegen mußte er Steven Spielbergs Angebot ausschlagen, die Rolle des Indiana Jones

in JÄGER DES VERLORENEN SCHATZES (RAIDERS OF THE LOST ARK, USA 1981) zu übernehmen. Erst nach Sellecks Absage ging der Part an Harrison Ford.

Da MAGNUM ursprünglich bereits 1987 eingestellt werden sollte, existieren zwei Schlußepisoden. In *«Limbo»* erlaubten sich die Produzenten ein recht bizarres Finale: Magnum stirbt bei einer Schießerei, zieht in den

Tom Selleck mit Alexandra Diamond

Roger E. Mosley als T.C. und Larry Manetti als Rick

verließ die Marine kurz vor seiner Beförderung zum Lieutenant Commander. In den zehn Jahren seiner Dienstzeit wurde er dreimal in Vietnam eingesetzt, zweimal verwundet und hoch dekoriert, und er arbeitete fünf Jahre beim militärischen Geheimdienst.»

In der Originalfassung der Serie sind die Vietnamerfahrungen der drei Hauptfiguren Magnum, T.C. und Rick von relevanter Bedeutung. Die ARD hingegen strahlte einige einschlägige Episoden gar nicht aus, andere wurden durch Synchronisation und/oder Kürzungen entstellt. RTL gab im Mai 1996 bekannt, sämtliche Folgen der Serie in originalgetreuer Bearbeitung und in der ursprünglichen Reihenfolge ausstrahlen zu wollen.

Bis dahin kannte man Magnum hierzulande vor allem als stets gutgelaunten Luftikus in knappen Shorts und buntem Hawaiihemd. Doch hinter der fröhlichen Fassade verbirgt sich ein Mann mit Vergangenheit, dem körperliche wie auch seelische Verwundungen zugefügt worden waren. Zeitweilig mußte er sich sogar einer stationären psychiatrischen Behandlung unterziehen. Nicht nur hatte er in Vietnam seine Jugend vergeudet, sondern mit der Französin Michelle auch die einzige wahre Liebe seines Lebens zurücklassen müssen.

Trotz derart bedrückender Erfahrungen hatte sich Magnum eine gewisse Naivität und Jungenhaftigkeit, vor allem aber einen uneingeschränkten Optimismus erhalten können. Mit seinen ehemaligen Kameraden T.C. Calvin und Rick Wright ließ er sich nach dem Abschied aus der Armee auf Hawaii nieder. Rick wurde Geschäftsführer des exklusiven «King Kamehameha Beach Club», T.C. gründete die Helikopter-Charterfirma «Island Hoppers». Thomas Magnum aber zog das beste Los: Er wurde Privatdetektiv und außerdem Sicherheitsbeauftragter des Bestsellerautors Robin Masters. Zu den Gratifikationen dieses Jobs gehörten das kostenlose Logis auf dem imposanten Anwesen des Schriftstellers und das Vorrecht, nach Belieben über dessen 60 000 Dollar teuren roten Ferrari verfügen zu können.

Sein traumhaftes Domizil teilte sich Magnum mit Masters' Statthalter Jonathan

Himmel ein und verabschiedet sich mit einem fröhlichen Augenzwinkern von seinem Publikum. Da wider Erwarten eine Verlängerung anstand, rechtfertigte man das seltsame Geschehen später mit der in solchen Fällen üblichen Ausrede: alles nur geträumt.

Die erste Kinorolle verdankte Tom Selleck seinen Talenten als Basketballspieler. Er und seine Teamkameraden mimten Mae Wests Lustknaben in dem extravaganten Leinwandspektakel MYRA BRECKENRIDGE – MANN ODER FRAU (MYRA BRECKENRIDGE, USA 1970). Auch bei seinem ersten Fernsehauftritt agierte er als Lustobjekt: Er trat als Bewerber Nummer zwei in einer Ausgabe von THE DATING GAME an, der US-Variante von HERZBLATT. Tom hatte Pech – die Kandidatin entschied sich gegen ihn.

Der Afroamerikaner Roger E. Mosley, auch bekannt aus ROOTS. DIE NÄCHSTE GENERATION (ROOTS: THE NEXT GENERATIONS, USA 1979–1981), war in den Sechzigern Bürgerrechtsaktivist und unter anderem bei den Rassenunruhen von Watts zugegen. Auch als Fernsehstar blieb er sozial engagiert; 1982 pointierte die Programmzeitschrift ‹TV Guide› seine Position mit den Worten: «One foot in the ghetto, one in his Rolls Royce».

Tom Selleck

John Hillerman als Jonathan Quale Higgins III.

Quayle Higgins III, von Magnum frech «Higgy Baby» gerufen und in einer Episode gar als «eigenartiger kleiner Mann» charakterisiert. Als ehemaliger Offizier der britischen Armee stand der kulturbeflissene, stets auf Selbstdisziplin und Korrektheit bedachte Snob naturgemäß in Opposition zum unbekümmert nassauernden Sonnyboy Magnum. Diese Gegensätze wurden genüßlich ausgespielt, die mokanten Wortgeplänkel der beiden ungleichen Wohngenossen, ihre wechselseitigen Sticheleien und kleinen Streiche trugen zum besonderen Reiz dieser Serie bei.

Als buchstäblicher *running gag* traten hie und da Higgins kapitale Dobermänner Zeus und Apollo in Aktion, die den geplagten Magnum als schmackhafte Ergänzung ihres Speiseplans betrachteten. Da Robin Masters nie persönlich im Bild zu sehen war, spekulierten mit Magnum auch viele Zuschauer, ob womöglich Higgins mit dem geheimnisvollen Großgrundbesitzer und Wohltäter identisch sei. Das Rätsel wurde nie wirklich gelöst, aber es gibt mannigfache Hinweise, die gegen diese verwegene Annahme sprechen.

Bevor er als MAGNUM Weltruhm erlangte,

war Tom Selleck in Werbespots aufgetreten, hatte als Nebendarsteller an gut 50 Serien mitgewirkt und von 1974 bis 1975 den Part des Jed Andrews in der *daytime soap* SCHATTEN DER LEIDENSCHAFT (THE YOUNG AND THE RESTLESS, USA 1973–) innegehabt. In sieben Pilotfilmen stand er vor der Kamera, doch alle Versuche, den virilen Mimen als Serienstar zu etablieren, scheiterten jeweils im Ansatz. Selleck war somit keineswegs vom Erfolg verwöhnt, als er das Angebot erhielt, eine Figur namens Harry Magnum zu spielen. Dennoch lehnte er die Offerte zunächst ab.

«Dieser Magnum hätte da weitergemacht, wo Sean Connery als Agent 007 aufgehört hatte, mit einer hawaiischen Kulisse als Dreingabe», begründete Selleck später im Gespräch mit der ‹Saturday Evening Post› seine Entscheidung. Dieser ursprüngliche Entwurf, der Magnum recht schematisch als überdimensionalen Omnipotenzprotz skizzierte, stammte von Glen A. Larson. Auf Sellecks Einwände hin erklärte sich Larsons Koproduzent und Hauptautor Donald P. Bellisario bereit, die vorliegende Charakteristik zu modifizieren. Der Protagonist bekam

---

Erst zwei Jahre nach dem Ende von MAGNUM war Mosley als Hauptdarsteller der Sitcom YOU TAKE THE KIDS (USA 1990–1991) wieder regelmäßig auf dem Bildschirm zu sehen. 1992 stieß er zum Ensemble von HANGIN' WITH MR. COOPER (USA 1992–).

Hie und da begab es sich, daß Thomas Magnum anderen Serienhelden begegnete. So löste er einen Fall im Zusammenspiel mit Jessica Fletcher

(Angela Lansbury) aus → MORD IST IHR HOBBY und einen weiteren mit den ungleichen Brüdern A. J. (Jameson Parker) und Rick Simon (Gerald McRaney) aus SIMON & SIMON (USA 1981–1988). Alle waren selbstredend für dasselbe Network tätig: CBS.

Tom Selleck gewann 1984 den Emmy für den *Besten Hauptdarsteller einer dramatischen Serie*; John Hillerman erhielt die Auszeichnung

1987 in der Kategorie *Bester Nebendarsteller*.

MAGNUM-Produzent Glen A. Larson kehrte 1994 an die Stätte früherer Erfolge zurück und drehte auf Hawaii die Serie ONE WEST WAIKIKI (USA 1994) mit Cheryl Ladd und Richard Burgi. Die männliche Hauptfigur war ein gewisser Police Lieutenant Mack Wolfe – wohl keine zufällige Namensgebung: Im MAGNUM-Pilotfilm ver-

Tom Selleck

John Hillerman
neben Lisa Blount

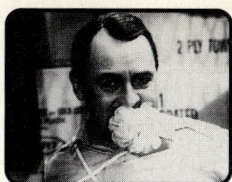

John Hillerman

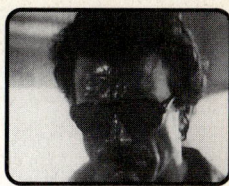

Tom Selleck

Tom Selleck mit Kim
Richards ...

... und mit Eugene
Roche

eine gute Portion Selbstironie und sympathische Schwächen zugebilligt; die fiktive Figur erhielt Wesenszüge ihres Darstellers. Eine Namensänderung machte die Absicht deutlich: Der Titelheld hieß fortan nicht mehr Harry, sondern Thomas «Tommy» Magnum, und teilte de facto sogar mancherlei Neigungen seines Taufpaten, zum Beispiel die Vorliebe für die Baseballmannschaft «*Detroit Tigers*». In Magnums Biographie eingewoben wurde seine Vergangenheit als Vietnamkämpfer; vor diesem Hintergrund ergibt sein mitunter schuljungenhaftes Gehabe ein ganz anderes Bild. Ein Satz aus dem Pilotfilm illustriert diese besondere Note: «Eines Tages, mit 33, bin ich aufgewacht und habe entdeckt, daß ich nie 23 war.»

Oberflächlich betrachtet genießt der Zivilist Magnum ein unbeschwertes Leben in exotischer Umgebung, ausgestattet mit den Attributen eines sorgenfreien Playboy-Daseins – dem Anschein nach ein ewiger Urlaub, ein einziges großes *Alohahee*. Doch es bleibt ein geliehenes Leben, weder der Ferrari noch seine Wohnstatt gehören ihm wirklich, und seine Qualitäten als Detektiv lassen einigermaßen zu wünschen übrig. Es ist keineswegs die Ausnahme, daß Magnum mehr Prügel bezieht als seine Gegner, und ohne die Hilfe seiner Freunde T.C. und Rick, die immer wieder gegen ihren Willen in Magnums Fälle verwickelt werden, hätte er manche Eskapade nicht überlebt.

Ohnedies erhält er nur selten das veranschlagte Honorar von 200 Dollar pro Tag, zumeist leistet er Freundschaftsdienste und wird aus Ritterlichkeit oder aus persönlichen Motiven aktiv. Auch das Buch mit dem Titel «*How To Be A World-Class Private Investigator*», das zu schreiben Magnum vorgibt, wird wohl nie veröffentlicht werden. Konsequenterweise kehrt Magnum in der abschließenden Episode «Resolutions» in die Obhut des Militärs zurück. Zuvor hatte er seine lange vermißte Tochter wiedergefunden, reifte dadurch unversehens zum Familienvater, und diese Entwicklung markierte denn auch das Ende des Laisser-faire der nachgeholten Jugendjahre.

schafft sich der Titelheld unberechtigt Zutritt zum Marinestützpunkt Pearl Harbor, indem er einen jungen Wachsoldaten übertölpelt. Der Name des Gefoppten lautet ... Wolfe. Damals wurde er von Judge Reinhold gespielt, der noch – unter anderem durch die BEVERLY HILLS COP-Filme – auf sich aufmerksam machen sollte. Auch Branscombe Richmond, der Bobby Sixkiller aus RENEGADE – GNADENLOSE JAGD (RENEGADE, USA

1992 –), trat im MAGNUM-Pilotfilm als Kleindarsteller in Erscheinung.

1986 begehrte die Zeitschrift ‹People Weekly› von ihren Leserinnen zu wissen, mit welchem Schauspieler Sie am liebsten eine Liebesszene drehen würden. Klarer Sieger der Umfrage wurde Tom Selleck, der den damaligen Top-Frauenschwarm Don Johnson auf Platz zwei verwies.

Zitat:
«Für einen eher scheuen Kerl kann es ziemlich anstrengend sein, in einer Branche zu arbeiten, in der man angeblich seine ganze Zeit damit verbringt, im Rampenlicht Champagner zu schlürfen.»
TOM SELLECK

Karl Malden

TV-Serien mit Karl Malden (* 1914):

DIE STRASSEN VON SAN FRANCISCO
(THE STREETS OF SAN FRANCISCO, USA
1972–1977)
ALS DETECTIVE LIEUTENANT MIKE STONE

SKAG
ALS PETE «SKAG» SKAGSKA (1980)

UNSOLVED MYSTERIES
ALS MODERATOR DER ERSTEN BEIDEN
AUSGABEN (1980)

DIE STRASSEN VON
SAN FRANCISCO

*DIE STRASSEN VON
SAN FRANCISCO:*
**Karl Malden, Diana
Douglas**

«Schauen Sie in dieses Gesicht. Sieht das aus wie das Gesicht eines Hauptdarstellers?» fragte Karl Malden einmal rein rhetorisch und erwartete gewiß keine andere Antwort als: Nein, tut es nicht. Das liegt an der berühmt gewordenen knubbeligen Nase, die ihm immerhin zu einer markanten Physiognomie mit beträchtlichem Wiedererkennungswert verhalf. Mitnichten vermochte der Zinken jedoch Maldens Hollywood-Karriere zu verhindern.

Der Sohn jugoslawischer Einwanderer wurde am 22. März 1914 als Mladen Sekulovich in Chicago geboren. Nach der High School schnupperte er kurz ins Lehramtsstudium hinein, wechselte dann aber an eine Schauspielschule, die er nach drei Jahren in Richtung Broadway verließ, um dort sein Glück zu suchen.

Der Aspirant hatte den richtigen Riecher: 1937 debütierte er in «Golden Boy» und war bald als Bühnenschauspieler anerkannt und sehr begehrt. Drei Jahre später sah man ihn in THEY KNEW WHAT THEY WANTED (USA 1940) erstmals auf der Leinwand. Dem Theater blieb Malden dennoch verbunden. 1947 spielte er in Elia Kazans Bühneninszenierung von «Endstation Sehnsucht». Die bewährte Zusammenarbeit wiederholte sich bei den Kinofilmen BUMERANG (BOOMERANG!, USA 1947), DIE FAUST IM NACKEN (ON THE WATER-FRONT, USA 1954) und BABY DOLL (USA 1956). In Kazans Kinoversion von ENDSTATION SEHNSUCHT (A STREETCAR NAMED DESIRE, USA 1951) lieferte Malden eine Reprise seiner Bühnenrolle und wurde als bester Nebendarsteller mit einem Oscar ausgezeichnet. Ferner spielte Malden in den Filmen namhafter Regisseure wie Preminger, Hitchcock, King Vidor. Er selbst inszenierte das Kriegsdrama WENN MÄNNER ZERBRECHEN (TIME LIMIT, USA 1957) mit Richard Widmark in der Hauptrolle und, in Vertretung für Delmer Daves, einige Szenen des Westerns DER GALGENBAUM / RIVALEN AM GOLD RIVER (THE HANGING TREE, USA 1959), für den er als Schauspieler verpflichtet worden war.

In den siebziger Jahren wechselte er zum Fernsehen und übernahm den Part des verwitterten Lieutenant Mike Stone in der Krimiserie DIE STRASSEN VON SAN FRANCISCO. Dort stand ihm der in jenen Tagen noch milchbärtige Michael Douglas zur Seite, der als hochschulgebildeter Jung-Kriminalist Steve Heller – im US-Original Steve Keller – den väterlichen, altersweisen, selten ohne Hut ausgehenden Kollegen auf das trefflichste ergänzte. Gemeinsam sorgten sie für Ordnung im Schatten der Golden Gate Brücke, jagten ihre ausladenden Karossen achsschenkelschlagend, aber kameragerecht über San Franciscos asphaltierte Steilhänge, uzten einander und gossen Unmengen von

DIE STRASSEN VON SAN FRANCISCO: **Karl Malden, Michael Douglas**

Kaffee in sich hinein. Vorlage für die Serie war der Roman *«Poor, Poor Ophelia»* von Carolyn Weston.

1977 gab es in San Francisco nichts mehr zu tun. Malden pausierte und übernahm erst 1980 wieder eine Serienrolle. In SKAG spielte er einen alternden Stahlarbeiter mit beruflichen und persönlichen Problemen. Die realitätsnahe, teils sehr bittere und prominent besetzte Serie fand den Zuspruch der Kritik, aber – nach exzellentem Start – nur wenige Zuschauer und wurde nach nur knapp zwei Monaten Laufzeit eingestellt. Im Anschluß trat Malden vorwiegend in TV-Movies auf. Eine größere Kinorolle spielte er neben Barbra Streisand in NUTS (USA 1987). 1985 erhielt er einen Emmy für seine schauspielerische Leistung in dem Fernsehfilm FATAL VISION (USA 1984). 1989 bis 1993 präsidierte er über die *«Academy of Motion Picture Arts and Sciences»*.

M.A.S.H. M*A*S*H
USA 1972–1983

Benjamin Franklin «Hawkeye» Pierce ALAN ALDA	**Lieutenant Colonel Henry Blake (1972–1975)** MCLEAN STEVENSON	**Major Charles Emerson Winchester (1977–1983)** DAVID OGDEN STIERS
Captain «Trapper» John McIntyre (1972–1975) WAYNE ROGERS	**Pater Francis Mulcahy** WILLIAM CHRISTOPHER	**Lieutenant Maggie Dish (1972)** KAREN PHILIPP
Major Margaret «Hot Lips» Houlihan LORETTA SWIT	**Corporal Maxwell Klinger (1973–1983)** JAMIE FARR	**Schwester Kellye (1974–1983)** KELLYE NAKAHARA
Major Frank Burns (1972–1977) LARRY LINVILLE	**Colonel Sherman Potter (1975–1983)** HARRY MORGAN	**Igor (1976–1983)** JEFF MAXWELL
Corporal «Radar» Walter O'Reilly GARY BURGHOFF	**Captain B.J. Hunnicut (1975–1983)** MIKE FARRELL	**Sergeant Luther Rizzo (1981–1983)** G. W. BAILEY

Der Gedanke ist von einer Güte, die ihn als geklaut ausweist, und er lautet wie folgt: So dumm kann das us-amerikanische Fernsehpublikum gar nicht sein, wenn sich eine Serie wie M.A.S.H. über elf Jahre im Programm zu halten vermag und obendrein fortlaufend wiederholt wird. Kaum anders als bizarr erscheint jedenfalls die Vorstellung, daß ein deutscher Produzent mit der Idee zu einer Fernsehserie hausieren geht, die in einem weniger als fünf Kilometer von der heiß umkämpften Front entfernt gelegenen Feldlazarett spielen soll und die Erlebnisse der dort stationierten, unter widrigsten Umständen arbeitenden Militärärzte zum Thema hat – und das alles auch noch in Form einer Sitcom.

Nun sind die USA alles andere als das Land der ungebremsten Möglichkeiten, was die Bildschirmpräsentation potentiell provokanter Sujets anbelangt. Und dennoch kam die Idee zu einer Serialisierung des umstrittenen Kinoerfolgs M.A.S.H. (USA 1970) aus dem Apparat, von William Self, dem Präsidenten der Twentieth Century-Fox. Er war laut Suzy Kalter beeindruckt von den «Charakteren, der Geschichte und der Ausgangssituation». Das alles zusammengenommen, boten sich seiner Ansicht nach beste Voraussetzungen für eine telegene Bearbeitung. Natürlich spielte bei seinen Überlegungen auch wirtschaftliches Kalkül eine Rolle – man besaß bereits die Rechte am Stoff, und auf der «Fox Ranch», dem Freigelände des Studios, waren die Filmkulissen erhalten geblieben, so daß die Produktionskosten gering gehalten werden konnten.

Dennoch läßt sich Selfs Faible für die gallige Kriegssatire nicht allein mit dem Rentabilitätsprinzip erklären. Zwar war der Korea-

In verschiedenen Schwesternrollen:
Bobbie Mitchell (1973–1977), Patricia Stevens (1974–1978), Judy Farrell (1976–1983), Jan Jordan (1978–1983), Gwen Farrell (1979–1983), Connie Izay (1979–1981), Jennifer Davis (1979–1980), Shari Sabo (1980–1983), Joann Thompson (1981–1983) und Deborah Harmon (1982–1983)

Gaststars:
Ed Begley jr., Dirk Blocker, Brian Dennehy, Andrew Duggan, Gene Evans, Ed Flanders, Teri Garr, Pat Hingle, Ron Howard, Michael Lerner, Shelley Long, Richard Masur, Mako, Pat Morita, Leslie Nielsen, Lawrence Pressman, John Ritter, Susan Saint James, Patrick Swayze, Joan Van Ark, Craig Wasson, George Wendt

Creators:
Gene Reynolds, Larry Gelbart Beginn der deutschen Erstausstrahlung:
20. 6. 1982, Nord 3 (Einzelepisode «Dear Dad Again»)
Serienstart: 5. 1. 1990, Pro 7
Spinoffs:
TRAPPER JOHN, M.D. (USA 1979–1986)
AFTERM.A.S.H. (USA 1983–1984)

Wayne Rogers, Alan Alda

veteran Dr. Richard Hornberger, der den Roman unter dem Pseudonym «Richard Hooker» veröffentlicht hatte, konservativer Republikaner und verteidigte den Koreaeinsatz US-amerikanischer Truppen öffentlich als notwendige Maßnahme. Robert Altmans Kinoverfilmung – das Drehbuch schrieb der in den Fünfzigern als angeblicher Kommunist in Acht und Bann geratene Ring Lardner jr. im Auftrag des Produzenten Ingo Preminger, dem Bruder des Regisseurs Otto Preminger – aber wies in eine andere Richtung: Unbeeindruckt von den visuellen Möglichkeiten eines Kriegsfilms, konzentrierte sich Altman gänzlich auf den grausigen Alltag im 4077th M.A.S.H., wo die Ärzte in Blut, Matsch und medizinischen Abfällen wateten und zwischen Sandsäcken und Zeltwänden im Akkord operierten, um Leben zu retten – die Feinarbeit, so die Serienfigur «Hawkeye» Pierce in einem Brief an den Vater, überlassen sie anderen.

Dabei entwickeln die zwangsrekrutierten Chirurgen einen ausgeprägten Zynismus, ein Schutzmechanismus, ohne den die nervenzermürbenden Strapazen psychisch kaum zu verkraften wären. Die expliziten Darstellungen des Kinofilms waren es denn auch, die bei den potentiellen Abnehmern für Skepsis sorgten. Trotz erheblicher Einwände gegen das Konzept wetteiferten immerhin zwei Networks um den als Probelauf projektierten Pilotfilm. Den Zuschlag erhielt CBS.

Mit Ausnahme des Parts des «Radar» O'Reilly wurden sämtliche Rollen neu besetzt, zumeist mit Schauspielern, die einigermaßen bekannt, aber keineswegs Stars waren. Alan Alda, als grimmiger Spötter «Hawkeye» Pierce der Mittelpunkt vieler Episoden, erhielt ein karges Salär von 10 000 Dollar. Es sollte im Verlauf der nächsten Jahre auf 235 000 Dollar pro Folge zuzüglich Einnahmebeteiligung steigen. Zunächst aber schien sich ein Mißerfolg abzuzeichnen. Der Pilotfilm rangierte gerade mal auf Platz 46 der Quotentabellen und erntete eher ungnädige Kritiken. Auch hatten Larry

---

M.A.S.H. ist die Abkürzung für «Mobile Army Surgery Hospital». Während des Koreakrieges sorgten fünf dieser mobilen Einheiten für die medizinische Erstversorgung in Frontnähe. Die dort tätigen Ärzte waren überwiegend junge Wehrpflichtige Mitte Zwanzig, die ihre Ausbildung gerade erst beendet hatten.

Larry Gelbart, der auf Basis des Romans und des Drehbuches von Ring Lardner jr. die Serie entwickelte, arbeitete schon seit High-School-Tagen als Gagschreiber für Fernsehkomiker wie Danny Thomas und Bob Hope. Er schrieb das Libretto des 1966 von Richard Lester verfilmten Broadwaymusicals A FUNNY THING HAPPENED ON THE WAY TO THE FORUM und war Koautor des Oscar-prämierten Dreh-

buches zu TOOTSIE (USA 1982). Als er den Auftrag erhielt, M.A.S.H. für das Fernsehen zu bearbeiten, hielt er sich gerade in London auf, wo er mit → MARTY FELDMAN an einer Comedy-Reihe arbeitete. Gelbart ist einer der profiliertesten und bestbezahlten «Skriptdoktoren» Hollywoods, der Drehbücher anderer Autoren mit dem letzten Schliff versieht, im Nachspann aber nie genannt wird.

Larry Linville, Alan Alda,
Wayne Rogers

Alan Alda mit David Ogden
Stiers

Alan Alda

Gelbart und die anderen Autoren noch nicht den spezifischen M.A.S.H.-Stil gefunden. Vorerst galt es, den Bedenken und Bangigkeiten der Senderverantwortlichen gerecht zu werden – die erste Staffel enthält mehr Klamauk und Klamotte, als den Urhebern recht war. Larry Gelbart erinnert sich: «Die meisten Streitigkeiten resultierten daraus, daß wir merklich abweichen wollten von dem, was mit den Halbstundenkomödien gemeinhin verbunden wurde. (...) Während das Ensemble und das Team draußen auf der Fox Ranch mit den Elementen kämpften, rangen Gene und ich (...) um das Recht, mit unkonventionelleren und ernsteren Sujets aufwarten zu dürfen, zum Beispiel den Auswirkungen von Gewalt, Ehebruch, Amputation, Psychosen, Impotenz, Homosexualität, Transvestismus und Eheschließungen zwischen verschiedenen Rassen. Viele der in der Serie gezeigten Reibereien mit den hohen Tieren des Militärs waren Ausflüsse unserer Auseinandersetzungen mit dem Network.»

Vor allem die Sprache mußte dem Reinheitsgebot der Rundfunkanstalten genügen – die Worte «Brüste» und «Jungfrauen» wurden den Autoren gestrichen. Dann und wann aber vermochte Gelbart seine Zensoren zu überlisten. Unter anderem schrieb er einen Dialog, in dem einer der Soldaten nach seinem Herkunftsort gefragt wird. Der G. I. gibt zur Antwort: «Die Jungfraueninseln.»

Nach und nach gelang es in der Tat, das Themenspektrum den ursprünglichen Absichten entsprechend zu erweitern. Und ebendies sorgte nicht für einen Absturz, sondern für einen Anstieg der Quoten. Das M.A.S.H.-Stammpublikum bestand in außergewöhnlich hohem Maße aus jungen Zuschauern. Grund genug für die Senderkette, die Serie trotz der anfänglich unbefriedigenden Quoten im Programm zu belassen. Dieses Auditorium begriff die zur Zeit des von 1950 bis 1953 geführten Koreakriegs spielende Serie zu Recht und ganz im Sinne der Autoren als verkappten kritischen Kommentar zum damals höchst aktuellen Vietnamkonflikt, für den weitaus mehr Menschen und Material in Marsch gesetzt worden waren als für den von Politikern euphemistisch als «Polizeiaktion» deklarierten Einsatz in Korea.

Vor dem Hintergrund des mit der zweiten Staffel einsetzenden Erfolges wurden den

Autoren außergewöhnliche und sogar experimentelle Beiträge möglich wie beispiels-
weise die äußerst bizarre Folge *«Dreams»|*
«Schlafen und träumen». Darin sind die Protagonisten während einer Schlacht in pau-
senlosem Einsatz und bereits völlig erschöpft. Sie schlafen abwechselnd, aber immer nur wenige Minuten. Alle haben nervöse Träume, in denen ihre in den Irrealis
entrückten Wunschvorstellungen von einem zivilen Leben abrupt von der blutigen
Wirklichkeit des Krieges eingeholt werden.
«Hawkeye» beispielsweise sieht sich zurück-
versetzt in die Studienzeit. Während einer
Vorlesung, in der es um Amputationen geht,
nickt er ein. Wenig später findet er sich an einem See wieder. Ein verletztes koreanisches
Kind erfleht seine Hilfe. Pierce bittet eine
Schwester um die nötigen Instrumente und
stellt im selben Moment voller Entsetzen
fest, daß ihm beide Arme fehlen und sieht
Dutzende von Armen und Beinen im See
vorüberschwimmen …

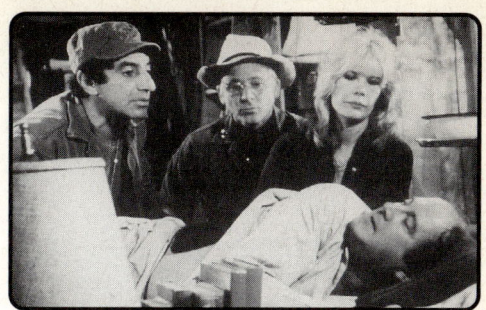

Jamie Farr, William Christopher, Loretta Swit,
David Ogden Stiers

Ähnlich ALL IN THE FAMILY (USA 1971–
1992), der US-Version von → EIN HERZ UND
EINE SEELE, trug M.A.S.H. zur Erneuerung des
Sitcom-Genres bei und öffnete vielen Autoren die Möglichkeit, schwarzen Humor und
satirische Elemente, aber auch sinistre Momente in ihre Geschichten einzuarbeiten.
Trotz heftigsten Widerstandes von seiten der
Programmverantwortlichen riskierte man
sogar eine ergreifende, mit Anstand bewältigte Szene, in der ein langjähriger Freund
«Hawkeyes» in dessen Anwesenheit seinen
Verwundungen erliegt.

Nicht nur bei der Auswahl der Inhalte,
auch bei der Produktion beschritt man unorthodoxe Wege. Gemeinhin werden Sitcoms
auf Studiobühnen vor Publikum aufgeführt
und dabei auf Magnetband aufgezeichnet.
M.A.S.H. hingegen wurde wie ein Kinofilm gedreht und entstand zum Teil in den bestehenden Außendekors, wo Hubschrauber,
LKW, Panzer und anderes Gerät problemlos
zum Einsatz gebracht werden konnten.
Damit verbunden waren erhebliche Unwäg-
barkeiten. Jede Episode mußte binnen vier
Tagen abgedreht sein. Ein Wetterumbruch
konnte den Drehplan gehörig durcheinan-
derwerfen, der ohnehin lange Arbeitstag der
Schauspieler in solchen Fällen bis in die späte Nacht dauern. Obendrein standen die
Kulissen dem Team nicht uneingeschränkt
zur Verfügung, so daß häufig im voraus gedreht werden mußte. Die Schauspieler, von
der Welt abgeschieden und ganz auf ihre
Arbeit fixiert, frotzelten gelegentlich, daß
ihre Lebensbedingungen auch nicht viel besser seien als die der Serienfiguren.

Kriegsgreuel, Mißwirtschaft und Lagerle-
ben ergaben Material genug für 251 Sitcom-

In Deutschland mußte dem Kult ein
wenig auf die Sprünge geholfen werden. Die Kölner PR-Agentur Barbarel-
la Entertainment veranstaltete, inspiriert von der belgischen «Electronic
Body Music»-Szene, im Auftrag von
Kabel 1 in Großstädten sogenannte
«M.A.S.H. Partys», auf denen in Laza-
rettkulissen und im Militarylook zu
Technoklängen getanzt wurde. Die erste Party dieser Art fand im März

1995 in der Berliner Diskothek
«Bunker» statt.

Zitate:
*«Das sind ganz anspruchsvolle Kun-
den – die wollen ihre Innereien wieder drin haben.»*

*«I always feel very patriotic after OR.
My whites are covered with red and it
gives me the blues.»*
«HAWKEYE» PIERCE

*«Wir kamen, um Witze zu reißen, und
wir blieben, um die Grenze zur Kunst
zu streifen.»*
ALAN ALDA

Episoden bittersten Kalibers. Im Februar 1983 endete M.A.S.H. mit einem zweieinhalbstündigen Special, das 77 Prozent aller Fernsehteilnehmer vor dem Bildschirm versammelte und heute in einem Atemzug mit der Mondlandung und Live Aid zu den «Greatest Moments Of Television» (Thomas G. Aylesworth) gezählt wird. Ursprünglich waren für den von Alan Alda inszenierten TV-Film nur zwei Stunden eingeplant gewesen, doch der Regisseur hatte weitaus mehr Material gedreht und mochte sich von manchen Szenen nicht trennen. Das Network gab sich kulant – und verkaufte zusätzliche Werbezeit, die halbe Minute zu einem Spitzenpreis von 450 000 Dollar, der die sonst beim ertragreichen «Super Bowl» erzielten Rekordpreise noch um 50 000 Dollar übertraf.

Landesweit nahm die Nation Anteil am Schicksal der M.A.S.H.-Besatzung, die im Abschlußfilm MACH'S GUT, LEB' WOHL UND AMEN (GOODBYE, FAREWELL AND AMEN / Dt. Videotitel: M.A.S.H. – DER ZWEITE TEIL) endlich den lang ersehnten Friedensschluß feiern und die Heimreise antreten konnte. Die Fans, viele in Armeekluft gekleidet, trafen sich in Lokalen, um gemeinsam Abschied zu nehmen; in Fairfield (Ohio) wurde der Ausstrahlung wegen sogar die Stadtratssitzung vertagt.

«Innerhalb der amerikanischen Geschichte war dies wohl die wirkungsvollste Stellungnahme gegen den Krieg. Nicht schlecht für eine Fernseh-Sitcom.»
JOHN JAVNA

Literatur:
Richard Hooker (= Richard Hornberger): M.A.S.H. Mania. New York 1977 (1979)
Suzy Kalter: The Complete Book Of M.A.S.H. New York 1988

Fanclubs:
M*A*S*H 4077th
Bigenstr. 9
51063 Köln

4077th Fan Club Europe
c/o Thomas Fynsk
Haydnstr. 25
27570 Bremerhaven
(Jahresbeitrag DM 48,–, vierteljährliche Clubzeitung mit kostenlosen Kleinanzeigen, regelmäßige Treffen, Camps, Tauschaktionen, Clubarchiv)

Melrose Place Melrose Place
USA 1992–1999

Amanda Woodward
HEATHER LOCKLEAR
(1993–1999)

Alison Parker
COURTNEY THORNE-SMITH
(1992–1997)

Jo Reynolds
DAPHNE ZUNIGA
(1993–1999)

Jake Hanson
GRANT SHOW (1992–1997)

Billy Campbell
ANDREW SHUE (1992–1998)

Dr. Michael Mancini
THOMAS CALABRO

Jane Mancini
JOSIE BISSETT (1992–1998)

Matt Fielding
DOUG SAVANT (1992–1997)

Sydney Mancini
LAURA LEIGHTON
(1993–1997)

Dr. Kimberly Shaw
MARCIA CROSS
(1992–1997)

Rhonda Blair
VANESSA WILLIAMS
(1992–1993)

Sandy Louise Harling
AMY LOCANE (1992–1993)

Dr. Peter Burns
JACK WAGNER (1994–1999)

Brooke Armstrong Campbell
KRISTIN DAVIS
(1995–1996)

Taylor McBride
LISA RINNA (1996–1998)

Craig Field
DAVID CHARVET
(1996–1998)

Kyle McBride
ROB ESTES (1996–1999)

Samantha Reilly Campbell
BROOKE LANGTON
(1996–1998)

Megan Lewis Mancini
KELLY RUTHERFORD
(1996–1999)

Jennifer Mancini
ALYSSA MILANO
(1997–1998)

Dr. Brett «Coop» Cooper
LINDEN ASHBY (1997–1999)

Lexi Sterling
JAMIE LUNER (1997–1999)

MELROSE PLACE stammt aus der Ideenfabrik des Serien-Tycoons Aaron Spelling, der Serien wie DREI ENGEL FÜR CHARLIE (→ FARAH FAWCETT), HOTEL (USA 1983–1988), LOVE BOAT (THE LOVE BOAT, USA 1977–1986), → DENVER-CLAN, → BEVERLY HILLS, 90210 und → TWIN PEAKS produzierte oder vermarktete und damit ein Vermögen verdiente. Der frühere Schauspieler und TV-Autor hatte seit jeher ein ausgeprägtes Gespür für das, was ein jugendliches Fernsehpublikum interessiert (→ TWEN POLICE).

Mit dem Pilotfilm zu MELROSE PLACE wurde versucht, die Machart von BEVERLY HILLS, 90210 aufzunehmen und mit jungen, bereits berufstätigen Erwachsenen als Protagonisten fortzuführen: Die Helden, allesamt Bewohner der Apartmentanlage *Melrose Place* an der brodelnden Melrose Avenue in Los Angeles, haben die Schule hinter sich und versuchen einen Platz im Leben zu finden. Michael Mancini, ein junger Arzt, betreut nebenbei den Wohnkomplex und spart so die Miete. Er ist frisch verheiratet, und wenn er mal wieder zur Nachtschicht eingeteilt ist oder Überstunden in der Klinik machen muß, sitzt seine Frau Jane allein vor dem Fernseher und überlegt voller Selbstzweifel, ob man mit 23 Jahren nicht vielleicht doch noch zu jung ist für die Ehe, eine Frage, die

Gaststars:
Deborah Adair, Loni Anderson, Morgan Brittany, Joanna Cassidy, Dan Cortese, Cliff DeYoung, Stephen Eckholt, Chad Everett, Dan Gauthier, Jennie Garth, Gina Gershon, Linda Gray, Brian Austin Green, Jasmine Guy, Stacy Haiduk, Valerie Harper, Kathy Ireland, Famke Janssen, Anne-Marie Johnson, Perry King, Hudson Leick, Traci Lords, Chad Lowe, Monte Markham, Donna Mills, Phil Morris, Tracy Nelson, Julie Newmar, Harrison Page, Priscilla Presley, Denise Richards, Antonio Sabato jr., John Saxon, Parker Stevenson, Megan Ward, Paul Westerberg, Dey Young, Ian Ziering

Creator:
Darren Star
Beginn der deutschen Erstausstrahlung: 13. 2. 1993, RTLplus
Spinoff: MODELS, INC.
(USA 1994–1995)

Die Musik der Serie stammt von Jay Ferguson. Der 1947 geborene Multiinstrumentalist war in den Sechzigern neben Randy California Gründungsmitglied der Underground-Kult-Band Spirit. Anfang der Siebziger spielte er Keyboards in der von Kritikern sehr geschätzten Formation Jo Jo Gunne und war nach deren Auflösung als Solist erfolgreich. Er verbuchte mehrere Hits wie «*Thunder Island*» und «*Shakedown Cruise*», seine Alben erzielten gute bis passable Verkaufs-

Hinten: Thomas Calabro, Doug Savant, Grant Show, Heather Locklear;
vorne: Josie Bissett, Daphne Zuniga, Laura Leighton, Courtney Thorne-Smith, Andrew Shue

natürlich, nett und hat als Einzelgänger Angst vor tiefen Gefühlen. Sobald ihm eine Frau zu nahe kommt, rennt er davon.» Das tut er zum Beispiel, als ihm die wesentlich jüngere Kelly Avancen macht. Obwohl er der hübschen Schülerin durchaus zugetan ist, schreckt er angesichts des beträchtlichen Altersunterschieds und Kellys gesellschaftlicher Herkunft vor einer dauerhaften Beziehung zurück. Die verwöhnte Göre stammt aus dem Jet-set-Milieu des Prominentenviertels Beverly Hills – und ist ebenjene Kelly, die mit Brenda, Brandon, Donna und den anderen die inzwischen weltberühmte Beverly High besucht. Die Stars aus BEVERLY HILLS, 90210 waren in MELROSE PLACE anfangs gelegentlich in Gastrollen zu sehen.

Alison Parker, eine weitere Mitbewohnerin, hat eben das College absolviert und arbeitet als Rezeptionistin. Ihr Traum: ein gutdotierter Job in der Werbebranche. Aus Geldmangel muß Alison einen Wohngenossen aufnehmen, den fröhlichen Leichtfuß Billy. Der wäre gern Schriftsteller und versucht sich an einem Drehbuch, die fällige Miete verdient er als Taxifahrer. Die sportliche Rhonda Blair ist als Aerobic-Lehrerin sehr beliebt, stünde aber viel lieber als Ballerina auf der Bühne. Die kesse Sandy wartet auf ihre Chance als Schauspielerin, mangels Angeboten jobbt sie als Kneipenbedienung. Als sie eine feste Rolle in einer Seifenoper bekommt, heißt es Abschied nehmen, denn das Engagement erfordert den Umzug ins ferne New York.

über kurz oder lang mit ja zu beantworten sein wird. In solchen Momenten, da das Leben an ihr vorbeizugehen scheint, läßt sich Jane von ihrer unternehmungslustigen Freundin Rhonda schon mal verlocken, das Nachtleben ohne Michael auszukosten – was sie in der dritten Episode mit dem bezeichnenden Titel «*Befreiungsversuche*» alsbald bereut.

Wie BEVERLY HILLS, 90210 hat auch MELROSE PLACE einen Frauenschwarm zu bieten, wenngleich Jake Hanson seinen Verehrerinnen eher mit Scheu begegnet. Darsteller Grant Show über seinen Part: Jake «ist relativ

MELROSE PLACE war eine der ersten Unter-

zahlen. Ferguson ist ein gefragter Studio- und Sessionmusiker und unter anderem auf Alben von Keith Moon, Joe Walsh, Crosby, Stills & Nash und der Earl Slick Band zu hören.

Abseits der Kulissen waren Laura Leighton und Grant Show sowie Courtney Thorne-Smith und Andrew Shue zeitweilig tatsächlich liiert.

Courtney Thorne-Smith revidierte ihren Plan, nach dem Ausstieg aus MELROSE PLACE vorerst kein Serienengagement mehr anzunehmen, als ihr eine dauerhafte Rolle in David E. Kelleys ALLY MCBEAL (USA 1997–) angeboten wurde. Die bittersüßen Episoden um Advokaten und Amouren wurden in den USA auf Anhieb ein Hit und genießen ebenfalls Kultrang. In Deutschland übernahm Vox die Serie, bewies aber wenig Geduld und setzte sie wegen zu niedriger Einschaltquo-

ten voreilig wieder ab. Ally McBeal hatte freilich auch in Deutschland viele Freunde gefunden. Einige tausend Zuschauer protestierten via E-Mail und Fax gegen den abrupten Programmwechsel.

Zitate:
«*Wenn das das wahre Leben wäre – ich glaube, man würde es nicht überleben.*»
COURTNEY THORNE-SMITH
«*Ich würde die Kaution drangeben*

Laura Leighton

Andrew Shue

Thomas Calabro

haltungsserien, in denen ein homosexueller Mann gleichrangig mit den anderen Figuren auftrat, ohne je als Witzfigur mißbraucht zu werden. Doug Savant, Darsteller des schwulen Sozialarbeiters Matt Fielding: «Als ich mit der Serie begann, fürchtete ich, daß sie (Anmerkung: die Autoren) Matts Homosexualität weitgehend verschweigen. Aber das passierte nicht. Ich kann den Part dieses Jungen auf seriöse Weise gestalten.»

Die afroamerikanische Schauspielerin Vanessa Williams, bis 1993 in der Serie als Rhonda zu sehen, bestätigte die liberale Tendenz der Serie: «Ich war schon an vielen Produktionen beteiligt, der COSBY SHOW, dem Kinofilm NEW JACK CITY, aber in MELROSE durfte ich erstmals eine Kußszene spielen mit jemandem, der nicht schwarz ist.»

In der ersten Staffel von MELROSE PLACE ging es noch recht bodenständig zu: die Hauptfiguren lebten in eher schlichten Verhältnissen, ihre Sorgen und Probleme waren die von Erwachsenen. Dabei kamen Liebe und Romantik keineswegs zu kurz; auch sinnliche Erotik gab's frei Haus. «Was ist 90210? Die Häufigkeit, mit der die Männer in

MELROSE PLACE ihre Shirts ausziehen», stichelte die US-Zeitschrift ‹Entertainment›.

Nach vielversprechendem Start – sechzehn Millionen US-Zuschauer verfolgten den Pilotfilm *Unruhige Zeiten*, und bei der zweiten Folge versammelten sich mehr Neugierige vor den Geräten als bei der «Schwesterserie» BEVERLY HILLS, 90210 – sanken die Einschaltquoten drastisch, und das Konzept der Serie wurde überarbeitet. Es gab mehr Glamour, noch gemeinere Intrigen, die unglaublichsten Tragödien und brodelnde Leidenschaften, kurzum mehr Soap-Elemente. Das Ganze artete aus in eine wüste Schicksalsschlägerei. Die einzelnen Figuren machten Karrieren, das Ambiente wurde luxuriöser. MELROSE PLACE entwickelte sich nach und nach zum DENVER-CLAN der neunziger Jahre. Neue Ensemblemitglieder personifizierten diesen Stilwechsel, neben der kinoerfahrenen Daphne Zuniga (DIE FLIEGE II, SPACE BALLS) vor allem → Heather Locklear (ab der 22. Episode), die als bösartige *femme fatale* aufgebaut wurde und damit eine würdige Nachfolgerin der Alexis aus dem → DENVER-CLAN abgab. Nicht die einzige Verände-

---

und verschwinden. Wenn dies nämlich Realität wäre, hätte ich wahrscheinlich einige Gerichtsverfahren am Hals – wegen tätlichen Angriffs auf Amanda und das kleine Luder Sydney.»
DAPHNE ZUNIGA

«Anfangs hatten wir eine durchaus interessante, aber sehr passive Clique. Wir benötigten Heather, um die Geschichte in Schwung zu bringen.»
AARON SPELLING

«... one of tv's campiest, trashiest, guiltiest pleasures.»
‹TV GUIDE›

Literatur:
Roberta und Jamie Caploe: Melrose Confidential: An Unauthorized Guide to Hollywood's Hottest Address. Secaucus 1996
Randi Reisfeld: Melrose Place: An Unauthorized Biography. New York 1992
Anthony Rubino jr.: Life Lessons From Melrose Place. Holbrook 1996

David Wild: The Official Melrose Place Companion. San Bernardino 1995

Fanclub:
c/o Universal Studios
100 Universal City Plaza
Universal City
California 91608
USA

rung innerhalb der Serie, die daraufhin zum Renner wurde – die Mancinis ließen sich scheiden, Jane machte sich als Modedesignerin selbständig und entwickelte sich zur eiskalten Geschäftsfrau. Ihre Schwester Sydney stieß zur Gruppe, ein skrupelloses Rabenaas, das vor allem den eigenen Vorteil im Sinn hatte. Alison und Billy durchlebten eine stürmische Beziehung, während beide in der Werbebranche Karriere machten. Partnerwechsel vollzogen sich in immer schnellerem Rhythmus, so daß bald jede mit jedem mal liiert war und neue Aspiranten ins Seriengeschehen eingeschleust werden mußten. Einige davon waren Quereinsteiger aus anderen Spelling-Soaps – Jamie Luner hatte bereits in SAVANNAH (USA 1996) ein durchtriebenes Luder gespielt, Megan Ward gehörte zum Ensemble von WINNETKA ROAD (1994).

Miami Vice
USA 1984–1989

Detective James «Sonny» Crockett	**Detective Trudy Joplin**	**Caroline Crockett** (1984)
DON JOHNSON	OLIVIA BROWN	BELINDA MONTGOMERY
Detective Ricardo Tubbs	**Detective Stan Switek**	**Caitlin Davies** (1987–1988)
PHILIP MICHAEL THOMAS	MICHAEL TALBOTT	SHEENA EASTON
Lieutenant Martin Castillo	**Detective Larry Zito**	
EDWARD JAMES OLMOS	**(1984–1987)**	
Detective Gina Navarro Calabrese	JOHN DIEHL	
SAUNDRA SANTIAGO	**Izzy Moreno**	
	MARTIN FERRERO	

Am 16. September 1984 tat die Evolution der TV-Serienunterhaltung einen gewaltigen Schritt nach vorn: An diesem Tag zeigten die Sender des NBC Networks den Pilotfilm einer neuen Polizeiserie mit dem Titel MIAMI VICE. Ein ausgefeiltes visuelles Konzept, rasante Bildführung, luxuriöses Ambiente und die nahezu durchgängige Untermalung des Geschehens mit aktueller Rockmusik unterschieden die Serie vom durchschnittlichen *prime time*-Angebot. Bald wurde das Muster kopiert und stilbildend auch für andere Genres; das MIAMI VICE-Design wirkte zudem in viele Bereiche der populären Kultur hinein. Die von Abu Dhabi bis Zimbabwe in 72 Ländern ausgestrahlte Sendereihe setzte neue Akzente in der Herrenmode, verhalf etlichen Musikgruppen und Einzelinterpreten zu Chart-Erfolgen und machte die bis dahin weitgehend unbekannten Schauspieler Don Johnson und Philip Michael Thomas zu Weltstars.

Es waren freilich nicht allein die Äußer-

Don Johnson, Philip Michael Thomas

lichkeiten, die den Rang dieser Serie ausmachten. Die Inhalte reflektierten das politische Klima der Reagan-Jahre; die seinerzeit aktuellen Geheimdienstskandale schlugen sich ebenso in den Erzähltexten nieder wie der ungezügelte Opportunismus einer monetaristischen Wirtschaftspolitik. Fatalistisch definierten die Autoren die organisierte Kriminalität als unvermeidliche Konsequenz einer rücksichtslosen und ungehemmten, vollkommen von wirtschaft-

Gaststars:
James Brown, Helena Bonham Carter, Joan Chen, Tommy Chong, Phil Collins, Joe Dallessandro, Patti D'Arbanville, Miles Davis, El DeBarge, Arielle Dombasle, Glenn Frey, Pam Grier, Melanie Griffith, Bianca Jagger, Eartha Kitt, Michael Madsen, Willie Nelson, Ted Nugent, Ed O'Neill, Lou Diamond Phillips, Little Richard, Jason Robards, Kyra Sedgwick, Cybill Shepherd, Jimmy Smits, Wesley Snipes, Dean Stockwell, John Turturro, Frankie Valli, Bruce Willis, Burt Young, Frank Zappa

Creator:
Anthony Yerkovitch
Beginn der deutschen Erstausstrahlung: 6. 12. 1986, ARD (Pilotfilm); 9. 12. 1986, ARD (Serienstart)

Vor seinem Erfolg mit MIAMI VICE hatte Don Johnson bereits in sechs verschiedenen Pilotfilmen mitgewirkt. Keines der Formate ging in Produktion. Auch als Hauptdarsteller von → KNIGHT RIDER war Johnson im Gespräch, wurde aber von David Hasselhoff ausgestochen. Johnsons größter Konkurrent im Rennen um den Part des Sonny Crocket war Larry Wilcox, serienerfahren durch seine Hauptrol-

Don Johnson

Um die Entstehungsgeschichte dieser Ausnahmeserie ranken sich vielerlei Legenden. Brandon Tartikoff, damals Programmchef bei NBC, wird zugeschrieben, das Konzept mit der bündigen, auf einer Serviette notierten Formel «MTV Cops» eher beiläufig erfunden zu haben. Er selbst berichtete in einem Interview, daß die Beteiligten ursprünglich eine Mischung aus → POLIZEIREVIER HILL STREET und → STARSKY UND HUTCH vor Augen hatten, gefilmt in der seinerzeit noch unerhört neuen Ästhetik der MTV-Videoclips. Der Autor David Chase lieferte einen ersten Entwurf mit einer Hauptfigur namens «Jaguar». Chase schrieb vier Episoden, angelehnt an den Stil des *film noir*. Die Handlung siedelte er in Los Angeles an.

Chase konnte seine Ideen freilich nicht durchsetzen. Anthony Yerkovich, ein Autor und Produzent aus dem Stab von POLIZEIREVIER HILL STREET, hatte mehr Fortüne, als er anregte, einen schwarzen und einen weißen Polizisten als Team agieren zu lassen und die Geschichte nach Florida zu verlagern. Den ironischen Arbeitstitel «MTV Cops» änderte man in «Dade County Fastlane», auch «Gold Coast» stand zeitweise als Überschrift zur Disposition, bis man sich schlußendlich für das mehrdeutige MIAMI VICE entschied.

Der Kinoregisseur Michael Mann (BLUTMOND/MANHUNTER, USA 1986; HEAT, USA 1995), der bereits STARSKY UND HUTCH als Produzent betreut hatte, konnte als *executive producer* gewonnen werden; er zeichnete für das visuelle Konzept verantwortlich. Brandon Tartikoff zufolge waren es «Tony Yerko-

lichen Wachstumsraten abhängigen Gesellschaft; die «üblichen Verdächtigen» saßen nunmehr in den Chefetagen von Konzernen und Behörden: «Das Verbrechen ist zum Zustand geworden, die Ausnahme zur Regel; die Serie entwickelte sich von einer Polizei-Serie zu einem surrealen Serial im Geiste Feuillades», befand Olaf Möller 1993 im ‹film-dienst›. Der Kritiker Martin Compart formulierte ähnlich: «Als direkte Opposition der Reagan-Ära ging sie von der Prämisse aus, daß das Verbrechen längst gewonnen hat und daß die Grenzen zwischen illegalem und legalem Kapital, zwischen Wall Street und Medellin-Kartell fließend sind.»

le in CHIPS (USA 1977–1983). Bereits bevor er seine durch MIAMI VICE erworbene Popularität für eine Schallplattenkarriere nutzte, hatte sich Johnson auch als Musiker betätigt. Er gehörte temporär zum Umfeld der Allman Brothers Band und wird auf mehreren Alben als Koautor genannt.

Philip Michael Thomas sammelte bereits als Vierjähriger an der Seite sei-

ner Mutter Erfahrungen im Show-Geschäft. Er spielte in einer Bühneninszenierung des Musicals «Hair» und in den *blaxploitation movies* BLACK FIST (USA 1976) und SPARKLE (USA 1976), außerdem diverse TV-Rollen, unter anderem in STARSKY UND HUTCH. Auf dem Höhepunkt des Erfolges von MIAMI VICE fiel Thomas immer wieder durch Hoffärtigkeit auf und Sprüche wie: «Wir sind jetzt

größer als die Beatles.» Die Strafe erfolgte wenige Jahre später – als er sich in der von RTL koproduzierten Serie ZWEI SUPERTYPEN IN MIAMI (I/BRD 1992–1993) von Bud Spencer zum Narren machen lassen mußte.

Um den MIAMI VICE-Produzenten die als Kulissen bevorzugte Art-déco-Architektur zur Verfügung stellen zu können, aber auch mit Hinblick auf

vichs Sprache und Michael Manns Vorstellungskraft, die die Serie erfolgreich werden ließen.» Der Erfolg bemaß sich nicht nur nach den sensationell hohen Einschaltquoten – bereits im ersten Ausstrahlungsjahr verbuchte MIAMI VICE 15 Emmy-Nominierungen.

Miami – der Name stammt von indianischen «Mayami» – war einstmals ein beschaulicher Ruhesitz wohlhabender Pensionäre. Zuwanderer aus Süd- und Mittelamerika ließen die Population des Landstrichs jedoch rasch ansteigen. Auf Grund seiner günstigen Lage an der Südostküste Floridas ist Miami ein prädestinierter Dreh- und Angelpunkt des Drogen- und Waffenschmuggels. Exilkubaner, Veteranen des Schweinebuchtdebakels, Söldner, vertriebene Diktatoren und Glücksritter aller Art mischen mit beim Kampf ums große Geld. Die Prostitution floriert, Hasardeure und Parvenus jagen den Dollars nach, Geldwäsche ist ein profitables Geschäft und hält viele scheinbar legale Unternehmungen, nicht zuletzt die Banken, in Gang.

In diesem Milieu bewegen sich Detective James «Sonny» Crockett und sein Partner Ricardo Tubbs. Mit hieb- und stichfesten Zweitidentitäten ausgestattet, unter den Decknamen Sonny Burnett und Rico Cooper, knüpfen sie Kontakte zur Unterwelt. Damit die Tarnung stimmt, verfügen beide über ein besonderes Budget, das ihnen den in Unterweltkreisen üblichen, prestigeträchtigen Lebensstil gestattet – sie tragen Designergarderobe, Rolex-Uhren und fahren teure Wagen. Sonny lebt – in Gesellschaft eines unwir-

Philip Michael Thomas

schen Alligators – auf einer exklusiven Yacht namens «St. Vitus Dance» und besitzt außerdem ein schnelles Off-shore-Rennboot. Ricardo Tubbs stammt ursprünglich aus New York. Die private Suche nach dem Mörder seines Bruders führte ihn nach Miami. Er wurde Crocketts neuer Partner, nachdem sein Vorgänger – gespielt von Jimmy Smits – von Gangstern erschossen worden war.

Bei ihren Streifzügen durch die glamourösen Clubs und die noblen Residenzen der Verbrecher mit den weißen Kragen bewegen sich die schlechtbezahlten Undercover-Boys auf einem schmalen Grat und sehen

den als Folge des Serienerfolgs ansteigenden Touristenstrom, wurden im Verlauf der Dreharbeiten einige verwahrloste Straßenzüge in Miami von Grund auf renoviert.

Unter den VICE-Regisseuren waren Bill Duke, Paul Michael Glaser (der Darsteller des Dave Starsky aus → STARSKY UND HUTCH), Abel Ferrara, Stan Lathan, Aaron Lipstadt, Bobby

Roth, David Soul (Hutch aus STARSKY UND HUTCH) und die Darsteller Edward James Olmos und Don Johnson.

Zur Luxusausstattung der beiden Zuvielfahnder gehörten ein dunkler Ferrari-Spider-Nachbau auf einem Corvette-Chassis, der allerdings von gefühllosen Strolchen in die Luft gejagt und nach einigem Bitten und Betteln vom Department durch einen weißen

Original-Testarossa ersetzt wurde. Tubbs kreuzte in einem Cadillac-Eldorado-Kabriolett über die eleganten Flaniermeilen und -promenaden. In der ersten Staffel wurden Johnson und Thomas mit Garderobe von Gianni Versace, Vittorio Ricci und Nino Cerutti ausgestattet, für die zweite schneiderten unter anderem Hugo Boss, Claude Mantani und Matsuda.

Don Johnson

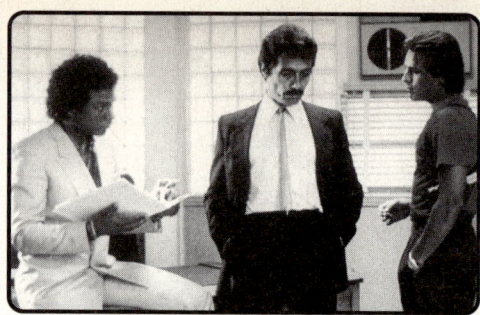

*P. M. Thomas, Edward James Olmos,
Don Johnson*

In einem eigenen Zyklus, beginnend mit der Episode «*Mirror Image*» (1988), ließen die Autoren den durch seine Vietnamvergangenheit, langjährige Alkoholabhängigkeit und den Verlust seiner Familie ohnehin prädisponierten Sonny Crockett die Grenze vollends überschreiten – nachdem er knapp eine Detonation überlebt, dabei aber sein Gedächtnis verliert, verharrt er in seiner Deckidentität und wird zu einer führenden Figur eines Drogenhändlerrings. Bei einem dramatischen Zusammentreffen schießt er sogar auf Ricardo Tubbs, den er nicht mehr als Freund und Partner zu erkennen vermag. Kurzum: «Bruno Bettelheim hätte vermutlich seine helle Freude an Detective Sonny Crockett» (Norbert Stresau).

Im Verlauf der weiteren Entwicklung – in Deutschland schwer nachvollziehbar, weil die Folgen von der ARD gekürzt und unter Mißachtung der Chronologie ausgestrahlt wurden – tritt die Vergeblichkeit ihres Tuns immer stärker ins Bewußtsein der beiden Helden. In der letzten Folge quittieren beide mit dramatischer Geste den Dienst, der viele

sich mehr als einmal der Versuchung ausgesetzt, die Seiten zu wechseln – «der verjubelt in einem Monat mehr, als ich in einem Jahr verdiene», echauffiert sich Tubbs, als er die Bankauszüge eines mutmaßlichen Drogenhändlers überprüft. Manch einer ihrer Kollegen vermag der Versuchung nicht zu widerstehen, zumal in den oberen Rängen der Hierarchie Zweckbündnisse zwischen organisiertem Verbrechen und Regierung längst an der Tagesordnung sind – ein Topos, der innerhalb der Serie zunehmend zentralen Stellenwert bekam.

In Deutschland erzielten die Halbgötter in VICE anfangs Bestquoten. Gemeinsam mit Crockett und Tubbs durchpflügten am 9. 12. 1986 stolze 15,8 Millionen Zuschauer den Sündenpfuhl Miami. Über die Jahre aber nahm das Interesse kontinuierlich ab – im Herbst 1991 meldeten sich nur noch 4,8 Millionen Zuschauer zum Dienst.

Zitat:
«*Worum es bei VICE geht, ist impressionistischer Realismus.*»
PRODUZENT MICHAEL MANN

Literatur:
Nurit Seewi: MIAMI VICE: Cashing In Contemporary Culture? Heidelberg 1990

Autogrammadressen:
Don Johnson, c/o Elliot Mintz, 2934 Beverly Glen Circle, Suite 412, Los Angeles, CA 90077, USA
Philipp M. Thomas, c/o Miamiway Theater, 12615 W. Dixie Hwy., N. Miami, FL 33161, USA
James Edward Olmos, 18034 Ventura Blvd., Suite 228, Encino, CA 91316, USA

Don Johnson, Saundra Santiago, P. M. Thomas

Jahre lang nahezu alle Bereiche ihres Lebens determiniert und sie beinahe aufgerieben hat.

Schnelle Schnitte, ungewöhnliche Kameraeinstellungen und fotogene Dekors konstituierten den typischen Look der Serie. Desgleichen sorgte von Anbeginn an das extravagante Produktionsdesign von MIAMI VICE für Furore. In den ersten Staffeln dominierten Neonlichter und die typischen Pastellfarben der Karibik; die Verwendung von Erdtönen war den Ausstattern untersagt. Bereits die optische Qualität markierte den Unterschied zu vergleichbaren Unterhaltungsserien: «MIAMI VICE ist avantgardistisch, stilisiert, setzt Farben und populäre Musik ein, um die Atmosphäre der Geschichten rüberzubringen. MIAMI VICE ist *hip*» (Brigitte Scherer).

Zwischen 1,2 und 1,5 Millionen Dollar wurden pro Folge aufgewandt, diese Typizität herzustellen. Damit war die Serie eine der teuersten des US-Fernsehens. Ein Teil der Kosten, die um einiges über dem lagen, was

die Fernsehgesellschaft pro Erstausstrahlung zahlte, wurde durch intensives Merchandising gedeckt: Es gab MIAMI VICE-Kollektionen, -Videospiele, -Uhren, -Kalender, -Bilderrahmen, einen eigens entwickelten Spezialrasierer für «Drei-Tage-Bärte» – die Werbung versprach: «that leaves you looking like Sonny» –, obendrein *Crockett and Tubbs*»-Schuhmodelle und vieles mehr. «Seit Hemingways Pariser Jahren hat nichts den Lifestyle der jungen Generation so sehr beeinflußt», befand die Zeitschrift ‹The New Leader› im Herbst 1985 ein wenig überschwenglich.

Ein weiterer integraler Bestandteil des Gesamtkonzepts war der Einsatz der Musik. Um den Soundtrack adäquat zur Geltung zu bringen, wurde MIAMI VICE in Stereo ausgestrahlt, ein seinerzeit bei Serien noch höchst unübliches Verfahren. Die in ihrer Art programmatische, dynamisch-treibende Titelmelodie war eine Komposition des Rockjazz-Musikers Jan Hammer, der in den ersten Jahren für den Soundtrack jeder einzelnen Folge verantwortlich zeichnete. Seine stimmungsvollen Kompositionen wurden durch

P. M. Thomas, Edward James Olmos als Lt. Martin
Castillo und Don Johnson

brandaktuelle Hits ergänzt. Interpreten und Serienproduzenten profitierten davon: Die populären Klänge lockten Zuschauer an; umgekehrt stiegen viele der bei MIAMI VICE verwendeten Klänge in die Top-Positionen der Hitparaden auf. Der Text von Glenn Freys *Smuggler's Blues* diente sogar als Inspiration für die gleichnamige Serienepisode. Der Sampler *Music From The Television Series* MIAMI VICE» errang binnen zweier Monate Pla-

tin-Status und gehörte zu den fünf erfolgreichsten Veröffentlichungen des Jahres. Jan Hammers Titelthema eroberte Platz eins der Single-Charts.

Einige der Interpreten übernahmen Gastrollen in der Serie, Leonard Cohen zum Beispiel, Gene Simmons von Kiss, die Fat Boys, und selbst Frank Zappa tat mit. Sheena Easton war in vier Folgen als Crocketts Ehefrau Caitlin zu sehen. Auch andere Zelebritäten traten gern für Michael Mann vor die Kamera: der Chrysler-Boß Lee Iacocca, Box-Promoter Don King, Watergate-Strolch G. Gordon Liddy und der Chef des NBC-Networks persönlich – in einer kleinen Rolle als Barkeeper. Der damalige Vizepräsident George Bush bewarb sich, wurde jedoch abgewiesen. Stephanie von Monaco durfte immerhin zum Vorsprechen erscheinen, fand indes mangels schauspielerischen Talents keine Gnade vor den Augen des Casting-Chefs.

Mini-Max Get Smart
USA 1965–1970

Maxwell Smart, Agent 86 DON ADAMS	**Agent 13 (1966–1967)** DAVE KETCHUM	**Conrad Siegfried, K.A.O.S. Chief** BERNIE KOPELL
Susan Hilton, Agent 99 BARBARA FELDON	**Carlson (1966–1967)** STACY KEACH	**Starker** KING MOODY
Thaddeus, The Chief EDWARD PLATT	**Hymie, C.O.N.T.R.O.L. Robot** DICK GAUTIER	

Im Gefolge der immer beliebter werdenden James-Bond-Filme tummelten sich Mitte der sechziger Jahre nicht nur auf den Kinoleinwänden allerlei Spezial-, Geheim- und Aushilfsagenten, auch auf den Bildschirmen wurde nach Herzenslust spioniert, sabotiert und abserviert. Aufgrund seiner außerordentlichen Popularität bot es sich förmlich an, das Genre zu parodieren. Ganz albern trieb es Maxwell Smart alias Agent 86 in der ausgelassenen Agentenserie MINI-MAX. Was weiter nicht verwundert angesichts der Tatsache, daß die Serie von Mel Brooks und Buck Henry konzipiert worden war. Brooks widmete sich hernach auch als Kinoregisseur und Schauspieler noch einige Male der Genreparodie und inszenierte Filme wie IS' WAS SHERIFF? (auch: DER WILDE WILDE WESTEN; BLAZING SADDLES, USA 1973) oder FRANKENSTEIN JUNIOR (YOUNG FRANKENSTEIN, USA 1974). Buck Henry schrieb erfolgreiche Kinofilme wie DIE REIFEPRÜFUNG (THE GRADUATE, USA 1967), DIE EULE UND DAS KÄTZCHEN (THE OWL AND THE PUSSYCAT, USA 1969) und CATCH 22 (USA 1970). Außerdem trat er mitunter als Darsteller auf. Produziert wurde MINI-MAX von Jay Sandrich, der sich nach Auslaufen der Serie ganz auf seine Tätigkeit als Regisseur konzentrierte und unter anderem die Pilotfilme von → GOLDEN GIRLS (USA 1985–1992) und SOAP (USA 1977–1981), etliche Episoden der COSBY SHOW (USA 1984–1992; → BILL COSBY) sowie den Kinofilm FAST WIE IN ALTEN ZEITEN (SEEMS LIKE OLD TIMES, USA 1980) inszenierte.

Maxwell Smart war der Spitzenagent des US-Nachrichtendienstes C.O.N.T.R.O.L. und unermüdlich im Einsatz gegen K.A.O.S., eine Organisation finsterer Mächte, die, nomen est omen, die Welt ins Chaos stürzen wollte. Mit immer neuen Geheimwaffen wie einem Schuhtelefon, abhörsicheren Plastikhauben, kugelfesten Pyjamas oder Achselpistolen, die sich entluden, sobald der Träger die Arme über den Kopf hob, verhinderte Smart die tückischen Anschläge seiner Gegner und rettete die westliche Welt wiederholt vor der Vernichtung.

Das heißt, er bemühte sich redlich. Tatsächlich war er ein Tolpatsch reinsten Wassers, der seine gefährlichen Abenteuer nur heil überstand, weil die kluge, attraktive und überaus tüchtige Agentin 99 alias Susan Hilton ein Auge auf ihn hatte. Nicht nur

Gaststars:
Milton Berle, Ernest Borgnine, Victor Buono, Carol Burnett, Johnny Carson, Robert Culp, Farley Granger, Bob Hope, Barry Newman, Leonard Nimoy, Vincent Price, Don Rickles, Edward G. Robinson, Cesar Romero

Creators:
Mel Brooks mit Buck Henry
Beginn der deutschen Erstausstrahlung: (unter dem Titel: SUPERMAX,

DER MEISTERSPION): 12. 11. 1968, WWF Überregional (unter dem Titel MINI-MAX): 26. 10. 1971, ZDF

Noch in den neunziger Jahren tappten Agent 86 und Kollegin 99 in 60 Ländern der Erde über den Bildschirm.

Don Adams begann seine Karriere als *stand-up comedian* in kleinen Nightclubs. Jeweils 1967, 1968 und 1969

wurde er in der Kategorie «*Best Actor in a Comedy Series*» mit einem Emmy ausgezeichnet.

1979 trieb Maxwell Smart sein Unwesen auch im Kino, um die Welt vor einer gefährlichen neuen Waffe namens DIE NACKTE BOMBE (THE NUDE BOMB, USA 1979) zu bewahren. Seine Mitspieler waren Sylvia Kristel, Vittorio Gassmann und Pamela Hensley. Regie führte Clive Donner. Erst

Get Smart
1995

Zach
ANDY DICK
Agent 66
ELAINE HENDRIX

während der Dienstzeit – nach drei Jahren gemeinsamer Abwehrtätigkeit schlossen die beiden im schicksalsträchtigen Jahr 1968 den Bund fürs Leben, und 1969 brachte 99 zwei kleine Nachwuchsspione zur Welt, womit das Überleben des ältesten Gewerbes der Welt als langfristig gesichert gelten konnte.

In der Saison 1965/66 war die zur Hauptsendezeit ausgestrahlte Sendereihe, folgt man den ausschlaggebenden Nielsen Ratings, nach → BONANZA die zweitbeliebteste Serie. Smarts Sprüche «Sorry about that, Chief» und «Would you believe» wurden Bestandteil der Umgangssprache. Die Talkshow-Zelebrität Johnny Carson war sich nicht zu schade, in einer Folge als Gaststar aufzutreten und den Schaffner des Orient Express zu mimen. Neben → BATMAN, → DIE ADDAMS FAMILIE, → SOLO FÜR O.N.C.E.L. und → GILLIGANS INSEL zählt MINI-MAX in den USA noch heute zu den definitiven Sixties-Kultklassikern.

Ab 1994 produzierten die HBO Independent Productions für das Fox Network eine Fortsetzung gleichen Titels – obwohl auch ‹Get Smart: The Next Generation› dem Inhalt gerecht geworden wäre. Nach wie vor widmeten sich Mr. und Mrs. Smart dem Wohl des Vaterlands, nunmehr in gehobener Position: Der tölpelige Max war zur Nummer 68 aufgerückt und damit zum Chef der Organisation geworden. Agent 99, hübsch wie eh und je, trug noch immer die alte Ziffernkombination, saß aber mittlerweile als Politikerin im Abgeordnetenhaus. Ihr gemeinsamer Sohn Zach hatte gleichfalls den Agentenberuf gewählt. Er war so sanft wie seine Mutter und so hirnrissig wie sein Vater. Der sympathische Wirrkopf arbeitete im Team mit Agentin 66, die zumeist die Initiative übernahm, blendend aussah und auf die Eskapaden ihres Partners längst nicht so geduldig reagierte wie weiland 99. Die Darstellerin Elaine Hendrix beschrieb ihre Rolle mit den Worten: «66 ist der Inbegriff der Frau der neunziger Jahre: Sie weiß alles, sie ist zu allem fähig. Und sie gibt ganz klar den Ton an.» Nicht nur das Frauenbild, auch die berühmten *gadgets* wurden der Neuzeit angepaßt – zur Ausrüstung der Helden gehörten ein Turnschuhtelefon mit Schnellwähltechnik und ein Krawattenfax.

Maxwell Smart durfte dem Nachwuchs gegenüber Autorität zeigen, 99 begutachtete das Treiben ihres Sohnes mit den Augen der

---

1989 war die Stammbesetzung der Serie wieder vereint und repristinierte für das TV-Movie GET SMART, AGAIN! noch einmal die alten Rollen.

King Moody, in der Serie als Assistent des K.A.O.S.-Chefs Siegfried zu sehen, wurde einige Jahre später weltweit bekannt – als Ronald McDonald aus der Hamburgerwerbung.

In der Episode «With Love And Twitches» trat Dorothy Adams, Don Adams' Ehefrau, als Gaststar auf.

Zitate:
«Die Mitwirkung in dieser Serie war das schönste Geschenk meines Lebens.» BARBARA FELDON

«GET SMART ist ein Stück Fernsehgeschichte – die Show, die Schuhtelefone und ‹Sorry about that, Chief› zum festen Bestandteil unseres Vokabulars werden ließ.» ‹TV GUIDE›

Literatur:
Joey Green: The Get Smart Handbook. Mit einem Vorwort von Don Adams. New York/Toronto 1993
Donna McCrohan: The Life & Times Of Maxwell Smart. New York 1988

Don Adams (links)

sorgenden Mutter. Kenner der Originalserie vermißten natürlich Zachs Zwillingsschwester. «Das Budget war bereits überzogen», erläuterte Don Adams, «also wird in der Serie erklärt, daß sie ihr Zuhause verließ, nachdem sie gewahr wurde, daß ihre Eltern als Spione arbeiteten.»

Die junge Agentengeneration vermochte freilich an die Erfolge der Altvorderen nicht anzuknüpfen – nach sieben Episoden nahm Fox die Serie aus dem Programm.

Mister Ed
USA 1961–1965

Wilbur Post	**Roger Addison (1961–1963)**	**Gordon Kirkwood (1963–1965)**
ALAN YOUNG	LARRY KEATING	LEON AMES
Carol Post	**Kay Addison (1961–1964)**	**Winnie Kirkwood (1963–1965)**
CONNIE HINES	EDNA SKINNER	FLORENCE MACMICHAEL

Mr. Ed und Wilbur (Alan Young)

Wenn der Kreuzung einer Pferdestute mit einem Esel ein Maultier entspringt, steht dies absolut im Einklang mit dem Geschäftsentwicklungsplan von Mutter Natur. Daß aber ein Maultier einen reinrassigen Palomino unter seinen Nachkommen hat, war – zumindest bis zur Vervollkommnung der Gentechnologie – nur im Fernsehen möglich.

Der Stammvater hieß Francis und war ein Filmstar, weltweit bekannt als *«Francis, das sprechende Muli»*. 1949 trabte er in der Kriegskomödie FRANCIS, EIN ESEL – HERR GENERAL (FRANCIS, USA 1949) erstmals über die Leinwand. Dieser Vierbeiner, ein ruppiger Geselle mit goldenem Herzen, behauptete von sich, ein «ganz gewöhnlicher Regimentsesel» zu sein. Im Zweiten Weltkrieg verrichtete er in Burma militärischen Dienst und traf während eines gegnerischen Angriffs auf den durch den Dschungel irrenden Lieutenant Peter Stirling. Die erste Reaktion des so unvermittelt Angesprochenen lautete: «Ich bin plötzlich verrückt geworden. Schade.»

Mitnichten jedoch litt der hilflose Simplicissimus an einer Sinnestäuschung. Francis gehörte zum «90. Mauleselbataillon», hatte die Erkennungsnummer M 2159 und war in der Feindaufklärung tätig. Allerdings gab er seine Wahrnehmungen ausschließlich an Stirling weiter, was diesen bis zur Selbstaufgabe wahrheitsliebenden Stoffel mehr als einmal in die psychiatrische Abteilung einfahren ließ, ihn aber auch zum Kriegshelden beförderte, was offenkundig kein Widerspruch zu sein braucht. Letztlich sah sich der auf Diskretion bedachte Francis doch gezwungen, das wohlgehütete Geheimnis seiner Sprachfähigkeit preiszugeben. «Sie können ja reden», staunt Stirlings Vorgesetzter verblüfft, und erhält von Francis zur Antwort: «Wenn Sie mir 'nen Schnaps geben, singe ich auch.»

Die fröhliche Eselei, in der das Militär ordentlich veräppelt wurde, war ein enormer

Gaststars:
Raymond Bailey, Jacqueline Beer, William Bendix, George Burns, Sebastian Cabot, Hans Conreid, Johnny Crawford, Richard Deacon, Donna Douglas, Clint Eastwood, Victor French, Zsa Zsa Gabor, Harold Gould, Sandra Gould, Alan Hale jr., Charles Lane, Butch Patrick, Jon Provost, Ricky Starr, Sharon Tate, Mae West

Creator:
Arthur Lubin
Beginn der dt. Erstausstrahlung:

7. 10. 1962, ARD (Einzelfolge)
Serienbeginn: 6. 1. 1963, ARD

Maßgeblich beteiligt an der Entwicklung der Serie war Sonia Chernus. Sie hatte seinerzeit als Mitarbeiterin der CBS-Drehbuchabteilung gewissen Anteil daran gehabt, daß ein arbeitsloser Schauspieler namens → CLINT EASTWOOD für die zweite Hauptrolle der geplanten Westernserie COWBOYS / TAUSEND MEILEN STAUB (RAWHIDE, USA 1959–1966) vorsprechen durfte. Als Eastwood, inzwischen ein Welt-

star, 1968 seine eigene Produktionsfirma Malpaso gründete, engagierte er Chernus als Redakteurin, um eingehende Drehbücher zu prüfen und neue Filmprojekte vorzubereiten. Seine erste Kinorolle mit namentlicher Nennung, seine vierte überhaupt, hatte Eastwood 1955 in dem Film FRANCIS IN THE NAVY gespielt – unter der Regie von Arthur Lubin. Später gehörte er, wie Mae West und George Burns, zu den prominenten Gaststars der Serie. Die Koautorin der 1962 ausgestrahlten Episode «Clint Eastwood

Hit und zeitigte sechs Fortsetzungen, fünf davon mit Donald O'Connor in der Hauptrolle. Er erhielt 30000 Dollar pro Film, die Mulis – im Laufe der Zeit kamen drei zum Einsatz – hingegen kosteten sehr viel weniger. Ein tierischer Hauptdarsteller hielt das Produktionsbudget niedrig und war somit ideal für das immer populärer werdende Fernsehen. Arthur Lubin, Regisseur der ersten sechs FRANCIS-Filme, lancierte Anfang der sechziger Jahre eine humorvolle Fernsehserie um ein sprechendes Pferd namens Mister Ed. Bereits einige Jahre zuvor hatte er die Idee auf Basis einiger Illustriertenkurzgeschichten entwickelt, aber obwohl sich das sehr ähnliche Kinoformat als äußerst publikumswirksam erwiesen hatte, stieß er bei den Fernsehanstalten auf keinerlei Interesse.

Erst der Starkomiker George Burns, Teilhaber der Produktionsfirma McCadden Productions, investierte 75000 Dollar in einen Pilotfilm mit dem Titel THE WONDERFUL WORLD OF WILBUR POPE, in dem Scott McKay die Hauptrolle spielte. Doch auch der Film fand keinen Abnehmer. Man wechselte – buchstäblich – das Pferd, weil der ursprüngliche Mister Ed inzwischen verkauft worden war, heuerte eine neue Besetzung an und erstellte einen viertelstündigen Präsentationsfilm. Mit dessen Hilfe gelang es der von Arthur Lubin, George Burns und Al Simon eigens gegründeten «Mister Ed Company», das Serienkonzept an einen Sponsor, den Autohersteller Studebaker, zu veräußern. Dessen Vertragshändler erwarben Sendezeit bei ihren jeweiligen regionalen Fernsehstationen, fügten ihre Werbespots in die Serienepisoden und ließen diese ausstrahlen. Nach einem Jahr trat Studebaker von dieser Vereinbarung zurück, aber mittlerweile war MISTER ED derart populär, daß die Reihe von der nationalen Senderkette CBS übernommen wurde – ein in der US-Fernsehgeschichte bis dahin einmaliger Vorgang.

Ähnlich wie die FRANCIS-Komödien bezieht auch die Fernseh-Sitcom ihre Heiterkeitserfolge vorrangig aus dem Umstand, daß sich das titelgebende Roß zwar einwandfrei artikulieren kann, mit dieser Fähigkeit aber hinter dem Berg hält, solange Außenstehende zugegen sind. Mister Ed wählt sich Wilbur Post zum Vertrauten. Der freiberufliche Architekt erfüllt sich einen Herzenswunsch und zieht mit seinem Gespons Carol aufs Land. Zu seinem kleinen Anwesen gehört auch ein Stall, in dem er zu seiner außerordentlichen Verwunderung ein Pferd vorfindet, das vom Vorbesitzer schnöde zurückgelassen wurde.

Wilbur beschließt, den schmucken Gaul zu behalten. Er habe schon immer ein Pony haben wollen, murmelt er vor sich hin. «Lange her, daß ich ein Pony war», schnaubt Ed ungehalten und markiert mit seinen unerwarteten Worten den Beginn einer tierischen Freundschaft, die allerdings hie und da Wilburs Ehe gefährdet, insbesondere, wenn Ed mitten in der Nacht anruft und Vertraulichkeiten austauschen möchte. Für nachfolgende Krisen hatte der Schweifträger

---

Meets Mister Ed» hieß … Sonia Chernus.

Der in England geborene Alan Young gelangte als Fünfjähriger mit seinen Eltern nach Kanada. Bereits als Teenager unterhielt er seine Umgebung mit komischen Vorträgen. Als Fünfzehnjähriger hatte er seinen ersten Rundfunkauftritt. In diesem Medium blieb er weiterhin tätig, zunächst in Vancouver, bis er 1944 von einem US-Produzenten entdeckt und nach New York eingeladen wurde. Young spielte in einigen Filmen mit, vor allem aber moderierte er die ALAN YOUNG SHOW, eine der ersten Hörfunksendungen, die vom Fernsehen übernommen wurden. Young war einer der ersten Stars des Mediums, geriet aber in Zwist mit seinen Arbeitgebern und arbeitete danach zeitweise in Großbritannien, unter anderem als Präsentator der Show-Reihe CHELSEA AT NINE (GB 1957). In den späteren Jahren seiner Karriere spielte er Theater und synchronisierte Cartoonserien wie MR. T (USA 1983–1986; ➔ DAS A-TEAM) und Kinofilme wie DUCK TALES : DER FILM – JÄGER DER VERLORENEN LAMPE (DUCK TALES : THE MOVIE, USA 1990).

Literatur:
Alan Young: Mr. Ed And Me. New York 1994

Fanclub:
Mr. Ed Fanclub
c/o Jim «Big Bucks» Burnett
PO Box 1009
Cedar Hill, TX 75104

nur lakonische Worte übrig: «Es gibt Millionen Blondinen auf der Welt. Aber wo findest du noch ein Pferd, das Schach spielen kann?»

Die meiste Zeit aber bleiben Pferd und Halter unter sich. Wilbur richtet sein Büro direkt neben Eds komfortabel möblierter Stallung ein. Sein Hausgenosse erweist sich als vielseitig talentiert – sattelfest ist er unter anderem im Schach, Tischtennis und Bowling, er liest viel, schätzt Leonard Bernstein, beherrscht die Tastatur seiner Schreibmaschine und sieht leidenschaftlich gern fern.

Vor seiner Begegnung mit Wilbur lebte der stolze – und auch nicht ganz uneitle – Hengst keineswegs in der Wallachei, vielmehr blickt er auf ein zügelloses Leben als Don Juan der Equiden zurück. Seine entsprechend pikanten Memoiren geraten durch Zufall in die Hände eines Verlegers und werden unter dem Titel *Das ledige Pferd und die Liebe* (im Original: *Sex And The Single Horse*) zum Bestseller. So schweigsam er sein kann, sobald Dritte mithören, so wenig hält Ed seine Charmelippen im Zaum, wenn es gilt, Wilbur zu uzen oder ihm mit ungewöhnlichen Wünschen wie dem nach einem Farbfernseher zuzusetzen. «Was nützt es», spricht er einmal direkt zum Zuschauer «einen Mund zu haben, wenn man sich nicht ab und zu mal beklagt?»

Für Wilburs patente Gattin Carol blieb die Beziehung zwischen ihrem Angetrauten und seinem Zossen all die Jahre ominös. In Gordon Kirkwood, dem Nachbarn der Posts, hatte Ed hingegen einen ausgesprochenen Widersacher. Dessen unwirscher Aufforderung, Ed doch endlich zu verkaufen, mochte Wilbur freilich nicht Folge leisten: «Ich kann mich von Ed nicht trennen. (...) Würdest du jemanden verkaufen, der ein Mitglied deiner Familie geworden ist?»

Kirkwood bleibt die Antwort nicht schuldig: «Mach mir ein Angebot für meine Schwiegermutter.»

Mister Eds Originalstimme gehörte Allan «Rocky» Lane, einst ein Star unter den B-Film- und Serial-Cowboys. Anfang der fünfziger Jahre zählte er zu den zehn bestverdienenden Westerndarstellern. Jedoch schaffte er nie den Sprung in die A-Liga, so daß es mit seiner Karriere steil bergab ging, als der Markt für B-Film-Produktionen schrumpfte. Bevor MISTER ED in Produktion ging, war er ohne Engagement. Auf eigene Bitte hin wurde er in den Stabangaben nicht genannt.

Auch der bürgerliche Name des eigentlich auf Bamboo Harvester getauften Titelhelden blieb vorerst ein reines Internum. Trainiert wurde Bamboo von Les Hilton, der stets in seiner Nähe blieb und sich bei laufenden Kameras in den Kulissen verbarg. Er war auch verantwortlich für Eds Lippenbewegungen, indem er an einem Nylonfaden zupfte, der im Halfter des Pferdes verborgen war. Der Faden kitzelte das Tier, das daraufhin die Nüstern rümpfte.

Harvester achtete streng darauf, daß seinem Schützling keine Süßigkeiten zugesteckt wurden – schließlich mußte Bamboo fortwährend Zähne zeigen. Und die waren wahrlich makellos. Nach Beendigung der Serie behielt Bamboo seinen Fernsehnamen bei und zog mitsamt Trainer durch die Lande, sein Heu durch Werbeauftritte zu verdienen. Er starb 1968 im Alter von 19 Jahren und wurde insgeheim durch ein Double ersetzt. Mister Eds offizielles Todesdatum ist der 28. Februar 1979.

Mit Schirm, Charme und Melone The Avengers
GB 1961–1969
The New Avengers
GB 1976

Dr. David Keel (1961) IAN HENDRY	**Cathy Gale (1963–64)** HONOR BLACKMAN	**Mother (1968–69)** PATRICK NEWELL
John Steed PATRICK MACNEE	**Emma Peel (1965–67)** DIANA RIGG	**Purdey (1976–77)** JOANNA LUMLEY
Carol Wilson (1961) INGRID HAFNER	**Tara King (1968–69)** LINDA THORSON	**Mike Gambit (1976–77)** GARETH HUNT

Viel Zeit fürs Golfspiel: Bob Denver verbessert sein Handicap

Alan Hale jr., Dawn Wells und Bob Denver

Ob Catsuits, Leggins oder kniehohe Stiefel – nahezu alle modischen Verstiegenheiten der Neunziger scheinen inspiriert von den Kostümen einer der besten aller Fernsehserien, die je transmittiert wurden: THE AVENGERS, in Deutschland bekannt unter dem gern und oft variierten, sogar von einem US-Fanzine übernommenen Titel MIT SCHIRM, CHARME UND MELONE. Die praktische Nahkampfkleidung, eine wahre Augenweide für Lederfetischisten, geht zurück auf den Modeschöpfer Michael Whittaker. Er entwarf die Garderobe für Cathy Gale, John Steeds erste Partnerin. Deren Darstellerin Honor Blackman war Kradmelderin gewesen, konnte mit Waffen umgehen und benötigte als geübte Judosportlerin kein Double, um ihre Widersacher auf den Boden der Tatsachen zu zwin-

Gaststars:
Joss Ackland, Geoffrey Bayldon, Steven Berkoff, Brian Blessed, John Cleese, Peter Cushing, Gabrielle Drake, Michael Gough, Gordon Jackson, Freddie Jones, Roy Kinnear, Christopher Lee, Albert Lieven, Sue Lloyd, Lois Maxwell, Ferdy Mayne, Ian Ogilvy, Jon Pertwee, Eric Pohlmann, Charlotte Rampling, Barbara Shelley, Donald Sutherland, Charles Tingwell, Peter Wyngarde

Creators:
Sydney Newman und Leonard White

Beginn der deutschen Erstausstrahlung: 18. 10. 1966, ZDF

Dem deutschen Publikum wurden einige AVENGERS-Folgen über Jahre hinweg vorenthalten. «Sie können sich gar nicht vorstellen, was das zauberhafte Mädchen für Sachen macht», empörte sich ein ZDF-Mitarbeiter 1967 im Gespräch mit dem ‹Spiegel›.

In den Episoden «Mrs. Peel, zum ersten, zweiten, dritten» / «The Girl From Auntie» und «Die Nacht der Sünder» / «A Touch Of Brimstone» trat Diana Rigg in frivoler Verkleidung auf, was man in dem konservativ geführten Sender seinerzeit wohl für ungebührlich hielt. Warum gänzlich unverfängliche Episoden wie «H_2O – Tödliches Naß» / «Surfeit Of H_2O» ausgespart wurden, ist aus heutiger Warte vollends unerfindlich. Sat.1 holte

Diana Rigg und Patrick Macnee

gen. Sie sah in der Figur der Cathy Gale die «erste Feministin in einer Fernsehserie, die erste Frau, die zurückschlägt».

Seit 1962 bildete sie ein Team mit Patrick Macnee, der zunächst an der Seite des ursprünglichen Hauptdarstellers Ian Hendry gegen kriminelle Elemente unterschiedlichster Couleur vorgegangen war. Beide Herren trugen zumeist ordinären Trenchcoat. Erst nach Ian Hendrys Ausscheiden entwickelten die AVENGERS-Autoren jene Charakteristika, die die Serie zum Kultobjekt erhoben und am trefflichsten mit dem angelsächsischen Begriff *sophisticated* beschrieben sind: skurrile Plots, exzentrische Figuren und immer wieder Bösewichte der Megaklasse, die zumeist nichts Geringeres als die Weltherrschaft anstrebten. Unvergessen ist der von Christopher Lee gespielte mordende Robo-

ter, immer noch präsent sind die kratzbürstigen Killerkatzen, der nebulöse Unsichtbare und die ziemlich abgehobenen Venusianer.

Honor Blackman verließ 1964 die Produktion, um sich ihrer Filmkarriere zu widmen – sie spielte unter anderem die Pussy Galore in dem James-Bond-Abenteuer GOLDFINGER (GB 1964) –, und machte damit Pläne für einen aufwendigen AVENGERS-Kinofilm sowie eine Musicalversion zunichte. Die Produzenten taten sich sehr schwer, eine Darstellerin zu finden, die dem Namen der neuen Serienfigur Emma Peel – eine Paraphrase auf *man appeal* – gerecht zu werden vermochte. Durch Zufall wurde man auf die 28jährige Diana Rigg aufmerksam, eine Theaterschauspielerin aus den Reihen der Royal Shakespeare Company. Sie harmonierte glänzend mit Patrick Macnee – die optisch so gegensätzlichen Figuren, der distinguierte, scheinbar alterslose Eton-Absolvent John Steed und die geschmeidige Karatelady Emma Peel, formierten sich zum Traumpaar, auch hinter der Kamera, denn die berühmten *tongue-in-cheek*-Dialoge schrieben sich die beiden Darsteller mit Einwilligung der Serienautoren großenteils selbst. Die Zwiegespräche des ungleichen Gespanns waren ebenso maßgeschneidert wie Steeds elegante Anzüge; sie machten den besonderen Reiz der Serie aus und wurden von Kritikern mit den pointierten Wortgefechten Myrna Loys und William Powells in den DÜNNER-MANN-Filmen verglichen.

Der 1922 geborene Patrick Macnee hatte ursprünglich gezögert, den Part des John

1998 das Versäumte nach und zeigte die kompletten Schwarzweiß-Staffeln, allerdings in willkürlicher Reihenfolge.

Zu den AVENGERS wie auch den NEW AVENGERS wurde neben den erwähnten Modekollektionen ein umfangreiches Merchandising-Sortiment angeboten, unter anderem Taschenbücher, Comic-Hefte, diverse Schallplatten (1964 besangen Patrick Macnee und Honor Blackman ge-

meinsam die «*Kinky Boots*»), Sonderhefte wie das achtseitige «*TV Times Diana Rigg Spectacular*», außerdem Uhren, Spielzeuge, Puzzles und vieles mehr.

Äußerst rare Sammlerstücke sind Originalkopien zweier Super-8-Filme, die ein Mülheimer Fotohändler Anfang der 70er Jahre ausschließlich für den Schmalfilmmarkt produzierte – im Stil der AVENGERS und mit Diana Rigg in der Hauptrolle! In dem Stummfilm

DAS DIADEM (D, Entstehungsjahr unbekannt) hindert die Heldin eine Gangsterbande daran, Zugriff auf das titelgebende Schmuckstück zu nehmen. In dem deutlich aufwendiger erstellten Nachfolger MINIKILLERS setzt sie Heroinschmugglern nach, die ihre Widersacher mittels ferngelenkter Spielzeugpuppen auszuschalten pflegen.

MIT SCHIRM, CHARME UND MELONE verhalf Patrick Macnee auch in den

John Steed (Patrick Macnee) und Emma Peel
(Diana Rigg)

Patrick Macnee

Steed anzunehmen. Er konnte bereits auf eine ansehnliche Filmographie zurückblicken, darunter einige Hollywood-Western. Zurück in England, wechselte er das Metier und betätigte sich als Produzent. Für das Fernsehen erstellte er eine Dokumentarserie nach den Memoiren Winston Churchills. Zwar reizte ihn das Angebot, neben Ian Hendry die zweite Nebenrolle in einer Krimiserie zu übernehmen. Andererseits hätte sich das Engagement aber kaum mit seiner neuen Profession in Einklang bringen lassen. Macnee ließ das Schicksal entschei-

den: Er verlangte eine für damalige Verhältnisse unverschämt hohe Gage. Zu seiner grenzenlosen Verwunderung wurde sie ihm gewährt. Im weiteren zeigte sich, daß er in seiner neuen Dauerstellung die schauspielerische Arbeit mit der inhaltlichen verbinden konnte. So gehen der Gentleman-Look – die Ausführung oblag Pierre Cardin – und der kultivierte Habitus des stilbewußten John Steed maßgeblich auf Macnees Vorschläge zurück.

Steeds neue Begleiterin hatte weichere Gesichtszüge als die etwas herbe Cathy Gale

USA zu enormer Popularität. Er stand für Hollywood-Filme vor der Kamera und spielte Hauptrollen in diversen TV-Produktionen, darunter in den Abenteuerserien GAVILAN (1982–1983) und THUNDER IN PARADISE (1994) sowie in der Sitcom EMPIRE (1984).

Diana Rigg akzeptierte erst 1973 wieder eine Serienrolle. In der US-Sitcom DIANA (USA 1973–1974) spielte sie eine Engländerin in New York, die

das Apartment ihres Bruders übernimmt – und alsbald feststellen muß, daß auch viele seiner Freunde über einen Wohnungsschlüssel verfügen.

Ex-Model und ‹London Times›-Kolumnistin Joanna Lumley, die Karatelady des NEW-AVENGERS-Teams, hatte in den Neunzigern großen Serienerfolg mit der britischen Sitcom → ABSOLUTELY FABULOUS.

Fuhr Emma Peel einen schnittigen Lotus Elan Baujahr 1966, so bevorzugte Steed schmucke Oldtimer, zum Beispiel einen standesgemäßen Rolls-Royce aus dem Jahr 1926 und einen dunkelgrünen Bentley.

Zitate:
«Avenger girls kommen und gehen, aber sollte Patrick Macnee beschließen, die Serie zu verlassen, wäre dies das Ende der AVENGERS.»
BRIAN CLEMENS, PRODUZENT

und konnte sehr charmant sein, aber das war Camouflage – per Handkantenschlag wurden ganze Gesichtszüge komplett neu formatiert, sofern sich deren Inhaber tätlicher Angriffe nicht enthalten mochten. Emmas von John Bates kreierte Kleidung verwies auf den Cathy-Gale-Stil, war aber mit ihren körperbetonenden Schnitten deutlich moderner. Von vornherein plante man den Engrosverkauf der AVENGERS-Kollektion, die erstmals im August 1965 im Rahmen einer Modenschau der Öffentlichkeit vorgestellt wurde. Ab 1967 wurde die Serie in Farbe gedreht; aus diesem Anlaß bekam Emma ein neues, feminineres Outfit, für das Alun Hughes verantwortlich zeichnete.

Nach der fünften Staffel reichte auch Diana Rigg 1968 ihren Abschied ein. Ihr letzter Auftritt wurde mit einer zweiteiligen Episode und einer auch kalte Herzen anrührenden Abschiedsszene gleichsam zelebriert – Emmas letzte Worte an Steed lauteten im Original: «Always keep your bowler on in times of stress and watch out for diabolical masterminds.»

Emmas Weggang, erklärt durch die Rückkehr ihres totgeglaubten Ehemannes – der sich als Steeds Ebenbild entpuppt –, markierte das Ende einer Ära. Nicht nur bekam Steed wieder einmal eine neue Mitarbeiterin (Linda Thorson als Tara King), auch das bewährte Produktionsteam Brian Clemens und Albert Fennell wurde entlassen. Zwar holte man sie alsbald reumütig zurück, doch fanden weder Darsteller noch Autoren jemals wieder zur früheren Klasse. Zudem wurde die Serie

in den USA nun zeitgleich mit einer populären Comedyshow gesendet. Die Einschaltquoten fielen, und die US-Koproduzenten stiegen aus. Obwohl die Serie von vierzig Ländern übernommen und damit ein Verkaufserfolg geworden war, fürchteten die Verantwortlichen bei Thames Television, die Kosten der Serie ohne US-Beteiligung nicht mehr erwirtschaften zu können, und stellten die Produktion ein. Dank regelmäßiger Wiederholungen erfreuen sich die alten Staffeln nach wie vor großer Beliebtheit, noch Ende der achtziger Jahre erschienen Fanzines, in denen die Erinnerung an die Serie gepflegt wurde.

1976 entstanden die NEW AVENGERS mit dem Darstellertrio Joanna Lumley, Gareth Hunt und Nestor Patrick Macnee. Die Premiere war begleitet von einer aufwendigen Werbekampagne. Trotz Rückgriffs auf frühere Sujets («The Last of the Cybernauts …?») und einiger origineller Handlungsideen erreichte die Neuauflage nie die Beliebtheit des Originals.

Ein arg mißglücktes Unterfangen war der 1998 entstandene gleichnamige Kinofilm mit Ralph Fiennes als John Steed und Uma Thurman als Emma Peel. Peel wurde in Thurmans Interpretation zur überkandidelten Schnepfe, die sich von einem prahlerisch-parvenühaften Steed sogar psychische Defekte unterstellen lassen mußte. Das Verhältnis der beiden war im Film intensiver, aber reichlich kindisch, die gestelzten Dialoge hatten nichts von der ironischen Verve des Originals.

Das Model und der Schnüffler Moonlighting
USA 1985–1989

Maddie Hayes CYBILL SHEPHERD	**Herbert Viola (1986–1989)** CURTIS ARMSTRONG	**MacGilicuddy (1988–1989)** JACK BLESSING
David Addison BRUCE WILLIS	**Virginia Hayes (1987–1988)** EVA MARIE SAINT	**David Addison sr. (sporadisch)** PAUL SORVINO
Agnes Dipesto ALLYCE BEASLEY	**Alex Hayes (1987–1988)** ROBERT WEBBER	**Richard Addison** CHARLES ROCKET

Maddie Hayes ist als Model sehr erfolgreich und rangiert in der oberen Einkommensklasse. So glaubt sie jedenfalls. Ihr Erspartes nämlich ließ sie von einem mit allen Rasierwassern gewaschenen Anlageberater verwalten und das, wir ahnen es schon, erweist sich als verhängnisvoller Fehler: Der Finanzhai taucht ab, verschwindet auf Nimmerwiedersehen nach Südamerika und mit ihm Maddies Vermögen.

Von allen Besitztümern, Wertpapieren und Firmenanteilen bleibt ihr einzig die Detektei «Blue Moon». Doch das erstklassig eingerichtete Büro mitsamt seinen Angestellten ist ein reines Abschreibungsobjekt. David Addison und seine Mitarbeiter haben noch nie auch nur einen einzigen Fall gelöst. Maddie will die von Nichtstuern bevölkerte Firma umgehend zu Geld machen, doch der freche Sprücheklopfer Addison umgarnt und überredet sie schließlich, den Betrieb in eigener Regie weiterzuführen.

Fortan versuchten die beiden allwöchentlich, die unterschiedlichsten Rechercheaufträge zu erledigen – während die Zuschauer darüber rätselten, welchen Tätigkeiten eigentlich die vielen Beschäftigten nachgingen, die da fortwährend im Büro herumlun-

Cybill Shepherd und Bruce Willis

gerten … Die meiste Arbeit jedenfalls verrichteten die beiden Hauptfiguren. Das hatte seinen Grund, denn Inhalt der Serie waren weniger die mitunter aberwitzigen Kriminalfälle als vielmehr die verbalen Schlagabtausche zwischen Maddie und David.

Produzent Glenn Gordon Caron hatte die gepfefferten Dialoge der gemeinsamen Fil-

Gaststars:
Allan Arkush, Sandahl Bergman, Ray Charles, Dennis Dugan, Whoopi Goldberg, Mark Harmon, Don King, Virginia Madsen, Demi Moore (Cameo), Judd Nelson, Lionel Stander, Linda Thorson, Dr. Ruth Westheimer

Creator:
Glenn Gordon Caron
Beginn der deutschen Erstausstrahlung:
21. 3. 1990, RTLplus (Pilotfilm);
28. 3. 1990, RTLplus (Serienstart)

Als kontinuierlicher *running gag* diente der ominöse *Anselmo-Fall*. Es bleibt auf ewig im dunkeln, worum

es sich dabei eigentlich handelte. Am Schluß der letzten Episode, in der die Darsteller von der Einstellung der Serie erfahren und diese vergeblich zu verhindern suchen, verkündete ein Insert: «Der Anselmo-Fall wurde niemals geklärt».

Anders als vor der Kamera, hegten Cybill Shepherd und Bruce Willis pri-

Cybill Shepherd

Bruce Willis und Cybill Shepherd

me von Katherine Hepburn und Spencer Tracy im Sinn, als er die Serie konzipierte. Tatsächlich lebte in vielen Episoden der Geist der klassischen *screwball comedies*; frech, schnell und anspielungsreich waren die Wortwechsel zwischen der sich reserviert gebenden Maddie und dem stets gut aufgelegten Schwerenöter David, die selten einer Meinung, aber im Grunde doch fasziniert voneinander und in mancherlei Hinsicht sogar aufeinander angewiesen waren – nicht nur beruflich. Nach und nach änderte sich die Beziehung der beiden Protagonisten, immer getreu der Regel *drei Schritte vor,* *zwei zurück*. Dieses ewige Hin und Her war das Kapital der Serie, das prickelnde Moment. «Da flogen die Funken», kommentierte Cybill Shepherd, «es liegt an der Chemie. Entweder man hat es, oder man hat es nicht. Und David und Maddie hatten es.» In einer Episode brachte die Mutter eines jugendlichen MOONLIGHTING-Fans die Sachlage drehbuchgemäß auf den Punkt: «Sind das nicht die beiden, die sich ständig streiten, aber eigentlich nur miteinander ins Bett wollen?!»

Die Erzählungen verloren prompt an Reiz, nachdem das Paar nach dreijähriger

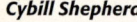

vat wenig herzliche Gefühle füreinander und gingen sich tunlichst aus dem Weg.

Bruce Willis erhielt für seine Serienrolle einen Emmy als bester Schauspieler. Durch MOONLIGHTING errang er die Popularität, die seine Kinokarriere erst ermöglichte. Zudem nahm er, wie auch Cybill Shepherd, Platten auf und plazierte sich mit «Under The Boardwalk» in den Singlecharts.

Cybill Shepherd, die ihr Leinwanddebüt in DIE LETZTE VORSTELLUNG (THE LAST PICTURE SHOW, USA 1971) hatte, spielte nach Ende der Serie wieder in einigen Kinoproduktionen (ALICE, USA 1990; TEXASVILLE, USA 1990) und TV-Movies, entschied sich aber dann erneut für ein Serienengagement und übernahm die Hauptrolle der durch Bezüge auf ihre Biographie für sie maßgeschneiderten, erfolgreichen Sitcom CYBILL (USA 1995–).

Zitate:

«Wir waren innovativ; es gab keine Festlegung auf eine Standardformel.»
BRUCE WILLIS

«Es war die große Yuppie-Detektiv-Show, ein ebenso typischer Bestandteil der achtziger Jahre wie der Filofax.»
GEOFF TIBBALLS

Laufzeit letztendlich verbunden war und Maddie gar mit Davids Kind schwanger ging (Cybill Shepherd war zu dieser Zeit tatsächlich schwanger). Ihre Beziehung hatte keinen Bestand, zeitweise trennten sich die Wege der beiden. Maddie erlitt eine Fehlgeburt; die Episoden bekamen zusehends eine melancholischere Tönung.

Doch noch anderes machte die Produktion bemerkenswert: Immer wieder wurde die Serie selbst oder ihre Rollenverteilung zum Thema gemacht, wurden Inhalte, Genre oder das Medium schlechthin im Zwiegespräch mit dem Zuschauer veralbert. Da führen Maddie und David beispielsweise eines ihrer spritzigen Streitgespräche, wenden sich schließlich zur Kamera und fragen ihr Publikum um Rat: ja oder nein? Die Kamera verneint, indem sie ein Kopfschütteln simuliert. Die direkte Ansprache der Zuschauer gehörte zu den Besonderheiten der Serie.

Besonders arg trieb man die Demontage der narratorischen Illusion in der Episode «Es ist nicht alles Gold, was glänzt», in den USA ausgestrahlt als letzte Folge vor der Sommerpause. Gemeinsam mit Gaststar Whoopi Goldberg flohen die beiden verhinderten Helden vor dem falschen Polizisten Judd Nelson aus einem Frisiersalon, aus den Kulissen und dann sogar aus dem Studio. Über das Gelände der Filmfirma ging die turbulente Hatz, in schönster Slapstick-Tradition holperte und polterte durcheinander, was immer den Weg der Protagonisten kreuzte. Figuren aus anderen Serien kreuzten den Weg, von Halle 14 jagte man zu Halle 20 in die bekannten Bürodekors, wo der Killer bereits wartete, der sich kurzerhand von einem Reiter im Westernkostüm hatte mitnehmen lassen. Noch ehe der Schurke aber seinen Re-

Cybill Shepherd

volver abdrücken konnte, kam von der Seite eine Hand ins Bild und entwand ihm das Schießeisen mit hartem Griff und den gleichmütigen Worten: «Wir haben den Drehplan überzogen. Die Requisite muß die Waffe wiederhaben.» Und nicht nur die – während sich die irritierten Kontrahenten noch in der Serienwirklichkeit befanden, wurden hinter ihnen bereits die Bühnenwände abgebaut.

Autoren und Produzenten erlaubten sich mancherlei Späße. «Atomic Shakespeare», die erste Episode der '86er Herbststaffel, spielte zu Zeiten Shakespeares und war eine abgewandelte Version von «Der Widerspenstigen Zähmung». Ein andermal traten Maddie und David in schwarzweißem Setting als typische film noir-Figuren auf oder interpretierten nacheinander den Titelsong mit der Begründung, der eigentliche Sänger, Al Jarreau, sei nicht pünktlich im Tonstudio erschienen.

Mondbasis Alpha 1 Space: 1999
GB 1975–1977

Commander J. Koenig	Alan Carter	Sandra Benes
MARTIN LANDAU	NICK TATE	ZIENIA MERTON
Dr. Helena Russell	Maya	Yasko
BARBARA BAIN	CATHERINE SCHELL	YASUKO NAGAZUMI
Prof. Victor Bergman	Tony Verdeschi	
BARRY MORSE	TONY ANHOLT	

Mondbasis Alpha 1 stammt aus britischer Produktion. Die Serie entstand Mitte der siebziger Jahre und gilt unter Kennern als besonders *sophisticated*. Als geistiges Elternpaar fungierten Gerry und Sylvia Anderson, von Science-fiction-Freunden hoch verehrt für ihr *Supermarionation*-Verfahren und Serien wie → THUNDERBIRDS oder STINGRAY (GB 1964–1965), in denen alle Rollen von Marionetten gespielt wurden.

In MONDBASIS ALPHA 1 hingegen arbeiteten die Andersons mit Schauspielern, die zwar mitunter nicht minder hölzern agierten, verläßlichen Quellen zufolge aber aus echtem Fleisch und Blut gewesen sein sollen. An der Spitze des Ensembles standen die verdienten Serienveteranen Martin Landau und Barbara Bain, den zeitgenössischen Zuschauern bestens bekannt aus MISSION: IMPOSSIBLE (USA 1966–1973, Neuauflage: 1988–1990), zu gut deutsch → KOBRA, ÜBERNEHMEN SIE. Tatkräftig unterstützt wurden sie vom allzeit streng dreinblickenden Barry Morse (in → AUF DER FLUCHT Dr. Kimbles hartnäckiger Verfolger).

Die Exposition: Anno 1999 dient ein Teil des Mondes als Schuttabladeplatz für Atommüll. In einer anderen Ecke befindet sich die Mondbasis Alpha, die mit einem Teil des Trabanten ins All geschleudert wird, als der Nukleardreck explodiert. Damit beginnt für die 310 Mondbewohner eine lange interstellare Reise, und sie ahnen noch nicht, daß sie infolge sinkender Einschaltquoten niemals zur Erde zurückkehren werden …

Dabei hatten die Produzenten fest mit einem Hit gerechnet und es bei der Herstellung an nichts fehlen lassen. Die Serie galt mit 300 000 Dollar Herstellungskosten pro Folge als bis dato teuerste TV-Serienproduktion. In den USA, Japan, Frankreich und Italien zeigte sich das Publikum begeistert. Im eigenen Lande dagegen galten die Propheten wenig: Nach anfangs guten Quoten sank das Zuschauerinteresse rapide, auch der zwecks Reanimation aus den USA eingeflogene → STAR TREK-Produzent Fred Freiberger rettete nichts mehr – nach 48 Folgen fiel die letzte Klappe.

Dennoch hat die Serie unbestreitbar ihre Reize. Allein die Optik macht schwer was her: Der Modeschöpfer Rudi Gernreich ent-

Gaststars:
Geoffrey Bayldon, Isla Blair, Brian Blessed, Cher Cameron, Joan Collins, Peter Cushing, Stuart Damon, Roy Dotrice, Julian Glover, Cassandra Harris, Lisa Harrow, Anouska Hempel, John Hug, Gareth Hunt, Susan Jameson, Freddie Jones, Paul Jones, Barbara Kellerman, Jeremy Kemp, Jeffery Kissoon, Veronica Lang, Christopher Lee, Kathryn Leigh Scott, Roy Marsden, Leo McKern, Brian Osborne, Alibe Parsons, Carolyn Seymour, Pamela Stephenson, Jill Townsend, Terry Walsh, Seretta Wilson, Jeremy Young, Nicholas Young, Marc Zuber

Creators:
Gerry und Sylvia Anderson
Beginn der deutschen Erstausstrahlung: 7. 8. 1977, ZDF

Zitat:
«MONDBASIS ALPHA ist auch nach mehr als 25 Jahren noch immer mein liebstes Projekt. Am Set herrschte immer eine tolle Stimmung, wir kamen alle so wunderbar miteinander aus. Besonders mit Martin Landau und Zienia Merton habe ich mich bestens verstanden. Ich habe immer bedauert, daß die Serie nach nur zwei Jahren eingestellt wurde. Ich war wirklich traurig.»
CATHERINE SCHELL

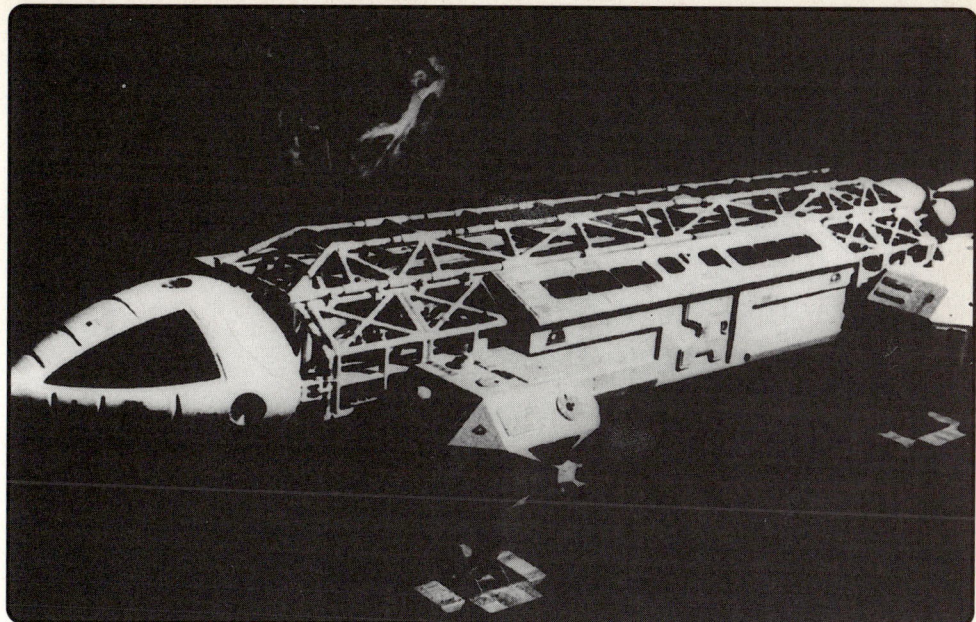

Raumgleiter der Mondbasis

Barbara Brain als Dr. Helena Russell

Mrs. Shermeen (Lynn Frederick, rechts) und Maya (Catherine Schell)

warf schmucke Uniformen, die Alpha-Leute lebten und arbeiteten in einer nach allen Regeln der Moderne gestalteten Plexiglaswelt mit sagenhaft tüchtigen Lochkartencompu-

tern, und der renommierte Brian Johnson (2001: ODYSSEE IM WELTALL/2001: A SPACE ODYSSEY, USA/GB 1968; ALIEN, USA 1979) steuerte ein paar wirkungsvolle Spezialeffekte

Fanclubs:

German Moonbase Alpha Information Service
c/o Nicolas P. Hainzl
Herler Str. 82
51067 Köln
(kostenlose Mitgliedschaft, Videos, Fotos, Kontakte u. a.)

Fanderson
→ THUNDERBIRDS

International Catherine Schell Fanclub
c/o Jovan Evermann
Postfach 80 05 04
51005 Köln
(kostenlose Mitgliedschaft, Clubmagazin, Autogramme)

T.A.F. – Thunderbirds And Friends
Gerry Anderson Fanclub Deutschland
c/o Micky Bister

Kirchstr. 4
10557 Berlin
(Jahresbeitrag DM 30,–, vierteljährliches Clubmagazin, umfassendes Videoarchiv, rare Fanprodukte)

Roy-Dotrice-Fanclub
c/o Gwen Lord
6 Meadow Lane, Leasingham
Sleaford, Lincs. NG34 8LL

*Von links: Paul (Prentis Hancock), David Kano
(Clifton Jones) und Commander Koenig
(Martin Landau)*

Milchstraßenrowdys treffen, sich mit Neutronenübertragungen und Spiralnebeln herumplagen, aber auch schon mal beiläufig vor ökologischer Mißwirtschaft warnen und über den Worldcup 1998 fachsimpeln, in dessen Endspiel (in der deutschen Fassung) 1860 München und Cosmos New York aufeinandertrafen.

Der heimliche Traum aller geschlechtsreifen Jungmänner aber war die schöne Maya (Catherine Schell), ein katzenartiges Wesen vom Planeten Psychon, das selbst von gezopften Augenbrauen nicht entstellt werden konnte, aber leider bereits eine Liaison mit dem 1. Offizier Tony Verdeschi (Tony Anholt) eingegangen war. Womöglich läßt sich auf klammheimliche Eifersucht zurückführen, daß die Mehrzahl der Zuschauer damals enttäuscht auf andere Galaxien auswich …

bei. Die Riege der Regisseure bestand aus Klasseleuten wie Charles Crichton (EIN FISCH NAMENS WANDA / A FISCH CALLED WANDA, GB 1988), David Tomblin (NUMMER SECHS) und Val Guest (DER TAG, AN DEM DIE ERDE FEUER FING / THE DAY THE EARTH CAUGHT FIRE, GB 1961). Auch die Autoren waren von Rang. Sie ließen Koenig und sein Gefolge auf diverse

Die Monkees The Monkees
USA 1966–1968

David Jones
GITARRE

Peter Tork
GITARRE

Micky Dolenz
SCHLAGZEUG

Mike «Wool Hat» Nesmith
GITARRE

«**Wahnsinn!**» schrie die Annonce im Branchenblatt ‹Daily Variety›. «Folk & Rock 'n' Roll Musiker/Sänger» waren aufgefordert, einen Vorsprechtermin wahrzunehmen. Gesucht wurden «vier irre Jungs zwischen 17 und 21 mit Mut zur Arbeit». Es galt eine Fernsehserie zu besetzen, die von den knapp dreißigjährigen Fernsehproduzenten Bob Rafelson und Bert Schneider ausgeheckt worden war und die tolldreisten Abenteuer einer schon ziemlich verrückten Popgruppe namens The Monkees zum Thema haben sollte. Die beiden TV-Leute holten sich den erfolgreichen Musikproduzenten und -verleger Don Kirshner zur Verstärkung und entwickelten sehr konkrete Vorstellungen. Sie fahndeten, so Rafelson, nicht nach vier Schauspielern, die die Monkees bloß verkörperten, sondern nach den Monkees schlechthin. Spontaneität war wichtiger als musikalische Befähigung, Schlagfertigkeit rangierte vor instrumenteller Virtuosität. Bezeichnenderweise bestand eine der Prüfungen darin, über dem Aspiranten eine Tasse Kaffee auszuschütten, um dessen Reaktionen zu testen.

Als Vorbild für die geplante Retortenband dienten die Beatles der Frühphase, als die Pilzköpfe noch nicht so gedankenlastig waren. Man ging gleichsam nach Strichliste vor: Da war die Ringo-Type zu besetzen, nicht allzu gutaussehend, aber mit kindlich naivem Trottelcharme, eine Figur zum Knuddeln. Peter Tork, Studienabbrecher und wenig erfolgreicher Folkbarde, bekam diesen Part zugewiesen. In Gestalt des schlaksigen Mike Nesmith wurde ein dringend benötigtes *John-Lennon-Act-Alike* vorstellig: ein bißchen sarkastisch, selbstironisch, intelligent, aber nicht klugscheißerisch. Zudem beherrschte Nesmith sein Instrument und konnte komponieren. Einen George Harrison wollte das Trio nicht, der war zu trübtassig und hatte kein Charisma. Publikumswirksamer erschien eine Kreuzung aus dem stillen George und dem hübschen Paul McCartney. Unter den 437 Bewerbern fand sich auch diese Figur, Mickey Dolenz hieß sie und brachte einige Erfahrung als Bühnen- und Fernsehschauspieler mit. Unter seinem Künstlernamen Mickey Braddock war er 1956 bis 1958 der halbwüchsige Star der Serie CIRCUS BOY gewesen und hatte etliche Gastrollen in anderen TV-Produktionen gespielt. Später gehörte er als Sänger der Westcoastband The Missing Links an. Als vierten Mann holte man sich den gebürtigen

Gaststars:
Lou Antonio, Jack Burns, Lon Chaney jr., Godfrey Cambridge, Hans Conried, Jacqueline De Wit, Mike Farrell, Bernard Fox, Vincent Gardenia, Stubby Kaye, Richard Kiel, Monte Landis, Liberace, Deana Martin, Burgess Meredith, Julie Newmar, Melody Patterson, Pat Paulson, Robert Strauss, Rip Taylor, Frank Zappa

Creators:
Bob Rafelson und Bert Schneider
Beginn der deutschen Erstausstrahlung: 16. 9. 1967, ZDF

Den zumeist konservativ eingestellten Managern der NBC-Sender blieben die Monkees stets suspekt. Einige äußerten starke Bedenken gegen das Auftreten langhaariger Gammler auf ihren sauberen Bildschirmen, andere lehnten die Ausstrahlung von vornherein ab. Die Mitglieder der Gruppe mühten sich redlich, ihren schlechten Ruf zu festigen: Während eines Treffens der Stationseigentümer benutzten sie den aufgetragenen Truthahn als Volleyball und trieben auch sonst allerlei Schabernack, die Verworfenheit der Jugend stichhaltig zu belegen.

Engländer David Jones, der schon in den Musicals «*Oliver*» und «*Pickwick*» am Broadway gespielt hatte, für den Bühnenpreis «*Tony*» nominiert gewesen war und daraufhin einen festen Kontrakt mit Columbia Pictures bekommen hatte. Willkommener Nebeneffekt: Der aus Manchester stammende Jones sicherte die Aufmerksamkeit der britischen Presse, eine gute Voraussetzung für die angepeilte Eroberung auch des europäischen Marktes.

Die Plazierung des Markenproduktes THE MONKEES ging generalstabsmäßig über die Bühne. Vor dem Start der Fernsehserie wurde die erste Single lanciert, eingespielt von erfahrenen Studiomusikern und, zur Enttäuschung insbesondere Michael Nesmith', von den eigentlichen Bandmitgliedern nur besungen. Sechstausend Discjockeys bekamen kostenlose Promoexemplare, Aufkleber wurden ausgestreut und verrieten in entwaffnender Ehrlichkeit: «Monkee Business Is Big Business». Am 29. Oktober 1966 verzeichneten die Monkees mit «*Last Train To Clarksville*» ihren ersten Single-Hit, auch das nachfolgende Album plazierte sich umgehend auf dem Spitzenplatz.

Die Fernsehserie zum Hit hatte am 13. September begonnen und neben wunschgemäßen Einschaltquoten auch gute Kritiken eingebracht. Die vier Pop-Kameraden tobten und tollten durch einen wüsten Genremix, wie man ihn bis dahin im Fernsehen noch nicht gesehen hatte. Vom Piratenfilm bis zur Westernanleihe war alles erlaubt. Die Inszenierung orientierte sich vornehmlich an den ersten beiden Beatles-Filmen, an der Ästhetik der Werbespots und am *direct cinema*; Stilmittel waren Zeitraffer, hektische Schnitte, rasante Kameraführung, krasse Lichtwechsel. Es gab schnelle Gags, viel Slapstick und mindestens zwei eingängige Musiktitel mit Hitpotential, die Kirshner von seinen Hauskomponisten schreiben ließ, darunter profilierte Autoren wie Carol Bayer (später Carol Bayer Sager), Carol King/Gerry Goffin, Tommy Boyce/Bobby Hart, Neil Sedaka und Neil Diamond, der mit dem durch die Monkees populär gemachten Titel «*I'm A Believer*» den Grundstein zu seiner eigenen Interpretenkarriere legte.

Während die älteren Musikliebhaber die Brauen lüpften und lieber *Acid Rock* hörten, himmelten die Teenager ihre Monkees an; die beste Voraussetzung für die optimale Vermarktung des Quartetts. In eigenen «*Monkee Stores*» gab es Monkee-Gitarren, -Pullover, -Shirts, -Hosen, -Comics und was immer das Herz des Fans beglückte. Die Platten der Gruppe erzielten regelmäßig Goldstatus.

Hinter den künstlich erzeugten Medienimages allerdings verbargen sich vier durchaus eigenwillige Individuen. Mit der Zeit traten die Bandmitglieder gegenüber ihren Schöpfern zunehmend selbstbewußter auf und verlangten musikalische Autonomie, die ihnen zunächst verwehrt wurde. Michael Nesmith suchte die Öffentlichkeit und gab eine Pressekonferenz, in der er das Geheimnis um die musizierenden Hintermänner preisgab: «Wir wurden als etwas ausgegeben, was wir nicht sind. Wir alle spielen In-

Unter den 437 Kandidaten, die sich gern zum Monkee machen lassen wollten, waren auch der Folkrocker Stephen Stills und ein Mensch, der noch in gänzlich anderem Zusammenhang von sich reden machen sollte: Charles Manson.

Bob Rafelson und Bert Schneider ließen nicht nur die Monkees tanzen, sondern finanzierten auch den Kultfilm EASY RIDER (USA 1969), nachdem AIP-Mogul Sam Arkoff dessen Produktion abgelehnt hatte. Nach seinem Debüt mit HEAD trat Rafelson noch des öfteren als Kinoregisseur in Erscheinung. Unter anderem inszenierte er die Kinofilme FIVE EASY PIECES (USA 1970), DER KÖNIG VON MARVIN GARDENS (THE KING OF MARVIN GARDENS, USA 1972), WENN DER POSTMANN ZWEIMAL KLINGELT (THE POSTMAN ALWAYS RINGS TWICE, USA 1981) und MAN TROUBLE (USA 1991), alle mit Jack Nicholson in der Hauptrolle.

Don Kirshner wuchtete auch weiterhin Popmusik ins Fernsehen. Er produzierte die Reihe IN CONCERT (1972), ferner DON KIRSHNER'S ROCK CONCERT (1973–1981) und organisierte die jährlichen «*Rock Award*»-Übertragungen. Des weiteren zeichnete er verantwortlich für die Kinderserie THE KIDS FROM C.A.P.E.R. (USA 1976–1977).

Von links: Davy Jones, Mickey Dolenz, Peter Tork, Mike Nesmith

strumente, sind aber nicht auf unseren Platten zu hören. Unsere Plattenfirma möchte das nicht und gestattet es uns auch nicht.»

Die Musikwelt hatte ihren Skandal, und die Produktionsfirma bat zur Krisensitzung. Die Bandmitglieder forderten erneut, selbst spielen und eigene Kompositionen einbringen zu dürfen. Dem Wortführer Nesmith wurde bedeutet, daß er von heute auf morgen aus seinem Vertrag entlassen werden könne. Vor Wut rammte er seine Faust durch die Tür des Hotelzimmers und drohte Kirshner: «Das hätte auch dein Gesicht sein können.»

In Anbetracht der kommerziellen Erfolge entschied man sich für den Fortbestand der Gruppe – Nesmith blieb, und Kirshner mußte gehen. Er verklagte später die beteiligten Produktionsfirmen auf 35,5 Millionen Dollar Schadensersatz. Mit «Headquarters» erschien die erste Monkees-LP in eigener Regie und erhielt gute Kritiken auch seitens der progressiven Rockpresse. Die Neuorientierung der Band zeigte sich überdies daran, daß die Monkees von einer Englandtournee einen jungen Gitarristen namens Jimi Hendrix mitbrachten, der bei den US-Konzerten das Vorprogramm bestritt, vom Publikum aber abgelehnt wurde.

Ende 1967 beschlossen die NBC-Verantwortlichen, die Serie zu beenden. Die Monkees wagten den Sprung vom Bildschirm ins Kino und kobolzten unter der Regie Bob Rafelsons durch den Film HEAD, einer psychedelischen Collage aus Godard, Drogenrausch und Comedyshow. Neben den Monkees beteiligten sich der junge Jack Nicholson – er war auch Koautor des Films –, Frank Zappa, Sonny Liston, Victor Mature und Annette Funicello an dem subkulturellen Spaß.

Nach zwei TV-Specials und einigen mittelprächtigen Alben trennten sich 1969 die Wege der fabulösen vier. Michael Nesmith blieb im Metier, nahm einige vortreffliche

Countryalben auf, produzierte experimentelle Videofilme und den Kinofilm TIMERIDER (USA 1983). Michael Dolenz wechselte gleichfalls hinter die Kamera und machte in England als Fernseh- und Musicalregisseur Karriere. Peter Tork verschwand zeitweise von der Bildfläche, arbeitete als Lehrer und trat 1982 noch einmal mit der kurzlebigen Band Peter Tork Project auf die Bühne. David Jones eröffnete in Greenwich Village einen Laden namens «Zilch», versuchte sich als Schauspieler und formierte 1975 gemeinsam mit Michael Dolenz die Band Dolenz, Jones, Boyce und Hart (letztere waren die Autoren des Monkees-Hits «Last Train To Clarksville»), die mit der «Great Golden Hits Of The Monkees Show» auf Tournee ging, um von vergangenen Erfolgen zu profitieren. Die Verwendung des Namens THE MONKEES war ihnen aus rechtlichen Gründen nicht möglich.

Mitte der Achtziger, als MTV die alte TV-Serie wiederholte und damit ein Monkees-Revival auslöste, gingen Jones, Dolenz und Tork mit großem Erfolg auf Reunion-Tour und spielten ein neues Album ein. Auch die alten Platten wurden neu aufgelegt, und 1988 erschien der Mitschnitt «20th Anniversary Concert Tour 1986».

Das neu erwachte Interesse an den früheren Kultfiguren ließ auch die Fernsehwelt aufhorchen. Wie seinerzeit im Herbst 1965, wurden unter großem Presserummel die Stellen für die Sitcom THE NEW MONKEES ausgeschrieben. Larry Saltis, Dino Kovas, Jared Chandler und Marty Ross machten das Rennen. Dreizehn Episoden gingen in Produktion und wurden 1987 von regionalen Stationen ausgestrahlt, blieben aber ebenso erfolglos wie die dazugehörigen Schallplatten.

Roger Moore

Roger Moore als Simon Templar

TV-Serien mit Roger Moore:

IVANHOE (GB 1958)
ALS SIR IVANHOE OF ROTHERWOOD

THE ALASKANS (USA 1959–1960)
ALS SILKY HARRIS

MAVERICK (USA 1957–1962)
ALS COUSIN BEAUREGARD MAVERICK
(1960–1961)

SIMON TEMPLAR (THE SAINT, GB 1962–1969)
ALS SIMON TEMPLAR

→ **DIE ZWEI (THE PERSUADERS, GB
1971–1972)**
ALS LORD BRETT SINCLAIR

Die Andeutung eines sardonischen Lächelns umspielte → Dame Ednas Lippen, als sie ihrem Gast eine kleine Überraschung bereitete. Sie ließ – in höchstem Maße Anteil nehmend, wie sie niemals müde wird zu betonen – ein Jugendfoto ihres Gastes einblenden: Roger Moore als Katalog-Model, in einen beißend gelben Pullunder verpackt. Kein schönes Bild, und der Betroffene schien einen Moment lang indigniert, machte dann aber das Beste aus der Situation und nahm die Angelegenheit mit Humor.

Moore, Sohn eines Londoner Bobbys, war noch nicht einmal volljährig und besuchte eine Kunsthochschule, als er sich in schreiend farbiger Herrenoberbekleidung der Kamera des Fotografen darbot, um sich ein kleines Zubrot zu verdienen. Auch für Bademoden, Zahnpasta und, ist ja keine Schande, sogar für Strickmuster stand er gerade. Eine Lehrstelle im Zeichentrickstudio der Publicity Picture Productions gab ihm Gelegenheit, sein künstlerisches Talent anzuwenden. Nebenher arbeitete er als Statist, fand Gefallen

an der schauspielerischen Tätigkeit und begann ein Studium an der Royal Academy of Dramatic Art, während er als Kleindarsteller an Londoner Theatern Bühnenerfahrungen sammelte.

1945 spielte er seine erste nennenswerte, wenngleich marginale Filmrolle unter der Regie Alexander Kordas in PERFECT STRANGERS (GB 1945; US-TITEL: VACATION FROM MARRIAGE). Der unvermeidliche Militärdienst unterbrach seine Karriere und führte ihn nach Deutschland, wo er der Truppenbetreuung zugeteilt wurde. Ein Vertrag mit der Metro-Goldwyn-Mayer, die auch in England ein Studio unterhielt, verhalf ihm zu seinem ersten Hollywood-Engagement, der Romanze THE LAST TIME I SAW PARIS (USA 1954). Es blieb freilich weiterhin bei unbedeutenden Rollen, so daß er sich zwischenzeitlich auch mal als Moderator der Unterhaltungssendung SUNDAY NIGHT AT THE LONDON PALLADIUM (GB 1955–1967) verdingte.

Ein wenig mehr abverlangt wurde ihm in seiner ersten Fernsehhauptrolle. Als Ivanhoe ritt er in gleißendem Harnisch und mit wippendem Federbusch durch die gleichnamige Serie und brach manch eine Lanze für den verschollenen König Richard, da der unbe-

Eine Revanche seitens der Produzenten ist der Grund, daß der britische Gentleman SIMON TEMPLAR mit einem schwedischen Auto – Kennzeichen ST1 – renommiert. Man hatte den Hersteller Jaguar gebeten, einen Sportwagen des Typs E zur Verfügung zu stellen, doch waren die Edelkarossenbauer der Meinung,

derartige Werbung nicht nötig zu haben.

Bei einigen Episoden von SIMON TEMPLAR übernahm Roger Moore auch die Regie. Die Verkaufserfolge der Serie machten ihn wirtschaftlich unabhängig und erlaubten ihm, eine Reihe von Kinofilmen zu produzieren, in de-

nen er andere Facetten seines schauspielerischen Könnens zeigen wollte. Allein das Publikum war an diesem Imagewechsel nicht sonderlich interessiert.

Der erste Kinofilm mit Simon Templar als Helden datiert auf das Jahr 1938. Weitere folgten, darunter auch einige

Ann Bell als Natasha und Roger Moore als Simon Templar

mannte Thron Albions allerlei Unwürdige anzog. Auch fand sich immer wieder einmal ein Edelfräulein in höchster Not, dem es wacker beizustehen galt, getreulich dem rechtsverbindlichen Ritterschwur: «Helft den Armen, beschützt die Schwachen und bleibt Eurem Gelübde treu.»

Ivanhoe wie auch sein ergebener Knappe Gurth (Robert Brown) hatten dabei eine ganze eigene Art, das Schwert zu führen: Meist bekamen die vorwiegend bärtigen Strolche einen ordentlichen Klaps mit der flachen Seite des Schwertes oder mit einem anderen passenden Gegenstand verabreicht, erhoben sich denn auch nach kurzer Benommenheit und gaben Fersengeld oder wurden von den Recken dingfest gemacht. Nie wurde jemand verletzt; allerdings trug Roger Moore mannigfach blaue Flecken davon, denn er ließ es sich nicht nehmen, die ritterlichen Stunts selber auszuführen.

Schon dem unverwüstlichen Ivanhoe eignete jener leicht schelmische Zug, der Moores folgende Rollen bis hin zu seiner James-Bond-Interpretation kennzeichnen sollte. Ein rechter Filou und Schwerenöter war beispielsweise Silky Harris, den Moore

in der US-Serie THE ALASKANS (USA 1959–1960) spielte, nachdem er von MGM zu Warner Brothers gewechselt war. Harris, sein Kumpan Reno McKee (Jeff York) und die befreundete Sängerin Rocky Shaw (Dorothy Provine) suchten Ende des 19. Jahrhunderts im alaskanischen Skagway am Goldrausch teilzuhaben, ohne sich dabei die Finger schmutzig machen zu wollen. Sie gaunerten sich einigermaßen pfiffig durchs Leben, doch die Zuschauer vermochten sich für die Abenteuer im eisigen Nordland nicht recht zu erwärmen. Die Goldsucher wurden kaltgestellt; für den geschmeidigen Briten Roger Moore aber fand sich im Rahmen der Warner Brothers TV-Produktion eine neue Aufgabe: Er wurde einer der MAVERICKS. Diese Fernsehfamilie hatte Zuwachs bekommen, nachdem es zwischen dem Studio und James Garner, dem ursprünglichen Star der Serie, zu einem Disput über neue Vertragsbedingungen gekommen war, der Garners Demission zur Folge hatte (→ DETEKTIV ROCKFORD: ANRUF GENÜGT).

Weltweite Popularität aber erlangte Roger Moore mit einer TV-Serie, die im heimatlichen Großbritannien ersonnen worden

mit Roger Moore, die auf seiner Fernsehrolle basierten. 1997 kehrte der Mann mit dem Heiligenschein zurück, diesmal verkörpert von Val Kilmer, der Elisabeth Shue zunächst bestiehlt, sich dann aber in sie verliebt und mit ihr turbulente Abenteuer erlebt. Roger Moore war in der Originalfassung als Off-Sprecher zu hören.

Zitat:
«Fortwährend spiele ich Heldenfiguren, aber ich bin ein Feigling – ich würde meilenweit laufen, um einem Kampf aus dem Wege zu gehen.»
ROGER MOORE

Literatur:
Paul Donovan: Roger Moore. London 1983
Roy Moseley / Philip und Martin Masheter: Roger Moore: A Biography. London 1985

Roger Moore als Simon Templar

Rosemarie Nicols, Tony Curtis und Roger Moore (als Lord Brett Sinclair) in DIE ZWEI

Gloria Hendry, Roger Moore, Jane Seymour

war: SIMON TEMPLAR, auch bekannt als THE SAINT. Ebenso gut wie Ivanhoes Harnisch stand Moore der schnittige Volvo P-1800, mit dem Templar durch die Weltgeschichte saust, Missetäter wie auch Strafverfolgungsbehörden stilvoll zu foppen. Eigentlich hatte der Part an Patrick McGoohan gehen sollen, der gerade als DANGER MAN (GB 1960–1961; 1964–1967) pausierte. McGoohan aber hielt streng auf Moral und konnte die Rolle des unverbesserlichen Schürzenjägers Templar mit seinen Überzeugungen nicht in Einklang bringen. Roger Moore hatte diesbezüglich keine Einwände, zumal es in jenen Tagen ohnehin recht züchtig zuging auf den Bildschirmen. Es blieb bei dezenten Andeutungen – das Publikum dachte sich seinen Teil, wenn eine von Templars Begleiterinnen des Morgens eine Visitenkarte mit Heiligenschein auf ihrem Kopfkissen fand und dabei zufrieden vor sich hin lächelte. Der Heiligenschein, Templars Wahrzeichen, bezog sich auf seinen Spitznamen THE SAINT, den er seiner Initialen wegen bekommen hatte.

Nicht nur der auf die Tempelritter Bezug nehmende Name des bereits 1928 von Leslie Charteris erdachten Helden erinnert an Sir Ivanhoe. Jenem nicht unähnlich, ist der vor Selbstbewußtsein strotzende, immer ein wenig lausbubenhafte Charmeur finanziell unabhängig und stets zur Stelle, wenn Unschuldige von Verbrechern oder anderem Ungemach bedroht sind. Solches zu verhindern, bedient sich Templar freilich selbst gesetzwidriger Methoden, was ihn immer wieder in

den Mittelpunkt behördlicher Ermittlungen rückt. So verbissen wie vergeblich auf der Spur ist ihm der von Haßliebe getriebene Chief Inspector Claude Eustace Teal, von Templar mit liebevollem Spott als «Scotland Yard's finest» tituliert.

SIMON TEMPLAR fand ein weltweites Publikum. Über 80 Länder übernahmen die Serie, darunter auch die USA. Roger Moore profitierte in jeder Hinsicht von diesem Erfolg – er hatte sich eine Beteiligung an den Verkaufserlösen zusichern lassen, und er wurde beinahe so populär wie sein Kollege Sean Connery, der weiland ihn, Patrick McGoohan und Richard Johnson bei der Besetzung der James-Bond-Rolle ausgestochen hatte.

Doch Moores Stunde kam, nachdem auch das Kapitel → DIE ZWEI abgeschlossen war. Den 41jährigen Sean Connery gelüstete es nach neuen Herausforderungen, und der 43jährige Moore, immer ritterlich und mit einer Million Pfund auch großzügig honoriert, sprang in die Bresche. Im Fernsehen sah man ihn, von dem durchweg hochkarätig besetzten TV-Movie SHERLOCK HOLMES IN NEW YORK (USA 1976) einmal abgesehen, fortan nur noch als Talk-Gast, häufig im Dienste des Kinderhilfswerks UNICEF, für das er ehrenamtlich als Sonderbotschafter tätig war.

Mord ist ihr Hobby Murder, She Wrote
USA 1984–1996

Jessica Beatrice Fletcher
ANGELA LANSBURY

Sheriff Amos Tupper
(1984–1988)
TOM BOSLEY

Grady Fletcher (1985–1990)
MICHAEL HORTON

Dr. Seth Hazlitt (1985–)
WILLIAM WINDOM

Sam Booth (1986–)
RICHARD PAUL

Sheriff Mort Metzger (1989–)
RON MASAK

Dennis Stanton (1990–1991)
KEITH MICHELL

Robert Butler (1990–1991)
KEN SWOFFORD

Rhoda (1990–1991)
HALLIE TODD

Deputy Andy Broom
LOUIS HERTHUM

«Meine Leser können mir alles verzeihen – ausgenommen Langeweile.» So lautete die Arbeitsphilosophie der Kriminalschriftstellerin Jessica Fletcher, und tatsächlich war Langeweile ein Fremdwort für ihre zahlreichen Anhänger – für die fiktiven, mit denen sie auf dem Bildschirm zu tun bekam ebenso wie für die realen, die in großer Zahl die amüsanten und spannenden Kriminalfälle verfolgten, in die Jessica Fletcher immer wieder aufs neue – mal mit, mal ohne ihr Zutun – verwickelt wurde.

Die liebenswerte Starautorin ist eine freundliche ältere Lady und also eine eher untypische Krimiheldin. Erst spät, so die Vorgeschichte, kam die pensionierte Lehrerin zu ihrem ungewöhnlichen Metier: Nachdem ihr Ehemann verstorben war, suchte die geschäftige Seniorin nach einem sinnvollen Zeitvertreib und verfiel aufs Krimischreiben. Fortan knüpfte sie eifrig Handlungsfäden und strickte Mordintrigen, häkelte Plots und klöppelte Spitzen-Thriller.

Was als reines Freizeitvergnügen begann, erwies sich bald als lukrative Beschäftigung. Ihr Lieblingsneffe Grady (Michael Horton) sandte eines der Manuskripte an ein Verlagshaus, und über Nacht kam der Erfolg: Jessicas Romanerstling mit dem Titel «Der Leichnam tanzt um Mitternacht» erklomm die Bestsellerlisten. Unversehens fand sich die Debütantin im Literaturbetrieb wieder. Seither ist sie eine begehrte Interviewpartnerin und gastiert häufig in Fernseh-Talkshows, sie muß Signierstunden abhalten und Lesereisen unternehmen, sie fungiert als Beraterin bei den Verfilmungen ihrer Werke und recherchiert zwischenzeitlich für ihre nächsten Romane. Wo immer aber sie sich gerade aufhält – meist dauert es nicht lang, bis ein Mensch aus ihrer unmittelbaren Umgebung einem Verbrechen zum Opfer fällt. Und wie die wesensverwandte Miss Marple, so läßt auch Jessica es sich nicht nehmen, mit ihrem Scharfsinn und ihrer ausgeprägten Beobachtungsgabe zur Lösung der meist sehr verzwickten Fälle beizutragen, insbesondere da die kraft ihres Amtes für derlei Tätigkeiten zuständigen Polizisten sich oftmals als engstirnige, misogyne, einzig auf ihre Dienstvorschriften geeichte Prinzipienreiter erweisen, die entscheidende Indizien

Gaststars:
Daphne Ashbrook, Rene Auberjonois, Talia Balsam, Ned Beatty, David Birney, Linda Blair, Capucine, Shaun Cassidy, Cyd Charisse, Lois Chiles, James Coburn, Chuck Connors, Robert Culp, Samantha Eggar, Jose Ferrer, Mel Ferrer, Stewart Granger, Peter Graves, Clu Gulager, Van Johnson, Terry Kiser, Martin Landau, June Lockhart, Cameron Mitchell, Belinda Montgomery, Harry Morgan, Diana Muldaur, Kate Mulgrew, Jerry Orbach, Cesar Romero, John Saxon, David Soul, Roy Thinnes, Forrest Tucker, Robert Vaughn, John Vernon, Fritz Weaver, Stuart Whitman

Creators:
Peter S. Fischer, Richard Levinson, William Link
Beginn der deutschen Erstausstrahlung: 14. 4. 1988, ARD
(unter dem Titel IMMER WENN SIE KRIMIS SCHRIEB)

Einen ersten Vorgeschmack auf ihre spätere Erfolgsrolle bekam Angela

Angela Lansbury

sträflich mißachten und statt dessen alles daransetzen, unschuldige Mitbürger hinter Gitter bringen.

In die Welt gesetzt wurde die Amateurdetektivin Jessica Fletcher von Peter S. Fischer, Richard Levinson und William Link. Der 1987 an Lungenkrebs verstorbene Richard Levinson und sein langjähriger Partner William Link bildeten ein in der TV-Branche einmaliges Autoren- und Produzententeam, das mit der Erfindung des schrulligen Trenchcoat-Trägers → COLUMBO Fernsehgeschichte geschrieben hat. Ihrer gemeinsamen Arbeit entsprangen weitere Detektiv- und Polizeiserien wie MANNIX (USA 1967–1975), BANACEK (USA 1972–1974) und ELLERY QUEEN (USA 1975–1976), ferner vielbeachtete TV-Filme

wie das mehrfach für den Emmy nominierte Dokudrama THE EXECUTION OF PRIVATE SLOVIC (USA 1974). Darüber hinaus verfaßten sie Theaterstücke, das Libretto zu dem Broadwaymusical «*Merlin*» und etliche Romane. 1983 widmete das Museum of Broadcast den beiden preisgekrönten «mystery kings» (John Javna) eine vierwöchige Retrospektive. Bei MORD IST IHR HOBBY wurde Peter Fischer zeitweilig der Dritte im Bunde. Er war maßgeblich an der Entwicklung des Serienkonzepts beteiligt, verfaßte einzelne Episoden und zeichnete als *executive producer*. Auch er gehörte bereits zum Team von COLUMBO und schrieb außerdem für Erfolgsserien wie → KOJAK und DR. MED. MARCUS WELBY (MARCUS WELBY, M.D., USA 1969–1976).

Lansbury durch ihren Auftritt als Hobbydetektivin Jane Marple in dem mit illustren Kollegen besetzten Kinofilm MORD IM SPIEGEL (THE MIRROR CRACK'D, GB 1980).

Ursprünglich war Jessica Fletcher im lieblichen Cabot Cove in Maine beheimatet, verlegte aber 1991 ihren Hauptwohnsitz nach New York.

In einigen Episoden unterstützt Jessica Fletcher den Privatdetektiv Harry McGraw (Jerry Orbach), der mit THE LAW AND HARRY MCGRAW (USA 1987–1988) später eine eigene Serie bekam. Außerdem logierte sie zwei Folgen lang auf Hawaii und half einem Greenhorn namens → MAGNUM auf die Sprünge.

Angela Lansbury wie auch Jerry Orbach gehörten zu den Synchronsprechern des Disney-Erfolgs DIE SCHÖNE UND DAS BIEST (BEAUTY AND THE BEAST, USA 1991). Im Rahmen der folgenden Oscar-Zeremonie sang Angela Lansbury ein Lied aus dem Film. Im selben Jahr drehte die damals 67jährige das TV-Movie MRS. 'ARRIS GOES TO PARIS (USA 1992).

Angela Lansbury

stellerin eine Sendereihe zum Erfolg zu führen: «Wenn mir das gelänge, im Alter von 59 Jahren, wäre es ein kleines Wunder.» In einem anderen Gespräch erläuterte sie ihren beruflichen Standpunkt zum Medium Fernsehen, das sich in den USA zum größten Arbeitgeber für Schauspieler entwickelt habe. «Ich glaube», so ihre Wahrnehmung, «daß die Schauspieler inzwischen nicht mehr nur aus materiellen Gründen zum Fernsehen gehen – nach dem Motto ‹lieber fest engagiert als arbeitslos› –, sondern auch aus künstlerischen Motiven, weil es hier Rollen gibt, die zu spielen anderswo keine Gelegenheit mehr besteht.»

Aus diesen Worten läßt sich Lansburys jahrzehntelange Berufserfahrung heraushören. Auch ihre Mutter war im Bühnenmetier tätig gewesen. 1925 brachte sie in London ihre Tochter Angela zur Welt. Vor dem Bombenterror des Zweiten Weltkriegs floh die Familie nach New York. Dort setzte Angela ihr Schauspielstudium fort, ging wenig später mit ihrer Mutter nach Kalifornien und wurde von den MGM-Studios als Vertragsschauspielerin verpflichtet. Bereits ihre Debütrolle als Hausmädchen in George Cukors DAS HAUS DER LADY ALMQUIST (GASLIGHT, USA 1944) brachte ihr die erste von insgesamt drei Oscar-Nominierungen ein. Sie litt nie unter Beschäftigungsmangel, die Rollenangebote beschränkten sich allerdings auf ein bestimmtes Frauenbild. «Ich war nie das Sexsymbol oder die Glamourkönigin», berichtete sie im Gespräch mit Tim Brooks. Sie spielte vorwiegend zänkische, kaltherzige oder bedrohliche Charaktere, Xanthippen und Megären, und wirkt dadurch in ihren

Hauptdarstellerin und in späteren Produktionsjahren auch treibende Kraft hinter den Kulissen war die gebürtige Britin Angela Lansbury. Sie nannte bereits nahezu alle Ehrungen, die Film-, Fernseh- und Theaterbranche zu vergeben haben, ihr eigen, als sie 1984 die Rolle der Serienheldin Jessica Fletcher akzeptierte, nachdem ihre Kollegin Jean Stapleton abgelehnt hatte. Lansbury begründete ihren Entschluß gegenüber der Zeitschrift ‹People› damit, daß der Part wie für sie geschaffen sei: «Die Figur der Jessica Fletcher hätte von mir stammen können.» Zudem reizte sie die Herausforderung, als Hauptdar-

Zitat:
«Wichtig ist, daß wir interessante Schauplätze haben und Figuren, die das Publikum fesseln. Die Zuschauer betreiben das whodunit-Spielchen mit uns zusammen. Es gibt keine Autoverfolgungsjagden, und ich trage auch keine Waffe. Es ist schlichtes Gehirntraining.»
ANGELA LANSBURY

Literatur:
Margaret Bonanno: Angela Lansbury – A Biography, New York 1987
James Parish: Unofficial Murder She Wrote Casebook. Las Vegas 1994

Besonderes:
Sprachlern CD-ROM Englisch – Deutsch mit der Episode «Fatal Paradise», München 1998

frühen Filmen älter, als sie damals tatsächlich war.

Außer in Filmrollen – sie stand unter anderem mit Elizabeth Taylor, Katherine Hepburn und Spencer Tracy vor der Kamera – sah man sie in vielen frühen Fernsehspielen. Ende der Fünfziger eroberte sie die Theater- und Musicalbühnen, ohne daß ihre Filmkarriere darunter litt, und sammelte eine Fülle hochkarätiger Auszeichnungen. Angesichts dieser Erfolge war die Fachwelt von ihrer Entscheidung zugunsten eines langfristigen Engagements beim Fernsehen überrascht. Für die Schauspielerin zahlte sich die Umorientierung aus. Dank des enormen Erfolges der Serie gehörte Angela Lansbury mit einem geschätzten Jahreseinkommen von 30 Millionen Dollar zeitweise zu den Großverdienern der Branche und erfreute sich überdies einer privilegierten Position: Sie nahm den Rang einer Koproduzentin ein und bestimmte persönlich über die Belange der Serie.

Auch ihr zweiter Ehemann, der frühere Produktionschef Peter Shaw, ihr Sohn Anthony, Stiefsohn David und ihr Bruder Bruce waren im Mord-Geschäft tätig, so daß die Herstellung der Serie gleichsam zu einem Familienunternehmen wurde. Dies brachte zugleich ein wenig Entlastung für die Hauptdarstellerin, denn die Produktion einer wöchentlichen Serie stellt selbst für jüngere Akteure eine enorme Strapaze dar. In den ersten Jahren arbeitete das Team über den Zeitraum von sieben Tagen an einer Episode. Gemäß der Rollenkonzeption war Jessica Fletcher in nahezu jeder Einstellung zugegen, folglich mußte sich Angela Lansbury quasi rund um die Uhr zur Verfügung halten. Ihr Arbeitstag begann dementsprechend früh, um Viertel vor sieben, und endete, wenn das vorgesehene Pensum abgedreht war – nicht selten erst nach neun Uhr abends. Auf Lansburys Drängen hin wurde die Arbeitszeit reduziert und eine fixe Wochenstundenzahl vereinbart. Eine Neuregelung, die keinerlei Schaden anrichtete. Im Gegenteil, Jessica Fletchers Freundeskreis wurde danach in den USA – wie auch im deutschsprachigen Raum – sogar noch größer.

Mork vom Ork Mork & Mindy
USA 1978–1982

Mork	**Cora Hudson**	**Jean Da Vinci (1979–1981)**
ROBIN WILLIAMS	**(1978–1979 / 1981–1982)**	GINA HECHT
Mindy Beth McConnell	ELIZABETH KERR	**Nelson Flavor (1979–1981)**
PAM DAWBER	**Eugene (1978–1979)**	JIM STAAHL
Frederick McConnell	JEFFREY JACQUET	**Exidor**
(1978–1979 / 1980–1982)	**Franklin Delano Bickley**	ROBERT DONNER
CONRAD JANIS	TOM POSTON	**Mearth (1981–1982)**
	Remo Da Vinci (1979–1981)	JONATHAN WINTERS
	JAY THOMAS	

ZUM Schluß einer jeden Episode nimmt der vom Himmel gefallene Luftikus mit Namen Mork andeutungsweise militärische Haltung ein, da es gilt, seinem Vorgesetzten Orson aktuelle Erkenntnisse über das Leben auf der Erde zu übermitteln. Denn der Berichterstatter treibt zwar pausenlos den übermütigsten Schabernack und vollführt wildeste Kindereien, ist dabei aber ein aufmerksamer Beobachter irdischer Gepflogenheiten. In Orson findet er stets ein wißbegieriges Visavis – «Gibt es auf der Erde viele Helden?» erkundigt sich der strenge orkanische Hin- und Heerführer beispielsweise, und Mork ist der Richtige, diese Wissenslücke zu überbrücken.

«Reichlich», so seine Antwort, «aber ich habe das Gefühl, wirklich bekannt wird immer nur eine ganz bestimmte Sorte. Haben Sie schon mal Albert Schweitzer auf irgendwelchen Sammelbildchen gesehen? Denken Sie mal darüber nach, Sir. Er war zwar kein guter Torwart, aber ist das nicht ein bißchen kleinlich? (…) Sie hören immer wieder von dem Mann, der über dreizehn Busse springt, aber haben Sie schon mal was von dem Kna-ben gehört, der ihn hinterher wieder zusammengeflickt hat?»

So kindlich naiv und doch sinnig lauteten viele der Rapports des vom «Hinterhof der Milchstraße» eingeflogenen, mit schier unersättlicher Neugier ausgestatteten Sternreisenden.

«Ich habe beobachtet, daß die Erdlinge ein unstillbares Bedürfnis haben, mit ihren Freunden über ihre Probleme zu reden», meldet er pflichtschuldigst dem respektlos als «Großmeister des Übergewichts und tonnenschwerer Koloß vom Orkos» angesprochenen Orson.

«Wieso quälen sie denn ihre Freunde damit?» wundert sich der brummige Hochwohlwollende.

«Dazu möchte ich einen Aphorismus von Mao Tse-Tung zitierten: Wenn ein Mensch Probleme von der Größe des Himalajas hat, dann platzt er bald auf wie ein Reisbeutel.»

Jede dieser geistreichen Durchsagen endete mit einem herzlichen «Na nu, Na nu», das ist orkanisch für «Auf Wiedersehen».

Dieser seltsame und im alltäglichen Umgang meistens überaus strapaziöse Zeitge-

Gaststars:
Morgan Fairchild, Corey Feldman, Martin Ferrero, Carl Gottlieb, Noah Hathaway, Jillian Kesner, Tom Kindle, John Larroquette, Susan Lawrence, David Letterman, Dinah Manoff, Penny Marshall, Scott Marshall, Ross Martin, Joe Regalbuto, *William Shatner, Racquel Welch, Henry Winkler*

Creators:
Garry Marshall, Joe Glauberg
Beginn der dt. Erstausstrahlung:
26. 5. 1979, ZDF
Spinoff: THE MORK & MINDY / LAVERNE

& SHIRLEY / FONZ HOUR, USA
1982–1983

Conrad Janis, der Darsteller des Fred McConnell, war neben seiner Schauspielertätigkeit ein renommierter Jazzmusiker. Er leitete eigene Bands mit Namen wie «Conrad Janis'

Robin Williams und Pam Dawber

Robin Williams

nosse war ein Import aus der Sitcom HAPPY DAYS (USA 1974–1984), in die er einst hineinschnurrte, um eine der Hauptfiguren zu kidnappen – zumindest in dessen Traum. Der Darsteller dieser Figur, ein an der renommierten Juilliard-Schauspielschule ausgebildeter, aber auch als Straßenkünstler erprobter und noch weitgehend unbekannter Bühnenkomiker namens Robin Williams, hinterließ bei den Produzenten derart nachhaltigen Eindruck, daß sie über ein geeignetes Vehikel für den talentierten Tausendsassa nachzusinnen begannen. Das Ergebnis ihrer Überlegungen hieß MORK VOM ORK, eine Sitcom um einen infolge despektierlichen Verhaltens auf die primitive Erde strafversetzten Außerirdischen, dem der Auftrag zuteil wurde, die hiesigen Gegebenheiten zu erkunden und seine Wahrnehmungen treulichst nach Hause zu melden. Unterkunft findet der seltsame Gast bei der jungen Journalistikstudentin Mindy, die anfangs als einzige um seine Herkunft weiß und beträchtliche Mühe hat, das Geheimnis zu bewahren, da Mork aufgrund seiner von einer gepflegten Verhaltensstörung kaum zu unterscheidenden Kapriolen sehr rasch als erdfern geborenes Geschöpf ausgemacht werden konnte. Wer sonst nähme ein Getränk zu sich, indem er den Zeigefinger ins Glas tunkt?

Mindys Vater Fred McConnell, der verwitwete Inhaber eines Musikalienhandels, äußerte heftige Bedenken, sah er doch die Tugend seiner Tochter in Gefahr. Ohne Not,

Tailgate Jazz Band» oder «The Beverly Hills Unlisted Jazz Band», ferner ist er auf Aufnahmen von Coleman Hawkins zu hören.

Zitate:
«Die meisten Typen verlieren den Verschluß der Zahnpastatube. Aber du ißt ihn!»
MINDY

«Man kann sich überall im Universum wohl fühlen, wenn man sich nur die passende Wohnungseinrichtung besorgt. Ich steh nun mal auf frühes Orkoko.»
MORK

Literatur:
Steven Seabrook: The Official Mork & Mindy Scrapbook. New York 1979

denn Mork war sehr sittsam, was zwischenmenschliche Beziehungen anbelangte. Mit der Zeit gewöhnte auch Fred sich an den orkanischen Kindskopf und fand in ihm nicht nur einen Freund, sondern auch einen Ratgeber für heikle Lebenslagen, zum Beispiel, als seine Ehe mit einer erheblich jüngeren Frau schon kurz nach der Hochzeit in eine erste Krise geriet. Nicht nur in diesem Fall gab sich Mork als «sensibler Außerirdischer mit einer kosmischen Kompetenz für Konfliktlösungen jeder Art» zu erkennen.

Garry Marshall hatte mit → MÄNNERWIRTSCHAFT, HAPPY DAYS (USA 1974–1984) und anderen Titeln bereits eine ganze Reihe von Sitcom-Hits lanciert und seine Schwester Penny Marshall mit einer der beiden Hauptrollen in LAVERNE & SHIRLEY (USA 1976–1983) zum Star gemacht. Auch in diesem Fall bewies er das richtige Gespür. MORK VOM ORK reüssierte quasi über Nacht, und Garant dieses zunächst kaum erwarteten Erfolges war Robin Williams. Tornadogleich fegte er über die Studiobühne und riß, zum nicht geringen Verdruß seiner Partnerin Pam Dawber, die Show restlos an sich. Er kobolzte herum und ergoß wahre Wortschwälle über das Saalpublikum, er parodierte, imitierte und improvisierte und schien niemals Luft holen zu müssen. Die Produzenten erkannten Williams' hohen Unterhaltungswert und ließen ihn sozusagen von der Leine – nicht nur war ihm erlaubt, vor den Kameras nach Belieben zu improvisieren, es gab sogar Drehbuchpassagen, in denen der Text ersetzt war durch die karge Anweisung: «Hier kann Mork loslegen.»

Nicht selten überschritt Williams bei seinen Stegreifnummern die Grenze dessen, was im Familienfernsehen erlaubt war. Deswegen wurden stets mehr als die verlangten 25 Minuten aufgenommen, um anstößige Passagen im nachhinein schneiden zu können. Beim Publikum sprachen sich Williams' Entertainerqualitäten rasch herum – die Zuschauer standen Schlange, um bei einer der Aufzeichnungen dabeisein zu können.

Die nackte Pistole Police Squad
USA 1982

Detective Frank Drebin	**Ted Olson**	**Mrs. Twice**
LESLIE NIELSEN	ED WILLIAMS	BARBARA TARBUCK
Captain Ed Hocken	**Johnny the Snitch**	**Office Norberg**
ALAN NORTH	WILLIAM DUELL	PETER LUPUS

Leslie Nielsen im Kinofilm DIE NACKTE KANONE

In dem Katastrophenfilm AIRPORT 1980: DIE CONCORDE (THE CONCORDE – AIRPORT '79, USA 1979), einem der zahllosen Ableger der erfolgreichen Arthur-Hailey-Verfilmung AIR-PORT (USA 1969), haucht die Stewardeß Sylvia Kristel: «You pilots are such … *men!*» Woraufhin der reife George Kennedy geschmeichelt zurückgibt: «They don't call it a cockpit for nothing.»

Angesichts solcher Szenen brauchte es schon nicht mehr viel, den Unfug vollends ins Komische zu wenden. Jerry und David Zucker sowie Jim Abrahams, kurz ZAZ, die schon als Studenten ihre Kommilitonen mit einer Comedy-Revue unterhalten hatten, nahmen die Bürde auf sich und das Genre in DIE UNGLAUBLICHE REISE IN EINEM VERRÜCK-TEN FLUGZEUG (AIRPLANE, USA 1980) gehörig auf die Schippe. Gewiß war dies nicht die erste Parodie der Filmgeschichte, aber das ZAZ-Team kam mit einem besonderen Clou daher: Sie besetzten Haupt- und Nebenrollen mit allbekannten TV-Veteranen, darunter Kapazitäten wie Peter Graves, Robert Stack oder Leslie Nielsen, die mit todernstem Gesicht abstruse Sätze von sich gaben, derweil die drei Regisseure rundum ein wüstes Chaos anrichten ließen. Lloyd Bridges beispielswei-

se veralberte in AIRPLANE seinen Part aus der TV-Serie SAN FRANCISCO AIRPORT (SAN FRAN-CISCO INTERNATIONAL AIRPORT, USA 1970– 1971).

Ähnlich verfuhr das ZAZ-Trio mit Leslie Nielsen. Der war bis dahin ausschließlich als seriöser Schauspieler hervor- und unter anderem in der Serie KEIN PARDON FÜR SCHUTZENGEL (THE PROTECTORS, USA 1969– 1970) als Deputy Chief Sam Danforth aufgetreten. Jim Abrahams und die Zucker-Brüder engagierten ihn 1982 für eine überdrehte Polizeiserie mit dem Titel POLICE SQUAD. In der Rolle des Detective Frank Drebin schoß Nielsen zwar ständig übers Ziel hinaus, kam aber dennoch auf geheimnisvolle Art und Weise über kurz oder lang dort an. Damit erwies er

---

Gaststars:
John Ashton, Terrence Beasor, Jimmy Briscoe, Dr. Joyce Brothers, George Stanford Brown, Grand L. Bush, K. Callan, Dick Clark, William Conrad, Robert Goulet, Lorne Greene, Florence Henderson, Rebecca Holden, Kathryn Leigh Scott, Dick Miller, Conny Needham, Russell Shannon, William Shatner, Barbara Tarbuck, Terry Wills

Creators:
*Jerry Zucker, David Zucker, Jim Abrahams
Beginn der deutschen Erstausstrahlung: 11. 11. 1994, Pro 7*

Nach erfolgreichem Start der Kinoversion nahm CBS POLICE SQUAD 1991 noch einmal ins Programm. Die Einschaltquoten aber blieben erneut weit hinter den Erwartungen zurück.

Jede Vorspannsequenz enthielt eine kleine Szene mit Rex Harrison. Dazu erschien das Insert: «Rex Harrison as Abraham Lincoln». In den Episoden aber tauchte Harrison niemals auf.

Neben den Gebrüdern Zucker und Jim Abrahams zeichneten Joe Dante und Reza S. Badiyi für die Regie verantwortlich.

Leslie Nielsen im Kinofilm DIE NACKTE KANONE

sich als legitimer Erbe des ihm geistig eng verwandten Geheimagenten Maxwell Smart aus → MINI-MAX. Den Fahndungserfolgen dieser beiden charakterfesten Männer ist kaum besser beizukommen als mit Harry Rowohlts Bemerkung über Pooh, den Bären, der, wie jene, «deshalb alles richtig macht, weil er zutiefst ein Zen-Buddhist ist, der sich nicht einmischt, sondern einfach sein ‹Es› handeln läßt, weshalb er ja tatsächlich, trotz seinem geringen Verstand, die richtigen Sachen unternimmt …»

Der 1922 geborene Nielsen war bereits in fortgeschrittenem Pensionsalter, als ihn der Weltruhm ereilte. Dies verdankte er der Hartnäckigkeit der ZAZ-Troika. 1988 griffen sie auf ihr erfolglos gebliebenes POLICE SQUAD-Konzept zurück und realisierten den Kinofilm DIE NACKTE KANONE (THE NAKED GUN: FROM THE FILES OF POLICE SQUAD, USA 1988) – wiederum mit Leslie Nielsen in der Hauptrolle. Auf der Leinwand kam der typische ZAZ-Humor ungleich besser zur Geltung, war doch POLICE SQUAD im Grunde zu schnell und zu komplex für den kleinbemessenen Bildschirm. Von der ersten Sekunde an gingen wahre Gag-Garben auf die Zu-schauer nieder. Bereits der Vorspann enthielt eine Fülle von Anspielungen und obendrein den Tod des jeweiligen «Gaststars». In einer Episode traf es Florence Henderson, die mustergültige, ewig lächelnde Mutter aus → DREI MÄDCHEN UND DREI JUNGEN – die Gute ward inmitten ihrer schmucken Einbauküche erschossen und tauchte danach nie wieder auf.

Wie später in den Kinofilmen, fand die Komik stets auf mehreren Ebenen gleichzeitig statt: Während Drebin beispielsweise in seinem typisch amerikanischen Revier eine Zeugin verhört, ihr nacheinander eine Zigarette, Kaffee, Tee, Kekse, Obstkuchen, Torte anbietet und vorn ein Kellner seinen Servierwagen durchs Bild schiebt, sieht man im Hintergrund vor dem Fenster den Pariser Eiffelturm aufragen. Zudem wurde durchweg so konsequent gekalauert, daß sich die Läufe bogen. Da war es schon gar keine Frage, daß das Angebot eines Schlüsseldienstes auch «Florida Keys», «Honkeys» und «Turkeys» umfaßte.

Die US-Kritiker mochten den ZAZ-Appeal, das Publikum hingegen sah sich überfordert, und so wurde die Serie nach nur sechs

Leslie Nielsen im Kinofilm DIE NACKTE KANONE

Episoden eingestellt. Die Neuauflage fürs Kino hieß im Original THE NAKED GUN : FROM THE FILES OF POLICE SQUAD, und «Files» meinte in diesem Falle eben auch die Karteikästen mit den Gags, die man für Nielsen und seine Mitspieler ausgebrütet oder anderweitig aufgesammelt hatte. DIE NACKTE KANONE war ein derartiger Kassenschlager, daß Fortsetzungen nicht ausbleiben konnten. Der Kreis schloß sich, indem der deutsche Titel für POLICE SQUAD auf die populäre Spielfilmreihe Bezug nahm und statt der Kanone die Pistole nackt dastehen ließ.

Nash Bridges
USA 1996–

Nash Bridges DON JOHNSON	**Evan Cortez** JAIME GOMEZ	**Nick Bridges (1996–)** JAMES GAMMON
Joe Dominguez CHEECH MARIN	**Lisa Bridges** ANNETTE O'TOOLE	**Bryn Carson** MARY MARA
Lt. A.J. Shimamura (1996) CARY-HIROYUKI TAGAWA	**Kelly Weld** SERENA SCOTT THOMAS	**Michelle Chan** KELLY HU
Harvey Leek JEFF PERRY	**Cassidy Bridges** JODI LYNN O'KEEFE	

Schon die Eröffnungssequenz macht den Unterschied deutlich: Don Johnson lacht. Obschon doch manches an → MIAMI VICE erinnert. Es geht um einen Koffer voller Geld, der unter konspirativen Umständen gegen heiße Ware getauscht werden soll. Ein enttarnter Undercover-Cop hängt hoch über der Straßenschlucht, und Nash Bridges wird aufgefordert, das Seil zu kappen, als Beweis seiner Verläßlichkeit. Mit einem Kniff gelingt es ihm, den Kollegen vor dem sicheren Tod zu bewahren, ohne seine Tarnung aufzugeben. Das tut er erst, nachdem der Deal vollzogen ist. Wo aber ein grimmiger Sonny Crockett die böse funkelnden Augen zu Schlitzen zusammengezogen und den Gangstern nervös ein Schießeisen schwersten Kalibers entgegengehalten hätte, verbreitet Nash Bridges puren Charme und erklärt mit gewinnendem Lächeln, daß nunmehr alle miteinander verhaftet seien. Bridges hat den Überrumpelungseffekt auf seiner Seite, die Gauner sind sekundenlang erst einmal völlig perplex.

Don Johnson spielt also wieder Detektiv.

Nach Ende der Erfolgsserie MIAMI VICE trug er lange Jahre das Stigma *last decade's* TV-Star mit sich herum. Parvenühaftes Gehabe machte die Sache nicht besser. Dennis Hopper berichtete, zu den Dreharbeiten von THE HOT SPOT (USA 1990) sei Johnson mit einer Entourage erschienen, die mehr Personen umfaßt habe als der gesamte restliche Stab. Johnsons Kinokarriere kam über das Versuchsstadium nicht hinaus, und auch privat war er einigermaßen vom Pech verfolgt. Er ergab sich dem Trunke, nahm Drogen und pöbelte geistverlassen im Rundfunk herum. Schließlich die Kehre: Ein Aufenthalt in der Betty Ford Klinik brachte ihn wieder zu Verstand, den er einsetzte, um eine neue Serie voranzubringen, wobei er anfangs von Grundstücksnachbar Hunter S. Thompson – langjährige Zweitausendeins-Kunden wissen, wer das ist – ideell unterstützt wurde. Das Konzept ließ sich nicht auf Anhieb unterbringen. Mit Carlton Cuse (→ DIE ABENTEUER DES BRISCO COUNTY JR.) und John Nicolella (MIAMI VICE) kamen zwei gewitzte Produzenten ins Spiel, die Sache gedieh, be-

Gaststars:
William Atherton, Robert Carradine, Tommy Chong, Clarence Clemons, John Diehl, Giancarlo Esposito, Martin Ferrero, Glenn Frey, Udo Kier, Caroline Lagerfelt, Geraldine Leer, Traci Lords, Ada Maris, Willie Nelson, Ru Paul, Valerie Perrine, Cassandra Peterson, Tony Plana, Russ Tamblyn, Philip Michael Thomas, Shannon Tweed, Jan-Michael Vincent

Creator:
Carlton Cuse
Beginn der deutschen Erstausstrahlung: 6. 10. 1996, RTL 2

Cheech Marin spielt zuvor in der Sitcom → GOLDEN PALACE, der Nachfolgeserie von GOLDEN GIRLS.

Nash Bridges' Schwester Stacy war eine der ersten offen lesbischen Figuren in einer US-Prime-time-Serie.

Des öfteren übernehmen ehemalige Kollegen aus dem MIAMI VICE-Team Gastrollen in NASH BRIDGES, unter anderem Johnsons früherer Kostar Philip Michael Thomas, ferner John «Larry Zito» Diehl und Martin «Izzy» Ferrero. Auch Cheech Marins mehr-

Don Johnson

kam den Titel NASH BRIDGES und erwies sich als perfektes Vehikel für Johnson, der entgegen allen Prognosen ein rauschendes Comeback verbuchen konnte, als Schauspieler wie als Unternehmer, denn The Don Johnson Company ist an der Herstellung der Serie beteiligt.

Diesmal knüppelt unser Mann nicht den Ferrari im Höllentempo über die Promenaden von Miami, sondern als Inspector der «San Francisco Special Investigations Unit» einen raren 1970er Plymouth Barracuda über die Buckel San Franciscos, wo schon Frank Bullitt (Steve McQueen), Harry Callahan (Clint Eastwood) und das Gespann Mike Stone/Steve Heller (Karl Malden/Michael Douglas) so manchen Stoßdämpfer zuschanden fuhren. Auf stilvolle Inszenierung wird geachtet, pittoreske Schauplätze, Neonilluminationen und rasante Verfolgungsjagden sind obligat. Johnsons Kleidung ist leger wie damals, aber trotzdem à la mode und ganz sicher teuer.

Vor den sehenswürdigen Kulissen bewegen sich freilich gut ausgelotete Charaktere. Weit mehr als bei MIAMI VICE rückt das Privatleben des Helden in den Vordergrund, die Beziehungen zu seiner kaum noch zu

bändigenden sechzehnjährigen Tochter und zu den beiden Ex-Frauen. Bridges haust in einem durch ein Erdbeben schwer beschädigten Domizil, und diesen Umstand darf man füglich als symbolhaft auffassen, zumal er regelmäßig von den Verflossenen, seiner Tochter oder seinem wunderlichen Vater Nick heimgesucht wird.

Als *sidekick* wurde diesmal ein Hispanoamerikaner eingestellt: der Erzkomödiant Cheech Marin, der kurz zuvor noch sämtliche relevanten Nebenrollen in FROM DUSK TILL DAWN (USA 1996) souverän im Alleingang bewältigt hatte. Womöglich ist es kein Zufall, daß beide Hauptdarsteller tief in der Hippiekultur verwurzelt sind – Johnson schrieb weiland Songs für die Allman Brothers, Marin wurde im Duo mit Thomas

facher Filmpartner Tommy Chong trat in der Serie auf.

Serena Scott Thomas ist die Schwester von Kristin Scott Thomas, die durch DER ENGLISCHE PATIENT (THE ENGLISH PATIENT, USA 1996) zum Weltstar wurde.

Zitat:
«Ich möchte in dieser Serie die Akzente so setzen, daß man sich amüsieren kann, daß man mit den Charakteren lachen kann, aber auch, daß die Menschen herausgestellt werden, ihre Herzensangelegenheiten, ihre Empfindungen.»
DON JOHNSON

Fanclub:
The Dutch Don Johnson Fanclub c/o Jenneke Stinis Meloenstraat 138 2564 TL Den Haag Niederlande

Chong mit Kifferkomödien berühmt. Auf Don Johnsons Vergangenheit im Kreise der Allman Brothers wird in der Serie denn auch wiederholt angespielt. Schon in der ersten Episode unterhält sich Nash mit Joe Dominguez über dessen Versuche, den Allman Brothers-Song «Whipping Post» auf der Gitarre einzuüben. Später liegt Joe verletzt im Hospital und Nash bringt ihm via Kassettenrecorder «Please Call Home» zu Gehör. In Episode 2 treibt der als Anstandswauwau engagierte Joe Nashs Tochter Cassidy zur Verzweiflung, als er wild auf der Gitarre herumrupft und einen Lärm zustande bringt, der entfernt an «Ramblin' Man» erinnert.

Nowhere Man
USA 1995–1996

Tom Veil	Alyson Veil
BRUCE GREENWOOD	MEGAN GALLAGHER

Vom ersten Moment an ist äußerste Aufmerksamkeit geboten. Nicht zufällig beginnt der Pilotfilm mit einem ausgiebigen Blick auf ein Reportagefoto. Es trägt den Titel «Hidden Agenda» und zeigt offenbar ein Kriegsverbrechen. Die Besucher der Vernissage sind äußerst angetan von den Exponaten, allein Tom Veil, der Fotograf der Bilder, fühlt sich unbehaglich inmitten des Geraunes und Geplauders der Kunstmarktschickeria. Er überredet seine Ehefrau, die Ausstellung vorzeitig zu verlassen. Sie wechseln in ihr Stammlokal. Vail zieht sich kurz auf die Herrentoilette zurück, um eine Zigarette zu rauchen. Als er zurückkommt, hat sich die Welt für ihn verändert: Seine Frau ist verschwunden, an ihrem Tisch sitzt ein älteres Ehepaar, der Wirt scheint Vail nicht mehr zu kennen und läßt ihn vor die Tür setzen. Vail trifft seine Frau zu Hause an, wird von ihr jedoch wie ein Fremder behandelt und von ihrem angeblichen Ehemann mit der Waffe bedroht.

Weitere Rätsel tun sich auf: Vails Kreditkarte ist ungültig, die Schlösser seiner Ateliertüren wurden ausgetauscht, ein brisantes Foto ist aus der Ausstellung verschwunden. Vail sucht die Hilfe eines engen Freundes und findet dessen Leiche. Anderntags stellt er seine Frau zur Rede. Die gibt zunächst an, auf Befehl gehandelt zu haben,

Bruce Greenwood

verrät ihn dann aber an die Polizei. Vail landet in einer psychiatrischen Abteilung. Hier und nach gelungener Flucht stößt er auf Hinweise, daß er Opfer einer großangelegten Verschwörung wurde, die mit jenem spektakulären Foto zu tun hat, dessen Negativ sich noch immer in Vails Händen befindet…

25 Episoden lang wird Tom Vail vor seinen ominösen Häschern davonlaufen und, beileibe nicht ohne Selbstzweifel, bemüht sein,

Gaststars:
Mimi Craven, Hal Holbrook, Patrick Kilpatrick, Ted Levine, Carrie-Anne Moss, Mike Starr, Dwight Schultz, Dean Stockwell, James Tolkan, Michael Tucker

Creator:
Lawrence Hertzog
Beginn der deutschen Erstausstrahlung: 28. 6. 1997, RTL

Von 1986 bis 1988 gehörte Bruce Greenwood zum Ensemble der Krankenhausserie → CHEFARZT DR. WESTPHALL. Seine zahlreichen Spielfilm-Credits umfassen die Hauptrolle in Atom Egoyans EXOTICA (KAN 1993) und die Rolle des Stuart Ramsey in dem Action-Film PASSAGIER 57 (PASSENGER 57, USA 1992). Greenwood ist außerdem Musiker und unterhält ein kleines Tonstudio.

Megan Gallagher stand im Anschluß für Chris Carters düstere Kriminalserie MILLENNIUM (1997–) vor der Kamera. Dort verkörpert sie Catherine Black, die leidgeprüfte Ehefrau der Hauptfigur Frank Black (Lance Henriksen).

Mit der Episode «Ein Apfel im Paradies» / «Paradise On Your Doorstep» zollte Lawrence Hertzog den Schöpfern der Kultserie → NUMMER SECHS

Bruce Greenwood und Megan Gallagher

Belege für seine radikal ausgemerzte frühere Identität zu finden.

NOWHERE MAN ist eine komplexe Serienerzählung, deren vertüftelte Machart sich erst in Kenntnis des äußerst bizarren Finales angemessen würdigen läßt. Augenfällig und durchaus gewollt waren Parallelen zu Serienklassikern wie → AUF DER FLUCHT und → NUMMER SECHS, aber auch zu Kinofilmen wie BLOW UP (BLOW-UP, GB/I 1966) und, im Pilotfilm von POLTERGEIST-Regisseur Tobe Hooper unübersehbar zitiert, Hitchcocks DER UNSICHTBARE DRITTE (NORTH BY NORTHWEST, USA 1959).

Der Rekurs auf typische Sujets der sechziger Jahre schien nicht zufällig. Viele der in der zweiten Hälfte der Neunziger entstandenen «*Mystery*»-Serien hatten Entsprechungen in jener Epoche, als sich die, unter anderem durch das Kennedy-Attentat, die Eskalation des Vietnamkriegs und die damit einhergehende Protestbewegung ausgelöste, gründliche Verstörung der US-amerikanischen Gesellschaft auch in den TV-Serien abbildete. In AUF DER FLUCHT wurde ein saturierter Biedermann von einem Moment auf den anderen um seine bürgerliche Existenz gebracht und zu einem Leben in der Illegalität gezwungen, in → INVASION VON DER WEGA focht ein einzelner einen verzweifelten Kampf gegen Außerirdische, die sich doch längst im System festgesetzt hatten.

Tribut, erklärtermaßen eine seiner Inspirationsquellen. Wie einst der Geheimagent ohne Namen, wird auch Tom Veil in ein pittoreskes Städtchen verbracht, hinter dessen Fassade aus Harmonie und Glückseligkeit Tyrannei und Terror lauern. In der Folge *«Willkommen in der Hölle» /* «*Heart Of Darkness»* gerät Veil in das Ausbildungslager einer rechtsradikalen Miliz. Jeder Rekrut erhält anstelle seines Namens eine Nummer, aus Veil wird (sic!) – Nummer sechs.

NOWHERE MAN erzielte anfangs hohe Einschaltquoten, sank dann aber sehr rasch in der Gunst der Zuschauer. Viele Fans sind jedoch der Serie über deren Einstellung hinaus treu geblieben. Bereits während der Ausstrahlung wurde Lawrence Hertzog mit Bitten um Hinweise auf die Lösung des Rätsels regelrecht bestürmt. Obwohl Tom Veils Geheimnis längst

Neu hingegen war das in vielen Serien anklingende – und mit einschlägigen Umfragen korrespondierende – Mißtrauen gegenüber Geheimdiensten und anderen Institutionen. Waren beispielsweise in Serien wie → KNIGHT RIDER, → MACGYVER oder E.A.R.T.H. FORCE (USA 1990) die sogenannten «*Foundations*», die in den USA häufig gemeinnützige Aufgaben übernehmen, Garanten für Fortschritt und Gerechtigkeit, so gaben vergleichbare Organisationen in jüngeren Serien wie PRETENDER (USA 1996–), → AKTE X, DARK SKIES – TÖDLICHE BEDROHUNG (DARK SKIES, USA 1996–1997) und eben auch NOWHERE MAN einen anonymen, kaum faßbaren Feind ab, der weitgehende Kontrolle auszuüben in der Lage ist, wobei gemeinhin offenbleibt, ob dies in Opposition zur gewählten Führung oder in deren Auftrag geschieht.

Bruce Greenwood

Wie einst Richard Kimble, so wird der heimatlose Tom Vail kreuz und quer durch die USA getrieben. Unter Hobos und Ausgestoßenen lernte Kimble die Kehrseite des *American dream* kennen, und auch Vail muß, Frank Capra widerlegend, erfahren: «*It's Not Such A Wonderful Life*». So lautet der Titel von Episode 12, dem manch ein von der Wirtschaftskrise gebeutelter US-Zuschauer unbesehen zugestimmt haben dürfte.

---

enthüllt ist, wird, vor allem im Internet, nach wie vor heftig über Finten, versteckte Fingerzeige und andere Finessen der Serie debattiert.

Lawrence Hertzogs Konzept sah vor, auf eine herkömmliche musikalische Untermalung zu verzichten und sie durch eine Collage aus Alltagsgeräuschen zu ersetzen. Mit dieser Aufgabe wurde Mark Snow betraut, der als Komponist wesentlichen Anteil am Erfolg von → AKTE X hatte.

Zitat:
«Der Pilotfilm zur amerikanischen Mystery-Serie kommt (...) ohne jede Schlag-auf-Schlag-Spannung aus. Statt dessen läßt sich das Grauen ungewohnt viel Zeit. So kann die Furcht schön langsam in unser Herz kriechen.» ‹GONG› 29/97

Nummer Sechs The Prisoner
GB 1967–1968

Nummer sechs	Der Butler
PATRICK MCGOOHAN	ANGELO MUSCAT

Patrick McGoohan

Wenn George Orwell unter dem Einfluß bewußtseinserheiternder Drogen ein James-Bond-Abenteuer geschrieben hätte, dann wäre wohl so etwas wie NUMMER SECHS dabei herausgekommen. Die Fernsehserie entstand 1967 auf Anregung des Hauptdarstellers Patrick McGoohan, der als Ausführender Produzent und zeitweise auch als Autor, Regisseur und Editor fungierte. Ihm wurde ein Etat von 75 000 Pfund pro Episode zugebilligt, das Doppelte einer gewöhnlichen Serienproduktion. Produzent Lew Grade – von ihm stammte auch SIMON TEMPLAR (GB 1962–1969) – wußte, was er tat: Er hatte die Serie bereits in die USA verkauft, noch ehe alle Drehbücher fertiggestellt waren.

Sichtlich aufgebracht stürmt ein Agent Ihrer Majestät in das Büro seines Vorgesetzten und knallt seine Kündigung auf den Tisch. Der Mann fährt heim und packt die Koffer. Da strömt Gas in das Zimmer, und der Mann wird bewußtlos. Unbestimmte Zeit später erwacht er, anscheinend im selben Raum, doch als er aus dem Fenster blickt, sieht er die Häuser eines vor Idylle gleichsam strotzenden Städtchens. Die Bewohner des Ortes sind, wie er selbst, frühere Staatsbeamte, die Zugang zu geheimen Informationen hatten. Sie wurden offenbar einer Gehirnwäsche unterzogen und tragen nun anstelle ihrer Namen nur noch Nummern – unser Mann bekommt die Nummer sechs.

Niemand kann die Stadt verlassen, elektronische Überwachungsanlagen und ein allgegenwärtiger, anscheinend ferngesteuerter weißer Ballon, der seine Opfer einfach erstickt, sorgen dafür. Ansonsten funktioniert das Leben der kleinen Gemeinschaft ganz

Gaststars:
George Baker, Christopher Benjamin, Patrick Cargill, John Castle, Georgina Cookson, Rosalie Crutchley, Guy Doleman, Bee Duffell, Alexis Kanner, Justine Lord, Leo McKern, Mary Morris, Derren Nesbitt, Eric Portman, Anton Rodgers, John Sharp, Peter Swanwick, Peter Wyngarde

Creator:
Patrick McGoohan
Beginn der deutschen Erstausstrahlung: 16. 8. 1969, ZDF

Das anhaltende Interesse an der Serie bewog den britischen Sender Channel Four 1984 zur Produktion einer Dokumentation mit dem Titel «Six Into One – The Prisoner File».

Der *story editor* und Ko-*Creator* George Markstein hatte einen Cameo-Part in der Vorspannsequenz: Er nahm als Vorgesetzter des Agenten, der bald darauf nur noch Nummer sechs heißen sollte, dessen Demission entgegen.

Die Architektur spielt in NUMMER SECHS eine ganz eigene Rolle. Der

Szene aus Nummer 6

normal – es gibt eine Tageszeitung, ein Rathaus und sogar demokratische Wahlen zum Stadtrat. Die eigentlichen Herren des Ortes bleiben unsichtbar. Vertreten werden sie von einem Mann mit der Nummer zwei. Er versucht auf mancherlei Weise, dem Titelhelden die Beweggründe für dessen Kündigung zu entlocken, ein angesichts der Unbeugsamkeit des Betreffenden diffiziler und darob auch delikater Job, denn wer versagt, wird abberufen. So kommt es, daß die Nummer zwei alle paar Folgen wechselt. Trotz aller Fährnisse wird Nummer sechs im Laufe der Serie die Flucht wagen. Vor allem aber versucht er herauszufinden, wer wirklich hinter den Kulissen des ominösen Gefängnisdorfes herrscht …

Der in New York geborene, aber in Irland und Großbritannien aufgewachsene Patrick McGoohan war nach mehrjähriger Theatererfahrung durch die britische Serie DANGER MAN (1960–1966; in den USA später umgetitelt zu SECRET AGENT) zum Fernsehstar geworden. Darin hatte er den Geheimagenten John Drake verkörpert, eine Art Feuerwehrmann für Konflikte aller Art, ein James Bond in der Pantoffelkinoversion.

NUMMER SECHS war Fortsetzung und zugleich Negation dieser Rolle. Verschiedentlich wurde darüber spekuliert, daß McGoohan diese obskure Saga konzipierte, um das ungeliebte Image des omnipotenten Superhelden wieder loszuwerden. Da Nummer sechs nie bei seinem wirklichen Namen ge-

Drehort Portmeirion besteht tatsächlich aus einer einzigartigen Ansammlung eklektizistischer Bauten. Geplant und gebaut wurden sie zwischen 1926 und 1966 von dem Autodidakten Sir Clough Williams-Ellis, der Baustile aus verschiedensten Epochen und Regionen durcheinanderwürfelte: «Portmeirion ist eine an die reizvolle Küste von Wales versetzte italienische Hügelstadt … Trompe l'oeil, blinde Fenster, auf fünf Sechstel der normalen Größe geschrumpfte Gebäude, optische Täuschungen, genau kalkulierte Naivitäten, ausgefallene Spielereien (ein Segelboot, in Beton gegossen, dient als Stützmauer) – solche billigen Einfälle sind bei Schriftstellern und Touristen beliebt. Der Erbauer, Sir Clough William-Ellis, hat alte Gebäude ausgeschlachtet und Teile davon in seine neue Konfektion übernommen» (Charles Jencks, Die Sprache der postmodernen Architektur, Stuttgart 1978).

Zu den prominenten Gästen des malerischen Örtchens gehörten Autoren wie Bertrand Russell, George Bernard Shaw und Noel Coward.

nannt wurde, lagen derartige Überlegungen nahe. Der introvertierte und publikumsscheue McGoohan bestritt jegliche Koinzidenz, sein *script editor* George Markstein, der als ausgewiesener Kenner des britischen Geheimdienstes selbst einiges zur Serie beitrug, bestätigte sie. Der Dialogsatz «Classes will resume during the morning … break!» führte zu leidenschaftlichen Diskussionen unter den im «Six of One»-Club organisierten Fans, weil einige statt «break» den Namen Drake gehört haben wollten. Keinerlei Interpretation bedurfte hingegen der Schlüsselsatz der Serie: «I am not a number.»

Dem Urheber des Ganzen schien nicht unrecht zu sein, daß jahrelang über Inhalt und Bedeutung der surreal anmutenden Serie gerätselt wurde. Als Koproduzent profitierte er von jeder der vielen Wiederholungen. Von dem Wunsch nach Mystifikation zeugt auch das äußerst seltsame Finale, dessen Drehbuch McGoohan selbst verfaßte, an-

geblich erst zwei Tage vor Drehbeginn. Über die absurde Auflösung – Nummer sechs und die geheimnisvolle Nummer eins erweisen sich als ein und dieselbe Person – waren seine Anhänger dermaßen empört, daß sie McGoohans Wohnung belagerten und ihn sogar tätlich angriffen. McGoohan behauptete, derartige Kontroversen beabsichtigt zu haben, kapitulierte aber letztendlich vor dem Ansturm und zog nach Los Angeles, wo er weiterhin als Schauspieler und Regisseur arbeitete. Unter anderem inszenierte er einige Folgen der Krimiserie → COLUMBO, einen Serienpart spielte er in der kurzlebigen Arztreihe RAFFERTY (1977).

Die NUMMER SECHS-Afficionados halten ihrer Lieblingsserie bis heute die Treue. Noch immer besuchen die über 2500 Mitglieder des Fanclubs regelmäßig das nordwalisische Portmeirion, den real existierenden Schauplatz der Serie.

Zitate:
«Ich habe nichts gegen Romantik im Fernsehen. Aber Sex ist die Antithese von Romantik. Ich meine den unaufrichtigen, promiskuitiven Sex. Das Fernsehen ist ein gigantisches Monster, das von vielerlei Menschen konsumiert wird. Es hat eine moralische Verpflichtung gegenüber seinem Publikum.»
PATRICK MCGOOHAN

«He was the original virgin of the secret service.»
HILARY KINGSLEY/GEOFF TIBBALLS

Fanclub:
Six Of One
The Prisoner Appreciation Society
P.O. Box 66,
Ipswich IP 2912
Großbritannien

Perry Mason
USA 1957–1966

Perry Mason RAYMOND BURR	**Lt. Arthur Tragg (1957–1965)** RAY COLLINS	**Sgt. Brice (1959–1966)** LEE MILLER
Della Street BARBARA HALE	**David Gideon (1961–1962)** KARL HELD	**Terrence Clay (1965–1966)** DAN TOBIN
Paul Drake WILLIAM HOPPER	**Lt. Anderson (1961–1965)** WESLEY LAU	
Hamilton Burger WILLIAM TALMAN	**Lt. Steve Drumm (1965–1966)** RICHARD ANDERSON	

Unter Fernsehanwälten ist ein Seitenhieb schon mal gestattet. Darum verknüpft Ann Kelsey, handlungstragende Juristin der Serie → L.A. LAW, in der Episode «Anwalt zu versteigern» eine wendepunktgenaue Mitteilung an die Staatsanwältin Grace Van Owen beiläufig mit einer mokanten Stichelei: «In meinem Zivilprozeß haben sich Entlastungsbeweise ergeben. Ich weiß, das klingt mehr nach PERRY MASON als nach Wirklichkeit. Aber da sitzt ein Mann im Gefängnis, verurteilt für einen Mord, den er nicht begangen hat.» – Dies wohlgemerkt zu einer Zeit, da Mason nach geraumer Absenz wieder zu praktizieren begonnen hatte.

Im TV-Movie: Lisa Howard und Raymond Burr

Ann Kelsey beschreibt in der Tat eine Situation, die sehr typisch ist für die Fernsehserie PERRY MASON. Mit dem Unterschied, daß die Klienten des ragenden Kollegen zwar beinahe zwangsläufig im Untersuchungsgefängnis landen, aber niemals verurteilt werden. Nur in einem Falle mußte der Staranwalt passen, und dies auch nur, weil die unschuldig Beschuldigte die Preisgabe entlastender Informationen verweigerte. Womit die Angelegenheit für Mason indes keineswegs beendet war … Desungeachtet äußerten viele Zuschauer derart geharnischten Unmut, daß die Drehbuchautoren nie wieder wagten, Perry Mason als Verlierer dastehen zu lassen.

Seinen ersten Auftritt hatte der unbezwingbare Strafverteidiger 1933 in einem Kriminalroman des schriftstellernden Ex-Anwalts Erle Stanley Gardner. Damals glich er noch eher den abgebrühten Privatdetekti-

Gaststars:
Claude Akins, Barbara Bain, Noah Beery jr., Whit Bissell, James Coburn, Jackie Coogan, Bette Davis, Paul Fix, Richard Hale, DeForest Kelley, Frankie Laine, June Lockhart, Strother Martin, David McCallum, Lee Meriwether, Leonard Nimoy, Ryan O'Neal, ZaSu Pitts, Robert Redford, Burt Reynolds, George Takei, Marshall Thompson, Malachi Throne, Audrey Totter, Daniel J. Travanti, Adam West, Fay Wray

Creator:
Earle Stanley Gardner
Beginn der deutschen Erstausstrahlung: 24. 5. 1960, ARD

Eine private Angelegenheit führte Raymond Burr, der von der Rechtsfakultät in Sacramento zum Ehrendoktor der Jurisprudenz ernannt worden war, 1963 in Phoenix (Arizona) vor die Schranken des dortigen Gerichts, als ein Gläubiger ihn auf Zahlung einer angeblich seit 1949 bestehenden Schuld in Höhe von etwa 1600 Mark verklagte. Burr verzichtete auf einen Rechtsbeistand, plädierte in eigener Sache – und verlor den Fall.

William Hopper, der Darsteller des Paul Drake, war der Sohn der in Hollywood ebenso berüchtigten wie einflußreichen Klatschjournalistin Hedda Hopper.

Im TV-Movie: Tracy Nelson und Raymond Burr

Hollywoods Warner Brothers den charismatischen Advokaten und brachten bis 1937 sechs Romanverfilmungen in die Kinos. Ab 1943 sendete die CBS eine tägliche Hörfunkserie mit dem Titel PERRY MASON, deren Autoren freilich auf die weibliche Hörerschaft Rücksicht nahmen und die Handlung nach Art der *soap operas* um melodramatische Schicksalswirren bereicherten. Zur *daytime soap* weiterentwickelt, gelangte diese Serie unter dem Titel THE EDGE OF NIGHT 1956 ins Fernsehen und hielt sich bis 1984 im Programm. Langjähriger *head writer* war Earle Stanley Gardners Kollege Henry Slesar.

Gardner, der unablässig weiterschrieb und um 1955 bereits 70 Mason-Romane publiziert hatte, war von diesen medialen Adaptionen alles andere als begeistert. Als man ihm eine Million Dollar für die Fernsehrechte an der Figur bot, lehnte er entschlossen ab. Statt dessen gründete er zur Herstellung der projektierten Serie eine eigene Produktionsfirma, die er nach seiner Ranch «Paisano» nannte. Deren Leitung delegierte er an Gail Patrick Jackson, übte aber beständig starken Einfluß aus und prüfte persönlich jedes einzelne Drehbuch. Er war es auch, der spontan und unwiderruflich über die Besetzung der Titelrolle entschied, als er Raymond Burrs ansichtig wurde. Der hochgewachsene, bis dato vornehmlich als Filmschurke bekannte Darsteller hatte eigentlich für den Part des Staatsanwaltes vorsprechen sollen und machte auf Anhieb großen Eindruck auf Gardner, derweil die Abnehmer gern den allerdings desinteressierten Fred MacMurray

ven der Pulp-Magazine, in denen Gardners erste literarische Versuche veröffentlicht worden waren. Zum Wohle seiner Mandanten verstieß Mason ein ums andere Mal gegen Standes- und Strafgesetze, er raufte, rauchte, fuhr wie ein Henker und hatte immer eine Flasche Whiskey in der Schreibtischschublade.

Zunehmender Erfolg zwang den Prozeßrowdy schließlich zur Mäßigung. Die ‹Saturday Evening Post› veröffentlichte Masons Gerichtserfahrungen als Fortsetzungsromane; bereits 1934 buchten auch

William Talman hätte gewiß gern einen Perry Mason an seiner Seite gewußt, als er 1960 beschuldigt wurde, an einer Sex- und Drogenparty teilgenommen zu haben, woraufhin er die Kündigung erhielt. Der Fall wurde nie gerichtsnotorisch, und nachdem Erle Stanley Gardner, Raymond Burr und andere Kollegen intervenient hatten, konnte Talman seine Arbeit wieder aufnehmen.

Aus gesundheitlichen Gründen stand Raymond Burr für die Episode «The Case Of The Constant Doyle» nicht zur Verfügung. Man fand eine Vertretung mit ähnlich durchdringendem Blick, gemeinhin Masons stärkste Waffe beim Verhör verstockter Zeugen: Bette Davis.

Earle Stanley Gardner schrieb über 80 Mason-Romane, zusätzlich eine Vielzahl von Kurzgeschichten. Etliche davon wurden als Drehbuchvorlagen

herangezogen. In der Episode «The Case Of The Final Fade-Out», der letzten der Originalserie, übernahm der unermüdliche Gardner die Rolle des vorsitzenden Richters. Andere Mitglieder des Teams traten als Statisten auf.

Gardner war Mitbegründer des «Court Of Last Resort». Diese private Vereinigung von Kriminalbeamten und Rechtsexperten betrieb die Wiederaufnahme von Gerichtsverfah-

Im TV-Movie: Raymond Burr und Michele Greene

oder Efrem Zimbalist jr. als Hauptdarsteller gesehen hätten.

Vor Beginn der Dreharbeiten recherchierte Burr sechs Monate lang in Gerichtssälen, Polizeirevieren und Haftanstalten und pflegte auch im weiteren Verlauf der Produktion immer wieder den Rat von hochrangigen Juristen einzuholen. Viele Zuschauer identifizierten ihn absolut mit seiner Rolle. So wurde er einst gefragt, wie es ihm gelinge, jeden Fall zugunsten seines Klienten zu lösen. «Gute Frau», soll Burr freundlich zurückge-

geben haben, «Sie kennen ja nur die Verhandlungen, die ich samstags erledige.»

Immerhin brachte Mason diese einmalige Erfolgsquote nicht allein zustande. Seine engste Mitarbeiterin war Della Street. Dem ersten Anschein nach als Sekretärin angestellt, nahm sie beruflich wie privat eine wesentliche größere Rolle im Leben des Junggesellen Mason ein. Wie weit ihre Verbindung tatsächlich reichte, blieb freilich der Phantasie des Publikums überlassen. Unterstützend betätigte sich der Privatdetektiv Paul

ren, sofern es Anzeichen gab, daß einem Verurteilten Unrecht widerfahren war.

Der Figur der Della Street verlieh Gardner Eigenschaften von dreien seiner insgesamt sechs Sekretärinnen, der Schwestern Jean, Peggy und Ruth Bethell. Jean Bethell wurde 1968 Gardners zweite Ehefrau.

Zitate:

«Es ist nicht so, daß wir zu Perrys Gunsten die Karten zinken. Er ist vielmehr sehr umsichtig, was die Auswahl seiner Klienten betrifft. Er glaubt an sie, und zufällig liegt er damit richtig.»
RAYMOND BURR

«Sie ändern sich niemals, Perry Mason. Sie werden nur reifer.»
DELLA STREET (1992)

Literatur:

Ona L. Hill: Raymond Burr: A Film, Radio, And Television Biography. Jefferson (N.C.) 1994
Dorothy B. Hughes: Erle Stanley Gardner: The Case Of The Real Perry Mason. New York 1978
Brian Kelleher / Diana Merrill: The Perry Mason TV Show Book. New York 1987
Richard L. Senate: Erle Stanley Gardner's Ventura: The Birthplace Of Perry Mason. Ventura 1996

Im TV-Movie: Raymond Burr in Folge PERRY MASON *UND DER GLÄSERNE SARG*

Anwesenheit von Staatsanwalt und Richter ein Geständnis entlocken konnte.

Ewiger Verlierer dieses wiederkehrenden Spiels war der Anklagevertreter Hamilton Burger, der im unerschütterlichen Glauben, unanfechtbare Beweise gesammelt zu haben, stets aufs neue siegesgewiß ins Verfahren ging und von Mason doch jedesmal wieder ausgestochen wurde. Eingedenk ihres vorhersehbaren Scheiterns lief diese tragische Gestalt denn auch Gefahr, zur Witzfigur zu verkommen. Allein dem darstellerischen Können des Darstellers William Tallman, der nicht nur bei Erle Stanley Gardner größte Hochachtung genoß, ist es zuzuschreiben, daß dem nicht so war.

Die Serie PERRY MASON startete zu einer Zeit, da auf den Bildschirmen in erster Linie Cowboy und Indianer gespielt wurde, setzte sich gegen den Trend durch und hielt sich bis 1966 im Programm. Eine erste Neuauflage mit Monte Markham in der Titelrolle blieb glücklos. Erst der mittlerweile ergraute Raymond Burr selbst verhalf der Figur zu neuerlichem Ansehen. Zunächst nur als einmalige Reprise geplant, erwies sich PERRY MASON KEHRT ZURÜCK (PERRY MASON RETURNS, USA 1985) als erfolgreichster Fernsehfilm des Jahres, und so kam man überein, den unvermindert scharfsinnigen Mason wieder häufiger in Anspruch zu nehmen. Bis zu seinem Tode im Jahr 1993 drehte Burr meist mehrere abendfüllende Mason-Filme im Jahr, wie eh und je treulich umwest von Barbara Hale in der Rolle der Della Street. Endgültig familiär wurden die Dreharbeiten durch die Mitwirkung des Hale-Sohns William Katt, der den in den Fußstapfen seines Vaters tapfer voranschreitenden Paul Drake jr. verkörperte.

Drake, dessen mehrere Mitarbeiter umfassende Agentur auf derselben Etage wie Masons Kanzlei in einem Bürogebäude nahe Broadway und 7th Street untergebracht war und dank dieser Nachbarschaft über Auftragsmangel nie zu klagen hatte. Gemeinhin war es dem stets soigniert auftretenden Drake zu verdanken, wenn der breitschultrige Mason, die üblichen Verdächtigen zwingend beäugend und mit seinem Schraubstockblick gleichsam in die Zange nehmend, mit Hilfe in letzter Sekunde erbrachter Beweise oder bislang unbekannter Zeugen den von der Vorsehung in den Gerichtssaal entsandten wahren Täter entlarven und ihm in

Peter Gunn
USA 1958–1961

Peter Gunn	**Lieutenant Jacoby**	**«Mother»** (1959–1961)
CRAIG STEVENS	HERSCHEL BERNARDI	MINERVA URECAL
Edie Hart	**«Mother»** (1958–1959)	
LOLA ALBRIGHT	HOPE EMERSON	

Zündende Musik, durchstilisierte Bilder, Schnüffler in edlem Zwirn – Stichworte, bei denen altgedienten Fernsehzuschauern als erstes → MIAMI VICE in den Sinn kommt. Die smarten Undercover-Boys Crockett und Tubbs gaben in den achtziger Jahren den Ton an, hatten aber einen Vorgänger mit sehr ähnlichen Qualitäten: den Privatdetektiv Peter Gunn, der zwischen 1958 und 1961 keinen Fall ungelöst ließ, in Deutschland aber erst mit beinahe dreißigjähriger Verspätung bei RTL zum Einsatz kam. Unklug war der Griff in die Kultserienkiste nicht, denn PETER GUNN paßte trefflich zum gerade wiederentdeckten Easy Listening Sound, zu Acid Jazz und den Rare Grooves der fünfziger und sechziger Jahre.

Allein die markante Titelmelodie dürfte jedem im Ohr sein; bekannt ist sie unter anderem aus der HARALD SCHMIDT SHOW, wo sie den «Dicken Kindern von Landau» unterlegt wurde. 1986 bereits hatten The Art of Noise eine mit allen Soundfinessen aufgeputzte, gut siebenminütige Dancefloorversion auf den Markt gebracht. Komponiert wurde dieser Evergreen von Henry Mancini, der auch zu den Soundtracks der einzelnen Episoden beisteuerte. Es war eine spannungsgeladene, nervöse Musik, inspiriert vom Tempo und der Geräuschkulisse der Megalopole Los An-

geles, seinerzeit absolut modern und einer der Hauptgründe, warum die Serie auf Anhieb zum Erfolg wurde. Die eher konventionellen Fälle des hartgesottenen Detektivs wurden darüber beinahe zweitrangig – «was mir von PETER GUNN im Gedächtnis geblieben ist», so schrieb Jahre später der Kritiker und Krimiautor Jon L. Breen, «ist die Musik und die Atmosphäre …» Kein Wunder, daß eine Langspielplatte mit ausgewählten Soundtrack-Titeln 1959 Goldstatus erlangte und das Titelthema sich gleich mehrfach in den Hitparaden plazierte.

PETER GUNN markierte nicht nur einen frühen Erfolg für den Komponisten Henry Mancini, sondern auch für den Produzenten Blake Edwards, heute besser bekannt als Autor und Regisseur von Filmklassikern wie FRÜHSTÜCK BEI TIFFANY (BREAKFAST AT TIFFANY'S, USA 1961), DER ROSAROTE PANTHER (THE PINK PANTHER, USA 1964) oder DIE TRAUMFRAU (10, USA 1979). Für Mancini und Edwards begann damit eine langjährige ergiebige Zusammenarbeit. Mancini gewann im Verlauf seiner Karriere vier Oscars – alle für Songs oder Filmmusiken, die er für Blake Edwards geschrieben hatte.

Nicht nur sind Mancinis kühle Kompositionen eine angemessene Untermalung für Peter Gunns Streifzüge durch das nächtliche

Gaststars:
Charles Aidman, Diahann Carroll, Elisha Cook jr., Norman Fell, George Kennedy, Sandy Kenyon, John McIntire, Gavin MacLeod, Andrew Prine, Leonard Stone, Joe E. Tata

Creator:
Blake Edwards
Beginn der deutschen Erstausstrahlung: 4. 5. 1997, RTL

Die von RTL gezeigten Episoden der Serie waren nachträglich koloriert. Die stechenden Bonbonfarben ent-

sprachen nicht dem monochromen Original.

Neben PETER GUNN brachte Blake Edwards die ähnlich atmosphärischen Serien MR. LUCKY (USA 1959–1960) und DANTE'S INFERNO (USA 1960–1961) auf den Weg. Beide

Los Angeles, auch inhaltlich spielt der Jazz eine bedeutende Rolle. Der Titelheld Peter Gunn, Absolvent einer Eliteuniversität, hegt eine Vorliebe für diese Musik und insbesondere für eine ihrer Interpretinnen – die Nachtclub-Sängerin Edie Hart. Gunns bevorzugter Aufenthaltsort ist der Jazzclub ‹Mother's›, keine verräucherte Pinte, sondern ein nobles Etablissement, dessen Chefin Gunn zu ihren Freunden zählt.

Als Detektiv leistet Gunn selbstredend ganze Arbeit. Wo ein Philip Marlowe angesichts der allumfassenden Unmoral nahezu resignierte und ein Mike Hammer ungehemmt Wut und Frauenhaß auslebte, bleibt Gunn stets souverän. *Cool* zu sein ist für ihn keine Pose, sondern eine Lebenseinstellung. Blake Edwards nannte ihn einen «modernen Glücksritter», der sich auf Polizeirevieren ebenso gut auskennt wie in den schmutzigsten Winkeln der Stadt. Seine in Bedrängnis geratenen Klienten bezahlen ihn gut, und es gehört zu Gunns Berufsethos, einen adäquaten Gegenwert zu liefern. Sein beruflicher

Craig Stevens als Peter Gunn

Erfolg erlaubt ihm einen gehobenen Lebensstil, sein gepflegtes Äußeres und sein distinguiertes Auftreten sprechen für sich.

Zu Zeiten der Erstausstrahlung erhielt PETER GUNN glänzende Kritiken, und noch heute sind sich die Programmhistoriker einig, daß Blake Edwards' Kreation zu den wahren Fernsehklassikern zählt.

---

waren im Milieu der Nachtclubs und Spielcasinos angesiedelt. 1967 drehte er mit Craig Stevens den Kinofilm GUNN (USA 1967), 1989 entstand der Fernsehkrimi PETER GUNN (USA 1989), eine nostalgische Reminiszenz mit Peter Strauss in der Titelrolle. 1992 betätigte sich Edwards erneut als Serienproduzent und betreute die erfolglose Sitcom JULIE (USA 1992), in der seine Ehefrau Julie Andrews die Hauptrolle innehatte.

Craig Stevens blieb nach seiner Erfolgsrolle weitgehend ohne Fortüne. In der britischen Produktion MAN OF THE WORLD (GB 1962–1963) spielte er einen weltläufigen Globetrotter, in MR. BROADWAY (USA 1964) einen PR-Fachmann mit hochkarätigen Klienten. Von einer länger andauernden Verpflichtung für die Fantasy-Serie DER UNSICHTBARE (THE INVISIBLE MAN, USA 1975–1976) abgesehen, wirkte er in den folgenden Jahren vor

allem als Gaststar populärer Serien und als Hauptdarsteller diverser TV-Movies.

Zitat:
*«*PETER GUNN *ist nichts als Stil. Wen interessiert da schon die Handlung?»*
GORDON JAVNA

Picket Fences – Tatort Gartenzaun
Picket Fences
USA 1992–1997

Jimmy Brock TOM SKERRITT	**Douglas Wambaugh** FYVUSH FINKEL	**Father Gary Barrett (1993–)** ROY DOTRICE
Jill Brock KATHY BAKER	**Virginia Weedon** ZELDA RUBINSTEIN	**Reverend Henry Novotny (1993–)** DABBS GREER
Kimberly Brock HOLLY MARIE COMBS	**Dr. Carter Pike** KELLY CONNELL	**Ed Lawson (ab 1994)** RICHARD MASUR
Matthew Brock JUSTIN SHENKAROW	**Judge Henry Bones** RAY WALSTON	**Howard Buss** ROBERT CORNTHWAITE
Zachary Brock ADAM WYLIE	**Ginny Weeden (1992–1994)** ZELDA RUBINSTEIN	**Laurie Bey (1995–1996)** MARLEE MATLIN
Maxine Stewart LAUREN HOLLY	**Rachel Harris (ab 1993)** LEIGH TAYLOR YOUNG	
Kenny Lacos COSTAS MANDYLOR	**D.A. Gene Littleton (ab 1993)** DON CHEADLE	

Rome, Wisconsin, ist ein reizvolles Fleckchen mit freundlichen Menschen und einer überschaubaren Infrastruktur. Spätestens seit ➜ TWIN PEAKS aber wissen wir, daß hinter freundlichen Fassaden oft finstere Mächte walten. Auch in Rome begeben sich aberwitzige Dinge. So endet während einer Laienaufführung des Musicals «The Wizard Of Oz» das irdische Dasein des Blechmanns recht abrupt, weil auf unnatürliche Weise. Selbst wenn es gelungen wäre, sein schwermetallenes Konservenkostüm umgehend zu knacken, hätten die fürsorglichen Bühnenhelfer Phil Banks nicht mehr zu retten vermocht, denn der lebenslustige Pädagoge wurde nicht, wie zunächst vermutet, von einem Herzinfarkt, sondern von einer tödlichen Nikotininjektion niedergeworfen. Die Symptome freilich sind dieselben, und so liegt die Vermutung nahe, daß ein Jünger Äskulaps die Hand im schäbigen Spiele hat.

Während Sheriff Jimmy Brock die Angelegenheit herunterzuspielen sucht, balgen sich seine Hilfssheriffs Maxine und Kenny darum, den verzwickten Fall übernehmen zu dürfen, bietet er doch eine der in dieser kriminell verbrechensarmen Gegend eher seltenen Gelegenheiten zur Profilierung. Kennys Interesse erlahmt merklich, als das Gesangsduo «The Contrition-Sisters» in Rome haltmacht und eine der beiden Sängerinnen bei ihm gewisse Gefühlsregungen hervorruft. Auch Jim Brocks Tochter Kimberly, die ihrerseits eine Gesangskarriere in Erwägung zieht, ist häufig in der Nähe der beiden Idole anzutreffen, muß aber zu ihrem Leidwesen erfahren, daß Talent und halb vergessene Hits allein den Lebensunterhalt nicht zu si-

Gaststars:
Sam Anderson, Amy Aquino, Adam Arkin, Denis Arndt, Jason Beghe, James Coburn, Hector Elizondo, Tom Everett, Louise Fletcher, Robert Foxworth, Peter Frechette, Matt Frewer, Megan Gallagher, Louis Gossett jr., Michele Greene, Idina Harris, James Earl Jones, Alexandra Lee, Sheila McCarthy, Natalia Nogulich, Mandy Patinkin, Christopher Pettiet, Michelle Pfeiffer, Wendy Phillips, Priscilla Pointer, Della Reese, Charles Rocket, Chris Sarandon, Kurtwood Smith, Concetta Tomei, Tom Verica, Paul Winfield, Erica Yohn, Dey Young, Efrem Zimbalist jr.

Creator:
David E. Kelley
Beginn der deutschen Erstausstrahlung: 5. 1. 1995, Sat.1 (Pilotfilm); 9. 1. 1995, Sat.1 (Serienstart)

Tom Skerritt, Kathy Baker, Leigh Taylor Young, Richard Kiley und Fyvush Finkel wurden für ihre schauspielerischen Leistungen in PICKET FENCES mit je einem Emmy ausgezeichnet. Die gesamte Produktion erhielt am 14. 7. 1994 den katholischen Humanitas Award.

In einer Episode nimmt Richter Bones als Marsmensch verkleidet an einem Kostümfest teil. Damit spielten die

Ensemblefoto

chern vermögen, gewisse sexuelle Dienstleistungen hingegen schon.

Unterdessen nimmt der ominöse Mordfall eine Wendung nach der anderen, und erst als die Witwe des Verblichenen schaumgebadet, aber tot in ihrem Geschirrspüler gefunden wird, zeichnet sich eine Lösung des Rätsels ab …

An Bizzarerien hat es keinen Mangel im beschaulichen Rome; auch die dem Pilotfilm folgenden Episoden von PICKET FENCES – TATORT GARTENZAUN boten Verqueres und Schräges zuhauf: Zwerge ritten auf Elefanten in die Stadt; ein Kidnapper mit dem Spitznamen «Green-Bay-Hacker» sammelte die Hände seiner Opfer; der feiste Bürgermeister mußte mit einem Kran aus seinem havarierten PKW gehoben werden, einige Episoden später implodierte er sogar; eine unbefleckte Empfängnis brachte Priester und Ärzteschaft in Verlegenheit; freundliche Ordensschwestern leisteten aktiv Sterbehilfe und brachten es auf eine Bilanz, die jedem Serienkiller zur Ehre gereichen würde.

Aber, und damit sei der sich aufdrängende Vergleich mit TWIN PEAKS zügig hinweg

Autoren auf ein früheres Serienengagement des Darstellers Ray Walston an: Von 1963 bis 1966 verkörperte er in der Sitcom MEIN ONKEL VOM MARS (MY FAVORITE MARTIAN, USA 1963–1966) einen freundlichen, durch ein auffälliges Antennengeweih stigmatisierten Marsianer, der auf der Erde Schiffbruch erlitten hatte.

Lauren Holly sammelte von 1980 bis 1983 mit dem Part der Julie Chandler in der *soap opera* ALL MY CHILDREN (USA 1970–) erste Serienerfahrungen. Danach sah man sie als engagierte Staatsanwältin in der Serie THE ANTAGONISTS (1991), außerdem unter anderem in den Kinofilmen FORD FAIRLANE – ROCK 'N' ROLL DETEKTIV (THE ADVENTURES OF FORD FAIRLANE, USA 1989), DRAGON – DIE BRUCE LEE STORY (DRAGON: THE BRUCE LEE STORY, USA 1993) und in der Erfolgskomödie DUMM UND DÜMMER (DUMB & DUMBER, USA 1994). Mit Jim Carrey, dem Hauptdarsteller letztgenannten Lichtspiels, ging die Schauspielerin Anfang 1994 eine Liaison ein.

Costas Mandylor übernahm nach dem Ende von PICKET FENCES eine Dauerserienrolle neben Rapper Ice-T und Frank Joseph Hughes in der Krimiserie PLAYERS (1997–).

Trotz jugendlichen Alters hatte Justin Shenkarow bereits zweifache Kultfernsehmeriten erworben. Von 1991

Adam Wylie

Ray Walston

Holly Marie Combs

gefegt, der Mikrokosmos Rome ist gedacht als Spiegelbild der US-Gesellschaft. Angefangen bei den verallgemeinerbaren Beziehungsproblemen des Ehepaares Brock, bis hin zu Religionsfreiheit, Aids und Euthanasie, umfaßt der narratorische Diskurs vieles von dem, was amerikanische Kollegen gern als *provocative* bezeichnen. Häufig werden diese über die kleine Gemeinde hinausweisenden Debatten im Gerichtssaal ausgetragen, unter den gestrengen Augen des knorrigen Richters Henry Bone. Er ist ein ebensolches Original wie der allgegenwärtige Rechtsanwalt Wambaugh, der vor keiner Finte und keinem Kniff zurückschreckt, seine Klienten vor gerichtlichen Sanktionen zu bewahren.

Die gefällige Verknüpfung von leichthin unterhaltenden Elementen mit Problemthemen in einer Form, die oftmals einer Mischung aus Tragikomödie, Musterprozeß und brechtischem Lehrstück gleicht, brachten dem Produktionsteam euphorische Kritiken, etliche Fernsehpreise und, mit ein wenig Verspätung, sogar Einschaltquoten: Im Oktober 1993 verzeichneten die Demosko-

pen 8,3 Millionen zugeschaltete Haushalte (etwa 17 Prozent Marktanteil), genau ein Jahr später waren es bereits 9,5 Millionen, und die Bilanz verbesserte sich weiter. Die unabhängige Organisation «Viewers For Quality Televison» (VQT) wählte PICKET FENCES zur besten dramatischen Serie der Saison 1992/ 1993; in den sogenannten *qualitative ratings* des Verbandes rangierte die Serie stets auf den vorderen Plätzen. VQT unterstützte auch die Zuschauer im Raum Seattle, als der lokale, von Mormonen geleitete CBS-Sender wegen angeblich «anstößiger Passagen» ab der Episode «Trautes Heim, Glück zu dreien»/«Nuclear Meltdown», die dem Thema Inzest und Polygamie gewidmet war, die weitere Ausstrahlung der Serie ablehnte. Massive Proteste zwangen die Verantwortlichen, die inkriminierten Sendungen nachträglich ins Programm zu nehmen.

PICKET FENCES trägt die typische Hand-

bis 1992 gehörte er zum Ensemble von → EERIE, INDIANA, einer auf jugendliches Publikum zugeschnittenen Gruselserie, die produktionsseitig unter anderem von Joe Dante betreut wurde. Justin spielte den zehnjährigen Simon Holmes.

David E. Kelley ist mit Michelle Pfeiffer verheiratet. Ohne in Vor- oder Abspann genannt zu werden, spielte sie in der 1995 ausgestrahlten Episode «Die Hände des Masseurs»/«Freezer

burn» die winzige Rolle eines Mauerblümchens.

Zitat:
«Als wir mit der Serie begonnen haben, wußten wir selbst nicht so genau, in welche Richtung wir gehen würden. Und gerade das war und ist die Herausforderung. (...) Wenn ich das Konzept der Serie kurz zusammenfassen müßte, würde ich sagen, sie handelt mehr als alles andere vom Leben in einer Gemeinschaft,

vom Leben in der Familie, am Arbeitsplatz und in der Stadt, die eine Gemeinschaft ist ... Zweifelsohne wird es genügend Spannungen und Aufregungen in dieser Gemeinschaft geben.»
DAVID E. KELLEY

Fanclub:
Roy-Dotrice-Fanclub
c/o Gwen Lord
6 Meadow Lane, Leasingham
Sleaford, Lincs. NG34 8LL

Holly Marie Combs

Lauren Holly

schrift des Autors und Produzenten David E. Kelley. Der gelernte Jurist kam 1986 zum Fernsehen und lieferte zunächst Skripts für Stephen Bochcos Anwaltsserie → L.A. LAW. Nachdem Bochco sich anderen Aufgaben zugewandt hatte, wurde der Seiteneinsteiger Kelley verantwortlicher Produzent und betreute drei Staffeln der Serie, bevor er sich, einen attraktiven Vertrag des CBS Networks über die Entwicklung dreier Serienkonzepte in der Tasche, selbständig machte, um fortan auf eigene Rechnung zu produzieren. Pikanterweise konkurrierte PICKET FENCES eine Zeitlang mit L.A. LAW – beide liefen donnerstags um 22.00 Uhr. Kelley war zeitweilig auch Hauptautor der Krankenhausserie CHICAGO HOPE – ENDSTATION HOFFNUNG (CHICAGO HOPE, USA 1994–) und verbuchte großen Erfolg mit der Anwalts-Sitcom ALLY MCBEAL (1997–).

Polizeibericht Dragnet
USA 1951–1959, 1967–1970

Sergeant Joe Friday Jack Webb	**Sergeant Ed Jacobs (1952)** Barney Phillips	**Officer Frank Smith** **(1953–1959)**
Sergeant Ben Romero (1951) Barton Yarborough	**Officer Frank Smith (1952)** Herb Ellis	Ben Alexander **Officer Bill Gannon (1967–1970)** Harry Morgan

Gemessen an ihrer Gesamtlaufzeit, aber auch dem Votum der us-Zuschauer zufolge ist POLIZEIBERICHT die erfolgreichste Polizeiserie der Welt, zumal wenn man berücksichtigt, daß Joe Fridays Dienstzeit bereits zwei Jahre vor der Fernsehpremiere begann. 1949 vernahm das Publikum erstmals Fridays emotionsarme Stimme. Trocken und unaufgeregt, eben im nüchternen Stil eines Polizeiberichts, reihte er die Fakten des aktuell zu bearbeitenden Falles aneinander. Dichterische Freiheiten und literarische Ausschmückungen waren seine Sache nicht, und auch seine Zeugen wurden höflich, aber eindringlich zur Sachlichkeit angehalten – Fridays Ausspruch «Just the facts, ma'am» steht im Zitatenschatz der Fernsehserien an vornehmster Stelle.

Der Wechsel zum Bildmedium erfolgte im Dezember 1951. Die Premiere wurde von einer tragischen Begebenheit überschattet: Barton Yarborough, der in der Hörfunkserie Fridays Partner Ben Romero gespielt hatte und dies auch in der TV-Fassung tun sollte, erlag einer Herzattacke. Um den dadurch notwendig gewordenen Schauspielerwechsel zu erklären, wurde der Todesfall wahrheitsgetreu in eine der ersten regulären Serienepisoden eingebaut: Friday erfährt aus dem Mund seines Vorgesetzten, daß sein langjähriger Partner verstorben sei, einer der raren Momente, in dem der sonst so unterkühlt auftretende Stoiker sich wirklich aufgewühlt zeigt und sogar Tränen vergießt.

Die us-amerikanischen Radio- und Fernsehprogramme wurden in jenen Tagen beherrscht von tollkühnen Superhelden vom Wesen eines Dick Tracy, die ihre Comic- und Matineeprogrammvergangenheit nicht verleugnen konnten. Jack Webb hatte, sein ursprüngliches Berufsziel Trickfilmzeichner aufgebend, nach seiner Militärzeit 1945 eine Karriere beim Hörfunk begonnen und dort selbst vielen solcher Figuren seine Stimme geliehen. Nebenher bemühte er sich mit allerdings bescheidenem Erfolg, seine Filmkarriere in Gang zu bringen. In dem auf Tatsachen beruhenden Kriminalfilm SCHRITTE IN DER NACHT (HE WALKED BY NIGHT, USA 1948) spielte er einen Kriminalbeamten und lernte am Rande der Dreharbeiten Sergeant Marty Wynn vom Los Angeles Police Department kennen, der als Berater engagiert worden war. Beiläufig beklagte sich Wynn während eines Gesprächs über die verzerrte Darstellung der Polizeiarbeit in Funk und

Gaststars 1951–1959:
Harry Bartell, Raymond Burr, Jack Carol, Joel Cranston, Harper Goff, Ron Hargrave, Maury Hill, Kyle James, Caroline Jones, Peter Leeds, Adrienne Marden, Leonard Nimoy, Mary Shipp

Gaststars 1967–1970:
Stanley Adams, Val Avery, Walter Brooke, Robert Brubaker, Brooke Bundy, Michael Burns, Veronica Cartwright, Gary Crosby, Jerry Douglas, Don Dubbins, Anthony Eisley, Virginia Gregg, Jo Ann Harris, Keye Luke, John Lupton, Larry D. Mann, Martin Milner, Byron Morrow, Vic Perrin, John Rubinstein, Brenda Scott, O. J. Simpson, Leonard Stone, Bill Williams

Creators:
*Jack Webb, Richard Breen
Beginn der deutschen Erstausstrahlung: 3. 7. 1968, ARD*

Um den pseudodokumentarischen Charakter der Serie zu verstärken, arbeitete Webb häufig mit Laien, in einigen Fällen sogar mit Personen, die an den geschilderten Ereignissen tatsächlich beteiligt waren. Professionelle Schauspieler wies er an, ihre

Jack Webb neben Ben Alexander

Die «moderne» Aufnahme-
technik

Film und lieferte Webb damit den Anstoß zu der Idee, eine vom gängigen Schema abweichende, an der Realität orientierte Cop-Serie zu konzipieren. Mit Unterstützung Wynns konnte Webb die Verantwortlichen der Polizeidirektion für sich gewinnen. Er erhielt Zugang zum Archiv und begleitete Wynn beim Streifendienst. Auf Basis dieser Erfahrungen entwarf er die semidokumentarische Serie POLIZEIBERICHT, deren Originaltitel DRAGNET dem die Dialoge prägenden Cop-Jargon entnommen ist und eine Großfahndung bezeichnet. Es gelang ihm, das Projekt unterzubringen; er übernahm nicht nur die Hauptrolle, sondern schrieb zudem die Bücher und führte auch Regie. Binnen kurzem war POLIZEIBERICHT eine der erfolgreichsten Rundfunkserien des Landes.

Den wachsenden Programmbedarf des «Schwestermediums» Fernsehen erkennend, begann Webb mit einer TV-Version des Stoffes zu liebäugeln. Er gründete die Produktionsfirma Mark VII und trug seine Idee den NBC-Verantwortlichen vor, die freilich Skepsis äußerten – sie vermißten, erinnerte sich Jack Webb später, Blondinen, Schüsse, Blut und Nervenkitzel und gaben der Serie vorerst eine auf vier Wochen bemessene Probezeit. Vielleicht hatten auch Webbs eigenwillige Vorstellungen diese reservierte Haltung provoziert. Denn der Radiomann wollte seine Fernsehserie nicht, wie allgemein üblich, live vor den TV-Kameras aufführen, sondern nach Art der Kinofilme produzieren, also auf Filmmaterial drehen und dies nicht nur im Studio, sondern auch an Außenschauplätzen, in jenen Tagen ein nahezu unerhörtes Unterfangen. 38 000 Dollar verschlang der Pilotfilm, 30 000 Dollar jede Einzelepisode, die jeweils innerhalb von drei Tagen abge-

Textzeilen nicht auswendig zu lernen, sondern von Papptafeln abzulesen, um eine natürliche Sprechweise zu erzielen. Nicht selten kam es zum Streit über Webbs unorthodoxe Art, Regie zu führen. In solchen Fällen fungierte Ben Alexander oftmals als Mittler zwischen dem als egozentrisch verschrienen Webb und den aufbegehrenden Mitarbeitern.

Während er noch auf eine Karriere als Animationszeichner hoffte, hatte sich Jack Webb unter anderem bei den Disney-Studios beworben – ohne Erfolg. Später aber kam man doch noch ins Geschäft – als Produzent drehte Webb seine TV-Serie POLIZEIBERICHT auf dem Disney-Gelände.

In den frühen Episoden der Serie klemmten sich die wackeren Polizeibeamten auffallend häufig eine Zigarette zwischen die Mundwinkel. Nicht von ungefähr, denn ihr Hauptsponsor war der Tabakwarenhersteller Chesterfield.

Jack Webb leistete erneut Pionierarbeit, als er 1953 mit «The Christmas

dreht sein mußte. Der Einsatz zahlte sich allerdings sehr schnell aus – zur Überraschung vieler Zeitgenossen etablierte sich POLIZEIBERICHT als eines der populärsten Programme des jungen Mediums Fernsehen und stand 1954 sogar auf Platz eins der Quotentabellen.

Erneut schlüpfte Jack Webb in die Rolle seines Alter ego Joe Friday, der immer auch als Off-Erzähler fungiert und jede Episode mit den unsterblichen Worten «This is the city. Los Angeles, California. I work here. I'm a cop» eröffnet. Friday ist ein stiller Typ, kein strahlender Sonnyboy mit Faible fürs Savoir-vivre oder whiskeygetränkter Privatdetektiv mit zernarbter Seele und dem Berufsethos eines edlen Ritters, sondern ein Durchschnittsmensch, der seiner täglichen Arbeit nachgeht und jeden Schritt mit buchhalterischer Genauigkeit protokolliert. In der Episode «Big Girl» läßt Webb den Chronisten Friday sagen, was zugleich ihm selbst ein Hauptanliegen war: «Ein großer Teil der Öffentlichkeit sieht den Kriminalbeamten, wie ihn die Romanautoren darstellen: als einen Mann mit einer verblüffenden Gabe, Beweise aufzuspüren, menschliche Verhaltensweisen und Moralvorstellungen zu analysieren und dann, als folge er einer höheren Eingebung, die Einzelteile zusammenzufügen und eine Lösung des Falles zu entwickeln. Die Wirklichkeit sieht ein wenig anders aus. Die Tätigkeit eines Kriminalisten ist ein gewöhnlicher Beruf, ebenso banal und alltäglich, wie Brote zu backen oder Jura zu praktizieren. Es ist sein Beruf, die Bürger zu schützen und Verbrechen vorzubeugen. Und es ist ein Beruf, den er nicht alleine aus-

Jack Webb und Ben Alexander vor dem Stadtplan von Los Angeles

zuüben vermag.» Während Fridays Vortrag gewähren dokumentarische Filmaufnahmen Einblicke in die diversen Abteilungen der Polizeibehörde, zeigen Ballistiker und Chemiker bei der Arbeit, Registraturen, Labors – in Fridays Worten «ein Apparat aus Menschen und Maschinen, die ihm helfen, auf gesicherten Fakten fußende Resultate zu erlangen».

Die Sammlung dieser Fakten stand im Mittelpunkt der einzelnen Episoden: Friday und sein jeweiliger Partner werden mit den Umständen eines Verbrechens bekannt gemacht und ziehen los. Sie untersuchen den Tatort, verhören Zeugen, lassen sich die Resultate kriminaltechnischer Untersuchungen vortragen – reine Routine, die sich über Monate hinziehen kann. Spektakuläre Szenen wie Autoverfolgungsjagden oder der-

Story» erstmals eine TV-Serienepisode in Farbe drehen ließ. Es blieb bei dem Versuch, was Webb später wohl bedauert haben mag – die US-Fernsehsender beschränken sich bei ihren Wiederaufführungen auf die ab 1967 gedrehten Farbepisoden, weil man dem Publikum Schwarzweißbilder nicht mehr zumuten mag.

Als die Originalserie zu Ende ging, war Joe Friday vom Sergeant zum Lieutenant befördert worden. Während der achtjährigen Auszeit ließ er sich dann offenbar etwas zuschulden kommen, denn als die Kameras sich 1967 wieder in sein Berufsleben einblendeten, war er zum Sergeant zurückgestuft worden.

Harry Morgan, der Jack Webb in der ab 1967 ausgestrahlten Neuauflage des Klassikers als Bill Gannon brav zur Seite stand, hatte schon in den DRAGNET-Hörfunkepisoden mitgewirkt. 1951 waren beide in dem Spielfilm APPOINTMENT WITH DANGER (USA 1951) zu sehen gewesen. Alan Ladd hatte die Hauptrolle inne, Webb und Morgan spielten die von ihm gesuch-

gleichen waren selten, und selbst Schüsse fielen auf Webbs besondere Anweisung hin höchstens in jeder vierten Folge. Auch bekam es Friday keineswegs immer mit Mordfällen zu tun, sondern kümmerte sich mit derselben Gewissenhaftigkeit auch um Bagatellangelegenheiten. Da Webb und seine Autoren sich an bereits geschlossenen Polizeiakten orientierten, blieb zwangsläufig kein Fall ungeklärt. Am Schluß jeder Episode folgten knappe Informationen über die Gerichtsverhandlung und, nach Einschub des letzten Werbeblocks, die Bekanntgabe des Urteils, das, von Walter Schumanns dräuender Musik kommentiert, als flammende Warnung vor Gesetzesbruch und Missetat verstanden werden konnte. Im Abspann erschien das Gütesiegel, das für die Authentizität des Gezeigten zu bürgen schien: «Technical advice for the filming of Dragnet came from the office of Chief W. H. Parker, Los Angeles Police Department.»

Mit POLIZEIBERICHT legte Jack Webb den Grundstein zu seiner langjährigen Tätigkeit als Produzent. 1954 erweiterte er seine Aktivitäten und drehte für die Warner Studios einen DRAGNET-Kinofilm, der in Deutschland unter dem Titel GROSSRAZZIA (USA 1954) zu sehen war. Es folgten, mit Webb als Hauptdarsteller und Regisseur: ES GESCHAH IN EINER NACHT (PETE KELLY'S BLUES, USA 1955), EINER MACHT NICHT MIT (THE D.I., USA 1957) und die eher untypische Komödie DER HELD DER ETAPPE (THE LAST TIME I SAW ARCHIE, USA 1961). Wie POLIZEIBERICHT, basierte ES GESCHAH IN EINER NACHT auf einer Hörfunkserie. 1959 unternahm Webb den Versuch, den Stoff als TV-Serie fortzuführen; sie wurde jedoch nach wenigen Monaten wieder eingestellt. In den sechziger Jahren gab Webb die Schauspielerei vorübergehend auf und leitete die Fernsehproduktion der Warner Studios. 1966 drehte er, wie gehabt in dreifacher Funktion, einen TV-Film mit dem Titel DRAGNET, der jedoch erst im Januar 1969 zur Ausstrahlung gelangen sollte. Ab 1967 bekamen ihn die Fernsehzuschauer wieder regelmäßig zu Gesicht, als er in der Neuauflage der Serie in bewährter Manier Kriminelle zur Strecke brachte. Ist derartigen Reprisen für gewöhnlich nur geringer Erfolg beschieden, so stellte DRAGNET '67 die Ausnahme dar – die Serie wurde erneut zum Publikumsrenner. Den reifer gewordenen Joe Friday, der im Alter eine Neigung zu moralischen Appellen entwickelt hatte, und seinen gemütlichen neuen Partner Bill Gannon verschlug es nun auch häufiger in die Zonen der bunt erblühenden Subkultur, und Verbrecher traten nicht selten im Hippiegewand auf. Diese klammen und etwas säuerlichen Versuche, zeittypische Themen und Phänomene aufzugreifen, erscheinen heute unfreiwillig komisch. Gerade dies aber macht für jüngere Fans den Reiz der Serie aus. 1970 schließlich zog sich Webb endgültig hinter die Kamera zurück, blieb aber weiterhin als Produzent tätig; sein höchst eigener Stil, der ihm den Nimbus eines ‹auteurs› der Fernsehproduktion einbrachte, prägte unter anderem die Serien ADAM 12 (USA 1968 – 1975), O'HARA, U.S. TREASURY (USA 1971 – 1972), EMERGENCY (USA 1972 – 1977) und PROJECT U.F.O. (USA 1978 – 1979).

ten Verbrecher. Morgan ist auch bekannt als Col. Sherman Potter aus
→ M.A.S.H.

Im eigenen Lande wie auch in der Fremde fand Jack Webb sehr bald Nachahmer. In Deutschland schuf Regisseur Jürgen Roland in Zusammenarbeit mit Wolfgang Menge die 22teilige Reihe STAHLNETZ (BRD 1958 – 1968), formal bis hin zur Übernahme der Titelmusik eine exakte Kopie des Originals.

Walter Schumanns weltberühmte Titelmelodie wurde als Aufnahme des Ray Anthony Orchesters 1953 in den Hitparaden verzeichnet. Millionenverkäufe verbuchte auch Stan Freberg mit seiner Parodie «St. George And The Dragonet». The Art Of Noise fertigten 1986 eine Dancefloor-Version

mit Originalsamples als Filmmusik für die Kinopersiflage SCHLAPPE BULLEN BEISSEN NICHT (DRAGNET, USA 1987), in der Koautor Dan Aykroyd den nicht minder steifen Neffen des legendären Joe Friday mimte, Tom Hanks als sein mopsfideler Partner auftrat und Harry Morgan zum Captain des L.A.P.D. aufgestiegen war.

Polizeirevier Hill Street Hill Street Blues
USA 1981–1987

Capt. Frank Furillo	**Det. Mick Belker**	**Fay Furillo (1981–1986)**
DANIEL J. TRAVANTI	BRUCE WEITZ	BARBARA BOSSON
Sgt. Phil Esterhaus (1981–1984)	**Sgt./Lt. Henry Goldblume**	**Lt. Howard Hunter**
MICHAEL CONRAD	JOE SPANO	JAMES B. SIKKING
Officer Bobby Hill	**Lt. Ray Calletano**	**Det. Neal Washington**
MICHAEL WARREN	RENE ENRIQUEZ	TAUREAN BLACQUE
Officer Renko	**Det. J. D. LaRue**	**Officer Joe Coffey (1981–1986)**
CHARLES HAID	KIEL MARTIN	ED MARINARO
Joyce Davenport	**Officer/Sgt. Lucy Bates**	**Chief F. P. Daniels**
VERONICA HAMEL	BETTY THOMAS	JON CYPHER

Im Januar 1980 orderte die Fernsehgesellschaft NBC bei der Produktionsfirma MTM eine neue Polizeiserie. MTM delegierte den Auftrag an das Autoren- und Produzentenduo Michael Kozoll und Steven Bochco, das bereits bei DELVECCHIO (USA 1976–1977) erfolgreich zusammengearbeitet hatte. Beide zeigten anfangs wenig Neigung, erneut einen dieser mustergültigen Kriminalbeamten zu entwerfen, der nur einer unter vielen ähnlichen Serienfiguren gewesen wäre. Zwar hätte Steven Bochco viel lieber die Idee einer Hotelserie weiterentwickelt – womit er den richtigen Riecher bewies, denn die wenig später von Aaron Spelling realisierte Reihe HOTEL (USA 1983–1988) wurde ein Publikumshit –, folgte dann aber den Wünschen seiner Auftraggeber, nachdem ihm und Kozoll außerordentlich weitreichende künstlerische Freiheiten zugebilligt worden waren.

Bochco und Kozoll nutzten ihre Autonomie und brachen radikal mit den gängigen

Joe Spano (links) und Rene Enriquez

Konventionen serieller Fernseherzählungen. Als einigen Sachwaltern aus der Chefetage der NBC erste Muster des Pilotfilms vorgeführt wurden, schwankten die Manager zwischen Verblüffung und heillosem Entsetzen, weil die Eröffnungsszene – der als Prolog angelegte, späterhin serientypische frühmorgendliche Appell – mit einer wackeligen Handkamera aufgenommen worden war. Wider alle Lehrbuchregeln gab es keine Totale, die die Zuschauer zu Beginn mit dem Ort

Gaststars:
Talia Balsam, Michael Biehn, Billy Green Bush, David Caruso, Don Cheadle, Pat Corley, Scatman Crothers, Lindsay Crouse, Robert Davi, Billy Drago, Dennis Dugan, Jill Eikenberry, Dana Elcar, Hector Elizondo, Laurence Fishburne, Jonathan Frakes, Jenny Gago, Andy Garcia, Danny Glover, Joe Grifasi, Moses Gunn, David Haid, Linda Hamilton, Dan Hedaya, Michael Ironside, Joanna Kerns, Bruno Kirby, Terry Kiser, Yaphet Kotto, Eric Laneuville, Kay Lenz, Frances McDormand, Stephen McHattie, Stuart Margolin, Christopher Noth, Edward James Olmos, Ron O'Neal, Joe Pantoliano, Robert Pastorelli, Elizabeth Pena, Tony Plana, CCH Pounder, Lawrence Pressman, Anne Ramsay, John Ratzenburger, James Remar, Tim Robbins, Mimi Rogers, Saul Rubinek, Joe Santos, Dwight Schultz, Helen Shaver, Ally Sheedy, Ron Silver, Lane Smith, Brent Spiner, Tim Thomerson, Jennifer Tilly, Meg Tilly, James Tolkan, Michael Tucker, Keenen Ivory Wayans, Patricia Wettig, Forest Whitaker, Lynn Whitfield, Clarence Williams III, Alfre Woodard, Grace Zabriskie

Creators:
Steven Bochco und Michael Kozoll
Beginn der deutschen Erstausstrahlung: 29.5.1985, ZDF
Spinoff: BEVERLY HILLS BUNTZ (USA 1987–1988)

Captain Frank Furillo (Daniel J. Travanti, rechts) und Chief Daniels (John Cypher)

Lucy Bates (Betty Thomas) wird vom Telefontechniker Marwin um Hilfe gebeten

Sergeant Esterhaus (Michael Conrad) ist im Begriff, seine Freundin Cindy (Lisa Lindgren) zu heiraten

der Handlung vertraut machte; keine Nahaufnahme, die die Hauptfigur etablierte. Tatsächlich ließ sich gar kein zentraler Protagonist ausmachen. Statt dessen agierte ein gutes Dutzend nahezu gleichberechtigter Charaktere – auch dies ein grober Verstoß gegen den gültigen Kanon.

Jede Episode begann mit der beschriebenen Dienstbesprechung im Revier an der Hill Street. Ausgehend von dieser Szene – die stets mit Phil Esterhaus' mahnenden Worten «… und seid vorsichtig da draußen» endete –, wurden mehrere Handlungsstränge geknüpft, die sich dann fortentwickelten, auseinanderliefen, sich überschnitten und schließlich, mehr oder minder dramatisch, auflösten oder aber zur nächsten Folge überleiteten.

Dem alltäglichen Arbeitsablauf auf einer Polizeiwache versuchten die Dramaturgen mit den Mitteln des Mediums gerecht zu werden: Die Dialoge überlappten sich, es gab Stimmengewirr, reportageartige Kameraführung und authentische Typen dank eines bis in die kleinste Nebenrolle sorgfältig besetzten Schauspielerensembles. Nicht adrette Vorzeigehelden trugen die Handlung, sondern Menschen mit Fehlern, Macken und Marotten, die ihre Arbeit in einem ziemlich verwahrlosten Viertel und unter aufreibenden Bedingungen zu verrichten hatten. Themen wie Alkoholismus, Korruption, Polizeibrutalität, politischer Opportunismus und Rassismus gehörten neben einer guten Portion galligen Humors zum Standardreper-

David Caruso, später Hauptdarsteller der ersten Staffel von N.Y.P.D. BLUE, ist in einigen Folgen als Anführer der irischen Straßengang «The Shamrocks» zu sehen. Dennis Franz, Carusos Partner in N.Y.P.D. BLUE, spielte von 1985 bis 1987 in POLIZEIREVIER HILL STREET den Part des Lt. Norman Buntz. 1987 wurde er Hauptdarsteller des mehr auf Situationskomik angelegten Ablegers BEVERLY HILLS BUNTZ.

Charles Haid fungierte bei nachfolgenden Bochco-Produktionen gelegentlich als Produzent und Regisseur. Auch Betty Thomas wechselte hinter die Kamera. 1993 erhielt sie einen Emmy für die Inszenierung einer Episode der Sitcom → DREAM ON. Thomas drehte ferner die Kinokomödie DIE BRADY FAMILY (THE BRADY BUNCH MOVIE, USA 1995), eine Adaption der TV-Serie → DREI MÄDCHEN UND DREI JUNGEN.

Barbara Bosson spielte auch in HOOPERMAN und COP ROCK (1990), beides Serienproduktionen ihres Mannes Steven Bochco, führende Rollen. Ein Wiedersehen mit Bruce Weitz gab es in VIER FÜR HAWAII.

toire der Serie. In gewisser Weise war das heruntergekommene Revier, in dem Vertreter verschiedener Minoritäten gemeinsam Dienst taten, ein Spiegel der US-amerikanischen Gesellschaft.

Neben einer semidokumentarischen Kameraführung und einem entsprechenden Produktionsdesign vermittelte zusätzlich der konstante Soundtrack aus Hintergrundgeräuschen und Gesprächsfetzen den Eindruck von Authentizität. Die entsprechenden Drehbücher glichen eher Partituren als einem herkömmlichen Skript, da selbst der nur entfernt hörbare Text der Komparsen und Randfiguren Wort für Wort notiert war. Wie sehr sich diese Serie rein formal von anderen unterschied, belegt eine Anekdote, der zufolge der Kameramann Bill Cronjager zu der nach herkömmlichen Maßstäben schlampigen Bildführung erst überredet werden mußte – er war zuvor nämlich eben seines außergewöhnlichen reportageartigen Stils wegen schon einige Male gefeuert worden und wollte dieses eine Mal seinen Job behalten.

Die unkonventionelle Ästhetik der Serie bedeutete eine Zumutung für das Publikum und barg demgemäß ein gehöriges Risiko. Tatsächlich verzeichneten die Demoskopen nach Ende der ersten Staffel Quoten, die für andere Serien das Aus bedeutet hätten. Die NBC-Verantwortlichen aber standen zu ihrem Produkt. Man hatte hervorragende Kritiken vorzuweisen, aber auch Untersuchungen, wonach sich die Serie unter Zuschauern mit Kabelanschluß – die mithin aus einem größeren Programmangebot wählen konnten – besonderer Beliebtheit erfreute. Die Entscheidung, die Produktion weiterzuführen, erwies sich als richtig. Die Serie vermochte ihre Quoten zu steigern und blieb über sechs Jahre im Programm. Steven Bochco, der POLIZEIREVIER HILL STREET ausdrücklich als Ensembleleistung bezeichnete, schuf hernach noch eine ganze Reihe von Qualitätsserien wie → L.A. LAW, INSPEKTOR HOOPERMAN (HOOPERMAN, USA 1987–1989), N.Y.P.D. BLUE (USA 1993–), VIER FÜR HAWAII (BYRDS OF PARADISE, USA 1994).

Verschiedene Autoren, Dramaturgen und Produzenten der HILL-STREET-Schule waren ihrerseits an bemerkenswerten Serienproduktionen beteiligt, die der frühere NBC-Programmchef Brandon Tartikoff in seiner Autobiographie scherzhaft als «sons of HILL STREET» apostrophiert. Dazu zählen Titel wie → MIAMI VICE, → CHEFARZT DR. WESTPHALL, → AUSGERECHNET ALASKA, → TWIN PEAKS, I'LL FLY AWAY (USA 1991–1993) und → HOMICIDE.

Bobby Hill (Michael Warren) hat Gefallen an der Sozialfürsorgerin Denise Thompson (Freddey Chapman) gefunden

Der Prinz von Bel Air Fresh Prince of Bel Air
USA 1990–1996

Will Smith WILL SMITH	**Carlton Banks** ALFONSO RIBEIRO	**Geoffrey** JOSEPH MARCELL
Philip Banks JAMES AVERY	**Hilary Banks** KARYN PARSONS	**Jazz** JEFF TOWNES (DJ JAZZY JEFF)
Vivian Banks (1990–1993) JANET HUBERT-WHITTEN	**Ashley Banks** TATYANA M. ALI	**Jackie Ames (1993–1994)** TYRA
Vivian Banks (1993–1996) DAPHNE MAXWELL REID	**Nicholas «Nicky» Banks (1994–1996)** ROSS BAGLEY	**Lisa (1994–1995)** NIA LONG

Millionen US-amerikanischer Fernsehzuschauer mochten THE COSBY SHOW (➔ BILL COSBY). Die Serie um den Alltag der sympathischen Familie Huxtable wurde in den Achtzigern zum Quotenknüller. Ob jedoch die gleiche Anzahl Menschen die schwarze Familie in der Realität ohne weiteres als Nachbarn akzeptiert hätte, darf bezweifelt werden. Serienstar Malcolm Jamal Warner hat andere Erfahrungen gemacht: Wenn seine Mutter im Flugzeug erster Klasse reist, ist abweisendes Verhalten von seiten des Bordpersonals und mitreisender Passagiere eher die Regel als die Ausnahme.

Hypokrisie bestimmt den Umgang der weißen Bevölkerung der USA mit der afroamerikanischen Minderheit auch im Medienbereich: Zehn Jahre nach dem sensationellen Erfolg von ROOTS (USA 1977–1978) hatten die zu Stars avancierten Hauptdarsteller jener Serie noch immer größte Schwierigkeiten, adäquate Rollenangebote zu bekommen. Der Regisseur Stephen Tolkin (weiß) berichtete, daß selbst aufgeklärte Menschen seines eigenen Teams, von denen er dergleichen Verhalten nie erwartet hätte, sich angewidert abwandten, als für den HBO-Fernsehfilm DAYBREAK (USA 1992) eine intime Liebesszene mit Moira Kelly (weiß) und Cuba Gooding jr. (schwarz) gefilmt wurde. Stephen Galloway und David Lieberman untersuchten 1991 die Beschäftigungssituation von Minoritäten innerhalb der Film- und TV-Branche. Sie kamen, wie bereits der Vorsitzende der United States Commission on Civil Rights, zu dem Fazit: Die Amerikaner sind eine «rassistische Nation».

Bill Cosby, Erfinder, Produzent und Hauptdarsteller der COSBY SHOW (➔ BILL COSBY), schlug eine Bresche in die Mauer der Intoleranz, indem er in seiner Sitcom unspektakulär das Leben der schwarzen Mittelklasse vorführte. Die Episoden kreisten um alltägliche, fast banale Dinge, um Erziehungsfragen, das Älterwerden, die Probleme der heranwachsenden Kinder. Trotz vielfältiger, aber unaufdringlich angebrachter Verweise auf die afroamerikanische Kultur bekam Cosby auch Kritik zu hören – er vernachlässige die tatsächlichen Lebensbedingungen der

Gaststars:
Hank Azaria, Diedrich Bader, Lisa Bonet, Boys II Men, Naomi Campbell, Gary Coleman, Stacey Dash, Viveca A. Fox, Marla Gibbs, Robin Givens, Isaac Hayes, Heavy D., Hugh Hefner, Evander Hollifield, Quincy Jones, Tom Jones, B. B. King, Jay Leno, Branford Marsalis, Pat Morita, Phil Morris, Queen Latifah, Chris Rock, Richard Roundtree, William Shatner, Justin Shenkarow, Al B. Sure, Nicholle Tom, Arnetia Walker, Malcolm-Jamal Warner, Jaleel White, Vanessa L. Williams, Oprah Winfrey

Creators:
Andy Borowitz und Susan Borowitz
Beginn der deutschen Erstausstrahlung: 14. 11. 1992, RTLplus

Tatyana M. Ali gehörte von 1984 bis 1988 zum Ensemble von SESAME STREET (USA 1969–) und stand bereits in jungen Jahren neben James

Joseph Marcell und DJ Jazzy Jeff

Will Smith und Alfonso Ribeiro

Will Smith

Will Smith, rechts neben ihm Quincy Jones

schwarzen Amerikaner zugunsten eines heiter-harmonischen Familienidylls. Der idealisierte «Fernsehvater» Cosby wurde denn auch besonders gern von afroamerikanischen Komikern aufs Korn genommen – beispielsweise in der vom selben Network ausgestrahlten Sitcom DER PRINZ VON BEL AIR.

Auch hier steht eine afroamerikanische Familie der Oberschicht im Zentrum des Geschehens, aber die Autoren sparen nicht mit bissigen Seitenhieben auf schwarze Karrieristen, die ihre Wurzeln verleugnen. Für eine gewisse Bodenständigkeit sorgt Will Smith alias The Fresh Prince. Der im Verein mit D. J. Jazzy Jeff auch als Rapper erfolgreiche Darsteller spielt im Grunde sich selbst: einen redegewandten *homeboy*, der in den Slums von Philadelphia schon frühzeitig mit Armut, Diskriminierung und Willkür konfrontiert wurde. Seine kapriziösen Vettern und Kusinen kennen dagegen nur das Dolce vita im

noblen Wohnviertel Bel Air. Sie verkehren mit Hollywoods Hautevolee; der Begriff Armut hat für sie ausschließlich abstrakte Bedeutung. Wills Onkel Philip Banks, ein renommierter Anwalt, muß gelegentlich an seine Herkunft aus kleinen Verhältnissen erinnert werden – er wuchs auf einer Farm in Nebraska auf und war einst der erste schwarze Vorsitzende der «Young Farmers of America». Inzwischen kann er sich sogar einen britischen Butler leisten – mit schwarzer Hautfarbe.

Anders als in der COSBY SHOW wird der ganz gewöhnliche Rassismus in dieser Sendereihe nicht ausgeklammert, sondern immer wieder mal explizit veranschaulicht, etwa in jener Episode, in der Will und sein Vetter Carlton die Luxuslimousine eines Bekannten der Familie zu dessen Urlaubsort überführen – und prompt von weißen Polizisten angehalten und des Diebstahls verdäch-

Earl Jones und Billy Dee Williams auf einer Broadway-Bühne. Im Kino war sie unter anderem in CROCODILE DUNDEE II (USA / AUS 1988) zu sehen. Auf Anregung und mit tatkräftiger Unterstützung Will Smiths startete auch sie eine Plattenkarriere. 1998 erschien ihr Soul-Album «Kiss The Sky».

Joseph Marcell, der Darsteller des britischen Butlers, stammt aus der Karibik, wuchs aber in England auf, wo er Schauspiel studierte und nach wie vor einen Wohnsitz unterhält. Er ist Mitglied der Royal Shakespeare Company.

James Avery blieb der Rechtspflege treu und stieß nach Einstellung der Serie zum Ensemble der Anwalts-Sitcom SPARKS & SPARKS (SPARKS, SPARKS & SPARKS, USA 1996–). In den USA kennt man ferner als Sprecher des bösartigen «Shredder» aus DIE NINJA TURTLES (TEENAGE MUTANT NINJA TURTLES, USA 1987–).

tigt werden. Die Einhaltung der Bürgerrechte ist nicht gerade vornehmstes Anliegen der Cops, und so verfallen die beiden unschuldig Einsitzenden auf einen Trick: Carlton verspricht, ein sensationelles Geständnis abzulegen – sofern seine Aussage live vom Fernsehen übertragen wird. Die ehrgeizigen Polizisten erfüllen diese Forderung, und Carlton erreicht via TV endlich seine Eltern – auch ein ironischer Kommentar zum Stellenwert des Mediums in der US-Gesellschaft.

Nicht immer allerdings ist der Tonfall so bitter-komisch, kommt die Botschaft so überdeutlich daher. Eingebettet in die jeweiligen Episoden sind Slapstick, Parodien, freche Bonmots, viel Musik und immer wieder witzige Gastauftritte von Prominenten in oft kleinsten Nebenrollen. Unter anderem traten Fotomodell Naomi Campbell, Sänger Al B. Sure, Rapper Heavy D., Boxer Evander Hollifield und Schauspieler Richard «Shaft» Roundtree in der Serie auf. Nicht zu vergessen der Musiker, Komponist, Arrangeur und Produzent Quincy Jones, dessen Firma Quincy Jones Entertainment an der Herstellung dieser Serie maßgeblich beteiligt ist. So verwundert kaum, daß viele Handlungsstränge mit dem Musikgeschäft zu tun haben, wiederum Ausgangspunkt für zahlreiche vergnügliche Anspielungen. Als Wills Cousine Ashley ihr Gesangstalent entdeckt, vermittelt der Prinz einen Termin bei dem erfolgreichen Plattenproduzenten *«Gordon Berry»* – ein Name, der nicht von ungefähr an Berry Gordy, den Gründer der Plattenfirma Motown Records, erinnert. Eine weitere Qualität der Serie sind die medienreferentiellen Späße. So fragt Will, Bezug nehmend auf den irritierenden Umstand, daß die Rolle der Vivian Banks nach drei Jahren ohne nähere Erklärung von einer anderen Schauspielerin übernommen wurde, zu Beginn einer neuen Staffel: «Wer spielt denn in dieser Saison die Mutter?» Jazz' lakonische Antwort: «Immer noch dieselbe.»

Die Anregung, Will Smith als Darsteller zu verpflichten, stammte von Quincy Jones. Ihm waren die Videoclips des Rappers aufgefallen, und er reichte sie weiter an den NBC-Unterhaltungschef Warren Littlefield. «Mir war auf Anhieb klar: dieser Bursche ist ein Naturtalent», berichtete Littlefield 1993 der US-Fernsehzeitschrift ‹TV Guide›. So beeilte man sich, Smith unter Vertrag zu nehmen. Der gerade mal Zwanzigjährige freute sich über die zweite Karrierechance, nachdem er dank seines extravaganten Lebensstils ein aus Plattenverkäufen stammendes, nicht unbeträchtliches Vermögen durchgebracht hatte, wunderte sich aber dennoch, daß niemand ihn je fragte, ob er überhaupt schauspielern könne. Smith' mangelnde Erfahrung und sein Lampenfieber belasteten denn auch während des ersten Jahres die Dreharbeiten erheblich, zu seinem eigenen Unwillen: «Wenn ich diese Folgen heute sehe, wird mir übel. Meine Auftritte waren grauenhaft.»

Wettgemacht wurden diese Unzulänglichkeiten allenfalls durch den glücklichen Umstand, daß zwischen der Serienrolle und seiner eigenen Person kaum ein Unterschied bestand. Aber Smith lernte schnell dazu und war 1993 soweit, eine anspruchsvolle Rolle in der Verfilmung des Bühnenhits SIX DEGREES OF SEPARATION (USA 1993) zu übernehmen – neben hochkarätigen Kollegen wie Stockard Channing, Donald Sutherland und Mary Beth Hurt. Im selben Jahr entstand die Komödie MADE IN AMERICA (USA 1993), in der neben Whoopi Goldberg und Ted Danson auch Smith' spätere Serienpartnerin Nia Long mitwirkte. 1994 übernahm er in der Don Simpson/Jerry Bruckheimer-Produktion HARTE JUNGS – BAD BOYS (BAD BOYS, USA 1994) erstmals eine tragende Hauptrolle. Als Air Force Pilot in Roland Emmerichs Kassenknüller INDEPENDENCE DAY (USA 1996) katapultierte er sich in den Pantheon der Spitzenverdiener und sicherte seinen Status mit dem Kassenknüller MEN IN BLACK (USA 1997).

Rauchende Colts Gunsmoke
USA 1955–1975

Marshal Matt Dillon JAMES ARNESS	**Festus Haggen (1964–1975)** KEN CURTIS	**Clayton Thaddeus Greenwood** **(1965–1967)** ROGER EWING
Doc Galen Adams MILBURN STONE	**Quint Asper (1962–1965)** BURT REYNOLDS	**Newly O'Brien (1967–1975)** BUCK TAYLOR
Kitty Russell (1955–1974) AMANDA BLAKE	**Barmann Sam (1962–1974)** GLENN STRANGE	**Mr. Jones (1955–1960)** DABBS GREER
Chester Goode (1955–1964) DENNIS WEAVER		

James Arness und Chill Wills

Die Szene ist einprägsam und wurde wohl von abertausenden Lausejungs in aller Welt unzählige Male nachgespielt: Marshal Matt Dillon tritt gemessenen Schrittes auf die Hauptstraße von Dodge City. Er wendet den Rücken zur Kamera, bereit zum Duell. Eine ragende Silhouette, fest im staubigen Boden verankert. Lässig hängt seine Hand in Höhe des Revolvers. In einiger Entfernung stellt sich ein Spitzbube in Positur. Natürlich zieht der Strolch als erster, verfehlt aber den Mann des Gesetzes und bekommt eine bleierne Quittung, die ihn von den Füßen reißt.

Einige Jahre lang bildeten diese Bilder den Auftakt der Westernserie RAUCHENDE COLTS, später schnitt man den Schußwechsel und beließ es bei Dillons markigem Auftritt. Anders bei den ganz frühen, noch halbstündigen Episoden – darin stand der Hauptdarsteller James Arness zu Beginn vor einer Friedhofskulisse und führte als Erzähler in die jeweilige Geschichte ein. Für den Vorspann der letzten Staffel ließ man ihn friedlich über Land reiten. Dazwischen lagen stolze 20 Jahre. Damit ist RAUCHENDE COLTS unangefochten die Prime-time-Serie mit der längsten Laufzeit.

Auch diese Geschichte begann, wie manch andere, mit anfänglichen Fehlbewertungen und glücklichen Zufällen. Unter dem Arbeitstitel JEFF SPAIN war das Format ursprünglich für das Radio entworfen worden, und zwar als Kontrast zu den geläufigen Hörspielserien mit ihren überlebensgroßen Superhelden. Die Autoren Norman Macdonnell und John Meston wollten Westerngeschichten für Erwachsene erzählen, ohne Wunderwaffen, vermenschlichte Pferde und

Gaststars:
Claude Akins, John Drew Barrymore, Noah Beery jr., Dan Blocker, Charles Bronson, Rory Calhoun, John Carradine, Harry Carey jr., Richard Chamberlain, Chuck Connors, Mike Connors, Glenn Corbett, Robert Culp, Bette Davis, Bruce Dern, Angie Dickinson, James Drury, Barbara Eden, Harrison Ford, Jodie Foster, Ben Johnson, DeForest Kelley, George Kennedy, Zalman King, Werner Klemperer, Jack Klugman, Diane Ladd, Martin Landau, Robert Lansing, Cloris Leachman, Kay Lenz, Jack Lord, Strother Martin, Leonard Nimoy, Warren Oates, Pernell Roberts, Edward G. Robinson jr., Wayne Rogers, Katherine Ross, Kurt Russell, William Shatner, Tom Skerritt, Aaron Spelling, Harry Dean Stanton, Roy Thinnes, Marshall Thompson, Lee Van Cleef, Robert Vaughn, Wilhelm von Homburg, John Wayne, Adam West

Creators:
Norman Macdonnell, John Meston, Charles Marquis Warren
Beginn der deutschen Erstausstrahlung: 4. 6. 1967, ARD
Spinoff: Dirty Sally (USA 1974)

Von links: Ken Curtis, Milburn Stone, Amanda Blake, James Arness, Glenn Strange

simplifizierende Gut-Böse-Konstellationen. Ihre Ansprechpartner lehnten diesen Vorschlag rundheraus ab.

Als jedoch CBS 1952 kurzfristig eine Programmlücke zu füllen hatte, lag das Konzept parat, wurde eilends überarbeitet und schleunigst in Produktion gegeben. Es hieß nun GUNSMOKE, der Held trug den Namen Matt Dillon, und gesprochen wurde er von William Conrad. Anfangs wenig beachtet, wurden die Radiosendungen nach Zuteilung eines attraktiveren Sendeplatzes so populär, daß man 1954 eine Fernsehbearbeitung in Betracht zog, zumal der ungewöhnlich seriöse Tonfall der Pioniergeschichten vortrefflich in die Bemühungen paßte, ein älteres,

mithin zahlungskräftiges Publikum vor die Fernseher zu locken und auf diese Weise die Hersteller von Gütern des gehobenen Bedarfs als Werbekunden für das noch relativ junge Medium zu gewinnen. Zunächst wurde der Filmregisseur Don Siegel angesprochen, die Serie als Produzent zu betreuen. Der, eine gedeihliche Kinokarriere vor Augen, lehnte freundlich dankend ab, und der Auftrag ging an Charles Marquis Warren.

Der Original-Dillon schien für einen Bildschirmwestern nicht geeignet. William Conrad, der später als › CANNON seinen Publikumsappeal bewies, war ein wenig füllig und entsprach auch sonst nicht den gängigen Vorstellungen von einem vitalen We-

James Arness, mit über zwei Metern Körpergröße eine imposante Gestalt, bereitete den Regisseuren mitunter Probleme – er ragte aus dem festgelegten Bildausschnitt. Man behalf sich, indem man kleine Löcher grub, in die sich Arness hineinstellen mußte. Ein Gespür für Serien mit Kultcharakter bewies auch Arness' Bruder Peter Graves – er agierte in der Kinderserie FURY (USA

1955–1966) und in → KOBRA, ÜBERNEHMEN SIE.

Zu Beginn seiner Karriere war Ken Curtis ungleich eleganter aufgetreten als in der Rolle des gelind asozial erscheinenden Festus Haggen – er sang in den Bigbands von Tommy Dorsey und Shep Fields. Später wechselte er zu der Country-&-Western-Formation Sons Of The Pioneers und versuchte

sich in Western der B-Kategorie als Schauspieler. Vor seiner Festanstellung bei RAUCHENDE COLTS war er dort bereits mehrfach in Gastrollen aufgetreten und hatte als Kostar der Abenteuerserie SPRUNG AUS DEN WOLKEN (RIPCORD, USA 1961–1963) Höhenluft geschnuppert. Zeitweilig betätigte er sich auch als Produzent; auf sein Konto gehen die schon sehr sonderbaren Lichtspiele THE GIANT

Milburn Stone, Dennis Weaver, Amanda Blake

punkt als bislang bedeutendstes Engagement den Part des *Dings* in Howard Hawks' DAS DING AUS EINER ANDEREN WELT (THE THING, USA 1951) vorweisen konnte.

Wayne nannte den aufstrebenden Kollegen öffentlich einen Freund, tat dies aber keineswegs in selbstloser Absicht, denn Arness stand bei seiner Produktionsfirma unter Vertrag. Kontraktschauspieler waren in den Tagen des Studiosystems quasi Leibeigene. Sie bekamen ihre festen Gagen, mußten aber unverschämt hohe Anteile ihrer sonstigen Einnahmen, beispielsweise Honorare für öffentliche Auftritte bei Firmeneröffnungen und Autogrammstunden oder Einkünfte aus Plattenverkäufen an ihre Arbeitgeber abführen. So verwundert wenig, daß sich Wayne dazu herbeiließ, persönlich im Fernsehen aufzutreten und ein paar einführende Worte zu sprechen, nachdem Arness tatsächlich für jene Rolle verpflichtet worden war, die sich für ihn zur Lebensaufgabe ausweiten sollte.

Am Abend des 10. September 1955 sahen die Fernsehzuschauer die Hollywood-Größe John Wayne vor Beginn der Premierenepisode in einer angedeuteten Westernkulisse Aufstellung nehmen. Konziliant pries er RAUCHENDE COLTS als die erste Fernsehserie, in der er selbst mit Stolz mitgewirkt hätte, und empfahl sie als «die beste Sache, die auf diesem Gebiet zu haben ist. Es ist ehrlich, es ist erwachsen, es ist realistisch.»

In der Tat wurde die Gattung erwachsen in jenen Tagen. Vier Tage zuvor war beim konkurrierenden ABC Network WYATT EARP GREIFT EIN (THE LIFE AND LEGEND OF WYATT EARP, USA 1955 – 1961) auf Sendung gegan-

sternhelden. Ganz anders der Mann, der ganz oben auf der Wunschliste der Produzenten stand, der seine Sattelfestigkeit unzählige Male unter Beweis gestellt hatte und dessen Name schlichtweg synonym war mit dem Westerngenre: John Wayne. Doch der «Duke», als Leinwandstar bestens im Geschäft, mochte sich auf eine wöchentliche TV-Serie nicht einlassen, machte aber auf einen jungen Nachwuchsschauspieler namens James Arness aufmerksam, der 1947 – noch unter seinem Geburtsnamen James Aurness – als Kleindarsteller in DIE FARMERSTOCHTER (THE FARMER'S DAUGHTER, USA 1947) debütiert hatte und zu diesem Zeit-

---

GILA MONSTER (USA 1959) und DIE NACHT DER UNHEIMLICHEN BESTIEN (ATTACK OF THE KILLER SHREWS, USA 1959). Festus' deutsche Stimme gehörte Gerd Duwner, der auch Ernie aus der SESAMSTRASSE (US / D 1972 –) synchronisierte.

Auf Kuba wurde die Ausstrahlung von RAUCHENDE COLTS durch den Diktator Fulgenico Batista untersagt.

Ein denkwürdiges Zusammentreffen recht unterschiedlicher Talente gab es bei den Dreharbeiten zur Episode *«The Guitar»*, ausgestrahlt am 21. Juli 1956: Das Skript schrieb Sam Peckinpah, Regie führte der zweifache Os-

car-Gewinner Harry Horner, und unter den Darstellern war Aaron Spelling, später einer der erfolgreichsten Serienproduzenten weltweit. Sam Peckinpah verfaßte insgesamt zwölf Drehbücher für RAUCHENDE COLTS, zehn davon wurden realisiert. Eines der abgelehnten Skripts überarbeitete Peckinpah und veräußerte es an die Four Star Productions, die es un-

gen, am 20. September folgte CHEYENNE (USA 1955–1963). Alle drei Serien trugen das Label *adult western*, das sie von den bis dahin marktbeherrschenden Roß-und-Reiter-Drolerien der Machart von DIE TEXAS RANGERS (THE LONE RANGER, USA 1949–1957) abheben sollte. Die neue Präsentationsform hatte Erfolg und brachte zahllose Nachahmer hervor, darunter auch den Dauerbrenner → BONANZA.

Dem Prinzip nach nahm RAUCHENDE COLTS bereits die Idee des Familienwesterns vorweg. Zwar waren die Protagonisten der Serie weder verwandt noch verschwägert, bildeten aber dennoch eine Art Kleinfamilie. Zu Matt Dillons sozialem Umfeld gehörte die Saloon-Besitzerin Kitty Russell, eine resolute und geschäftstüchtige Frau, die sich in der rauhen Männerwelt des Jahres 1873 wacker behauptete. In der Radiofassung trat sie noch unverbrämt als Prostituierte in Erscheinung; im prüden Fernsehen der fünfziger Jahre aber gab es für diesen Berufsstand keinen Platz, wenngleich Kittys flamboyante Aufmachung, die schweren fächelnden Wimpern und das farbenfrohe Make-up gewisse Ahnungen zuließen. Auch Amanda Blake faßte ihre Rolle dementsprechend auf; als sie darüber in einem Interview freimütig Auskunft gab, hätte ihr dies beinahe die fristlose Kündigung eingebracht. Mit Matt Dillon verband Kitty insgeheim mehr als nur herzliche Freundschaft, dennoch blieb ihre Beziehung zeit ihres Serienlebens platonisch. In seltenen Fällen wurde sie auf ihre Ehelosigkeit angesprochen, derart indiskrete Behelligungen pflegte Kitty knapp und unwirsch zu parieren.

Von links: Amanda Blake als Kitty, James Arness als Matt Dillon, Milburn Stone als Doc Adams und Burt Reynolds als Hufschmied Quint Asper

Der wichtigste Mann in Dillons Dasein war der knorrige Medikus Doc Adams, der, so er nicht gerade mit Matt und Kitty gesellig im «Long Branch Saloon» beisammensaß, Bleigeschosse aus dem ob seiner Ausmaße als Kugelfang trefflich geeigneten Leib des Marshals entfernte. Da kam über die Jahre wohl einiges zusammen, so daß die kleine Ordinationsstube dem wackeren Operateur zuweilen wie ein Kugellager erschienen sein muß. Auch Dillons Deputies fanden sich regelmäßig dort ein. Anfangs war es der gehbehinderte Chester Goode, gespielt von Dennis Weaver, der später als EIN SHERIFF IN NEW

ter dem Titel «The Sharpshooter» im Rahmen der Reihe ABENTEUER IM WILDEN WESTEN (DICK POWELLS ZANE GREY THEATRE, USA 1956–1962) realisierten. Zugleich fungierte die Episode als Pilotfilm der Serie WESTLICH VON SANTA FE (THE RIFLEMAN, USA 1958–1963).

Zitat:
«Ich bin mit RAUCHENDE COLTS aufgewachsen, und für mich war Arness viel mehr eine Legende aus der Gol-

Für die korrekte Ausrichtung der rauchenden Colts sorgten unter anderem die Regisseure Arthur Hiller, Andrew V. McLaglen, Marvin Chomsky, William Conrad und Mark Rydell.

denen Ära des Fernsehens als eine reale Person. Hey, wir reden hier über Marshal Matt Dillon.»
BRANDON TARTIKOFF

Literatur:
Suzanne und Gabor Barabas: Gunsmoke: A Complete History & Analysis Of The Legendary Broadcast Series. Jefferson 1990

James Arness und Burt
Reynolds

Amanda Blake und
James Arness

James Arness

YORK (MCCLOUD, USA 1970–1977) erneut in die Steigbügel trat.

1964 übernahm der unvergessene Festus Haggen den Stellvertreterposten, ein schrulliges, von seiner Hillbilly-Herkunft gezeichnetes Unikum, das mit klirrenden Sporen und krächzender Stimme drauflosfuhrwerkte und den Humoranteil der Geschichten erheblich in die Höhe riß. Die deutsche Synchronisation verstärkte dieses Element noch durch die damals sehr populären Blödelsentenzen. «Louie, halt doch mal deinen Whiskey-Trichter», schnarrte der nicht nur vom Wetter gegerbte und zermarterte Hilfssheriff, oder er befragte das Opfer einer handfesten Prügelei mit den einfühlsamen Worten: «Wie fühlt man sich, wenn man so ein paar Hufe voll auf die Freßluke eingefangen hat?» Im ewigen Streit lag der Analphabet und geistig nicht ganz so rege Festus mit Doc Adams, dem es diebische Freude bereitete, den Deputy zu foppen. Der verrannte sich meist sehr schnell in der Wirrnis seiner Argumente und beendete den heillosen Unfug mit groben Worten wie: «Sie können mich mal an die nassen Füße fassen.»

Dem Marshal war Festus ein treuer und zuverlässiger Gehilfe, wie er sich überhaupt der Unterstützung aller Einwohner von Dodge City gewiß sein konnte. Besonnen und mit einer gewissen Milde wachte Dillon über seine Stadt, die, so der Besitzer des Frachtbüros, berühmt war für «den Staub im Sommer und die kalten Winter». Dillon wußte um die sozialhygienische Wirkung einer zünftigen Wirtshauskeilerei und ließ den Dingen, die Daumen jungenhaft im Gürtel verhakt, schon mal ihren Lauf, reagierte aber hart und unbeirrbar, so Gesetz und Ordnung ernsthaft in Frage gestellt schienen. Weder persönliche Gefährdung noch hohe Bestechungssummen konnten ihn davon abbringen, der Gerechtigkeit Genüge zu tun. In solchen Fällen umwölkte sich Miss Kittys offener Blick, und Doc Adams fuhr sich, Arges während, mit der Hand übers sorgenzerfurchte Gefrieß.

Der publicityscheue James Arness, langhin die zentrale Figur des Seriengeschehens, erhielt mit der Zeit Produzentenstatus und nahm maßgeblichen Einfluß auf die Gestaltung der Serie. In späteren Jahren stand er häufig zurück und überließ Ensemblemitgliedern oder Gaststars die Hauptrollen einzelner Episoden. 1961 wurde die Sendezeit von 30 auf 60 Minuten ausgeweitet, ab 1966 drehte man in Farbe. Nach und nach aber zerstreute sich das Publikum des mehrfachen Quotenspitzenreiters, und der CBS-Programmausschuß beschloß 1967 die Einstellung der Produktion. Doch in der Öffentlichkeit regte sich Protest, und der CBS-Vorstand William S. Paley persönlich holte die Serie aus der Schußlinie. Ungeachtet des Votums seiner Programmredakteure ordnete er die Weiterführung an und verfügte eine Verlegung vom späten Samstag- auf den frühen Montagabend. Eine weise Entscheidung, wie sich zeigen sollte – binnen kurzem rangierte RAUCHENDE COLTS wieder unter den Top ten der Serien-Hitliste.

Auch 1975 zählte der Klassiker noch immer zu den 30 erfolgreichsten Serien, indessen paßte die Altersstruktur der Zuschauer nicht mehr zur Marktstrategie des Senders. Amanda Blake war bereits im Vorjahr ausgeschieden; nun schlug auch für James Arness, Ken Curtis und Milburn Stone die Stunde. Vorerst zumindest, denn ab Mitte der achtziger Jahre erlebten die großen Serienklassiker in Film und Fernsehen eine Renaissance. Für einen abendfüllenden Fernsehfilm schnallte James Arness das Holster noch mal um; lotrecht und ungebeugt wie eh und je beherrschte er die Szenerie, Amanda Blake an seiner Seite. Auf GUNSMOKE: RETURN TO DODGE (USA 1987) folgten die Filme GUNSMOKE – DER LETZTE APACHE (GUNSMOKE: THE LAST APACHE, USA 1990), GUNSMOKE: TO THE LAST MAN (USA 1992), GUNSMOKE IV – THE LONG RIDE (USA 1992) und GUNSMOKE – ER IST DAS GESETZ (GUNSMOKE V: ONE MAN'S JUSTICE, USA 1993). Nachdem Amanda Blake 1989 ihrer Aidserkrankung erlegen war, war der Mittsechziger James Arness das einzig verbliebende Mitglied der Originalbesetzung. Die Drehbuchautoren hatten Erbarmen mit dem vereinsamten Ruheständler Dillon und spendierten ihm 1990 eine Tochter, deren Existenz ihm zuvor nicht bekannt gewesen war. So wurde aus der Pseudofamilie letztlich doch noch echte Verwandtschaft, und es bestand sogar die Möglichkeit, daß Dillons Vermächtnis eines Tages fortgeführt würde.

Raumpatrouille – Die phantastischen Abenteuer des Raumschiffes Orion
BRD 1966

Commander Cliff Allister McLane DIETMAR SCHÖNHERR	**Leutnant Hasso Sigbjörnson** CLAUS HOLM	**Oberst Henryk Villa** FRIEDRICH JOLOFF
Leutnant Tamara Jagellovsk EVA PFLUG	**Atan Shubashi** FRIEDRICH GEORG BECKHAUS	**Marschall Kublai-Krim** HANS COSSY
Leutnant Mario de Monti WOLFGANG VÖLZ	**General Lydia van Dyke** CHARLOTTE KERR	**Ordonnanz-Leutnant Michael Spring-Brauner** THOMAS REINER
Leutnant Helga Legrelle URSULA LILLIG	**General Winston Woodrov Wamsler** BENNO STERZENBACH	**Sir Arthur** FRANZ SCHAFHEITLIN

Im Februar 1985 schielten Han Solo, King Kong und H.A.L. 9000 eifersüchtig auf eine in Schwarzweiß gedrehte Low-Budget-Produktion deutscher Herkunft, die als Kuriosität im Rahmen der *special effects*-Retrospektive der Berliner Filmfestspiele gezeigt wurde und das Publikum kaum weniger begeisterte als die perfekt gemachten Leinwandphantasien der ausgefuchsten Hollywood-Illusionisten. Dieser Beitrag war nicht nur vergleichsweise billig zusammengeschustert, obendrein stammte er aus dem Fernsehen und war damit sozusagen das häßliche Entlein inmitten der filmgeschichtlich relevanten Zukunftsvisionen. Dennoch strömten die Zuschauer gleich scharenweise ins Astor am Kurfürstendamm, sagten einander noch vor Vorstellungsbeginn den berühmten Off-Text der Titelsequenz vor, zählten mit metallischer Stimme andächtig den Countdown herunter und jubelten lauthals «da ist es», als die Kamera endlich auf das berühmte Bügeleisen losfuhr.

Keine Frage, da saßen Experten im Parkett, einigermaßen verwunderlich bei einer Serie, die knapp 20 Jahre alt und hoffnungslos anachronistisch war. Aber besagte Sonderaufführung markierte erst den Anfang eines glorreichen Rücksturzes in die Popularität – denn der Schnelle Raumkreuzer Orion flog weiter, als man sich beim Stapellauf je hätte träumen lassen. Findige Berliner Kinobesitzer übernahmen die sieben Serienepisoden in ihr Programm und brachten mit ihrem kleinen Filmverleih die RAUMPATROUILLE schließlich bundesweit in die Kinos.

Die Resonanz war überwältigend. Allenthalben schien man nur auf die Rückkehr der Orion und ihrer wagemutigen Besatzung gewartet zu haben. Überall öffneten selbsternannte Fachleute ihre Luftschleusen und gaben mit Kennerduktus fadenscheiniges Halbwissen zum besten. Doch Scharlatane waren schnell entlarvt – viele kannten nicht einmal den Originaltitel der Serie. Und noch in dem 1994 erschienenen Buch «Am Fuß der

Gaststars:
Vivi Bach, Wolfgang Büttner, Herbert Fleischmann, Konrad Georg, Reinhard Glemnitz, Alexander Hegarth, Margot Trooger

Creator:
Rolf Honold
Beginn der deutschen Erstausstrahlung: 17. 9. 1966

Unter dem Pseudonym W.G. Larsen trugen mehrere Mitarbeiter der Bavaria Studios zu den Drehbüchern der Serie bei. Es waren dies: die Regisseure Theo Mezger und Dr. Michael Braun, die Produzenten Hans Gottschalk und Helmut Krapp und der Produzent, Autor und (seit 1979) Regisseur Oliver Storz.

Ursprünglich sollte die Hauptfigur der Serie «Shane» heißen. Da es in den USA aber bereits eine gleichlautende Fernsehserie und überdies einen Kinowestern mit nämlichem Titel gab, wurde der Name geändert.

Mehr als einmal landet die Orion auf einem unwirtlichen Planeten. Ursprünglich war geplant, die entspre-

Von links: Wolfgang Völz, Dietmar Schönherr, Eva Pflug, Friedrich G. Beckhaus, Ursula Lillig

blauen Berge» huldigt der Autor Thomas Gsella auf vier Seiten der dunkelhaarigen Lydia van Dyke, zielt mit seiner Eloge aber, wie sich lichtgeschwind herausstellt, in Wahrheit auf die in der Tat liebreizende Helga Legrelle alias Ursula Lillig.

Nicht nur durch den zeitlichen Abstand, sondern auch durch die Aufführungsbedingungen hat sich die Wahrnehmung geändert. Auf dem kleinen Bildschirm blieb so mancher Behelf unentdeckt, den das um ein Vielfaches größere Kinobild gnadenlos preisgibt. So wurde die RAUMPATROUILLE zur Lachnummer – das Auditorium kreischt vor Vergnügen, wenn die berüchtigten Bügeleisen, Wasserhähne und Bleistiftanspitzer ins Bild kommen. Darüber gerät außer acht, daß

die Science-fiction-Serie zur Zeit ihrer Uraufführung ein absolutes Novum darstellte. Das deutsche Fernsehen galt seinerzeit noch als Bildungsinstitut, abgefilmtes Theater war häufiger im Programm vertreten als triviale Genrekost. Die Plazierung einer solchen Serie zur Hauptsendezeit am nahezu sakrosankten Samstagabend kam einem Wagnis gleich. Programmpolitisch mußte zunächst einmal ausgelotet werden, ob die Zuschauer eine solche, erklärtermaßen «*märchenhafte*» Produktion überhaupt akzeptieren würden. Sie taten es – der Pilotfilm verzeichnete eine Sehbeteiligung von 44 Prozent, Tendenz: steigend.

Der Kritik hingegen war dies alles sehr suspekt. Der eine Rezensent fand's zu schlicht

chenden Aufnahmen auf Island zu drehen. Zum Mißfallen der Schauspieler konnte die teure Reise storniert werden – die *location scouts* hatten ganz in der Nähe ein passendes Gelände ausgemacht: ein Braunkohlebergwerk in Peißenberg bei München.

Eva Pflug veröffentlichte 1968 eine Single mit dem Titel «*Das Mädchen vom Mond*», deren Cover Motive aus der Fernsehserie zeigte.

Zitat:
«Wir stecken ständig unsere Nasen in die Probleme anderer. Wir haben jetzt schätzungsweise zum zweiundzwanzigstenmal die Erde gerettet.

Irgendwann könnten wir uns einmal von Terra, deren Behörden oder Institutionen oder von unseren lieben Vorgesetzten retten oder verwöhnen lassen.»

HELGA LEGRELLE, AUS: HANNS KNEIFEL, RAUMSCHIFF ORION – DER MANN AUS DER VERGANGENHEIT, MÜNCHEN 1990

Dietmar Schönherr, Ursula Lillig

Eine Lancet

Eva Pflug

Claus Holm, Wolf-
gang Völz, Friedrich
Georg Beckhaus,
Dietmar Schönherr

gestrickt, der andere – der vielen Fremdwör-
ter wegen – zu kompliziert. Das Fernsehvolk
gab darauf wenig und bangte mit der Besatzung der Orion um den Fortbestand der
Erde. Auch Nachfolgeprodukte wie Heftrei-
hen, Romane und Kurzgeschichten fanden
ein Publikum. Noch 1990 erschienen in einer
gediegenen Aufmachung die Romanfassun-
gen der TV-Episoden bei Haffmans; weitere
«Raumschiff Orion»-Geschichten brachte der
Goldmann Verlag heraus.

Die Tricktechnik der Serie erscheint für
heutige Verhältnisse bestenfalls drollig,
muß aber im Kontext der Produktionsbedingungen beurteilt werden. Im selben Jahr wie
die Orion verließ in Hollywood die Enter-

prise das Dock. Zwar filmten die Amerikaner
bereits in Farbe, aber auch hier sind Kom-
mandostand und Planetenoberflächen bei
näherer Betrachtung leicht als schlicht ge-
zimmerte Kulissen zu erkennen. Dabei hatten die Sterndeuter der DESILU-Studios den
unschätzbaren Vorteil, sich einer funktio-
nierenden Infrastruktur bedienen zu können, während die Kollegen der deutschen Bavaria – «die nach dem Krieg quasi auf Spar-
flamme an die Effekte der Stummfilmzeit
anknüpfen wollte» (Georg Schmidt, tip
4/1985) und erst 1959 mit der Produktion
von Fernsehformaten begonnen hatte – nahezu unbekanntes Terrain betraten.

Mit einfachsten Mitteln wurden Tricks
und Effekte gezaubert. Das Raumschiff Orion und seine Beiboote, die Lancets, die
Raumstationen und Tiefseebasen wurden
gebaut mit gängigen Materialien aus dem Ei-
senwarenhandel. Besonderen Einfallsreichtum bewiesen Trickspezialist Theodor
Nischwitz und sein Team. Den Start der Orion von der Unterwasserbasis beispielsweise
visualisierten sie, indem sie eine Brauseta-
blette auflösten, die sprudelnden Blasen mit
umgekehrter Kamera aufnahmen und

Literatur:
Jörg Kastner: Das große Raumschiff
ORION Fanbuch, München 1991
Ders.: Raumpatrouille – Die phanta-
stische Geschichte des Raumschiffs
Orion, München 1993

Fanclubs:
ORION-Club LAURIN
c/o Marc Heinrichs
Fritz-Reuter-Str. 22
24159 Pries
(nördlicher Außenposten des URA-
CEEL-Fanclubs)

R.O.F.U.
Raumpatrouille ORION-Fanclub
URACEEL
c/o Ralf Kramer
Marler Str. 14
46282 Dorsten
(jährliche Clubmagazin, Clubtreffen
und Conventions, Romanfortsetzung
auf Disk u.a.)

Von links: Ursula Lillig, Claus Holm, Maurice Thenac, Dietmar Schönherr, Wolfgang Völz

Eva Pflug, Erwin Kinder, Dietmar Schönherr

anschließend das Modell der Orion einkopierten. Auf die Fernsehzuschauer des Jahres 1966 wirkte dies durchaus überzeugend. Aber damit war die Faszination der Serie noch nicht erschöpft. Nicht allein des frappanten futuristischen Settings, sondern ihrer Qualität wegen wurde die Serie zum Fernsehkult. In den überaus sparsamen Dekors bewegte sich die damalige deutsche Schauspielerelite, die die von Rolf Honold ersonnenen Charaktere mit Leben erfüllte. Den ragenden Helden Cliff Allister McLane umgaben farbige Nebenfiguren – der polternde General Wamsler, der undurchsichtige Oberst Villa, der hochnäsige Bürokrat Spring-Brauner. Honold und die ausführenden Autoren – Produzenten und Dramaturgen der Bavaria, die unter dem gemeinsamen Pseudonym W. G. Larsen arbeiteten – verstanden es zudem, hinlänglich humorvolle Szenen und Dialoge einzuarbeiten. Sogar selbstreferentielle Scherze waren erlaubt – so sagt der als Gast an Bord der Orion weilende, von Hasso Sigbjörnson als «Zukunftsschreiber» titulierte Pieter-Paul Ibsen (Reinhard Glemnitz) gegen Ende der Episode *Die Raumfalle*:«Ich schreibe nur noch über euch. Ihr seid ja viel aufregender als die Zukunft!»

Allein der Entwurf der Hauptfigur war ein Coup für sich. Commander McLane bewegt sich innerhalb einer strikten militärischen Hierarchie gleichsam als Fremdkörper. Um der Effizienz willen verstößt er mutwillig gegen Dienstordnungen und wird in der ersten Episode eingeführt als unbeugsamer Abenteurer, der von bedingungslosem Gehorsam wenig hält und seiner wiederholten Insubordinationen willen einer disziplinarischen Maßnahme unterworfen wird: Mitsamt Besatzung wird McLane strafversetzt zur Raumpatrouille, der für gewöhnlich minderen Chargen vorbehaltenen «Raumverkehrsüberwachung und -sicherung im Raumsektor 219/33/9». Damit nicht genug, bekommt er auch noch eine «Gouvernante», die weitere Kapriolen verhindern soll: Leutnant Tamara Jagellovsk vom Galaktischen Sicherheitsdienst. Trotz allem geraten McLane und die ihm treu ergebenen Besatzungsmitglieder immer wieder in Situationen, in denen sie ihr außerordentliches Vermögen als Raumschiffer beweisen und die Erde vor der Vernichtung durch außerirdische Wesen, die «Frogs», bewahren können. Tamara und Cliff werden zunehmend vertrauter und tauschen gegen Ende der siebten Folge gar einen Kuß ausgerechnet im Sitzungssaal der «Obersten Raumfahrtbehörde»,

Schönherr, Völz, Beckhaus

eine Schlußszene, die wie manch vorange-
gangene ironisch gebrochen wird.

Trotz des immensen Erfolges wurde
RAUMPATROUILLE seinerzeit nicht fortgesetzt. Die Gründe dafür sind nicht exakt zu
eruieren. Mal heißt es, es hätten keine guten
Skripts vorgelegen, ein andermal, die Finanzierung sei nicht gewährleistet gewesen.
Auch Einwände gegen das militärische Milieu und den einschlägigen Jargon mögen
zu dieser Entscheidung beigetragen haben.
Die ursprüngliche Planung sah offenbar
anders aus, denn die Tricksequenzen wurden, bereits mit Hinblick auf eine etwaige
Zweitverwertung, parallel auf Farbmaterial
aufgenommen. In späteren Jahren gab es,
nicht zuletzt auf Betreiben der zahllosen
Fans, mehrere Ansätze, die Orion wieder in
Dienst zu stellen. Auch Hauptdarsteller Dietmar Schönherr selbst lieferte einen Entwurf
für eine mögliche Fortsetzung. Danach wird
die Orion zu Beginn als verschollen gemeldet, denn sie ist durch einen Zeitsprung
auf der Erde des ausgehenden 20. Jahrhunderts gelandet. Dort hält man die Fremden
für Außerirdische, ein Mißverständnis gibt
das andere. In Bonn wird ein Krisenstab gebildet ...

Über das Projektstadium gelangten derartige Vorhaben nie hinaus, der *relaunch* scheiterte vermutlich vor allem an einem Mangel
an Investoren. Es bedurfte erst der Etablie-
rung privater Sender, ehe der erlösende
Lichtspruch in die Welt hinausging. Im
Herbst 1995 – mit BABYLON 5 (USA, produ-

ziert 1992, Erstausstrahlung 1994) und
EARTH 2 (USA 1994–) waren gerade zwei
neue, sehr ambitionierte Science-fiction-
Serien nach Deutschland gelangt – meldete
Pro 7 unter der Überschrift «RAUMPA-
TROUILLE bald wieder im Einsatz»: «Zu den
Fans der ersten Stunde zählt der Hollywood-
Emigrant Roland Emmerich. Die Abenteuer
der *Raumpatrouille* am Rande der Unendlich-
keit und ihr verzweifelter Abwehrkampf gegen die extraterrestrischen *Frogs* haben den
jungen Schwaben offenbar einschlägig geprägt. Mit aufwendigen Kassenschlagern wie
UNIVERSAL SOLDIER und STARGATE ist der
Shooting Star unter den deutschen Regisseuren dem Science-fiction-Genre bis heute treu
geblieben. Dreißig Jahre später erfüllt Pro 7
seinen langgehegten Jugendtraum. Im Auftrag des Münchner Fernsehsenders wird Roland Emmerich die nächste Generation der
Raumpatrouille ins All schicken.»

Wie sich zeigen sollte, war Pro 7 voreilig
an die Öffentlichkeit gegangen. Im weiteren
kam es zwischen Emmerichs Produktionsfirma und dem Münchner Sender zum Disput
über das Budget der einzelnen Episoden.
Auch in puncto Inhalt war man sich offenbar uneins. Beide Seiten verfügten über Teil-
rechte, so daß die Situation restlos verfahren schien. Emmerich drehte unterdessen
seinen Kassenhit INDEPENDENCE DAY (USA
1996), übernahm das krisengeschüttelte
GODZILLA-Projekt (USA 1998) und produzierte die TV-Serie THE VISITOR (1997–1998).
Ende 1998 hieß es seitens Pro 7 noch immer,
das Projekt sei «auf Eis gelegt». Somit wird,
zum größten Bedauern der Fans, die Chance
immer geringer, zumindest einzelne Mitglieder der alten Besatzung noch einmal im
Leitstand eines Raumschiffes der Orion-Klas-
se zu sehen.

Raumschiff Enterprise Star Trek
USA 1966–1969

Captain James T. Kirk	**Hikaru Sulu**	**Pavel Chekov (1967–1969)**
WILLIAM SHATNER	GEORGE TAKEI	WALTER KOENIG
Mr. Spock	**Nyota Uhura**	**Yeoman Janice Rand (1966–1967)**
LEONARD NIMOY	NICHELLE NICHOLS	GRACE LEE WHITNEY
Dr. Leonard McCoy	**Montgomery Scott**	**Christine Chapel**
DEFOREST KELLEY	JAMES DOOHAN	MAJEL BARRETT

Am Anfang war … nämlich alles ganz anders. Auf den von gut 400 Menschen behausten acht Decks des «United Space Ship Enterprise» gab es gar niemanden, der auf den Namen Kirk hörte. Das Raumschiff unterstand dem Befehl eines drahtigen Kerls namens Christopher Pike (Jeffrey Hunter). Er war der kommandierende Pilot des Pilotfilms «The Cage», mit dem das Network NBC zur langfristigen Produktion einer Science-fiction-Serie mit dem Titel STAR TREK animiert werden sollte. Hinter der Idee steckte Gene Roddenberry, ein Ex-Air-Force-Pilot, der nach einer kurzen Karriere als Drogenspezialist des L.A. Police Department über das Drehbuchschreiben in die Fernsehproduktion eingestiegen war.

Leonard Nimoy (links) und James Doohan

Mit STAR TREK verfolgte er ein äußerst ambitioniertes Projekt, und dies ausgerechnet in einem als kindisch verschrieenen Genre. Er hatte eine intelligente Science-fiction-Fabel im Sinn, mit allegorischen Geschichten in futuristischem Setting, zugeschnitten auf ein erwachsenes Publikum. Auf diesem Wege gedachte er Themen durchzuschleusen, die ansonsten an der rigiden Selbstzensur der Senderketten gescheitert wären – «ich konnte Kommentare abgeben über Sex, Religion, Vietnam, Gewerkschaften, Politik und Interkontinentalraketen. (…) Tatsächlich lancierten wir Botschaften; glücklicherweise rutschten sie beim Network unbeanstandet durch.»

Das über imposante Ausmaße verfügende Raumschiff Enterprise versinnbildlichte nach Roddenberrys Vorstellungen nicht ein-

Gaststars:
Joan Collins, Glenn Corbett, Paul Fix, Teri Garr, Frank Gorshin, Susan Howard, Jill Ireland, Sally Kellerman, Robert Lansing, Gary Lockwood, Ricardo Montalban, Diana Muldaur, Charles Napier, David Soul

Creator:
Gene Roddenberry
Beginn der deutschen Erstausstrahlung: 27. 5. 1972, ZDF
Spinoffs: RAUMSCHIFF ENTERPRISE – DAS NÄCHSTE JAHRHUNDERT/→ STAR TREK – DAS NÄCHSTE JAHRHUNDERT

(STAR TREK : THE NEXT GENERATION, USA 1987–1994)
→ STAR TREK : DEEP SPACE NINE (USA 1992–)
STAR TREK : VOYAGER (USA 1995–)

Oscar-Preisträger Martin Landau, kultfernsehnotorisch durch seine Mitwirkung in den Serien → KOBRA, ÜBERNEHMEN SIE und → MONDSTATION ALPHA 1, bekam die Rolle des Mr. Spock angetragen, als er während der Vorbereitungen zu STAR TREK zufällig in einem benachbarten Atelier drehte. Er lehnte den Part ab, weil er seiner Meinung nach zuwenig Entwicklungsmöglichkeiten bot. Die Ironie will es, daß Leonard Nimoy 1969 als Landaus Nachfolger für → KOBRA, ÜBERNEHMEN SIE angeheuert wurde.

Ein feststehendes Kürzel in den STAR TREK-Skripts war «F.S.N.P.» Es bezeichnete den «Famos Spock Neck Pinch», Spocks vulkanischen Todesgriff. Diese nützliche Handbewegung ging auf Leonard Nimoy zurück, der nicht damit einverstanden war, daß der Rationalist Spock in der Episode «Kirk: 2=?» einen Gegner durch

Von links: Nichelle Nichols, George Takei, William Shatner, Walter Koenig, James Doohan und die Oberschwester der Krankenabteilung, Leonard Nimoy, DeForest Kelly

fach eine fliegende Stadt, sondern vielmehr eine moderne Vielvölkergesellschaft, die freilich keineswegs ohne Fehler war und stets aufs neue um ihren Bestand ringen mußte. Roddenberrys Konzept fußte auf einem klassischen Westerntopos – der Pioniersaga vom Aufbruch eines heterogen besetzten Wagentrecks ins gelobte Land, das irgendwo jenseits der Grenze bewohnter Gebiete zu finden sein mußte. Roddenberry projizierte dieses Format, bekannt aus zünftigen Roß- und Reiterserien wie WAGON TRAIN (USA 1957 – 1965) und WESTWARD HO! THE WAGONS (USA 1956), ins 23. Jahrhundert und schickte die *«U.S.S. Enterprise»* auf Kurs in die Außenbezirke des Universums. Ihr Auftrag: «To explore strange new worlds, to seek out life and new civilisations, to boldly go where no man had gone before.»

Beim ersten Versuch griff Roddenberry einen Schlag mit einer Strahlenwaffe, dem *«Phaser»*, außer Gefecht setzen sollte. Gemeinsam mit William Shatner, der in Gestalt von Kirks bösem Alter ego das erste Opfer des Zangengriffs wurde, heckte er eine typisch vulkanische Methode aus, die hernach häufiger Anwendung fand.

Leonard Nimoy inszenierte neben dem dritten und vierten STAR TREK-Kinofilm unter anderem das US-Remake der französischen Erfolgskomödie DREI MÄNNER UND EIN BABY (THREE MEN AND A BABY, USA 1987).

William Shatner stieg seinerseits als Autor ins Science-fiction-Geschäft ein und kreierte den TEK WAR-Zyklus, der, mit Shatner als Produzent und Gaststar, 1994 für das Fernsehen verfilmt wurde, in Deutschland unter anderem bei RTL zu sehen war und auch auf Video erhältlich ist.

Der STAR TREK-Mythos gewährte manchen Rock- und Popformationen Ideenhilfe bei der Namensgebung. Die Gruppe T'Pau benannte sich nach der ehrwürdigen Vulkanierin aus der Episode «Weltraumfieber» / «Amok Time», Krefelder Musiker adaptierten das zum geflügelten Wort gewordene *«Beam me up, Scotty!»*, und in Berlin lärmte zeitweise eine Gruppe namens *«Capt. Kirk»*.

Wissenschaftler verschiedener Disziplinen setzten sich mit dem STAR TREK-Kosmos auseinander. Ein erklärter Fan der Serie war der 1992 verstorbene Biochemiker Isaac Asimov. Der US-Astronom Lawrence Krauss untersuchte in einem Buch *«Die Physik von STAR TREK»*, Stephen Hawking verfaßte das Vorwort. Der Sprach-

William Shatner

Leonard Nimoy und William Shatner

sehr hoch und ersann eine kühne Fabel mit Motiven des Science-fiction-Klassikers ALARM IM WELTALL (THE FORBIDDEN PLANET, USA 1956) und Frank Capras IN DEN FESSELN VON SHANGRI-LA (LOST HORIZON, USA 1937). Des komplexen Inhalts, aber auch der mit 630 000 Dollar überdurchschnittlich hohen Produktionskosten wegen wurde der Film von der NBC abgelehnt. Zu diesem Zeitpunkt steckte bereits die Arbeit mehrerer Jahre in dem Projekt. Mit wissenschaftlichem Beistand und unter Hinzuziehung einschlägi-

ger Fachleute war der Raumkreuzer entworfen worden, jedes Detail wurde sorgsam bedacht – die Konstruktion der Landedecks weckte später sogar das Interesse der US-Marine. Drei verschiedene Firmen entwickelten Spezialeffekte, darunter das berühmt gewordene *Beamen*. Die Illusion sich auflösender Körper entstand durch die Montage von Bildern des fraglichen Transportguts und entsprechend kaschierten Aufnahmen von rieselndem Aluminiumstaub.

Die Bemühungen der Beteiligten blieben

---

wissenschaftler Dr. Marc Okrand erfand für STAR TREK eine völlig neue Sprache: das Klingonisch. Das dazugehörige Wörterbuch wurde weltweit zum Bestseller.

Die technischen Daten der Ur-Enterprise:
Länge: 289 Meter; Gewicht: 193 000 Tonnen; Besatzung: 431 Personen; Armierung: Phaser, Photonentorpedos; Antriebssystem: Warp.

Literatur (Auswahl):
David Alexander: Gene Roddenberry. Die autorisierte Biographie. München 1997
Uwe Anton / Roland M. Hahn: Star Trek Enzyklopädie: Film, TV und Video. München 1995
Allan Asherman: THE STAR TREK Compendium. New York 1993
Margaret Bailey: Live Long And Prosper: The Star Trek Phenomenon. New Brunswick, N.J. 1976
J. M. Dillard: Star Trek – Wo bisher noch niemand gewesen ist. Eine Chronik in Bildern. München 1995

Dave Marinaccio: Alles, was ich im Leben wirklich brauche, habe ich von Star Trek gelernt. München 1995
John Michlos: Leonard Nimoy: A Star's Trek. Bloomington 1992
Nichelle Nichols: Star Trek und andere Erinnerungen. München 1997
Leonard Nimoy: I Am Not Spock. Milbrae 1975
Ders.: I Am Spock. New York 1996
Ralph Sander: Das Star Trek Universum, 4 Bände. München 1994/1998
William Shatner / Chris Kreski: Star Trek Erinnerungen. München 1994

Dr. Daystrom (William Marshall) und Captain Kirk (William Shatner)

nicht vergebens, denn NBC orderte einen zweiten Pilotfilm unter der Maßgabe, den Etat von 300 000 Dollar und die übliche Drehzeit von einer Woche einzuhalten. Eine weitere Auflage war die Degradierung von Majel Barrett – der späteren Mrs. Roddenberry nebenbei –, die in *«The Cage»* den Part des ersten Offiziers gespielt hatte. Eine Frau in hohem militärischem Rang – das erschien der NBC-Führung selbst in einer Science-fiction-Serie zu utopisch.

William Shatner übernahm die Brücke der Enterprise, weil Jeffrey Hunter mittlerweile anderweitig unter Vertrag stand. Der leidenschaftslose, auf logisches Handeln geeichte Halbvulkanier Mr. Spock, dessen Weiterbeschäftigung während der Verhandlungen mit NBC erst zäh erkämpft werden mußte, erhielt eine Beförderung und stand fortan an zweiter Stelle der Bordhierarchie. Diese anfängliche Randfigur, die sich aus Kostengründen nur durch gespitzte Ohren und

Dies.: Star Trek-Erinnerungen. Die Filme. München 1996
George Takei: Zu den Sternen. Königswinter 1997

Fanclubs:
(Auswahl; alle Angaben ohne Gewähr)

Beam Me Up
Star Trek Club Wuppertal e. V.
Britta Elitzsch
Friedrich-Senger-Platz 16
42281 Wuppertal

Return To Tomorrow
Star Trek Fanclub
c/o Udo Boettcher
Postfach 52 01 16
47148 Duisburg
(Jahresbeitrag DM 42,–, zweimonatlicher Newsletter, halbjährliche Clubzeitschrift, Sonderpublikationen)

The Federation Office
c/o Nicole Glade
Unterstr. 163
44892 Bochum

Raumstation James T. Kirk
c/o Bianca Dähnhardt
Mühläckerring 8
74388 Talheim

Shatner & Nimoy – United
c/o Gaby Armstrong
Bischofskamp 12
31191 Algermissen

Star Trek Central Europe
c/o Dirk Bartholomä
Postfach 22 01 11
86181 Augsburg
(Jahresbeitrag DM 43,–, zweimonatliche Clubzeitschrift, Conventions,

Links: Spocks Vater

William Shatner in der Folge KENNEN SIE TRIBBLES?

geliftete Augenbrauen vom menschlichen Flugpersonal unterschied, sollte im weiteren Verlauf der Serie besondere Bedeutung gewinnen: «Es ist vielleicht das erste Mal in einer populären Unterhaltungsserie des Fernsehens, daß vernunftgemäßes Handeln und Rationalität so eindeutig als der Gewalt von Faust und Strahlenwaffen überlegen dargestellt werden» (Georg Seeßlen/Bernt Kling: Romantik & Gewalt. Ein Lexikon der Unterhaltungsindustrie, Dillingen 1973).

Der zweite Pilotfilm, der allerdings zurückgestellt und als reguläre Serienfolge ausgestrahlt wurde, trug den Titel «Where No Man Has Gone Before». «The Cage» blieb vorerst im Regal, wurde später mit zusätzlich gedrehtem Material ergänzt und als Doppelfolge unter dem Titel «The Menagerie» ausgestrahlt. Sean Kenney, durch einen dicken Klacks Schminke unkenntlich gemacht, ersetzte Jeffrey Hunter als Captain Pike.

Das Network wählte «The Man Trap» als Startepisode aus, weil der Inhalt den damaligen Vorstellungen von Science-fiction am ehesten entsprach: Es gab in der Geschichte ein amphibisch aussehendes Ungeheuer, das erst Captain Kirk bei den Ohren nahm und hernach die Vernichtung der Menschheit anpeilte. Die Kritiker reagierten abweisend, und Zuschauer fanden sich nur in geringer Zahl. Zwar vermochte die Serie mit der Zeit eine kleine Fangemeinde zu rekrutieren, doch die Quoten reichten nicht aus. In der Saison 1966/1967 rangierte STAR TREK gerade mal auf Platz 52 der Meßskala. Außerdem entsprach das sehr junge Publikum nicht der Zielgruppe der Sponsoren. Damit war der Abschuß der Enterprise beschlossene Sache. Nach 79 regulären Episoden und dreijähriger Laufzeit erstarben die Warp-Triebwerke – zumindest auf NBC. Die Serie wurde an regionale Stationen veräußert und dort häufig wiederholt.

Nun aber begab sich Befremdliches: Das

Clubarchiv, Merchandising-Raritäten, Autogramme)

Star Trek-Fan-Gruppe U.S.S. Saxonia
c/o Annett Kittner
Postfach 520
09005 Chemnitz
(kein Mitgliedsbeitrag, monatliche Trek-Dinner, Conventions, zahlreiche andere Aktivitäten, auch zu verwandten Themen)

Star Trek Forum
c/o Uschi Stockmann
Otto-Heinrichs-Str. 6
38442 Wolfsburg

The Final Frontier
c/o Martin Stahl
Ulrich-Willer-Str. 8
97828 Marktheidenfeld
(Jahresbeitrag: DM 25,–, monatlicher Newsletter, Sonderbände mit Episodenführern u. a.)

United Federation of Star Trek Fans
c/o Christine Mau
Postfach 10 61 28
20042 Hamburg
(monatliches Trek-Dinner; sechsmal im Jahr Clubmagazin WARP und Einzelpublikationen)

Autogrammadressen:
William Shatner
c/o W.S. Connection, PO Box 7401725, Studio City, CA 91604, USA

Leonard Nimoy
2300 W. Victory Blvd. #C-384, Burbank, CA 91506–1200
USA

James Doohan
c/o DoFame Inc., PO Box 2800, Redmond, WA 98073–2800
USA

künstliche Universum entwickelte Eigendynamik und begann, die reale Welt zu penetrieren. Zu den Fans der ersten Stunde gesellten sich immer neue Anhänger; bald unterschied man gewissenhaft zwischen «Trekkies» als den Mitläufern und den wahren Jüngern, den «Trekkern». Daraus entstand ein regelrechter Kult, nicht nur in den USA, sondern weltweit. Fanclubs konstituierten sich, der Handel mit STAR TREK-Devotionalien wurde zu einem gigantischen Wirtschaftsfaktor – von begleitenden Büchern über Brettspiele bis hin zum Enterprise-Telefon ist nichts mehr undenkbar. Der Rummel bescherte den Urmitgliedern der Enterprise-Crew ein sicheres Auskommen, Autogrammstunden und Auftritte bei Fantreffen, den sogenannten conventions (cons), lassen sie sich gut bezahlen. Mit einer Zeichentrickversion versuchte das Fernsehen der unerwarteten

Nachfrage gerecht zu werden. Auch eine Wiederaufnahme der Serie wurde lange Zeit erwogen; Dekors und Drehbücher waren bereits verfügbar, als man anders entschied: Die Rückkehr der tollkühnen Raumschiffer sollte auf der Kinoleinwand stattfinden. STAR TREK – THE MOTION PICTURE gelangte 1979 in die Lichtspieltheater; weitere Filme folgten.

Acht Jahre später bekam auch das Fernsehen wieder eine Enterprise – Gene Roddenberry brachte Ideen und Konzepte der verworfenen Reprise in eine neue Serie ein, die er STAR TREK – THE NEXT GENERATION (kurz TNG; USA 1987–1994) nannte, in Deutschland RAUMSCHIFF ENTERPRISE – DAS NÄCHSTE JAHRHUNDERT (später umgetitelt zu → STAR TREK – DAS NÄCHSTE JAHRHUNDERT). Damit begann ein weiteres, aber längst nicht das letzte Kapitel der STAR TREK-Saga.

George Takei
425 S. Rimpau Blvd., Los Angeles,
CA 90020 – 4829
USA

Nichelle Nichols
22647 Ventura Blvd., Woodland Hills
CA 91364
USA

Grace Lee Whitney
PO Box 79, Coarsegold
CA 93614,
USA

Walter Koenig
PO Box 4395, N. Hollywood
CA 91607
USA

Majel Barrett
PO Box 691370, W. Hollywood,
CA 90069
USA

Burt Reynolds

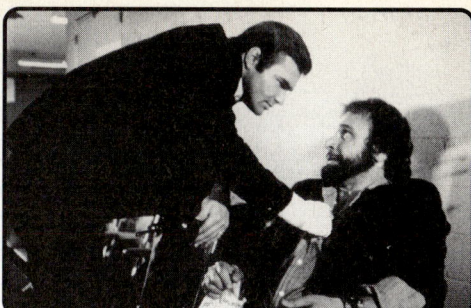

Burt Reynolds

Burt Reynolds hatte eine Karriere als Football-Star in Aussicht, als er in einen Autounfall verwickelt wurde und sich eine Knieverletzung zuzog, die die Sportskanone ein für allemal entschärfte. Er suchte sich eine andere Bühne und wechselte zur Schauspielerei. Ein Stipendium ermöglichte ihm die Reise von Palm Beach nach New York, wo er eine entsprechende Ausbildung zu absolvieren gedachte. Die Kurse am *Hyde Park Playhouse* finanzierte er, wie es sich für eine amerikanische Biographie geziemt, durch mancherlei Nebenjobs. Unter anderem arbeitete er als Tellerwäscher im *Schrafft's* und als Rausschmeißer im *Roseland*. Bereits 1956 erhielt er ein Engagement an einer Broadway-Bühne, spielte auch mal gemeinsam mit Charlton Heston und bekam einen festen Vertrag bei Universal Television. Dem Theater blieb er weiterhin verbunden, betätigte sich aber auch als Stuntman und Kleindarsteller für die Filmindustrie. In den Jahren 1959 und

1960 lotste er den Schaufelraddampfer «Enterprise» durch die TV-Serie RIVERBOAT. Eine dauerhafte Beschäftigung brachte ihm die Rolle des indianischen Schmieds Quint Asper in der Westernserie → RAUCHENDE COLTS.

Als Enkel einer Cherokee-Indianerin war Reynolds für diesen Part ebenso prädestiniert wie für die Rolle eines New Yorker Polizeibeamten indianischer Abstammung: den Titelhelden der ab 1966 ausgestrahlten Serie HAWK. Wiederum die Titelfigur spielte Reynolds in der Serie DAN AUGUST, die in Deutschland aus naheliegenden Gründen umgetitelt wurde und als DAN OAKLAND zur Aufführung gelangte. Mittlerweile hatte er auch beim Film erste Hauptrollen gespielt, unter anderem in einigen europäischen Produktionen wie Sergio Corbuccis KOPFGELD: EIN DOLLAR (NAVAJO JOE, I 1966). Der endgültige Durchbruch gelang ihm mit John Boormans zivilisationskritischem Abenteuerfilm BEIM STERBEN IST JEDER DER ERSTE (DELIVERANCE, USA 1972). Häufige Auftritte in Fernseh-Talkshows, in denen sich Reynolds als witzig-forscher Gesprächspartner präsentierte, verschafften ihm weitreichende Popularität. Sein Image als Action-Held, vor allem aber ein kesses Centerfold im Frauenmagazin ‹Cosmopolitan›, stempelten ihn auf lange Zeit zum Sexsymbol. Noch im April 1982 widmete sich eine Ausgabe der Prime-Time-Show INSIDE AMERICA der Erörterung der bedeutsamen Frage: «Who's Sexier: Tom Selleck or Burt Reynolds?»

Burt Reynolds und Walter Pidgeon in der Serie DAN OAKLAND

Einmal als Kassenstar etabliert, hatte Reynolds bald genug von der eintönigen Mannsbildnerei und gab sich redlich Mühe, diesem Stereotyp wieder zu entkommen, indem er ins komische Fach auswich. Einen selbstironischen und arg überdrehten Part spielte er beispielsweise in Mel Brooks SILENT MOVIE (USA 1976). Des weiteren bemühte sich der Vorzeige-Macho, die künstlerische und finanzielle Kontrolle seiner Filme zu übernehmen. Er gründete gemeinsam mit Robert Aldrich eine eigene Produktionsfirma und gab 1976 mit GATOR sein Debüt als Regisseur.

Auch während seiner Kinokarriere war Reynolds immer wieder als Talkgast oder Seriengaststar auf dem Bildschirm präsent. Außerdem betätigte er sich für Steven Spielbergs anthologische Serie FANTASTISCHE GESCHICHTEN (AMAZING STORIES, USA 1985–1987) als Fernsehregisseur. Ab 1989 produzierte er gemeinsam mit dem Schauspielerkollegen Tom Selleck und dem → COLUMBO-Miterfinder William Link die Detektivserie B.L. STRYKER, in der er selbst die der eigenen Biographie nachgezeichnete Titelfigur spielte. Die abendfüllenden Episoden von B.L. STRYKER wurden innerhalb der Reihe ABC MYSTERY MOVIES im Wechsel mit COLUMBO

und GIDEON OLIVER (USA 1989) ausgestrahlt, Reynolds Ko-Stars waren Rita Moreno, Ossie Davis und Dana Kaminski.

1990 übernahm Reynolds die Hauptrolle der mit ihm, Marilu Henner und wiederum Ossie Davis prominent besetzten Sitcom DADDY SCHAFFT UNS ALLE (EVENING SHADE, USA 1990–1994). Für seine darstellerische Leistung wurde er 1991 mit dem Emmy der Kategorie *Bester Schauspieler einer Comedy-Serie* ausgezeichnet.

Zeitweilig war die Presse nur an Reynolds' Privatleben und finanziellen Schwierigkeiten interessiert. Das Jahr 1998 brachte den Umschwung: für seine Rolle in BOOGIE NIGHTS (USA 1997) bekam er den Preis der New Yorker Filmkritik. Auch die Kollegen vom Fach ließen sich nicht lumpen und ehrten den unverwüstlichen Mimen mit einer Oscar-Nominierung.

Die Frankfurter Filmproduktion und die ARD/DEGETO Film waren Koproduzenten einer Reihe von TV-Movies, in denen Burt Reynolds einen Polizisten namens Conrad Logan verkörperte. Beim ersten der projektierten Filme mit dem Titel HARD TIME (USA/D 1998) führte der Schauspieler auch Regie.

Roseanne
USA 1988–1997

Roseanne Conner	**D. J. Conner**	**Bonnie (1991–1992)**
ROSEANNE BARR (ARNOLD)	MICHAEL FISHMAN	BONNIE SHERIDAN
Dan Conner	**Jackie Conner Harris**	**Nancy (ab 1991, sporadisch)**
JOHN GOODMAN	LAURIE METCALF	SANDRA BERNHARD
Becky Conner (1988–1992)	**Crystal Anderson (1988–1992)**	**Ed Conner (1989, sporadisch)**
LECY GORANSON	NATALIE WEST	NED BEATTY
Becky Conner (ab 1993)	**Booker Brooks (1988–1989)**	**Arnie Merchant (1989–1994)**
SARAH CHALKE	GEORGE CLOONEY	TOM ARNOLD
Darlene Conner	**Leon Carp**	
SARA GILBERT	MARTIN MULL	

Roseanne Barr

Am 18. Oktober 1988 endete die Ära der *supermom*. An diesem Tag erschien Roseanne auf dem us-amerikanischen Bildschirmen, eine dralle, tatkräftige Hausfrau aus der Unterschicht, und ihr Schlachtruf lautete: «I am a woman. Hear me *roar*!»

Bis dahin hatten in den Familienserien des us-Fernsehens geradezu überirdische Wesen regiert: vorbildliche Mütter und liebevolle Ehefrauen, die penibel ihren Haushalt in Ordnung hielten, nebenher noch Top-Karrieren im Beruf machten und dabei stets aussahen wie Kim Basinger nach zwölf Stunden Schönheitsschlaf. Mit diesen Übermüttern konnte sich keine gewöhnliche Hausfrau messen. Das wußten auch die Frauen, die nach und nach in die von Männern beherrschten Führungsetagen der Medienkonzerne vorzudringen vermochten, Produzentinnen wie Susan Harris (→ GOLDEN GIRLS; HALLO SCHWESTER!), Diane English (MURPHY BROWN) oder die ehemalige Staatsanwältin

Gaststars:
Edward Asner, Tammy Faye Bakker, Ed Begley jr., Abraham Benrubi, Milton Berle, Jack Blessing, Mark Blum, James Brolin, Red Buttons, Robert Clohessy, George Clooney, Joan Collins, David Crosby, Tim Curry, Tony Curtis, Eileen Davies, Patrika Darbo, Ellen DeGeneres, Michael Des Barres, Stephen Dorff, Fabio, Morgan Fairchild, Dann Florek, Carl Franklin, Joe Grifasi, Wings Hauser, Hugh M. Hefner, Mariel Hemingway, Florence Henderson, Judith Hoag, J. J. Johnston, Sally Kirkland, Taylor Leigh, June Lockhart, Jodi Long, Traci Lords, Joanna Lumley, Loretta Lynn, Tina Louise, Bill Maher, Dina Merrill, Wayne Newton, Debbie Reynolds, Jennifer Saunders, Stephen Seagal, Jerry Springer, Sharon Stone, Elizabeth Taylor, Floyd Red Crow Westerman, Shelley Winters

Creators:
Roseanne Barr und Matt Williams
Beginn der deutschen Erstausstrahlung: 2. 4. 1991, Pro 7
Spinoff: LITTLE ROSEY (Animationsserie)

Der Erfolg ihrer Show garantierte Roseanne neben künstlerischem Einfluß und persönlichen Freiheiten Spitzengagen von 100 000 Dollar pro Folge. Darüber hinaus ist sie an den

Roseanne Barr

Terry Louise Fisher (CAGNEY UND LACEY; ➔ L.A. LAW; INSPEKTOR HOOPERMAN). Überdies erkannten die für den Verkauf von Werbezeit zuständigen Abteilungen der Fernsehsender, daß die Produkte ihrer Kunden vorrangig von Frauen gekauft werden und ein frauenfreundlicheres Programm mit einer positiven Einstellung zu den angepriesenen Waren einhergehen könnte. Diese und andere Faktoren führten dazu, daß die weltfremden, diskriminierenden und sexistischen Frauenbilder der US-amerikanischen Unterhaltungsserien ansatzweise revidiert wurden. Eine neue Generation von emanzipierten Serienheldinnen trat an und erzielte beachtliche Einschaltquoten: die Golden Girls, Peggy Bundy, Murphy Brown und Roseanne Connor.

Roseanne Connor trägt eindeutig Züge ihrer Darstellerin Roseanne Barr (zeitweilig Roseanne Arnold), die die Erfindung dieser Figur für sich reklamiert. Über diese Frage kam es zu einem Rechtsstreit mit Matt Williams, der die ersten 13 Episoden als Produzent betreute, ehe er auf Barrs Betreiben gefeuert wurde. Seitdem übte Roseanne Barr völlige Kontrolle aus über die Produktion der Serie und hatte beträchtlichen Anteil an

Erlösen aus dem Weiterverkauf älterer Staffeln beteiligt. Weitere Einkünfte erzielte sie durch ihre Biographie «Roseanne: My Life As A Woman» (1989), die zum Bestseller wurde. Nach wie vor tritt sie gelegentlich mit ihrem *stand-up*-Programm vor – meist überwiegend weiblichem – Publikum auf.

In einigen Episoden war Roseannes damaliger Ehemann Tom Arnold als Gaststar zu sehen. Später stand er im Mittelpunkt einer eigenen Sitcom, die jedoch kläglich unterging. Besser traf er es mit seinen Kinorollen. Unter anderem spielte er neben Arnold Schwarzenegger in TRUE LIES (USA 1993/1994) und an der Seite von Sittenstrolch Hugh Grant in NINE MONTHS (USA 1995).

Anders als Roseanne Barr war John Goodman über einen längeren Zeitraum hinweg auch als Kinoschauspieler erfolgreich. Seine Filmographie verzeichnet Titel wie ARIZONA JR. (USA 1987), ARACHNOPHOBIA (USA 1990), KING RALPH (USA 1991), BARTON FINK (USA 1992), THE FLINTSTONES (USA 1993) und THE BIG LEBOWSKY (USA 1998). Zwischen seinen Film- und Fernsehengagements kehrt Goodman gelegentlich zur Theaterbühne zurück, wo er seine Karriere begann.

Roseanne Barr

der Ausführung der Drehbücher. Insbesondere legte sie Wert darauf, daß die Figuren nicht lächerlich gemacht wurden und gerade inmitten widrigster Lebensumstände ihre Würde behielten.

Roseanne und Dan Connor – Roseannes Ehemann wird gespielt von Kino-Star John Goodman – sind beide berufstätig, sofern Dan nicht gerade mal wieder Opfer einer Rationalisierungsmaßnahme wurde. Das Haushaltsgeld reicht nie, das Eigenheim ist mit einer doppelten Hypothek belastet; Frustrationen gehören zum Alltag. Roseanne kompensiert dies mit rüden Sprüchen, deren bitterer

Humor vor nichts haltmacht. Wenn die Kinder nerven, rät sie ihnen, im Stoßverkehr zu spielen, oder nörgelt: «Jetzt weiß ich, warum manche Tiere ihren Nachwuchs fressen.» Natürlich liebt Roseanne ihre pubertierenden Schlingel wie jede andere Mutter, aber der alltägliche Ärger läßt den Umgangston ein wenig rauher werden. Das bekommt mitunter auch Roseannes Schwester Jackie zu spüren, die mit ihren chronischen Beziehungsproblemen kräftig zum alltäglichen Streßpensum beiträgt.

Roseanne Barr kennt das Leben der Unterprivilegierten aus Erfahrung. Sie verlebte

Für ihre schauspielerischen Leistungen wurden Roseanne, John Goodman und Laurie Metcalf mit je einem Emmy, einem American Comedy Award und einem Golden Globe Award ausgezeichnet. Sara Gilbert erhielt ebenfalls einen Emmy.

Nicht alle von Roseannes Skandalen waren hausgemacht. 1990 verbreitete das Revolverblatt ‹National Examiner›, Saddam Hussein habe dem

US-Fernsehstar einen «langen, leidenschaftlichen Liebesbrief» geschrieben. Roseannes trockener Kommentar: «Ich bin zu einem Schäferstündchen bereit, wenn es denn hilft, die Welt zu retten.»

Zitate:

«Das einzige, was ich immer sicher wußte, war, daß ich berühmt werden würde. Entweder würde ich in einer großen Show oder in einem großen

Film oder in beidem auftreten. Dieses Gefühl hat mich nie verlassen.»
ROSEANNE BARR

«Familie Arnold hat uns einen unschätzbaren Dienst erwiesen, indem sie die erste Serie seit Menschengedenken herausgebracht hat, die sich mit aktuellen familiären Problemen befaßt, ohne sie wegzulachen. ROSEANNE ist direkt, verständnisvoll und ideal für die ganze Familie; sie liefert

Roseanne Barr, Laurie Metcalf

eine unglückliche Kindheit, in ihrer Jugend arbeitete sie als Serviererin. Wirtschaftliche Not zwang sie, ihr erstes Kind zur Adoption freizugeben. Der Job in der Cocktailbar schulte ihre Schlagfertigkeit. Ihr Mutterwitz fiel auf, und ein Stammgast riet ihr eines Tages, doch mal einen Versuch als Bühnenkomikerin zu wagen. Barr erarbeitete ein Programm, trat als «Housewife From Hell» vor ihr Publikum – und hatte Erfolg. Binnen kurzem schaffte sie den Aufstieg von einem kleinen Club in Denver zum renommierten «Comedy Store» in Los Angeles. Dort wurde sie für Jimmy Carsons vielgesehene TONIGHT SHOW entdeckt. Zahlreiche Erfolgstourneen, unter anderem an der Seite Julio Iglesias', schlossen sich an. Ein TV-Special für den Kabelkanal HBO, das ihr einen Ace Award einbrachte, war dann das Vorspiel zu ihrer eigenen TV-Serie, der Sitcom ROSEANNE, die zum Überraschungshit wurde und Roseanne Barr

in die Liga der bestbezahlten TV-Entertainer katapultierte.

Auch Hollywood rief, und 1989 stand die 39jährige neben Meryl Streep für Susan Seidelmans Fay-Weldon-Verfilmung DIE TEUFELIN (SHE-DEVIL) vor der Kamera, eine Erfahrung, die Barr allerdings nicht wiederholen möchte – sie fühlt sich noch immer als Außenseiterin in Hollywood und haßt den Snobismus der Westküsten-High-Society.

Durch gezielt inszenierte Skandale stilisiert sich Roseanne Barr denn auch selbst zur Außenseiterin – mal provoziert sie die Öffentlichkeit durch falsches Heruntersingen der Nationalhymne und handelt sich eine öffentliche Rüge des Präsidenten ein, mal verkündet sie, mit ihrem Ehemann und ihrer Assistentin Kim Silva eine Ehe zu dritt eingehen zu wollen, oder tauscht in ihrer Sendung einen Zungenkuß mit einer Frau. Vulgäre Sprüche und freiwillige Stigmatisierung durch Tätowierungen und Piercings vermochten ihrer Popularität bislang nicht zu schaden. Auch die private und geschäftliche Scheidung von Ehemann Tom Arnold wurde größtenteils in den Medien ausgetragen. Nach der Trennung zog Roseanne mit ihrem Leibwächter zusammen; auf eine neuerliche Eheschließung wollte sie fortan verzichten. Nachdem ROSEANNE 1997 auslief, wurden Pläne laut, wonach sie als Gastgeberin einer Talkshow auf den Bildschirm zurückkehren werde.

den Beweis, daß sich unsere Zivilisation tatsächlich weiterentwickeln kann. Die Serie besitzt all das, was BONANZA niemals hatte.»
‹TV GUIDE›, 12. 3. 1994

«Es hat etwas Unangenehmes an sich, wie diese Rabelaissche Rampengöre in ein feministisches Ideal verwandelt wird. Roseanne steht für etwas ein, das Frauen mit Selbstach-

tung zuwider sein sollte: tyrannisches Benehmen, das Herumkommandieren von Schwächeren, eine Liebe zur Macht, die sich als Streben nach Gleichheit ausgibt ...»
‹NEW YORK TIMES›

«Roseannes Komik ist wohl darauf zurückzuführen, daß sie als Jüdin in Salt Lake City inmitten einer Mormonengemeinde aufwuchs – so etwas

stempelt einen Menschen für gewöhnlich zum Außenseiter. All die Schläge und das Elend, das sie durchmachen mußte, haben sie zu einer scharfen Beobachterin von Menschen, Dingen und Orten werden lassen. Sie weiß zu allem etwas zu sagen – und es ist beinah immer witzig.»
JOHN GOODMAN

Eine schrecklich nette Familie
Married … With Children
USA 1987–1997

Al Bundy	**Bud Bundy**	**Jefferson D'Arcy (1991–1997)**
ED O'NEILL	DAVID FAUSTINO	TED MCGINLEY
Peggy Bundy	**Marcy Rhoades D'Arcy**	**Griff (ab 1994)**
KATEY SAGAL	AMANDA BEARSE	HAROLD SYLVESTER
Kelly Bundy	**Steve Rhoades (1987–1990)**	**Seven Bundy (1992–1993)**
CHRISTINA APPLEGATE	DAVID GARRISON	SHANE SWEET

Stehend v. l. n. r.: Christina Applegate, Amanda Bearse, Ted McGinley, Katey Sagal; sitzend: Ed O'Neill; hockend: David Faustino

Die Proleten pirschten sich von unten an. Anfangs verkannte man bei RTL das Erfolgspotential dieser Serie und vergrub sie mittags um 13.00 Uhr zwischen den üblichen Dreigroschensoaps. Erst mit beträchtlicher Verspätung gelangte die seit Wolfgang Menges → EIN HERZ UND EINE SEELE galligste Attacke gegen die Keimzelle des Staates ins angemessenere Nachtprogramm. EINE SCHRECKLICH NETTE FAMILIE lautet der deutsche Titel, der eine ebenso arglistige Täuschung darstellt wie Frank Sinatras Edelschnulze «Love And Marriage», die den Vorspann untermalt. Im Zentrum der Geschehnisse stehen die Bundys, deren sozialer Status am besten mit «unterstes Ende Mittelklasse» umschrieben wäre. Sie leben in der luxusfernen Peripherie Chicagos. Vater Al Bundy hat den verachtenswertesten aller möglichen Jobs: Er ist Schuhverkäufer. Sein Gespons Peggy, eine schrille Kreuzung aus Bette Midler und Elisabeth Volkmann, hofft in optimistischen Momenten, daß der von der Last der Jahre und der unbezahlten Hypotheken schon leicht gebeugte Al eines Tages doch noch den Aufstieg zum Müllmann

Gaststars:
Pamela Anderson, Anthrax, Leah Ayres, Abraham Benrubi, Tracy Bingham, Linda Blair, Morgan Brittany, Bobby Brown, King Kong Bundy, Edd Byrnes, Tia Carrere, Gerry Cohen, Gary Coleman, Alexandra Curtis, Dom DeLuise, Donna D'Errico, Stephen Dorff, Nicole Eggert, Robert Englund, Jonathan Frakes, Dan Gauthier, Bob Goldthwait, Gilbert Gottfried, Edd Hall, Jerry Hall, Richie Havens, Waylon Jennings, Milla Jovovich, B. B. King, Tawny Kitaen, Robby Krieger, Matt LeBlanc, Traci Lords, Tina Louise, Jon Lovitz, Jamie Luner, Bill Maher, Cheech Marin, Richard Moll, Pat Morita, Michael G. Moye, Andrea Parker, Denise Richards, Armin Shimerman, Bubba Smith, Dona Speir, Alan Thicke, Tiffany-Amber Thissen, Charlene Tilton, Shannon Tweed, Casper Van Dien, Wolfman Jack, Kari Wuhrer, Ian Ziering

Creators:
Michael G. Moye und Ron Leavitt
Beginn der deutschen Erstausstrahlung: 19. 2. 1992, RTLplus
Spinoff: TOP OF THE HEAP (USA 1991) (1992 erfolgloser Relaunch unter dem Titel VINNIE & BOBBY)

Eine Episode, in der Al bemüht ist, einen der von Peg bevorzugten «Perfect Figure Model 327»-BHS zu erwerben, verdroß die Hausfrau Terry Rakolta

Eine schrecklich nette Familie

Christina Applegate und Katey Sagal

Katey Sagal, Ed O'Neill

Ferienfoto der Familie Bundy

schafft. Bis dahin vertreibt sie sich die Zeit mit Fernsehen, dem Vertilgen von Süßwaren und Einkaufen. Jegliche Form der Hausarbeit betrachtet sie als unerhörte Zumutung.

Die beiden Eheleute verbindet eine mit rüden, hochkomischen Wortgefechten ausgetragene Haßliebe. Dem Vollzug der Ehe versucht sich der gebeutelte Al tunlichst zu entziehen, doch Gattin Peggy schreckt vor keiner Drohung zurück: «Das Scheckbuch lautet auf unser beider Namen. Die Kreditkarten lauten auf unser beider Namen. Und die Geschäfte sind noch immer geöffnet …»

Al Bundys Dasein ist dermaßen deprimierend, daß sogar sein Schutzengel Mitleid bekommt: «Ein guter Tag ist für dich schon, wenn dir kein neuer Fußpilz begegnet.»

Sein Gezücht bezeichnet Al gern als «die Blutsauger», weil monetäre Zuwendungen die einzigen erzieherischen Maßnahmen sind, die Resultate zeitigen. Die frühreife Kelly, von Al zärtlich «Dumpfbacke» genannt, betrachtete die Schule als Partnerbörse und hatte noch im Abschlußjahr Schwierigkeiten, die Farbe einer Orange zu benennen, sofern sie nicht aus drei vorgegebenen

ob ihrer angeblichen Obszönität dermaßen, daß sie eine Boykottkampagne initiierte. Damit erlangte sie einige Publizität und wurde sogar auf der Titelseite der ‹New York Times› erwähnt, erreichte aber eher das Gegenteil ihres Anliegens: Die Quoten stiegen weiter, und die von Mrs. Rakolta angegriffenen Sponsoren rissen sich gleichsam um Werbeplazie-

rungen im Umfeld der inkriminierten Serie.

Im mehrere Episoden umfassenden London-Zyklus treiben die Bundys ihr Unwesen in der britischen Kapitale. In diesen Folgen sind Regisseur Gerry Cohen und Produzent Michael G. Moye (als Masochist) in Komparsenrollen zu sehen.

Zum Stamm der Regisseure gehörte auch Amanda Bearse, die Darstellerin der Marcy D'Arcy.

Die Bundymania hatte ein üppiges Angebot an Paraphernalien zur Folge. Feilgeboten wurde der übliche Merchandising-Ramsch wie Buttons, Shirts, Postkarten, Spielpuppen und Comics, ergänzt durch bundyeske

Die Familie Bundy

Antworten auswählen durfte. Zum Ausgleich verfügt sie über gewisse körperliche Vorzüge und die nötige Einsatzfreude, somit war ihr schulisches beziehungsweise berufliches Fortkommen auch ohne mühevolle Lernerfolge einigermaßen gesichert.

Vater Al zufolge bekam Kelly das «Gehirn einer Obstfliege» mit auf ihren Lebensweg. Sein Filius Bud würde ihm da beipflichten. Er entwickelte sich im Verlauf der Serie vom kindlichen Lauser zum pubertierenden Klugscheißer mit *Gangsta*-Attitude. Wiewohl aufs andere Geschlecht geradezu versessen, bleiben ihm diesbezügliche Erfolge weitgehend versagt.

In der direkten Nachbarschaft der Bundys leben Steve und Marcy Rhoades, anfangs ein frisch verheiratetes Ehepaar mit hochfliegenden Plänen. Unter dem negativen Einfluß der Bundys verlieren die beiden Bankangestellten nicht nur ihre Illusionen: Steve fliegt aus seinem gutdotierten Job, steigt ab zum Käfigreiniger einer Tierhandlung und macht sich schließlich ganz aus dem Staub. Seinen Platz nimmt Jefferson ein, der keine größere Sorge kennt als sein perfektes Aussehen – von Marcys Kontostand einmal abgesehen.

In den USA empörte sich CBS-Chef Howard Stringer über den rüden Ton der Bundy-

Artikel wie den *«Married ... With Children Air Freshener»* (Verpackungsaufdruck: «Experience the pain!»), ein Al-Bundy-Fußspray, Peg-Bundy-Dessous und das Kochbuch *«Pig Out With Peg»*.

Katey Sagal ist die Tochter des 1981 bei einem tragischen Unglück ums Leben gekommenen Film- und Fernsehregisseurs Boris Sagal. Ihre Fernsehkarriere begann sie als Ko-Star von Mary Tyler Moore in der Sitcom MARY (USA 1985–1986). Zuvor war sie vorrangig als Sängerin aufgetreten, zeitweilig tourte sie als Chormitglied mit Bette Midler. Ihren Bekanntheitsgrad nutzend, nahm sie später auch Soloplatten auf.

Mitunter wurden die Gedanken des Familienhundes Buck vernehmlich. In der Originalfassung stammten die Kommentare des Vierbeiners von Komiker Cheech Marin.

Zeitweise herrschte auch in Deutschland ein regelrechtes Bundy-Fieber. Bücher, Poster und CDs verkauften sich bestens, allenthalben wurde

Ed O'Neill als Al Bundy

Ed O'Neill, Katey Sagal

Sippe und monierte, MARRIED ... WITH CHILDREN sei ein bislang nicht erreichter Tiefpunkt der Fernsehunterhaltung. Für jemanden, der Wert legt auf eine keimfreie Bildschirmidylle und seifenopernhafte Gefälligkeit, mag dieses Urteil stimmen. Die Bundys pflegten nicht den nachsichtig-liebevollen Umgangston konfliktfreier Fernsehfamilien, seien es die Waltons oder die Cartwrights, die Bradys oder die Huxtables. Hier wurde das in betulichen Stammbaumepen gern präsentierte, aber porentief verlogene Phantombild harmonischer Familienverhältnisse mit den Mitteln der satirischen Überzeichnung der Wirklichkeit wieder nähergebracht, wurden gutbürgerliche Trauscheinheiligkeit und Fortpflanzungsimperativ mit frohgemutem Zynismus schonungslos auf die Schippe genommen, zum Vergnügen des Publikums, das einen Heidenspaß hatte angesichts der mit Erfindungsreichtum und deftigen Anzüglichkei-

ten ausgetragenen Wortgefechte der schwarzen Schäfchen. Die meisten Scherze gingen dabei zu Lasten der männlichen Protagonisten – was wohl darauf zurückgeführt werden kann, daß für Buch und Produktion mehrheitlich Frauen zuständig waren.

Lange Zeit waren derart nihilistische Verhaltensweisen grotesken Comic-Figuren wie der → ADDAMS FAMILIE oder den MUNSTERS (USA 1964–1966) vorbehalten, deren drollige Exzentrik die antibürgerliche Attitüde leichtverdaulich machte. EINE SCHRECKLICH NETTE FAMILIE dagegen zeigte vertraute Schauplätze, das Einfamilienhaus, das Einkaufszentrum, die High-School. Mit spürbarer Freude verhöhnten die Autoren das nicht zuletzt vom eigenen Medium etablierte, weltfremd verkitschte Familienideal und erledigten en passant auch noch den Mythos vom *American dream*.

Die beiden Anstifter des Ganzen, das Produzentenduo Michael G. Moye und Ron

irgendwo eine Bundy-Party gefeiert, von ‹Tempo› über ‹Spiegel› bis ‹Gong› versäumte kein Periodikum, wenngleich zum Teil mit beträchtlicher Verspätung, über das Phänomen zu berichten. Die Programmpolitik des Senders RTL allerdings mußte die Fans zwangsläufig vergrätzen: Immer wieder wurden die Sendeplätze geändert, zudem alte und neue Folgen in wildem Durcheinander ausgestrahlt. Nach Auslaufen der Rechte fanden die Bundys bei Pro 7 eine neue Heimat und wurden

dort auch ein wenig pfleglicher behandelt.

Zitate:
«Michael Moye und ich sichteten unzählige Fernsehshows mit glücklichen Familien, bei denen immer alles nach Wunsch verlief. So wurden die Bundys geboren. Michael und ich sind froh, ein anderes Bild von der Ehe zeigen zu können, das sicherlich nicht mit dem übereinstimmt, was das Fernsehpublikum bislang zu sehen bekam.» RON LEAVITT

«Bundy, das ist der moderne Sisyphus, von einer sinnlosen Welt umgeben, vom öden Schicksal geprügelt, aber trotzdem nie verzagt.»
SOZIOLOGE FRED RELBE IM ‹SPIEGEL› 3/1993

«Der gute Geschmack und der TV-Realismus, sie werden in dieser Serie geschlachtet, Ausgewogenheit und Rücksicht hingerichtet. Es bleibt die Bösartigkeit in Reinkultur. Und siehe: sie ist menschlich. Sie ist komisch. Sie hat eine starke kathartische Wir-

Leavitt, hielten seit je wenig von wolkigen Seifenoperidyllen. Schon in der 1984 von ihnen entworfenen Serie IT'S YOUR MOVE pflegten die Protagonisten einen burschikosen Umgang miteinander: Norman Lamb (David Garrison) versuchte seiner neuen Nachbarin Eileen (Caren Kaye), einer alleinerziehenden Mutter von zwei Kindern, den Hof zu machen, scheiterte aber immer wieder an den raffinierten Sabotageakten ihres gewitzten Sohnes Matt (Jason Bateman).

Mit EINE SCHRECKLICH NETTE FAMILIE setzten Moye und Leavitt, die 1988 vom Fachblatt ‹WRAP Magazine› mit dem Titel «Produzenten des Jahres» geehrt wurden, noch eins drauf und bescherten dem Fox Network einen Einschaltquotenhit, der erst von der makabren Cartoonserie THE SIMPSONS (USA 1989–) von Platz eins verdrängt wurde. 1997 endete die Ära Bundy. Doch das Erbe der dysfunktionalen Familie wurde würdig fortgeführt von den Malloys aus AUF (SCHL)IMMER UND EWIG (UNHAPPILY EVER AFTER, USA 1995–). Diese Serie stammte vom selben Produktionsteam und weist unübersehbare Ähnlichkeiten mit der Bundy-Saga auf. Einzige Neuerung ist der sprechende Stoffhase Mr. Floppy, der nur vom Familienoberhaupt Jack Malloy (und vom Zuschauer) gehört werden kann – eine Art MEIN FREUND HARVEY (HARVEY, USA 1950) in der Bierkutscherfassung. Die Familienmitglieder wurden gespielt von Geoff Pierson, Stephanie Hodge, Kevin Connolly, Nikki Cox und Justin Berfield. Mr. Floppys Stimme gehört in der Originalfassung dem Komiker Bobcat Goldthwait, in Deutschland Tommi Piper.

---

kung. Sie geht zu weit und kommt deshalb an.»
BARBARA SICHTERMANN

«MARRIED rettete die Familien-Sitcom vor dem Aussterben.»
CRAIG NELSON: BAD TV, NEW YORK 1995

Literatur:
Bud Bundy / Kelly Bundy: Al Bundy: Eine schrecklich nette Familie. Das große Buch für Fans. Berlin 1997

Fanclubs:
c/o Jörg Johannsen
Kutterweg 15
23558 Lübeck

Al Bundy Fanclub
c/o Olaf Zachert
Fruchtallee 27
21641 Apensen

Friends of Christina
The International Christina Applegate Appreciation Society
c/o Thomas Keilig

Wurzer Str. 190
53175 Bonn
(kein Clubbeitrag, reger Tauschverkehr)

Children Of A Far Greater God
c/o Miles Wood
221 Ashmore Road
Queenspark, London W9 3DB
Großbritannien

Seinfeld
USA 1990–1998

Jerry Seinfeld JERRY SEINFELD	**George Costanza** JASON ALEXANDER
Elaine Marie Benes JULIA LOUIS-DREYFUS	**Cosmo Kramer** MICHAEL RICHARDS

Die Beziehungen zwischen Männern und Frauen sind Jerry Seinfelds Spezialgebiet. Konfrontiert mit der Frage nach dem größten Fehler, den eine Frau in einer Partnerschaft begehen kann, hatte der Mittvierziger denn auch prompt eine passende Antwort parat: «Wenn sie die Frage ‹Liebling, hast Du irgendwas?› mit einem schnöden ‹Nein› beantwortet. Auch wenn es die Wahrheit ist. Zeigt ein Mann schon mal soviel Fürsorglichkeit, sollte sie sich wenigstens etwas ausdenken.»

Kaum ein Kommentar, den Seinfeld nicht mit einer Pointe beendet. Der Mann ist geübt; sein Werdegang führte ihn durch die Comedyclubs, Kleinkunsttheater und Variety Shows. Diese harte Schule hat ihn zu einem der besten Bühnenkomiker der USA reifen lassen und brachte ihm eine eigene Fernsehserie ein, die sogar seinen Namen trug.

Ein Special mit dem passenden Titel THE SEINFELD CHRONICLES machte 1989 den Anfang. Das Konzept kam an und wurde in der Folge zu einem Serienformat ausgebaut; das Quartett der Hauptdarsteller – neben Seinfeld agierten Julia Louis-Dreyfus, Jason Alexander und Michael Richards – beibehalten. 1990 hatte SEINFELD Premiere und fand bei Kritikern wie Zuschauern gleichermaßen großen Zuspruch. Die Themen der locker strukturierten Episoden waren der Realität abgeschaut, verhandelt wurden die häufig ganz banalen Kalamitäten des Metropolenalltags.

Schauplatz der Serie war New York, das Personal erschien für ortsübliche Verhältnisse vergleichsweise normal. Jerry Seinfeld, der auch als Produzent und bei etlichen Folgen als Koautor verantwortlich zeichnete, spielte quasi sich selbst: einen *stand-up comedian*, dem die Macken, Malessen und Marotten seiner Mitbürger das Material für seine Bühnenprogramme liefern. Seine Auftritte vor kleinem Publikum gaben den Rahmen ab für die jeweilige Handlung und wurden mitunter auch mittendrin eingeblendet – wie der Chor in der griechischen Tragödie kommentierte der Komiker das Geschehen buchstäblich vom Bühnenrand aus, gebührend distanziert, hintersinnig und voller Selbstironie, dabei aber stets in einer Form, die den Zuschauern vor dem Fernseher ein

Gaststars:
Candice Bergen, Corbin Bernsen, Lloyd Bridges, Lanei Chapman, Michael Chiklis, Courteney Cox, Marcia Cross, Patrika Darbo, Michael Des Barres, Cary Elwes, Warren Frost, Janeane Garofalo, Jamie Gertz, Jon Gries, Bryant Gumbel, Mariska Hargitay, Teri Hatcher, James Hong, Carol Kane, Mary Jo Keenen, John Kennedy jr., Tawny Kitaen, Jane Leeves, Jay Leno, David Letterman, Charlotte Lewis, Jon Lovitz, Steven McHattie, Wendie Malick, Marlee Matlin, Debra Messing, Justine Miceli, Bette Midler, Phil Morris, Sheree North, Andrea Parker, Dedee Pfeiffer, Regis Philbin, Tony Plana, Theresa Randle, Judge Reinhold, Denise Richards, Peter Riegert, Geraldo Rivera, Jill St. John, Fred Savage, Armin Shimerman, Helen Slater, James Spader, Rachel Sweet, Marisa Tomei, Mel Torme, Tom Verica, Jon Voight, Robert Wagner, Raquel Welch, George Wendt, Alexandra Wentworth, Adam Wylie, Grace Zabriskie

Creators:
Larry David und Jerry Seinfeld
Beginn der deutschen Erstausstrahlung: 24. 4. 1995, Kabel 1

In der knapp zwei Jahre später ebenfalls bei NBC gestarteten Sitcom VERRÜCKT NACH DIR (MAD ABOUT YOU, USA 1992–) gab es einen augenzwinkernden Querverweis auf SEINFELD: Die Hauptfigur Paul Buchman (Paul Reiser) zieht nach der Hochzeit in die geräumige Wohnung seiner Frau Jamie (Helen Hunt) und überläßt

Julia Louis-Dreyfus und Jerry Seinfeld

Michael Richards, Jason Alexander

Zugehörigkeitsgefühl vermittelte. Ein Kritiker der amerikanischen Verbraucherorganisation *«Viewers For Quality Television»* schrieb: «Man erfreut sich an den Geschichten, weil es um unser eigenes Leben geht und unsere eigenen Probleme vor uns ausgebreitet werden.» Ähnlich äußerte sich das amerikanische Entertainment-Magazin ‹US›: «Wenn Jerry, Elaine und ihre Freunde George und Kramer sich abwechselnd zanken und wieder vertragen, werden wir mitgerissen und identifizieren uns mit den Figuren.»

Richards, Alexander, Seinfeld

Julia Louis-Dreyfus und Jerry Seinfeld

Besagter George ist seit der Schulzeit mit Seinfeld befreundet. Anfangs arbeitet er als Grundstücksmakler, wendet sich im weiteren aber dem Verlagswesen zu. Seine Mißgeschicke halten den kleinen Freundeskreis oftmals in Atem; nicht nur seine Obsession für Dienstmädchen und Putzfrauen sorgt immer wieder für aberwitzige Wirrungen. Analog zur Realität wird der Serienfigur Seinfeld eines Tages eine eigene Sendereihe angeboten. 13 000 Dollar soll er für die Pilotfolge erhalten. George Costanza übernimmt kurz entschlossen die Verhandlungen. Resultat seiner dilettantischen Bemühungen: Man einigt sich auf 8000 Dollar.

Dritte im Bunde ist die stets zu Streichen aufgelegte Verlagslektorin Elaine Benes. In der Vergangenheit war der Titelheld zeitweilig mit ihr liiert, aus der Romanze ist eine enge Freundschaft geworden.

Der schrulligste Charakter der Serie und ihr heimlicher Star aber ist Kramer, der weder einen Vornamen hat noch irgendwelche

---

sein altes Apartment niemand anderem als dem Wirrkopf Kramer (Michael Richards).

1988 wurde Jerry Seinfeld von seinen Branchenkollegen zum «witzigsten männlichen *stand-up comedian*» gekürt.

Julia Louis-Dreyfus gehörte, wie auch ihr Ehemann, der Schauspieler, Autor und Produzent Brad Hall, von 1982 bis 1985 zum Ensemble der Comedy-Sendung SATURDAY NIGHT LIVE (USA

1975–). Vordem hatte sie sich vergeblich um den Part der Diane Chambers in → CHEERS beworben. Dem deutschen Kinopublikum ist sie unter anderem bekannt aus Woody Allens HANNAH UND IHRE SCHWESTERN (HANNAH AND HER SISTERS, USA 1986) und aus HARRY AUSSER SICH (DECONSTRUCTING HARRY, USA 1997).

In Deutschland zündeten Seinfelds Scherze erst mit Verspätung. Nach einem Fehlstart im Nachtprogramm von Kabel 1 übernahm Pro 7 die Serie

und plazierte sie ebenfalls zu später Stunde, besann sich aber eines besseren. Eine Pressemitteilung vom 26. 5. 1998 zitiert Andreas Bartl, den Leiter der Pro 7-Programmplanung, wie folgt: «Die riesige Begeisterung, die die Serie seit Jahren auslöst, gab für uns letztlich den Ausschlag, SEINFELD auf einen prominenten Sendeplatz zu programmieren. Damit ist Pro 7 der erste deutsche Sender, der eine Erwachsenen-Sitcom am Vorabend etabliert.» Bedauerlicherweise blieb das Unterfangen ohne

Hemmungen, jederzeit in Seinfelds Wohnung einzudringen, um Jerrys Vorräte zu vertilgen und nebenbei seine neuesten Einfälle und Geschäftsideen vorzutragen, die freilich niemals konkrete Formen annehmen. Auch sein Spleen, Filmschauspieler werden zu wollen, erledigt sich von selbst – abgesehen von einem Kleinstpart als «Murphy Browns» Sekretär in der gleichnamigen Serie (USA 1988–1998) blieb Kramers Filmographie ein unbeschriebenes Blatt.

Kramer-Darsteller Michael Richards lieferte die Slapstick-Parts der Serie – mal kämpfte er mit einem heißen Handtuch, mal rang er verzweifelt mit einem Sack Zement, den er in einen Münzwaschautomaten einfüllen wollte, um sich an dessen Besitzer für erlittenes Ungemach zu rächen, eine Glanznummer, die an die Körperkomik seiner erklärten Vorbilder Jacques Tati und Buster Keaton, aber auch an Jim Carrey erinnerte.

Fortüne – als Folge ungenügender Einschaltquoten wurde SEINFELD im Januar 1999 wieder auf den späten Abend verlegt.

Trotz anhaltenden Erfolges zog Jerry Seinfeld 1998 einen Schlußstrich und beendete seine Serie. Die letzte Episode, ausgestrahlt am 14. Mai 1998, wurde mit 108 Millionen Zuschauern noch einmal ein Publikumsknüller.

Zitat:
«Für mich ist Stand-up einfach keine Arbeit. Es gibt nichts, was ich lieber tue.»
JERRY SEINFELD

Literatur:
Mike Costanza: The Real Seinfeld: As Told By The Real Costanza. Oakton 1998
Bruce Fretts / Jeannie Park (Ed.): The Entertainment Weekly Seinfeld Companion. New York 1993
Greg Gattuso: The Seinfeld Universe: The Entire Domain. Secaucus 1998
Beth B. Golub: The Seinfeld Aptitude Test: Hundreds Of Spectacular Questions On Minute Details From TV's Greatest Show About Absolutely Nothing. Secaucus 1994
Josh Levine: Jerry Seinfeld: A Life in Comedy. Toronto 1993
Jerry Seinfeld: The Seinfeld Scripts. New York 1998
Kathleen Tracy: Jerry Seinfeld, The Entire Domain. New York 1998
David Wild: Seinfeld: The Totally Unauthorized Tribute (Not That There's Anything Wrong With That). Pittsburgh 1998

77 Sunset Strip
USA 1958–1964

Stuart Bailey EFREM ZIMBALIST JR.	**Roscoe (1958–1963)** LOUIS QUINN	**Rex Randolph (1960–1961)** RICHARD LONG
Jeff Spencer (1958–1963) ROGER SMITH	**Suzanne Fabray (1958–1963)** JACQUELINE BEER	**J. R. Hale (1961–1963)** ROBERT LOGAN
Gerald Lloyd «Kookie» **Kookson III (1958–1963)** EDD BYRNES	**Lt. Gilmore (1958–1963)** BYRON KEITH	**Hannah (1963–1964)** JOAN STALEY

Es endete, wie es angefangen hatte: Stu Bailey war wieder auf sich allein gestellt. Nachdem der Starproduzent Jack Webb (→ POLIZEIBERICHT) 1963 seinen zuletzt glücklosen Vorgänger Bill Orr abgelöst hatte, entschied er sich für einen radikalen Neubeginn und löste die Detektei Bailey & Spencer in einer ersten Amtshandlung kurzerhand auf. Vom im Laufe der Jahre stetig angewachsenen Personal blieb nur Stuart Bailey übrig; Ansprache fand er künftig einzig bei seiner neuen Vorzimmerdame Hannah. Und obwohl die Serie weiterhin die Adresse 77 SUNSET STRIP im Titel führte, blieb Bailey auch ein Umzug nicht erspart. Seine Klienten fanden ihn nunmehr im sagenhaften Bradbury Building, das ehedem bereits namhafte Berufskollegen wie Philip Marlowe und Mike Hammer beherbergt hatte.

Jack Webb schlug einen Bogen zurück zu den Ursprüngen und versah den vereinsamten Serienhelden mit den besonderen Kennzeichen jener unsterblichen Detektivfiguren, denen Bailey nacheiferte, als er 1946, noch als fleischlose, nämlich rein literarische Gestalt, seinen ersten Fall löste. Autor des Kriminalromans «The Double Take» war Roy Huggins, der zwei Jahre später auch das Skript für die mit dem vollmundigen Selbstbekenntnis I LOVE TROUBLE (USA 1948) überschriebene Verfilmung verfaßte. Die Rolle des Stuart Bailey spielte Franchot Tone. Efrem Zimbalist jr. übernahm diese Aufgabe

Gaststars:
Julie Adams, John Astin, Jim Backus, Victor Buono, Ellen Burstyn, Jack Cassidy, Robert Colbert, Richard Conte, Elisha Cook jr., Joseph Cotten, Yvonne Craig, John Dehner, Bruce Dern, Andrew Duggan, James Farentino, Marianna Hill, Richard Jaeckel, L.Q. Jones, DeForest Kelley, George Kennedy, Cloris Leachman, Peter Lorre, Mako, Strother Martin, Burgess Meredith, Simon Oakland, Warren Oates, Michael Parks, Albert Paulsen, Cesar Romero, Gena Rowlands, Telly Savalas, William Shatner, Lee Van Cleef, Robert Vaughn, Dawn Wells, Keenan Wynn

Creator:
Roy Huggins
Beginn der deutschen Erstausstrahlung: 11. 1. 1960, ARD

Spinoffs:
NEW ORLEANS, BOURBON STREET (BOURBON STREET BEAT, USA1959–1960)
HAWAIIAN EYE (USA 1959–1963)
SURFSIDE SIX (USA 1960–1962)

Für die deutsche Fassung kiekste sich Hans Clarin durch Edd Byrnes skurrile Dialogszenen, deren sprachlicher Witz durch die Synchronisation je-

Edd Byrnes als Kookie

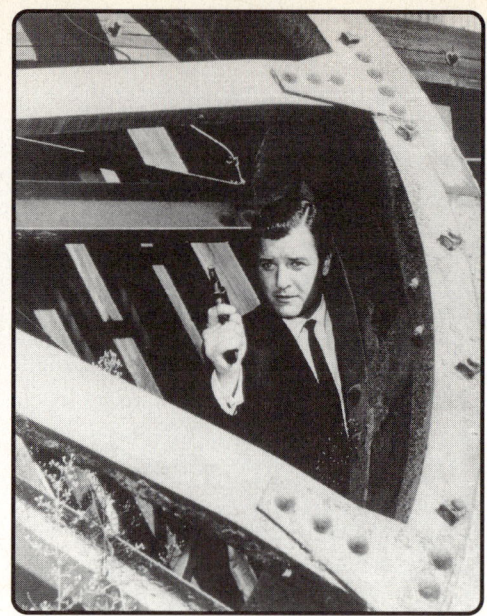

Richard Long

erstmals 1956, als eine von Huggins' Bailey-Stories für die anthologische TV-Reihe CONFLICT (USA 1956–1957) adaptiert wurde. Dahinter stand das Filmstudio Warner Brothers, das sich nach anfänglichem Boykott des vermeintlichen Konkurrenzmediums zunehmend der Herstellung von Fernsehserien widmete.

Hatte sich Stu Bailey zu Beginn seiner Karriere nicht einmal ein eigenes Büro leisten können, so begegnete er den Fernsehzuschauern des Jahres 1958 als Teilhaber einer am tosenden Sunset Strip direkt neben Dean Martins noblem Speiselokal «Dino's» ansässigen Agentur. Sein Partner war der studierte Jurist Jeff Spencer, wie Bailey ein Mann mit

Geheimdienstvergangenheit. Bailey, belesen, mehrerer Sprachen mächtig und geübter Judokämpfer, hatte zeitweilig eine Laufbahn als Hochschuldozent angestrebt, sich dann aber eines Besseren besonnen. Sowohl Bailey als auch der jüngere Spencer waren vorzeigbare Herrschaften mit korrektem Erscheinungsbild, ganz im Gegensatz zu dem keck gewandeten Faktotum Roscoe, das sich auf den Pferderennbahnen heimisch fühlte und oft als Delegat für niedere Verrichtungen herangezogen wurde, wenn es beispielsweise galt, Informationen zusammenzutragen oder Überwachungsaufgaben zu erledigen.

Die Abteilung für Öffentlichkeitsarbeit

---

doch vollends verlorenging. Kookies flapsige Redensarten waren in den USA sogar in einem Wörterbuch zusammengefaßt und von vielen jungen Fans brav auswendig gelernt worden. Nachstehend ein Auszug aus Kookies Diktionär:
antsville – überfüllte Räumlichkeiten
buzzed by germsville – Einlieferung ins Krankenhaus
a dark seven – eine schlecht verlaufene Woche

the ginchiest – das Größte
headache grapplers – Kopfschmerztabletten
I've got smog in my noggin – meine Erinnerung läßt nach
keep the eyeballs rolling – jemanden oder etwas im Auge behalten
let's exitville – laß uns aufbrechen
making the long green – Geld verdienen
mushroom people – Nachtschwärmer

out of print – von auswärts
piling up the Z's – schlafen
play like a pidgeon – eine Nachricht überbringen
stabling a horse – einen Wagen parken
Washington – eine Ein-Dollar-Note

Trotz des mit der Rolle verbundenen Karriereschubs konnte sich Edd Byrnes mit dem Part des juvenilen Schwirrkopfs Kookie nie ganz an-

der Warner Brothers Studios unternahm umfängliche Anstrengungen, Efrem Zimbalist jr. als Star der Serie zu etablieren. Ohne vergleichbaren publizistischen Geleitschutz, dafür buchstäblich im Handumdrehen wurde jedoch unverhofft einer der Nebendarsteller zum Publikumsliebling, der mehr Fanpost erhielt als seine beiden Kollegen zusammen: ein junger Spund namens Edd Byrnes. Im ursprünglichen Serienkonzept war seine Rolle gar nicht vorgesehen gewesen. Im ersten Pilotfilm GIRL ON THE RUN (USA 1958), der in Deutschland unter dem Titel DIE AUGENZEUGIN in den Filmtheatern lief, hatte Byrnes den tobsüchtigen Mädchenschänder Kenneth Smiley verkörpert. Seiner telegenen Ausstrahlung wegen schuf man für ihn den Part des Gerald Lloyd Kookson III, genannt Kookie, der den gemeinsamen Parkplatz von «Dino's» und Bailey & Spencer beaufsichtigt, aber nur zu gern in die Spürnasenbranche wechseln würde und mitunter schon mal den Handlanger macht.

Edd Byrnes, Efrem Zimbalist jr. und Roger Smith

Kookie glich optisch den Teenageridolen jener Jahre, Popstars wie Fabian, Ray Peterson und Bobby Rydell. Er war im Stil der Zeit leger gekleidet, ein recht loser Bengel und hatte allzeit einen vorlauten Spruch parat, dargeboten in einem juvenilen Patois, das selbst dem sprachgewandten Stu Bailey häufig Kopfzerbrechen bereitete. Berühmt aber wurde Kookie für etwas, das Robert Lembke «eine typische Handbewegung» genannt hätte: Er fuhr sich unausgesetzt mit einem Kamm durch die präzis zur Tolle pomadisierten Haare. Entstanden war die Geste, als Byrnes nicht eigentlich seine Frisur, sondern vielmehr sein Lampenfieber bändigen wollte, und sie machte Furore: Ganze Schwärme eitler Jungmänner begannen Kookie nachzueifern, weibliche Fans sandten ihm bergeweise Kämme, und das Utensil wurde gar Gegenstand eines Schlagers mit dem Titel *Kookie, Kookie, Lend Me Your Comb*». Eine von Byrnes im Duett mit der aus der artverwandten TV-Serie HAWAIIAN EYE (USA 1959–1963) ausgeborgten Kollegin Connie Stevens aufgenommene Version stürmte im April 1959 in die Charts, plazierte sich neben Größen wie Chuck Berry, Paul Anka und Jackie Wilson und brachte dem Duo eine Goldene Schallplatte ein.

Eher durch Zufall als vermöge ausgeklügelter Marktanalysen hatten die Fernsehproduzenten der Warner Brothers und ihr Kunde, das ABC Network, ein bis heute funktionierendes Erfolgsrezept entdeckt: das Prinzip der Ensembleserie, die Identifikationsfiguren für verschiedene Altersgruppen bereitstellte. Nach zögerlichem Beginn wurde 77 SUNSET STRIP ein enormer Erfolg, und das

freunden. Er betonte stets, daß er privat mit der Figur nichts gemein habe. Nachdem Byrnes seinen Vertrag zunächst nicht verlängert hatte und zeitweilig ausschied, wurde sein Part aufgewertet und Kookie als vollwertiger Mitarbeiter in die Detektei integriert. An seiner Statt übernahm J. R. Hale (Robert Logan) die KFZ-Betreuung, auch er ein schmucker Herzensbrecher, dem Kookie in einem feierlichen Akt seinen Kamm über-

reichte, womit er ihn würdig ins neue Amt inaugurierte. Selbstredend pflegte auch Hale einen charakteristischen Tick: e. s. i. A. (er sprach in Akronymen).

Die bekannten Klischeebilder des Detektivfilms vor Augen, fühlte sich Roger Smith anfangs nicht wohl in seiner Rolle: «Dann dachte ich darüber nach, wie es wäre, wenn ich selbst diesen Beruf gewählt hätte. Vermut-

lich hätte ich Spaß daran. Also begann ich zu schmunzeln und ich selbst zu sein, und meine Fanpost verdoppelte sich.» Zusätzlich betätigte sich Smith als Autor und steuerte einige der originellsten und besten Episoden bei.

Nur selten sah man Stuart Bailey und Jeff Spencer gemeinsam an einem Fall arbeiten. Grund dafür war die besondere Produktionsweise: Man

Efrem Zimbalist jr. und Byron Keith

wechselte zeitweise von der pittoresken Bourbon Street an den Sunset Strip, wo auch Troy Donahue kurz gastierte, ehe er in Sachen SURFSIDE SIX nach Miami beordert wurde. Besagte Ableger waren freilich rasch als Abziehbild entlarvt und zu plump dem Vorbild nachempfunden, als daß sie denselben Status hätten erlangen können.

Anfang der sechziger Jahre mußten Bailey & Co. dem veränderten Zeitgeist Tribut zollen. Stu Bailey, jetzt solitär im Mittelpunkt des Geschehens, verließ das angestammte Los Angeles, das Terrain der Strip-Schuppen und eleganten Nachtclubs, Nobelhotels und Absteigen, und jagte fürderhin Verbrecher in aller Herren Länder. Voller Hoffnung auf Wiederbelebung des angejahrten Formats gaben sich die Warner Brothers spendabel: Baileys Hatz rund um die Welt wurde mit beträchtlichem Aufwand in Szene gesetzt und mit Gastauftritten prominenter Hollywood-Schauspieler aufgewertet, doch die Ära der schwarzweißen Nocturnes mit ihren jazzumflorten kühlen Leidenschaften war fürs erste vorüber – im September 1964 wurde Baileys kleiner Schnüffelbetrieb geschlossen; Efrem Zimbalist jr. stellte sich in den Dienst der Bundesbehörde FBI. Aber das ist nun wieder eine ganz andere Serie …

TV-Departement der Warner Brothers begann flugs mit der Produktion mehrerer Serien gleichen Musters – NEW ORLEANS, BOURBON STREET (BOURBON STREET BEAT, USA 1959–1960), SURFSIDE SIX (USA 1960–1962) und HAWAIIAN EYE (USA 1959–1963). Alle siedelten auf derselben Erzählebene, wie sich an den personellen Verbindungen ablesen ließ: Stu Bailey assistierte gelegentlich den Kollegen auf Hawaii, Richard Long

ließ die Hauptdarsteller abwechselnd zum Zuge kommen, um an mehreren Episoden gleichzeitig arbeiten zu können. So stand für die Aufnahmen mehr Zeit zur Verfügung, was der handwerklichen Qualität der Serie sichtlich zugute kam.

Einer der Produzenten und Regisseure war William Conrad, der sich in späteren Jahren seinerseits unter dem Decknamen → CANNON erfolgreich als Spürnase betätigte.

Efrem Zimbalist ist der Vater von Stephanie Zimbalist, die ebenfalls mit enormem Erfolg ein Ermittlungsbüro führte: Sie war die Inhaberin der Detektei REMINGTON STEELE (USA 1982–1987), in der sich ein gewisser Pierce Brosnan erste Sporen verdiente.

Literatur:
Edd Byrnes: «Kookie» No More. New York 1996

Solo für O.N.C.E.L. The Man from U.N.C.L.E.
USA 1964–1968

Napoleon Solo	**Mr. Alexander Waverly**
ROBERT VAUGHN	LEO G. CARROLL
Illya Kuryakin	**Lisa Rogers (1967–1968)**
DAVID MCCALLUM	BARBARA MOORE

Die Idee zu SOLO FÜR O.N.C.E.L. entstand 1962. Sean Connery hatte in der Rolle des James Bond bereits für einigen Wirbel gesorgt; selbst US-Präsident John F. Kennedy gab sich in einem Interview mit der Zeitschrift ‹Life› als 007-Fan zu erkennen. Da lag der Gedanke nahe, eine Fernsehserie gleichen Stils zu lancieren. Der Produzent Norman Felton kontaktierte den James-Bond-Erfinder Ian Fleming, der zunächst seine Mitarbeit zusicherte, dann aber erkrankte und infolgedessen absagen mußte. Flemings Beitrag erschöpfte sich im Nachnamen des Titelhelden: Solo war ursprünglich eine Figur aus dem 007-Roman «Goldfinger». Fleming verstarb, noch ehe Mr. Solo das Licht der Kathodenstrahlröhre erblickte.

Statt seiner entwickelte Sam Rolfe dann das Konzept zu einer für die damalige Zeit außergewöhnlichen Serienproduktion. Während James Bond im Dienste Ihrer Majestät noch an den Fronten des Kalten Krieges kämpfte, waren die TV-Agenten schon weiter: Der Amerikaner Napoleon Solo und der Sowjetrusse Illya Kuryakin stritten einvernehmlich im Dienste einer überstaatlichen Organisation mit dem Namen U.N.C.L.E. – ein Kürzel für United Network Command For Law And Enforcement – gegen Spitzbuben aller Fraktionen und Nationalitäten. Neben diesem klandestinen Aufklärungsbetrieb nahm sich die CIA aus wie ein Pfadfinderkaffeekränzchen. Die U.N.C.L.E.-Mitarbeiter machten vor Ländergrenzen nicht halt und wagten sich lange vor MOONRAKER (GB 1979) auch ins Weltall.

Hauptgegner der nach Art der britischen Doppelnullagenten mit verblüffender Tricktechnik ausgestatteten Abwehrbeauftragten war der weltweit operierende Schwerverbrecherverband THRUSH. «Thrush» steht im Englischen für Drossel – und so wurde es auch in der deutschen Fassung übersetzt –, bezeichnet umgangssprachlich aber eine Vaginalinfektion. Prompt bekundeten die Bedenkenträger aus den Chefetagen der NBC ihr Mißbehagen, doch die Produzenten bestanden auf Beibehaltung des anrüchigen Begriffs, seines sinistren Klanges wegen und weil er – ihrer Meinung nach – eine schleichende Bedrohung versinnbildlichte.

Derartig doppelzüngige Wortspiele, Dia-

Gaststars:
Senta Berger, John Carradine, Joan Crawford, Bradford Dillman, James Doohan, Curd Jürgens, Jill Ireland, Janet Leigh, Herbert Lom, Vera Miles, Leslie Nielsen, Dan O'Herlihy, Jack Palance, Eleanor Parker, Luciana Paluzzi, Sonny & Cher, Telly Savalas, Rip Torn, Fritz Weaver

Creators:
Norman Felton und Sam Rolfe Beginn der deutschen Erstausstrahlung: 2. 5. 1967, ZDF

Spinoff: THE GIRL FROM U.N.C.L.E. (USA 1966–1967)

Noch fabulöser als die Abenteuer der beiden Männer von U.N.C.L.E. waren die ihrer Kollegin April Dancer, der Heldin des Spinoffs THE GIRL FROM U.N.C.L.E. (USA 1966–1967). Ganz ohne männlichen Beistand durfte die schlagkräftige junge Dame freilich nicht zu Werke gehen. Ihr Teamgefährte im Kampf gegen das Verbrechen war der Agent Mark Slate (Noel Harrison). Im Pilotfilm THE MOON-GLOW AFFAIR spielte Mary Ann Mobley die Titelrolle, in den weiteren Episoden übernahm Stefanie Powers den Weltrettungsdienst.

Außer Robert Vaughn waren zeitweise auch William Shatner und James Coburn für die Rolle des Napoleon Solo im Gespräch.

Der erste Pilotfilm mit dem schlichten Titel SOLO wurde niemals ausgestrahlt. Der Plot ist identisch mit der späteren Serienepisode «The Vulcan

*McCullum, Sharon Farrell,
Vaughn*

David McCullum, Leo G. Caroll, Robert Vaughn

logwitz und pfiffige visuelle Gags waren typisch für die Machart der Serie, in der, ähnlich wie in den Bond-Filmen, die Verbrecherjagd mit einem gewissen Unernst betrieben wurde. Die heitere Note paßte zu den ausgefallenen Krisensituationen, mit denen sich die Welt damals allwöchentlich konfrontiert sah. Denn das Übeltäterkombinat THRUSH wartete mit immer neuen technischen Errungenschaften auf. Um die Erdherrschaft zu ertrotzen, wurden unsichtbare Killerbienen aufgestachelt, Hypnosegase freigesetzt, unliebsame Personen vaporisiert und Vulkane gezündet, außerdem Thermalprismen in Stellung gebracht, elektronische Mauern errichtet, handliche Hypnosestrahler adjustiert und Gehirne apparativ umgekrempelt. Drohte derart Gefahr für die Menschheit, eilten Solo und Kuryakin ins New Yorker U.N.C.L.E.-Hauptquartier, das hinter einem unscheinbaren Schneiderladen versteckt lag. Ihre Instruktionen erhielten die Top-Agenten von Mr. Alexander Waverly, dem Nestor unter den sechs gleichberechtigten Sektionsleitern.

Der Arbeitstitel der Serie lautete ursprünglich schlicht «Solo». Ein zweiter Mann war im Pilotfilm gar nicht vorgesehen. David McCallum alias Illya Kuryakin sollte erst in der zweiten Episode als Randfigur auftreten, doch Sam Rolfe fand diesen Charakter ausbaufähig, und so wurde aus dem Solo ein Duo für U.N.C.L.E. Rolfes Entscheidung zahlte sich aus. David McCallum lockte insbesondere das weibliche Publikum vor die Bildschirme und wurde zu einem Teenageridol. Sein für damalige Vorstellungen extravaganter Haarschnitt, den er nach eigenen Angaben bereits länger als die Beatles, nämlich seit 1956, trug, sorgte ebenso für Aufsehen wie sein Faible für Rollkragenpullover, mit denen er kraß gegen die damals gültige rigi-

Affair». Anstelle Mr. Waverlys lenkt ein Mr. Allison (Will Kuluva) die Operationen.

Die Verbrecherorganisation THRUSH hatte in einer frühen Fassung noch WASP geheißen, doch man befürchtete negative Reaktionen der Bevölkerungsgruppe der *white anglo-saxon protestants*, die im US-Sprachgebrauch ebenfalls mit diesem Akronym bezeichnet wird. THRUSH hatte keine konkrete Bedeutung; erst einige Zeit nach dem Serienstart ersann David McDaniel, einer der zuliefernden Autoren, die «Technological Hierarchy for the Removal of Undesirables and the Subjugation of Humanity».

Über 500 000 US-Amerikaner, darunter auch einige FBI-Angehörige, wurden Mitglied des U.N.C.L.E.-Fanclubs und damit automatisch zu U.N.C.L.E.-Agenten. Fünf renommierte Hochschulprofessoren entschieden sich für die andere Seite, firmierten als THRUSH und trafen regelmäßig zusammen, um gegen U.N.C.L.E. gerichtete Strategien zu debattieren.

Zum Szenaristenteam der Serie gehörten Richard Donner, der mehrfach preisgekrönte Science-fiction-Autor Harlan Ellison und Robert Towne, der später unter anderem

Robert Vaughn

Robert Vaughn

de Kleiderordnung verstieß. Doch der bis dahin den Beatniks vorbehaltene legere Kuryakin-Look machte Mode. Der Couturier Pierre Cardin erklärte den Rollkragenpulli für fashionabel, und Weltstars wie Paul Newman oder Steve McQueen folgten seinem Verdikt. Schließlich verfügte das Fachorgan ‹Playboy› eine Lockerung des strikten Kodex: «Erstklassige Restaurants und Nachtclubs einschließlich des «Playboy Clubs» gestatten nunmehr den Zutritt auch denjenigen Gentlemen, die Anzug oder Sportjackett auf geschmackvolle Art mit einem Rollkragenpullover kombinieren.» In Kreisen des Hochadels konnte das fragliche Kleidungsstück jedoch nach wie

vor Skandale auslösen: Als Lord Snowdon, der durch seine Heirat mit Prinzessin Margaret Mitglied der englischen Königsfamilie geworden war, zu einem festlichen Anlaß in Dinnerjackett und Rollkragenpulli erschien, beschäftigte sich die gesamte britische Presse mit diesem atemberaubenden Fauxpas.

Dieser Vorfall dürfte auch David McCallum amüsiert haben, denn Großbritannien war sein Heimatland. Am 19. September 1933 in Glasgow geboren, wuchs McCallum in einer Familie von Musikern auf. Seine Mutter war Cellistin, sein Vater spielte Geige.

das Skript zu Polanskis CHINATOWN (USA 1974) schrieb.

Für die Auswertung in europäischen Filmtheatern wurden einige Serienepisoden gekoppelt und mit zusätzlich gedrehtem Material aufgestockt. Die Titel der Kinofilme lauten: KRIEG DER SPIONE (ONE OF OUR SPIES IS MISSING, 1966, R: Darrell Hallenbeck); AGENT AUF KANAL D (TO TRAP A SPY, 1966, R: Don Medford); SPION MIT

MEINEM GESICHT (THE SPY WITH MY FACE, 1966, R: John Newland); EIN SPION ZUVIEL (ONE SPY TOO MANY, 1966, R: Joseph Sargent); DER MANN IM GRÜNEN HUT (THE SPY IN THE GREEN HAT, 1966, R: Joseph Sargent); KARATE KILLERS (1967, R: Barry Shear); DIE UNVERBESSERLICHEN DREI (THE HELICOPTER SPIES, 1968, R: Boris Sagal); HOW TO STEAL THE WORLD (1968, R: Sutton Roley).

Der bei Serien mit langer Laufzeit übliche Abnutzungseffekt veranlaßte Vaughn und McCallum zu der Ankündigung, nie wieder miteinander drehen zu wollen. Desungeachtet waren sie umgehend zur Stelle, als die Welt erneut ins Verderben zu stürzen drohte. Das TV-Movie THUNDERBALL (THE RETURN OF THE MAN FROM U.N.C.L.E. – THE FIFTEEN YEARS LATER AFFAIR, USA 1983) zeigte sie als erfolgreiche Unternehmer. Solo leitete eine

David bekam Klavierunterricht, wählte aber eine Laufbahn als Schauspieler. Er absolvierte die Royal Academy of Dramatic Arts, leistete seinen Militärdienst ab und spielte in Tournee- und Provinztheatern. Nach ersten Film- und Fernsehrollen ging er nach Hollywood, wo er in diversen TV-Serien zu sehen war, bevor er für den Part des Illya Kuryakin entdeckt wurde.

Beinahe wäre seine Karriere im Ansatz gescheitert, denn so kurz nach der Kubakrise und in Anbetracht der Verschärfung des Kalten Krieges reagierten die Senderverantwortlichen mit Befremden auf den Vorschlag, einen Sowjetrussen als Hauptfigur einer Agentenserie agieren zu lassen. Doch genau diese Konstellation erwies sich als Erfolgsfaktor – der introvertierte, stets leise und überlegt sprechende Agent mit der fundierten wissenschaftlichen Ausbildung wurde zum Publikumsliebling und bei öffentlichen Auftritten mit Spruchbändern wie «All The Way With Illya K.» frenetisch gefeiert. Mitunter konnte sich McCallum, der gelegentlich als Sänger auftrat, vor seinen Fans kaum retten. Als er in der TV-Show HULLABALOO gastierte, waren vier stämmige Bodyguards vonnöten, um ihn vor dem Zugriff des enthusiasmierten Saalpublikums zu schützen.

McCallums Partner Robert Vaughn hatte ursprünglich Journalist werden wollen. Als Sproß einer Familie von Schauspielern kam er früh mit dem Bühnenleben in Berührung und finanzierte sein Studium durch gelegentliche Theaterauftritte. Bald wurde aus dem Nebenjob ein Hauptberuf. Vaughn war Gaststar zahlreicher TV-Serien, darunter → POLIZEIBERICHT und VATER IST DER BESTE (FATHER KNOWS BEST, USA 1954–1963). Auch Hollywood öffnete dem jungen Talent die Türen. Unter anderem spielte Vaughn in DIE ZEHN GEBOTE (THE TEN COMMANDMENTS, USA 1956) und DIE GLORREICHEN SIEBEN (THE MAGNIFICENT SEVEN, USA 1960). Für DER MANN AUS PHILADELPHIA (THE YOUNG PHILADELPHIANS, USA 1959) erhielt er 1959 eine Oscar-Nominierung. 1963 bis 1964 war er als Hauptdarsteller in der Serie THE LIEUTENANT zu sehen, in späteren Jahren unter anderem in → DAS A-TEAM. Nebenbei promovierte Vaughn in Politologie, engagierte sich in der Friedensbewegung gegen den Vietnamkrieg und schrieb mit «Only Victims» (1972) ein kritisches Buch über die McCarthy-Ära.

---

große Computerfirma, Kuryakin ein Modehaus. Doch ihre Fähigkeiten wurden noch einmal dringend gebraucht. Sie bekamen Avenger Patrick Macnee als Vorgesetzten und Anthony Zerbe als Widersacher und hatten sehr viel Spaß bei dem Rückfall in alte Gewohnheiten. Auf die Frage, was ihn denn so jung gehalten habe, entgegnete Solo augenzwinkernd: «Ein guter Maskenbildner.»

Zitate:
«Ich glaube, der Grundstein für Napoleon Solos Erfolg ist seine Ungebundenheit. Er wirkt rätselhaft und geheimnisvoll. Er ist nicht verheiratet. Niemand weiß sonderlich viel über sein Privatleben. Jeder identifiziert sich insgeheim mit ihm, weil er ein so gefährliches und abwechslungsreiches Leben führt.»
ROBERT VAUGHN

«Ich mag Illya. Ich hätte ihn gern zum Freund. Aber wer weiß, ob Illya überhaupt Freunde hat?... Niemand weiß, was er tut, wenn er nachts nach Hause geht.»
DAVID MCCALLUM

Literatur:
John Heitland: The Man From U.N.C.L.E. Book, London 1988

Starsky und Hutch Starsky and Hutch
USA 1975–1979

Detective Dave Starsky	**Captain Harold Dobey**
PAUL MICHAEL GLASER	BERNIE HAMILTON
Detective Ken «Hutch» Hutchinson	**Huggy Bear**
DAVID SOUL	ANTONIO FARGAS

David Soul, Paul Michael Glaser

«**Ihr** seht aus wie Clowns», kräht ein acht-jähriger Dreikäsehoch bei seiner ersten Begegnung mit den beiden Zivilpolizisten Dave Starsky und Ken Hutchinson, genannt «Hutch». Die proben zwar gerade für eine Schulaufführung eine Laurel-&-Hardy-Nummer und stecken in den entsprechenden Kostümen. Aber ihr Vorgesetzter, Captain Dobey, würde dem vorlauten Knaben ungesäumt zustimmen, denn das Erscheinungsbild des Duos spricht auch sonst jeder behördlichen Kleiderordnung hohn. Äußerlich unterscheiden sich die legeren Ermittler kaum von der Klientel, die sie normalerweise durch die heruntergekommenen Bezirke einer fiktiven Westküstenmetropole scheuchen; sie hüllen sich in abgeschabtes Leder und verwaschene Bell Bottom Jeans mit einer Fußweite, unter der man problemlos einen Streifenwagen parken könnte. Und sie lassen einen aufgemotzten Ford Gran Torino mit rotweißer Sonderlackierung über die Straßen schlittern, daß der Rollsplitt nur so spritzt.

Kein Strolch, und wäre er noch so mißtrauisch, würde hinter dem Sportlenkrad dieser frisierten Schüssel einen Polizisten vermuten. Ihr ungezwungenes Erscheinungsbild ist freilich Voraussetzung, um im Milieu der Luden, Ganoven und Gelegenheitsverbrecher unauffällig ermitteln zu können. Man akzeptiert sie in der Szene, dort haben sie Ansprechpartner und Informanten, über deren Bagatelldelikte sie ohne viel Aufhebens hinwegsehen, sofern ihnen ein Tip einen größeren Fisch einbringt. Kapitalverbrechen aber ahnden sie ohne Pardon und langen dabei schon mal ordentlich zu. Schonungslos auch gegen sich selbst, gehen sie bei jeder Verbrecherjagd aufs Ganze, sprinten draufgängerisch über Kühlerhauben und Autodächer, hechten über meterhohe Gitterzäune oder pflügen sich durch vermüllte Seitenstraßen. Auch wird dabei mit Kugeln nicht gegeizt, und weder Starskys

Gaststars:

Maud Adams, Rene Auberjonois, Joan Blondell, Roscoe Lee Browne, Rory Calhoun, Diana Canova, John Carradine, Kim Cattrall, Joan Collins, Michael Conrad, Danny DeVito, George Dzundza, Samantha Eggar, Joel Fabiani, Jeff Goldblum, Melanie Griffith, Veronica Hamel, Kathryn Harrold, Ken Kercheval, Richard Kiel, Geoffrey Lewis, Robert Loggia, Vonetta McGee, Stephen McHattie, Kristy McNichol, Pat Morita, Charles Napier, John Ritter, Suzanne Somers, Philip Michael Thomas, Monique Van de Ven, Garry Walberg, M. Emmet Walsh, Ray Walston, Carl Weathers, Adrian Zmed

Creator:
William Blinn
Beginn der deutschen Erstausstrahlung: 11. 1. 1978

Auf große Begeisterung stieß die Serie vor allem in Großbritannien und brachte gar eine neue Mode auf: Zeitweilig waren unter den Gentlemen dicke gegürtete Strickjacken, wie sie von Starsky getragen wurden, schwer en vogue.

Beide Hauptdarsteller gingen mit vollem körperlichen Einsatz in die oft auf Leinwandniveau inszenierten Action-Szenen. Manches Mal bezahl-

David Soul, Paul Michael Glaser

45er Automatik noch Hutchs 357er Magnum laufen je Gefahr, Rost anzusetzen.

Gemeinhin wird das unbezähmbare Duo nach solchen Einsätzen vor den Schreibtisch Captain Dobeys zitiert, um sich die Leviten lesen respektive die fraglichen Dienstvorschriften exegieren zu lassen. Der kaltschnäuzige, aber warmherzige Dobey hat es sich längst zur Gewohnheit gemacht, nur noch knurrend und belfernd mit seinen schwarzen Schafen umzuspringen. Insgeheim jedoch weiß er um deren Qualitäten und selbige auch zu schätzen, obschon er dies nicht einmal unter quälendster Folter offen aussprechen würde.

Erstaunlich ist, daß die unbändigen Detectives überhaupt dermaßen viel Zeit miteinander verbringen. Selten sieht man einen ohne den anderen, und das nicht nur während der Dienststunden, sondern auch nach Feierabend, wenn sie noch auf ein Bier und eine Runde Billard in «Huggy Bear's The Pits», der Kaschemme ihres Lieblingsinformanten, einkehren. Offenbar wird das Gespann vom selben Treibriemen in Gang gehalten.

Dennoch könnten Herkunft, Vorlieben und Wesenszüge gegensätzlicher nicht sein. Der Wuschelkopf Starsky war einst ein Straßenjunge und ist es im Grunde noch immer, inzwischen allerdings einer mit Dienstmarke. Er reagiert sehr impulsiv und hitzig und läßt nichts anderes als Junk food an seinen abgehärteten Gaumen. Ganz anders sein

ten sie den Verzicht auf ein Stuntdouble mit blauen Flecken und anderen Blessuren.

David Soul verlebte einen Teil seiner Kindheit in Deutschland, unter anderem in Berlin, Frankfurt, Stuttgart und München. Als Interpret war er auch nach Einstellung der Serie erfolgreich, ging mehrfach auf Konzertreise und

ist damit nach Geoff Tibballs «the number one singing detective of all time». Die meisten Charthits verbuchte der politisch und karitativ stark engagierte Künstler in Großbritannien, das ihm mittlerweile zur zweiten Heimat geworden ist.

1980 stieß die Serie auch in der Bundesrepublik wegen ihrer Gewaltdar-

stellungen auf Kritik. Der damalige ZDF-Programmdirektor Dieter Stolte suchte die Anwürfe mit dem Hinweis zu entkräften, man habe bewußt nur 26 Folgen gezeigt und diese zudem rigoros gekürzt. Das unverfrorene Kupieren gehörte freilich ohnehin zum Procedere, da man US-amerikanische Serienproduktionen ohne Achtung vor dem integralen Werk nach Maß-

Partner Hutch, ein versammelter Kultur-mensch ruraler Herkunft, der gesundem Essen den Vorzug gibt, Yoga praktiziert und des Abends gern in die Saiten seiner Gitarre greift. Trotz dieser Widersprüche bilden sie ein eingeschworenes Team, spenden einander jederzeit Rat, Trost und Unterstützung, und einer wie der andere gerät völlig außer Fassung, sobald er den Partner in Gefahr wähnt.

Paul Michael Glaser, David Soul

Gerade das innige Verhältnis der auf den ersten Blick vollends inkompatiblen Kollegen erwies sich als Clou dieser Serie, die in den USA keine Spitzenquoten erzielte, aber vier Staffeln lang eine treue Gefolgschaft auf sich vereinigte und auch in der BRD von durchschnittlich 8,8 Millionen Zuschauern goutiert wurde. Die losen Rabauken bewegten sich am Puls der Zeit, und ihre Attitüde machte sogar Schule, wie Jon Lewis und Penny Stempel berichten: Demnach beklagte sich der Polizeichef des Distrikts Merseyside in England, daß einige Beamte die entfesselten Fernseh-Cops nachzuahmen begannen, die Stulpen ihrer Handschuhe umkrempelten, im Dienst Sonnenbrillen trugen und ein Fahrverhalten an den Tag legten, das der hohe Beamte mit drastischen Worten zu geißeln sich genötigt sah.

Auch in den USA wurde Einspruch laut wegen des angeblich zu hohen Gewaltanteils der Serie. Die Produzenten spurten und bremsten die übermütigen Aktionen; statt dessen rückten private Beziehungen in den Vordergrund. Die beiden zankten miteinander, gerieten auch schon mal in einen Streit um dieselbe Frau, und am Ende der vierten Staffel trennten sich beinahe ihre Wege.

Dann aber wurde Starsky von einem Auftragskiller niedergestreckt, und Hutch eilte umgehend an seine Seite. Dem ursprünglichen Konzept zufolge sollte der Schwerenöter mit dem sonnigen Gemüt sogar sterben, woraufhin ein eisiger Hutch unbarmherzig Vergeltung geübt hätte, doch so final mochte man das Finale denn doch nicht gestalten – Starsky erholt sich, und in der Schlußszene stehlen sich seine Freunde entgegen den Anweisungen des Klinikpersonals ins Krankenzimmer und feiern in trauter Runde seine absehbare Genesung.

Nicht unerwähnt bleiben darf das Unikum Huggy Bear, ein stets in zweifelhafte Machenschaften verstrickter Kneipier, der nicht nur Bier, sondern hinter vorgehaltener Hand auch den neuesten Klatsch und vertrauliche Informationen verzapfte. Huggys pfauenbunter Aufputz umhüllte einen weichen Kern und eine treue Seele, mit seinen slanggefärbten Worten ausgedrückt: «Trotz meiner männlich-harten Gesichtszüge bin ich sehr sensibel.»

Antonio Fargas, der Darsteller dieser schillernden Figur, hatte zuvor in zahlrei-

gabe des Programmschemas zurechtzuschneiden pflegte.

In den Undercover-Boys von → MIAMI VICE fanden Starsky und Hutch Mitte der Achtziger legitime Nachfolger: VICE-Creator Anthony Yerkovich und der spätere Produzent Michael Mann gehörten zum Autorenstab von STARSKY UND HUTCH. Der Einfluß ist un-

verkennbar. Unter anderem feierte Huggy Bear fröhliche Auferstehung in der Rolle des Noogie, genannt «Noog Man» (Charlie Barnett). Erklärtermaßen inspiriert von STARSKY UND HUTCH sind auch die Romane der Kriminalautorin Teri White, die gern ein gleichgeschlechtliches Doppel ins Feld schickt.

Fanclub:
David Soul Appreciation Club c/o Sylvie Macle
34, Primrose Gardens
London NW 3 4TN
Großbritannien
(monatlicher Newsletter, Versand exklusiver Fotos etc.)

Paul Michael Glaser

chen *blaxploitation movies* mitgewirkt, einem seinerzeit aktuellen Subgenre, dessen Tempo und Bildästhetik sich in der Serie wiederspiegelt, vor allem in den aktionsorientierten Szenen, die mit einer zündenden, von Soul und Rhythm & Blues geprägten Filmmusik unterlegt sind. Für diese Passagen wurden häufig die Titelmusiken der Serie variiert. Das ursprüngliche Leitmotiv stammte von Lalo Schifrin, der bereits für → KOBRA, ÜBERNEHMEN SIE Großes geleistet hatte. In einer späteren Staffel wurde es ersetzt durch eine Funk-geladene Komposition von Tom Scott und Mark Snow. Das James Taylor Quartet spielte 1988 mit Unterstützung der früheren James-Brown-Musiker Pee Wee Ellis und Fred Wesley eine explosive Version dieses Leitthemas ein, die zu einem Clubhit der Acid-Jazz-Bewegung wurde.

Die tiefe Freundschaft zwischen den Protagonisten fand ihre Entsprechung im Verhältnis zwischen David Soul und Paul Michael Glaser. Vor seinem Durchbruch hatte sich Soul lange Zeit als Musiker und Gelegenheitsschauspieler durchgeschlagen. Dem Fernsehpublikum machte er sich mit der Westernkomödie HERE COME THE BRIDES (USA 1968–1970) bekannt. 1974 stieß er, kurz vor deren Einstellung, für einige Monate zum Ensemble der Anwaltsserie OWEN MARSHALL, STRAFVERTEIDIGER (OWEN MARSHALL, COUNSELOR AT LAW, USA 1971–1974). 1973 spielte er neben Clint Eastwood in dem Kino-

film CALAHAN (MAGNUM FORCE, USA 1973) und fand dadurch die Beachtung des Fernsehproduzenten Joseph T. Naar, der soeben im Auftrag von Aaron Spelling und Leonard Goldberg die Doppel-Cop-Serie STARSKY UND HUTCH vorbereitete. Soul wurde postwendend für die Rolle des Hutch gebucht; dann begann die Suche nach einem passenden Partner. Aus 150 Aspiranten wählte man Paul Michael Glaser, der bei einer gemeinsamen Testszene im Wechselspiel mit Soul eine überzeugende Vorstellung gegeben hatte. Die beiden Schauspieler verstanden sich auf Anhieb. David Soul wird mit den Worten zitiert: «Vom ersten Augenblick an war klar, daß zwischen uns eine Art Übereinstimmung bestand – das war entscheidend. Und das ist all die Zeit auch so geblieben.»

Die Schauspieler bereiteten sich intensiv auf die jeweiligen Dreharbeiten vor. Sie beobachteten die Arbeit echter Polizisten, beteiligten sich über das übliche Pensum hinaus an der Vorbereitung einzelner Szenen und nahmen maßgeblich Einfluß auf die Drehbücher, um deren Qualität zu sichern. Der als Perfektionist geltende David Soul erläuterte in einem Interview: «Die Serie handelt weniger vom Polizeidienst, sondern von dem Verhältnis und dem Einvernehmen zwischen zwei eigenwilligen Undercover-Cops. Paul und ich arbeiten selbst an den Drehbüchern mit, damit dieser besondere STARSKY UND HUTCH-Touch bestehenbleibt.»

Beinahe zwangsläufig führte der Weg der beiden zur Regie. Jeder von ihnen inszenierte mehrere Episoden. Paul Michael Glaser setzte später seine Regiekarriere fort; in seiner Filmographie finden sich unter anderem Fernsehproduktionen wie → MIAMI VICE und der Kinofilm RUNNING MAN (USA 1987). David Soul inszenierte unter anderem ebenfalls für MIAMI VICE und war darüber hinaus Finanzier, Produzent und Regisseur der TV-Dokumentation THE FIGHTING MINISTERS (USA 1984/86).

Star Trek – Das nächste Jahrhundert
Star Trek: The Next Generation
USA 1987–1994

Captain Jean-Luc Picard PATRICK STEWART	**Lieutenant Worf** MICHAEL DORN	**Wesley Crusher (1987–1990)** WILL WHEATON
Commander William Riker JONATHAN FRAKES	**Dr. Beverly Crusher** **(1987–1988, 1989–1994)** GATES MCFADDEN	**Miles O'Brien (1987–1993)** COLM MEANEY
Lieutenant Geordi La Forge LeVAR BURTON	**Counselor Deanna Troi** MARINA SIRTIS	**Dr. Katherine Pulaski** **(1988–1989)** DIANA MULDAUR
Lieutenant Tasha Yar **(1987–1988)** DENISE CROSBY	**Lieutenant Commander Data** BRENT SPINER	**Guinan (1988–1993)** WHOOPI GOLDBERG

Nach schier endlosem Hin und Her um die Frage, ob die eigentlich bereits aufgegebene U.S.S. Enterprise nach ihrer neuerlichen Indienstnahme über Bildschirme oder Kinoleinwände brausen sollte, hatten sich die Verantwortlichen der Paramount Studios letztlich, obwohl eine neue TV-Serie mit dem Arbeitstitel STAR TREK II bereits Produktionsreife erlangt hatte, für eine Spielfilmversion entschieden. Man schrieb das Jahr 1978 irdischer Zeitrechnung, ein Jahr zuvor hatte STAR WARS (USA 1977) das Interesse an abenteuerlicher Science-fiction neu entfacht, und Paramount wollte am Boom teilhaben, wobei man auf die erwiesene Treue der Fans des hauseigenen Serienklassikers → RAUMSCHIFF ENTERPRISE bauen konnte.

Gates McFadden und Michael Dorn

Der erste Versuch mit dem Titel STAR TREK – DER FILM (STAR TREK – THE MOTION PICTURE, USA 1979) benötigte eine längere Anlaufzeit, um von der Rampe zu kommen, erwies sich aber mittelfristig als profitables Geschäft und wurde zur Initialzündung für eine erfolgreiche Spielfilmreihe. Die Idee einer neuen STAR TREK-Fernsehserie geriet darob keineswegs in Vergessenheit. Kirk, Spock und ihre altgedienten Fahrensleute aber waren für die Fron einer wöchentlichen Serie nicht mehr zu haben. Ein neues Konzept mußte erarbeitet werden, eine diffizile Aufgabe, die ein Höchstmaß an Fingerspitzengefühl erforderte, wachten doch «Trekker» und «Trekkies» eifersüchtig über Wohl und Wehe ihrer Lieblingsserie. Kaum jemand anderes

Gaststars:
Mädchen Amick, Dietrich Bader, Majel Barrett, Stephanie Beacham, Corbin Bernsen, Theodore Bikel, Walker Brandt, Ellen Bry, Seymour Cassel, Lanei Chapman, Henry Darrow, James Doohan, Samantha Eggar, Mick Fleetwood, Matt Frewer, Kelsey Grammar, Stephen Hawking, Robert Ito, Famke Janssen, DeForest Kelley, Jeremy Kemp, Bebe Neuwirth, Leo-
nard Nimoy, Michelle Phillips, Kavi Raz, Saul Rubinek, Reiner Schöne, Dwight Schultz, Jean Simmons, Paul Sorvino, David Ogden Stiers, Carel Struycken, Linda Thorson, Beth Toussaint, Ray Walston, Noble Willingham, Paul Winfield, Ray Wise

Creator:
Gene Roddenberry
Beginn der deutschen Erstausstrah-

lung: 7. 9. 1990, ZDF (unter dem Titel RAUMSCHIFF ENTERPRISE – DAS NÄCHSTE JAHRHUNDERT)
Spinoffs:
→ STAR TREK: DEEP SPACE NINE (USA 1992–)
STAR TREK: VOYAGER (USA 1995–)

Gastspiele von Besatzungsmitgliedern der Ur-Enterprise bürgten für die Kontinuität des Geschehens. DeFo-

Die Crew

*Marina Sirtis,
Brent Spiner*

als Gene Roddenberry, der vergötterte Urheber der Originalserie, hätte sich an dieses Problem heranwagen dürfen; und selbst er mußte sich von einigen Heißspornen noch Verrat an der Sache vorwerfen lassen. Manche Presseorgane suchten sich anzubiedern und vollzogen eine Art vorauseilenden Kotau vor den Fans. Sogar die der jüngeren Popkultur sonst eher abgewandte ‹Zeit› bezog zugunsten von STAR TREK CLASSIC Stellung und nörgelte: «STAR TREK war ganz ein Kind der Swinging Sixties; jeder mißlungene Special Effect, jede unfreiwillige Komik, jedes subversive Einsprengsel machte ‹Enterprise›-Abenteuer charmanter. Die Fortsetzung dieses Weltraum-Pops ist zwar gut gemachte Unterhaltung, aber eben nicht mehr als irgendeine Science-fiction-Serie mit vielen Spezialeffekten.»

All diese Schlauberger hatten jedoch die Offenheit des Publikums unterschätzt. Die Reisen der neuen Enterprise mit der Seriennummer NCC-1701-D faszinierten nicht nur altgediente Trekker, sondern erweiterten den Kreis der Stammzuschauer in beträchtlichem Maße.

Wohlweislich unterließ es Roddenberry, eine simple Blaupause seines Erfolgskonzepts abzuliefern. Die neue, achtmal größere Enterprise hatte noch eine gewisse Ähnlichkeit mit dem Vorgängermodell, jedoch lagen 78 Jahre technischer Entwicklung zwischen den beiden Ausführungen. Der schnittige Kahn beherbergte statt 428 nun 1012 Personen. Die Enterprise sollte mehrjährige Missionen in ferne Galaxien unternehmen. In Abweichung vom Reglement durften dieser langen Zeitspannen wegen die Familien der Besatzungsmitglieder mitreisen, so daß in ausreichendem Maße Quartiere und Versorgungseinrichtungen vorhanden sein mußten. Das Führungspersonal war nun auch nach galaktischen Maßstäben multikulturell zusammengesetzt, während auf der alten NCC-1701 mit Mr. Spock gerade mal ein Alibi-Extraterrestrier im gehobenen Dienst tätig gewesen war.

Das Kommando führte der gebürtige Pariser Jean-Luc Picard, ein Mittfünfziger mit langjähriger Weltraumerfahrung. Auf die Mitglieder seiner Crew wie auf die Zuschauer mußte er anfangs spröde und unzugäng-

rest Kelley absolvierte im Pilotfilm einen knapp zweiminütigen Überraschungsauftritt als Admiral McCoy, Leonard Nimoy stellte sich für die zweiteilige Episode «Wiedervereinigung» / «Unification» zur Verfügung, und James Doohans Scotty erstand, das Drehbuch wollte es so, für «Besuch von der alten Enterprise» / «Relics» von den Toten.

Gene Roddenberrys Ehefrau Majel Barrett, die in einem frühen Stadium der STAR TREK-Historie einmal als Erster Offizier der Enterprise vorgesehen war, sich aber auf Einwände des Studios hin mit dem Part der Christine Chapel hatte begnügen müssen, war auch bei der neuen Serie wieder mit an Bord. Bei Bedarf trat sie als Deanna Trois exzentrische Mutter Lwa-

xana in Erscheinung, eine schillernde Figur, die gern kräftigen Wirbel verursachte.

LeVar Burton hatte bereits zehn Jahre zuvor mit der Rolle des jungen Kunta Kinte aus ROOTS (USA 1977–1978) Starstatus erlangt, an den damaligen Erfolg aber lange nicht anknüpfen können. Wie Jonathan Frakes, Patrick

Brent Spiner und LeVar Burton auf dem Holodeck

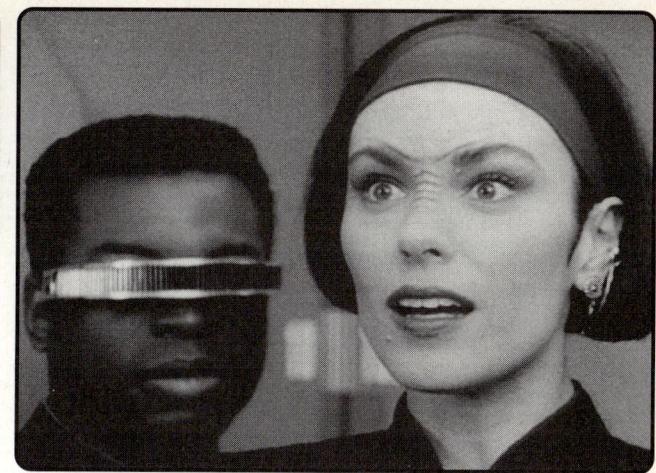

LeVar Burton, Michelle Forbes

lich wirken; das sollte sich jedoch im Verlauf der Serie peu à peu ändern. Dem Abenteurernaturell James T. Kirks am nächsten kam der Erste Offizier William Riker. Ihm oblag es, die Funktionstüchtigkeit von Schiff und Mannschaft zu gewährleisten. Ferner gehörte die Leitung der Landeteams zu seinen Aufgaben – anders als ehedem Kirk war Picard aus Sicherheitsgründen angewiesen, die Kommandobrücke tunlichst nicht zu verlassen. Diese wirkte ungleich wohnlicher als Kirks seinerzeitiger Befehlsstand und erschien mitunter beinahe wie eine Spiegelung der Zuschauersituation, sofern sich diese im größeren Kreis zur STAR TREK-Begutachtung zusammenfanden.

Häufig auf der Brücke anzutreffen waren beispielsweise die Damen Deanna Troi und Tasha Yar, erstere kraft ihrer zur Hälfte betazoischen Herkunft telepathisch veranlagt und dem Kapitän als Beraterin beigeordnet, letztere die tatkräftige Sicherheitschefin des Schiffes. Auch die Schiffsärztin Dr. Beverly Crusher ließ sich gelegentlich auf dem Führungsdeck blicken, dito ihr etwa fünfzehnjähriger Sohn Wesley, der dank überragender technischer Fähigkeiten bald wichtige Aufgaben übernahm und in Folge 6 («*Der Reisende*»/«*Where No One Has Gone Before*») von Picard zum Fähnrich ernannt, von vielen Serienfans aber als unangenehmer Wichtigtuer abgelehnt wurde. Als Rangdritten verzeichnete das Bordbuch den Androiden Data, einen hochentwickelten artifiziellen Organismus mit leicht teigiger Physiognomie, der strikt in logischen Mustern dachte, obschon er stets danach trachtete, die Feinheiten menschlicher Regungen zu erfassen, um selbst möglichst menschenähnlich zu werden, eine Eigenart, die ihn wesentlich von dem ebenfalls der Logik verpflichteten Halbvulkanier Spock unterschied. Den Po-

Stewart und Gates McFadden wurde auch er im Rahmen der Serie als Regisseur tätig.

Von 1980 bis 1982 steuerte der Afroamerikaner Michael Dorn ein weniger kompliziertes Fahrzeug – er gehörte als Officer Turner zur handlungstragenden Motorradstaffel der Serie CHIPS (USA 1977–1983). Im Kinofilm

STAR TREK VI – DAS UNENTDECKTE LAND (STAR TREK VI – THE UNDISCOVERED COUNTRY, USA 1991) spielte er Worfs Großvater, der Captain Kirk und Dr. McCoy in einer heiklen Gerichtsverhandlung beisteht.

Denise Crosby ist die Enkelin des unvergessenen Entertainers Bing Crosby.

Über Umwege ließ Whoopi Goldberg ihr Interesse an einer Mitwirkung in der Serie verlauten. Dies wurde von den Produzenten zunächst als Gerücht abgetan, bis der Kinostar die Bewerbung ausdrücklich bestätigte. Eigens für sie entwarf Roddenberry die Figur der sphinxhaften Bardame Guinan, die ihren Gästen in der «*Ten Forward Lounge*» im Bedarfsfall ne-

Whoopi Goldberg und Patrick Stewart

Jonathan Frakes, Patrick Stewart und Gates McFadden

sten des Navigators hatte Geordi La Forge inne, der ohne Augenlicht geboren worden war, aber mit der avancierten Sehhilfe V.I.S.O.R. – ein Kürzel für *«Visual Instrument & Sight Organ Replacement»* – seine Umgebung in ausreichendem Maße wahrnehmen konnte, auch wenn sich seine Sinneseindrücke von denen nicht behinderter Mannschaftsmitglieder deutlich unterschieden. Ein Umdenken machte die Anwesenheit des Klingonen Worf erforderlich. Zu Kirks Zeiten waren die Klingonen die Erzfeinde der Föderation, inzwischen aber Verbündete. Als Adoptivsohn eines Sternenflottenoffiziers und Absolvent der *«Starfleet Academy»* stand Worf ohnehin zwischen beiden Kulturen.

Mit der Jungfernfahrt der neuen Enterprise begann eine abenteuerliche Entdeckungsreise, nicht nur für die wackeren Raumfahrer, sondern auch für die Zuschauer. Die handelnden Personen waren zunächst einmal Fremde. Es galt demnach, Wesensmerkmale aufzuspüren, Persönlichkeiten zu erforschen, zwischenmenschliche Beziehungen zu studieren. Noch während der ersten Staffel wechselten mehrfach die Autoren und damit die Vorstellungen über die einzelnen Protagonisten; auch die Schauspieler arbeiteten noch an der Ausformung ihrer Charaktere. Immerhin gab die dritte Episode (*«Gedankengift»*/*«The Naked Now»*) einigen Aufschluß über die verborgenen Sehnsüchte der Hauptfiguren. Nachdem sie unter den Einfluß eines enthemmenden Giftstoffes geraten, verlieren sie jede Beherrschung: Tasha Yar versucht Data zu verführen, Wesley Crusher übernimmt das Kommando über das Schiff, seine Mutter gesteht einem keineswegs abgeneigten Captain Picard ihre Zuneigung, Deanna Troi rückt Riker zu Leibe. Natürlich finden letztlich alle zurück auf die Milchstraße der Sittsamkeit, und ein moralinsaurer Vortrag des leicht angeschlagenen Captains beendet die drolligen Ausschweifungen: «Eins ist mir klargeworden: Wir werden ganz sicher noch

ben Getränke auch manch hintergründigen Aphorismus auftischt.

Die Einstellung von STAR TREK – DAS NÄCHSTE JAHRHUNDERT erfolgte nicht aus Mangel an Zuschauern, sondern weil die vor Produktionsbeginn vereinbarten Abnahmepreise die gestiegenen Herstellungskosten nicht mehr deckten. Noch während an der Schlußfolge gearbeitet wurde, begannen bereits die Vorbereitungen für den Kinofilm STAR TREK – TREFFEN DER GENERATIONEN (STAR TREK – GENERATIONS, USA 1992).

Literatur (Auswahl):
Phil Farrand: Cap'n Beckmessers Füh-

rer durch STAR TREK – DIE NÄCHSTE GENERATION. München 1995
Larry Nemecek: STAR TREK: THE NEXT GENERATION. New York 1995
Wess Roberts / Bill Ross: STAR TREK – THE NEXT GENERATION – Picards Prinzip. Management By Trek. München 1995 (Originaltitel: Make It So: Leadership Lessons From STAR TREK, THE

eine sehr gute Crew werden, wenn es uns allen gelingt, den ständigen Versuchungen zu widerstehen.» Daß dies auch ihm nicht immer leichtfällt und die gezeigten Paarungen mit Bedacht gewählt worden waren, erweist sich in der Folge «Versuchskaninchen»/«Allegiance», als ein mit Picards Bewußtsein ausgestatteter Doppelgänger der überraschten Beverly Crusher unverhoffte, aber durchaus willkommene Avancen macht, dabei die sonstige Verschlossenheit aufgibt und ihr mit den schwermütigen Worten «Manchmal glaube ich, es ist nur unsere Schuld, daß wir einsam sind» die schmerzhaften Unzulänglichkeiten seiner privaten Existenz enthüllt.

Wie schon bei RAUMSCHIFF ENTERPRISE, setzten die Produzenten auch bei der neuen Serie weniger auf lärmende Sternenkriege als auf interessante Themen, auf allegorische Verhandlung von Gegenwartsproblemen und interessante Fragestellungen, obschon ein im Vergleich zur Vorgängerserie erhöhter Produktionsetat und vor allem eine ausgereiftere Tricktechnik diesbezüglich manche Eskapade gestattet hätten.

Aufregende Novitäten gab es dennoch zu sehen, zum Beispiel die erstmals gezeigte Trennung des Kampfstandes der Enterprise von der Wohnscheibe. Als echte Bereicherung erwies sich das von der Besatzung als Mittel der Entspannung genutzte Holodeck, das Ausflüge in vergangene Epochen um einiges glaubwürdiger erscheinen ließ als in den Classic-Episoden, wenn Kirk und seine Begleiter mitunter in den Tiefen der Galaxis auf unglaublich erdähnliche Verhältnisse stießen.

NEXT GENERATION, New York 1995)
Ralph Sander: Trek 'n' Trivia. Das große NEXT GENERATION Quizbuch. München 1997
Adam Shrager / David Gerrold: The Finest Crew In The Fleet: THE NEXT GENERATION Cast On Screen And Off. New York 1997
James Van Hise: The Unauthorized

Trekker's Guide TO THE NEXT GENERATION AND DEEP SPACE NINE. New York 1995

Fanclubs (Auswahl):
TNG-Club
c/o Holger Kunze
Talstr. 2
34590 Wabern

STAR TREK Central Europe
Postfach 220111
86181 Augsburg

STAR TREK – The Official Fan Club
P.O. Box 111 000
Aurora
CO 80011

Star Trek: Deep Space Nine
USA 1993 –

Captain Benjamin Sisko AVERY BROOKS	**Lt. Commander Jadzia Dax** (1993–1998) TERRY FARRELL	**Lt. Commander Worf** (1995 –) MICHAEL DORN
Chief Miles O'Brien COLM MEANEY	**Jake Sisko** CIRROC LOFTON	**Leeta** (1995–) CHASE MASTERSON
Major Kira Nerys NANA VISITOR	**Quark** ARMIN SHIMERMAN	**Ezri Dax** (1998–) NICOLE DE BOER
Constable Odo RENÉ AUBERJONOIS	**Keiko O'Brien** ROSALIND CHAO	
Dr. Julian Bashir ALEXANDER SIDDIG (A.K.A. SIDDIG EL FADIL)	**Elim Garak** ANDREW J. ROBINSON	

Von links: Captain Sisko (Avery Brooks), Lieutenant Dax (Terry Farrell) und Commander Worf (Michael Dorn)

In den ersten beiden STAR TREK-Serien waren die Protagonisten Entdeckungsreisende des Raumschiffzeitalters und brausten zu Forschungszwecken durch die heute sprichwörtlichen unendlichen Weiten. Ganz bewußt hatte Gene Roddenberry mit dem Titel Bezug hergestellt zu den großen Wagentrecks und Marschkolonnen, die einst ausgezogen waren, den Wilden Westen zu erobern. Das neuerliche Spinoff DEEP SPACE NINE brachte eine Abkehr von diesem Konzept, zeigt aber ebenfalls Parallelen zum Western, denn Schauplatz der Serie ist eine Raumstation in den Tiefen der Galaxis, eine Art Fort in einer lange umkämpften und mit Beginn der Serie noch immer nicht gänzlich befriedeten Umgebung. Gerade erst hatten die kriegerischen Cardassianer die hochtechnisierte Bastion und den nahe gelegenen Planet Bajor nach sechzigjähriger Zwangsherrschaft verlassen. Der ausgeplünderte und kaum noch funktionstüchtige Stützpunkt wird der Föderation unterstellt; das Kommando übernimmt Benjamin Sisko. Ihm und seinen Leuten, darunter Miles O'Brien, vormals Transporteroffizier auf der U.S.S. Enterprise, ist aufgegeben, die Station instand zu setzen und eine Art Protektorat zu übernehmen für das Volk der Bajoraner, das noch immer unter den Folgen des cardassianischen Gewaltregimes leidet. Die ehemalige bajoranische Widerstandskämpferin Kira Nerys fungiert zunächst als Verbin-

Gaststars:
Cecily Adams, Marc Alaimo, Michael Ansara, Daphne Ashbrook, Jonathan Banks, Majel Barrett, Richard Beymer, Barbara Bosson, William Campbell, Bernie Casey, Gordon Clapp, John Colicos, James Darren, Cliff De Young, Louise Fletcher, Meg Foster, Robert Foxworth, Jonathan Frakes, Megan Gallagher, John Glover, Max Grodénchik, Brian Keith, Frank Langella, Monte Markham, Jim Metzler, Brock Peters, Iggy Pop, Chris Sarandon, Tracy Scoggins, Wallace Shawn, Gregory Sierra, Patrick Stewart, George Takei, Craig Wasson, Fritz Weaver, Grace Lee Whitney, Vanessa L. Williams, Dey Young, Harris Yulin

Creators:
Rick Berman und Michael Piller
Beginn der deutschen Erstausstrahlung: 28. 1. 1994, Sat.1

Avery Brooks verfügt über langjährige Theatererfahrung und arbeitete zeitweise als Professor für Theaterwissenschaften. Ehe er im «Operations Control Centre» (OPS) auf DS 9 Platz

Dr. Bashir (Siddig El Fadil) und Ty Kajada (Baitlin Brown)

Chief O'Brien (Colm Meaney) und Garak (Andrew Robinson)

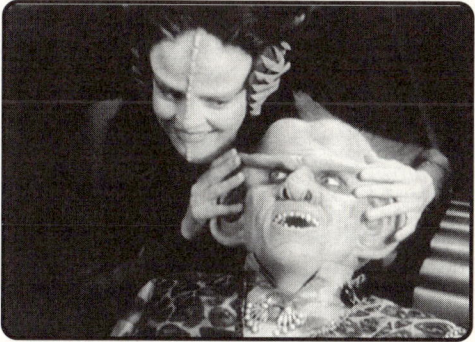

Quark (Armin Shimerman) läßt sich von Emis (Juliana Donald) die Ohren kraulen

Jake (Cirroc Lofton) und Quarks Neffe Nog (Aron Eisenberg)

dungsoffizier. Trotz ihrer unverhüllten Antipathien gegen die Föderation beruft Sisko sie als Ersten Offizier für Deep Space Nine und findet in ihr eine gelegentlich sperrige, aber verantwortungsvolle und in entscheidenden Dingen zuverlässige Mitstreiterin. Ähnliches gilt für den frettchenhaften Sicherheitschef Odo, der sich nur widerstrebend in den Dienst der Föderation stellt. Odo ist ein Gestaltwandler unbekannter Herkunft. Man fand ihn einst in einem herrenlos durchs All trudelnden Raumschiff.

Menschliche Genußsucht ist dem asketischen Ordnungshüter fremd. Er widmet sich mit Hingabe seinem Amt und läßt sich allenfalls ablenken, wenn er eine Möglichkeit sieht, mehr über seine Abstammung zu erfahren. In der dritten Staffel wird das Geheimnis gelüftet, Odo aber kann keine Freude empfinden über die neugewonnene Erkenntnis und bleibt in der vertrauten Umgebung auf DS 9.

Traute Haßliebe verbindet Odo mit dem Ferengi Quark. Der betreibt auf der den Kern

nahm, machte er gute Figur in der Rolle des geheimnisumwitterten Hawk in der Detektivserie SPENSER (SPENSER: FOR HIRE, USA 1985–1988) und wurde für kurze Zeit Titelheld des Spinoffs HAWK (A MAN CALLED HAWK, USA 1989). Wie René Auberjonois und Michael Dorn übernahm er auch Regieaufgaben innerhalb der DS-9-Produktion.

In der Episode «Immer Last mit den Tribbles» / «Trials and Tribble-ations» unternehmen Sisko und sein Stab einen Zeitsprung ins vorherige Jahrhundert und finden sich auf der Ur-Enterprise wieder, wo sie dem – nicht nur für sie – legendären Captain Kirk und dessen Mannschaft begegnen. Das Treffen der Generationen wurde am Computer angerichtet, die

gemeinsamen Szenen stammen aus den Classic-Episoden «Kennen Sie Tribbles?» / «The Trouble with Tribbles» und «Ein Parallel-Universum» / «Mirror, Mirror». Für zusätzliche Einstellungen mußte trotz aller Computerkünste ein Teil der Original-Enterprise-Kulissen kostspielig rekonstruiert werden.

Die Bajoraner Thana Los (Jeffrey Nordling) und Major Kira (Nana Visitor)

Die klingonischen Schwestern Lursa (Barbara March, links) und B'Etor (Gwynyth Walsh)

der Station umlaufenden Promenade eine vielbesuchte Taverne und bietet neben kulinarischen Genüssen auch andere Lustbarkeiten feil, die zwar nicht explizit beim Namen genannt werden, aber mit einem virtuellen Bordell zu tun haben. Außerdem organisiert Quark Glücksspiele und beherrscht natürlich sämtliche Regeln der Aneignung, denn, so besagt es eine der vielen verbindlichen Gewerbebestimmungen seines profitversessenen Volkes: «Verkaufe erst, frag später.»

Ursprünglich hatte der raffgierige Barbesitzer die verwüstete Station verlassen wollen, denn dort draußen in der Tiefe des Raumes sind Kunden eher rar. Doch Sisko, dem an einer Wiederbelebung des Außenpostens gelegen sein muß, bewog ihn mit einer minderschweren Erpressung zum Bleiben. Und Quark zieht prompt enormen Vorteil aus der Situation, denn bald darauf wird in unmittelbarer Nähe ein stabiles Wurmloch entdeckt, das den Weg freigibt zu einer bislang unbekannten Zone des Universums, dem 70 000 Lichtjahre entfernt gelegenen Gamma-Quadranten. Dieses Wurmloch setzt

einiges in Bewegung. Deep Space Nine wird zur Durchgangsstation und zu einem attraktiven Umschlagplatz, der Geschäftemacher und Glücksritter aller Art anzieht, darunter, zu Odos Mißbehagen, auch allerlei Spitzbuben mit unerfreulichen Absichten. Als Kontrollpunkt bekommt DS 9 zusätzlich strategische Bedeutung für sämtliche Militärs. Nicht zuletzt die Cardassianer richten ihr Begehr auf eine Rückgewinnung der Station, die sie, wie sich jetzt zeigt, einst vorschnell aufgegeben hatten. Aus diesem Grunde steht ihr Landsmann Garak, der auf DS 9 eine Schneiderei betreibt, in permanentem Verdacht, für sein Volk zu spionieren. Garaks Kontakte zu seinem Heimatplaneten, auf dem er in Ungnade gefallen ist, lassen sich indes auch für diplomatische Zwecke nutzen, da die Föderation keine offiziellen Beziehungen zu Cardassia unterhält. Garak, ein ausgemachtes Schlitzohr und notorischer Lügenbold, ist es gewohnt, daß man ihm mit Mißtrauen begegnet. Am nächsten steht ihm der junge Stationsarzt Dr. Julian Bashir. Beide treffen sich regelmäßig zum Es-

Weniger logistische Probleme bereitete die Schwangerschaft der Schauspielerin Nana Visitor. Ein kleiner Drehbuchkniff genügte, um ihre zunehmende Leibesfülle plausibel zu machen: Als Keiko O'Brien während eines Ausflugs einen schweren Unfall erleidet und ihr ungeborenes Kind zu verlieren droht, verpflanzt Dr. Bashir den Embryo kurzentschlossen in den

Leib der einzigen anwesenden Frau: Kira Nerys.

Zeitweise fand zwischen STAR TREK – DAS NÄCHSTE JAHRHUNDERT und STAR TREK: DEEP SPACE NINE ein reger Personaltausch statt. Patrick Stewart und Jonathan Frakes traten für DS 9 vor die Kamera, zudem inszenierten Frakes und LeVar Burton jeweils

mehrere Folgen der Schwesterserie. Frakes, Patrick Stewart und Brent «Data» Spiner schauten auch mal außer der Reihe bei den Dreharbeiten vorbei, gaben ein Ständchen zum besten und eilten hernach feixend von dannen.

Ehe sie sich vom Maskenbildner die Nase kerben ließ, war Nana Visitor

Von links: Terry Farrell, Avery Brooks,
Nana Visitor

Szene aus der Folge
TOSK, DER GEJAGTE

*Quark (Armin Shi-
merman) und Hagath
(Steven Berkoff)*

sen, wobei ihre mitunter doppelsinnigen Plaudereien nicht immer harmonisch enden; ihr zunächst distanziertes Verhältnis mündet mit der Zeit in eine zögerliche Freundschaft.

Bashir hat sich nach Abschluß seines Studiums aus Abenteuerlust zum Dienst auf der erdfernen Basis gemeldet. Jugendlicher Überschwang und ein naives Weltbild erschweren anfangs den Umgang mit dem blasierten Greenhorn, doch festigt sich sein Charakter im Verlauf der Serie. So manches Mal strapaziert Bashir die Geduld des Wissenschaftsoffiziers Jadzia Dax. Jadzia ist ein Trill, eine symbiotische Lebensform, die aus einem humanoiden Wirtskörper und einem parasitären Organismus besteht. Das Verwirrende: Dax' äußere Hülle entspricht der einer jungen Frau, die nach irdischen Maßstäben als attraktiv gelten kann. Tatsächlich aber ist Dax bereits zirka 300 Jahre alt und verfügt über die entsprechende Erfahrung und Abgeklärtheit. Ein junger Spund wie Julian Bashir nimmt sich dagegen nachgera-

de dümmlich aus. In ihrer vorherigen Inkarnation war Dax ein älterer Herr, der zu Benjamin Sisko in einem väterlichen Verhältnis stand. Nicht nur der Kommandant läßt sich zu Beginn des gemeinsamen Dienstes zeitweilig von der krassen äußerlichen Diskrepanz der beiden Daseinsformen irritieren, auch den Drehbuchautoren geriet Jadzias wahrer Charakter mitunter aus dem Sinn.

Das Kommen und Gehen auf der Station, die Ausflüge zu nahen Gestirnen und Reisen durch das sagenhafte Wurmloch, die enge Gemeinschaft aparter Charaktere mit sehr unterschiedlichen Interessen bilden die Basis der Geschichten. Damit sind den Autoren vielfältigere Möglichkeiten gegeben als bei der Ur-Serie → RAUMSCHIFF ENTERPRISE, deren Episoden häufig wiederkehrende Muster aufweisen. Deep Space Nine umfaßt viele bespielbare Böden, es ist ein Welttheater en miniature. Die Hauptfiguren wurden mit reichhaltigen Biographien ausgestattet, die ihr Handeln bestimmen. Benjamin Sisko bei-

einige Monate lang in schlichter Geschäftskleidung zu sehen. In der Sitcom WORKING GIRL – DIE WAFFEN DER FRAUEN (WORKING GIRL, USA 1990), die auf dem gleichnamigen Kinofilm basierte, spielte sie die unausstehliche Vorgesetzte der Titelheldin Sandra Bullock.

Fanclubs:
→ RAUMSCHIFF ENTERPRISE

Literatur (Auswahl):
Edward Cross / Marc A. Altman: Deep Space Log Buch. Königswinter 1994
Armin Breitenbach: Deep Space Nine – Hinter den Kulissen der Raumstation. Königswinter 1995
Phil Farrand: Cap'n Beckmessers Führer durch Star Trek – Deep Space Nine. München 1998
Yvonne Fern: Gene Roddenberry: The Last Conversation. Berkeley 1994

Judith & Garfield Reeves-Stevens: Deep Space Nine: Die Realisierung einer Idee. München 1996
Ralph Sander: Die STAR TREK Biographien. München 1995 (1996)
Ders.: Das STAR TREK Universum. 4 Bände. München 1993 / 97
James Van Hise: The Unauthorised Trekker's Guide To The Next Generation And Deep Space Nine. New York 1995

Odo (Rene Auberjonois) bringt den nach einem Anschlag auf die Schule der Raumstation verwirrten Chief O'Brien (Colm Meaney) in Sicherheit

Chief O'Brien (Colm Meaney) mit Tosk (Scott MacDonald, Mitte) und einem Jäger (Gerrit Graham) in der Folge TOSK, DER GEJAGTE

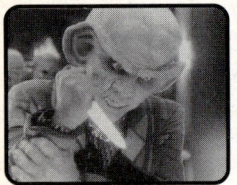

Quark
(Armin Shimerman)

Odo (Rene Auberjonois) und die Botschafterin Lwaxana (Majel Barret)

spielsweise verlor seine Ehefrau bei einem Angriff eines Borg-Kommandos, das von dem als Folge einer Bewußtseinsmanipulation auf die Gegenseite geratenen Jean-Luc Picard angeführt wurde, ein tragischer Vorfall, der ebenso Nachwirkungen zeitigt wie Kira Nerys Vergangenheit als Guerillakämpferin oder Garaks undurchsichtige frühere Tätigkeit für den cardassianischen Geheimdienst «Obsidian Order».

Die Stammbesetzung der Station ist keine ideologische Einheit. Es gibt gegensätzliche Mentalitäten und konträre Ansichten, mithin offene wie auch latente Spannungen. Kira Nerys und Elim Garak waren einst erbitterte Kriegsgegner, Odo beargwöhnt Quark, Bashir opponiert gegen O'Briens Hang zum Faustrecht. Auch familiäre Probleme zählen zu den wiederkehrenden Topoi der Serie. Alle Figuren machen erkennbare Entwicklungen durch. Bashir beispielsweise gewinnt an Reife, Garak verdient sich den Respekt seiner Umgebung, Quark verstößt schon mal gegen die ihm von frühester Jugend an eingeimpften radikalkapitalistischen Imperative seines Stammes, die für alle Ferengi verbindlichen «Erwerbsregeln». Episoden mit abenteuerlichen, satirischen, philosophischen und ethischen Inhalten wechseln sich ab, Zeitreisen ermöglichen sogar explizit politische Kommentare zu konkreten sozialen Problemen der USA. Nachdem er mit ansehen mußte, wie Unterprivilegierte und schuldlos Verarmte im frühen 21. Jahrhundert in Gettos zusammengepfercht wurden, wundert sich Bashir: «Jetzt, da ich ein wenig des 21. Jahrhunderts kenne, kann ich eins nicht verstehen: Wie konnten sie zulassen, daß es so schlimm wurde?» Ratlos und konsterniert entgegnet Captain Sisko: «Ich wünschte, ich hätte eine Antwort» (aus: *Gefangen in der Vergangenheit*/*Past Tense*).

Ein reizvoller Diskurs erwächst aus der Frage, ob Dax für einen Mord verantwortlich gemacht werden kann, den sie in einer früheren Erscheinungsform begangen haben soll. Einen bitteren Ton brachte die Indienstnahme des bereits aus → STAR TREK – DAS NÄCHSTE JAHRHUNDERT bekannten Klingonen Worf ins Geschehen. Weil die Klingonen zeitweilig den Frieden mit der Föderation aufkündigen, gerät Worf wiederholt in Situationen, in denen er sich zwischen den

Quark (Armin Shimerman, r.) und Rom (Max Grodéuchik, l.) mit dem Oberhaupt aller Ferengi, dem großen Nagus Zek (Wallace Shawn, M.)

Von links: Avery Brooks, Terry Farrell, Rene Auberjonois und Nana Visitor

ihm vertrauten Erdabkömmlingen und seinem eigenen Volk entscheiden muß. Die Einführung des feindseligen Dominion und der kriegerischen Jem'Hadar gab schließlich Gelegenheit, den Action-Anteil der Serie zu erhöhen. Aber auch dramatische Stoffe lassen sich aus diesem politischen Konflikt ableiten, unerwartete diplomatische und strate-gische Allianzen brachten hier einige Überraschungen; ebenso die ganz private Koalition zwischen Worf und Dax, eine Liebe, die leider tragisch endet. Auch zu Beginn der siebten Staffel läßt sich mit Fug behaupten, daß das Erzählpotential der Serie noch lange nicht erschöpft ist.

Superman – Die Abenteuer von Lois & Clark
Lois & Clark: The New Adventures of Superman
USA 1993–1997

Clark Kent/Superman	Lex Luthor	Inspector Henderson
DEAN CAIN	JOHN SHEA	(1993–1994)
Lois Lane	Catherine «Cat» Grant	RICHARD BELZER
TERI HATCHER	(1993–1994)	Mayson Drake (1994–1995)
Perry White	TRACY SCOGGINS	FARRAH FORKE
LANE SMITH	Jonathan Kent	Nigel (1993–1995)
Jimmy Olson (1993–1994)	EDDIE JONES	TONY JAY
MICHAEL LANDES	Martha Kent	Dr. Bernard Klein (1995–1997)
Jimmy Olson (1994–1997)	K CALLAN	KENNETH KIMMINS
JUSTIN WHALIN		

Eigentlich ist der kapitale Held mit dem warnfarbenen Bodysuit schon kraft seiner Herkunft ein absoluter Langweiler. Seinerzeit auf dem Schulhof galten die Superman-Comics wenig: Ihr Tauschwert lag unter dem der Batman-Heftchen und wurde auch vom gelben Rächer Wastl locker überboten. Mit wem soll man schließlich auch bangen, wenn keine Kugel, weder Faust- noch Stromschlag, nicht einmal Naturkatastrophen oder Bombenexplosionen dem Omnipotenzprotz etwas anhaben können?

Früh erkannten die Autoren dieses Problem und ersannen über die Jahre immer neue Kniffe und Winkelzüge, die übermenschlichen Kräfte des Stählernen zu lähmen. Kryptonit und derlei Krams halt. Aber diese Konstruktionen waren einfach zu durchsichtig, als daß sie das minderjährige Publikum hätten überzeugen können.

Auch in der TV-Serie wandte man allerhand Drehs an, die fliegende Wuchtbrumme zu bremsen. Mal steht er unter Hypnose, wird bösartig und rupft Parkuhren gleich büschelweise aus; ein andermal knallt er schwungvoll aufs Trottoir, nachdem er sich partout mit einem monströsen Meteoriten anlegen mußte, und leidet hinfort unter Amnesie.

Im Grunde aber geht es ja auch gar nicht so sehr um Supermans wundersame Kapazitäten, die meist eher beiläufig ins Spiel gebracht werden. Die Autoren schöpfen aus den Möglichkeiten des Pressemilieus, in dem Supermans Alter ego Clark Kent und dessen erfolgversessene Partnerin Lois Lane bekanntlich tätig sind. Die nimmermüde Lois ist als Journalistin der Sonderklasse stets einer spektakulären Story auf der Spur, der mitunter sympathisch linkische Clark eher der skrupulöse Skeptiker, der oftmals im Unrecht ist, zum Ausgleich aber, in seiner Superheldeninkarnation, Lois aus der Bredouille helfen darf, was sie mit ihrer platonischen Zuneigung vergilt, zunächst ohne zu ahnen, daß die ausladende Brust mit dem

Gaststars:
Justine Bateman, Sonny Bono, Barbara Bosson, Peter Boyle, Bruce Campbell, Drew Carey, Christian Clemenson, Denise Crosby, Tony Curtis, Roger Daltrey, Chris Demetral, Michael Des Barres, William Devane, Cliff De Young, Nancy Everhard, Morgan Fairchild, Jonathan Frakes, Frank Gorshin, Elliott Gould, Jasmin Guy, James Earl Jones, Staci Keanan, Persis Khambatta, Terry Kiser, Terence Knox, Kay Lenz, Larry Linville, Shelley Long, Michael McKean, Howie Mandel, Charles Napier, Michelle Phillips, Bronson Pinchot, Eve Plumb, Alan Rachins, Denise Richards, Charles Rocket, Antonio Sabato jr., Emma Samms, Dwight Schultz, John Spencer, Dean Stockwell, Tim Thomerson, Dick Van Patten, Ben Vereen, David Warner, Bruce Weitz, Racquel Welch, Adam West

Creator:
Deborah Joy LeVine
Beginn der deutschen Erstausstrahlung: 25. 8. 1994, Pro 7

Dean Cain

Teri Hatcher und Dean Cain

leuchtenden Gütesiegel ihrem bläßlichen Kompagnon Clark gehört, dem sie in der ersten Staffel allenfalls freundschaftlich zugetan ist. Bei ihren Recherchen darf es durchaus schon mal zeitkritisch zugehen, wenn etwa Umweltskandale, Datenmißbrauch, Jugendobdachlosigkeit oder Rüstungsgefahren ausgelotet werden. Besonderen Pfiff bekommen die Episoden durch ironische Querverweise und Anspielungen beispielsweise auf den Watergate-Skandal, womit auch für den gebotenen Unernst gesorgt ist.

Zwar spielt die Serie in der Gegenwart und gibt sich beileibe aktuell. Dennoch gemahnt das nostalgisch angewärmte, mit großer Sorgfalt gestaltete Dekor nicht von ungefähr an die klassischen Journalistenkomödien der dreißiger und vierziger Jahre. Der verbale Schlagabtausch zwischen Lois und Clark erinnert in seinen besten Momenten an die *screwball*-Komödien der großen alten Meister Hawks, Capra und Cukor. Auch die liebevoll charakterisierten und trefflich besetzten Nebenfiguren sind jederzeit für eine Sottise gut, insbesondere Clarks Eltern, zwei aufgeschlossene und ausnehmend liebenswerte graue Panther, die ein ums andere Mal Clarks Sinnkrisen bewältigen helfen, sofern sie nicht mit eigenen Problemen beschäftigt sind – in einer Episode argwöhnt Vater Kent, seine Frau betrüge ihn mit einem Kunstmaler, weil sie dem für ein Aktgemälde Modell gestanden hat. Chef des ‹Daily Planet› ist Perry White, ein mit ruppigem Charme gesegneter Zeitungsmann alter Schule, der die Redaktion mit väterlicher Strenge leitet und gern in Gleichnissen spricht, indem er jede Situation, und sei sie noch so verfahren, mit einer passenden Elvis-Anekdote schmückt.

Zum Stammpersonal der ersten Staffel gehörte der omnipräsente Industriemagnat

In den USA startete die Serie parallel zu Steven Spielbergs Unterwasserstoff SEAQUEST DSV (USA 1993–1995) – und es gelang Superman zur Überraschung vieler, den gleichfalls allmächtigen Hollywood-Mogul beim Rennen um die Marktanteile gewissermaßen ... auszubooten.

Einen Wendepunkt im Leben des Stählernen zeigte die Episode vom 10. Dezember 1995. An diesem Tage raubte ihm Lois seine Unschuld. Oder war das alles etwa nur ... virtuelle Realität?

Dean Cain ist Ex-Footballspieler. Er spielte unter der Regie seines Vaters Christopher Cain in dem Jugenddra-

ma THE STONE BOY (USA 1984) und war Gaststar etlicher TV-Serien, unter anderem als Shannen Dohertys französische Urlaubsbekanntschaft in einer Episode von BEVERLY HILLS, 90210.

Teri Hatcher hatte vor ihrem Engagement als Lois Lane einen festen Serienpart in der Sitcom SUNDAY DINNER

Dean Cain und Teri Hatcher

agentur umfaßt, außerdem rare Kunstwerke wie die Partitur von Beethovens Zehnter, die Arme der Venus von Milo und ein Ganzkörperporträt der Mona Lisa. Immer wieder kreuzte dieser finstere Connaisseur Clarks und Lois' Wege – nicht zuletzt deshalb, weil sein kaltes Herz allein für Lois schlägt. Aber es gibt nun einmal Dinge, die man mit Geld nicht kaufen kann ...

Der überfälligen Festnahme entzog sich Luthor durch einen Sprung vom Balkon seines Penthouses, war aber nicht so tot, wie alle dachten. Vorerst fand er in seinem skrupellosen Butler und in seiner Ex-Gattin Arianna Carlin (Emma Samms) würdige Nachfolger, die sein Erbe mit ebenbürtiger Niedertracht fortführten und Superman stets aufs neue einigen Verdruß bereiteten, bis der Unhold in der Episode «Phoenix» (1994) von den Toten erstand und die dunklen Geschäfte fortan wieder selber tätigte ...

Lex Luthor, ein ausgefuchster Entrepreneur mit gelegentlichen melancholischen Anwandlungen, dessen milliardenschweres Imperium Hotels, Medienunternehmen, Computerfirmen und eine eigene Raumfahrt-

(USA 1991). Ihr Partner war Robert Loggia. Außerdem verzeichnet ihre Biographie Gastrollen in TV-Serien wie → L.A. LAW, → ZURÜCK IN DIE VERGANGENHEIT, → MACGYVER und → STAR TREK: THE NEXT GENERATION (USA 1987–1994). Im Kino war sie neben Sylvester Stallone in der Action-Komödie TANGO & CASH (USA 1989) und in dem Bond-Abenteuer DER

MORGEN STIRBT NIE (TOMORROW NEVER DIES, GB / USA 1997) zu sehen. Einen hübschen, weil selbstironischen Part spielte sie 1990 in LIEBLINGSFEINDE – EINE SEIFENOPER (SOAPDISH, USA 1990), einer treffsicheren Satire über das Soap-opera-Gewerbe – die sinnigerweise von Soap-opera-Tycoon Aaron Spelling (LOVE BOAT, → DENVER-CLAN) produziert wurde.

Zitat:
«Ich liebe Überraschungen. Sofern sie mir vorher angekündigt werden.»
LOIS LANE

Tennis ✪ schläger und Kanonen I Spy
USA 1965–1968

Kelly Robinson
ROBERT CULP

Alexander Scott
BILL COSBY

*Bill Cosby als reservierter Alexander Scott,
Robert Culp als dandyhafter Kelly Robinson*

Viele Nachschlagewerke führen TENNIS ✪ SCHLÄGER UND KANONEN als die erste US-Fernsehserie mit gleichrangigen Hauptrollen für einen afroamerikanischen und einen weißen Darsteller. Dies gilt indes nur für die überregionalen US-Programme. Schon 1953 zeigte der New Yorker Lokalsender WOR-TV eine Kriminalserie mit dem Titel HARLEM DETECTIVE (USA 1953–1954), in der ein gemischtrassiges Polizistenduo einmütig gegen Harlems Verbrecher zu Felde zog. Für die Produktion standen nur geringe Mittel zur Verfügung, die Hauptdarsteller wechselten mehrfach, und so fand die Serie nur geringen Zuspruch. Im Januar 1954 wurde sie eingestellt.

Erst Mitte der sechziger Jahre wagte sich ein Produzent wieder an eine vergleichbare Konstellation und sah sich prompt mit der Skrupulosität der Networks konfrontiert. Man fürchtete, daß regionale Sender – vor allem in den früheren Sklavenhalterstaaten im Süden der USA – aus dem gemeinsamen Programm ausscheren würden. Die Medien begleiteten das Unternehmen mit Skepsis. Der ‹New York Morning Telegraph› schrieb: «In der kommenden Saison wird keine Network-TV-Serie aufmerksamer verfolgt werden als NBC-TVS TENNIS ✪ SCHLÄGER UND KANONEN, in der ein Neger-Künstler die zweite Hauptrolle spielt. Besonders genau beobachten wird die Fernsehindustrie die Einschaltquoten der einzelnen Wochen und die Zahl assoziierter Sendestationen, die der Serie ihre Zustimmung geben beziehungsweise verweigern werden.»

Im Vorfeld wurde das Verhalten der verschiedenfarbigen Protagonisten genauestens bedacht. Aus heutiger und zumal europäischer Sicht erscheint es geradezu lachhaft, wenn beispielsweise Überlegungen angestellt wurden darüber, ob man ihnen ein gemeinsames Hotelzimmer zubilligen konnte. Immerhin gab es in jenen Tagen in den USA noch Herbergen, die nicht einmal schwarzen Einzelreisenden Unterkunft gewährten. Auch stand zur Diskussion, ob es opportun sei, Kelly Robinson und Alexander Scott im Auto nebeneinander sitzen zu las-

---

Gaststars:
Philip Ahn, Richard Anderson, Lew Ayres, Jim Brown, Rory Calhoun, Jack Cassidy, Michael Conrad, Jim Davis, Dolores Del Rio, Norman Fell, Nina Foch, Gloria Foster, Vincent Gardenia, Will Geer, Gene Hackman, Boris Karloff, Sally Kellerman, Eartha Kitt, Walter Koenig, Dorothy Lamour, Martin Landau, Key Luke, Janet MacLachlan, Barbara McNair, Mako, Vera

Miles, Greg Morris, Diana Muldaur, Carroll O'Connor, Albert Paulsen, Hari Rhodes, Raymond St. Jacques, Diana Sands, Henry Silva, Barbara Steele, Malachi Throne, Cicely Tyson, Nancy Wilson, Peter Wyngarde

Creator:
*Sheldon Leonard
Beginn der deutschen Erstausstrahlung: 11. 6. 1968, ZDF*

Bill Cosby und Robert Culp blieben über das Ende von I SPY hinaus eng befreundet. 1972 standen sie für den Kinofilm HICKEY & BOGGS (dt. Videotitel: MAGNUM HEAT) erneut gemeinsam vor der Kamera. Robert Culp übernahm auch die Regie, Walter Hill schrieb das Buch.

I SPY RETURNS hieß es im Jahr 1993 in dem gleichnamigen TV-Movie

Culp und Cosby

Robert Culp als Herzensbrecher

sen. In der Episode «*Der Mann mit der Spinne*»/«Happy Birthday … Everybody» gibt es eine Szene, die wie ein ironischer Kommentar zu dieser Frage wirkt: Beide sind in Sachen Lebensrettung per Sportwagen unterwegs, als ihnen unvermutet das Benzin ausgeht. Einige Meter weiter geht es bergab, bis dahin muß der Flitzer geschoben werden. Mit einem flotten Spruch, aber völlig unangefochten vom Symbolgehalt der Szene, überläßt der weiße Robinson dem Afroamerikaner den Volant und tut, was die Situation erfordert.

Unter Bangen und Zagen gelangte die Serie bei der NBC zur Ausstrahlung. Nur die drei Lokalsender Savannah, Albany und Daytona Beach – weit weniger als befürchtet – verweigerten die Übernahme. Allerdings war die Exposition der Serie von vornherein darauf angelegt, einheimische Rassenkonflikte auszuklammern. Die Hauptfiguren Kelly Robinson und Alexander Scott nannten die Welt ihr Zuhause. Der eine war Tennisprofi, der andere sein Trainer. Gemeinsam reisten sie von einem Turnier zum nächsten. So jedenfalls sollte es der Öffentlichkeit erscheinen.

Tatsächlich war ihr sportliches Engagement nur eine Tarnung. Hauptamtlich nahmen sie als Regierungsagenten Kommunisten, Kriminelle und andere Tunichtgute aufs Korn. Zumeist geschah dies fern der USA. Während aber für viele der damals populären Agentenserien oftmals nur die Kulissen gewechselt wurden und die Darsteller über das jeweilige Studiogelände nie hinauskamen, entstand TENNIS✪SCHLÄGER UND KANONEN tatsächlich zu einem nicht geringen Teil an Außenschauplätzen. Gedreht wurde unter anderem in Mexiko, Hongkong, Griechenland und Marokko. Das machte die Serie kurzweilig und für viele Zuschauer, die eher kammerspielartige Studioinszenierungen gewohnt waren, besonders attraktiv. Willkommener Nebeneffekt: Rassismus und Segregation, die für schwarze Amerikaner noch immer zum Alltag gehörten, konnten so problemlos umgangen werden. Die Sport-

(dt. Videotitel: THE SPY RETURNS; Pro-7-Titel: COSBY & CULP – DIE RÜCKKEHR DER SUPERSPIONE). Darin rauften sich der Collegeprofessor Scott und der inzwischen zum Direktor des Geheimdienstes aufgestiegene Robinson noch einmal zusammen, um über ihre im selben Gewerbe tätigen Sprößlinge zu wachen: «Bill Cosby, mittlerweile zum schwarzen Saubermann des amerikanischen

Fernsehens avanciert (…), weiß dem Film seinen besonderen Charme aufzuzwingen. Wenn auch völlig außer Atem, genießt er das Abenteuer in jeder Sekunde und erfreut sich seiner spät geschenkten Jugend, als die Welt noch klar in Gut und Böse geteilt und der Kalte Krieg noch wirklich kalt war. Eine kleine Hommage an vergangene Fernsehzeiten und relativ gelungene Unterhaltung, die mit ihrer ein wenig

altmodischen Art kokettiert.» (‹filmdienst› 21/1994)

Sheldon Leonard, der Urheber und Produzent der Serie, war ursprünglich Schauspieler. Seit 1939 in Hollywood tätig, trat er in über 140 Kinofilmen auf, oft als zwielichtige Gestalt. Zudem war er häufig in Radio-Comedys zu hören und schrieb selbst Hörspiele. Ab 1953 arbeitete er vorwiegend

profis erlebten ihre Abenteuer in einem «idealisierten, homogenisierten TV-Land» (Donald Bogle), in dem sich ein Afroamerikaner auch Verhaltensweisen erlauben durfte, die auf heimischem Boden weniger beiläufig registriert worden wären.

Robinson und Scott bewegten sich im mondänen Ambiente des internationalen Tenniszirkus folgerichtig auf derselben gesellschaftlichen Ebene. Beide waren Akademiker, Robinson hatte in Princeton, Scott als Rhodes-Stipendiat unter anderem im englischen Oxford studiert. Er sprach mehrere Sprachen und zeigte sich auf diesem Gebiet seinem Freund und Partner sogar überlegen. Dafür war es jenem gestattet, den Casanova zu spielen. Robinsons Liebschaften wechselten von Folge zu Folge, Scott hingegen hatte wenige, dafür ungleich ernsthaftere, vor allem aber sehr keusche Beziehungen. Erst nachdem die Serie etabliert war und Bill Cosby den Nimbus eines Publikumslieblings erlangt hatte, wagte man 1967 in der Episode *Laya* eine Liebesszene – auch wenn es sich bei seiner Partnerin um eine Afroamerikanerin (Janet MacLachlan) handelte, war dies doch für damalige Verhältnisse ein nachgerade unerhörtes Unterfangen, das demgemäß in die US-Fernsehgeschichte einging.

In Deutschland war man in diesen Dingen weit weniger zimperlich. Die Autoren der Synchronbücher formulierten, seinerzeit noch unbeleckt von politischer Korrektheit und Korrigierwut, forsch drauflos und ließen Kelly seinen Partner «unser Mohrchen» oder den «braunen Bomber» rufen. Der freilich wußte zu retournieren

und titulierte Kelly gegenüber Dritten als «mein Freund, der Berufsliebhaber». War die Serie im Original durch das saloppe Auftreten der beiden nur bedingt pflichtversessenen Agenten schon komödiantisch gefärbt, sattelten die deutschen Texter noch gehörig drauf. Es hagelte Kalauer wie «Wir sind zwar heute ein bißchen knapp bei Soda und Gomorrha, aber in der Not schmeckt die Wurst auch ohne Brot.»

Ihre Gespräche eröffneten die beiden Schwerenöter nach folgendem Muster:

Kelly: «Ich grüße Euch, Herr Graf.»
Scotty: «Euer Merkwürden –.»
Kelly: «Wie war denn die Spritztour?»
Scotty: «Na, spritzig!»

Die angenehm unsoldatische Dienstauffassung der Bonvivants war ablesbar an ihrem lockeren Lebenswandel und gelegentlichen Zurechtweisungen von übergeordneten Kollegen, aber auch an vorlauten Sprüchen wie: «Irgend jemand weiß mehr als wir.» Kellys Antwort: «Dazu gehört nicht viel.»

Für den bis dahin kaum bekannten Bühnenkomiker Bill Cosby brachte TENNIS ✪ SCHLÄGER UND KANONEN einen immensen Karriereschub. Die Zuschauer zwischen zwölf und 34 Jahren zählten ihn zu ihren Favoriten, zudem brachte er durch sein nuanciertes Spiel auch die Kritik auf seine Seite. In drei aufeinanderfolgenden Jahren gewann er je einen Emmy als bester Seriendarsteller. Damit legte er den Grundstein zu einer Karriere, in deren Verlauf er zu einem der einflußreichsten und wohlhabendsten Entertainer der USA werden sollte.

---

fürs Fernsehen, zunächst als Ausführender Produzent und Regisseur für den Komiker Danny Thomas und dessen Sitcom MAKE ROOM FOR DADDY (ab der vierten Staffel THE DANNY THOMAS SHOW, USA 1953–1971). Gemeinsam mit Thomas betrieb Leonard eine eigene Produktionsfirma. In TENNIS ✪ SCHLÄGER UND KANONEN war er in der Rolle des Sorgi auch vor der Kamera zu sehen.

Zu den Regisseuren der Serie zählte Richard Sarafian, der 1971 mit FLUCHTPUNKT SAN FRANCISCO (VANISHING POINT, USA 1971) einen Kinohit mit – zumindest zeitweiligem – Kultrang inszenierte. Ein weiteres vielversprechendes Talent findet sich bei den zuliefernden Autoren: Garry Marshall kreierte später Sitcom-Hits wie → MÄNNERWIRTSCHAFT, wandte sich danach dem Kino zu und verbuchte

seinen größten Erfolg als Regisseur des Kassenhits PRETTY WOMAN (USA 1990).

Zitat:
«Wie kann sich jemand einer Serie verweigern, die Episoden zu bieten hat mit Titeln wie ‹Carry Me Back To Old Tsing Tao›?»
JEFF ROVIN

Thunderbirds
GB 1965–1966

Die Sprecher der Originalfassung:

John Tracy; The Hood
RAY BARRETT

Jeff Tracy
PETER DYNELEY

Brains; Kyrano; Parker; Gordon Tracy
DAVID GRAHAM

Lady Penelope
SYLVIA ANDERSON

Tin-Tin; Grandma
CHRISTINE FINN

Virgil Tracy
DAVID HOLLIDAY; JEREMY WILKIN

Scott Tracy
SHANE RIMMER

Alan Tracy
MATT ZIMMERMAN

Der Kalte Krieg war im schönsten Schwange, als die THUNDERBIRDS erstmals über die britischen Bildschirme brausten. Das Produzentenehepaar Gerry und Sylvia Anderson jedoch schickte seine düsengetriebenen Donnervögel ausschließlich auf friedliche Missionen. Die tapferen Söhne des Ex-Astronauten und mehrfachen Millionärs Jeff Tracy waren mit moderner Technik zur Stelle, wo andere Hilfstruppen kläglich versagten. Unverzichtbar gehörte zu jeder THUNDERBIRDS-Episode das Bemannen der einzigartigen Rettungsraketen – fahrbare Rampen, ausgeklügelte Rutschen und ein mobiles Kanapee transportierten die Gebrüder Tracy zu ihren Pilotenkanzeln.

Als Stützpunkt diente dem Team von «International Rescue» eine geheime Insel namens «Tracy Island». Von hier aus starteten die THUNDERBIRDS zu Rettungsunternehmungen in aller Welt und sogar im Orbit, wo bereits die claneigene Raumstation «Thunderbird 5» vor Anker lag. Im fernen England residierte die blaublütige Lady Penelope und reiste auf Anfrage in ihrem mit verblüffenden technischen Finessen ausgestatteten Rolls Royce in die Gefahrenzone, um gegebenenfalls geheimdienstliche Aufgaben zu übernehmen.

Die Serie war von Anbeginn an ein großer Erfolg und wurde zum Teil schon vor der Inlandspremiere von ausländischen Sendern erworben. Die eigentliche Erstausstrahlung fand deswegen nicht im Herstellungsland Großbritannien, sondern in den Niederlanden statt. Der besondere Reiz der Geschichten lag darin, daß ihre Protagonisten nicht von Schauspielern, sondern von Marionetten dargestellt wurden. Sämtliche Schauplätze waren mit großer Liebe zum Detail gestaltete, dreidimensionale Modelle. Die Andersons und ihr Produktionsteam hatten bereits in den 50er Jahren das *Supermarionation*-Verfahren entwickelt, das auf elektromechanischem Wege die Lippenbewegungen der Marionetten mit dem Dialogband synchronisierte.

Häufig mußte improvisiert werden, um Miniaturkatastrophen zu simulieren und spektakuläre Effekte wie beispielsweise das

Character Visualisation: Sylvia Anderson
Art Director: Bob Bell
Supervising sfx Director: Derek Meddings
Puppenführer: Judith & Ernest Shutt
Creators: Gerry & Sylvia Anderson

Beginn der deutschen Erstausstrahlung: 23. 9. 1968, ARD (Einzelepisode mit dem Titel DONNERVÖGEL: GEFÄHRLICHE LANDUNG); Serienstart: 11. 4. 1971, NDR 3

Weder Gerry Anderson noch seine mittlerweile von ihm getrennt lebende Ex-Frau Sylvia profitierten von der anhaltenden Beliebtheit ihrer Kreationen – sie hatten schon vor Jahren alle Rechte an den THUNDERBIRDS abgetreten.

Spezialisierte Läden mit notwendigen Paraphernalien wie THUNDERBIRDS-Comics, -Fanzines und dergleichen mehr findet man vorwiegend in England. Einige der Zubehörprodukte haben in den letzten Jahren beträchtli-

Scott Tracy

Rendezvous zweier Flugzeuge in der Luft aufnehmen zu können. Der Aufwand war enorm, und jeden Tag wurden nur wenige Meter Film belichtet, so daß, wie Sylvia Anderson berichtete, die kleine Firma anfangs erhebliche Probleme hatte, überhaupt eine Entwicklungsanstalt zu finden, die sich bereit erklärte, eine derart kleine Menge zu bearbeiten.

Die Arbeit für Andersons kleines Imperium war jedoch eine gute Schule, aus der renommierte Tricktechniker hervorgingen, die später an berühmten Kinoproduktionen wie 2001: ODYSSEE IM WELTRAUM (2001: A SPACE ODYSSEY, GB 1968), DAS IMPERIUM SCHLÄGT ZURÜCK (THE EMPIRE STRIKES BACK, USA 1980) und ALIEN (GB 1979) mitwirken sollten. Gerry und Sylvia Anderson hatten bereits 1956/57 ihre erste Marionettenserie gedreht. Vordem waren sie als Dokumentaristen und Werbefilmer tätig gewesen und erhielten nun vom gerade beginnenden kommerziellen Fernsehen den Auftrag, für dessen Kinderprogramm die Marionettenserie THE ADVENTURES OF TWIZZLE zu erstellen. Auch TORCHY THE BATTERY BOY (GB 1959) und die Westernserie FOUR FEATHER FALLS (1960) richteten sich eher an jugendliche Zuschauer. Die 1961 entstandene, mit deutlich verbesserter Technik aufwartende Science-

che Wertsteigerungen erfahren. Im Zuge einer Firmenübernahme wurden 1979 sämtliche Gußformen für die ursprünglichen Spielzeugmodelle vernichtet. Gut erhaltene Exemplare samt Originalverpackung erzielen mittlerweile Preise um die 900 Mark und mehr, leicht beschädigte Modelle werden mit immerhin 80 bis 100 Mark gehandelt. Weitaus wertvoller,

weil äußerst rar sind die Originalmarionetten, die in der Serie Verwendung fanden. Die letzte Puppe, die öffentlich feilgeboten wurde, brachte dem Verkäufer 12 000 Pfund ein.

Am 5. März 1995 startete der Privatsender Kabel 1 die THUNDERBIRDS in neu synchronisierter Version und zeigte die Episoden jeweils sonntags

um 11.15 Uhr im Rahmen der Kindersendung BIM BAM BINO, wobei die ursprünglich fünfzigminütigen Erzähleinheiten geteilt und als Fortsetzungsabenteuer gezeigt wurden. Die von Kabel 1 in Auftrag gegebene und stolz angepriesene deutsche Bearbeitung der Serie ließ im Detail zu wünschen übrig – laut Off-Sprecher spielt die Geschichte im Jahr 2063. In der

fiction-Serie SUPERCAR hingegen stieß auch bei den Erwachsenen auf reges Interesse. Dieser Linie blieben die Andersons treu. Die THUNDERBIRDS wurden sogar im Abendprogramm ausgestrahlt, als erste Marionettenserie mit fünfzigminütigen Episoden.

Der große Publikumserfolg machte die THUNDERBIRDS zu einem veritablen Wirtschaftsfaktor – ob Spielzeugmodelle, Baukästen, Malbücher, Schreibsets, Hörspielplatten, Zahnbürsten, Geschirr oder Kalender, an einschlägigen Produkten hatte es keinen Mangel. Auch zwei abendfüllende Kinofilme entstanden. Bis in die 70er Jahre hinein beherrschten die THUNDERBIRDS den Pop-Devotionalienmarkt. Erst George Lucas' KRIEG DER STERNE (STAR WARS, USA 1977) vermochte ihnen auf diesem Gebiet den Rang abzulaufen. 1991 aber gab es ein glänzendes Comeback für die fliegenden Nothelfer. Die britische BBC nahm den Serienklassiker, der Ende 1966 ausgelaufen, danach aber bereits einige Male wiederholt und auch auf Video veröffentlicht worden war, wieder ins Programm. Und selbst Kenner wurden vom großen Zuspruch des Publikums überrascht. In aller Eile brachte die Firma Matchbox neue THUNDERBIRDS-Modelle auf den Markt und konnte dennoch die immense Nachfrage kaum befriedigen. In nur drei Monaten erzielte Matchbox mit den THUNDERBIRDS einen Umsatz von 12,5 Millionen Mark.

Zumindest in angelsächsischen Ländern sind die markanten Marionetten zum festen Bestandteil der Populärkultur geworden. Einem Werbespot der Fluggesellschaft KLM genügte allein die Titelmusik, um die gewünschten Assoziationen hervorzurufen. In anderen Spots traten die heldenhaften THUNDERBIRDS-Piloten auch selbst auf und warben unter anderem für Schokoriegel, Milchprodukte und einen japanischen Elektronikhersteller. Die Dire Straits ließen ihren Videoclip zu «Calling Elvis» im Stil der Andersons drehen, Bomb The Bass sampelten Jeff Tracys Startkommando «Thunderbirds Are Go!» für ihren Hit «Beat Dis».

Auch auf deutschen Bildschirmen flogen die THUNDERBIRDS ihre waghalsigen Einsätze. Unter anderem waren sie 1971 im 3. Programm des NDR und 1989 im Regionalprogramm des WDR zu sehen. Derweil in Großbritannien bereits Anfang der siebziger Jahre der Fanclub «Fanderson» gegründet wurde, blieb die Gefolgschaft hierzulande äußerst gering. Der Niederländer Theo de Klerk, der zeitweise die Mitgliederkartei des Clubs betreute, schätzte Anfang 1995 die Zahl der eingeschriebenen deutschen Fans auf knapp zehn. Mittlerweile aber hat Deutschland mit «Thunderbirds And Friends» einen eigenen Club bekommen – Adresse siehe unten.

Episode «Give Or Take a Million» aber ist auf einem Kalender eindeutig die Jahreszahl 2026 zu erkennen.

Literatur:
Simon Archer: Gerry Anderson's FAB Facts, London 1993

Fanclubs:
T.A.F. – Thunderbirds And Friends
Gerry Anderson Fanclub Deutschland
c/o Micky Bister
Kirchstr. 4
10557 Berlin
(Jahresbeitrag DM 30,–, vierteljährliches Clubmagazin, umfassendes Videoarchiv, rare Fanprodukte)

«Fanderson»
The Official Gerry Anderson Appreciation Society
P.O. Box 93, Wakefield, West Yorkshire WF1 1XJ, Großbritannien
(zweimonatlich erscheinendes Club-Magazin ‹FAB›; regelmäßig abgehaltene Conventions; Gerry Anderson ist Ehrenpräsident des Clubs)

Time Tunnel The Time Tunnel
USA 1966–1967

Dr. Tony Newman	**Dr. Ann MacGregor**	**Dr. Raymond Swain**
JAMES DARREN	LEE MERIWETHER	JOHN ZAREMBA
Dr. Doug Phillips	**General Heywood Kirk**	**Sergeant Jiggs**
ROBERT COLBERT	WHIT BISSEL	WESLEY LAU

Eilig braust ein Fahrzeugkonvoi durch Arizonas Wüstenlandschaft. Rundum trocknet das pure Nichts mürb vor sich hin. Unvermittelt öffnet sich eine Klappe im Sandboden, und die Autos verschwinden im Inneren der Erde. Siehe da: Viele Stockwerke tief unter der unwirtlichen Oberfläche leben Menschen und werkeln in streng geheimen Forschungslabors. Alles Trachten der emsigen Wissenschaftler ist darauf ausgerichtet, Menschen und Gegenstände durch Raum und Zeit zu katapultieren, und ihre Bemühungen sind bereits sehr weit fortgeschritten. Ein Prototyp des Time Tunnel, der direkten Verbindung mit Vergangenheit und Zukunft, ist bereits gebaut und erhebt sich imposant in der zentralen Abflughalle der unterirdischen Zeitreiseagentur.

Hinter dem Projekt steckt die US-amerikanische Regierung, und die hat ihren Senator Clark (Gary Merrill) ausgesandt, um zu kontrollieren, was da im Erdinneren vor sich geht. Er soll Rechenschaft ablegen darüber, ob sich die immensen Investitionen eines Tages rentieren werden. Clark ist zwar beeindruckt von der gigantischen Anlage, aber beileibe nicht überzeugt, denn ein Probelauf erscheint den Wissenschaftlern noch zu riskant. Die Weiterführung des Projekts dünkt

den Rechnungsprüfer daraufhin wenig sinnvoll. Aus Sorge um seinen Arbeitsplatz schlüpft Dr. Tony Newman in dunkler Nacht in seinen besten Rollkragenpullover, wirft hernach die Maschinen an und sodann sich selbst in den Tunnel, um wagemutig in die Tiefen der Vergangenheit abzutauchen.

Alarmiert eilen die Kollegen herbei, zwirbeln aufgeregt an ihren Knöpfen, studieren Lochkarten, schieben Regler und regeln Schieber, gleich als wüßten sie, was sie da tun. Wirres Kauderwelsch macht die Runde:

«Anne, bereiten Sie den Transfer vor!»

«Was ist da los?» – «Wir haben wohl den Rückholtransfer auf Automatik gestellt …»

«Ich synchronisiere nur noch die Zeitdifferenzen …»

Schließlich orten sie Tony an Bord der dem Untergang geweihten Titanic. Verzweifelt sucht er einen halsstarrigen Kapitän davon zu überzeugen, daß mit Gegenverkehr in Form scharfkantiger Eisberge zu rechnen ist. In der vagen Hoffnung, das Unausweichliche doch noch verhindern zu können, greift sich Tonys Kollege Doug Phillips eine Tageszeitung, die seinerzeit balkendick über das schlagzeilenträchtige Schiffsunglück berichtete, und hechtet pflichtschuldigst hinterdrein. Alle Bemühungen freilich fruchten

Gaststars:
Robert Duvall, Paul Fix, Susan Hampshire, Richard Jaeckel, Carroll O'Connor, Michael Pate, John Saxon, Tom Skerritt, Malachi Throne

Creator:
*Irwin Allen
Beginn der deutschen Erstausstrahlung: 19. 6. 1971*

Die im Studio errichtete Time-Tunnel-Röhre hatte einen Durchmesser von etwa 2,75 Meter.

Tony Newman und Doug Phillips waren dermaßen damit beschäftigt, am Lauf der Geschichte teilzuhaben, daß sie nicht einmal Zeit fanden, ihre Kleidung zu wechseln. Ein bares Wunder, daß sie sich nach geschla-

genen 30 Episoden immer noch riechen konnten.

Bevor er allwöchentlich durch die Zeit hopste, war James Darren Vertragsschauspieler der Columbia Studios gewesen und dort systematisch zum Teenageridol aufgebaut worden. Er spielte in zahlreichen einschlägigen Kinofilmen und wurde als Interpret

James Darren,
Robert Colbert
in Troja

nichts, die Titanic rammt den Eisberg und versinkt in den Fluten. In letzter Sekunde gelingt es den Knöpfchendrückern daheim in der Kommandozentrale, ihre Freunde von Bord und erneut in den Zeitstrudel zu schubsen. Zwei Dinge hat der mutwillig erzwungene Probelauf bewiesen: Zeitreisen sind möglich, aber am Rückholsystem muß noch gewaltig gearbeitet werden.

Es mochte einem schier schwindlig werden, wenn Tony Newman und Doug Phillips durch die kaleidoskopartig flirrende Zeitspirale purzelten. Ein einfacher Trick sorgte für diesen sinnverwirrend psychedelischen Effekt: Die mit einem extremen Weitwinkelobjektiv bestückte Kamera fuhr durch die mit Lametta und anderem Flitter ausgestaltete Time-Tunnel-Röhre. In einem gesonderten Arbeitsgang wurden die beiden Zeitreisegefährten an Drähten vor eine *blue screen* gehängt, in Schwingungen versetzt und die so entstandenen Bilder später in die Tunnelaufnahmen einkopiert.

So also beförderte man den immer etwas unbedarft wirkenden Rollkragen-Tony und den grobknochigen Krawatten-Doug kreuz und quer durch die Jahrhunderte. Ihre Reisetätigkeit glich einem Lotteriespiel, denn

die vertrackte Zeitmaschine war nicht exakt zu justieren, und bis zum Ende der Serie gelang es auch nicht, Tony und Doug in die Gegenwart zurückzuholen. Der Time Tunnel hatte die Eigenart, seine Passagiere stets an bekannten Schauplätzen der Zeitgeschichte abzusetzen. Sie erreichten Pearl Harbor kurz vor dem Überfall der Japaner, begegneten General Custer und Billy The Kid und waren bei der Französischen Revolution zugegen, um Marie Antoinettes Sohn vor der Guillotine zu bewahren. Ein besonderes Abenteuer bescherte ihnen der Aufenthalt in der Antike, wo ihnen Sagengestalten wie Odysseus, Helena und Konsorten über den Weg liefen. Auch die Daheimgebliebenen erfuhren hautnah, daß der Kampf um Troja mehr war als nur eine Legende: Beim Versuch, einen der ihren heimzubeamen, erwischten die Frontbeobachter daheim an den Geräten versehentlich einen der vorchristlichen Recken, der urplötzlich schwertschwingend vor ihren Augen im Time Tunnel auftauchte und nur mit vereinten Kräften und dem Einsatz modernster Technik ins Altertum zurückgetrieben werden konnte. Im Abtreten aber warf er noch sein Schwert nach seinen Peinigern – für die Zurückgebliebenen ein handfester Beweis, daß Griechen und Trojaner einst tatsächlich tüchtig miteinander zankten.

Glücklicherweise ließ es sich die schwer zu bändigende Time-Tunnel-Maschinerie angelegen sein, die beiden Zeittouristen stets vor dem Eintreten größerer Katastrophen aus der jeweiligen Zeitebene zu pflücken, um sie in eine andere Gegenwart zu verfrachten. Dies geschah jeweils am Ende einer Episode in Form eines *cliffhangers*. Diese

von Titeln wie «Gidget», «Goodbye Cruel World» und «Her Royal Majesty» in den Hitparaden notiert. Für «Goodbye Cruel World» erhielt er 1961 eine Goldene Schallplatte. Nach TIME TUNNEL pausierte er einige Jahre und nahm erst 1983 wieder eine Serienrolle an. Als Officer Jim Corrigan stand er von 1983 bis 1986 in

T.J. HOOKER (USA 1982–1987) neben William Shatner und Heather Locklear vor der Kamera. In einigen Folgen von → STAR TREK: DEEP SPACE NINE war er als holographischer Nachtclubsänger zu sehen und zu hören.

Zitate:

«General! – Ich habe eine Peilung!»
DR. ANN MACGREGOR

«Wenn ich nicht innerhalb der ersten zehn Minuten die Welt in die Luft sprengen kann, ist die ganze Show ein Flop.»
IRWIN ALLEN

Garry Merril, Whit Bissel,
James Darren

James Darren,
Robert Colbert auf der Titanic

Torin Thatcher,
James Darren,
Robert Colbert

Eigenart der ohnehin von keinerlei Logik belasteten Serie bescherte den deutschen Zuschauern beträchtlichen Verdruß. Hierzulande endete die Serie am 8. Januar 1972 mit einem Trip in die Prähistorie. Eben hatten unsere Helden turbulente Abenteuer in der fernen Zukunft erlebt, waren von dort ins Zeitalter der Saurier katapultiert worden und schon wieder auf dem Sprung in ein neues Jahrhundert. «Aber was wird aus ihnen?» frug General Kirk ratlos und wir uns mit ihm, denn man sah das zeitlose Duo gerade noch entschwinden, doch was dann passierte, blieb dem hiesigen Publikum seinerzeit vorenthalten. In den USA war die Angelegenheit indes noch einige Zeit weitergegangen. Am Ende der letzten von insgesamt 30 Folgen plumpsten die beiden Zeitabenteurer wieder auf das Deck der Titanic. Der Zyklus begann von neuem – auch eine Art von Raum-Zeit-Kontinuum …

TIME TUNNEL war eine Serie aus den Produktionsstätten des findigen Irwin Allen, der über Jahre hinweg beharrlich alle erdenklichen filmischen Katastrophen anzettelte und noch 1974 mit FLAMMENDES INFERNO (THE TOWERING INFERNO, USA 1974) das Kinopublikum vorsätzlich in Angst und Schrecken versetzte. Nach mehreren Dokumentar- und Spielfilmen hatte er sich Ende der fünfziger Jahre dem Science-fiction- und Fantasy-Genre zugewandt und produzierte unter anderem die Kinofilme URUPARA – DIE VERSUNKENE WELT (THE LOST WORLD, USA 1960) sowie UNTERNEHMEN FEUERGÜRTEL

(VOYAGE TO THE BOTTOM OF THE SEA, USA 1961). 1964 ließ er eine Fernsehserie gleichen Titels folgen, die es auf 110 Episoden brachte, bis 1968 im Programm blieb und in Deutschland als MISSION SEAVIEW zur Ausstrahlung kam.

Allens Spezialität war die größtmögliche Auswertung von Produktionskapazitäten und bereits gedrehtem Material. Die in den Weltmeeren kreuzende U-Boot-Besatzung aus MISSION SEAVIEW sah sich beispielsweise unvermittelt mit exotischem Viehzeug aus dem verlorenen Land URUPARA konfrontiert, und auch die TIME TUNNEL-Episoden sind gespickt mit Archivaufnahmen. So enthält der Pilotfilm «Rendezvous With Yesterday» Material aus dem von Jean Negulesco inszenierten Kinofilm UNTERGANG DER TITANIC (TITANIC, USA 1953), für eine utopische Episode wurden Kulissen und Requisiten aus → VERSCHOLLEN ZWISCHEN FREMDEN WELTEN (LOST IN SPACE, USA 1965–1968), einer weiteren Allen-Serie, noch einmal aufpoliert, und in «The Ghost Of Nero» kamen Schnipsel aus IN EINEM ANDEREN LAND (A FAREWELL TO ARMS, USA 1932) zu neuen Ehren. Dieses Verfahren «hielt das Budget in Grenzen, verlieh der Serie aber eine uneinheitliche Patchwork-Charakteristik» (Jeff Rovin).

Twen Police The Mod Squad
USA 1968–1973

Pete Cochran MICHAEL COLE	**Julie Barnes** PEGGY LIPTON	**Chief Barney Metcalf** SIMON SCOTT
Linc Hayes CLARENCE WILLIAMS III	**Captain Adam Greer** TIGE ANDREWS	

In der unruhigen zweiten Hälfte der sechziger Jahre waren Polizisten beim Jungvolk nicht gerade wohlgelitten. Dieser Umstand zwang die Fernsehproduzenten zur Entwicklung neuer und zeitgemäßer Serienformate, sofern sie das von Werbekunden bevorzugte junge Publikum nicht verlieren wollten. Die Lösung: «Find some swinging young people who live the beat scene. And get them work for the cops.» Mit diesen Worten warb die Senderkette ABC 1968 in einer Anzeigenkampagne für die neue Cop-Show THE MOD SQUAD, die sich *hip* gab und deren Hauptfiguren typische Vertreter der damaligen Jugend abgeben sollten: «One white, one black, one blonde», wie US-Kritiker lästerten.

Einer von ihnen war Pete Cochran, der mißratene Sproß einer wohlhabenden Familie aus Beverly Hills, der sich durch einen aus purem Übermut begangenen Autodiebstahl in Schwierigkeiten gebracht hatte. Die blonde Julie Barnes entstammte als Tochter einer Prostituierten einem weniger feudalen Milieu; ihr wurde Landstreicherei zur Last gelegt. Als Vertreter der ethnischen Minoritäten fungierte Linc Hayes, ein in den Slums aufgewachsener schwarzer Bürger-

rechtsaktivist mit gepflegtem Afrolook. Er war an den gewalttätigen Rassenunruhen im Armenviertel Watts beteiligt gewesen und dadurch in die Mühlen der Justiz geraten. So fand er einen Platz in der Fernsehgeschichte als «the tiny tube's first black militant hero», so der afroamerikanische Kulturwissenschaftler Donald Bogle.

Die drei Sorgenkinder wurden von Captain Adam Greer vor die Wahl gestellt, entweder als verdeckte Ermittler zu arbeiten oder aber den minutiös geregelten Tagesablauf einer straff geführten Haftanstalt kennenzulernen. Selbstredend wählten die durchaus vernunftbegabten Delinquenten die Chance zur Rehabilitierung, nachdem sie sich ausbedungen hatten, niemals die eigenen Freunde bespitzeln zu müssen und auf das Tragen einer Waffe verzichten zu dürfen.

Abseits der Dienstwege zuckelten sie fortan mit einem klapprigen Kombi namens Woody durch die kalifornischen Blumenkindergärten. Die Ermittlungsarbeit der TWEN POLICE richtete sich indes seltener gegen Gleichaltrige als gegen ausgewachsene Kriminelle, die Jugendliche für ihre dunklen

Gaststars:
Ed Asner, Milton Berle, Veronica Cartwright, David Cassidy, Dabney Coleman, Tyne Daly, Henry Darrow, Sammy Davis jr., Richard Dreyfuss, Leif Erickson, Richard Evans, Lola Falana, Nina Foch, Meg Foster, Louis Gossett, Rocky Graziano, Carolyn Jones, Margot Kidder, Robert Lansing, Ida Lupino, Monte Markham, Cameron Mitchell, Diana Muldaur, Leslie Nielsen, Vincent Price, Richard Pryor, Sugar Ray Robinson, Martin Sheen, Mark

Slade, Roy Thinnes, Daniel J. Travanti, Joan Van Ark, Ray Walston, Lesley Ann Warren, Billy Dee Williams, Sheb Wooley

Creators:
Bud Ruskin, Sammy Hess, Aaron Spelling
Beginn der deutschen Erstausstrahlung: 31. 7. 1970, ARD

Als fernes Vorbild der TWEN POLICE diente eine Einheit junger Polizeibeamter, die in den fünfziger Jahren vom Los Angeles Sheriff's Department zur Bekämpfung der anwachsenden Drogenkriminalität aufgestellt worden war.

Zu den zuliefernden Autoren zählten neben Schauspieler Tige Andrews auch der spätere → STAR TREK-Produzent Harve Bennett sowie Kinoregisseur Barry Shear.

Lipton, Williams III und Cole

Peggy Lipton, Clarence Williams III und Michael Cole

Zwecke mißbrauchten. Neben konventionellen Vergehen wie Kidnapping, Mord und Erpressung brachte diese Serie wiederholt zeittypische Problemfälle auf den Bildschirm. Die idealistischen Hippie-Fahnder wurden oftmals an sozialen Brennpunkten gesichtet und kümmerten sich beispielsweise um Drogenabhängige, Strafentlassene, Fahnenflüchtige und die Opfer von Immobilienhaien, unter zumeist recht großzügiger Auslegung der Dienstvorschriften. Selbst ein kleiner Gesetzesverstoß war hie und da mal drin. Mit seinen eigenwilligen Methoden klärte das Halbstarkendezernat unter anderem ein Bombenattentat auf eine Alternativzeitung, legte sich mit dem Anführer einer rechtsgerichteten Privatarmee an, sprengte einen Babyhändlerring und griff ein, als einem politisch engagierten schwarzen Priester mit Mord gedroht wurde. In einer Episo-

de gelang den Autoren sogar eine kritische Anspielung auf das Massaker von My Lai, ein 1968 von US-Soldaten an vietnamesischen Zivilisten verübtes grausames Kriegsverbrechen.

Die Serie hielt sich mit einigermaßen beständigem Erfolg bis 1973 im Programm. 1979 gab es ein Wiedersehen mit den nunmehr saturierten Helden. Pete hatte das Geschäft seines Vaters übernommen, Julie war verheiratet und Mutter einer Tochter, Linc arbeitete mittlerweile als Lehrer in New York. Selbdritt verfielen sie noch einmal in alte Gewohnheiten, da das Leben ihres Mentors Greer bedroht schien. Wie sich herausstellen sollte, waren die Anschläge von einem Unbekannten vorgetäuscht worden, um die privatisierenden Twen-Polizisten aus der Reserve und vor die Flinte des geheimnisvollen Attentäters zu locken.

TWEN POLICE war nach THE JOHN FORSYTHE SHOW (USA 1965–1966) Peggy Liptons zweites Serienengagement. Einige Jahre später leistete sie ein weiteres Mal verdienstvolle Kultserienarbeit als Darstellerin der Norma Jennings in → TWIN PEAKS (USA 1990–1991).

Gleich zweimal, in den Episoden «A Hint Of Darkness, A Hint Of Light» (1969) und «Return To Darkness, Return To Light» (1970), übernahm Clarence Williams' Ehefrau Gloria Foster den Part einer jungen Blinden.

1983 brachte der Produzent Chuck Gordon mit RENEGADES (USA 1983) ein ähnliches Format auf den Bildschirm, blieb aber ohne Fortune. Eine der Hauptrollen spielte Patrick Swayze. Erst die gleichgeartete Serie → 21, JUMP STREET vermochte an den Erfolg von TWEN POLICE anzu-

knüpfen. Auch in Deutschland fand die Idee Nachahmer: Im Auftrag von RTL Television ging am 21. 5. 1996 die SK-BABIES ans Werk und in den folgenden Wochen auf Streife durch die zeitgenössischen jugendlichen Subkulturen.

Zitat:
«Ein Zeitdokument mit bleibendem Unterhaltungswert.»
DONALD BOGLE

21 Jump Street – Tatort Klassenzimmer
21 Jump Street
USA 1987–1991

Off. Tom Hanson – (1987–1990) JOHNNY DEPP	**Capt. Richard Jenko (1987)** FREDERIC FOREST	**Sal «Blowfish» Banducci (1988–1990)** SAL JENCO
Off. Doug Penhall (1987–1990) PETER DELUISE	**Capt. Adam Fuller** STEVEN WILLIAMS	**Off. Anthony «Mac» McCann (1990–1991)** MICHAEL BENDETTI
Off. Judy Hoffs HOLLY ROBINSON	**Dorothy (1988–1989)** GINA NEMO	**Off. Joey Penhall (1990–1991)** MICHAEL DELUISE
Off. Harry Truman Ioki (1987–1990) DUSTIN NGUYEN	**Jackie Garrett (1988–1989)** YVETTE NIPAR	
	Off. Dennis Booker (1988–1989) RICHARD GRIECO	

Als Wachtmeister Tom Hanson zum ersten Mal seinen neuen Einsatzbereich betritt, wähnt er sich im falschen Film. Das «Revier» an der 21 Jump Street ist eine aufgelassene Kapelle und gleicht eher dem Treffpunkt einer Streetgang als dem Sitz einer Behörde. Aber Hanson hat sich keineswegs verlaufen. Er wurde einer kleinen geheimen Sondereinheit zugeteilt, die aus Twen-Polizisten besteht und sich insbesondere der Jugendkriminalität widmen soll, vor allem durch Undercover-Einsätze in Schulen und Szenetreffpunkten.

Hansons Kollegin Judy Hoffs, eine attraktive Afroamerikanerin aus Chicago, die zuvor für das Sittendezernat als Lock- und Unterwandervogel im Rotlichtgewerbe tätig war, weist den Neuling in die Gepflogenheiten der Straße ein. Anfangs passiert es ihm noch, daß er ohne nähere Prüfung 200 Dollar für ein angeblich mit Drogen gefülltes Paar Socken lockermacht. Vor allem fällt es ihm schwer, sich in den jugendlichen Lebensstil einzugewöhnen. Die Ausbildung an der Polizeischule absolvierte er mit Bravour; anschließend bewährte er sich im Streifendienst. Ein Verstoß gegen die Dienstvorschriften liegt gänzlich außerhalb seines Vorstellungsvermögens.

Der junge Cop hat den Ehrgeiz, ein ebenso tüchtiger Polizist zu werden wie sein Vater, der Opfer seines Berufes wurde. Hansons Lebensstil ist konventionell, sein Hauptvergnügen der wöchentliche Kegelabend. Von ganz anderem Kaliber ist sein direkter Vorgesetzter, Captain Richard Jenko. Einst absolvierte er die Pilgerreise nach Woodstock und ist nach wie vor ein notorischer Dead Head und Hendrix-Fan, der regelmäßig Freitag abends als Mitglied einer Combo namens The Bunco Dudes die Leadgitarre quält. Nachdem sich Hanson im Dienst bewährt hat, wird ihm eine große Gnade zuteil: er darf bei den Dudes einsteigen und mit der

Gaststars:
Kareem Abdul-Jabbar, Christina Applegate, Dana Ashbrook, Leah Ayres, Diedrich Bader, Peter Berg, Dirk Blocker, Josh Brolin, Joseph Campanella, Thomas Haden Church, Christian Clemenson, William B. Davis, Dom DeLuise, Michael Des Barres, Shannen Doherty, Steven Eckholt, Christine Elise, Michael Ensign, Rob Estes, Sherilyn Fenn, Dann Flo-
rek, Bridget Fonda, Dan Gauthier, Peri Gilpin, Tracy Griffith, Traci Lind, Jason Lively, Robin Lively, Richard McKenzie, Ken Olandt, Harrison Page, Ray Parker jr., David Paymer, Rosie Perez, Jada Pinkett, Brad Pitt, Tony Plana, Alexandra Powers, Jason Priestley, Richard Roundtree, Pauly Shore, Kristoffer Tabori, Tim Thomerson, Beth Toussaint, Shannon Tweed, Blair Underwood, Jay Underwood

Creators:
Patrick Hasburgh und Stephen J. Cannell
Beginn der deutschen Erstausstrahlung:
Pilotfilm: 22. 10. 1990, RTL
Serienstart: 25. 10. 1990, RTL
Spinoff: BOOKER (USA 1989–1990)

Im Pilotfilm der Serie wurde Officer Tom Hanson noch von Jeff Yagher

Johnny Depp Holly Robinson Michael DeLuise Dustin Nguyen

J. Depp H. Robinson J. Depp (rechts),
Peter DeLuise Michael DeLuise

Holly Robinson als Officer Judy Hoffs

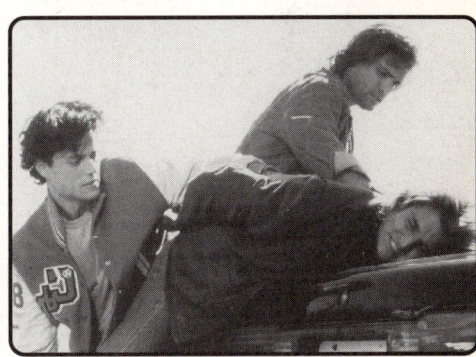

Michael und Peter DeLuise mit Michael Bendetti

Gitarre gehörig zum Lärm der Garagenband beitragen. Kaum aber haben sich die beiden Kontrahenten aneinander gewöhnt, wird Jenko auch schon Opfer eines Autounfalls und durch den Bürokraten Captain Fuller ersetzt.

Harry Ioki ist gebürtiger Vietnamese und kam als Flüchtling in die USA, wo er sich mit Hilfe des Bildungsfernsehens die Landes-sprache beibrachte und beim Betrachten von Kriminalserien den Wunsch entwickelte, selbst einmal eine Polizeimarke spazieren-zuführen. Die Biographie der Serienfigur Ioki stimmt in Teilen mit der des Darstellers Dustin Nguyen überein. Nguyen kennt die Probleme asiatischer Einwanderer aus eige-ner Erfahrung. Zum Quartett werden die Schulordnungshüter durch Douglas Pen-

dargestellt. Der 23jährige Johnny Depp, als Rockmusiker mit hinlängli-chen Drogenerfahrungen gleichsam prädestiniert für die Rolle, übernahm den Part ab der ersten Episode. 1990 schied er aus und widmete sich fort-an seiner Filmkarriere. Rückblickend äußerte er sich zumeist abfällig über seine TV-Vergangenheit.

Michael DeLuise stand 1990 gemein-sam mit EMERENGENCY ROOM-Star George Clooney für die nach zwei Episoden abgesetzte Serie SUNSET BEAT (USA 1990) vor der Kamera. Auch hier trat er als jugendliches Mit-glied einer Sondereinheit in Erschei-nung und schlüpfte von Amts wegen in eine zünftige Biker-Montur, um sich mit seinen drei ähnlich gewan-deten Kollegen unauffällig im Milieu bewegen zu können.

Dustin Nguyen wurde 1995 von deutschen Behörden in Dienst gestellt: Uwe Ochsenknecht, Moritz Bleibtreu, Peter Franke und er bilde-ten auf Geheiß der ARD-Redaktion «Serien im Vorabendprogramm» die «Sonderermittlungsgruppe Hafen», kurz und titelgebend DIE GANG. Gedreht wurde die wenig überzeu-gende deutsch-amerikanische Kopro-duktion zwischen September 1995

Holly Robinson und Dustin Nguyen

Steven Williams

Johnny Depp und
Peter DeLuise

hall, einen jungen Heißsporn, der selbst lange Zeit Gefahr lief, in die Unterwelt abzurutschen.

Die Ähnlichkeiten des Serienkonzepts zu ➔ TWEN POLICE liegen auf der Hand. Beide Serien waren dazu bestimmt, ein junges Publikum anzusprechen. Allerdings bemühten sich die Autoren von 21 JUMP STREET sehr um Authentizität und realitätsnahe Darstellungen. Auch die Schauspieler nahmen ihre Aufgabe ernst: Holly Robinson und Steven Williams begleiteten vor Beginn der Dreharbeiten Streifenpolizisten bei ihren Patrouillengängen, um sich auf ihre Rollen vorzubereiten. In den einzelnen Folgen wurden aktuelle Themen angesprochen und auch heiße Eisen aufgegriffen wie Aidsgefahr, Drogenmißbrauch, sexueller Mißbrauch von Kindern oder Analphabetismus. Am Ende solcher Episoden wiesen Ensemblemitglieder regelmäßig auf die zuständigen Beratungsstellen hin, mit erstaunlichen Resultaten. Institutionen wie die National Aids Hotline, das National Center For Missing And Exploited Children oder Home Run verzeichneten einen deutlichen Anstieg der Anrufe und Anfragen, nachdem ihre Adressen und Telefonnummern im Rahmen von 21 JUMP STREET genannt worden waren. Nach einer Sendung zum Thema konnten die Behörden auf Grund von Hinweisen einiger Betroffener sogar Verbrecher dingfest machen, die Kinder für pornographische Aufnahmen mißbraucht hatten.

und Juli 1996 in Hamburg und New Orleans, der Pilotfilm lief am 5. 1. 1997, die erste Serienepisode am 7. 1. 1997. Neben Nguyen konnten auch die US-Schauspieler Walker Brandt und Stacy Keach als «Hafenarbeiter» gewonnen werden.

Den Titelsong zu 21 JUMP STREET sang Hauptdarstellerin Holly Robinson, die ihre TV-Karriere 1992 mit der Sitcom HANGIN' WITH MR. COOPER (USA 1992–) fortsetzte.

Frederic Forrest wurde dem deutschen Kinopublikum insbesondere bekannt durch die Titelrolle in Wim Wenders HAMMETT (USA 1979–1982).

Ungleich finsterer trat Steven Williams ab 1994 in (➔ AKTE X in Erscheinung – er spielte den von wenig Skrupeln geplagten mysteriösen «Mr. X».

Twin Peaks
USA 1990–1991

Agent Dale Cooper KYLE MACLACHLAN	**Sarah Palmer** GRACE ZABRISKIE	**James Hurley** JAMES MARSHALL
Sheriff Harry S. Truman MICHAEL ONTKEAN	**Laura Palmer / Madeleine Ferguson** SHERYL LEE	**Benjamin Horne** RICHARD BEYMER
Jocelyn «Josie» Packard JOAN CHEN	**Bobby Briggs** DANA ASHBROOK	**Audrey Horne** SHERILYN FENN
Catherine Martell PIPER LAURIE	**Big Ed Hurley** EVERETT MCGILL	**Donna Hayward** LARA FLYNN BOYLE
Pete Martell JACK NANCE	**Nadine Hurley** WENDY ROBIE	**Shelley Johnson** MÄDCHEN AMICK
Leland Palmer RAY WISE		**Leo Johnson** ERIC DA RE → → →

Mit ihrem Serienkonzept zu TWIN PEAKS haben Mark Frost und David Lynch einen massiven Meilenstein losgetreten. Nun liegt er in der Kulturlandschaft herum und versperrt die Aussicht. Skribenten ohne programmgeschichtliche Kenntnisse nennen noch immer blindweg alles TWIN PEAKS, was sich nicht ohne weiteres in vorhandene Kategorien einordnen läßt. Dergestalt traf es beispielsweise Lars von Triers Hospitalserie GEISTER (DK/S/D 1994; Kinotitel: THE KINGDOM – HOSPITAL DER GEISTER), die doch unverkennbar anthologische Serien wie Rod Serlings → UNWAHRSCHEINLICHE GESCHICHTEN zitierte und sich augenscheinlich vom bedächtigen Erzählrhythmus der TWIN-PEAKS-Regisseure unterschied.

Die suggestiven, teils repetitiv verwendeten Bilder dieser nicht rundweg neuen, aber etwas anderen Fernsehserie sind unterdessen sogar von der deutschsprachigen Literatur abgepaust worden, wie der Kritiker Niels Werber in der Berliner ‹tageszeitung› aufzeigte: Als «Twin-Peaks-haft. Davidlynchig» empfindet der Protagonist von Herbert Genzmers «Letzte Blicke. Flüchtige Details» den Anblick einer nutzlos im Wind baumelnden Ampel: «Es fuhren keine Autos, und die Lichter schalteten sinnlos auf Grün und Rot.» Eine ähnliche Szene findet sich in Bodo Morshäusers «Tod in New York City» (beide 1995): «Eine Ampelanlage arbeitete allein, es gab keinen Verkehr zu regeln.»

TWIN PEAKS erfüllt ohne Zweifel jedweden Anspruch an eine Kultserie. Vom Start weg bildete sich eine treue Gefolgschaft, die Habitus und Rituale der Figuren übernahm und typische Dialogzeilen gleichsam als Erkennungszeichen im Munde führte. Auch hierzulande hört man noch gelegentlich Agent Coopers sinnenfrohe Maxime «Einmal am Tag muß man sich etwas gönnen» oder kryptische Zeilen wie «Der Riese sei mit dir», «Die Eulen sind nicht, was sie scheinen» oder auch «Alberts Weg ist ein schwerer und gewundener Pfad».

Creators:
David Lynch und Mark Frost
Beginn der deutschen Erstausstrahlung:
10. 9. 1991, RTLplus
Fortsetzung: 18. 1. 1992, Tele 5

In den USA erreichte der TWIN-PEAKS-Pilotfilm 35 Millionen Zuschauer (gleich 35 Prozent Marktanteil), in Deutschland sahen vier Millionen Zuschauer den Piloten, im Schnitt verfolgten zirka zwei Millionen Zuschauer die erste Staffel der Serie. Mit Sonderaufführungen, TWIN-PEAKS-Partys und einem regelmäßigen *Newsletter* hatte RTLplus Presse und Publikum zu ködern versucht. Allerdings kannten die Mitarbeiterinnen der beauftragten Werbeagentur zwar das Geheimnis des Kirschstengeltricks, nicht aber die Regisseure der einzelnen Episoden …

Sat.1 versuchte sich als Spielverderber und verriet den Namen des Mörders via Videotext, tat damit dem Konkurrenten indes sogar einen Gefallen – die Zahl der Zuschauer erhöhte sich kurzzeitig auf 2,9 Millionen.

Hank Jennings CHRIS MULKEY	**Deputy Andy Brennan** HARRY GOAZ	**Margaret, the «Log Lady»** CATHERINE E. COULSON
Norma Jennings PEGGY LIPTON	**Dr. Lawrence Jacoby** RUSS TAMBLYN	**Dr. William Hayward** WARREN FROST
Jerry Horne DAVID PATRICK KELLY	**Albert Rosenfield** MIGUEL FERRER	**Eileen Hayward** MARY JO DESCHANEL
Lucy Moran KIMMY ROBERTSON	**Dennis Bryson** DAVID DUCHOVNY	**Major Garland Briggs** DON DAVIS
Deputy Tommy «The Hawk» Hill MICHAEL HORSE	**Gordon Cole** DAVID LYNCH	**Bob** FRANK SILVA

Catherine E. Coulsen, Mädchen Amick, David Lynch

Der Darsteller des Agenten Dale Cooper, Kyle MacLachlan, hatte es frühzeitig kommen sehen: «Wenn demnächst die Leute in den Straßen revoltieren, wird es entweder eine Folge der gestiegenen Benzinpreise sein oder wegen TWIN PEAKS», orakelte er und hatte damit insofern recht, als die Anhänger der Peaks-Show tatsächlich einen kleinen Aufruhr verursachten, nachdem Anfang 1991 bekannt wurde, daß ABC die Serie nicht fortführen würde. Binnen kurzem organisierten sich 11000 Cooperistas in einem Verein namens «Citizens Outraged at the Offing of Peaks», kurz C.O.O.P., und wählten einen leicht abgewandelten John-Lennon-Song zu ihrer Hymne: «All we are saying is give Peaks a chance».

Der ganze Rummel nahm seinen Anfang 1988, als Mark Frost und David Lynch dem ABC Network das Exposé zu einer TV-Serie vorlegten. Mehrere gemeinsame Spielfilmprojekte waren zuvor aus verschiedenen Gründen gescheitert; ihre Serienidee aber stieß auf Interesse. Für Lynch war es nach dem Kurzfilm THE COWBOY AND THE FRENCHMAN (F 1989), einer Auftragsproduktion für einen französischen Sender, die zweite TV-Arbeit und die erste Serie. NORTHWEST PASSAGE, so der ursprüngliche Titel, spielte im Nordwesten der USA, wo David Lynch aufgewachsen war. Die beiden Autoren ersannen eine komplette Kleinstadt, definierten die landschaftliche Umgebung und das soziale Milieu, in dem sie einen Mord stattfinden lassen wollten. Der Ort, der später der Serie seinen Namen geben sollte, hieß Twin Peaks, die Ermordete Laura Palmer. Der Inhalt der Serie: Sex, Lügen und Audiotapes.

«Sieben Kilometer südlich von Kanada, 15 Kilometer westlich der Staatsgrenze. Ich hab' noch nie so viele Bäume auf einmal gesehen», diktiert der in solcherlei Dingen äußerst gewissenhafte FBI-Beamte Dale Cooper seinem Bandgerät, als er am 24. Februar um 11.30 Uhr die Stadtgrenze von

---

Mark Frost arbeitete vor seiner Zusammenarbeit mit David Lynch als *story editor* der Serie → POLIZEIREVIER HILL STREET, für die er auch einige Drehbücher verfaßte.

Mark Frost und David Lynch ließen diverse Familienmitglieder an der Produktion teilhaben. Warren Frost, der Darsteller des Dr. Hayward, war der Vater des Autors; sein Bruder Scott steuerte einige Drehbücher bei und schrieb das Buch «The Autobiography of FBI Special Agent Dale Cooper». David Lynchs Tochter Jennifer lancierte einen Bestseller mit «The Secret Diary of Laura Palmer», von dem mehr als 600 000 Exemplare verkauft wur-

den. Weitere TWIN PEAKS-Merchandising-Produkte – alle von den eigens gegründeten Lynch / Frost Productions autorisiert – waren das Diktiergerät «Diane», die von Kyle MacLachlan besprochene Hörspielkassette *«Diane … The Twin Peaks Tapes of Agent Cooper»*, die Nadine-Hurley-Augenklappe, T-Shirts mit Beschrif-

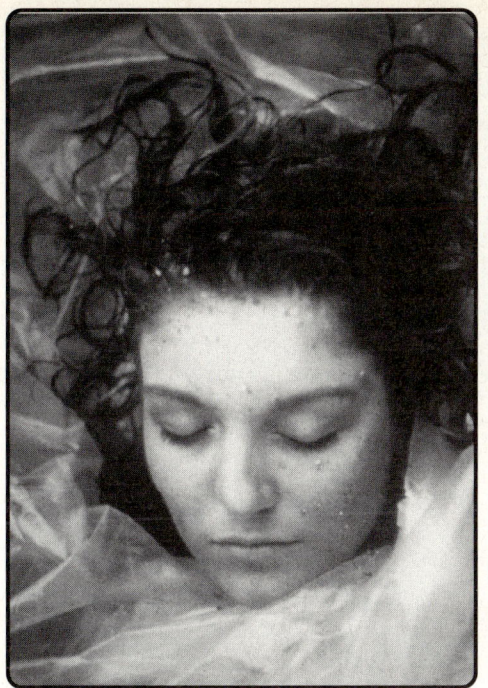

Die Leiche Laura Palmers (Sheryl Lee)

Sherilyn Fenn als Audrey Horne

Twin Peaks erreicht. In der waldreichen Gegend rund um das einladende Städtchen kann man noch atmen, ohne Hustenreiz zu verspüren, Kaffee und Kuchen sind von erlesener Qualität, und das Leben geht, so scheint es, recht gemächlich seinen Gang. «Wissen Sie, warum ich schnitze?» wendet sich Cooper an den örtlichen Sheriff Harry S. Truman und beantwortet die bloß rhetorisch gemeinte Frage gleich selbst: «Schnitzen paßt gut zu einer Stadt, wo die Leute vor einer gelben Ampel nicht noch schneller fahren, sondern stehenbleiben.»

Nun befinden wir uns aber in einem Film, an dem David Lynch wesentlichen Anteil hatte; die Idylle ist also pure Fassade. Die allseits beliebte, angeblich so unbefangene und sozial eingestellte Laura Palmer, deren Tod die ganze Stadt erschüttert, stellt sich im Verlauf der Ermittlungen ganz anders dar: als abgebrühtes Luder, dem ausschweifender Sadomaso-Sex, Drogenmißbrauch und Prostitution nicht fremd waren. Aber auch andere Gemeindemitglieder haben das eine oder andere zu verbergen. Kein Wunder, daß selbst ein erfahrener, charakterlich gefestigter Zen-Kriminalist wie Dale Cooper einige Episoden benötigt, um dieses Dickicht aus Lügen, Finten und Intrigen einigermaßen zu durchschauen. Selbst zu Beginn der Sommerpause dauerten die Ermittlungen noch an. Die letzte Folge der Frühjahrsstaffel

tungen wie «I Killed Laura Palmer», «Welcome To Twin Peaks», «Call Me Bob», «RR Diner» und «Who Killed Laura Palmer?», FBI-Kapuzenjacken und, neben den üblichen Schirmkappen, Kalendern und Soundtrack-Alben, auch eine Art Reiseführer mit dem Titel «Welcome To Twin Peaks – Access Guide To The Town».

Besonderen Erfolg hatte TWIN PEAKS in Japan. 1993 war die Serie bereits siebenmal wiederholt worden; vom Videopaket mit sämtlichen Episoden wurden, bei einem Stückpreis von etwa 1000 Mark, binnen kurzem 45 000 Einheiten verkauft. Der Kinofilm TWIN PEAKS : FIRE WALK WITH ME startete in Japan noch vor der US-Premiere. Für die japanische Coca-Cola-Niederlassung drehte David Lynch eine Serie von Werbespots mit dem Original-TWIN-PEAKS-Ensemble. In den vier im Abstand von zwei Monaten auf nahezu allen japanischen Kanälen ausgestrahlten, für andere Länder nicht freigegebenen Commercials suchte Agent Cooper in Twin

Kyle MacLachlan

endete sogar mit einem hundsgemeinen *cliffhanger*: Cooper öffnet die Tür seines Hotelzimmers und wird von drei Kugeln niedergestreckt – unmittelbar bevor der Nachspann
einsetzt. Mark Frost, Autor und Regisseur
dieser Episode, ließ das Publikum über die
Sommermonate im ungewissen darüber, ob
der FBI-Mann abgetreten war, ohne jemals
sein geliebtes Tibet besucht zu haben.

Noch später, in Folge 16 nämlich, wurde
das Rätsel um Lauras Mörder gelüftet: Ihr

scheinbar so schwer getroffener Vater hatte
sein mißratenes Kind selbst getötet. Allerdings war der geplagte Mann zum Zeitpunkt
des Verbrechens nicht Herr seiner Sinne.
Bob, die Inkarnation des Bösen, hatte von seiner Seele Besitz ergriffen – und der Inkubus
hielt Cooper, Truman und die anderen auch
weiterhin in Atem, bis die ABC die zunehmend wirrer werdende Serie auf Grund rapiden Zuschauerschwunds schließlich abbe-
stellte.

In der neueren Populärkultur aber hat
TWIN PEAKS einen festen Platz; die Hand-
schrift der Urheber wurde häufig kopiert.
Frost, Lynch und ihre Koautoren adaptierten
Konventionen der *soap opera* und des TV-Kri-
mis und inszenierten das Konglomerat mit
abgefeimtem Humor gleichsam als Sitcom
in Zeitlupentempo. Wenn der gemeinhin
korrekt und souverän auftretende Dale Cooper urplötzlich ohne konkreten Anlaß los-
kichert, im Leichenschauhaus das Licht
flackert wie in einer Techno-Disco oder der
junge Polizist Andy bei jeder Erwähnung der
toten Laura in Tränen ausbricht, zeigt sich
der ganze diabolische Witz dieser Serie.
Darüber hinaus lag der besondere Pfiff nicht
zuletzt darin, daß die beiden Produzenten außerordentliches Geschick bewiesen,
Mord, Totschlag und sexuelle Exzesse an der
strengen US-Zensur vorbei auf den Bildschirm zu schmuggeln.

Peaks nach einer verschollenen japanischen Touristin.

Zitate:
«Für mich ist die Serie wie ein kultu-
reller Komposthaufen, bei dem jede
Figur und jeder Schauspieler ein di-
rektes oder indirektes Zitat darstellt.»
MARK FROST

«In einer soap opera kann man auch
den kleinsten Details noch große
Aufmerksamkeit widmen. In TWIN
PEAKS spielen Kaffee, Doughnuts und
Kuchen eine wichtige Rolle.»
DAVID LYNCH

Literatur:
Mark Altman: Twin Peaks. Behind the
Scenes. Las Vegas 1990
David Lavery (Ed.): Full of Secrets.
Critical Approaches To Twin Peaks.
Detroit 1994

UFO
GB 1970–1973

Commander Edward Straker ED BISHOP	**Lt. Gay Ellis** GABRIELLE DRAKE	**Col. Virginia Lake** WANDA VENTHAM
Col. Alec Freeman GEORGE SEWELL	**Lt. Nina Barry** DOLORES MANTEZ	**General Henderson** GRANT TAYLOR
Col. Paul Foster MICHAEL BILLINGTON	**Joan Harrington** ANTONIA ELLIS	

Nach einer wechselvollen Karriere, die ihn so ziemlich mit allen Bereichen der Filmherstellung in Verbindung brachte, verkrümelte sich der gelernte Stukkateur und angehende Filmproduzent Gerry Anderson 1958 in ein ehemaliges Lagerhaus, um eigene Projekte auszuhecken. 1500 Eierkartons verwandelten die Halle in ein schalldichtes Aufnahmestudio. Mit nur 500 Pfund Startkapital, aber einer Menge technischen Geschicks und vor allem sehr viel Phantasie kreierten Gerry Anderson und seine Frau Sylvia Puppenserien für das Kinderprogramm des britischen Kommerzfernsehens.

Commander Straker (Ed Bishop)

Wenige Jahre später war ihre Firma führend auf diesem Gebiet. In den Sechzigern lancierten sie einige Serien um futuristische Fahrzeuge. Da gab es das SUPERCAR (GB 1961 – 1962), das fliegen, schwimmen und rollen konnte. Mit dem Superraumschiff FIREBALL XL5 (GB 1962 – 1963) hob Steve Zodiac ab ins All, das Amphibienfahrzeug STINGRAY (GB 1964 – 1965) hatte dagegen auf der Erde genug zu tun. Unangefochtene Stars des Anderson-Universums aber sind die bis auf den heutigen Tag kultisch verehrten → THUNDERBIRDS, die Fluggeräte des altruistischen Tracy-Clans. Alle diese utopischen Reihen kamen ohne menschliche Darsteller aus. Andersons avanciertes *Supermarionation*-Verfahren erlaubte die Darstellung selbst verzwicktester Handlungsabläufe. Nötigenfalls wurde eine echte menschliche Hand eingeblendet. Die Herstellung der Marionettenfilme blieb indes eine mühsame, immer wieder von technischen Pannen unterbrochene Arbeit. Zudem waren die einschlägigen Themen allmählich ausgeschöpft. Anderson wechselte zur Schauspielerregie, zunächst mit dem Kinofilm UNFALL IM WELTRAUM (JOURNEY TO THE FAR SIDE OF THE SUN, GB 1969), dann mit der Science-fiction-Serie UFO, bei der einige Requisiten aus UNFALL IM WELTRAUM erneut Verwendung fanden.

Heutzutage verfolgt man UFO mit einigem Ergötzen. Entstanden anno 1970, spielte

Gaststars:
Stephanie Beacham, Steven Berkoff, Anouska Hempel, Alexis Kanner, Philip Madoc, Lois Maxwell, Derren Nesbitt, Charles Tingwell

Creators:
Gerry und Sylvia Anderson mit Reg Hill

Beginn der deutschen Erstausstrahlung: 8. 6. 1971, ZDF

Äußerst umstritten war die Episode «The Long Sleep», in der eine junge Frau nach dem Erwachen aus einem zehn Jahre währenden Koma von den vorangegangenen traumatischen Erlebnissen berichtet. Besonders die visualisierten Drogenerfahrungen und die Darstellung einer versuchten Vergewaltigung erregten Anstoß bei den Verantwortlichen einiger Sender der britischen ITV-Kette, die die Ausstrahlung ablehnten.

Bei den «Harlington-Straker-Filmstudios» handelte es sich um echte Ate-

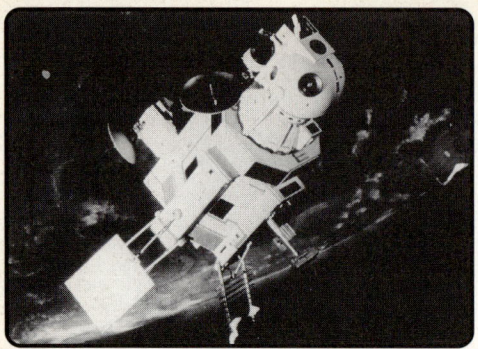

Satellit im Dienste des globalen Abwehrsystems zum Schutz vor Ufos

Ed Bishop als Commander Ed Straker

die Serie in allernächster Zukunft: im Jahr 1980. Die aggressiven Attacken mysteriöser Flugobjekte beunruhigen irdische Administrationen. Zwecks Abwehr der Außerirdischen wird eine multinationale klandestine Raumfahrtorganisation ins Leben gerufen: die «*Supreme Headquarters Alien Defence Organisation*», kurz SHADO. Der Tarnung wegen firmiert die SHADO-Zentrale als «*Harlington-Straker-Filmstudio*». Commander Straker ist der Kommandant der Himmelsbeobachter; seine offizielle Berufsbezeichnung lautet Filmproduzent. Strakers Befehlsbereich umfaßt einen lunaren Außenposten, die Flottille der vielseitig einsetzbaren *Skydiver* und eine Unterwasserbasis, wo die Abfangjäger stationiert sind.

Unbelehrbar, wie Aliens nun mal sind, brummt in jeder Episode eines jener kreiselnden Blechbüchsenmodelle in den Orbit, um sich vom fintenreichen SHADO-Chef Straker austricksen und von seinen Vasallen fotogen abschießen zu lassen. Die Piloten der kleinen Flitzer sieht man selten. Dafür entschädigt die futuristisch gemeinte Optik der SHADO-*Chaser*. Die Herren im Hauptquartier

tragen zumeist haarscharf ausgeführte Rundschnittfrisuren, die Damen der Mondstation mauvefarbene Perücken und, ein Lob dem hellsichtigen Propheten, verführerische Catsuits. Auch die männlichen U-Boot-Besatzungen geizen nicht mit ihren Reizen und peitschen mit zwar schultergepolsterten, ansonsten aber grobmaschigen und somit ziemlich durchsichtigen Netzhemden die Sinne auf. Autos und Einrichtungsgegenstände sind zumeist in stromlinienförmiges Plastik gegossen und sehen aus, als ob ein vollends entfesselter Luigi Colani das Produktionsdesign gestiftet hätte.

Der ganze technische Firlefanz flackert, flirrt und flimmert, daß es nur so eine Art hat. Schließlich kostete jede Episode 100 000 Pfund, und das sollte man auch sehen. Ein Riesenerfolg wurde die Serie nicht gerade, aber die regelmäßigen Wiederholungen erfreuen sich bei einer eingeschworenen Fangemeinde großer Beliebtheit. Und Gerry Anderson? Nach 26 Folgen UFO sprengte er die Mondstation ab und jagte sie ins All hinaus. Titel der neuen Serie: → MONDBASIS ALPHA 1.

---

liers, nämlich um die MGM-Produktionsstätten in Borehamwood.

David Tomblin, Produzent der Serie → NUMMER SECHS, steuerte einige Drehbücher bei, die er selbst inszenierte. Auch auf der → MONDBASIS ALPHA 1 machte er sich hernach noch nützlich.

Der US-amerikanische Schauspieler Ed Bishop hatte zuvor bereits bei der Produktion der Marionettenserie CAPTAIN SCARLETT AND THE MYSTERONS (1967–1968) als Sprecher des Captain Blue in Diensten der Andersons gestanden.

In den beiden Episoden «*The Cat With Ten Lives*» und «*The Man Who Came Back*» gab Lois Maxwell ein Gastspiel in der Rolle der Miss Holland. Die aus Kanada stammende Schauspielerin gehörte als Vorzimmerdame Mrs. Moneypenny zur Stammbesetzung der James-Bond-Filme.

Unwahrscheinliche Geschichten
The Twilight Zone
USA 1959 – 1965

Episodenstars:
DANA ANDREWS, MARTIN BALSAM, BILL BIXBY, CHARLES BRONSON, CAROL BURNETT, ART CARNEY, JAMES COBURN, RICHARD CONTE, JAMES DOOHAN, DAN DURYEA, ROBERT DUVALL, PETER FALK, ANNE FRANCIS, DENNIS HOPPER, BUSTER KEATON, RICHARD KIEL, JACK KLUGMAN, IDA LUPINO, RODDY MCDOWALL, LEE MARVIN, PAUL MAZURSKY, BURGESS MEREDITH, VERA MILES, ELIZABETH MONTGOMERY, BARRY MORSE, LEONARD NIMOY, WARREN OATES, DONALD PLEASANCE, ROBERT REDFORD, CLIFF ROBERTSON, TELLY SAVALAS, WILLIAM SHATNER, INGER STEVENS, ROD TAYLOR, LEE VAN CLEEF, JAMES WHITMORE U. V. A.

«ES gibt eine fünfte Dimension jenseits der menschlichen Erkenntnis. Diese Dimension ist unermeßlich wie der Weltraum und zeitlos wie die Ewigkeit. Sie ist der Übergang zwischen Licht und Schatten, zwischen Wissenschaft und Aberglaube, zwischen dem Abgrund der Angst und dem Gipfel menschlichen Wissens. Sie ist die Dimension der Imagination – wir nennen diesen Bereich … die *Twilight Zone*.»

Vorgetragen mit respektheischender Grabesstimme, eröffneten diese dunklen Worte jede einzelne Episode der Fernsehserie THE TWILIGHT ZONE. Gesprochen wurden sie vom Herrn der Zone persönlich: Rod Serling. Serling war einmal Boxer gewesen, hatte im Zweiten Weltkrieg als Fallschirmjäger gedient und nach seiner Entlassung eine Anstellung als Rundfunkautor gefunden. In diesem Metier blieb er anfangs erfolglos. Weit besser erging es ihm beim Fernsehen. Serling schrieb preisgekrönte TV-Dramen wie PATTERNS (1955), REQUIEM FOR A HEAVY-WEIGHT (1956) und THE COMEDIAN (1957), oft mit zeitbezogenen Themen, was ihm mehr als einmal Querelen mit Zensoren und Werbekunden einbrachte. Als die goldene Ära der großen Fernsehinszenierungen zu Ende ging, versuchte er sich an etwas Neuem und konzipierte eine anthologische Serie, die phantastische, utopische, märchenhafte und auch komische Elemente enthalten sollte. Serling fungierte als Produzent, führte zu Beginn jeder Sendung in die Handlung ein und schrieb selbst 89 der insgesamt 151 Episoden. Weitere Beiträge stammten von renommierten Autoren wie Ray Bradbury, Charles Beaumont und Richard Matheson, der Jahre später das Skript zu Steven Spielbergs DUELL (DUEL, USA 1971) lieferte. Umgesetzt wurden die Drehbücher unter anderem von Richard Donner, Mitchell Leisen, Norman Z. McLeod, Ted Post, Stuart Rosenberg, Boris Sagal und Don Siegel. Vor der Kamera agierten exzellente Schauspieler, die heute in keinem Filmlexikon fehlen: Charles

Creator:
Rod Serling
Beginn der deutschen Erstausstrahlung: 20. 6. 1968, ZDF

Rod Serling wurde mit der damals einmalig hohen Anzahl von sechs ‹Emmys› ausgezeichnet, drei erhielt er für Einzelstücke und weitere drei für THE TWILIGHT ZONE als Serie.

Erst durch die Fernsehserie fand TWILIGHT ZONE als geflügeltes Wort Eingang in die Alltagssprache. 1982 bescherte der gleichnamige Singlehit der niederländischen Band Golden Earring ein kurzfristiges Comeback.

Um dem Sinken der Einschaltquoten entgegenzuwirken, wurden die Episoden ab Januar 1963 auf sechzig Minuten Sendezeit verlängert, ein Schritt, der noch im selben Jahr zurückgenommen wurde. Das Dreißig-Minuten-Format hatte Rod Serling ursprünglich überhaupt nicht behagt, aber, so Serling unverdrossen: «… das Halbstundenformat ist nun einmal gegeben, und so lange wir damit leben müssen, sollten wir jedenfalls versuchen, es mit etwas Sinnvollem zu füllen.»

Literatur:
Jean-Marc Lofficier: Twilight Zone Programme Guide. New York 1995
Marc S. Zicree: Twilight Zone Companion. Hollywood 1992

William Shatner
leidet unter Flug-
angst

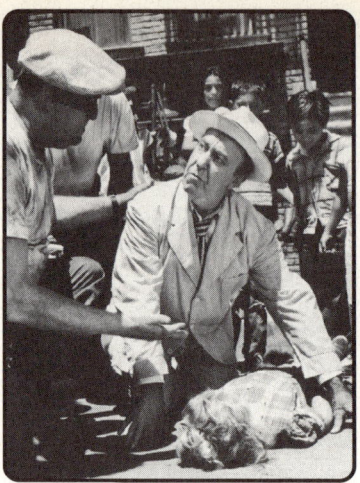

Ed Wynn (Mitte) in der Folge
ONE FOR THE ANGELS

Rod Serling

Bronson, Art Carney, James Coburn, Dennis Hopper, Buster Keaton, Jack Klugman, Ida Lupino, Lee Marvin, Burgess Meredith, Robert Redford, → Burt Reynolds, Mickey Rooney und viele andere. Die späteren *Enterprise*-Piloten William Shatner, George Takei und Leonard Nimoy unternahmen unter Serlings Ägide erste Gehversuche im Science-fiction-Genre: «Jeder, der die Serie regelmäßig gesehen hat, wird sich an William Shatner erinnern, der von einem wahrsagenden Münzautomaten im schäbigen Restaurant eines winzigen Kaffs im Bann gehalten wird …» (Stephen King).

Die ursprünglichen Staffeln der legendären Serie liefen zwischen 1959 und 1965 auf CBS. Noch immer werden sie von regionalen Sendern regelmäßig wiederholt und mit Begeisterung auch von jenen Zuschauern verfolgt, die damals noch zu jung oder vielleicht noch nicht einmal geboren waren. TWILIGHT ZONE gilt als Markstein der US-Programmgeschichte und wird in der einschlägigen Literatur entsprechend gewürdigt. «Zweifellos eine der besten TV-Shows aller Zeiten», schreibt der Sechziger-Jahre-Chronist Andrew J. Edelstein; «eine der meist verehrten unter den jemals hergestellten Fanta-

sy-Serien», sekundiert Roger Fulton. Auch Stephen King hat sich in seinem Buch «*Danse Macabre*» eingehend mit dem Phänomen TWILIGHT ZONE befaßt. Er notiert unter anderem: TWILIGHT ZONE «war etwas vollkommen Eigenständiges, und diese Tatsache allein scheint größtenteils dafür verantwortlich zu sein, daß eine ganze Generation imstande ist, Serlings Serie mit dem Erblühen der sechziger Jahre zu assoziieren …»

Serlings Stories, zum Teil Adaptionen literarischer Vorlagen beispielsweise von Ambrose Bierce und Henry Slesar, waren bizarr und durch den meist überraschenden Wechsel der Erzählperspektive mitunter äußerst irritierend, zudem häufig zutiefst moralisch. Oftmals erlebten die Hauptfiguren die Erfüllung ihres sehnlichsten Wunsches, der sich dann rigoros gegen sie kehrte. So wird einem Mann die Gnade ewigen Lebens zuteil. Als er, im Vertrauen darauf, zum Tode verurteilt zu werden, einen Mord begeht, landet er hinter Gittern – lebenslänglich. Andere Protagonisten unternahmen Zeitreisen, wechselten die Persönlichkeit, fanden sich unversehens in einem Paralleluniversum wieder oder erlebten Begegnungen der dritten Art. Häufig hatte das Geschehen mit nuklearen Katastrophen zu tun; die Darstellungen folgten freilich nicht der spekulativen Art zeitgenössischer B-Movies, sondern illustrierten die fatalen Folgen eines etwaigen Bombenabwurfs am Beispiel individueller Schicksale.

Zu den bekennenden TWILIGHT-Zonis zählt auch Steven Spielberg, der als Hommage an Rod Serling 1983 den TWILIGHT ZONE-Kinofilm produzierte (dt.: UNHEIMLICHE SCHATTENLICHTER), zu welchem er selbst ein Remake der TV-Folge «Kick The Can» beisteuerte. Nachdem der Kultklassiker dermaßen wieder ins Gespräch gebracht worden war, entstand die Idee, die Serie erneut aufleben zu lassen. Einige der alten Folgen wurden neu gedreht, nunmehr in Farbe und mit modernen Spezialeffekten. Als *creative consultant* zeichnete Harlan Ellison. Er gehört, so das «*Lexikon der Science Fiction Literatur*», «zu den wichtigsten SF-Autoren der sechziger und siebziger Jahre, und zwar zu jenen, die die SF nicht einfach fortgeschrieben, sondern geprägt und weiterentwickelt haben.» Den Regiestuhl besetzten hochkarätige Regisseure wie Alptraumspezialist Wes Craven, Piranhabändiger Joe Dante, Hai-Fischer Jeannot Szwarc und Teufelskerl William Friedkin. Vor der Kamera agierten unter anderem Martin Balsam, Barry Corbin, Peter Coyote, Shelley Duvall, David Faustino, Morgan Freeman, Elliot Gould, Piper Laurie, Helen Mirren, Joe Montegna, Tom Skerritt und Bruce Willis.

Verliebt in eine Hexe Bewitched
USA 1964–1972

Samantha Stephens ELIZABETH MONTGOMERY	**Louise Tate, seine Frau** IRENE VERNON (1964–1966)	**Gladys Kravitz** SANDRA GOULD (1966–1972)
Serena, ihre Cousine ELIZABETH MONTGOMERY	**Louise Tate** KASEY ROGERS (1966–1972)	**Aunt Clara (1964–1968)** MARION LORNE
Darrin Stephens, ihr Mann DICK YORK (1964–1969)	**Tabitha Stephens (1966–1972)** ERIN UND DIANE MURPHY (1971–1972)	**Uncle Arthur (1965–1972)** PAUL LYNDE
Darrin Stephens DICK SARGENT (1969–1972)	**Adam Stephens** DAVID UND GREG LAWRENCE	**Esmerelda, Haushälterin** (1969–1972) ALICE GHOSTLEY
Endora AGNES MOOREHEAD	**Abner Kravitz** GEORGE TOBIAS	
Maurice, Samanthas Vater MAURICE EVANS	**Gladys Kravitz** ALICE PEARCE (1964–1966)	
Larry Tate, Darrins Arbeitgeber DAVID WHITE		

Adrett gekleidet und perfekt frisiert, steht die junge Ehefrau am Herd und bereitet die Mahlzeit. Herein kommt der Gatte und begrüßt das Weib mit einem zaghaft-züchtigen Küßchen, worauf dieses gleichsam zurückweicht, indem es sich buchstäblich in Luft auflöst. Irritiert hält der Gefoppte Ausschau und entdeckt ein Kätzchen, das sich an seine Waden schmiegt. Es hüpft in seine Arme und rückverwandelt sich in sein schelmisch lächelndes Gespons, derweil dem Kochtopf schwarze Rauchschwaden entsteigen.

Die popartige Manier des Zeichentrickvorspanns der Fernsehserie VERLIEBT IN EINE HEXE ließ schon ahnen, daß es hier wohl nicht mit rechten Dingen zugehen würde. In der Tat gehörte die ausnehmend attraktive Heldin zu einer weltweit verstreuten, aber auf Fingerschnipp anreisenden Sippe von Hexen. Samantha Stephens' Mutter Endora verzieh der Tochter nie, daß sie unstandesgemäß geheiratet hatte – einen dickfelligen Buchhaltertypen, der seiner Frau die Anwendung ihrer übernatürlichen Fähigkeiten kategorisch verbat. Beginnend mit dem 17. September 1964, ergaben sich einmal pro Woche Umstände, die einen Verstoß gegen diese Auflage rechtfertigten. Der von Hexenkunst und Samanthas bizarren Verwandten geplagte Darrin suchte in solchen Fällen zuweilen Trost und stärkende Getränke in «Joe's Bar And Grill».

VERLIEBT IN EINE HEXE war eine der in den Sechzigern überaus beliebten *supernatural comedies*, die eingefahrene, gerade auch vom Fernsehen transportierte Rollenklischees travestierten. Nur vordergründig schienen der dienstbare Flaschengeist Jeannie (→ BEZAUBERNDE JEANNIE) oder die Hexe Samantha als Frauen verfügbar und dem Manne untertan. Tatsächlich lenkten sie das

Gaststars:
Eve Arden, Jack Cassidy, James Doohan, Richard Dreyfuss, Dick Gautier, Charles Lane, June Lockhart, Stuart Margolin, Woodrow Parfrey, Robert Strauss, Jack Warden, Raquel Welch, Adam West

Creator:
Sol Saks
Beginn der deutschen Erstausstrahlung:
5. 1. 1971, BR
überregional: 9. 4. 1990, Sat.1
Spinoff: TABITHA (USA 1977–1978)

Viele Stationen verweigerten die Ausstrahlung der Episode «Samantha's Secret Is Discovered». In der fraglichen Folge entdeckt Darrins Mutter Samanthas wahre Natur. Daraufhin tauscht Samantha heimlich die ärztlich verordneten Tranquilizer ihrer Schwiegermutter gegen halluzinogene Drogen. Die verwirrte Mrs. Ste-

Szenenfoto

Elizabeth Montgomery

Elizabeth Montgomery in
MRS. STEPHANS, WO SIND SIE?

Geschehen und manipulierten den jeweiligen Herrn des Hauses nach Gutdünken, ohne daß der Mann dessen immer gewahr wurde.

Wie die beinahe gleichaltrige → BEZAUBERNDE JEANNIE Barbara Eden, wurde Elizabeth Montgomery in der Rolle der unkonventionellen Hausfrau immens populär und trat damit aus dem Schatten ihres Vaters, des Schauspielers, Produzenten und Regisseurs Robert Montgomery (DIE DAME IM SEE / THE LADY IN THE LAKE, USA 1946), in dessen anthologischer Serie ROBERT MONTGOMERY PRESENTS (USA 1950 – 1957) sie 1951 als 18jährige ihr TV-Debüt gegeben hatte – überzeugend, wie die Kritiker meinten. Jahre später erinnerte sich die Schauspielerin: «Mein Vater stellte einige Besprechungen zusammen und schickte sie mir mit der Notiz: ‹Glaub’ kein einziges Wort davon. In Liebe – Dad.› Er war mein strengster Kritiker, aber auch ein aufrichtiger Freund.»

Das Image der schelmischen Hexe, die sie teils unter der Regie ihres Ehemanns William Asher gespielt hatte, überdauerte die Einstellung der Serie und hielt sich noch, als Elizabeth Montgomery bereits mit ganz anderen Rollen hervorgetreten war. Für das Porträt einer vergewaltigten Frau in dem vielbeachteten TV-Movie A CASE OF RAPE (USA 1974) erhielt sie 1974 eine Emmy-Nominierung.

Gut einen Monat nach ihrem 57. Geburtstag erlag Elizabeth Montgomery am 18. Mai 1995 in Los Angeles ihrem Krebsleiden.

phens muß annehmen, ihre abstrusen Wahrnehmungen seien auf die fälschlicherweise eingenommenen Medikamente zurückzuführen.

Literatur:
Herbie J. Pilato: The Bewitched Book. Delta / New York 1992

Der verrückte wilde Westen
The Wild Wild West
USA 1965–1970

James T. West	Tennison	Ulysses S. Grant
ROBERT CONRAD	CHARLES DAVIS	JAMES GREGORY
Artemus Gordon	**Voltaire**	
ROSS MARTIN	RICHARD KIEL	
Miguelito Coyote Loveless	**Antoinette**	
MICHAEL DUNN	PHOEBE DORIN	

Ende der fünfziger, mehr noch aber in den sechziger Jahren unterzogen die us-amerikanischen Fernsehproduzenten die Gattung Westernserie einer gründlichen Säuberungsaktion. Die Revolverhelden wurden familiär; das Ergebnis dieser Strategie, die die Colt- und Silber-Serials für alle Altersgruppen interessant machen sollte, waren Klassiker wie → BONANZA, → DIE LEUTE VON DER SHILOH RANCH und THE BIG VALLEY (USA 1965–1969), aber auch → RAUCHENDE COLTS mit Matt Dillons kleiner Ersatzfamilie Kitty, Doc und Festus. So der Typus des kantigen Einzelgängers beibehalten wurde, bekam er, wie Chuck Connors in WESTLICH VON SANTA FÉ (THE RIFLEMAN, USA 1958–1963), zumindest ein Kind – vorzugsweise einen Sohn – beigesellt.

Aber es gab noch andere Versuche, den alten Gaul neu aufzuzäumen. MAVERICK (USA 1957–1962) führte Ironie ins Schußfeld, der schlitzohrige YANCY DERRINGER (USA 1958–1959) betätigte sich in den wilden Jahren nach dem Bürgerkrieg in New Orleans als Geheimagent und war eine Art pionierzeitlicher Napoleon Solo (→ SOLO FÜR O.N.C.E.L.). Die Verknüpfung zweier Genres versuchte man eine halbe Dekade später noch einmal in VERRÜCKTER WILDER WESTEN.

Die Sechziger waren das Jahrzehnt der Agenten und Spione. So sandte man also einen Urahnen des omnipotenten James Bond hinaus in die noch weitgehend gesetzesfreien Prärien, rechtlosen Savannen und unbefriedeten Westernkulissen. Sein Name lautete West – James T. West, und er reiste nicht im Aston Martin, sondern in einem exklusiven Eisenbahnwaggon namens «The Nimrod», der neben einem Billardtisch diverse Finessen aufwies, die dem alten Tüftler Q alle Ehre gemacht hätten. West und sein polyglotter Adlatus Artemus Jordon, ein ehemaliger Theaterschauspieler, verfügten unter anderem über einen Derringer, mittels dessen man einen kleinen Widerhaken samt eines daran befestigten dünnen Seils durch die unzivilisierte Gegend schießen konnte. Zum üblichen Handgepäck der beiden Unterwanderburschen gehörten Rauchbomben und

Gaststars:
Philip Ahn, Karen Arthur, Edward Asner, John Astin, John Drew Barrymore, Victor Buono, Joseph Campanella, Jackie Coogan, Elisha Cook jr., Yvonne Craig, Henry Darrow, Sammy Davis jr., John Dehner, Michael Dunn, Robert Duvall, Jack Elam, Paul Fix, Nina Foch, Alan Hale jr., Arthur Hunnicutt, Richard Jaeckel, Boris Karloff, Richard Kiel, Kevin McCarthy, Martin Landau, Peter Lawford, Robert Loggia, Ida Lupino, Burgess Meredith, Ricardo Montalban, Agnes Moorehead, Ramon Navarro, Barbara Nichols, Leslie Nielsen, Carroll O'Connor, Suzanne Pleshette, Richard Pryor, Don Rickles, Pernell Roberts, Katherine Ross, Mark Slade, Harry Dean Stanton, Malachi Throne, Sigrid Valdis, Ray Walston, Sam Wanamaker, Dawn Welles, Keenan Wynn, Michael York, Anthony Zerbe

Creator:
Michael Garrison
Beginn der deutschen Erstausstrahlung: 11. 10. 1989, Sat.1

DER VERRÜCKTE WILDE WESTEN wurde in den USA nicht wegen nachlassender Zuschauerzahlen aus dem Programm genommen, sondern weil Regierungsstellen die zunehmende Gewalt auf den Bildschirmen moniert hatten. CBS-Präsident Dr. Frank Stanton ließ daraufhin die Serie in vor-

Robert Conrad

Robert Conrad

Betäubungspuder; für den Notfall trug West einen in zwei Teile zerlegten Derringer in seinen Stiefelabsätzen. Weitere Handfeuerwaffen barg er in den Ärmeln, das Revers seines Sakkos wurde durch einen Dietrich verstärkt. Besondere Bewandtnis hatte es auch mit jenem einzelgefertigten Billardqueue – es ließ sich blitzschnell in einen Degen verwandeln. Die dazugehörigen Spielkugeln konnten als Rauchbomben eingesetzt werden, und die unscheinbaren Eier im Taubenschlag ähnelten nicht von ungefähr einer modernen Handgranate.

Damit waren die phantastischen Elemente bei weitem nicht ausgeschöpft – es gab hochmoderne Technik in allerdings zeitgenössischem, also üppigem viktoriani-

schen Design und sogar ein mit bildhübschen frauenähnlichen Wesen besetztes UFO. Der Herzensbrecher West zauderte nicht und erkeckte sich, einen Flirt mit einer der außerirdischen Besucherinnen zu beginnen – «obwohl sie grün ist wie Kellys Schlips am St. Patrick's Day».

Begonnen hatte die Geschichte für unsere beiden, als der Präsident der damals noch etwas überschaubareren Vereinigten Staaten Weisung gab, ausreichend Verkleidungen einzupacken und eine dauerhafte Geheimdienstreise anzutreten. In der Folge wechselten sie ihre Identitäten häufiger als ihre Fußlappen und taten alles Erdenkliche, um «Radikale, Revolutionäre, Kriminelle» (Originaltext Sat.1) ausfindig und mit Langzeit-

auseilendem Gehorsam einstellen. Eine Reunion der beiden Helden gab es in den beiden TV-Movies THE WILD WILD WEST REVISITED (1979) und MORE WILD WILD WEST (1980).

Während der Dreharbeiten zur vierten Staffel erlitt Ross Martin einen Herzinfarkt. Bis zu seiner Genesung bekam James T. West einen neuen Partner namens Jeremy Pike (Charles Aidman).

Jeder Episodentitel begann mit «The Night of …» Einige vielversprechende Beispiele: «The Night of The Glowing Corpse», «The Night of The Red-Eyed Madman», «The Night The Dragon Screamed».

Robert Conrad wurde bekannt durch die Hauptrolle in HAWAIIAN EYE (USA, 1959–1963). Schon früh nutzte er seinen beginnenden Fernsehruhm für eine mittelmäßig erfolgreiche Karriere als Schallplatteninterpret. Die

Vinylrundlinge sind heute gesuchte und darum hoch gehandelte Sammlerobjekte.

In der Rolle des schurkischen «Mr. Big» focht Michael Dunn auch mit dem C.O.N.T.R.O.L.-Agenten Maxwell Smart so manchen Strauß aus (→ MINI-MAX).

Burgess Meredith, Robert Conrad

wirkung unschädlich zu machen – keine ganz leichte Aufgabe, denn auch die Gegner waren erstklassig armiert und warfen unter anderem Zeitmaschinen, Atombomben, Cyborgs und anderes futuristisches Zeugs ins Gefecht. Als besonders hartnäckiger Widersacher erwies sich der kleinwüchsige Wissenschaftler Miguelito Coyote Loveless (Michael Dunn), der des öfteren ihren Schienenweg kreuzte, hielt er doch wahnhaft an der Überzeugung fest, die US-Regierung habe seine Großmutter um ihr Land gebracht. Das Land hieß Kalifornien und hatte den einen oder anderen Bodenschatz zu bieten. Ohnehin führte Loveless Krieg gegen alles, was größer war als er selbst, und bediente sich in dieser Angelegenheit überaus avancierter Techniken. So vermochte er durch die Zeit zu reisen, die Dimension zu wechseln und seine Gegner in Däumlinge zu verwandeln. Loveless' Handlanger hießen Voltaire (Richard Kiel) und Antoinette (Phoebe Dorin).

Verschollen zwischen fremden Welten
Lost in Space
USA 1965–1968

Prof. John Robinson GUY WILLIAMS	**Judy Robinson** MARTA KRISTEN	**Dr. Zachary Smith** JONATHAN HARRIS
Maureen Robinson JUNE LOCKHART	**Will Robinson** BILLY MUMY	**Roboter** BOB MAY
Don West MARK GODDARD	**Penny Robinson** ANGELA CARTWRIGHT	**Stimme des Roboters** DICK TUFELD

ES ist kaum zu übersehen, daß VERSCHOL-LEN ZWISCHEN FREMDEN WELTEN aus den quietschvergnügten und ebenso bunten Sechzigern stammt. Kreiert wurde die Serie von Irwin Allen, der schon für manches TV-und Leinwanddesaster verantwortlich zeichnete, investierte er doch Geld und Leidenschaft bevorzugt in infernalische Fantasy- und vor allem Katastrophenfilme wie FLAMMENDES INFERNO (THE TOWERING INFERNO, USA 1974) oder POSEIDON-INFERNO (THE POSEIDON ADVENTURE, USA 1972). Vorlage der Serie war die Comic-Reihe «Space Family Robinson», deren Verfasser die im Jahr 1813 angesiedelte Geschichte des mehrfach verfilmten Romans «Die Schweizer Familie Robinson» in die Zukunft projiziert hatten. Da Allen die Rechte an dem Titel nicht erlangen konnte, nannte er die Serie LOST IN SPACE.

Wir schreiben das Jahr 1997. Familie Robinson, ausgewählt unter zwei Millionen Bewerbern und allein ihres Namens wegen schon mehr als prädestiniert, macht sich mit der Jupiter 2 auf den Weg ins All. Fünfeinhalb Jahre soll die Reise dauern, Zielort ist ein Planet im Alpha Centauri System. Mit an Bord befindet sich der Saboteur Dr. Zachary Smith. Er manipuliert das Steuerungssystem, das Schiff gerät außer Kontrolle und kommt vom Kurs ab. Damit beginnt eine Odyssee durchs Weltall, die fortan allerlei ergötzliche Episoden abwirft.

Die Robinsons und ihr ungebetener Gast Dr. Smith – als unverschämter hypochondrischer Opportunist der heimliche Star der Serie – lernen Planeten kennen, die von viktorianischen Theaterrequisiteuren nicht schöner hätten ausgestattet werden können. Bei der Gestaltung der mitunter sichtbar schwankenden Kulissen schwelgten die Produktionsdesigner in aufreizenden Farben, daß es nur so eine Art hatte – zeitgemäße

Gaststars:
Michael Ansara, John Carradine, Ted Cassidy, Michael Conrad, Hans Conried, Wally Cox, Werner Klemperer, Mercedes McCambridge, Strother Martin, Warren Oates, Albert Salmi, Kurt Russell, Malachi Throne, Daniel J. Travanti, Edy Williams

Creator:
Irwin Allen
Beginn der deutschen Erstausstrahlung: 6. 3. 1992

Als Reaktion auf den Erfolg von BATMAN wurde VERSCHOLLEN ZWISCHEN FREMDEN WELTEN ab der Saison 1966/1967 ebenfalls in Farbe ausgestrahlt.

June Lockhart spielte von 1958 bis 1964 Timmys Mutter in LASSIE (USA 1954–1971).

Guy Williams hatte zuvor die Titelrolle in einem weiteren Serienklassiker inne: in → ZORRO führte er einen zackigen Degen.

Billy Mumy, Jonathan Harris

Jonathan Harris mit Besserwisserroboter

Pop-Art natürlich. Auf den fremden Gestirnen hausen putzige Plüschmonstren und überaus liebenswerte Ungeheuer mit Flokatifell, ein kinderfreundliches Kuriositätenkabinett sondergleichen, welches Jim Hensons SESAMSTRASSE alle Ehre gemacht hätte. Immer dabei ist der klapprige Besserwisserroboter, dessen verbale Schlagabtäusche mit dem fiesen Dr. Smith zu den Standards jeder Episode gehören. Wegen dieser Feinheiten und der grellbunten, wenn nicht gar psychedelischen Farbdramaturgie gilt VERSCHOLLEN ZWISCHEN FREMDEN WELTEN als *camp* in Reinkultur und erfreut sich nicht nur bei angelsächsischen *couchpotatoes* nach wie vor großer Beliebtheit.

1998 entstand ein Kinofilm zur Serie, der auch in Deutschland unter dem Originaltitel LOST IN SPACE (USA 1998) aufgeführt wurde. Drehbuchautor Akiva Goldsman und Regisseur Stephen Hopkins verstanden sich darauf, die wesentlichen Merkmale der Serie in einen nach aktuellen Kinostandards geschaffenen Rahmen zu übertragen. Trotz einer beinahe übermäßigen Vielzahl an Special Effects und Computeranimationen behielten die Figuren ausreichend Profil. Auch der Humor der Serie wurde erhalten – bis hin zum ironischen Zitat der berühmten Schlußsequenz aus DIE WALTONS (THE WALTONS, USA 1972–1981), in der sich sämtliche Familienmitglieder der Reihe nach eine gute Nacht wünschen. Die Hauptrollen der Kinofassung spielten William Hurt, Mimi Rogers, Heather Graham, Lacey Chabert und Jack Johnson. Filmschurke Gary Oldman übernahm den Part des Dr. Smith, Matt LeBlanc (→ FRIENDS) stand als Don West am Ruder

Lockhart und Williams waren ursprünglich als Stars der Serie gebucht worden. Als das Publikum positiv auf den Fiesling Dr. Smith reagierte und dessen Part aufgewertet wurde, kam es zu Spannungen am Drehort, da Darsteller Jonathan Harris sich seiner Bedeutung für die Serie sehr wohl bewußt war und daraus auch keinen Hehl machte. Ab der dritten Staffel bekamen Lockhart und Williams wieder mehr zu tun, als die Komödienelemente zugunsten aktionsorientierter Erzählstränge zurückgenommen wurden.

Bill Mumy blieb Schauspieler, arbeitete aber auch zeitweise als Musiker. Er ist unter anderem als Gitarrist auf dem Album «View From The Ground» der Gruppe America zu hören. Zurück ins All begab er sich 1992 als Ensemblemitglied der Serie BABYLON 5 (USA 1992–). Nebenher verfaßt er Geschichten für die LOST IN SPACE-Comic-Reihe.

des Raumschiffs. In Nebenrollen waren Mitglieder der Originalbesetzung – und -besatzung – zu sehen: June Lockhart als Wills Schulrektorin, Mark Goddard als General, Marta Kristen als *Reporter Nr. 1* und Angela Cartwright als *Reporter Nr. 2*.

Creator Irwin Allen

Zitat:
«*Produzent Irwin Allen war ein Meister des Genres und hatte solche Freude an den gadgets wie ein Kind an seinen Weihnachtsgeschenken.*»
ROBERT EASTON

Literatur:
Robert Coyle jr.: The Lost in Space Yearbook. Medford 1992
Flint Mitchell: The Complete LISFAN. Medford 1991
Flint Mitchell / William E. Anchors jr.: The Lost in Space 25ᵗʰ Anniversary Celebration. Medford 1991
Paul Monroe: The Lost in Space

Handbook. Dunlap 1991
James Van Hise: Lost in Space with Irwin Allen. Las Vegas 1992

Xena Xena: Warrior Princess
USA / Neuseeland 1995 –

Xena
LUCY LAWLESS
Gabrielle
RENEÉ O'CONNOR

1996 schlug den Buchtwächtern von → BAY-
WATCH ein kalter Wind entgegen, und auch
→ STAR TREK: DEEP SPACE NINE bekam einen
solch kräftigen Stüber auf die Schutzschilde,
daß auf dem Promenadendeck die Gläser
wackelten: Xena, eine stramme Streiterin
aus vorchristlichen Tagen, hatte sich in
den vorangegangenen Monaten auf dem
Markt der frei verkäuflichen Serien tapfer
durchgeschlagen und triumphierte endlich sogar über langjährige Publikumsfavori-
ten.

Die wehrhafte Dame mit dem herausfor-
dernden Blick bewegt sich auf demselben
Terrain wie → HERCULES. Tatsächlich sind
sich die beiden bereits begegnet – in der HER-
CULES-Episode «Der Kampf um Iolaus»/«The
Warrior Princess» schmiedete die seinerzeit
noch passioniert der Raub- und Mordlust frö-
nende, darob weithin gefürchtete Kriegerin
teuflische Ränke, den Statthalter des Guten
für immer aus ihrem Wirkungskreis zu entfernen. Vergebens blieben ihre diesbezügli-
chen Bemühungen, doch alsbald schon war
sie erneut zur Stelle, rang eine Meuterei in
der von ihr angeführten Horde nieder und
fand in ihrem vormaligen Gegner Hercules
einen Freund und Verbündeten, unter dessen Einfluß sie dem sündigen Leben ab-

schwor. Der Seitenwechsel hin zu den Guten
wurde angemessen belohnt: Nach der üblichen Sommerpause bekam Xena ihre eigene
Serie.

Die Rolle der glutvollen Xena war nicht
das erste Gastspiel der neuseeländischen
Schauspielerin Lucy Lawless in der US-amerikanischen Fantasy-Serie. Bereits in den Episoden «Hercules und das Gift der Hera»/«As
Darkness Falls» und «Der Außenseiter»/«Outcast»
hatte sie mitgewirkt und als rabiate Amazo-
ne Lyla, noch brünett und mit strenger Zopf-
frisur, einen nachhaltigen Eindruck auf die
Produzenten hinterlassen. Von vornherein
gehörte sie zur engeren Auswahl potentiel-
ler Hauptdarstellerinnen, als man daran-
ging, einen Ableger der Erfolgsserie HERCU-
LES zu konzipieren. Für sie selbst kam das
Engagement überraschend – sie befand sich
mit ihrer Tochter auf einem Campingaus-
flug, als sie die Nachricht von ihrer Festanstellung erreichte.

Lucy Lawless, deren Rolle, Erscheinungsbild und via Eheschließung rechtmäßig er-
worbener Nachname sich glänzend und wie
von ausgefuchsten Werbefachleuten erdacht
zu einer perfekten Medienpersönlichkeit fü-
gen, trug mit eigenen Anregungen dazu bei,
aus der finsteren Vandalin Xena eine nach

Gaststars:
David Ackroyd, Bruce Campbell, Nicola Cliff, Danielle Cormack, Bobby Hosea, Michael Hurst, Jay Laga'aia, Hudson Leick, Ted Raimi, Kevin Smith, Kevin Sorbo, Darien Takle, Robert Tapert, David Taylor, Tim Thomerson, Robert Trebor, Karl Ur-ban, Leslie Wing

Creators:
John Schulian und Robert Tapert
Beginn der deutschen Erstausstrah-lung: 27. 10. 1996, RTL

Lucy Lawless, 1968 als Lucy Ryan im neuseeländischen Mount Albert ge-boren, war bereits vor ihrem Dauer-engagement in US-Serien zu sehen gewesen, u. a. als Gaststar in zwei Epi-

soden der TV-Serie HIGH TIDE – EIN COOLES DUO (HIGH TIDE, USA 1994–). Eine kleinere Rolle hatte sie in dem dokumentarischen TV-Film ANSCHLAG AUF DIE RAINBOW WARRIOR (THE SIN-KING OF THE RAINBOW WARRIOR, USA 1992). 1997 gab sie ihr Broadway-De-büt mit dem Part der «Rizzo» in dem Musical GREASE.

Lucy Lawless

Xena mit Chakra

wie vor streitbare, aber akzeptable Serienheldin zu machen. «Sie trägt den Teufel im
Bauch und einen Engel im Herzen, und ihr
Kopf muß beide miteinander versöhnen»,
beschreibt Lawless ihr filmisches Alter ego.
Die Tennisspielerin Gabriela Sabatini diente
als Vorbild, als es an die Festlegung der äußeren Merkmale ging. Lawless sieht Xena als
sinnliches Vollblutweib mit scharfem Verstand. Xenas dunkler Teint und das schwarze
Haar wurden beibehalten, ihre Garderobe
aber erschien den Produzenten nicht mehr
angemessen – die schwarze Kriegstracht landete im Fundus und wurde durch ein brau-
nes Lederensemble ersetzt, vom Zuschnitt

her ebenfalls kampftauglich, aber optisch
weniger bedrohlich und insgesamt ziemlich
sexy.

Obschon geographisch und zeitlich auf
derselben Ebene angesiedelt, lassen sich diverse Unterschiede ausmachen zwischen
den beiden Fantasy-Serien. Xenas wie Hercules' Dasein wird von unseligen Geschehnis-
sen überschattet. Hercules allerdings ist
Opfer der Machenschaften anderer, Xena
hingegen hat Schuld auf sich geladen, für
die sie, so ihr dunkles Ahnen, Buße leisten
muß. Entsprechend kann Hercules unbe-
schwert zu Werke gehen; der Tonfall der Geschichten ist deutlich heiterer, während

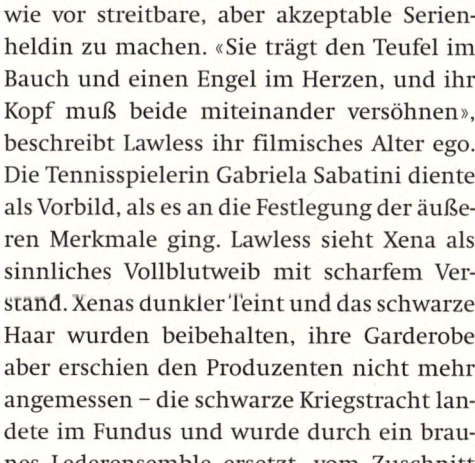

Neben der Titelrolle spielte Lucy
Lawless in ihrer Serie auch Xenas
Doppelgängerin Prinzessin Diana und
deren umtriebiges Alter ego Meg.

Sam Raimi, Robert Tapert und Bruce
Campbell kennen sich seit College-
Tagen und drehten als Jugendliche
schon Spielfilme auf Super-8. Bereits
für ihre erste Kinoproduktion, TANZ

DER TEUFEL (THE EVIL DEAD, USA
1983), gründeten sie die Produktionsfirma Renaissance Motion Pictures,
die auch für HERCULES und XENA verantwortlich zeichnet. Die nicht gerade
zimperlichen Filme der TANZ DER TEU-
FEL-Trilogie hoben Raimi in den Stand
eines Kultregisseurs. Häufiger Gast
in den Renaissance-Produktionen ist
Sams Bruder Ted Raimi, auch be-

kannt als Besatzungsmitglied der
SEAQUEST DSV (USA 1993–1995). Zu
den weiteren Meriten des bewährten
Teams zählt die moderne Horrorserie
AMERICAN GOTHIC (USA 1995–1996).

Als enorm ertragreiche Beigabe erwies sich Xenas Markenzeichen, der
Chakra. Er diente als Vorbild für zahlreiche Merchandising-Produkte. Die

446

Lucy Lawless und Renee O'Connor

Der Kriegspfad ist für sie zum Irrweg geworden. Gerne lebte sie ein anderes Leben, doch wird ihr der schlechte Leumund der alten Xena zum Fluch, der jede Seßhaftigkeit verbietet. Aus diesen Erfahrungen heraus reagiert sie entsprechend brüsk, als eine junge Frau namens Gabrielle sie zu ihrem Idol kürt und entgegen Xenas Mahnungen versucht, ihr nachzueifern. Der anfänglichen Ablehnung zum Trotz akzeptiert Xena Gabrielle schließlich als Begleiterin; diese übt sich im Laufe gemeinsamer Wanderungen insoweit in der Kunst des Nahkampfs, daß sie ihrer Busenfreundin in brenzligen Situationen tatkräftig beizustehen vermag.

Xenas mannigfache Widersacher, Kriegsherren, Tyrannen und Kanaillen, erfüllen nicht in jedem Fall die schlichten Stereotypen trivialer Erzählungen. Manche Figur erhält sogar wehe oder vollends tragische Züge, so wenn in einem Rekurs auf biblische Motive der Kampf Davids gegen Goliaths geschildert wird, der hier keineswegs als dumpfer Kampfkoloß, sondern als eine von schweren Heimsuchungen geprägte Gestalt erscheint.

Wenn Xena zum Schwert oder zum Chakra, ihrem skalpellscharfen Diskus, greift, geht's regelmäßig noch akrobatischer und geschwinder zu als bei den Händeln des eher zögerlichen Hercules. Xena schwingt sich, ihren markerschütternden Kampfschrei ausstoßend, meterhoch in die Lüfte, wirbelt flickflackschlagend durch die feindlichen

Xena aus der Begegnung mit den Taten ihres früheren Ichs immerdar Tragik erwächst. So gab sie dereinst ihren Sohn Solon zu Pflegeeltern, um ihm die Gefahren und Kümmernisse des Kriegshandwerks zu ersparen; bei einem Wiedersehen mit dem zum Jüngling gereiften Sproß beläßt sie es schweren Mutes dabei und gibt sich nicht als seine Mutter zu erkennen. Auch Xenas eigene Mutter hadert der früheren Greueltaten wegen mit ihrer Tochter; obendrein gibt sich Xena die Schuld für den Tod ihres Bruders Lyceus.

Palette reicht vom Schlüsselanhänger bis zum Halsreif. Ein Original-Chakra aus der Serie erzielte bei einer Auktion in Burbank ein Höchstgebot von 8000 Dollar.

Im Herbst 1997 entstand der TV-Film AMAZON HIGH, dem bei entsprechendem Erfolg eine gleichnamige Serie folgen soll. Darin verschlägt es den Teenager Cyane aus der Gegenwart in eine Zeit um 4000 vor Christus, wo sie voraussichtlich auch Xena begegnen wird. Das Skript schrieben Robert Tapert, R. J. Stewart und Liz Fried-

man, unter der Regie von Michael Hurst spielten die XENA-erprobten Darsteller Danielle Cormack und Karl Urban.

Ob THE X-FILES (USA 1993–), X-MEN (USA 1992–), XUXA (USA 1993–1995) oder XENA – Serientitel mit dem drittletzten Buchstaben des Alphabets kommen in den USA vor allem beim jugendlichen Publikum gut an. Das X gilt als hip – nicht erst seit Spike Lees cleverer Werbekampagne zu seinem Film MALCOLM X (USA 1992), die eine vom ursprünglichen Sinn weit ent-

fernte, dafür flächendeckende Vermarktung des gekreuzten Majuskels auf T-Shirts, Baseball-Kappen und anderen Utensilien zur Folge hatte.

Zitat:
«In einer Zeit, als die alten Götter herrschten, schrie das Land, das Kriegsherren und Könige in Aufruhr versetzten, geradezu nach einer Heldin, die für das Gute kämpfte. Xena folgte dem Ruf, die Kriegerprinzessin, die ihre Stärke in wilden Schlachten erworben hatte. Mit ihrer Kraft und ihrer Leidenschaft trotzte

446

Reihen, entzieht sich per Salto dem Zugriff ihrer Gegner und hantiert virtuos mit Requisiten aller Art. Hier äußert sich die bekannte Vorliebe der Produzenten Sam Raimi und Robert Tapert für die virtuosen Kampfchoreographien des Hongkong-Kinos, das sie zuvor bereits in Gestalt des Kultregisseurs John Woo in die USA importiert hatten, indem sie dessen US-Einstand HARTE ZIELE (HARD TARGET, USA 1993) als Koproduzenten betreuten.

Viele dieser waghalsigen, mitunter bildgenau aus Hongkong-Filmen übernommenen Szenen dreht die hinlänglich körperertüchtigte Lucy Lawless selbst. Blaue Flecken sind für sie an der Tagesordnung. Ihr schwerster Unfall allerdings ereignete sich nicht bei den Dreharbeiten zu XENA, sondern im Oktober 1996 bei den Vorbereitungen zu einem kurzen Einspielfilm für THE TONIGHT SHOW WITH JAY LENO (USA 1992–) – sie fiel vom Pferd und zog sich einen komplizierten Beckenbruch zu. In einem Interview tat sie kund, sich desungeachtet auch weiterhin

Lucy Lawless

den körperlichen Herausforderungen ihrer Serienrolle ungescheut stellen zu wollen; es sei besser, einschlägige Ängste zu überwinden, als auf Dauer mit ihnen zu leben. Bereits knapp zwei Monate später war sie wieder am Drehort – energiegeladen und wagemutig wie eh und je.

sie jeder Gefahr. Ihr Mut sollte die Welt verändern.»
VORSPANNTEXT

Literatur:
Nikki Stafford: Lucy Lawless And Reneé O'Connor: Warrior Stars Of Xena. Toronto 1998
James Van Hise: Hercules & Xena: The Unofficial Companion. Los Angeles 1997
Robert Weisbrot: Xena, Warrior Princess: The Official Guide To The Xenaverse. New York 1998

Fanclubs:
Deutscher XENA Fanclub
Martin-Luther-Str. 91
10825 Berlin
(Jahresbeitrag DM 40,–, zweimonatlicher Newsletter, Mailing, Jahrestreffen u. a.)

The Official XENA Fan Club
411 N. Central Ave. #300
Glendale, Calif. 91203
USA

Reneé O'Connor Fan Club
PO Box 180435
Austin, TX 78718 – 0435

The Ted Raimi International Fan Club
c/o Lana Andrews
555 Surby Ave, Battle Creek, MI 49015
USA

The Official Danielle Cormack Fan Club
297 Boston Post Road, Suite 141
Wayland, MA 01778
USA

Zorro
USA 1957–1959

Don Diego de la Vega / Zorro	Captain Monastario	Eléna Torres
GUY WILLIAMS	BRITT LOMOND	EUGENIA PAUL
Don Alejandro	**Sgt. Garcia**	**Captain Pollidano**
GEORGE J. LEWIS	HENRY CALVIN	PETER ADAMS
Bernardo	**Nacho Torres**	
GENE SHELDON	JAN ARVAN	

«**Tief** in der Na-a-acht, wenn der Vollmond erwa-a-acht, kommt ein Reiter, der heißt Zorro …» Vollmundig ertönt das Lob des maskierten Helden, der soeben mit flinker Klinge einen zettförmigen Schmiß ins Wams eines beleibten Schergen schlägt und hernach den Steckbrief mit seinem Konterfei zerfetzt – wieder ein verwegener Streich jenes geheimnisumwitterten Rebellen, der landauf landab jedem Kind als Zorro bekannt ist. Unerschrocken kämpft er gegen Menschenschinder, Despoten und Tyrannen, so wie er es immer getan hat, seit Johnston MacCulley 1919 den Fortsetzungsroman «The Curse Of Capistrano» veröffentlichte, der eine Welle von ZORRO-Filmen zur Folge hatte. Seither haben viele große Leinwandidole den verwegenen Draufgänger verkörpert, Douglas Fairbanks natürlich, Tyrone Power, George Hamilton, auch Pierre Brice, Alain Delon sogar, gefolgt von Anthony Hopkins und Antonio Banderas.

In der gleichnamigen TV-Serie trug Guy Williams die markante Augenmaske. Besagte Sendereihe stammt aus den Disney-Studios und ist heute ein klassisches Beispiel für die Serienproduktion der frühen Fernsehjahre. Der Zorro des Jahrgangs '57 steht noch ganz in der Tradition der legendären Kinoserials. Diese Fortsetzungsfilme wurden zumeist als Zugabe zu einem attraktiven Hauptfilm gezeigt. Ihre Macher mußten mit Minimalbudgets auskommen und waren daran gewöhnt, höchst effizient zu arbeiten. Vermummte Helden wie The Lone Ranger, The Phantom Rider oder eben Zorro erfreuten sich bei den Produzenten besonders großer Beliebtheit, denn sie erlaubten die Reduzierung der Produktionskosten, indem man den populären, aber auch teuren Star nur die Szenen ohne Maske spielen ließ und ihn ansonsten durch billigere Doubles ersetzte. Das Serial ZORRO RIDES AGAIN (USA 1937) beispielsweise verzeichnete als Hauptdarsteller den Schauspieler John Carroll, Zorros Larve aber trug der heute legendäre Stuntman und spätere Regisseur Yakima Canutt.

Hinter dem Namen Zorro – spanisch für Fuchs – verbirgt sich der Edelmann Don Die-

---

Gaststars:
Richard Anderson, Jan Arvan, Herschel Bernardi, Romney Brent, Sebastian Cabot, Jack Elam, Annette Funicello, Vinton Hayworth, Jack Kruschen, Suzanne Lloyd, Britt Lomond, Ricardo Montalban, Michael Pate, Carlos Romero, Cesar Romero, Tony Russo, Robert Vaughn, Mary Wickes, Jeff York

Creators:
Johnston McCulley, Walt Disney
Beginn der deutschen Erstausstrahlung: 15. 4. 1996, RTL 2

Während eines Rechtsstreits mit dem ABC-Network nahm Disney die Serie aus dem Programm, produzierte aber außer der Reihe mit denselben Hauptdarstellern vier einstündige ZORRO-Filme, die in der Reihe WALT DISNEY PRESENTS (USA 1958–1961) aufgeführt wurden. Es waren dies:

EL BANDITO (USA 1960), ADIOS EL CUCHILLO (1960), THE POSTPONED WEDDING (1961) und AULD ACQUAINTANCE (USA 1961).

Um den Posten des Degenschwingers bewarben sich zahlreiche Schauspieler, die sich von dem Namen Disney einen Karriereschub versprachen, darunter auch die späteren TV-Stars David Janssen und Dennis Weaver.

go de la Vega. Im Jahr 1820 kehrt er aus Spanien in seine kalifornische Heimat zurück und wird dort Zeuge, wie der Militärkommandant Monastario die örtliche Bevölkerung kujoniert und auspreßt, um, so seine erklärte Absicht, der reichste Mann Kaliforniens zu werden. Monastarios Armee ist ein übermächtiger Gegner, folglich greift Don Diego lustvoll zur List: «Wenn du nicht das Gewand des Löwen tragen kannst, wähle das des Fuchses.» So mimt Don Diego des Tags den feingeistigen Dandy und interessiert sich, zum größten Verdruß seines Vaters, scheinbar ausschließlich für Literatur, Kunst und Musik. Nach Einbruch der Dunkelheit aber streift er die Tarnkappe über und zieht hinaus in die «Amerikanische Nacht», um dem verbrecherischen Monastario manch tollkühnen Streich zu spielen, wobei ihm seine außerordentlichen athletischen Begabungen mehr als einmal zugute kommen. An den Orten seiner glorreichen Taten hinterläßt der tollkühne Reiter sein Erkennungszeichen: Z für Zorro – ein Name, der Monastarios trübe Häscher erschauern läßt, derweil die Menschen guten Willens den unbekannten Wohltäter als Volkshelden feiern. Einziger Mitwisser und treuer Kumpan des aristokratischen Guerilleros ist sein stummer Diener Bernardo, der Taubheit vorschützt und den Tölpel mimt, um den Gegner unauffällig aushorchen zu können. Dies gelingt ihm mit schier übermenschlicher Selbstbeherrschung – selbst als der mißtrauische Monastario hinter seinem Rücken

Guy Williams als Zorro

eine Flinte abfeuert, zuckt Bernardo nicht einmal mit der Wimper.

Die Machart von ZORRO entspricht der vieler früher Fernsehserien. Unbekümmert arbeiteten die hinter der Kamera tätigen, am Kinoserial geschulten Routiniers auf ein Höchstmaß an Unterhaltung hin. Die einzelnen Episoden strotzen nur so vor Übermut: die Handlung ist aktionsreich, turbulent und wird zügig wegerzählt, es gibt Slapstickeinlagen, zirzensische Kabinettstückchen und vor den Werbepausen gelegentlich veritable Cliffhangerchen. Innerhalb der strukturell bedingten Limitierungen gelangen den Regisseuren durchaus originelle und witzige Passagen, zumal der Titelfigur auch ein gehöriges Maß an Selbstironie zugebilligt wurde und mit Guy Williams ein Schauspieler zur Verfügung stand, der die Rolle

---

Wenig beglückt zeigte sich Guy Williams, als er das berühmte Z als Hinterlassenschaft eines Fans im Lack seines brandneuen Automobils entdecken mußte.

Eine Aufnahme des Titelsongs, der von Norman Foster und George Burns geschrieben worden war, («Zorro – the fox so cunning and free / Zorro – make the sign of the Z!») plazierte sich 1958 in den Hitparaden. Interpreten der Hitversion waren The Chordettes. Die Originalaufnahme

stammte allerdings von Henry Calvin, dem Darsteller des tumben Sergeant Garcia. Auch sie wurde, auf dem Disney-eigenen Label Buena Vista Records, auf Platte veröffentlicht. Diese ist heute ein rares Sammlerstück.

Schon in den Fünfzigern verstand sich Disney vortrefflich auf die umfassende Auswertung von Markenprodukten. Zum Zorro-Merchandising-Angebot gehörten Kaugummikärtchen, die typischen amerikanischen *lunchboxes*, Comics, Notizbücher und anderes.

Eine komplette Sammlung aller 88 Kaugummikärtchen bringt heute auf dem Sammlermarkt etwa 75 Dollar, allein das Einwickelpapier wird mit 30 Dollar gehandelt.

Hauptdarsteller Guy Williams trat 1965 erneut als Kultserienheld in Erscheinung – er verkörperte den samt Familie durch die Galaxis irrenden Professor John Robinson in der drolligen Science-fiction-Serie →VERSCHOLLEN ZWISCHEN FREMDEN WELTEN.

des Tausendsassas mit Charme, Chuzpe und einer gewissen pikaresken Schalkhaftigkeit auszufüllen vermochte. Demgemäß verwundert kaum, daß seinerzeit vor allem die jugendlichen Zuschauer zu den größten Fans des maskierten Rächers zählten.

Zurück in die Vergangenheit Quantum Leap
USA 1989–1993

Dr. Sam Beckett
SCOTT BAKULA
Albert «Al» Calavicci
DEAN STOCKWELL

Woche für Woche gerät Sam Beckett in die haarsträubendsten Situationen. Das aber hat er sich selbst zuzuschreiben. Mal findet er sich am Steuer eines Testflugzeuges wieder, dann hängt er in schwindelnder Höhe an einem Trapez, oder er steht unvermittelt in einem Boxring und sieht sich einem furchteinflößenden Gegner gegenüber. Dr. Beckett ist der Erfinder der Zeitreise und seine eigene Versuchsperson. Der von ihm aufgestellten Theorie zufolge entspricht das Leben eines Menschen einer exakt bemessenen Schnur. Formt man diese Schnur zu einem Knäuel, so kann man unter gewissen Voraussetzungen den linearen Verlauf verlassen und von einer Verknüpfung zur anderen hüpfen. Beckett bezeichnet diesen unerhörten Vorgang als «Quantensprung».

Die Sache ist noch nicht zur Gänze erforscht und erst recht nicht praktisch erprobt, als Becketts Forschungsmittel gestrichen werden sollen. Um die Stichhaltigkeit seiner Ideen zu beweisen, wagt Beckett einen Zeitsprung. Der gelingt auch, er landet heil und gesund im Jahr 1956. Durch den Zeitruck aber wird sein Gedächtnis ein wenig porös, und die Einzelheiten seiner Theorie entgleiten seinem Bewußtsein. Fortan ist

Dean Stockwell
(links)

Scott Bakula und
Dean Stockwell

er der Zeitschleuder hilflos ausgeliefert, die ihn willkürlich weiterexpediert, ohne daß er Einfluß nehmen kann auf den anvisierten Zeitpunkt oder Ort. Einzig der Zeitrahmen steht fest, er liegt zwischen Sams Abreisejahr 1999 und dem Tag seiner Geburt, dem 8. August 1953. Ausnahmen sind nur möglich bei genetischen Übereinstimmungen mit der Zielperson. So schlüpft Sam in der Episode «Die Ketten zerbrechen»/«The Leap Between The States» in die Gestalt seines Urgroßvaters John Beckett und beteiligt sich am amerikanischen Bürgerkrieg, doch dieser Ausflug in ein anderes Jahrhundert bleibt die Ausnahme.

Einzige Verbindung ins Jahr 1999 ist Al, ein militärischer Projektmitarbeiter im Admiralsrang, der sich als neuronales Hologramm in Sams jeweilige Gegenwart ein-

Gaststars:
Debbie Allen, Jennifer Aniston, Diedrich Bader, Josie Bissett, Tia Carrere, Mathieu Carriere, Chubby Checker, Claudia Christian, Kristen Cloke, Tyra Ferrell, Meg Foster, Jenny Gago, Terry Garber, Teri Hatcher, Mimi Kuzyk, Eriq La Salle, Roddy McDowall, Stephen McHattie, Michael Madsen, Jason Priestley, Charles Rocket, Bob Saget, Joe Santos, Brooke Shields, Jane Sib-bett, Nancy Stafford, Kristoffer Tabori, Russ Tamblyn, Janine Turner, Jamie Walters, Morgan Weisser, Kathleen Wilhoite, Amy Yasbeck

Creator:
Donald P. Bellisario
Beginn der deutschen Erstausstrahlung:
Pilotfilm: 29. 1. 1991, RTL
Serienstart: 1. 2. 1991, RTL

Für die Episode «Der Fluch des Ptah-Hotep» / «The Curse Of Ptah-Hotep», in der Sam in Gestalt eines Archäologen eine Grabkammer öffnet, wurde eigens ein renommierter Ägyptologe engagiert, um die Mauern der Gruft mit authentischen Hieroglyphen zu versehen. Die Kulissenmaler machten sich dann aber einen Spaß und mogelten einen rauchenden Pharao, eine herausgestreckte Zunge

Scott Bakula als Tierarzt in Texas

Scott Bakula,
Dean Stockwell

blenden kann. Nur Sam allein vermag diesen meist maulig gestimmten «Beobachter» zu sehen und zu hören, was in seiner Umgebung gemeinhin für Irritationen sorgt. Über ein handliches Eingabegerät hält Al Kontakt zum Zentralcomputer «Ziggy», den er anzapft, um seinen Schützling mit Informationen über Zeitgeschichte und die Lebensläufe der ihn umgebenden Personen zu versorgen.

Jeder Zeitsprung hält für Sam eine neue Herausforderung bereit, denn er reist nicht mit dem eigenen Körper, sondern bezieht temporär einen anderen Menschen, der unterdessen im sogenannten Warteraum Platz nimmt. Sam muß sich spontan in dessen Leben einfinden und darf andere Menschen nicht merken lassen, daß ein Austausch stattgefunden hat – keine leichte Aufgabe, besonders, wenn es sich bei den Wirtspersonen um Angehörige hochspezialisierter Berufe handelt.

In jedem Fall hat Sam eine besondere Mission zu erfüllen. Was das im einzelnen ist,

muß er selbst herausfinden, wobei «Ziggy» häufig gute Dienste leistet. Den Lauf der Weltpolitik zu ändern ist ihm versagt, aber im privaten Bereich nimmt er Einfluß und berichtigt absehbare Fehlentwicklungen, indem er Väter mit ihren Kindern versöhnt, eine Berufswahl steuert oder Frauen vor gewalttätigen Ehemännern bewahrt.

Verglichen mit der verwandten Sechziger-Jahre-Serie → TIME TUNNEL ging es in ZURÜCK IN DIE VERGANGENHEIT weit weniger abenteuerlich zu. Vielmehr standen, so jedenfalls Donald Bellisarios Konzept, menschliche Konflikte im Vordergrund. Durch seine Persönlichkeitswechsel erhielt Sam Beckett – und mit ihm der Zuschauer – Gelegenheit, Vorurteile und Vorverurteilungen, Sexismus und Diskriminierung am eigenen Leibe zu erfahren. Beckett inkarnierte beispielsweise als Afroamerikaner im rassistischen Süden, als Behinderter, als zum Tode Verurteilter und sogar als schwangeres junges Mädchen, das den Vater seines Kindes

– das Wahrzeichen der Rolling Stones – und den Umriß Bart Simpsons zwischen die Schriftzeichen. Ob Donald Bellisario die respektlosen Grabschänder mit einem Fluch belegte, ist nicht überliefert.

Wegen der wöchentlich wechselnden Zeitebenen war ZURÜCK IN DIE VERGANGENHEIT eine überaus kostenin-

tensive Produktion. Für Dekors mußten pro Folge circa 60 000 Dollar, für Kostüme zwischen 25 000 und 30 000, in Einzelfällen sogar bis zu 60 000 Dollar aufgewandt werden. Insgesamt kostete jede Episode circa 1,5 Millionen Dollar.

ZURÜCK IN DIE VERGANGENHEIT erbrachte keine Rekordquoten, hatte

aber überaus günstige demographische Daten. Eine Weiterführung wäre demnach für NBC durchaus rentabel gewesen. Später erging es der Serie wie weiland → RAUMSCHIFF ENTERPRISE – die Wiederholungen wurden von weitaus mehr Menschen verfolgt als die Erstausstrahlung.

nicht preisgeben mochte und sich darum der Verachtung und den Beschimpfungen seiner Umgebung ausgesetzt sieht. Einen amüsanten Dreh bekamen die Episoden durch Sams pointierte Dispute mit Al, und gelegentlich traf er en passant Personen der Zeitgeschichte im Vorfeld ihres Ruhms, darunter Buddy Holly, Woody Allen, Chubby Checker, die Watergate-Einbrecher, Stephen King und Marilyn Monroe. Die Autoren der Serie waren aufgefordert, immer «die großen Drei» (Komponenten) in ihre Drehbücher einzubringen: «Herz, Humor und Historie».

Donald Bellisarios ambitioniertes Konzept erntete alles andere als pures Wohlwollen bei seinem Abnehmer, der Senderkette NBC. Insbesondere eine Folge, in der Sam als Homosexueller auftritt, führte zu massiven Kontroversen. Zudem war ZURÜCK IN DIE VERGANGENHEIT von Anbeginn an Opfer einer unentschlossenen Programmpolitik. Allein zwischen März und Mai 1989 wurde der Sendeplatz dreimal geändert, ein in jedem Fall verheerendes Vorgehen, erst recht für eine neu angelaufene Serie. Trotz dieser Widrigkeiten fand die Serie eine treue Gefolgschaft und wohlwollende Kritiker; sie erhielt eine Vielzahl hochkarätiger Fernsehpreise, und auch die Verbraucherorganisation Viewers For Quality Television nahm sie in ihre Liste empfehlenswerter Sendereihen auf. Zur ersten «Quantum Leap Convention»

am 1. März 1992 reisten sogar Fans aus Australien und Kanada an, und in Großbritannien gehörte die Serie dauerhaft zu den zehn erfolgreichsten Sendungen des Kanals BBC 2. Desungeachtet blieben die Produzenten weiterhin unter Druck und sahen sich gezwungen, mehr oberflächliche Schauwerte zu liefern. Immer häufiger mußte Sam Beckett nun Leben retten statt vergleichsweise marginale Dinge wie eine Familienzusammenführung zu erledigen. Bellisario nahm etliche Kompromisse in Kauf und wich in einigen Fällen sogar von seinem ursprünglichen Entwurf ab, um den Wünschen der Programmverantwortlichen zu entsprechen. Dennoch kam im Sommer 1993 das Aus, und die Zeitreiseveranstalter verabschiedeten sich mit einem rätselreichen Special, in dem Sam Beckett in das Jahr seiner Geburt verschlagen wird, wo er, in eigener Gestalt, auf einen mysteriösen Barmann trifft, der ihm erklärt, daß er längst schon wieder daheim sein könnte, sein eigenes Wollen aber diesen Schritt unterbunden habe. Das Ende bleibt offen, und so wird Beckett in den überaus publikumswirksamen Wiederholungen wohl weiterhin im Zickzack durch die Weltgeschichte schnurren, bis ein cleverer Programmchef eines Tages eine Fortsetzung ordert. Donald Bellisario jedenfalls hegt unverändert großes Interesse, Becketts weiteres Schicksal auf den Bildschirm oder sogar auf die Leinwand zu bringen.

Für die letzte Folge wurde eine echte Bergarbeiterschänke nachgebaut, die Anfang der fünfziger Jahre Bellisarios Vater gehörte. Die Fotos an den Wänden der Studiokneipe waren Originale und stammten aus Bellisarios Privatbesitz.

An Problemen mit dem Urheberrecht scheiterte eine Episode, in der Sam Beckett auf den Privatdetektiv Thomas Magnum treffen sollte, der sein Dasein ebenfalls Don Bellisario verdankte.

Zitat:
«... all our stories have to have heart ... an emotionale core that is warm and real and that will genuinely involve us and move us.»
STORY GUIDELINE/AUTORENRICHT-LINIEN

Literatur:
Julie Barrett: The A – Z Of Quantum Leap. London 1995
Louis Chunovic: The Complete Quantum Leap Book. Secaucus 1995
Scott Nance: Making A Quantum Leap. Las Vegas 1992

Die Zwei The Persuaders!
GB 1971–1972

Danny Wilde	Lord Brett Sinclair	Richter Fulton
TONY CURTIS	ROGER MOORE	LAURENCE NAISMITH

Wenn Danny, der Wilde, und sein soignierter Freund Brett «wie-Brett-vorm-Kopf» (D. Wilde) Sinclair loslegten, blieb selbst in Kalau kein Auge trocken. Von einigen wenigen Action-Sequenzen unterbrochen, sprudelte es unentwegt aus den Fernsehlautsprechern, getreu folgendem Muster:

Sinclair: «Ich bewundere deinen Sinn fürs Unauffällige. Die Jacke meine ich.»

Wilde: «Katholisch Mufflon, selbst geschlachtet. Du könntest so etwas natürlich nicht tragen.»

Sinclair: «Du sprühst ja wieder ... Hoffentlich sprühst du auch die ganze Folge über.»

Wilde: «Ich werde die Fans schon kleinkriegen. Übrigens, du mußt in der letzten Folge was gesagt haben – da hat einer an's ZDF geschrieben.»

Sinclair: «Danny, ich habe fast 500 Meilen hinter mir. Laß mich damit zufrieden. Der Sinn steht mir einzig nach einem gepflegten Bad. Darin werde ich mich aalen. Und dann werde ich schlafen.»

Wilde: «Du kriegst ein Küßchen. Vergiß nicht, den Stöpsel in die Badewanne zu stöpseln. Denn so ein Aal ist schnell zum Rohre hinaus ...»

Ein- bis zweideutige Sprüche und Nonsens-Dialoge waren dem deutschen Publikum keineswegs neu. In DER MANN MIT DEM KOFFER (MAN IN A SUITCASE, GB 1967–1968) hatte man dergleichen schon gehört, auch Robert Wagner und der unvergleichliche Fred Astaire riskierten in → IHR AUFTRITT, AL MUNDY eine freche Lippe. Selbst Festus Haggen in → RAUCHENDE COLTS bekam ein paar Blödelzeilen ab, die er vorzugsweise an sein Muli richtete. Einen ganz flotten Zungenschlag bot → DEPARTMENT S (GB 1969–1970) mit dem schillernden Jason King, der hernach Titelfigur eines Spinoffs wurde (GB 1971–1972).

In DIE ZWEI aber hob Rainer Brandt, der als Synchronautor, -regisseur und -sprecher für den ganzen Klamauk verantwortlich zeichnete, seinen Stil auf eine Metaebene, indem, wie oben zu lesen, das Fernsehen selbst und auch seine Zuschauer zur Zielscheibe des Gespöttels wurden. Damit löste er eine regelrechte Plattwitzwelle aus – in den Siebzigern gab es kaum einen Action- und Abenteuerfilm, der nicht nach Brandtschem Vorbild eingedeutscht wurde, im Regelfall allerdings von leider weit minderbegabten Epigonen. Das Original blieb unübertroffen – bei der Wiederaufführung (ab 20. April 1994) richtete der Kabelkanal gar eine Servicenummer ein, unter der die kühnsten Sottisen der beiden Lästermäuler gegen Gebühr abgerufen werden konnten. Bereits im Herbst 1995 plazierte der nun als Kabel 1 firmierende Sender die Serie erneut und erzielte mit

Gaststars:
Joss Ackland, Michael Balfour, Joan Collins, Dame Gladys Cooper, Allan Cuthbertson, Denholm Elliott, Susan George, Peter Gilmore, Anouska Hempel, Ian Hendry, Suzy Kendall, Bernard Lee, Suzanna Leigh, Sue Lloyd, Clifton Jones, Andrew Keir, Lois Maxwell, Carmen Munroe, Derren Nesbitt, Rosemary Nicols, John Phillips, Catherine Schell

Creator:
Robert S. Baker
Beginn der deutschen Erstausstrahlung: 11. 7. 1972, ZDF

Den Part des Danny Wilde hatte ursprünglich Rock Hudson spielen sollen, der jedoch in langfristige Verträge eingebunden und deswegen unabkömmlich war.

Nach seiner Ankunft in London wurde Tony Curtis vorübergehend wegen Marihuanabesitzes festgenommen.

*Roger Moore als
Lord Sinclair*

*Tony Curtis als
Danny Wilde*

Die Zwei

Roger Moore wurde durch Rollen in der Jugendserie IVANHOE (GB 1956), in der US-Produktion MAVERICK (1957–1962), vor allem aber durch SIMON TEMPLAR (GB 1962–1969) zum hochbezahlten Fernsehstar.

DIE ZWEI waren auch auf dem Comic-Markt präsent. Die Reihe «The Persuaders» erschien parallel zur Serie allwöchentlich in der britischen TV Zeitschrift ‹TV Action›. In Frankreich gab es eine eigenständige Ausgabe in der Comic-Zeitschrift ‹Pif!› unter dem Titel ‹Amicalment Votre›.

Der Erfolg der Serie veranlaßte die Produzenten, einige Episoden zu abendfüllenden Spielfilmen zusammenzustellen und in den Kinos auszuwerten.

Zitate:

«Hände hoch – ich bin Achselfetischist!» DANNY WILDE

«Nehm'se mal die Prothese raus, das Spielbein nach vorn und die Hand aus der Tasche ...» DANNY WILDE

Roger Moore und Tony Curtis

*Von links: Tony Curtis, Annette Andre,
Roger Moore*

Die Zwei

Roger Moore, Joan Collins und Tony Curtis

1,3 Millionen Zuschauern pro Folge einmal
mehr überdurchschnittlich gute Quoten.

Unverbrüchlich hält sich hierzulande die
Überlieferung, erst Brandts Bearbeitung
habe der anderwärts gescheiterten Serie
zum Erfolg verholfen. Tatsächlich aber war
die Produktion ein einträgliches Geschäft.
Zwei Dutzend 60-Minuten-Folgen wurden gedreht, und sie kosteten, nicht zuletzt wegen
der hohen Gagen für die beiden Hauptdarsteller, die bis dahin in Großbritannien uner-
reichte Summe von zweieinhalb Millionen
Pfund. Demgegenüber standen drei Millionen Pfund Einnahmen allein aus dem Vorab-
verkauf in die USA. Dort allerdings nahm
man die Serie in der Tat vorzeitig aus dem
Programm – Machart und Thematik waren
offenkundig zu europäisch geraten.

Auch die Originalfassungen lebten vom
munter ausgespielten Kontrast zwischen
dem ehemaligen Straßenjungen Danny
Wilde, der aus den Slums von Brooklyn
stammte und es mit Chuzpe, ein paar Öl-
quellen und sicherem Börseninstinkt zum
Multimillionär gebracht hatte, und dem sor-
genfrei aufgewachsenen britischen Snob
Lord Brett Sinclair. Die Gegensätze zeigten
sich in Szenen wie einem gemeinsamen
Camping-Ausflug, zu dem Danny Wilde
nichts als eine Decke mitbringt, während
Sinclair eine transportable Nobelherberge
mit sich herumschleppt. Auf Initiative des
pensionierten Richters Fulton, der die ungleichen Schwerenöter zusammengebracht
hatte, kümmerten sich die beiden europa-
weit um Kriminal- und andere Fälle, in denen unbürokratische Hilfe vonnöten war.

Immer wieder gern kolportiert wird des
weiteren die Mär, die Staralüren der beiden
Hauptdarsteller hätten die Dreharbeiten zur

Suzanna Leigh und Tony Curtis

Die Zwei

Strapaze werden lassen. Realiter gab es diesbezüglich wenig Probleme: Tony Curtis zog für die Dauer der Dreharbeiten mitsamt Familie nach London, und Moore gewöhnte sich dem in der American Cancer Society engagierten Kollegen zuliebe sogar das Rauchen ab.

Beide verdienten exorbitante Gagen. Moore, der auch als Produzent zeichnete, wurde durch die Serie zum Millionär. Den-

noch lag es an ihm, daß eine geplante Fortsetzung scheiterte – zwar blieb er im Metier, wechselte aber auf die Kinoleinwand, denn er erhielt die lang erwartete Dienstnummer 007 und die Lizenz zu töten. Nachdem er bereits in den frühen Sechzigern und erneut nach George Lazenbys Scheitern für die Rolle im Gespräch gewesen war, durfte er nun endlich in Sean Connerys Fußstapfen treten und James Bond spielen.

Literatur

Christopher Anderson Hollywood TV. The Studio System In The Fifties. Austin 1994

Thomas G. Aylesworth Great Moments Of Television. London 1987

Erik Barnouw Tube Of Plenty. New York / Oxford 1990

Helga Belach / Wolfgang Jacobsen (Hg.) Kalter Krieg. 60 Filme aus Ost und West. Berlin 1991

Donald Bogle Blacks In American Film And Television. New York 1989

Tim Brooks The Complete Directory To Prime Time TV Stars. New York 1987

Tim Brooks / Earle Marsh The Complete Directory To Prime Time Network tv Shows. New York 1992

Les Brown Encyclopedia Of Television. Detroit 1992

David Buxton From The Avengers To Miami Vice. Form And Ideology in Television Series. Manchester 1990

Harry Castleman / Walter J. Podrazik Watching TV. Four Decades Of American Television. New York 1982

Anthony Davis TV Laughtermakers. The Story Of tv Comedy. London 1989

Joel Eisner / David Krinsky Television Comedy Series. Jefferson 1984

Andrew J. Edelstein The Pop Sixties. New York 1985

Jeff Evans The Guinness Television Encyclopedia. London 1995

Jovan Evermann Serien-Guide. Berlin 1999

Fischer Film Almanach. Frankfurt / M. (jährl.)

Roger Fulton The Encyclopedia Of TV Science Fiction. London 1995

Gary Gerani with Paul H. Schulman Fantastic Television. New York 1977

Anthony & Deborah Hayward TV Unforgettables. Enfield 1993

Robert L. Hilliard / Michael C. Keith The Broadcast Century. Boston / London 1992

David Housham / John Frank-Keyes Funny Business. London 1992

Allan Hunter (Ed.) Chambers Film And Television Handbook. Edinburgh 1991

John Javna Cult TV. New York 1985

Ephraim Katz The Film Encyclopedia. New York 1994

K. I. M. (Hg.) Lexikon des internationalen Films (CD-ROM). München 1997

Hilary Kingsley / Geoff Tibballs Box Of Delights. London 1989

Achim Klünder (Hg.) Lexikon der Fernsehspiele. München (jährl.)

Richard Levinson / William Link Off Camera. New York 1986

Jon E. Lewis / Penny Stempel Cult TV. London 1993

Leonard Maltin (Ed.) Movie And Video Guide. New York (jährl.)

Dirk Manthey / Jörg Altendorf / Willy Loderhose (Hg.) Das große TV-Spielfilm Filmlexikon. Hamburg (o. J.)

Alvin H. Marill Movies Made For Television. New York 1987

David Martindale Television Detective Shows Of The 1970s. Jefferson 1991

Alex McNeil Total Television. New York 1996

Lynne Naylor (Hg.) Television Directors Guide. Los Angeles 1994

Craig Nelson Bad tv. New York 1995

Jeff Rovin The Great Television Series. London 1977

Susan Sackett Prime Time Hits. New York 1993

Brigitte Scherer / Ursula Ganz-Blättler / Monika Großkopf / Ute Wahl Morde im Paradies. München 1994

Steven H. Scheuer Movies On TV And Videocassette. New York 1991

Irmela Schneider / Christian W. Thomsen / Andreas Nowak (Hg.) Lexikon der britischen und amerikanischen Serien, Fernsehfilme und Mehrteiler in den Fernsehprogrammen der Bundesrepublik Deutschland 1954 – 1985. Berlin 1991

Irving Settel / William Laas A Pictorial History Of Television. New York 1969

David Story America On The Rerun. New York 1993

Brandon Tartikoff The Last Great Ride. New York 1992

Vincent Terrace Television Character And Story Facts. Jefferson 1993

Geoff Tibballs The Boxtree Encyclopedia Of TV Detectives. London 1992

Tise Vahimagi (Hg.) British Television. Oxford 1994 (1996)

Jack Ward Television Guest Stars. Jefferson 1993

Richard West Television Westerns. Jefferson 1987

Register

464

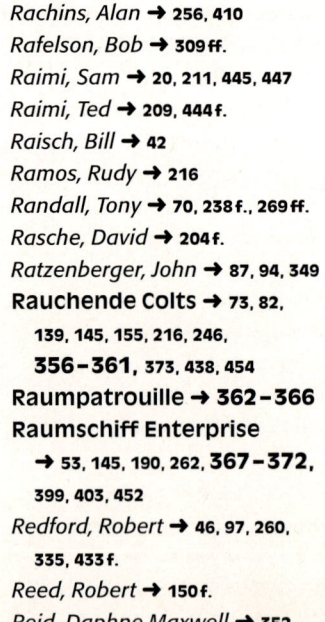